Shakespeare
Sämtliche Werke

Shakespeare
Sämtliche Werke

Übersetzt von

Schlegel und Tieck

Vierter Band

Bechtermünz Verlag

Dieser Edition liegt die Ausgabe von Max Hesse's Verlag, Leipzig, zugrunde.

Ausgabe Weltbild Verlag GmbH, Augsburg 1998
Satz: Cicero Lasersatz GmbH, Dinkelscherben bei Augsburg
Gesamtherstellung: Graphischer Großbetrieb Pößneck GmbH,
ein Mohndruck-Betrieb
Printed in Germany
ISBN 3-8289-0123-9

Inhalt

Erster Band

	Seite
Shakespeares Leben und Werke (von Max Mendheim)	1
König Johann	37
König Richard der Zweite	104
König Heinrich der Vierte. I. Teil	176
König Heinrich der Vierte. II. Teil	253
König Heinrich der Fünfte	335
König Heinrich der Sechste. I. Teil	419
König Heinrich der Sechste. II. Teil	490
König Heinrich der Sechste. III. Teil	572
König Richard der Dritte	649

Zweiter Band

	Seite
König Heinrich der Achte	1
Romeo und Julia	83
Ein Sommernachtstraum	162
Julius Cäsar	218
Was ihr wollt	285
Der Sturm	351
Hamlet, Prinz von Dänemark	408
Der Kaufmann von Venedig	510
Wie es euch gefällt	578

Dritter Band

	Seite
Der Widerspenstigen Zähmung	1
Viel Lärmen um Nichts	68
Die Komödie der Irrungen	135
Die beiden Veroneser	182
Coriolanus	239
Liebes Leid und Lust	335
Die lustigen Weiber von Windsor	404
Titus Andronicus	474
Das Wintermärchen	540

Vierter Band

	Seite
Antonius und Cleopatra	1
Maß für Maß	93
Timon von Athen	166
König Lear	230
Troilus und Kressida	319
Ende gut, alles gut	408
Othello	484
Cymbeline	572
Macbeth	666

Antonius und Cleopatra

Übersetzt von

Ludwig Tieck

Personen

Marcus Antonius,
Octavius Cäsar, } Triumvirn.
M. Aemilius Lepidus,
Sextus Pompejus,
Domitius Enobarbus,
Ventidius,
Eros,
Scarus, } Freunde des Antonius.
Dercetas,
Demetrius,
Philo,
Mäcenas,
Agrippa,
Dolabella,
Proculejus, } Freunde des Cäsar.
Thyreus,
Gallus,
Menas,
Menecrates, } Freunde des Pompejus.
Varius,
Taurus, Oberbefehlshaber unter Cäsar.
Canidius, Oberbefehlshaber unter Antonius.
Silius, ein Offizier in der Armee des Ventidius.
Euphronius, ein Gesandter des Antonius an Cäsar.
Alexas,
Mardian, } im Dienste der Cleopatra.
Seleucus,
Diomedes,
Ein *Wahrsager*.
Ein *Bauer*.

Cleopatra, Königin von Ägypten.
Octavia, Cäsars Schwester, Gemahlin des Antonius.
Charmion, } im Dienste der Cleopatra.
Iras,

Hauptleute, Soldaten, Boten und Gefolge.

(Das Stück spielt in verschiedenen Teilen des Römischen Reiches.)

Erster Aufzug

1. Szene
Alexandria. Ein Zimmer in Cleopatras Palast

Demetrius und *Philo* treten auf.

Philo. Nein, dieser Liebeswahnsinn unsres Feldherrn
  Geht über alles Maß. Die tapfern Augen,
  Die über Kriegsreih'n und Legionen glühten,
  Wie Mars', des erzumhüllten, heften sich
  Und wenden ihrer Blicke Dienst und Andacht
  Auf eine braune Stirn: sein Feldherrnherz,
  Das im Gewühl der Schlachten sonst gesprengt
  Die Spangen seiner Brust, verleugnet sich,
  Und ist zum Fächer worden und zum Blas'balg
  Die lüsterne Zigeun'rin abzukühlen.
  Seht da, sie kommen!

  Trompetenstoß. Antonius und Cleopatra mit ihrem Gefolge und Verschnittenen, die ihr Luft zufächeln, treten auf.

  Bemerkt ihn recht; so seht Ihr dann in ihm
  Des Weltalls dritte Säule umgewandelt
  Zum Narren einer Buhlerin: schaut hin und seht! –

Cleopatra. Ist's wirklich Liebe, sag mir denn, wie viel?
Antonius. Armselige Liebe, die sich zählen ließe!
Cleopatra. Ich will den Grenzstein setzen deiner Liebe!
Antonius. So mußt du neue Erd' und Himmel schaffen.

Ein Bote tritt auf.

Bote. Zeitung aus Rom!
Antonius.   Klingt harsch dem Ohr! Mach's kurz.
Cleopatra. Nein, höre sie, Antonius.
  Fulvia vielleicht ist zornig? Oder hat, –
  Wer weiß es? – der flaumbärt'ge Cäsar dir
  Sein Machtangebot entsandt: *„Tu dies und das!*
  Dies Reich erob're! Jenes mache frei!
  Tu's gleich, sonst wehe dir!"
Antonius.   Wie nun! Geliebte!
Cleopatra. Vielleicht, – Nein doch, gewiß
  Darfst du nicht länger bleiben: Cäsar weigert
  Dir ferneren Urlaub! Drum Antonius, hör ihn. –
  Wo ist Fulvias Aufruf? Cäsars meint' ich – beider? –
  Die Boten ruft. – So wahr ich Königin,
  Antonius, du errötst: dies Blut erkennt

Cäsarn als Herrn, wo nicht, zahlt Scham die Wange,
Wenn Fulvias Kreischen zankt. – Die Abgesandten!
Antonius. Schmilz in die Tiber, Rom! Der weite Bogen
Des festen Reichs, zerbrich! Hier ist die Welt,
Throne sind Staub: – die kot'ge Erde nährt
Wie Mensch, so Tier: der Adel nur des Lebens
Ist, so zu tun: wenn solch ein liebend Paar, (umarmt sie)
Und solch Zwillingsgestirn es darf: worin –
Bei schwerer Ahndung wisse das die Welt, –
Wir unerreichbar.
Cleopatra.   Ausgesuchte Lüge!
Wie ward Fulvia sein Weib, liebt' er sie nicht?
Ich werde wider Willen Thörin scheinen;
Anton bleibt stets er selbst.
Antonius. Solange ihn Cleopatra befeuert.
Doch bei der Liebe Lieb', den süßen Stunden,
Nicht sei durch herb Gespräch die Zeit verschwendet.
Kein Hauch in unserm Leben, den nicht dehne
Noch neue Lust. Welch Zeitvertreib zu Nacht?
Cleopatra. Hör die Gesandten.
Antonius.   Pfui, zanksücht'ge Königin!
Der alles zierlich steht, Schelten und Lachen
Und Weinen; jede Regung kämpft in dir,
Daß sie zur Schönheit und Bewund'rung wird. –
Kein Bote! Einzig dein, und ganz allein! –
Zu Nacht durchwandern wir die Stadt und merken
Des Volkes Treiben. Komm, o Königin,
Noch gestern wünschtest du's. – Sprecht nicht zu uns.
        (Antonius mit Cleopatra und Gefolge ab.)
Demetrius. Wie! schätzt Antonius Cäsarn so gering?
Philo. Zuzeiten, wenn er nicht Antonius ist,
Entzieht sich ihm die große würd'ge Haltung,
Die stets ihn sollte schmücken.
Demetrius.   Mich bekümmert's,
Daß er bekräftigt den gemeinen Lügner,
Der so von ihm in Rom erzählt. Doch hoff' ich
Morgen auf ein verständ'ger Tun. – Lebt wohl!   (Beide ab.)

2. Szene
Daselbst. Ein anderes Zimmer

Es treten auf *Charmion, Iras, Alexas* und ein *Wahrsager*.

Charmion. Herzens-Alexas, süßer Alexas, ausbündigster Alexas, du allersublimiertester Alexas, wo ist der Wahrsager, den du

der Königin so gerühmt? O lernte ich doch diesen Ehemann kennen, der, wie du sagst, Kränze um seine Hörner winden muß.
Alexas.   Wahrsager!
Wahrsager.   Was wollt Ihr?
Charmion.   Ist dies der Mann? Seid Ihr's, der alles weiß?
Wahrsager.   In der Natur unendlichem Geheimnis
Les' ich ein wenig.
Alexas.   Zeig ihm deine Hand.
Enobarbus tritt auf.
Enobarbus.   Bringt das Bankett sogleich, und Wein genug,
Aufs Wohl Cleopatras zu trinken.
Charmion.   Freund, schenk mir gutes Glück.
Wahrsager.   Ich mach' es nicht, ich seh' es nur voraus.
Charmion.   Ersieh mir eins.
Wahrsager.   Eure Reize werden immer zunehmen.
Charmion.   Er meint an Umfang.
Iras.   Nein, wenn du alt geworden bist, wirst du dich schminken.
Charmion.   Nur keine Runzeln!
Alexas.   Stört den Propheten nicht! Gebt Achtung!
   Charmion.   Mum! –
   Wahrsager.   Ihr werdet mehr verliebt sein, als geliebt.
   Charmion.   Lieber mag Wein die Leber mir erhitzen.
   Alexas.   So hört ihn doch!
   Charmion.   Guter Freund, ein recht schönes Glück: laß mich an einem Vormittage drei Könige heiraten, und sie alle begraben; laß mich im fünfzigsten Jahr ein Kind bekommen, dem Herodes der Judenkönig huldigt; lies heraus, daß du mich mit dem Octavius Cäsar verheiratest und meiner Gebieterin gleichstellst.
Wahrsager.   Ihr überlebt die Fürstin, der Ihr dient.
   Charmion.   O trefflich! Langes Leben ist mir lieber als Feigen.
Wahrsager.   Ihr habt bisher ein bessres Glück erfahren,
Als Euch bevorsteht.
   Charmion.   So werden meine Kinder wohl ohne Namen bleiben: – sage doch, wie viel Buben und Mädchen bekomme ich noch? –
Wahrsager.   Wenn jeder deiner Wünsche wär' ein Schoß
Und fruchtbar jeder Wunsch, – 'ne Million.
   Charmion.   Pfui, Narr, ich vergebe dir, weil du ein Hexenmeister bist.
   Alexas.   Ihr meint, nur Eure Bettücher wüßten um Eure Wünsche?
   Charmion.   Genug; sag auch Iras' Zukunft!
   Alexas.   Wir wollen alle unser Schicksal wissen.

Enobarbus. Mein und der meisten Schicksal für heut abend wird sein, – betrunken zu Bett.

Iras. Hier ist eine Handfläche, die weissagt Keuschheit, wenn nichts anderes.

Charmion. Gerade wie die Überschwemmung des Nils Hunger weissagt.

Iras. Geh, du wilde Gesellin, du verstehst nichts vom Wahrsagen.

Charmion. Nein, wenn eine feuchte Hand nicht ein Wahrzeichen von Fruchtbarkeit ist, so kann ich mir nicht das Ohr kratzen. – Bitte dich, sag ihr nur ein Alltags-Schicksal.

Wahrsager. Eure Schicksale sind gleich.

Iras. Doch wie? Doch wie? sag mir's umständlicher.

Wahrsager. Ich bin zu Ende.

Iras. Soll ich nicht um einen Zoll breit bessres Schicksal haben als sie? –

Charmion. Nun, wenn dir das Schicksal just einen Zoll mehr gönnt als mir, wo sollt' es hinkommen?

Iras. Nicht an meines Mannes Nase.

Charmion. O Himmel, bessre unsere bösen Gedanken! Alexas – komm; sein Schicksal, sein Schicksal. O laß ihn sein Weib heiraten, das nicht gehen kann, liebste Isis, ich flehe dich! Und laß sie ihm sterben, und gib ihm eine schlimmere, und auf die schlimmere eine noch schlimmere, bis die schlimmste von allen ihm lachend zu Grabe folgt, dem fünfzigfältigen Hahnrei! Gute Isis, erhöre dies Gebet, wenn du mir auch etwas Wichtigeres abschlägst; gute Isis, ich bitte dich!

Iras. Amen. Liebe Göttin, höre dieses Gebet des Volkes! Denn wie es herzbrechend ist, einen hübschen Mann mit einer lockeren Frau zu sehen, so ist's eine tödliche Betrübnis, wenn ein häßlicher Schelm unbehornt einhergeht: darum, liebe Isis, sieh auf den Anstand und send ihm sein verdientes Schicksal!

Charmion. Amen!

Alexas. Nun seht mir! Wenn's in ihrer Hand stände, mich zum Hahnrei zu machen, sie würden zu Huren, um es zu tun.

Enobarbus. Still da! Antonius kommt.

Charmion. Nicht er, die Fürstin.

Cleopatra kommt.

Cleopatra. Saht Ihr Anton?

Enobarbus. Nein Herrin.

Cleopatra. War er nicht hier?

Charmion. Nein, gnäd'ge Frau.

Cleopatra. Er war gestimmt zum Frohsinn, da, auf einmal
Ergriff ihn ein Gedank' an Rom ... Enobarbus! –

Enobarbus. Fürstin? –

Cleopatra.   Such ihn und bring ihn her. Wo ist Alexas?
Alexas.   Hier Fürstin, Euch zum Dienst. – Der Feldherr naht.
   Antonius kommt mit einem Boten und Gefolge.
Cleopatra.   Wir wollen ihn nicht ansehn. Geht mit uns.
(Cleopatra, Enobarbus, Alexas, Iras, Charmion, Wahrsager und Gefolge ab.)
Bote.   Fulvia, dein Weib, erschien zuerst im Feld.
Antonius.   Wider meinen Bruder Lucius?
Bote.   Ja.
   Doch bald zu Ende war der Krieg. Der Zeitlauf
   Einte die zwei zum Bündnis wider Cäsar,
   Des bessres Glück im Felde von Italien
   Sie nach der ersten Schlacht vertrieb.
Antonius.   Nun gut; –
   Was Schlimmres?
Bote.   Der bösen Zeitung Gift steckt an den Boten.
Antonius.   Wenn er sie Narren und Feigen meldet: weiter!
   Mir ist Geschehnes abgetan. So steht's:
   Wer mir die Wahrheit sagt, und spräch' er Tod,
   Ich hör' ihn an, als schmeichelt' er.
Bote.   Labienus –
   O harte Post! – hat mir dem Partherheer
   Erobert Asien vom Euphrat aus:
   Von Syrien weht sein triumphierend Banner
   Bis Lydien und Ionien, indes ...
Antonius.   Antonius, willst du sagen ..
Bote.   O mein Feldherr!
Antonius.   Sprich dreist, verfeinre nicht des Volkes Zunge;
   Nenne Cleopatra, wie Rom sie nennt,
   Tadle mit Fulvias Wort, schilt meine Fehler
   Mit allem Freimut, wie nur Haß und Wahrheit
   Vorbringen mag. Nur Unkraut tragen wir,
   Wenn uns kein Wind durchschüttelt; und uns schelten,
   Heißt nur rein jäten. Lebe wohl für jetzt.
Bote.   Nach Eurem hohen Willen.   (Ab.)
Antonius.   Was meldet man von Sicyon? Sag an.
Erster Diener.   Der Bot' aus Sicyon? Ist ein solcher da?
Zweiter Diener   Er harrt auf Euren Ruf.
Antonius.   Laßt ihn erscheinen.
                  (Diener gehen.)
   Die starke ägypt'sche Fessel muß ich brechen,
   Sonst geh' in Lieb' ich unter. – Wer bist du?
Zweiter Bote.   Fulvia, dein Weib, ist tot.
Antonius.   Wo starb sie?
Zweiter Bote.   Herr,

In Sicyon:
Der Krankheit Dauer, und was Wicht'ges sonst
Dir frommt zu wissen, sagt dies Blatt.
Antonius.   Entfernt Euch.   (Bote ab.)
Da schied ein hoher Geist! Das war mein Wunsch: –
Was wir verachtend oft hinweggeschleudert,
Das wünschen wir zurück: Was jetzt uns freut,
Durch Zeitumschwung entwertet, wandelt sich
Ins eigne Gegenteil; wie gern jetzt riß'
Zurück die Hand sie, die in den Tod sie stieß.
Fliehn muß ich diese Zauberkönigin:
Zehntausend Weh'n, und schlimmre, als ich weiß,
Brütet mein Müßiggang. He! – Enobarbus! –
Enobarbus kommt.
Enobarbus. Was wünscht Ihr Herr? –
Antonius. Ich muß in Eil' von hier.
Enobarbus. Nun, dann bringen wir alle unsere Weiber um: wir sehen ja, wie tödlich ihnen eine Unfreundlichkeit wird: wenn sie unsere Abreise mit ansehen müssen, so ist Tod die Losung.
Antonius. Ich muß hinweg!
Enobarbus. Ist eine Notwendigkeit da, so laßt die Weiber sterben. Schade wär's, sie um nichts wegzuwerfen: aber handelt's sich zwischen ihnen und einer wichtigen Sache, so muß man sie für nichts rechnen. Cleopatra, wenn sie nur das mindeste hiervon wittert, stirbt augenblicklich: ich habe sie zwanzigmal um weit armseligeren Grund sterben sehen. Ich denke, es steckt eine Kraft im Tode, die wie eine Liebesumarmung auf sie wirkt, so ist sie mit dem Sterben bei der Hand.
Antonius. Sie ist listiger, als man's denken kann!
Enobarbus. Ach nein, Herr, nein; ihre Leidenschaften bestehen aus nichts als aus den feinsten Teilen der reinen Liebe. Diese Stürme und Fluten können wir nicht Seufzer und Tränen nennen: das sind größere Orkane und Ungewitter, als wovon Kalender Meldung tun. List kann das nicht sein: wenn es so ist, so macht sie ein Regenwetter so gut als Jupiter.
Antonius. Hätt' ich sie nie gesehen!
Enobarbus. O Herr, dann hättet Ihr ein wundervolles Meisterwerk ungesehen gelassen: Euch diese Erhebung versagen, würde Eure Reise um allen Kredit gebracht haben.
Antonius. Fulvia ist tot.
Enobarbus. Herr?
Antonius. Fulvia ist tot.
Enobarbus. Fulvia?

Antonius. Tot!

Enobarbus. Nun, Herr, so bringt den Göttern ein Dankopfer. Wenn es ihren himmlischen Majestäten gefällt, einem Mann seine Frau zu nehmen, so gedenke er an die Schneider hier auf Erden und beruhige sich damit, daß, wenn alte Kleider aufgetragen wurden, genug da sind, neue zu machen. Gäbe es nicht mehr Weiber als Fulvia, so wäre es allerdings eine tiefe Wunde, und die Geschichte stände schlimm. Dieser Gram ist mit Trost gekrönt: aus einem alten Weiberhemd läßt sich ein neuer Unterrock machen: und in der Tat, die Tränen müssen in einer Zwiebel leben, die um diesen Kummer flössen.

Antonius. Die Unruhn, die sie mir im Staat erregt,
Erlauben mir nicht mehr, entfernt zu sein.

Enobarbus. Und die Unruhe, die Ihr hier erregt habt, erlaubt nicht, daß Ihr geht: besonders die der Cleopatra, die allein von Eurem Hiersein lebt.

Antonius. Genug der leichten Reden. Unsern Schluß
Tu kund den Führern. Ich verständ'ge dann
Der Königin den Anlaß dieser Eil',
Urlaub von ihrer Liebe fordernd. Nicht allein
Der Fulvia Tod und ernste Mahnung sonst
Ruft uns nachdrücklich; andre Briefe auch,
Von vielen wohlbemühten röm'schen Freunden,
Verlangen uns daheim. Sextus Pompejus
Hat Cäsarn Trotz geboten und beherrscht
Das weite Meer: das wankelmüt'ge Volk, –
Des Gunst nie fest dem Wohlverdienten bleibt,
Bis sein Verdienst vorüber – wirft nun schon,
Was je Pompejus nur der Große tat,
Auf seinen Sohn, der hoch in Macht und Namen
Und höher noch durch Mut und Kraft ersteht,
Als Held des Heeres. Der, wenn er so fortfährt,
Den Bau der Welt bedroht. – Viel brütet jetzt,
Das gleich dem Roßhaar nur erst Leben hat,
Noch nicht der Schlange Gift. – Geh, und verkünde
All unsern Leuten, unser Wille fordre
Schleunigen Aufbruch aller.

Enobarbus.   Ich besorg' es.   (Beide ab.)

3. Szene
Ebendaselbst

Es treten auf Cleopatra, Charmion, Iras und Alexas.

Cleopatra. Wo ist er?
Charmion. Ich sah ihn nicht seitdem.

Cleopatra. Sieh, wo er ist, wer mit ihm, was er tut, –
  Ich schickte dich nicht ab: – Findst du ihn ernst,
  Sag ihm, ich tanze; ist er munter, meld ihm,
  Ich wurde plötzlich krank. Schnell bring mir Antwort.
  　　　　　　　(*Alexas* ab.)
Charmion. Fürstin, mir scheint, wenn Ihr ihn liebt von Herzen,
  Wählt Ihr die rechte Art nicht, ihn zur Liebe
  Zu zwingen.
Cleopatra. Und was sollt' ich tun und tät's nicht?
Charmion. Gebt immer nach, nie handelt ihm zuwider.
Cleopatra. Törichter Rat! Der Weg ihn zu verlieren!
Charmion. Versucht ihn nicht zu sehr; ich bitt', erwägt,
  Wir hassen bald, was oft uns Furcht erregt.
　　　　　　　Antonius kommt.
  Doch seht, er kommt.
Cleopatra.　　　　　Ich bin verstimmt und krank.
Antonius. Es quält mich, meinen Vorsatz ihr zu sagen.
Cleopatra. Hilf, liebe Charmion, hilf, ich sinke hin:
  So kann's nicht dauern, meines Körpers Bau
  Wird unterliegen.
Antonius.　　　　Teure Königin ...
Cleopatra. Ich bitt' dich, steh mir nicht so nah!
Antonius.　　　　　　　　　　　　　Was gibt's!
Cleopatra. Ich seh' in diesem Blick die gute Zeitung!
  Was sagt die Eh'gemahlin? Geh nur, geh!
  O hätte sie dir's nie erlaubt, zu kommen!
  Sie soll nicht sagen, daß ich hier dich halte;
  Was kann ich über dich? Der Ihre bist du!
Antonius. Die Götter wissen ...
Cleopatra.　　　　　　　Nie ward eine Fürstin
  So schrecklich je getäuscht. Und doch, von Anfang
  Sah ich die Falschheit keimen.
Antonius.　　　　　　　Cleopatra ...
Cleopatra. Wie soll ich glauben, du seist mein und treu,
  Erschüttert auch dein Schwur der Götter Thron,
  Der Fulvia du verrietest? Toller Wahnsinn,
  An solchen mundgeformten Eid sich fesseln,
  Der schon im Schwure bricht!
Antonius.　　　　　　　Süßeste Fürstin ...
Cleopatra. Nein, such nur keinen Vorwand deiner Flucht.
  Geh, sag lebwohl: als du zu bleiben flehtest,
  Da galt's zu sprechen: damals nichts von Gehn! –
  In unserm Mund und Blick war Ewigkeit,

Wonn' auf den Brau'n, kein Tropfen Blut so arm,
Der Göttern nicht entquoll: und so ist's noch,
Oder der größte Feldherr du der Welt,
Wurdest zum größten Lügner.
Antonius. Mir das! Wie!
Cleopatra. O glich' ich dir an Wuchs, du solltest sehn,
Auch in Ägypten gäb's ein Herz ...
Antonius. Vernimm,
Der Zeiten strenger Zwang heischt unsern Dienst
Für eine Weile: Doch mein ganzes Herz
Bleibt dein hier zum Gebrauch. Unser Italien
Blitzt rings vom Bürgerstahl; Sextus Pompejus
Bedroht mit seinem Heer die Häfen Roms:
Die Gleichheit zweier heim'schen Mächte zeugt
Gefährliche Parteiung; – stark geworden,
Liebt man die sonst Verhaßten: der verbannte
Pompejus, reich durch seines Vaters Ruhm,
Schleicht in die Herzen aller, die im Staat
Jetzt nicht gedeihn, und deren Menge schreckt: –
Und Ruhe, krank durch Frieden, sucht verzweifelnd
Heilung durch Wechsel. Doch ein näh'rer Grund,
Und der zumeist mein Gehn Euch sollt' entschuld'gen,
Ist Fulvias Tod.
Cleopatra. Wenn mich das Alter auch nicht schützt vor Torheit,
Doch wohl vor Kindischsein. Kann Fulvia sterben?
Antonius. Geliebte, sie ist tot.
Sieh hier, und bei gelegner Muße lies
Die Händel, die sie schuf: zuletzt, das Beste,
Sieh, wann und wo sie starb.
Cleopatra. O falsches Lieben!
Wo sind Phiolen, die du füllen solltest
Mit Tau des Grams? Wohl will es mir erscheinen
An Fulvias Tod, wie du einst trägst den meinen.
Antonius. Zanke nicht mehr, und sei bereit zu hören,
Was ich ersann. Bestand hat's, oder nicht,
Wie du mir raten wirst. Ja, bei dem Strahl,
Der Nilus' Schlamm befruchtet, ich geh' von hier,
Dein Held, dein Diener: Krieg erklär' ich, Frieden,
Wie dir's gefällt.
Cleopatra. Komm, Charmion, schnür mich auf.
Nein, laß nur, mir wird wechselnd schlimm und wohl,
So liebt Antonius.
Antonius. Fassung, teures Kleinod!

Gib wahres Zeugnis seiner Treu; mit Ehren
Besteht die Prüfung sie.
Cleopatra.   Das lehrt' mich Fulvia!
O bitte, wende dich und wein' um sie,
Dann sag mir Lebewohl und sprich: die Tränen
Sind für Ägypten. Spiel uns eine Szene
Erlesener Verstellung, laß sie scheinen
Als echte Ehre! –
Antonius.   Du erzürnst mich! Laß! –
Cleopatra.   Das geht schon leidlich: doch kannst du es besser.
Antonius.   Bei meinem Schwert ...
Cleopatra.   Und Schild: – er spielt schon besser,
Doch ist's noch nicht sein Bestes. Sieh nur, Charmion,
Wie herrlich diesem röm'schen Herkules
Die zorn'ge Haltung steht.
Antonius.   Ich gehe, Herrin!
Cleopatra.   Höflicher Herr, ein Wort:
Wie beide müssen scheiden, doch das ist's nicht, –
Wir beide liebten einst, – doch das ist's auch nicht, –
Das wißt Ihr wohl. – Was war's doch, das ich meinte?
O mein Gedächtnis ist recht ein Antonius,
Und ich bin ganz vergessen!
Antonius.   Wär' nicht Torheit
Die Dien'rin deines Throns, so hielt' ich dich
Für Torheit selbst.
Cleopatra.   O schwere Müh' des Lebens,
Dem Herzen nahe solche Torheit tragen,
Wie diese ich! Doch, teurer Freund, vergib mir,
Denn Tod bringt mir mein Treiben, wenn es dir
Nicht gut ins Auge fällt. Dich ruft die Ehre,
So sei gleichgültig taub denn meiner Torheit,
Und alle Götter mit dir! Siegeslorbeer
Kränze dein Schwert, und mühelos Gelingen
Bahne den Weg vor deinen Füßen!
Antonius.   Komm;
Es flieht zugleich und weilt so unsre Trennung.
Daß du, hier lebend, doch fortziehst mit mir,
Und ich, fortschiffend, hier doch bin bei dir. –
Hinweg!   (Alle ab.)

4. Szene

Rom. Ein Zimmer in Cäsars Hause

Es treten auf *Octavius Cäsar, Lepidus* und Gefolge.

Cäsar. Ihr seht nun, Lepidus, und wißt hinfort,
's ist nicht Naturtrieb Cäsars, daß er haßt
Den großen Mitgenossen. Aus Ägypten
Schreibt man uns dies: er fischt und trinkt, verschwendet
Der Nächte Kerzen schwelgend, nicht mehr Mann
Als diese Kön'gin, noch Cleopatra
Mehr Weib als er. Kaum sprach er die Gesandten,
Noch dacht' er seiner Mitregenten. – In ihm seht
Den Mann, der alle Fehler in sich faßt,
Die jedermann verlocken.
Lepidus. Doch denk' ich, hegt er
Nicht so viel Sünde, all sein Gut zu schwärzen: –
Die Fehl' in ihm, wie Meteore, glänzen
Heller in schwarzer Nacht: sind angestammt,
Mehr als erworben: unwillkürlich mehr,
Als freie Wahl.
Cäsar. Ihr seid zu duldsam. Sei es auch verzeihlich,
Sich auf des Ptolemäus Lager wälzen,
Mit Kronen zahlen einen Scherz, umtrinken
Zur Wette nach der Kunst mit jedem Sklaven,
Am hellen Tag die Stadt durchtaumeln, balgen
Mit schweißstinkenden Schuften, steh's ihm an, –
Doch sonderbar muß der beschaffen sein,
Den solches nicht entehrt: – doch für Antonius
Gibt's kein Entschuld'gen seiner Schmach, wenn wir
So schwer an seinem Leichtsinn tragen. Füllt' er
Die leeren Stunden sich mit Wollust aus,
So suchen Überdruck und Knochendarre
Ihn dafür heim. – Doch *solche* Zeit vergeuden,
Die ihn vom Scherz wegtrommelt, – ruft so laut
Wie Weltherrschaft nur mahnt: *das* muß man schelten,
Wie man den Knaben schmält, der, wohlerfahren,
Einsicht der Lust des Augenblicks hinopfert,
Sich der Vernunft empörend.

Ein *Bote* tritt auf.

Lepidus. Neue Botschaft!
Bote. Erfüllt ist dein Gebot: zu jeder Stunde,
Erhabner Cäsar, sollst du Nachricht hören,
Wie's auswärts steht. Pompejus herrscht zur See,

Und wie es scheint, gewann er sich die Herzen,
Die Cäsarn nur gefürchtet. Zu den Häfen
Strömen die Mißvergnügten; höchst gekränkt
Nennt ihn die Menge.
Cäsar. Konnt' ich mir's doch denken! –
Vom ersten Anbeginn lehrt die Geschichte,
Daß wer hoch steht, ersehnt wird, bis er stand!
Wer strandet', – nie zuvor geliebt, als bis er,
Unwert der Lieb', wird teuer, wenn er fehlt.
Der große Haufe,
Gleich einer Wasserpflanze in der Strömung,
Schwimmt vor, zurück, ein Sklav' der Wechselflut,
Um endlich zu verfaulen in der Reibung.
Bote. Höre ferner:
Menecrates und Menas, mächtige Piraten,
Herrschen im Meer und pflügen und verwunden's
Mit Kielen aller Art: manch wilder Einbruch
Verheert Italien! Alles Volk der Küste
Erblaßt vor Schreck, die kühne Jugend zürnt,
Kein Segel taucht nur auf, es wird gekapert,
Wie man's erblickt: Pompejus' Name schadet
Mehr als sein Heer im offnen Krieg.
Cäsar. Antonius,
Laß deine üpp'gen Becher! Als geschlagen
Du zogst von Mutina, wo du die Konsuln
Hirtius und Pansa erst besiegt, da folgte
Der Hunger deinen Fersen: den bestandst du, –
Obgleich so zart gewöhnt – mit mehr Geduld,
Als Wilde selbst vermöchten; ja du trankst
Den Harn der Rosse und den falben Schlamm,
Der Vieh zum Ekel zwänge: dein Gaum' verschähte
Die herbste Beere nicht auf rauhster Hecke:
Ja wie der Hirsch, wenn Schnee die Weide deckt,
Nagtst du der Bäume Rinden: auf den Alpen –
Erzählt man – aßest du so ekles Fleisch,
Daß mancher starb, es nur zu sehn: und alles –
O Schande deinem Ruhm, daß ich's erzähle –
Trugst du so heldenmütig, daß die Wange
Dir nicht einmal erbleichte.
Lepidus. Schade um ihn!
Cäsar. Die Schande treib' ihn bald
Nach Rom zurück: Zeit wär' es, daß wir beide
Im Feld uns zeigten, und zu diesem Zweck

Berufen wir sofort den Rat. Pompejus
Gedeiht durch unser Säumen.
Lepidus. Morgen, Cäsar,
Werd' ich vermögend sein, dir zu berichten,
Was ich zu Meer und Land aufbieten kann,
Die Stirn der Zeit zu bieten.
Cäsar. Bis dahin
Sei dies auch meine Sorge. Lebe wohl. –
Lepidus. Lebt wohl, mein Feldherr. Meldet man Euch mehr,
Was sich im Ausland regt, ersuch' ich Euch,
Mir's mitzuteilen.
Cäsar. Zweifelt nicht daran,
Ich kenn's als meine Pflicht. (Beide ab.)

5. Szene
Alexandria. Ein Zimmer im Palast

Es treten auf Cleopatra, Charmion, Iras und Mardian.

Cleopatra. Charmion ...
Charmion. Eu'r Hoheit?
Cleopatra. Ach!
Gib mir Mandragora zu trinken.
Charmion. Wie?
Cleopatra. Daß ich die große Kluft der Zeit durchschlafe,
Wo mein Antonius fort ist!
Charmion. Allzuviel
Denkt Ihr an ihn.
Cleopatra. Du sprichst Verrat.
Charmion. O nein!
Cleopatra. Du Hämling, Mardian!
Mardian. Was beliebt Eu'r Hoheit?
Cleopatra. Nicht jetzt dich singen hören; nichts beliebt mir
An einem Hämling. Es ist gut für dich,
Daß ohne Saft und Mark, dein üpp'ger Sinn
Nicht fliehn mag aus Ägypten. – Hast du Triebe?
Mardian. Ja, gnäd'ge Fürstin.
Cleopatra. In der Tat?
Mardian Nicht in der Tat: Ihr wißt, ich kann nichts tun,
Was in der Tat nicht ehrsam wird getan;
Doch fühl' ich heft'ge Trieb', und denke mir,
Was Venus tat mit Mars.
Cleopatra. O liebe Charmion,
Wo denkst du dir ihn jetzt? Sag, steht er? sitzt er?

Wie, geht er wohl? Sitzt er auf seinem Pferd?
O glücklich Pferd, Antonius' Last zu tragen!
Stolziere, Pferd! Weißt du wohl, wen du trägst?
Den Halben Atlas dieser Erde, Schirm
Und Schutz der Welt! – Jetzt spricht er oder murmelt:
Wo weilst du meine Schlang' am alten Nil?
Denn also nennt er mich. Jetzt weid' ich mich
Am süßen Gift! Gedenken sollt' er mein,
Die ich von Phöbus' Liebesstichen braun,
Und durch die Zeit gerunzelt! Als du hier
Ans Ufer tratst, breitstirn'ger Cäsar, war ich
Wert eines Königs: Held Pompejus stand
Und ließ sein Aug' auf meiner Stirne wurzeln,
Dort wollt' er seines Blickes Anker werfen,
Sterben im Anschaun seines Lebens.

Alexas kommt.

Alexas.   Herrin Ägyptens, Heil!
Cleopatra.   Wie ganz unähnlich bist du Mark Anton!
Doch kommst von ihm: die köstliche Tinktur
Vergoldet dich mit ihrem Glanz.
Wie geht es meinem edlen Mark Anton?
Alexas.   Sein Letztes, Fürstin, war:
Er küßte, – vieler Doppelküsse letzter, –
Die Perle hier: sein Wort lebt mir im Herzen.
Cleopatra.   Von dort muß es mein Ohr sich pflücken.
Alexas.   Freund,
So sagt' er mir, sprich du:
Der treue Römer schickt der großen Königin
Dies Kleinod einer Muschel. Ihr zu Füßen,
Dies Nichts zu bessern, mehr' mit Königreichen
Ich ihren üppigen Thron. Der ganze Ost,
Sprich, soll sie Königin nennen. – Nickt mir zu,
Und steigt gelassen auf sein stolzes Streitroß,
Des helles Wiehern, was ich gern erwidert,
Durch tier'sche Laut' zum Schweigen brachte.
Cleopatra.   Sprich, war er munter oder ernst?
Alexas.   Der Jahreszeit gleich, die auf der Mitte schwebt
Von heiß und kalt: er war nicht ernst noch munter.
Cleopatra.   O wohl geteilte Summung! O bemerk' ihn, Charmion!
Bemerk' ihn, Charmion, welch ein Mann! O merk' ihn!
Er war nicht ernst, um hell auf die zu scheinen,
Die so wie er stets blicken, war nicht munter:
Dies schien zu sagen, sein Erinnern weile

Mit seiner Lust hier! sondern zwischen beiden.
O himmlische Vermischung: Ernst und munter,
Das Übermaß von beiden steht dir so,
Wie keinem Manne sonst. – Trafst du die Boten?
Alexas. Ja, Fürstin, zwanzig auf demselben Wege.
Warum so dicht?
Cleopatra. Wer an dem Tag geboren,
Wo ich vergaß an Mark Anton zu schreiben,
Der sterb' als Bettler. – Papier und Tinte, Charmion! –
Willkommen, mein Alexas. – Sag mir, Charmion,
Liebt' ich je Cäsarn so?
Charmion. Der edle Cäsar!
Cleopatra. Erstick', wenn du den Ausruf wiederholst!
Sprich: edler Mark Anton!
Charmion. Der tapfre Cäsar!
Cleopatra. Bei Isis, deine Zähne werden bluten,
Wenn du mit Cäsarn irgend noch vergleichst
Den ersten aller Männer!
Charmion. Mit Vergunst,
Ich sing' in Euerm Tone.
Cleopatra. Meine Milchzeit,
Als mein Verstand noch grün! – mein kaltes Blut
Noch sprechen konnte, wie ich sprach. Komm fort;
Ein täglich wiederholtes Liebeswort
Grüß' ihn von mir, entvölkr' ich auch Ägypten.   (Alle ab.)

Zweiter Aufzug

1. Szene
Messina. Ein Zimmer in Pompejus' Hause

Es treten auf *Pompejus*, *Menecrates* und *Menas*.

Pompejus. Und sind gerecht die Götter, werden sie
Die Taten schützen der Gerechtesten.
Menecrates. Pompejus, denkt,
Was sie verzögern, nicht verweigern sie's.
Pompejus. Indes wir flehn vor ihrem Thron, wird wertlos
Die Gab', um die wir flehn.
Menecrates. Wir Blinden bitten
Oft unser eignes Weh, das weise Mächte
Zu unserm Wohl versagen, und sind reicher
Durch des Gebets Verlust.

Pompejus. Ich muß gedeihn!
Mich liebt das Volk, mein ist das ganze Meer,
Mein Glück ist Neumond, mein prophetisch Hoffen
Sieht schon die volle Scheibe. Mark Antonen
Hält Tafel in Ägypten, wird nicht draußen
Zu Felde ziehn; Cäsar macht Geld, wo Herzen
Er einbüßt; beiden schmeichelt Lepidus,
Läßt sich von beiden schmeicheln, und liebt keinen,
Und keiner hält ihn wert.
Menecrates. Cäsar und Lepidus
Stehn schon im Feld, mit großer Macht gerüstet.
Pompejus. Wer sagt Euch das? 's ist falsch.
Menecrates. Das sagte Silvius.
Pompejus. Er träumt: ich weiß, sie sind in Rom zusammen,
Und harren auf Anton. Doch Liebreiz würze
Der üpp'gen Cleopatra welke Lippen,
Zauber erhöh' die Schönheit, Wollust beide;
Den Wüstling bind' ein Schlachtfeld von Gelagen,
Sein Hirn umnebelnd; epikur'sche Köche
Reizen mit scharfen Brühen seine Eßlust,
Daß Schlaf und Schwelgen seinen Ruhm vertagen,
Bis zu letheischer Betäubung. – Varrius?

Varrius tritt auf.

Varrius. Was ich zu melden hab', ist überflüssig:
Antonius kann zu jeder Stund' in Rom
Eintreffen; seit er Afrika verließ,
War Raum für weit're Reise.
Pompejus. Mir wäre klein're Zeitung weit willkommner.
Menas, ich glaubte nicht,
Daß um so dürft'gen Krieg der Liebesschwelger
Den Helm sich aufgesetzt. Sein Feldherrntum
Ist zwiefach das der beiden; doch erheb' uns
So höher das den Mut, daß unser Zug
Den nimmer lustgesättigten Anton
Dem Schoß der Witw' Ägyptens konnt' entreißen.
Menas. Ich glaube nie,
Daß Cäsar und Anton sich freundlich grüßen.
Sein Weib, nun tot, verging sich gegen Cäsar,
Sein Bruder kriegte gegen ihn, obwohl
Nicht auf Antons Geheiß.
Pompejus. Ich weiß nicht, Menas,
Wie bald der größern Feindschaft klein're weicht.
Ständen wir nicht in Waffen gegen alle,

Gerieten sie ohne Zweifel aneinander;
Denn Anlaß haben alle längst genug,
Das Schwert zu ziehn. Doch wie die Furcht vor uns
Ein Leim wird ihrer Trennung, überbrückt
Die kleine Spaltung, wissen wir noch nicht. –
Sei's, wie's die Götter fügen! Unser Leben
Steht auf dem Spiel, wenn wir nicht mutig streben.
Komm, Menas.   (Alle ab.)

2. Szene
Rom. Im Hause des Lepidus

Es treten auf *Enobarbus* und *Lepidus*.

Lepidus.   Mein Enobarbus, es ist wohlgetan
Und bringt dir Ruhm, bewegst du deinen Feldherrn
Zu mildem, sanftem Wort.
Enobarbus.   Ich werd' ihn bitten,
Zu reden wie er selbst. Reizt Cäsar ihn,
So schau' Anton auf Cäsars Haupt herab
Und donn're lauf wie Mars! Beim Jupiter,
Hätt' ich Antonius' Bart an meinem Kinn,
Heut' schör' ich ihn nicht ab.
Lepidus.   's ist nicht die Zeit
Kleinlichen Haders.
Enobarbus.   Eine jede Zeit
Paßt wohl für das, was sie zu Tage bringt.
Lepidus.   Doch muß das Kleine sich dem Großen fügen!
Enobarbus.   Nicht, kommt das Kleine erst.
Lepidus.   Ihr sprecht im Zorn;
Doch stört nicht auf die Asche. Geht, hier kommt
Der edle Mark Anton.

Antonius und *Ventidius* treten auf.

Enobarbus.   Und dort kommt Cäsar.

Cäsar, Mäcenas und *Agrippa* treten auf.

Antonius.   Im Fall wir einig werden, dann nach Parthien;
Hörst du, Ventidius? –
Cäsar.   Frage den Agrippa,
Mäcen; ich weiß es nicht.
Lepidus.   Erhab'ne Freunde,
Was uns vereinte, war so groß; nun laßt nicht
Geringen Zwist uns trennen. Was zu tadeln,
Hört es mit Nachsicht an. Verhandeln wir
Den nicht'gen Streit so laut, dann wird ein Mord,

Was Wunden sollte heilen. Drum, edle Freunde, –
Und um so mehr, je ernstlicher ich bitte, –
Berührt mit mild'stem Wort die herbsten Punkte,
Daß böse Reden nicht das Übel mehren.
Antonius. Recht so,
Und ständ' ich vor dem Heer zum Kampf bereit,
Ich täte so.
Cäsar. Willkomm' in Rom!
Antonius. Habt Dank.
Cäsar. Setzt Euch.
Antonius. Setzt Euch, Herr.
Cäsar. Wohl denn ...
Antonius. Ich hör', Ihr findet Anstoß, wo nichts ist,
Und wär's, Euch nicht betrifft.
Cäsar. Es wär' zum Lachen!
Wenn um ein Nichts, ein Weniges, ich mich hielt'
Von Euch beleidigt; und vor allen Menschen
Von Euch zumeist. – Noch lächerlicher, daß ich
Nur einmal Euch mit Abschätzung genannt,
Wenn Euern Namen auch nur auszusprechen
Mir fern lag.
Antonius. Mein Verweilen in Ägypten,
Was ging's Euch an?
Cäsar. Nicht mehr, als Euch mein Weilen hier in Rom
Mocht in Ägypten angehn; doch wenn Ihr
Dort gegen mich gewirkt, war Euer Dortsein
Mir wichtig.
Antonius. Wie versteht Ihr das: gewirkt.
Cäsar. Ihr nehmt wohl gütigst ab, wie ich's verstehe,
Aus dem, was hier mich traf. Eu'r Weib und Bruder
Bekriegten mich; für ihren Anlauf wart
Der Vorwand Ihr: Ihr wart das Feldgeschrei!
Antonius. Ihr irrt in Eurer Ansicht. Nie berief sich
Mein Bruder je auf mich. Ich forschte nach,
Und sich're Kunde ward aus ihrem Land mir,
Die mit Euch kämpften. Feindet' er nicht an
Mein eignes Ansehn wie das Eurige?
Führt' er den Krieg nicht meinem Sinn entgegen,
Der Euch verbündet war? All meine Briefe
Zeigten Euch's klar. Drum, wollt Ihr Händel flicken, –
Denn nicht aus ganzem Stoff könnt Ihr sie schneiden, –
So muß es dies nicht sein.
Cäsar. Ihr preist Euch selbst,

Indem Ihr schwach mein Urteil nennt; doch Ihr
Flickt nur Entschuldigung so.
Antonius. O nein, o nein!
Es kann Euch nicht entgehn, ich weiß gewiß
Die sich're Folg'rung, daß, mit Euch vereint
In jener Sach', um die er Krieg geführt,
Ich nie mit Lust den Zwist betrachten könnte,
Der meine Ruh' bedroht. – Was Fulvia angeht –
Ich wünscht' Euch, solch ein Geist regiert' Eu'r Weib!
Eu'r ist der Erbe Dritteil: mit 'nem Halfter
Zügelt Ihr's leicht, doch nimmer solch ein Weib.
Enobarbus. Hätten wir doch alle solche Weiber, daß die
Männer mit ihren Weibern in den Krieg gehn könnten!
Antonius. So widerspenstig hatt' ihr Kampftumult,
Erregt von ihrem Jähzorn, dem nicht fehlte
Der Klugheit bitt're Schärfe – mit Euch beklag' ich's –
Euch Unruh' viel erregt. Doch gebt mir zu,
Dies ändern konnt' ich nicht.
Cäsar. Ich schrieb an Euch:
Ihr aber, schwelgend in Ägypten, stecktet
Beiseit' mein Schreiben, und mit Hohn und Lachen
Ward ungehört die Botschaft fortgewiesen.
Antonius. Er fiel mich an noch kaum gemeldet; eben
Hatt' ich drei Könige bewirtet, und mir fehlte,
Was ich am Morgen war: doch nächsten Tags
Sagt' ich dies selbst ihm, was nicht minder war
Als um Verzeihung bitten. – Nicht *der* Bursch
Sei nur genannt im Zwist, und wenn wir streiten,
Tilgt ihn aus unsrer Rede.
Cäsar. Eures Eids
Hauptpunkt habt Ihr gebrochen: des kann nimmer
Mich Eure Zunge zeihn.
Lepidus. Sacht, Cäsar, sacht!
Antonius. Nein, Lepidus, laßt ihn reden. –
Die Ehr' ist rein und heilig, die er angreift,
Im Wahn, ich sei ihr treulos. Weiter, Cäsar,
Den Hauptpunkt meines Eides ...
Cäsar. Mir Hilf' und Macht zu leihn, wenn ich's verlangte;
Und beides schlugt Ihr ab.
Antonius. Versäumt's vielmehr;
Und zwar, als ein vergiftet Dasein mir
Mein Selbstbewußtsein raubte. Soviel möglich,
Zeig' ich den Reuigen. Doch mein Gradsinn soll

Nicht meine Größe schmälern, meine Macht
Nicht ohne diese wirken. Wahr ist's, Fulvia
Bekriegt' Euch, aus Ägypten mich zu scheuchen,
Wofür ich jetzt unwissentlich die Ursach'
Soweit Verzeihung bitt', als ich mit Würde
Nachgeben kann.
Lepidus. Ihr spracht ein edles Wort.
Mäcenas. Gefiel's euch doch, nicht ferner zu erörtern
Den Streit: hieße ihn gänzlich zu vergessen,
Erinnern euch, wie gegenwärt'ge Not
Euch an Versöhnung mahnt.
Lepidus. Ein würd'ges Wort!
Enobarbus. Oder wenn ihr euch einer des andern Freundschaft für den Augenblick borgt, könnt ihr sie, wenn vom Pompejus nicht mehr die Rede ist, wieder zurückgeben. Ihr mögt Zeit zu zanken finden, wenn ihr sonst nichts anderes zu tun habt.
Antonius. Du bist nur ganz Soldat, drum sprich nicht mehr.
Enobarbus. Ich hätte bald vergessen, daß Wahrheit schweigen muß.
Antonius. Du kränkst den würd'gen Kreis, drum sprich nicht mehr.
Enobarbus. Schon recht; Euer wohlweislicher Stein.
Cäsar. Ich tadle nicht den Inhalt seiner Rede,
Nur ihre Weise. Denn unmöglich scheint's,
Daß Freundschaft bleibe, wenn die Sinnesart
Im Tun so abweicht. Doch, wüßt' ich den Reif,
Der uns verfestigte, von Pol zu Pol
Sucht' ich ihn auf.
Agrippa. Wollt Ihr vergönnen, Cäsar ...
Cäsar. Agrippa, sprich.
Agrippa. Du hast 'ne Schwester von der Mutter Seite,
Die herrliche Octavia. Der große Mark Anton
Ward Witwer –
Cäsar. Sprich kein solches Wort, Agrippa!
Hätt' es Cleopatra gehört, mit Recht
Nennte sie jetzt dich übereilt.
Antonius. Ich bin vermählt nicht, Cäsar. Laß mich wissen
Agrippas fern're Meinung.
Agrippa. Euch in beständ'ger Freundschaft zu erhalten,
Euch brüderlich zu einen, eure Herzen
Unlösbar fest zu knüpfen, nehm Anton
Octavia zur Gemahlin; deren Schönheit
Wohl fordern kann den besten Mann der Welt,
Und deren Güt' und Anmut sie erhebt
Mehr, als es Worte könnten. Durch dies Bündnis

Wird kleine Eifersucht, die groß nun scheint,
Und große Furcht, die jetzt Gefahren droht,
In Nichts verschwinden; Wahrheit wird dann Märchen,
Wie halbe Mär' jetzt Wahrheit – Beide liebend,
Vereint sie euch in Wechsellieb', und zög'
der Völker Liebe nach. – Verzeiht die Rede,
Längst war sie überlegt, nicht schnell ersonnen,
Pflichtmäßig reif bedacht.
Antonius. Will Cäsar reden?
Cäsar. Nicht, bis er hört, welch' Eindruck das Gesproch'ne
Macht auf Antonius.
Antonius. Was vermag Arippa,
Wenn ich nun spräch': *Agrippa, also sei's,* –
Dies wahr zu machen? –
Cäsar. Cäsars Macht und über
Ocavia seine Macht.
Antonius. Mög' nimmer ich
Dem edlen Plane, der so viel verheißt,
Verhind'rung träumen. Reich mir deine Hand,
Förd're den frommen Bund; und nun, von Stund' an,
Regier' in unsrer Liebe Bruder-Eintracht
Und walt' ob unsern Zielen.
Cäsar. Nimm die Hand.
Dir schenk' ich eine Schwester, wie kein Bruder
So zärtlich eine je geliebt. Sie lebe,
Zu binden unsre Reich' und Herzen. Niemals
Flieh' unsre Liebe wieder!
Lepidus. Glück und Amen!
Antonius. Ich dachte nicht, Pompejus zu bekämpfen,
Denn großen Freundschaftsdienst erwies er mir
Vor kurzem erst. Ich muß ihm danken, nur
Daß mich der Ruf nicht unerkenntlich nenne. –
Das abgetan, entbiet' ich ihn zum Kampf.
Lepidus. Es drängt die Zeit:
Alsbald nun müssen wir Pompejus suchen,
Sonst sucht er uns.
Antonius. Wo ankert seine Flotte?
Cäsar. Am Vorgebirg' Misenum.
Antonius. Seine Landmacht,
Wie stark?
Cäsar. Groß und im Wachsen; doch zur See
Gebeut er unumschränkt.
Antonius. So sagt der Ruf. –

Hätt' ich ihn doch gesprochen! Hin in Eil'. –
  Doch eh' wir uns bewaffnen, bringt zu Ende,
  Was eben ward gelobt.
Cäsar. Mit höchster Freude.
  So lad' ich Euch zum Anblick meiner Schwester
  Und führ' Euch gleich zu ihr.
Antonius. Gönnt, Lepidus,
  Uns Eure Gegenwart.
Lepidus. Edler Antonius,
  Nicht Krankheit hielte mich zurück.

(Trompetenstoß. *Cäsar, Antonius* und *Lepidus* ab.)

Mäcenas. Willkommen von Ägypten, Herr.
Enobarbus. Hälfte von Cäsars Herzen, würd'ger Mäcenas!
  Mein ehrenwerter Freund Agrippa!
Agrippa. Wack'rer Enobarbus!

Mäcenas. Wir haben Ursache, froh zu sein, daß alles sich so gut entwirrt hat. Ihr habt's Euch indessen in Ägypten wohl sein lassen?

Enobarbus. Ja, Herr, wir schliefen, daß sich der helle Tag schämte, und machten die Nacht mit Trinken hell.

Mäcenas. Acht wilde Schweine, ganz gebraten, zum Frühstück und nur für zwölf Personen; ist das wahr?

Enobarbus. Das war nur wie eine Fliege gegen einen Adler; wir hatten viele andere Dinge zum Schmausen, die wohl wert waren, daß man darauf achtete.

Mäcenas. Sie ist eine ganz unwiderstehliche Frau, wenn der Ruf ihr gerecht ist.

Enobarbus. Als sie den Mark Anton das erste Mal sah, stahl sie ihm sein Herz; es war auf dem Flusse Cydnus.

Agrippa. Da zeigte sie sich ihm in der Tat, oder mein Erzähler hat viel für sie erfunden.

Enobarbus. Ich will's berichten. –
Die Bark', in der sie saß, ein Feuerthron,
Brannt' auf dem Strom; getriebnes Gold der Spiegel,
Die Purpursegel duftend, daß der Wind
Sich liebend drin verfing; die Ruder Silber,
Die nach der Flöten Ton Takt hielten, daß
Das Wasser, wie sie's trafen, schneller strömte,
Verliebt in ihren Schlag. Doch sie nun selbst –
Zum Bettler wird hier jedes Wort: sie lag
In ihrem Zelt, das ganz aus Gold gewirkt
Ein Kunstwerk, herrlicher als jene Venus,
Wo die Natur der Malerei erliegt.

Zu beiden Seiten ihr holdsel'ge Knaben
Mit Wangengrübchen, lächelnde Amoretten
Mit bunten Fächern, deren Wehn durchglühte –
So schien's – die zarten Wangen, die sie kühlten;
Anzündend statt zu löschen.
Agrippa. Ihm, welch Schauspiel!
Enobarbus. Die Dienerinnen, wie die Nereiden
Seejungfrau'n, huldigten vor ihrem Antlitz
Und Schmuck war jede Beugung. Eine Meerfrau
Lenkte das Steuer; seid'nes Tauwerk schwoll
Dem Druck so blumenweicher Händ' entgegen,
Die flink den Dienst versahn. Der Bark' entströmend
Betäubt' fremdart'ger Wohlgeruch die Sinne
Der nahen Uferdämme. Sie zu sehn,
Ergießt die Stadt ihr Volk, und Mark Anton,
Hochthronend auf dem Marktplatz, saß allein
Und pfiff der Luft, die, wär' ein Leeres möglich,
Sich auch verlor, Cleopatra zu schaun,
Und einen Riß in der Natur zurückließ.
Agrippa. O wundervolles Weib!
Enobarbus. Als sie gelandet, bat Antonius sie
Zur Abendmahlzeit; sie erwiderte,
Ihr sei willkommner, ihn als Gast zu sehn,
Und lud ihn. Unser höflicher Anton,
Der keiner Frau noch jemals nein gesagt,
Zehnmal recht schmuck barbiert, geht zum Fest,
Und dort muß nun sein Herz die Zeche zahlen,
Wo nur sein Auge zehrt'.
Agrippa. Ein fürstlich Weib!
Sie ließ des großen Cäsars Schwert zu Bett gehn,
Er pflügt' ihr und sie erntete.
Enobarbus. Ich sah sie
Einst vierzig Schritte durch die Straße hüpfen,
Und als sie atemlos, sprach sie und keuchte,
So daß zur Anmut sie den Fehl erhob,
Und ohne Atem Kraft entatmete.
Mäcenas. Nun muß Antonius sie durchaus verlassen!
Enobarbus.
Niemals! Das wird er nicht! Nicht kann sie Alter
Hinwelken, täglicher Genuß nicht stumpfen
Die immer neue Reizung. Andre Weiber
Sätt'gen die Luft, gewährend, sie macht hungrig,
Je reichlicher sie schenkt; denn das Gemeinste

Wird so durch sie geadelt, daß die Priester
Sie segnen, wann sie buhlt.
Mäcenas. Wenn Schönheit, Sitt' und Weisheit fesseln können
Das Herz Antons, dann ist Octavia ihm
Ein segensreiches Los.
Agrippa. Kommt, laßt uns gehn.
Ihr, werter Enobarbus, seid mein Gast,
Solang' Ihr hier verweilt.
Enobarbus. Ich dank' Euch bestens. (Alle ab.)

3. Szene
Daselbst. In Cäsars Hause

Es treten auf *Cäsar, Antonius, Octavia* zwischen ihnen; Gefolge;
ein *Wahrsager*.

Antonius. Die Welt, mein großes Amt, wird jezuweilen
Von deiner Brust mich trennen.
Octavia. All die Zeit
Beugt vor den Göttern betend sich mein Knie
Zu deinem Heil.
Antonius. Gut' Nacht, Herr. O Octavia,
Lies meinen Tadel nicht im Ruf der Welt;
Ich hielt nicht stets das Maß, doch für die Zukunft
Fügt sich alles der Form. Gut' Nacht, Geliebte! –
Gut' Nacht, Herr.
Cäsar. Gute Nacht. (Cäsar und Octavia ab.)
Antonius.
Nun, Freund? Du sehnst dich heim wohl nach Ägypten?
Wahrsager. Ging' ich doch nie von dort, noch niemals Ihr
Dahin!
Antonius. Den Grund, wenn du es kannst?
Wahrsager. Ich seh' ihn
Im Geist; doch nicht mit Worten fass' ich's. Dennoch
Eilt nur nach Afrika.
Antonius. Weissage mir,
Wes Glück steigt höher? Cäsars oder meins?
Wahrsager. Cäsars.
Drum, o Antonius, weile nicht bei ihm.
Dein Geist, der dich beschützt, dein Dämon, ist
Hochherzig, edel, mutig, doch unerreichbar,
Dem Cäsar fern; doch nah' ihm, wird dein Engel
Zur Furcht, wie eingeschüchtert. Darum lasse
Raum zwischen dir und ihm.

Antonius. Sag das nicht mehr.
Wahrsager. Niemand als dir, nie wieder als zu dir.
Versuche du mit ihm welch Spiel du willst,
Gewiß verlierst du; sein natürlich Glück
Schlägt dich, wie schlecht er steht; dein Glanz wird trübe,
Strahlt er daneben. Noch einmal: dein Geist,
Ihm nah, verliert den Mut er, dich zu leiten,
Doch ihm entfernt, erhebt er sich.
Antonius. Hinweg!
Sag dem Ventidius, sprechen woll' ich ihn:
(Wahrsager ab.)
Er soll nach Parthien. – Ob Geschick, ob Zufall,
Er sagte wahr. Der Würfel selbst gehorcht ihm!
Beim Spiel weicht meine überlegne Kunst
Vor seinem Glück; ziehn wir ein Los, gewinnt er;
Sein Hahn siegt' über meinen stets im Kampf,
Wenn alles gegen nichts stand; seine Wachtel
Schlug meine, ob auch schwächer. Nach Ägypten!
Und schloß ich diese Heirat mir zum Frieden,
Ventidius kommt.
Im Ost wohnt meine Lust. O komm, Ventidius,
Du mußt nach Parthien; fertig ist dein Auftrag;
Komm mit und hol' ihn. (Gehen ab.)

4. Szene

Daselbst. Eine Straße

Es treten auf *Lepidus*, *Mäcenas* und *Agrippa*.

Lepidus. Bemüht euch ferner nicht; ich bitt' euch, treibt
Die Feldherrn mir zu folgen.
Agrippa. Herr, Anton
Umarmt nur noch Oktavien; gleich dann gehn wir.
Lepidus. Bis ich euch wiederseh' in Kriegertracht,
Die beid' euch zieren wird, lebt wohl.
Mäcenas. Wir sind,
Nach meinem Reiseplan, am Vorgebirg'
Noch eh'r als Ihr.
Lepidus. Weil eure Straße kürzer. –
Mein Vorsatz führt mich einen weiten Umweg,
Ihr kommt zwei Tage früher.
Mäcenas. Viel Erfolg!
Lepidus. Lebt wohl! (Alle ab.)

5. Szene
Alexandria. Zimmer im Palast

Cleopatra, Charmion, Iras und *Alexas* treten auf.

Cleopatra. Gebt mir Musik; Musik, schwermüt'ge Nahrung
Für uns verliebtes Volk!
Diener. He! Die Musik!
Mardian kommt.
Cleopatra. Laßt es nur sein. Wir woll'n zum Kugelspiel;
Komm, Charmion.
Charmion. Mich schmerzt der Arm; mit Mardian spielt Ihr besser.
Cleopatra. Ein Weib spielt mit dem Hämling wohl so gut
Als mit 'nem Weibe. Wollt Ihr mit mir spielen?
Mardian. Fürstin, so gut ich kann.
Cleopatra. Wo guter Wille, käm' er auch zu kurz,
Sieht man dem Spieler nach. Ich mag nicht mehr.
Gebt mir die Angel, kommt zum Flusse; dort
Während Musik von fern erklingt, berück' ich
Den goldbeflossten Fisch, mit krummen Haken
Die schleim'gen Kiefern fassend, und bei jedem,
Den ich aufzog, denk' ich, es sei Anton,
Und sag': Aha! Dich fing ich!
Charmion. Lustig war
Mit ihm das Wette-Angeln, als Eu'r Taucher
Den Dörrfisch hängt' an seine Schnur, den er
So eifrig aufzog.
Cleopatra. Jene Zeit! O Zeiten!
Ich lacht' ihn aus der Ruh', dieselbe Nacht
Lacht' ich ihn in die Ruh'; den nächsten Morgen,
Noch vor neun Uhr trank ich ihn auf sein Lager,
Tat meinen Mantel ihm und Kopfputz um,
Und ich derweil trug sein philippisch Schwert, –
Ein Bote kommt.
O, von Italien! –
Stopf mir fruchtbare Zeitung in mein Ohr,
Das lange brach gelegen.
Bote. Fürstin! Fürstin!
Cleopatra. Antonius tot? –
Sagst du das, Sklav', so mordst du deine Herrin.
Doch meldst du ihn
Gesund und frei, nimm Gold, und hier zum Kuß
Die blausten Adern, die zitternd
Der Kön'ge Lippen küßten.

Bote. Er ist wohl.
Cleopatra. Hier noch mehr Gold. – Doch, Mensch, wir sagen oft,
Wohl sei den Toten; wenn du's so gemeint,
Schmelz' ich das Gold, das ich dir gab, und gieß' es
In deinen Unglücksschlund hinab.
Bote. O, hört mich!
Cleopatra. Nun wohl, ich will's. –
Doch sagt dein Blick nichts Gutes, wenn Anton
Frei und gesund. Wozu die finstre Miene
Zu solcher frohen Post? Ist ihm nicht wohl,
Solltst du als Furie kommen, schlangumkränzt,
Und nicht in Mannsgestalt.
Bote. Wollt Ihr mich hören?
Cleopatra. Ich möchte gleich dich schlagen, eh' du sprichst.
Doch wenn du meldst, Anton sei wohl, er lebe,
Sei Cäsars Freund, und nicht von ihm gefangen,
Dann ström' ein goldner Regen dir, ein Hagel
Von reichen Perlen.
Bote. Er ist wohl.
Cleopatra. Recht gut!
Bote. Und Cäsars Freund.
Cleopatra. Du bist ein wack'rer Mann!
Bote. Cäsar und er sind größ're Freund' als je.
Cleopatra. Heisch einen Schatz von mir!
Bote. Fürstin, und doch
Cleopatra. Ich hasse dies *„und doch"*, es macht zu nichts
Den guten Vordersatz. Pfui dem *„und doch"*;
„Und doch" ist wie ein Scherg' und führt heran
Etwelchen argen Missetäter. Freund,
Geuß mir die ganze Botschaft in mein Ohr,
Das Schlimm' und Gute. – Er ist Freund mit Cäsar,
Gesund und frisch, sagst du, und sagst in Freiheit?
Bote. In Freiheit, Fürstin? Nein, so sagt' ich nicht.
Octavia bindet ihn.
Cleopatra. In welchem Sinn?
Bote. Als Eh'gemahl.
Cleopatra. Ich zittre, Charmion.
Bote. Fürstin, er ist Oktavien vermählt.
Cleopatra. Die giftigste von allen Seuchen dir! (Schlägt ihn nieder.)
Bote. Geduld, o Königin!
Cleopatra. Was sagst du? Fort, (schlägt ihn wieder)
Scheußlicher Wicht! Sonst stoß' ich deine Augen
Wie Bälle vor mir her; raufe dein Haar, (zerrt ihn hin und her)

Lasse mit Draht dich geißeln, brühn in Salz,
Langsam verzehrt von scharfer Lauge.
Bote. Fürstin,
Ich meldete die Heirat, schloß sie nicht!
Cleopatra. Sag, 's ist nicht so: ich schenke dir ein Land,
Laß schwelgen dich im Glücke; jener Schlag
Sei Buße, daß du mich in Wut gebracht,
Und was du noch bescheidentlich magst wünschen,
Sei obendrein gewährt.
Bote. Er ist vermählt.
Cleopatra. Schurke, du hast zu lang' gelebt ... (Zieht einen Dolch.)
Bote. Dann lauf' ich: –
Was wollt Ihr, Fürstin? 's ist nicht mein Vergehn! (Ab.)
Charmion. O Fürstin, faßt Euch! seid nicht außer Euch! –
Der Mann ist schuldlos?
Cleopatra. Wie manch Unschuld'gen trifft der Donnerkeil!
Der Nil ersäuf' Ägypten! Werdet Schlangen,
Natürliche Geschöpfe! – Ruft den Sklaven,
Bin ich auch toll, ich beiß' ihn nicht. – Ruft ihn.
Charmion. Er fürchtet sich vor dir.
Cleopatra. Ich tu' ihm nichts.
Ihr Hände seid entadelt, weil Ihr schlugt
Den Mindern als ich selbst; denn nur ich selbst
War Ursach' meines Zorns. – Kommt hierher, Freund.
Bote kommt zurück.
Obwohl es redlich ist, war's nimmer gut,
Die schlimme Nachricht bringen. Freudenbotschaft
Verkünd' ein Heer von Zungen, doch die schlimme
Mag selbst sich melden, wenn man sie empfindet.
Bote. Ich tat nach meiner Pflicht.
Cleopatra. Ist er vermählt?
Ich kann nicht schlimmer hassen dich als jetzt,
Sagst du noch einmal ja.
Bote. Er ist vermählt.
Cleopatra. Fluch über dich! So bleibst du stets dabei?
Bote. Sollt' ich denn lügen?
Cleopatra. O daß du es tätst!
Und wär' mein halb Ägypten überschwemmt,
Ein Pfuhl für schupp'ge Nattern! Geh, entfleuch,
Stände Narziß auf deinem Antlitz, mir
Schienst du ein Ungeheuer! – Er vermählt? –
Bote. Ich bitt' Euch um Vergebung ...
Cleopatra. Er vermählt?

Bote.   Zürnt nicht, daß ich Euch nicht erzürnen will;
   Mich dafür strafen, was Ihr mich heißt tun,
   Scheint höchst unrecht. – Er ist Oktaviens Gatte.
Cleopatra.   O daß sein Frevel dich zum Schurken macht,
   Der du nicht bist! Wie! Weißt du's sicher? Fort!
   Die Ware, die du mir von Rom gebracht,
   Ist mir zu teuer; bleibe sie dir liegen,
   Und möge dich verderben.   (Bote ab.)
Charmion.   Faßt Euch, Hoheit.
Cleopatra.   Antonius zu erheben, schalt ich Cäsarn …
Charmion.   Oft, Fürstin.
Cleopatra.   Nun, jetzt hab' ich meinen Lohn.
   Führt mich von hier!
   Mir schwindelt. Iras, Charmion! – Es geht vorüber!
   Geh zu dem Boten, mein Alexas: heiß ihn
   Octavias Bildung schildern, ihre Jahre,
   Ihr ganz Gemüt. Er soll dir nicht vergessen
   Die Farbe ihres Haars: gib schnell mir Nachricht.   (Alexas ab.)
   Er geh' auf immer! – Nein doch! liebe Charmion,
   Wenn er auch Gargo gleicht von einer Seite,
   Gleicht von der andern er dem Mars. Alexas
   Soll melden mir, wie groß sie ist. Hab' Mitleid,
   Doch sag nichts, Charmion. – Führt mich in mein Zimmer.
                      (Alle ab.)

6. Szene
In der Nähe von Misenum

Es treten auf von der einen Seite Pompejus *und* Menas, *mit Trommeln und Trompeten; von der andern* Cäsar, Antonius, Lepidus, Enobarbus *und* Mäcenas *mit Truppen*

Pompejus.   Ihr habt nun meine Geiseln, ich die Euern,
   So laßt uns reden vor der Schlacht.
Cäsar.   Sehr löblich,
   Daß erst verhandelt werde; darum sandt' ich
   Dir schriftlich meine Vorschläge voraus.
   Hast du die wohl erwogen, zeig uns an,
   Hält in der Scheide sie dein zürnend Schwert
   Und führt zurück Siziliens stolze Jugend,
   Die sonst hier fallen muß.
Pompejus.   Hört mich, ihr drei
   Allein'ge Senatoren dieser Welt,
   Höchste Statthalter Jupiters. Ich weiß nicht,

Weshalb mein Vater Rächer sollt' entbehren,
Dem Sohn und Freunde blieben, da doch Cäsar,
Nachdem sein Geist erschien dem edlen Brutus,
Euch bei Philippi für ihn kämpfen sah.
Was trieb den bleichen Cassius zur Verschwörung?
Was tränkte der altröm'sche biedre Brutus
Und wes Schwert sonst um holde Freiheit warb,
Mit Blut das Kapitol? Nur daß *ein* Mann
nicht mehr sei als ein andrer Mann! Und deshalb
Rüstet' auch ich die Seemacht, deren Last
Das Meer zornschäumend trägt, mit ihr zu geißeln
Den Undank, den dies schnöde Rom erwies
Meinem erhabnen Vater.

Cäsar.   Nur gemach!

Antonius. Du schreckst mit deiner Flott' uns nicht, Pompejus.
Wir sprechen uns zur See, zu Lande weißt du
Wie wir dich überbieten.

Pompejus.   Ja, zu Lande
Überbotst du mich um meines Vaters Haus.
Doch weil der Kuckuck für sich selbst nicht baut,
Bleib drin, solang zu kannst.

Lepidus.   Gefällt's Euch, sagt –
Denn dies führt uns zum Ziel – wie Euch der Vorschlag
Bedünkt, den wir getan.

Cäsar.   Darauf kommt's an.

Antonius. Nicht sei dazu gebeten; sondern wäge,
Was du dadurch gewinnst.

Cäsar.   Und was draus folgt,
Was reicheres Glück verheißt.

Pompejus.   Ihr botet mir
Sizilien und Sardinien, und ich soll
Das Meer befrein von Räubern; soll nach Rom
Vorrat von Weizen senden; tu' ich das,
Ziehn wir mit unzerhacktem Schwert nach Haus
Und glattem Schild.

Cäsar.
Antonius. } Das boten wir.
Lepidus.

Pompejus.   So wißt,
Ich kam vor euch hierher mit dem Entschluß,
Dies anzunehmen; nur daß Mark Anton
Ein wenig mich verstimmt. – Büß' ich schon ein
An Ruhm, erzähl' ich's selber – dennoch wißt:

Als Cäsar sich mit Eurem Bruder schlug,
Fand Eure Mutter in Sizilien
Den gastlichsten Empfang.
Antonius. Ich weiß, Pompejus,
Und bin zu reichem Danke Euch bereit,
Wie's meine Schuldigkeit.
Pompejus. Gebt mir die Hand.
Ich hätte nicht gedacht, Euch hier zu treffen.
Antonius. Es ruht sich sanft im Osten, und ich dank' Euch,
Daß Ihr mich herrieft, eh's mein Vorsatz war;
Denn ich gewann dabei.
Cäsar. Seit ich Euch sah,
Habt Ihr Euch sehr verändert.
Pompejus. Nun, ich weiß nicht,
Wie herbes Schicksal mein Gesicht gefurcht,
Doch nimmer soll mir's dringen in die Brust,
Mein Herz zu unterjochen.
Lepidus. Seid willkommen!
Pompejus. Das hoff' ich, Lepidus. So sind wir eins. –
Ich wünschte nun geschrieben den Vertrag
Und unterzeichnet.
Cäsar. Das geschehe gleich.
Pompejus. Wir wollen uns bewirten, eh' wir scheiden,
Und losen, wer beginnt.
Antonius. Laßt mich beginnen!
Pompejus. Nein, losen wir, Antonius. Doch ob erster,
Ob letzter, Eurer Kochkunst aus Ägypten
Gebührt der Preis. Ich hörte, Julius Cäsar
Ward dort von Schmausen fett.
Antonius. Ihr hörtet vieles!
Pompejus. Ich mein' es gut.
Antonius. Und bringt es gut zum Ausdurck.
Pompejus. Nun wohl, ich höre es;
Und hört' auch das: Apollodorus trug ...
Enobarbus. O still davon! Er trug ...
Pompejus. Was?
Enobarbus. Eine gewisse
Monarchin hin zum Cäsar in 'nem Deckbett.
Pompejus. Nun kenn' ich dich. Wie geht dir's, Kriegsmann?
Enobarbus. Gut
Und wie mir's scheint, auch ferner gut. Ich sehe,
Vier Schmäuse sind im Werk.
Pompejus. Reich mir die Hand;

Ich hab' dich nie gehaßt. Ich sah dich fechten
Und neidete dir deinen Mut.

Enobarbus. Mein Feldherr,
Ich liebt' Euch nie sehr stark, doch lobt' ich Euch,
Da Ihr wohl zehnmal so viel Lob verdient,
Als ich Euch zugestand.

Pompejus. Dein offnes Wesen
Erhalte dir, es steht dir wohl. –
Ich lad' euch all an Bord meiner Galeere;
Wollt ihr vorangehn?

Alle. Führt uns, Feldherr!

Pompejus. Kommt.

(Pompejus, Cäsar, Antonius, Lepidus, Soldaten und Gefolge ab.)

Menas (beiseite) Dein Vater, Pompejus, wäre nimmer diesen Vergleich eingegangen. – Ihr und ich haben uns schon gesehen, Herr.

Enobarbus. Zur See, denk' ich.

Menas. Ganz recht, Herr.

Enobarbus. Ihr habt Euch gut zur See gehalten.

Menas. Und Ihr zu Lande.

Enobarbus. Ich werde jeden loben, der mich lobt, obgleich nicht zu leugnen ist, was ich zu Lande getan.

Menas. Noch was ich zu Wasser getan.

Enobarbus. Nun, etwas könnt Ihr schon für Eure Sicherheit leugnen; Ihr seid ein großer Dieb zur See gewesen.

Menas. Und Ihr zu Lande.

Enobarbus. Solchen Landdienst leugne ich ab. Aber gebt mir die Hand, Menas: hätten unsere Augen jetzt obrigkeitliche Vollmacht, so würden sie hier zwei sich küssende Diebe ertappen.

Menas. Aller Menschen Gesichter sind ehrlich, wie auch ihre Hände beschaffen sind.

Enobarbus. Aber noch kein hübsches Weib hatte je ein ehrlich Gesicht.

Menas. Damit trittst du ihnen nicht zu nahe; denn sie sind Herzensdiebe.

Enobarbus. Wir kamen mit euch zu fechten.

Menas. Mir für mein Teil tut's leid, daß daraus ein Trinkgelag ward. Pompejus lacht heut sein Glück weg!

Enobarbus. Wenn das ist, so kann er's gewiß nicht wieder zurückweinen.

Menas. Sehr gewiß, Herr; wir dachten nicht, Marc Antonius hier zu treffen. Sagt doch, ist er mit Cleopatra vermählt?

Enobarbus. Cäsars Schwester heißt Octavia.

Menas. Jawohl, sie war des Cajus Marcellus Weib.

Enobarbus. Und ist nun des Marcus Antonius Weib.
Menas. Was Ihr sagt!
Enobarbus. 's ist wahr!
Menas. Dann sind Cäsar und er für immer aneinander geknüpft!
Enobarbus. Wenn es meines Amtes wäre, von dieser Vereinigung zu weissagen, ich prophezeite nicht so.
Menas. Ich denke, der politische Zweck tat mehr für die Heirat, als die Liebe der Vermählten.
Enobarbus. Das denk' ich auch. Aber Ihr sollt sehen, das Band, das ihre Freundschaft zu verknüpfen scheint, erwürgt ihre Verbrüderung. Octavia ist von frommem, kaltem, stillem Temperament.
Menas. Wer wünschte sein Weib nicht so?
Enobarbus. Der nicht, der selbst nicht so ist, und das ist Mark Anton. Sein ägyptisches Mahl wird ihn zurückziehen; dann werden Octavias Seufzer Cäsars Feuer anfachen, und wie ich vorhin sagte: was die Befestigung ihres Bundes scheint, wird die unmittelbare Entzweiung werden. Antonius wird seine Liebe da zeigen, wo sie ist; hier hat er nur seinen Vorteil geheiratet.
Menas. So wird's wohl kommen. Sagt, Herr, wollt Ihr an Bord? Ich habe eine Gesundheit für Euch.
Enobarbus. Die nehm' ich an, Herr; wir haben unsere Gurgeln in Ägypten eingeübt.
Menas. Wir wollen gehen. (Beide ab.)

7. Szene
An Bord von Pompejus' Galeere

Musik. Es treten auf zwei oder drei *Diener*, die ein Bankett hereintragen.

Erster Diener. Gleich werden sie hier sein, Kamerad. Ein paar von diesen edlen Bäumen sind nicht mehr im Boden festgewurzelt, der kleinste Wind kann sie umwerfen.
Zweiter Diener. Lepidus ist schon hochrot.
Erster Diener. Der hat trinken müssen, was die andern übrig ließen.
Zweiter Diener. Wie nur einer dem andern den wunden Fleck berührt, ruft er: Genug davon! Befreundet sie wieder untereinander und sich wieder mit dem Becher.
Erster Diener. Desto größerer Krieg erhebt sich zwischen ihm und seinen fünf Sinnen.
Zweiter Diener. Das kommt dabei heraus, in großer Herren Gesellschaft Kamerad zu sein. Ebenso gern hätte ich ein Schilfrohr, das mir nichts mehr nützen kann, als eine Hellebarde, die ich nicht regieren könnte.

Erster Diener. In eine große Sphäre berufen sein und sich nicht darin bewegen, ist wie Löcher an Stelle der Augen, die das Gesicht jämmerlich entstellen.

> Eine Zinke wird geblasen. Es treten auf *Cäsar, Antonius, Pompejus, Lepidus, Agrippa, Mäcenas, Enobarbus, Menas* und andere Hauptleute.

Antonius (zum Cäsar).   So ist der Brauch: sie messen dort den Strom
Nach Pyramidenstufen. Daran sehn sie,
Nach Höhe, Tief' und Mittelstand, ob Teurung,
Ob Fülle folgt. Je höher schwoll der Nil,
Je mehr verspricht er; fällt er dann, so streut
Der Sämann auf den Schlamm und Moor sein Korn
Und erntet bald nachher.
Lepidus.   Ihr habt seltsame Schlangen dort!
Antonius.   Ja, Lepidus!
Lepidus.   Die ägyptische Schlange wird also durch die Kraft der Sonne aus dem Schlamm ausgebrütet, sagt Ihr; so auch des Krokodil.
Antonius.   So ist's.
Pompejus.   Setzt euch. – Mehr Wein! Auf Lepidus' Gesundheit.
Lepidus.   Mir ist nicht so wohl, als ich sein sollte, aber ich bin dabei.
Enobarbus.   Mir will's vielmehr scheinen, Ihr seid schon nicht mehr recht dabei.
Lepidus.   Ja, das muß wahr sein, diese ptolemäischen Pyramidigen, sagt man, sind allerliebste Dinger; in allem Ernst, das sagt man.
Menas (beiseite).   Ein Wort Pompejus.
Pompejus.   Sag ins Ohr, was ist's?
Menas (beiseite).   Steh auf von deinem Sitz, ich bitt' dich, Feldherr.
Und hör mich auf ein Wort.
Pompejus.   Wart noch ein Weilchen.
Den Wein für Lepidus.
Lepidus.   Was für 'ne Sorte von Geschöpf ist so 'n Krokodil?
Antonius.   Es hat eine Gestalt, Herr, wie es selbst, und ist so breit, als seine Breite beträgt; just so hoch, als es hoch ist, und bewegt sich mit seinen eigenen Gliedern; es lebt von seiner Nahrung, und haben seine Elemente sich aufgelöst, so seelenwandert es.
Lepidus.   Was hat es für eine Farbe?
Antonius.   Auch seine eigentümliche Farbe.
Lepidus.   Ein kurioser Wurm!
Antonius.   Allerdings. Und seine Tränen sind naß.
Cäsar.   Wird ihm diese Beschreibung genügen?

Antonius. Nach allen Gesundheiten, die Pompejus ihm bringt,
sonst ist er ein wahrer Epikureer.
Pompejus (beiseite zu Menas).
　Geh mir und laß dich hängen! Das mir sagen!
　Geh, tu wie ich dir hieß. Wo bleibt mein Becher?
Menas. Hab' ich dir Treu' bewiesen, hör mich an,
　Und komm beiseit.
Pompejus. 　　　　　　Du bist nicht klug. Was willst du?
Menas. Ich zog die Mütze stets vor deinem Schicksal …
Pompejus. Du hast mir immer treu gedient; was weiter? –
　Munter, ihr edeln Herrn!
Antonius. 　　　　　　Nehmt Euch in acht
　Vor diesem Triebsand, Lepidus; Ihr sinkt!
Menas. Willst du Herr sein der ganzen Welt?
Pompejus. 　　　　　　　　　　　　Was sagst du?
Menas. Willst Herr der ganzen Welt sein? Zweimal sagt' ich's.
Pompejus. Wie sollte das geschehn?
Menas. 　　　　　　　Geh nur drauf ein,
　Und schein' ich noch so arm, ich bin der Mann,
　Der dir die ganze Welt gibt.
Pompejus. 　　　　　　Bist du trunken?
Menas. Mein Feldherr, vor dem Becher wahrt' ich mich;
　Du bist, wenn du's nur wagst, der Erde Zeus,
　Und was das Meer umgrenzt, der Himmel einschließt,
　Ist dein, wenn du's nur willst.
Pompejus. 　　　　　　So sag mir, wie?
Menas. Diese drei Weltenteiler, die Triumvirn,
　Faßt unser Schiff; laß mich die Taue kappen,
　Und wenn wir treiben, an der Kehl' sie packen
　Und dein ist alles.
Pompejus. 　　　　Ah! hättst du's getan
　Und nichts gesagt! In mir ist's Büberei,
　Von dir getreuer Dienst. Vergiß es nie,
　Mein Vorteil nicht geht meiner Ehre vor,
　Die Ehre ihm. Bereu es, daß dein Mund
　So deine Tat verriet. Tatst du's geheim,
　Dann hät' ich's, wenn's geschehn, als gut erkannt,
　Doch nun muß ich's verdammen. – Vergiß und trink!
Menas. Hinfort
　Folg' ich nie wieder deinem morschen Glück!
　Wer sucht und greift nicht, wenn man es ihm bietet,
　Findet's nie wieder.
Pompejus. 　　　　　Lepidus soll leben!

Antonius. Tragt ihn ans Land. Ich tu' für ihn Bescheid.
Enobarbus. Menas, dein Wohl!
Menas.   Willkommen, Enobarbus!
Pompejus. Füllt überm Rand den Becher!
Enobarbus. Menas, der Kerl hat Kraft!
Menas.   Warum?
Enobarbus.   Er trägt
   Den dritten Teil der Welt; Mann, siehst du's nicht?
Menas. Dies Drittteil also trunken! Wär's die ganze,
   Dann rollt' sie ohne Ruh'.
Enobarbus.   Trink; tu dein Teil dazu.
Menas. So komm!
Pompejus.   Dies ist noch kein ägyptisch Fest!
Antonius. Doch es entwickelt sich dazu. Zapft an!
   Auf Cäsars Wohl!
Cäsar.   Ich ließ es lieber ungetrunken.
   's ist tolle Arbeit, mein Gehirn zu waschen;
   und es wird schmutz'ger.
Antonius.   Sei ein Kind der Zeit!
Cäsar. Trink zu, ich tu' Bescheid; doch lieber fast' ich
   Vier Tage ganz als *einen* so viel trinken.
Enobarbus. O wackrer Imperator!
   Soll'n wir ägypt'schen Bacchustanz beginnen,
   Und feiern diesen Trunk?
Pompejus.   Recht so, mein Krieger!
Antonius. Kommt, schließen wir den Reih'n.
   Bis der sieghafte Wein den Sinn uns taucht
   Im süßen weichen Lethe.
Enobarbus.   Nun umfaßt euch;
   Bestürmt das Ohr mit lärmender Musik,
   Weil ich euch stelle; dann singt der Knab' ein Lied,
   Und jeder fällt mit ein im Chor, so laut
   Als seine starke Brust nur schmettern kann.
       (Musik. Enobarbus stellt sie, und sie schließen den Reihen.)

                        Lied
         Komm, du König, weinbekränzt,
         Bacchus, dessen Auge glänzt!
         Du verjagst die Leidgedanken!
         In den Locken Efeuranken,
         Trinkt, bis alle Welten schwanken!
         Trinkt, bis alle Welten schwanken!

Cäsar. Was wollt Ihr mehr? Gut' Nacht, Pompejus. Bruder,
   Gehn wir, ich bitt' Euch! Unser ernst Geschäft

Zürnt diesem Leichtsinn. Werte Herrn, brecht auf.
Ihr seht, die Wangen glühn. Held Enobarbus
Ist schwächer als der Wein; auch meine Zunge
Spaltet die Worte. Dieses wilde Wesen
Hat uns zu Gecken fast entstellt. Was red' ich?
Gut' Nacht! Die Hand, Anton!

Pompejus.   Ich will doch sehn, wie ihr's zu Lande macht.

Antonius.   Und sollt es. Eure Hand.

Pompejus.   Anton, Ihr habt
Des Vaters Haus. Was tut's, wir sind doch Freunde!
Kommt jetzt ins Boot.

Enobarbus.   Nehmt Euch in acht und fallt nicht.
(Pompejus, Cäsar, Antonius und Gefolge ab.)
Menas, ich will nicht mit.

Menas.   Komm zur Kajüte.
He, unsre Trommeln, Flöten, Zimbeln, he!
Hör es, Neptun, welch lauten Abschied wir
Den großen Herren bringen; blast, so blast doch!
(Trompeten und Trommeln.)

Enobarbus.   Hallo geschrien! die Mützen schwenkt!

Menas.   Hallo!
Kommt, edler Feldherr!   (Gehen ab.)

Dritter Aufzug

1. Szene
Eine Ebene in Syrien

Ventidius tritt auf, wie nach einem Siege; mit ihm *Silius* und andere römische Hauptleute und Soldaten; vor ihnen wird der Leichnam des *Pacorus* getragen.

Ventidius.   So, schlug ich dich, speerwerfend Parthien, so
Erwählte mich das Glück, des Crassus Tod
Zu rächen. Tragt den toten Königssohn
Dem Heer voran. Orodes, dein Pacorus
Zahlt dies für Crassus.

Silius.   Würdiger Ventidius!
Weil noch vom Partherblute raucht dein Schwert,
Folge den flücht'gen Parthern schnell durch Medien,
Mesopotamien, alle Schlupfwinkel,
Wohin die Flucht sie trieb; dann hebt dein Feldherr
Antonius auf den Siegeswagen dich
Und kränzt dein Haupt mit Lorbeern.

Ventidius. Silius, Silius!
Ich tat genug. Ein Untergebner, merk es,
Tut leicht zu große Tat: denn wisse, Silius: –
Besser nichts tun, als zuviel Ruhm erwerben
Durch tapfre Tat, wenn unsre Obern fern.
Cäsar und Mark Anton gewannen stets
Durch Diener mehr als durch sich selber. Sossius,
Sein Hauptmann – der vor mir in Syrien stand –
Verlor, weil Lorbeern er zu schnell gesammelt,
Die er erlangt im Umsehn, seine Gunst.
Wer mehr im Krieg tut, als sein Feldherr kann,
Wird seines Feldherrn Feldherr; und der Ehrgeiz,
Des Kriegers Tugend, wählt Verlust wohl lieber
Als Sieg, der ihn verdunkelt.
Ich könnte mehr tun zu Antonius' Vorteil,
Doch würd's ihn kränken; und in seiner Kränkung
Verschwände mein Bemühn.
Silius. Du hast, Ventidius,
Was, fehlt es ihm, den Krieger und sein Schwert
Kaum unterscheiden läßt. – Schreibst du dem Mark Anton?
Ventidius. Ich meld' in Demut, was in seinem Namen,
Dem mag'schen Feldgeschrei, wir ausgerichtet;
Wie sein Panier, sein wohlbezahltes Heer,
Die nie besiegte Parth'sche Reiterei
Mit Schmach vom Feld gehetzt.
Silius. Wo ist er jetzt?
Ventidius. Er sollte nach Athen. Und dort mit so viel Eil',
Als unsres Zugs Beschwer vergönnen will,
Erscheinen wir vor ihm. Nur vorwärts, Leute! Weiter! (Ab.)

2. Szene
Rom. Ein Vorzimmer in Cäsars Hause

Agrippe und *Enobarbus* begegnen einander.

Agrippa. Wie! trennten sich die Brüder?
Enobarbus. Sie sind eins mit Pompejus. Er ist fort,
Die andern unterzeichnen. Octavia weint,
Von Rom zu gehn. Cäsar ist traurig; Lepidus –
Wie Menas sagt – hat seit Pompejus' Schmaus
Die Bleichsucht.
Agrippa. Ei du wackrer Lepidus!
Enobarbus. Ausbündigstes Gemüt! Wie liebt er Cäsarn!
Agrippa. Wie betet er erst Marc Antonius an!

Enobarbus. Cäsar? Das ist der Jupiter der Menschheit!
Agrippa. Und Mark Anton! Der Gott des Jupiter!
Enobarbus. Spracht Ihr vom Cäsar? O, der nie Erreichte!
Agrippa. O Mark Anton? Arab'scher Wundervogel!
Enobarbus. Cäsarn zu loben sprecht: *Cäsar*! Nichts mehr!
Agrippa. Ja, beiden spendet er erhabnes Lob.
Enobarbus. Doch Cäsarn mehr. Zwar liebt er auch Anton.
Nicht Herz, Zahl, Zunge, Schreiber, Bard' und Dichter
Denkt, rechnet, spricht, schreibt, singt, reimt, was er fühlt
Für Marc Antonius. Aber Cäsar – kniet,
Kniet nieder, kniet und staunt.
Agrippa. Er liebt sie beide.
Enobarbus. Sie sind die Flügelschalen, er ihr Käfer.
(Trompetenstoß) So,
Das heißt zu Pferd. Leb wohl, edler Agrippa!
Agrippa. Viel Glück, mein wackrer Krieger, und lebt wohl.
    Es treten auf *Cäsar, Antonius, Lepidus* und *Octavia*.
Antonius. Nicht weiter, Herr!
Cäsar. Ihr nehmt von mir ein groß Teil von mir selbst;
Ehrt mich in ihm. Schwester, sei solch ein Weib,
Wie dich mein Herz gedacht, mein höchstes Pfand
Die Bürgschaft leisten möchte. Edler Herr,
Laßt nie dies Bild der Tugend, zwischen uns
Als unsrer Liebe Mörtel eingesetzt,
Sie fest zu gründen, – Mauerbrecher werden,
Sie zu zertrümmern. Besser dann für uns,
Uns ohne sie zu lieben, wenn nicht beide
Dies Mittel heilig achten.
Antonius. Kränkt mich nicht
Durch Mißtraun.
Cäsar. Nun genug.
Antonius. Nie geb' ich Euch,
So fein Ihr prüfen mögt, den kleinsten Anlaß
Zu solcher Furcht. So schützen dich die Götter,
Und lenken deinem Wunsch die Herzen Roms!
Wir scheiden hier!
Cäsar. Leb wohl, geliebte Schwester, lebe wohl!
Die Elemente sei'n dir hold, sie stärken
Mit frohem Mut dein Herz! Gehab' dich wohl!
Octavia. Mein edler Bruder!
Antonius. April ist dir im Aug', der Liebe Lenz,
Und Tränen sind der Regen, die ihn künden!
Blick heiter!

Octavia. O, sorge doch für meines Gatten Haus,
  Und ...
Cäsar.   Wie, Octavia?
Octavia.   ... heimlich sag' ich's dir.
Antonius. Die Zunge folgt dem Herzen nicht, noch kann
  Das Herz die Zunge lehren, wie des Schwans
  Flaumfeder steht auf hochgeschwellter Flut
  Und sinkt auf keine Seite.
Enobarbus. Wird Cäsar weinen?
Agrippa.   Wolken stehn im Antlitz!
Enobarbus. Das wäre schlimm genug, wär' er ein Pferd;
  So mehr für einen Mann.
Agrippa.   Wie, Enobarbus?
  Antonius, als er Cäsarn sah erschlagen,
  Da schrie er schluchzend; und er weinte auch
  Über des Brutus Leiche bei Philippi.
Enobarbus. Nur, in dem Jahre hatt' er wohl den Schnupfen!
  Was er mit Lust zerstört, bejammert' er,
  Das glaubt, bis auch ich weint'.
Cäsar.   Nein, teure Schwester!
  Stets sollst du von mir hören, und mein Leben
  Nicht überdauern dein Gedächtnis.
Antonius.   Kommt nun,
  Laßt mich mit Euch in Kraft der Liebe ringen.
  Seht, so noch halt' ich Euch, so laß ich los.
  Und gebe Euch den Göttern.
Cäsar.   Geht! Seid glücklich!
Lepidus. Die ganze Schar der Stern' umleuchte dir
  Den heitren Pfad!
Cäsar.   Leb wohl! Leb wohl! (Umarmt Octavia.)
Antonius.   Leb wohl!
      (Trompetenstoß. Alle ab.)

3. Szene
Alexandria. Ein Zimmer im Palast

Es treten auf Cleopatra, Charmion, Iras und Alexas

Cleopatra. Wo ist der Mensch?
Alexas.   Er fürchtet sich zu kommen.
Cleopatra. Nur zu, nur zu. Tritt näher, Freund.
        Bote tritt auf.
Alexas.   Monarchin,
  Herodes von Judäa scheut dein Auge,
  Wenn du nicht heiter!

Cleopatra. Des Herodes Haupt
Will ich, doch wie? Da Marc Antonius fern,
Durch den ich es mocht heischen. – Komm nur näher!
Bote. Huldreiche Majestät ...
Cleopatra. Hast du Octavien
Selber gesehn?
Bote. Ja, Herrin.
Cleopatra. Wo?
Bote. In Rom.
Ich sah ihr ins Gesicht; sah sie geführt
Von ihrem Bruder und vom Mark Anton.
Cleopatra. Ist sie so groß als ich?
Bote. Nein, gnäd'ge Fürstin.
Cleopatra. Hörst ihre Sprache? Ist leis' sie oder hell?
Bote. Ich hörte wie sie sprach, mit leiser Stimme.
Cleopatra.
Dann klingt's nicht gut, dann liebt er sie nicht lang.
Charmion. Sie lieben? Nun bei Isis, ganz unmöglich!
Cleopatra.
Das hoff' ich, Charmion! Dumpf von Stimm' und zwerghaft!
Ist Majestät in ihrem Gang? Besinn' dich,
Wenn du je Majestät gesehn!
Bote. Sie kriecht;
Ihr Stillstehn und Bewegen sind fast eins;
Sie zeigt sich mehr ein Körper als ein Leben,
Mehr Bildnis als beseelt.
Cleopatra. Ist das gewiß?
Bote. Sonst fehlt mir Scharfblick.
Charmion. Drei in ganz Ägypten
Bemerken besser nicht.
Cleopatra. Er zeigt Verstand,
Das seh' ich wohl. Von der ist nichts zu fürchten.
Der Mensch hat gutes Urteil.
Charmion. Ausgezeichnet!
Cleopatra. Wie alt wohl mag sie sein?
Bote. Sie war
Schon Witwe, Fürstin.
Cleopatra. Witwe? Charmion, hörst du?
Bote. Auf dreißig schätz' ich sie.
Cleopatra. Schwebt dir ihr Antlitz vor? Lang oder rund?
Bote. Ganz übertrieben rund.
Cleopatra. Solche Gesichter
Verraten meist auch Einfalt. Was für Haar?

Bote. Braun, Fürstin, und so niedrig ihre Stirn,
Wie sie nur wünschen mag.
Cleopatra.   Da hast du Gold. –
Sei mir nicht gram, daß ich so hitzig war.
Ich geb' dir Aufträge zurück; du scheinst mir
Sehr brauchbar in Geschäften. Mach dich fertig,
Die Briefe sind bereit. (Bote ab.)
Charmion.   Ein hübscher Mann!
Cleopatra. Das ist er auch; und ich bereue sehr,
Daß ich ihn so gerauft. Nun, so nach ihm
Kann das Geschöpf nicht viel bedeuten.
Charmion.   Gar nichts!
Cleopatra. Er sah doch Majestät und muß sie kennen.
Charmion. Ob er sie sah! Nun, bewahr' uns Isis sonst,
So lang' in Eurem Dienst!
Cleopatra. Ich muß ihn eins noch fragen, gute Charmion;
Doch tut es nichts. Geh, bring ihn auf mein Zimmer,
Da will ich schreiben. Noch vielleicht gelingt's.
Charmion. Fürstin, verlaßt Euch drauf. (Gehen ab.)

4. Szene
Athen. Ein Zimmer in Antonius' Hause

Antonius und *Octavia* treten auf

Antonius. Nein, nein, Octavia; 's ist nicht das allein;
Das wär' verzeihlich, das und tausend andres
Von gleicher Art. Doch neuen Krieg begann er
Wider Pompejus; las sein Testament
Dem Volke vor;
Sprach leicht von mir, und mußt' er mein durchaus
Ruhmvoll erwähnen, tat er's doch nur kalt
Und matt und brauchte höchst verkleinernd Maß;
Den nächsten Anlaß nahm er nicht, und mußt' er,
Kam's ihm vom Munde nur.
Octavia.   O teurer Gatte,
Glaub doch nicht allem, oder mußt du glauben,
Nimm's nicht als Kränkung. Unglücksel'ger stand –
Trennt ihr euch jetzt – kein Weib je zwischen zweien,
Für beide betend.
Die guten Götter werden meiner spotten,
Fleh' ich sie an: schützt meinen Herrn und Gatten!
Und widerruf' es mit gleich lautem Flehn:
Den Bruder schützt! Mag Gatte, Bruder siegen,

Zerstört Gebet den Beter, kein Vermitteln
Liegt zwischen diesem Äußersten.
Antonius. O Teure,
Schenk deine beste Liebe dem, der ihr
Den besten Schutz verheißt. Einbuß' der Ehre
Heißt Einbuß' meiner selbst. Besser, nicht dein,
Als dein so schmuckberaubt. Doch, wie du's batest,
Sei Mittlerin zwischen uns; derweil, Octavia,
Will ich die Rüstung ordnen diesem Krieg,
Der deinem Bruder Schmach bringt. Eiligst fort;
So wird dir, was du wünschest.
Octavia. Dank, mein Gatte!
Der mächt'ge Zeus mach' mich, die Schwächste, Schwächste,
Euch zur Versöhnerin! – Krieg zwischen euch,
Das wär', als spaltet' sich die Welt, und Leichen
Füllten die weite Kluft!
Antonius. Wenn du es einsiehst, wer den Zwist begann,
Lenk dorthin deinen Tadel. – Unsre Schuld
Kann nicht so gleich sein, daß sich deine Liebe
Gleichmäßig teilte. Nun betreib die Reise,
Wähl dein Gefolge selbst, und mach, was Aufwand
Dir irgend nur beliebt. (Gehen ab.)

5. Szene
Ein anderes Zimmer daselbst

Enobarbus und *Eros*, einander begegnend.

Enobarbus. Was gibt es, Freund Eros?
Eros. Herr, man hört seltsame Neuigkeiten.
Enobarbus. Was denn?
Eros. Cäsar und Lepidus haben gegen Pompejus Krieg geführt.
Enobarbus. Das ist etwas Altes. Wie war der Ausgang?
Eros. Cäsar, nachdem er ihn im Krieg wider Pompejus gebraucht, verweigert ihm jetzt alle Gleichberechtigung; läßt ihm keinen Teil an dem Ruhm des Feldzuges; und damit nicht zufrieden, beschuldigt er ihn, vormals dem Pompejus Briefe geschrieben zu haben; auf seine eigene Anklage setzt er ihn fest, und so sitzt nun der arme dritte Mann eingesperrt, bis Tod sein Gefängnis öffnet.
Enobarbus. So hast du nur ein Paar Kinnladen, Welt!
Wirf alle deine Nahrung zwischen sie,
Doch malmen sie einand. Wo ist Anton?
Eros. Er geht im Garten so: stößt mit dem Fuß
Die Binsen vor sich her; ruft: Lepidus! du Tor!

Und droht der Gurgel des Soldaten, der
Pompejus schlug.
Enobarbus.   Die Flott' ist segelfertig.
Eros.   Wider Italien und den Cäsar. – Eins noch:
Anton verlangt Euch jetzt; die Neuigkeit
Konnt' ich Euch später sagen.
Enobarbus.   's wird nichts sein;
Doch woll'n wir sehn. Führ mich zu ihm.
Eros.   So komm.   (Gehen ab.)

6. Szene
Rom. Zimmer in Cäsars Hause

Es treten auf Cäsar, Agrippa und Mäcenas.

Cäsar.   Rom zur Verhöhnung tat er dies und mehr.
In Alexandria – hier schreibt man mir's –
Thronten auf offnem Markt, vor allem Volk,
Cleopatra und er auf goldnen Stühlen
Und silbernem Gerüst; zu ihren Füßen
Cäsarion, meines Vaters Sohn genannt,
Und all die Bastardbrut, die ihre Lust
Seitdem erzeugt. Zur Herrschaft von Ägypten
Gab er ihr Cypern, Nieder-Syrien, Lydien,
Als einer unumschränkten Königin.
Mäcenas.   Dies vor den Augen alles Volks?
Cäsar.   Auf öffentlicher Bühne, wo sie spielen,
Setzt' er die Söhn' zu Kön'gen über Kön'ge:
Groß-Medien, Parthien und Armenien
Gab er dem Alexander; Ptolemäus
Syrien, Cilicien und Phönizien; sie
Trug an dem Tag der Göttin Isis Kleid,
In dem sie oft zuvor, wie man erzählt,
Gehör erteilt.
Mäcenas.   Die Nachricht laßt in Rom
Verbreiten.
Agrippa.   Längst durch seinen Übermut
Verstimmt, wird es ihm seine Gunst entziehn.
Cäsar.   Das Volk erfuhr's, und hat von ihm nun gleichfalls
Die Klag' erhalten.
Agrippa.   Wen beschuldigt er?
Cäsar.   Cäsarn: Zuerst, daß als Sizilien wir
Pompejus nahmen, wir nicht abgeteilt
Für ihn die Hälfte; daß er Schiffe mir

Geliehn und nicht zurück erhielt; dann zürnt er,
Daß Lepidus aus dem Triumvirat
Entsetzt ward, und wir auf sein ganz Vermögen
Beschlag gelegt.
Agrippa. Darauf müßt Ihr erwidern.
Cäsar. Das ist geschehn, ich sandte schon den Boten.
Lepidus, schrieb' ich, sei zu grausam worden;
Gemißbraucht hab' er seine hohe Macht
Und diesen Fall verdient. Was ich erobert,
Das wollt' ich teilen; doch verlang' ich Gleiches
Auch für Armenien und die andern Reiche,
Die er erobert.
Mäcenas. Nimmer räumt er's ein.
Cäsar. So wird das andre ihm nicht eingeräumt.

Octavia tritt auf mit Gefolge.

Octavia. Heil Cäsarn, meinem Herrn! Heil, teurer Cäsar!
Cäsar. Daß ich dich je Verstoßne muß nennen!
Octavia. Du nanntest nicht mich so, noch hast du Grund.
Cäsar. Stahlst du dich heimlich nicht hierher? Du kommst nicht
Wie Cäsars Schwester! Des Antonius Weib
Mußt' uns ein Heer anmelden, und das Wiehern
Der Rosse ihre Ankunft uns verkünden,
Lang' eh' sie selbst erschien; die Bäum' am Wege
Besetzt mit Menschen sein, Erwartung schmachten
In sehnlichem Verlangen; ja der Staub
Mußte zum Dach des Himmels sich erheben,
Erregt von deinen Scharen, doch du kommst
Gleich einer Bäurin her nach Rom, die Huld'gung
Vereitelnd unsrer Gunst, die, nicht gezeigt,
Oft ungeliebt bleibt. Dich einholen sollten
Zu Land und Meer wir und bei jeder Rast
Mit reicherm Gruß empfangen.
Octavia. Teurer Bruder,
Nicht kam ich so, weil man mich zwang; ich tat's
Aus freier Wahl. Antonius, mein Gebieter,
Von deiner Rüstung hörend, gab mir Nachricht
Der bösen Zeitung, und sogleich begehrt' ich
Urlaub zur Heimkehr.
Cäsar. Den er gern gewährt,
Weil zwischen ihm und seiner Lust du standst!
Octavia. Denke nicht so.
Cäsar. Ich faßt' ihn wohl ins Auge!

Mir bringt der Wind von seinem Tun die Kunde
Wo ist er jetzt?
Octavia. Noch in Athen, mein Bruder!
Cäsar. Nein, schwer gekränkte Schwester. Cleopatra
Hat ihn zu sich gewinkt. Er gab sein Reich
An eine Metze, und nun werben sie
Der Erde Kön'ge für den Krieg. Ihm folgen
Bocchus, König von Libyen; Archelaus
Von Kappadokien; Philadelphus, König
Von Paphlagonien; Thrakiens Türst Adallas;
Fürst Malchus von Arabien; der von Pontus;
Herodes von Judäa, Mithridat
Von Komagene; Polemon und Amintas,
Der Lykaonier und der Meder Fürsten,
Und noch viel andre Zepter.
Octavia. Ach ich Ärmste,
In deren Herz sich zwei Geliebte teilen,
Die bittre Feindschaft trennt!
Cäsar. Sei hier willkommen.
Nur deine Briefe hemmten noch den Ausbruch,
Bis wir zugleich erkannt, wie man dich täuschte,
Und Säumnis uns gefährde. Sei getrost,
Dich kümmre nicht der Zeitlauf, dessen strenge
Notwendigkeit dein friedlich Glück bedroht.
Nein, schau den vorbestimmten Schicksalsgang
Jetzt ohne Tränen; sei gegrüßt in Rom,
Mein Teuerstes. Gedanken reichen nicht
An deine Kränkung, und die hohen Götter
Zu ihren Dienern, dich zu rächen, machen
Sie uns und alle, die dich lieben. Mut!
Und sei uns stets gegrüßt.
Agrippa. Gegrüßt, Verehrte.
Mäcenas. Gegrüßt, erhabne Frau;
Ganz Rom ist Euch ergeben und beklagt Euch.
Nur Mark Anton, im frechen Ehebruch
Und allem Greu'l vermessen, stößt Euch aus,
Und gibt sein mächtig Zepter einer Trulle,
Die lärmend gegen uns sich brüstet.
Octavia. Ist's so?
Cäsar. Nur zu gewiß. Willkommen, Schwester; bitt' dich,
Bleib standhaft und geduldig. – Liebste Schwester!

(Alle ab.)

7. Szene

Antonius' Lager bei dem Vorgebirge Actium

Cleopatra und *Enobarbus* treten auf.

Cleopatra. Ich werde dir's gedenken, zweifle nicht!
Enobarbus. Warum? Warum denn?
Cleopatra. Du widersprachst, daß ich zum Kriege folgte,
 Und sagt'st, es zieme nicht.
Enobarbus.   Nun, ziemt es denn?
Cleopatra. Warum wohl zög' ich, der der Krieg erklärt ward,
 Nicht mit ins Feld?
Enobarbus (beiseite). Ei nun, ich könnt' erwidern,
 Wenn wir mit Stut' und Hengst zusammen ausziehn,
 Sei's um den Hengst geschehn; die Stute trüge
 Den Reiter und sein Roß.
Cleopatra.   Was sagst du da?
Enobarbus. Eu'r Beisein muß durchaus Anton verwirren
 Und ihm an Herz und Hirn und Zeit entwenden,
 Was dann höchst unentbehrlich. Zeiht man doch
 Ihn schon des Leichtsinns und erzählt in Rom,
 Photinus, ein Eunuch, und Eure Weiber
 Regierten diesen Krieg.
Cleopatra.   Fluch Rom! Verdorren
 Die Lästerzungen! Ich auch hab' 'nen Posten
 In diesem Krieg; als meines Reiches Herr
 Streit' ich in ihm als Mann. Sprich nicht dagegen,
 Ich bleibe nicht zurück.
Enobarbus.   Ich sage nichts;
 Hier kommt der Imperator.

Antonius und *Canidius* treten auf.

Antonius. Wie seltsam ist's, Canidius,
 Wie konnt' er von Tarent doch und Brundisium
 So schnell durchschneiden das Ion'sche Meer
 Und Toryn nehmen? Hörtest du's, Geliebte?
Cleopatra. Geschwindigkeit wird nie so sehr bewundert
 Als von Saumseligen.
Antonius.   Ein guter Vorwurf,
 Wie er dem besten Manne wohl geziemt,
 Nachlässigkeit zu rügen. – Wir, Canidius,
 Bekämpfen ihn zur See.
Cleopatra.   Zur See! Wie sonst?
Canidius. Warum denn das, mein Feldherr?
Antonius. Weil er uns dorthin fordert.

Enobarbus.   Mein Fürst hat auch zum Zweikampf ihn gefordert.
Canidius.   Ja, und die Schlacht zu schlagen bei Pharsalus,
  Wo Cäsar mit Pompejus focht. Doch beides,
  Weil's ihm nicht vorteilhaft, weist er zurück;
  Tut Ihr's doch auch.
Enobarbus.   Die Flott' ist schlecht bemannt;
  Eu'r Schiffsvolk Maultiertreiber, Bauern, Leute
  Flüchtig zusammengeworben. Cäsars Seemacht
  Dieselbe, die Pompejus oft bekämpft,
  Leicht seine Segler, Eure schwer. Nicht Schande
  Erwächst Euch draus, wenn Ihr zur See es weigert.
  Ihr seid zu Land bereit.
Antonius.   Zur See! Zur See!
Enobarbus.   O großer Mann! Dadurch entsagt Ihr selbst
  Der unerreichten Feldherrnkunst zu Land;
  Verwirrt Eu'r Heer, von dem die größte Zahl
  Erprobtes Fußvolk ist; laßt ungenutzt
  Eure berühmte Wissenschaft; verlaßt
  Den Weg, der Euch Erfolg verheißt, und gebt
  Euch selbst dem eitlen Glück und Zufall hin,
  Statt fester Sicherheit!
Antonius.   Zur See!
Cleopatra.   Ich bring'
  Euch sechzig Segel, Cäsar hat nicht beßre.
Antonius.   Der Flotte Überzahl verbrennen wir,
  Und mit dem wohlbemannten Rest, am Vorland
  Von Actium, schlag' ich Cäsarn. Geht es fehl,
  Dann sei's zu Lande noch versucht.

      Ein *Bote* tritt auf.

                  Was bringst du?
Bote.   Es ist bestätigt, Herr, er ward erspäht,
  Cäsar nahm Toryn ein.
Antonius.   Kann er persönlich dort sein? 's ist unmöglich.
  Schon viel, wenn nur sein Heer es ist. Canidius,
  Du bleibst am Land mit neunzehn Legionen,
  Und den zwölftausend Reitern. – Wir an Bord!

      Ein *Soldat* tritt auf.

  Komm, meine Thetis. – Nun, mein wackrer Krieger.
Soldat.   O, Imperator! Fechtet nicht zur See,
  Baut nicht auf morsche Planken! Traut Ihr nicht
  Dem Schwert und diesen Wunden, laßt Phönizier
  Und laßt Ägypter wie die Enten tauchen;

Wir lernten siegen auf dem festen Grund
Und fechtend Fuß an Fuß.
Antonius.   Schon gut! Hinweg!
    (Cleopatra, Antonius und Enobarbus ab.)
Soldat.   Beim Herkules! Mir deucht, ich habe recht.
Canidius.   Das hast du, Freund. Doch all sein Tun erwächst nicht
Aus seiner Stärke. So führt man unsern Führer,
Und wir sind Weiberknechte.
Soldat.   Ihr behaltet
Zu Land das Fußvolk und die Reiter alle?
Canidius.   Marcus Octavius und Marcus Justejus,
Publicola und Cälius gehn zur See,
Wir alle stehn am Lande. Diese Eil'
Des Cäsar ist unglaublich.
Soldat.   Seine Macht
Zog so vereinzelt sich aus Rom, daß er
Die Späher täuschte.
Canidius.   Wißt Ihr, wer sie führt?
Soldat.   Man nannte Taurus.
Canidius.   Der ist mir bekannt.
             Ein *Bote* kommt.
Bote.   Der Imperator läßt Canidius rufen.
Canidius.   Die Zeit ist neuigkeitenschwanger; stündlich
Gebiert sie eine.   (Alle ab.)

8. Szene
Eine Ebene bei Actium

Cäsar, Taurus, Hauptleute und Gefolge treten auf.

Cäsar.   Taurus!
Taurus.   Herr?
Cäsar.   Kämpft nicht zu Lande, bleibt geschlossen stehn,
Beut keine Schlacht an, bis zur See wir fertig,
Nicht überschreite dieser Rolle Vorschrift,
Auf diesem Wurf steht unser Glück.   (Gehen ab.)

    Antonius und *Enobarbus* treten auf.

Antonius.   Stellt unsre Scharen hinterm Hügel auf,
Im Angesicht von Cäsars Heer. Von dort
Läßt sich die Zahl der Segel überschaun,
Und demgemäß verfahren.   (Gehen ab.)

(Von der einen Seite Canidius, mit seinen Landtruppen über die Bühne ziehend; von der andern Taurus, Cäsars Unterfeldherr. Nachdem sie vorbeimarschiert sind, hört man das Getöse einer Seeschlacht.)

Feldgeschrei. Enobarbus kommt zurück.

Enobarbus. Hin, alles hin! Ich kann's nicht länger sehn!
Die Antoniad', Ägyptens Admiralschiff,
Mit allen sechz'gen flieht und kehrt das Ruder.
Das anzusehn, versengt die Augen mir.
Scarus tritt auf.
Scarus. O Götter und Göttinnen!
O Ratsversammlung aller Himmelsscharen!
Enobarbus. Warum so außer dir?
Scarus. Das größre Eckstück dieser Welt verloren
Durch baren Unverstand; Provinzen küßten
Wir weg und Königreiche!
Enobarbus. Wie schaut das Treffen?
Scarus. Wie Pest auf unsrer Seite, deren Mäler
Gewissen Tod drohn. Die ägypt'sche Schandmähr! –
Der Aussatz treffe sie! In Kampfes Mitte,
Als Vorteil wie ein Zwillingspaar erschien,
Sie beide gleich, ja älter fast der unsre,
Die Brems' auf sie, wie eine Kuh im Junius,
Hißt alle Segel auf und flieht.
Enobarbus. Ich sah's;
Mein Auge ward vom Anblick krank; nicht konnt' es
Ertragen mehr zu schaun.
Scarus. Sie unterm Wind kaum,
Als ihres Zaubers edler Wrack, Antonius,
Die Schwingen spreitend wie ein brünft'ger Entrich,
Die Schlacht verläßt auf ihrer Höh', und fliegt
Ihr nach.
Noch nimmer sah ich eine Tat so schändlich:
Erfahrung, Mannheit, Ehre hat noch nie
Sich selber so geschändet.
Enobarbus. Weh uns! Weh!
Canidius tritt auf.
Canidius. Zur See ist unser Glück ganz außer Atem
Und sinkt höchst jammervoll. War unser Feldherr heut.
Nur, wie er selbst sich kannte, ging es gut!
O, er hat Beispiel unsrer Flucht gegeben,
Höchst schmählich, durch die eigne!
Enobarbus (beiseite). Ho! Steht die Sache so? Dann freilich ist
Es aus.
Canidius. Zum Peloponnes sind sie entflohn.
Scarus. Der läßt sich bald erreichen. Dort erwart' ich,
Was weiter folgt.

Canidius. Ich überliefre Cäsarn
Die Reiter und Legionen; schon sechs Kön'ge
Zeigten, wie man die Waffen streckt.
Enobarbus. Noch will ich
Dem wunden Glück Antonius' folgen, folgt
Vernunft der Richtung gleich des Gegenwindes. (Gehen ab.)

9. Szene
Alexandrien. Ein Zimmer im Palast

Antonius tritt auf, von einigen Dienern begleitet.

Antonius. Horch! Mir verbeut der Boden, ihn zu treten,
Er schämt sich, mich zu tragen! Freunde, kommt:
Ich bin so nachtverspätet, daß auf ewig
Ich meinen Weg verlor. Ich hab' ein Schiff
Mit Gold beladen; nehmt das, teilt es, flieht,
Und macht mit Cäsar Frieden.
Alle. Fliehn? Nicht wir!
Antonius. Ich selber floh und lehrte Memmen fliehn
Und ihren Rücken zeigen. Freunde, geht;
Zu neuer Laufbahn hab' ich mich entschlossen,
Die euer nicht bedarf; drum geht.
Mein Schatz liegt dort im Hafen, nehmt ihn. – O,
Dem folgt' ich, was mich rot macht, es zu schaun;
Ja, selbst mein Haar empört sich, denn das weiße
Tadelt des braunen Vorwitz, dies an jenem
Feigheit und Schwachsinn! – Freunde, geht; ich will
Euch Brief' an solche geben, die den Weg
Euch ebnen sollen. Bitt' euch, seid nicht traurig,
Erwidert nicht abschlägig, nehmt die Weisung,
Die mir Verzweiflung rät. Verlassen sei,
Was selber sich verläßt! Geht stracks zur See,
Ich schenk' euch jenes Schiff und alles Gold.
Laßt mich, ich bitt', ein wenig; ich bitt' euch jetzt,
O tut's! denn mein *Befehl* ist nun zu Ende,
Drum *bitt'* ich euch. – Ich folg' euch augenblicks.

Er setzt sich nieder. Cleopatra, geführt von Charmion und Iras, und Eros treten auf.

Eros. O güt'ge Frau, zu ihm! O tröstet ihn!
Iras. Tut es, geliebte Fürstin!
Charmion. Ja, tut es; was auch sonst?
Cleopatra. Laß mich niedersitzen. O Juno!
Antonius. Nein, nein, nein, nein!
Eros. Seht Ihr hier, o Herr?

Antonius. O pfui, pfui, pfui!
Charmion.   Gnädige Frau!
Iras. O Fürstin, güt'ge Herrin!
Eros. Herr, Herr!
Antonius. Ja, Herr, o ja! – Er, zu Philippi, führte
Sein Schwert recht wie ein Tänzer, während ich
Den alten hagern Cassius schlug! Ich fällte
Den tollen Brutus. Er ließ andre handeln
An seiner Statt, verstand zu führen nicht
Im Feld die tapfern Scharren. Doch jetzt – es tut nichts!
Cleopatra. O, steht zurück!
Eros. Die Königin, Herr, die Königin!
Iras. Geht zu ihm, Fürstin, sprecht zu ihm!
Er ist sich selbst entfremdet vor Beschämung!
Cleopatra. Nun wohl denn – führt mich. – O!
Eros. Erhabner Herr, steht auf, die Königin naht,
Ihr Haupt gesenkt. Der Tod ergreift sie schon,
Durch Euren Trost allein kann sie genesen.
Antonius. Verletzt hab' ich die Ehre –
So schändlich zu entfliehn!
Eros.   Die Fürstin, Herr ...
Antonius. O, wohin bracht'st du mich, Ägypten? Sieh,
Wie deinem Aug' ich meine Schmach entziehe,
Blickend zurück auf das, was ich verließ,
Zerstört in Schande!
Cleopatra.   O mein teurer Herr,
Vergib den feigen Segeln. Nimmer glaubt' ich,
Du würdest folgen.
Antonius.   Wußt'st du nicht, Ägypten,
Mein Herz war an dein Steuer fest gebunden,
Und du zogst mich im Schlepptau. Ha, du kanntest
Ob meinem Geiste deine Oberherrschaft
Und daß dein Wink selbst vom Gebot der Götter
Zurück mich herrschte!
Cleopatra.   O, verzeih!
Antonius.   Nun muß ich
Dem jungen Mann demüt'gen Vorschlag senden,
Mich schnöde krümmen in gemeiner Not,
Ich, dessen Laun' einst mit dem Welthalb spielte,
Schicksale schaffend und vernichtend. Ja, du wußtest,
Wie du so ganz mein Sieger warst, und daß
Mein Schwert, entherzt durch meine Lieb', ihr blind
Gehorchen würde.

Cleopatra. O vergieb, vergieb!
Antonius. Laß keine Träne fallen. *Eine* wiegt
　Gewinn auf und Verlust; gieb einen Kuß,
　Das ist Entgelt mir. – Unsern Lehrer fandt' ich;
　Ist er zurück? Ich fühl' mich schwer wie Blei;
　Bringt Wein und Speise. – Du, Fortuna, weißt,
　Triffst du am härtsten, spotten wir zumeist.　(Alle ab.)

10. Szene
Cäsars Lager in Ägypten

Es treten auf *Cäsar, Dolabella, Thyreus* und andere.

Cäsar. Antonius' Abgesandter trete vor; –
Kennst du ihn?
Dolabella. 's ist der Lehrer seiner Kinder.
　Das zeigt wie kahl er ist, entsandt' er uns
　Aus seinem Flügel solche dürft'ge Feder,
　Er, der vor wenig Monden Überfluß
　An Kön'gen hatt' als Bitter.

Euphronius tritt auf.

Cäsar.　　　　　　　Tritt näh'r und sprich.
Euphronius. So wie ich bin, komm' ich vom Mark Anton.
　Ich war noch jüngst so klein für seine Zwecke,
　Wie auf dem Myrtenblatt der Morgentau
　Dem Meer verglichen.
Cäsar.　　　　　　Sei's! Sag deinen Auftrag.
Euphronius. Er grüßt dich, seines Schicksals Herrn, und wünscht
　Zu leben in Ägypten. Schlägst du's ab,
　So mäßigt er die Fordrung, und ersucht dich,
　Gönn' ihm zu atmen zwischen Erd' und Himmel
　Als Bürger in Athen. So viel von ihm.
　Dann: Cleopatra huldigt deiner Macht,
　Beugt sich vor deiner Größ', und fleht von dir
　Der Ptolemäer Reif für ihre Söhne,
　Der deiner Gnad' anheimfiel.
Cäsar.　　　　　　　　Für Antonius
　Bin ich der Fordrung taub. Der Königin
　Wird nicht Gehör versagt, noch auch ihr Wunsch,
　Treibt sie hinweg den schmachbedeckten Buhlen
　Oder erschlägt ihn dort. Vollbringt sie dies,
　Sei ihr Gesuch gewährt. So viel für beide.
Euphronius. Das Glück geleite dich!
Cäsar.　　　　　　　　　　Führt ihn durchs Heer!

(Euphronius ab.)

(Zum Thyreus.) Nun zeige deine Rednerkunst; enteile,
Gewinn' Cleopatra ihm ab; versprich
In unserm Namen, was sie heischt, und beut
Nach eigner Wahl noch mehr. Stark sind die Weiber
Im höchsten Glück nicht, Mangel treibt zum Eidbruch
Selbst der Vestalin Tugend. Brauche List,
Den Preis der Müh' bestimme selber dir,
Uns sei dein Wort Gesetz.
Thyreus. Cäsar, ich gehe.
Cäsar.   Betrachte, wie Anton den Riß erträgt;
Was seine ganze Haltung dir verrät
In jeder äußern Regung.
Thyreus.   Zähl auf mich.   (Alle ab.)

11. Szene
Alexandrien. Ein Zimmer im Palast

Es treten auf *Cleopatra, Enobarbus, Charmion* und *Iras*.

Cleopatra.   Was tun wir, Enobarbus?
Enobarbus.   Denk nach und stirb.
Cleopatra.   Hat dies Antonius – haben wir's verschuldet?
Enobarbus.   Anton allein, der seinen Willen machte
Zum Herrscher der Vernunft. Nun, floht Ihr auch
Des Kriegs furchtbares Antlitz, des Geschwader
Einander schreckten, weshalb folgt er Euch?
Nicht durfte seiner Neigung Kitzel Eintrag
Tun seinen Feldherrnpflichten im Moment,
Da halb die Welt der andern Hälfte trotzte,
Und er allein der Grund. Das war ein Schimpf,
So groß als sein Verlust, als hintendrein
Er Euren fliehnden Fahen zog und nur
Das Nachsehn ließ der Flotte.
Cleopatra.   Bitt' dich, schweig!

Antonius tritt auf mit *Euphronius*.

Antonius.   Dies seine Antwort?
Euphronius.   Ja, mein Herr.
Antonius.   Die Königin
Soll also Gunst erfahren, wenn sie uns
Verraten will?
Euphronius.   So ist es.
Antonius.   Nun, so sag ihr's.
Schick dies ergrau'nde Haupt dem Knaben Cäsar,
Dann füllt er dein Begehren bis zum Rand
Mit Fürstentümern.

Cleopatra. Dieses Haupt, mein Feldherr?
Antonius. Geh wieder hin. Sag ihm, der Jugend Rose
Schmück ihn, und Großes läßt die Welt sie hoffen,
Denn seine Münzen, Schiff' und Adler könnten
Die eines Feiglings sein, des Söldlinge
In eines Knaben Dienst so leicht wohl siegten,
Als unter Cäsar; drum entbiet' ich ihn,
Sein glänzend Außenwerk beiseit zu tun,
Mit mir bescheiden Schwert um Schwert zu fechten,
Wir ganz allein. Ich will es schreiben. – Komm.
(Antonius und Euphronius ab.)
Enobarbus. O ja! Recht glaublich! Cäsar, heergewaltig,
Sollte sein Glück vernichten, mit dem Fechter
Den Bühnenkampf versuchen? Ich seh', Verstand
der Menschen ist ein Teil von ihrem Glück,
Und äußre Dinge ziehn das innre Wesen
Sich nach, daß eines wie das andre krankt. –
Daß er sich's träumen läßt –
Der das Verhältnis kennt – die Fülle Cäsars
Soll seiner Leerheit Rede stehn!
Auch den Verstand hat Cäsar ihm besiegt.
Ein Diener kommt.
Diener. Botschaft vom Cäsar!
Cleopatra. Wie? Nicht mehr Gepränge?
Seht, meine Frau'n,
Die zeigen Ekel der verblühten Rose,
Die vor der Knospe knieten. Laßt ihn ein.
Enobarbus (beiseite). Die Redlichkeit und ich beginnen Händel:
Die Pflicht, die fest an Thoren hält, macht Treue
Zur Thorheit selbst; doch wer ausdauern kann,
Standhaft zu folgen dem gefallnen Fürsten,
Besieget den, der seinen Herrn besiegt
Und erntet einen Platz in der Historie.
Thyreus tritt auf.
Cleopatra. Was sendet Cäsar?
Thyreus. Hört mich allein.
Cleopatra. Hier stehn nur Freunde; redet!
Thyreus. Dann sind's vermutlich Freunde Mark Antons?
Enobarbus. Anton bedarf so viel als Cäsar hat,
Oder bedarf nicht unser. Liebt es Cäsar,
So stürzt mein Herr ihm zu, sein Freund zu sein;
Und wir sind des, dem er gehört, des Cäsar.
Thyreus. Wohlan! –
Vernimm dann, Hochberühmte. Cäsar wünscht,

Nicht dein Geschick mögst du so sehr bedenken,
Als daß er Cäsar sei.
Cleopatra. Fahr fort! Recht fürstlich!
Thyreus. Er weiß, du hast dem Anton dich verbündet,
Nicht weil du ihn geliebt, nein, ihn gefürchtet.
Cleopatra (beiseite). O!
Thyreus. Die Wunden deiner Ehre drum beklagt er
Als unfreiwill'ge Schmach, die du erduldet
Und nicht verdient.
Cleopatra. Er ist ein Gott und sieht
Die Wahrheit. Meine Ehr' ergab sich nicht,
Nein, ward geraubt.
Enobarbus (beiseite). Das recht genau zu wissen,
Frag' ich Anton. Du Armer wardst so leck,
Daß wir dich sinken lassen müssen, denn
Dein Liebstes wird dir treulos! (Ab.)
Thyreus. Meld' ich Cäsarn,
Was du von ihm begehrst? Er bittet fast,
Du mögest fordern, daß er geb'. Es freut ihn,
Willst du sein Glück als einen Stab gebrauchen,
Dich drauf zu stützen. Doch sein Herz wird glühn,
Erfährt er, daß du Mark Anton verließest,
Und willst dich bergen unter seinem Schirm,
Des großen Weltenhausherrn.
Cleopatra. Wie dein Name?
Thyreus. Mein Nam' ist Thyreus.
Cleopatra. Lieber Abgesandter,
Dem großen Cäsar sag, die Hand des Siegers
Küss' ich durch Stellvertretung; meine Krone
Leg' ich zu Füßen ihm, und wolle knieend
Von seinem mächt'gen Wort Ägyptens Schicksal
Vernehmen.
Thyreus. Diesen edlen Weg halt ein,
Wenn Klugheit mit dem Glück den Kampf beginnt,
Und jene wagt nur alles, was sie kann,
Ist ihr der Sieg gewiß. Laß huldreich mich
Auf deiner Hand der Ehrfurcht Pflicht besiegeln!
Cleopatra. Der Vater Eures Cäsar
Hat oft, wenn Reiche er zu erobern sann,
Auf den unwürd'gen Fleck den Mund gedrückt,
Als regnete es Küsse. (*Antonius* und *Enobarbus* kommen zurück.)
Antonius. He! Gunstbezeigung? Bei dem Zeus, der donnert,
Wer bist du, Mensch?

Thyreus. Ein Diener dem Gebot
Nur des Vollendetsten, des Würdigsten,
Sein Wort erfüllt zu sehn.
Enobarbus. Man wird dich peitschen!
Antonius. Herbei ihr! Geier du! Götter und Teufel,
Mein Ansehn schmilzt! Noch jüngst rief ich nur: Ho!
Und Könige rannten, wie zum Haschen Buben,
Und riefen: *was befehlt Ihr?* Hört Ihr's? Noch
Bin ich Anton. – Nehmt mir den Hans und peitscht ihn!
Enobarbus. Ihr spielt noch sichrer mit des Löwen Jungen
Als mit dem alten sterbenden.
Antonius. Mond und Sterne! –
Peitscht ihn! und wären's zwanzig pflicht'ge Fürsten,
Die Cäsarn anerkennen; fänd' ich sie
Mit ihrer Hand so frech, – wie heißt sie doch,
Seit sie nicht mehr Cleopatra? Geht, peitscht ihn,
Bis er sein Angesicht verzieht wie Knaben
Und laut um Gnade wimmert. Führt ihn fort.
Thyreus. Antonius ...
Antonius. Schleppt ihn weg. Ist er gepeitscht,
Bringt ihn zurück. Der Narr des Cäsar soll
Uns ein Gewerb' an ihn bestellen.   (Gefolge mit dem Thyreus ab.)
Ihr wart halb welk, eh' ich Euch kannte: Ha! –
Ließ ich mein Kissen ungedrückt in Rom,
Entsagt' ich der Erzeugung echten Stamms
Vom Kleinod aller Frau'n, daß diese hier
Mit Sklaven mich beschimpfte?
Cleopatra. Teurer Herr! ...
Antonius. Ihr wart von jeher ungetreu und falsch.
Doch wenn wir in der Sünde uns verhärtet,
Dann, ach, versiegeln uns die weisen Götter
Die Augen, daß in unserm eignen Schutz
Das klare Urteil stirbt, wir unsern Irrtum
Anbeten, lachen über uns, wenn wir
Zum Untergang stolzieren!
Cleopatra. Kam's so weit?
Antonius. Ich fand Euch, einen kaltgewordnen Bissen
Auf Cäsars Teller, ja ein Überbleibsel
Von des Pompejus Tafel. Heißrer Stunden
Gedenk' ich nicht, die eure Lust sich auflas
Und nicht der Leumund nennet; denn gewiß,
Wenn Ihr auch ahnen mögt, was Keuschheit sei,
Gekannt habt Ihr sie nie.

Cleopatra. Was soll mir das?
Antonius. Daß solch ein Sklav', der wohl ein Trinkgeld nimmt
Und spricht; *Gott lohn' Euch!* keck sich wagt an meine
Gespielin, Eure Hand, dies Königssiegel
Und großer Herzen Pfand! O daß ich stände
Auf Basans Hügel, die gehörnte Herde
Zu überbrüllen! Ich hab' grimmen Grund.
Denn dies fein sänftlich kundtun wär', wie wenn
Der Hals in Haft des Stricks dem Henker dankte,
Daß er so anstellig. – Ward er gespeitscht?

Diener kommen mit Thyreus zurück.

Diener. Recht derb, mein Feldherr.
Antonius. Schrie er? fleht' um Gnade?
Diener. Er bat um Schonung.
Antonius. Hast du 'nen Vater noch, der soll's bereun,
Daß du kein Weib geworden. Dir sei angst,
Cäsarn in seinem Glück zu folgen, seit
Du für dein Folgen wardst gepeitscht. Fortan
Schreck' dich in Fieber jede Damenhand
Und schüttle dich der Anblick. Geh zum Cäsar,
Erzähl' ihm deinen Willkomm'; sag ihm ja,
Daß er mich zornig macht; er scheint durchaus
Hochmut und Stolz, kommt stets zurück, auf was
Ich bin, nicht was ich war. Er macht mich zornig;
Und dazu kommt es leicht in dieser Zeit,
Seit gute Sterne, die mich sonst geführt,
Verließen ihre Bahn und ihren Glanz
Zum Pfuhl der Hölle sandten. Steht mein Wort,
Und was geschehn, Cäsarn nicht an; sag ihm,
Hipparchus, meinen Freigelaßnen, hab' er,
Den soll nach Lust er peitschen, hängen, foltern,
Dann sind wir wett; dring du darauf bei ihm.
Nun fort mit deinen Striemen! – Geh! (Thyreus ab.)
Cleopatra. Seid Ihr zu Ende?
Antonius. Ach! Unser ird'scher Mond
Ist nun verfinstert, und das deutet nur
Den Fall des Mark Anton!
Cleopatra. Ich muß schon warten.
Antonius. Cäsarn zu schmeicheln, konntest du liebäugeln
Dem Sklav', der ihm die Nesteln knüpft?
Cleopatra. Das glaubst du?
Antonius. Kalt gegen mich?
Cleopatra. Ah, Teurer, ward ich das,

Verhärte Zeus mein kaltes Herz zu Hagel;
Vergift' ihn im Entstehn, und send' auf mich
Das erste Korn; wie es trifft mein Haupt,
Schmelze mein Leben hin; Cäsarion töte
Die nächst' und das Gedächtnis meines Schoßes,
Und nach und nach mein ganz Ägyptervolk
Lieg' ohne Grab, wenn der kristallne Regen
Vergeht, bis Nilus' Mücken sie und Fliegen
Als Raub bestatteten!
Antonius. Ich bin befriedigt. –
Cäsar belagert Alexandria dort;
Will seinem Stern ich trotzen. Unser Landheer
Hielt rühmlich stand; auch die zerstreuten Schiffe
Sind nun vereint und drohn im Meer als Flotte. –
Wo warst du, kühnes Herz? ... Hörst du, Geliebte:
Wenn ich vom Schlachtfeld nochmals wiederkehre,
Den Mund zu küssen, komm' ich ganz in Blut.
Ich und mein Schwert verdienen unsre Chronik;
Die Hoffnung lebt.
Cleopatra. Das ist mein wackrer Held!
Antonius. Ich will verdoppeln Herz und Mut und Sehnen
Und wütig fechten. Sonst, als meine Zeit
Noch leicht und glücklich, kauft' ein Mann sein Leben
Durch einen Scherz; nun Zahn auf Zahn gebissen!
Zur Höll' entsendt' ich, was mich aufhält. Kommt,
Noch einmal eine luft'ge Nacht; ruft mir
All meine ernsten Krieger; füllt die Schalen,
Die Mitternacht noch einmal wegzuspotten.
Cleopatra. 's ist mein Geburtstag morgen, den ich still
Gedachte zu begehn, doch da mein Herr
Antonius wieder, bin ich Cleopatra.
Antonius. Noch muß es uns gelingen.
Cleopatra. Ruft alle tapfern Führer meines Herrn!
Antonius. Tut das: ich sprech' sie an. Heut nacht soll Wein
Aus ihren Narben glühn. Kommt, Königin,
Hier ist noch Mark! Und kämpf' ich morgen, soll
Der Tod in mich verliebt sein; denn wetteifern
Will ich mit seiner gift'gen Sichel.
(Antonius mit Cleopatra und Gefolge ab.)
Enobarbus. Den Blitz nun übertrotzt sein Aug'; tollkühn
Heißt, aus der Furcht geschreckt sein. So gelaunt,
Hackt auf den Falk die Taub'; und immer seh' ich,
Wie unserm Feldherrn der Verstand entweicht,

Wächst ihm das Herz. Zehrt am Verstand der Mut,
Frißt er das Schwert, mit dem er kämpft. Ich sinne,
Auf welche Art ich ihn verlassen mag. (Ab.)

Vierter Aufzug

1. Szene
Cäsars Lager bei Alexandrien

Cäsar, einen Brief lesend, Agrippa, Mäcenas und andere treten auf.

Cäsar. Er nennt mich Knabe; schilt, als hätt' er Macht,
Mich von hier wegzuschlagen; meinen Boten
Peitscht' er mit Ruten; bietet Zweikampf mir,
Anton dem Cäsar! Wiss' es, alter Raufer,
Mir bleiben andre Wege viel zum Tod.
Ich lache deines Aufrufs.
Mäcenas. Denkt, o Cäsar,
Wenn ein so Großer rast, ward er gejagt
Bis zur Erschöpfung. Komm' er nicht zu Atem,
Nutzt seinen Wahnsinn. Nimmer hat die Wut
Sich gut verteidigt.
Cäsar. Sagt's den besten Köpfen,
Daß morgen wir die letzte vieler Schlachten
Zu fechten denken. In den Reihn der Unsern
Sind, die noch kürzlich dienten Mark Anton,
Genug, um ihn zu fangen. Dies besorgt,
Und gebt dem Heer ein Mahl. Wir haben Vorrat,
Und die verdienten's wohl. Armer Antonius! (Gehen ab.)

2. Szene
Alexandrien. Ein Zimmer im Palast

Es treten auf Antonius, Cleopatra, Enobarbus, Charmion, Iras, Alexas und andere.

Antonius. Er schlug den Zweikampf aus, Domitius?
Enobarbus. Ja.
Antonius. Und warum tat er's?
Enobarbus. Er meinte, weil er zehnmal glücklicher,
Sei er zehn gegen einen.
Antonius. Morgen schlag' ich
Zu Meer und Land: ich lebe, oder bade

Die sterbende Ehre in dem Blute mir,
Das sie aufs neu belebt. Wirst du brav einhaun?
Enobarbus.   Fechten und schrei'n: Jetzt gilt's!
Antonius.   Brav! Geh, mein Freund,
Ruf meine Hausbedienten. Diese Nacht
Spart nichts mir am Gelag! – Gib mir die Hand;
Du warst ehrlich und treu; und so auch du,
Und du, und du, und du: ihr dientet brav,
Und Könige waren eure Kameraden.
Cleopatra.   Was soll das?
Enobarbus (beiseite).   Der seltnen Launen eine, die der Gram
Aus dem Gemüt läßt keimen.
Antonius.   Treu auch du –
Würd' ich in euch, die vielen, doch verwandelt,
Und ihr zusammen all geschweißt zu einem
Antonius, daß ich euch könnte dienen
So treulich wie ihr mir.
Diener.   Verhüt' es Gott!
Antonius.   Gut denn, Kam'raden; heut bedient mich noch,
Füllt fleißig meine Becher; ehrt mich so,
Als wäre noch mein Weltreich eu'r Kam'rad,
Und folgsam meinem Ruf.
Cleopatra.   Was will er nur?
Enobarbus.   Sie weinen machen.
Antonius.   Wartet heut mir auf;
Kann sein, es ist das eure letzte Pflicht!
Wer weiß, ob ihr mich wiedersehr, und wenn,
Ob nicht als blut'gen Schatten; ob nicht morgen
Ihr einem andern folgt. Ich seh' euch an,
Als nähm' ich Abschied. Ehrliche, liebe Freunde,
Ich stoß' euch nicht von mir, nein, bleib' euer Herr,
Vermählt bis in den Tod so treuem Dienst. –
Gönnt mir zwei Stunden noch, mehr bitt' ich nicht,
Und lohnen's euch die Götter!
Enobarbus.   Herr, was macht Ihr,
Daß Ihr sie so entmutigt? Seht, sie weinen,
Ich Esel rieche Zwiebeln auch. Ei schämt Euch,
Und macht uns nicht zu Weibern!
Antonius.   Ho, ho, ho!
So will ich doch verhext sein, meint' ich das!
Heil sprieße diesem Tränentau! Herzfreunde,
Ihr nehmt mich in zu schmerzensvollem Sinn,
Denn ich sprach euch zum Trost; ich wünschte ja

Die Nacht zum Tag zu machen. Wißt ihr, Kinder,
Ich hoff' auf morgen Glück, und will euch führen,
Wo ich ein siegreich Leben eh'r erwarte
Als ehrenvollen Tod. Zum Mahle kommt,
Und alle Sorg' ertränkt.   (Alle ab.)

3. Szene
Daselbst. Vor dem Palast

Zwei Soldaten auf ihren Posten treten auf.

Erster Soldat.   Bruder, schlaf wohl, auf morgen ist der Tag.
Zweiter Soldat.   Entschieden wird's, so oder so; leb wohl.
Vernahmst du nichts Seltsames auf der Straße?
Erster Soldat.   Nichts. Was geschah?
Zweiter Soldat.   Vielleicht ist's nur ein Märchen;
Nochmals gut' Nacht.
Erster Soldat.   Gut' Nacht, Kamrad.
Zwei andere Soldaten kommen.
Zweiter Soldat.   Soldaten,
Seid ja recht wach!
Dritter Soldat.   Ihr auch: Gut' Nacht, gut' Nacht.
   (Die beiden ersten Soldaten stellen sich auf ihre Posten.)
Vierter Soldat.   Hier stehn wir. Wenn's nur morgen
Der Flotte glückt, so hoff' ich sehr gewiß,
Die Landmacht hält sich brav.
Dritter Soldat.   Ein wackres Heer,
Voll Zuversicht.   (Oboen unter der Bühne.)
Vierter Soldat.   Still! Welch ein Klingen?
Erster Soldat.   Horch!
Zweiter Soldat.   Hört!
Erster Soldat.   In der Luft Musik.
Dritter Soldat.   Im Schoß der Erde!
Vierter Soldat.   Das ist ein gutes Zeichen, meint ihr nicht?
Dritter Soldat.   Nein!
Vierter Soldat.   Stille, sag' ich. Was bedeutet das?
Zweiter Soldat.   Gott Herkules, den Mark Anton geliebt,
Und der ihn jetzt verläßt.
Erster Soldat.   Kommt, sehn wir zu,
Ob's auch die andern hörten.
   (Gehen zu den anderen Posten.)
Zweiter Soldat.   Heda! Leute!
Alle Soldaten.   Was ist das? Hört ihr wohl?
Erster Soldat.   Ja, ist's nicht seltsam?
Dritter Soldat.   Hört ihr, Kamraden? Hört ihr's jetzt?

Erster Soldat. Folgt diesem Klang, soweit der Posten reicht,
Seht, wie das abläuft.
Alle Soldaten. Ja; 's ist wunderbar! (Gehen ab.)

4. Szene
Daselbst. Ein Zimmer im Palast

Antonius und *Cleopatra, Charmion* und anderes Gefolge treten auf

Antonius. Eros! Mein Harnisch, Eros!
Cleopatra. Schlaf ein wenig!
Antonius. Nein, Täubchen! Eros komm; mein Harnisch, Eros!
Eros kommt mit der Rüstung.
Komm, lieber Freund, leg mir dein Eisen an.
Wenn uns Fortuna heut verläßt, so ist's,
Weil wir ihr trotzten.
Cleopatra. Sieh, ich helfe auch.
Wozu ist dies?
Antonius. Ah, laß doch! laß! du bist
Der Wappner meines Herzens. Falsch; so, so.
Cleopatra. Ich helfe doch – so muß es sein.
Antonius. Gut, gut;
Nun sieg' ich sicher. Siehst du, mein Kamerad?
Nun wirf dich auch in Wehr.
Eros. Sogleich, mein Feldherr.
Cleopatra. Ist dies nicht gut geschnallt?
Antonius. O herrlich! herrlich!
Wer dies aufschnallt, bis es uns selbst gefällt,
Es abzutun zur Ruh', wird Sturm erfahren.
Du pfuschest, Eros; flinkern Knappendienst
Tut meine Königin hier als du. Mach fort!
O Liebe,
Sähst du doch heut mein Kämpfen, und verständest
Dies Königshandwerk, dann erblicktest du
Als Meister mich.
Ein Hauptmann tritt auf, gerüstet.
Guten Morgen dir! Willkommen!
Du siehst dem gleich, der Krieges Amt versteht,
Zur Arbeit, die uns lieb, stehn früh wir auf,
Und gehn mit Freuden dran.
Erster Hauptmann. Schon tausend, Herr,
So früh es ist, stehen im Panzerschmuck
Und warten dein am Hafen,
(Feldgeschrei, Kriegsmusik, Trompeten.)

Andere *Hauptleute* und Soldaten treten auf.
Zweiter Hauptmann. Der Tag ist schön. Guten Morgen, General!
Alle. Guten Morgen!
Antonius. Wacker schmettern die Trompeten!
Früh fängt der Morgen an, so wie der Geist
Des Jünglings, der sich zeigen will der Welt. –
So, so; kommt, gebt mir das; hierher; – so recht. –
Fahr wohl, Gebieterin, wie's mir auch ergeht,
Nimm eines Kriegers Kuß. Zu schelten wär's
Und strengen Tadels wert, nähm' steifen Abschied'
Ich wie 'n gemeiner Mann. Nein, scheiden will ich,
Ein Mann von Stahl! Ihr, die ihr kämpfen wollt,
Folgt mir ganz dicht. Ich führ' euch hin. Lebt wohl!
(Antonius, Eros, Hauptleute und Soldaten ab.)
Charmion. Wollt Ihr in Eu'r Gemach gehn?
Cleopatra. Führe mich. –
Er zieht hin wie ein Held. O, daß die beiden
Durch Zweikampf könnten diesen Krieg entscheiden!
Dann, Mark Anton ... doch jetzt! – Gut – fort!

5. Szene
Antonius' Lager bei Alexandria

Trompeten. *Antonius* und *Eros* treten auf; ein *Soldat* begegnet ihnen.

Soldat. Gebt heut, ihr Götter, dem Antonius Glück!
Antonius. Hättst du und deine Narben mich bestimmt,
Damals zu Land zu schlagen! ...
Soldat. Tatst du so,
Die abgefallnen Kön'ge und der Krieger,
Der diesen Morgen dich verließ, sie folgten
Noch deinen Fersen.
Antonius. Wer ging heut morgen?
Soldat. Wer?
Dir stets der Nächste. Ruf den Enobarbus,
Er hört nicht oder spricht aus Cäsars Lager:
Nicht dir gehör' ich an.
Antonius. Was sagst du?
Soldat. Herr,
Er ist beim Cäsar.
Eros. Seine Schätz' und Kisten
Nahm er nicht mit sich.
Antonius. Ist er fort?
Soldat. Gewiß.

Antonius.   Geh, Eros; send ihm noch den Schatz. Besorg es,
Behalte nichts zurück, befehl' ich; meld ihm –
Ich unterschreib' es – Freundes Gruß und Abschied,
Und sag, ich wünsch', er finde nie mehr Grund,
Den Herrn zu wechseln. O mein Schicksal hat
Auch Ehrliche verführt! Geh! – Enobarbus!   (Gehen ab.)

6. Szene
Cäsars Lager bei Alexandria

Trompetenstoß. Es treten auf *Cäsar, Agrippa, Enobarbus* und andere.

Cäsar.   Rück aus, Agrippa, und beginn die Schlacht.
Anton soll lebend mir gefangen sein,
Mach es bekannt.
Agrippa.   Cäsar, wie du befiehlst.   (Ab.)
Cäsar.   Die Zeit des allgemeinen Friedens naht,
Und sieg' ich heut, dann sproßt von selbst der Ölzweig
Der dreigeteilten Welt.

Ein *Bote* tritt auf.

Bote.   Antonius' Heer
Rückt an zur Schlacht.
Cäsar.   Geh, laß ins Vordertreffen
Die Überläufer den Agrippa stellen,
Daß auf sich selbst Antonius seine Wut
Zu richten scheine.   (Cäsar und sein Gefolge ab.)
Enobarbus.   Alexas wurde treulos. In Judäa,
Wohin Antonius ihn geschickt, verführt' er
Herodes, sich zum Cäsar hin zu neigen,
Abtrünnig seinem Herrn. Für diese Müh'
Hat Cäsar ihn gehenkt. Canidius und die andern,
Die übergingen, fanden Dienste wohl,
Nicht ehrendes Vertraun. Schlecht handelt' ich,
Und dessen klag' ich mich so schmerzlich an,
Daß nichts mich freut.

Einer von Cäsars *Soldaten* tritt auf.

Soldat.   Enobarbus, Mark Anton
Sandt' deinen ganzen Schatz dir nach, vermehrt
Durch seine Huld. – Zu meinem Posten kam
Der Bote, und vor deinem Zelte jetzt
Lädt er die Mäuler ab.
Enobarbus.   Ich schenk' es dir!
Soldat.   Spotte nicht, Enobarbus;
Ich rede wahr. Schaff nur in Sicherheit

Den Boten fort; ich muß auf meinen Posten,
Sonst hätt' ich's selbst getan. Dein Imperator
Bleibt doch ein Zeus! (Geht ab.)

Enobarbus. Ich bin der einz'ge Bösewicht auf Erden,
Und fühl' es selbst am tiefsten. O Anton,
Goldgrube du von Huld, wie zahltest du
Den treuen Dienst, wenn du die Schändlichkeit
So krönst mit Gold! Dies schwellt mein Herz zum Bersten;
Bricht's nicht ein schneller Gram, soll schnell'res Mittel
Dem Gram voreilen; doch Gram, ich fühl's, genügt.
Ich föchte gegen dich? Nein, suchen will ich
'nen Graben, wo ich sterben mag. – Der schmutzigste
Ziemt meiner letzten Tat am besten. (Ab.)

7. Szene
Schlachtfeld zwischen den Lagern.

Schlachtgeschrei. Trommeln und Trompeten. *Agrippa* und andere treten auf

Agrippa. Zurück! Wir haben uns zu weit gewagt,
Selbst Cäsar hat zu tun und unsre Not
Ist stärker, als wir dachten. (Gehen ab.)

Schlachtgeschrei. Es treten auf *Antonius* und *Scarus*, verwundet.

Scarus. O tapfrer Imperator! Das hieß fechten!
Schlugen wir so zuerst, wir jagten sie
Mit blut'gen Köpfen heim.

Antonius.   Du blutest stark.

Scarus. Hier dieser Hieb glich anfangs einem T,
Nun ward daraus ein H.

Antonius.   Sie ziehn zurück!

Scarus. Wir jagen sie bis in die Abtrittlöcher;
Ich habe Platz noch für sechs Schmarren mehr.

Eros tritt auf.

Eros. Sie sind geschlagen, Herr, und unser Vorteil
Ist gleich dem schönsten Sieg.

Scarus.   Kerbt ihre Rücken,
Und greift sie an den Fersen auf wie Hasen:
Die Memmen klopfen ist ein Spaß.

Antonius.   Dir lohn' ich
Erst für dein kräft'ges Trostwort, zehnfach dann
Für deinen Mut. Nun komm.

Scarus.   Ich hinke nach.

(Alle ab.)

8. Szene

Unter den Mauern von Alexandria

Schlachtgeschrei. *Antonius* im Anmarsch, mit ihm *Scarus* und Fußvolk.

Antonius. Wir schlugen ihn ins Lager. Einer laufe,
Der Königin meld' er unsre Gäste. Morgen,
Eh' uns die Sonne sieht, vergießen wir
Das Blut, das heut entkam. Ich dank' euch allen;
Denn tücht'ge Hände habt ihr, fochtet nicht
Als dientet ihr der Sache, nein, als wär' sie
Wie meine, jedes eigne. Alle war't ihr Hektors.
Zieht in die Stadt; herzt eure Freund' und Weiber,
Rühmt eure Tat, weil sie mit Freudentränen
Eu'r Blut abwaschen, eure Ehrenwunden
Gesund euch küssen.   (Zum Scarus.) Gib mir deine Hand!
          Cleopatra tritt auf mit Gefolge.
Der großen Fee laß mich dein Lob verkünden,
Ihr Dank soll dich beglücken. Tag der Welt!
Umschließ den erznen Hals, spring, Schmuck und alles,
Durch festen Harnisch an mein Herz, und schaukle
Dich stolz auf seinen Schlägen!
Cleopatra.   Herr der Herrn! –
O unbegrenzter Mut! Kommst du so lächelnd
Und frei vom großen Netz der Welt?
Antonius.   O, Nachtigall,
Wir trieben sie ins Bett! Ha, Kind! Ob Grau
Sich etwas mengt ins junge Braun; doch blieb uns
Ein Hirn, das unsre Nerven nährt, und Preis
Für Preis der Jugend abgewinnt. Schau diesen;
Reich' seinen Lippen huldreich deine Hand;
Küss' sie, mein Krieger. Der hat heut gefochten,
Als ob ein Gott, dem Menschenvolk verderblich,
In der Gestalt es würgte.
Cleopatra.   Du bekommst
'ne Rüstung ganz von Gold – ein König trug sie! –
Antonius. Er hat's verdient, wär' sie auch voll Karfunkeln
Wie Phöbus' heiliger Wagen. – Deine Hand!
Durch Alexandria in freud'gem Marsch
Tragt den zerhackten Schild, wie's Helden ziemt.
Hätt' unser großer Burghof Raum genug
Für dieses Heer, wir zechten dort zu Nacht,
Und tranken auf des nächsten Tages Glück
Und königliche Todsgefahr. Drommeten,

Betäubt mit erznem Schall das Ohr der Stadt,
Mischt euch mit unsrer Trommeln Wirbelschlag,
Daß Erd' und Himmelsschall zusammen dröhnen
Und unsre Ankunft grüßen. (Gehen ab.)

9. Szene
Cäsars Lager

Schildwachen auf ihren Posten. Enobarbus tritt auf.

Erster Soldat. Sind wir nicht abgelöst in einer Stunde,
So müssen wir zurück zur Wacht. Der Mond
Scheint hell, und wie es heißt, rüsten zur Schlacht
Wir um die zweite Stunde.
Zweiter Soldat. Gestern war
Ein schlimmer Tag für uns!
Enobarbus. Nacht, sei mein Zeuge!
Dritter Soldat. Wer ist der Mann?
Zweiter Soldat. Sei still und horch auf ihn.
Enobarbus. Bezeuge mir's, o segenreicher Mond,
Wenn einst die Nachwelt treuvergeßner Männer
Mit Haß gedenkt, – der arme Enobarbus!
Bereut vor deinem Antlitz.
Erster Soldat. Enobarbus!
Dritter Soldat. Still da! Horcht weiter!
Enobarbus. Du höchste Herrscherin wahrhafter Schwermut,
Den gift'gen Tau der Nacht geuß über mich,
Daß Leben, meinem Willen längst empört,
Nicht länger auf mir laste! Wirf mein Herz
Wider den harten Marmor meiner Schuld!
Gedörrt von Gram zerfall' es dann in Staub,
Mit ihm der böse Sinn! O Mark Antonius,
Erhabner als mein Abfall schändlich ist,
Vergieb du mir in deinem eignen Selbst,
Doch laß die Welt mich zeichnen in die Reihn
Treuloser Diener und der Überläufer! –
O Mark Anton! O Mark Anton! (Er stirbt.)
Zweiter Soldat. Komm, redet
Ihn an.
Erster Soldat. Nein, horcht, denn was er sagt,
Kann Cäsarn angehn.
Zweiter Soldat. Du hast recht. Doch schläft er.
Erster Soldat. Liegt wohl in Ohnmacht; denn so schlimmes Beten
Ging keinem Schlaf voran.

Zweiter Soldat. Gehn wir zu ihm.
Dritter Soldat. Erwacht, erwacht, Herr. Redet!
Zweiter Soldat. Hört Ihr, Herr!
Erster Soldat. Die Hand des Tods erreicht' ihn. Hört! Die Trommel
  Weckt feierlich die Schläfer. Kommt und tragt ihn
  Zur Wach'; er ist von Ansehn. Unsre Stunde
  Ist abgelaufen.
Dritter Soldat. Nun, so kommt, vielleicht
  Erholt er sich. (Gehen ab und tragen den Körper fort.)

10. Szene
Zwischen den zwei Lagern

Es treten auf *Antonius* und *Scarus* mit Truppen

Antonius. Heut rüsten sie sich auf den Kampf zur See,
  Zu Land gefall'n wir ihnen nicht.
Scarus. Auf beides! –
Antonius. Und kämpften sie in Feuer oder Luft,
  Wir föchten auch dort. Doch so sei's: das Fußvolk
  Dort auf den Hügeln, so die Stadt begrenzen,
  Bleibt hier mit uns; die Flott' erhielt Befehl,
  Sie lief schon aus dem Hafen. Nun hinan,
  Wo ihre Stellung sich am besten zeigt
  Und wie sie sich betät'gen. (Gehen weiter.)

Cäsar kommt mit seinen Truppen.

Cäsar. Greift er nicht an – und kaum vermut' ich es –
  So bleibt zu Lande ruhig. Seine Hauptmacht
  Entsandt' er auf die Schiffe. Nun zur Niedrung,
  Und haltet euch aufs beste. (Gehen ab.)

Antonius und *Scarus* kommen zurück.

Antonius. Noch nicht zum Kampf geschart! Dort bei der Fichte
  Kann ich's ganz übersehn. Gleich meld' ich dir,
  Wie es sich anläßt. (Ab.)
Scarus. Schwalben nisteten
  In den ägypt'schen Segeln. Unsre Augurn
  Verstummen, woll'n nichts wissen, schaun wild drein
  Und scheun zu reden, was sie sahn. Antonius
  Ist mutig und verzagt, und fieberhaft
  Gibt sein zerfressen Glück ihm Furcht und Hoffnung
  Des, was er hat und nicht hat.

Schlachtgetöse in der Ferne, wie von einem Seetreffen. *Antonius* kommt zurück.

Antonius. Alles hin;
  Die schändliche Ägypterin verriet mich;

Dem Feind ergab sich meine Flotte. Dort
Schwenken sie ihre Mützen, zechen sie
Wie Freunde, lang getrennt. Dreifache Hure!
Du hast dem Knaben mich verkauft! Mein Herz
Führt Krieg mit dir allein. – Heiß alle fliehn;
Denn wenn ich mich gerächt an meinem Zauber,
Bin ich zu Ende. Geh! Heiß alle fliehn!   (Scarus ab.)
O Sonne! Nimmer seh' ich deinen Aufgang!
Antonius und Fortuna scheiden hier – hier schütteln
Die Hand wir uns! Kam es dahin? Die Herzen,
Die hündisch mir gefolgt, die jeden Wunsch
Von mir erhielten,
Die schmelzen hin und tauen ihre Süße
Auf den erblühnden Cäsar.
Und abgeschält steht nun die Fichte da,
Die alle überragt! Ich bin verkauft!
O falsch ägyptisch Herz; o schlimmer Zauber!
Du winkt'st mein Heer zum Krieg, du zogst es heim,
Dein Busen war mein Diadem, mein Ziel,
Und du, ein echt Zigeunerweib, betrogst mich
Beim falschen Spiel um meinen ganzen Einsatz!
He, Eros! Eros!

Cleopatra kommt.

Ah, du Blendwerk! Fort!

Cleopatra. Was tobt mein Herr so gegen die Geliebte?
Antonius. Entfleuch, sonst zahl' ich dir verdienten Lohn
Und schände Cäsars Siegszug. Nehm' er dich;
Hoch aufgestellt den jauchzenden Plebejern,
Folg seinem Wagen als der größte Fleck
Deines Geschlechts! – Laß dich als Monstrum zeigen
Für einen armen Pfennig, einen Deut; laß
Die sanfte Octavia dein Gesicht zerfurchen
Mit scharfen Nägeln.   (Cleopatra ab.) – Gut, daß du gegangen,
Wenn's gut ist, daß du lebst; doch besser, du
Fielst meiner Wut anheim; der *einen* Tod
Erhielt am Leben viele. – Eros, ha!
Des Nessus Hemd umschließt mich! Lehre mich,
Alcides, großer Ahnherr, deine Wut;
Laß mich ans Horn des Monds den Lichas schleudern
Und diese Hand, die Riesenkeulen schwang,
Mein edles Selbst zerstören. Tod der Zaubrin!
Verkauft hat sie dem röm'schen Knaben mich, ich falle
Durch diesen Trug: drum Tod ihr. – Eros, ho!   (Ab.)

11. Szene
Alexandrien. Ein Zimmer im Palast

Cleopatra, Charmion, Iras und *Mardian* treten auf

Cleopatra. Helft mir! O, er rast mehr als Telamon
Um seinen Schild. Der Eber von Thessalien
Hat niemals so geschäumt.
Charmion. Zum Monument!
Da schließt Euch ein, meldet ihm Euern Tod.
Der Riß, wenn Leib und Seel' sich trennen, geht
Nicht tiefer als geschwundne Größe.
Cleopatra. Hin zum Grabmal!
Mardian, geh, sag ihm, ich erstach mich selbst;
Sag ihm, mein letztes Wort war Mark Anton;
Und sprich's wehmütig, bitt' dich. Geh und melde
Den Eindruck mir, den auf ihn macht mein Tod.
Zum Monument! (Alle ab.)

12. Szene
Daselbst. Ein anderes Zimmer

Antonius und *Eros* treten auf

Antonius. Eros, siehst du mich noch?
Eros. Ja, hoher Feldherr.
Antonius. Oft sehn wir eine Wolke, drachenhaft,
Oft Dunstgestalten gleich dem Leu, dem Bären,
Der hochgetürmten Burg, dem Felsenhang,
Gezacktem Berg und blauem Vorgebirg,
Mit Bäumen drauf, die nicken auf die Welt,
Mit Lust die Augen täuschend: solche Zeichen sahst du,
Des dunkeln Abends Prachtgebilde?
Eros. Ja,
Mein edler Herr.
Antonius. Was jetzt ein Pferd noch war, im nächsten Nu
Verwischt's der Wolkenzug, unkenntlich wird's,
Wie Wasser ist im Wasser –
Eros. Ja, so ist's.
Antonius. Mein guter Knab', solch einem Bilde gleicht
Dein Feldherr jetzt. Noch bin ich Mark Anton;
Doch bleibt die Form mir nicht, die jetzt du siehst. –
Der Krieg war für Ägypten – und die Königin –
Ihr Herz, wähnt' ich, war mein, denn meins war ihr, –
Und als es mein, da zog's Millionen andre

Vierter Aufzug. 12. Szene

Mir nach, die jetzt dahin. – Sie hat mit Cäsarn
Mit falschen Karten trüg'risch meinen Ruhm
Dem triumphier'nden Feinde zugespielt.
Nein, lieber Eros! Weine nicht! Es blieb noch
Ich selbst, mit mir zu enden. O die Arge!
Mardian kommt
Sie hat mein Schwert gestohlen!
Mardian. Nein, Antonius,
Meine Herrin liebte dich, und knüpft ihr Schicksal
An deines ganz.
Antonius. Fort, schnöder Hämling, schweig;
Verraten hat sie mich, und sie soll sterben.
Mardian. Den Tod kann jeder Mensch nur einmal zahlen;
Sie hat die Schuld getilgt. Was du gewollt,
Ist schon vollbracht. Ihr letztes Wort im Leben
War Mark Antonius, edler Mark Anton! –
Dann brach ein Ächzen trennend mitten durch
Das Wort Antonius; es blieb geteilt
So zwischen Herz und Lippen; sie verschied
Und ward des Namens Grab.
Antonius. Tot also?
Mardian. Tot.
Antonius. – – Eros, entwaffne mich.
Des langen Tages Arbeit ist getan,
Ich geh zur Ruh'. Daß du in Frieden ziehn magst,
Zahlt reichlich deine Müh'. Fort! Ab! Reis' ab! (Mardian geht.)
Nicht Ajax' siebenfält'ger Schild bewahrte
Vor diesem Sturm mein Herz. O brecht, ihr Seiten!
Sei diesmal stärker, Herz, als deine Hülle,
Spreng dein zerbrechlich Haus! Schnell, Eros, schnell!
Kein Krieger mehr! Leb wohl, schartig Gewaffen,
Du dientest mir mit Ehren. – Geh ein Weilchen! (Eros ab.)
Ich hole bald dich ein, Cleopatra,
Und wein' um dein Vergeben; also sei's.
Aufschub ist Folter: weil dein Licht erlosch,
Ruh aus, schweife nicht länger. Alle Müh'
Verdirbt, was sie erringt. Kraft wird verstrickt
Durch Kraft. Darum versiegle! Alles aus! –
Eros! – Ich komme! Königin! Eros! – Weile noch;
Wo Seelen ruhn auf Blumen, wandeln wir,
Daß Geister staunen unsrer muntern Haltung,
Dido und ihr Äneas stehn verlassen,
Und alles schwärmt uns nach. Komm, Eros! Eros!

Eros kommt zurück.

Eros. Was ruft mein Herr?
Antonius.   Seit sie vorangegangen,
  Lebt' ich in solcher Schmach, daß meine Feigheit
  Den Göttern ward zum Abscheu. Ich, des Schwert
  Die Welt geteilt, der auf Neptunus' Rücken
  Mit Schiffen Städte schuf, klag' mich jetzt an,
  Dem Weib' an Mut zu weichen, minder kühn
  Als sie, die sterbend unserm Cäsar sagt:
  Ich *überwand mich selbst*. Du schwurst mir, Eros,
  Käm' es zum Äußersten – und wahrlich, jetzt
  Kam es so weit – und säh' ich hinter mir
  Die unvermeidliche Verfolgung von
  Schmach und Verderben, dann auf mein Geheiß
  Wollst du mich töten. Tu's! die Zeit ist da!
  Nicht triffst du mich, 's ist Cäsar, den du schlägst.
  Ruf Farb' auf deine Wangen.
Eros.   Götter! Nein!
  Sollt' ich das tun, was alle Parther-Speere,
  Ob feindlich, nicht vermocht, ihr Ziel verfehlend?
Antonius. Mein Eros,
  Möchtst du am Fenster stehn im großen Rom
  Und deinen Feldherrn schaun, verschränkt den Arm,
  Geneigt den unterjochten Hals, sein Antlitz
  Durchglüht von Scham, indes der Siegerwagen
  Cäsars, des Glücklichen, als niedrig brandmarkt
  Den, der ihm nachfolgt?
Eros.   Nimmer möcht' ich's schaun.
Antonius. So komm, mit einer Wunde heilst du mich.
  Zieh dies dein wackres Schwert, das du geführt
  So nützlich für dein Land.
Eros.   O Herr, erlaßt mir's!
Antonius. Als ich dich frei ließ, schwurst du's damals nicht
  Zu tun, wenn ich's verlangte? Tu's mit eins,
  Sonst wird dein früherer treuer Dienst durchaus
  Gedankenloser Zufall. Zieh, und schnell.
Eros. So wende denn von mir das edle Antlitz,
  Auf das die ganze Welt anbetend blickt.
Antonius. Wohlan! (Wendet sich ab.)
Eros.   Ich zog das Schwert.
Antonius.   Vollende dann mit eins,
  Weshalb du's zücktest.
Eros.   Mein geliebter Herr,

Vierter Aufzug. 12. Szene

    Mein Held, mein Imperator! Nun sag' ich
    Vor diesem blut'gen Streich dir lebewohl!
Antonius. Du sprachst es, Lieber; leb denn wohl.
Eros. Leb wohl, mein Feldherr. Stoß' ich jetzt?
Antonius. Ja, Eros.
Eros. Nun, so dann. So entrinn' ich denn der Qual,
    Antonius' Tod zu sehn.   (Fällt in sein Schwert.)
Antonius. O dreimal edler du als ich!
    Du lehrtest mich, mein tapfrer Eros, was
    Ich sollt' und du nicht konntest. Meine Königin
    Und du gewannt durch eu'r tapfres Beispiel
    Mir ew'gen Adel ab. Nun will ich sein
    Ein Bräutigam dem Tod und zu ihm eilen
    Wie zu der Liebsten Bett. Wohlan! Und Eros,
    Dein Meister stirbt, dein Schüler; das zu tun
             (fällt in sein Schwert)
    Lernt' ich von dir ... Was? – Nicht tot? Nicht tot? Wache!
    O endet nun mit mir!
             Dercetas kommt mit Wache.
Erste Wache. Was für ein Lärm?
Antonius. Ich machte schlecht mein Werk; vollendet, Freunde,
    Was ich begonnen hab'.
Zweite Wache.   Der Stern gefallen.
Erste Wache. Die Zeit an ihrem Ende.
Alle.   Weh allen! Weh!
Antonius. O, wer mich lieb hat, töte mich!
Erste Wache.   Nicht ich.
Zweite Wache. Ich auch nicht.
Dritte Wache.   Keiner hier!
       (Wachen gehen ab.)
Dercetas. Dein Tod und Schicksal scheucht die Freunde weg.
    Cäsarn dies Schwert mit dieser Post nur zeigen,
    Verschafft mir seine Gunst.
                Diomedes tritt auf.
Diomedes. Wo ist Anton?
Dercetas.   Hier, Diomed.
Diomedes.   Lebt er!
    Willst du nicht Antwort geben?   (Dercetas geht.)
Antonius. Diomed, bist du's? O zieh dein Schwert, und gib mir
    Den Todesstreich!
Diomedes.   Erhabenster Gebieter,
    Cleopatra, meine Fürstin, sandte mich.
Antonius. Wann schickte sie?
Diomedes.   Jetzt eben, Herr.

Antonius. Wo ist sie?
Diomedes. In ihrem Grabmal. Ein prophetisch Ahnen
Weissagt' ihr, was geschehn. Denn als sie sah –
Was nimmer sich bewährt – Ihr hegtet Argwohn,
Sie halt' es mit dem Cäsar, und Eu'r Grimm
Sei nicht zu sänft'gen, gab sie sich für tot.
Dann fürchtend, wie Ihr's tragen möchtet, hieß sie
Mich Euch die Wahrheit zu künden; doch ich kam
Zu spät, besorg'ich.
Antonius. Zu spät, mein Diomed. Ruf mir die Wache!
Diomedes. He, he! Des Feldherrn Wache! Wache, he!
Kommt, eu'r Gebieter ruft.
(Einige von der Wache kommen zurück.)
Antonius. Tragt mich zur Königin, meine guten Freunde,
Dies ist der letzte Dienst, den ich verlange.
Erste Wache. Weh über uns! Daß Ihr nicht überlebt
All Eure treuen Diener!
Alle. Tag des Jammers!
Antonius. Nein, Kinder, schmeichelt nicht dem argen Schicksal,
Schmückt's nicht mit eurem Kummer; heißt willkommen,
Was uns als Strafe naht, so strafet ihr's
Indem ihr's leicht ertragt. Nun hebt mich auf!
Ich führt' euch oft, nun tragt mich, lieben Freunde,
Und nehmt für alles Dank!   (Sie tragen den Antonius weg.)

13. Szene
Daselbst. Ein Monument

Cleopatra, Charmion und *Iras* erscheinen oben

Cleopatra. O Charmion, ich will nie von hier mehr gehn.
Charmion. Tröstet Euch, liebe Herrin!
Cleopatra. Nein, ich will nicht.
Entsetzen sein und Schrecknis mir willkommen,
Doch Trost verschmähn wir. Unsers Schmerzens Größe,
Der Ursach gleichgemessen, sei so furchtbar,
Als was ihn uns erregt.
Diomedes tritt auf.
Sprich, ist er tot?
Diomedes. Sein Tod schwebt über ihm, doch lebt er noch.
Schaut nur aus jener Seite Eures Grabmals,
Dort bringt ihn schon die Wache.
Antonius wird von der Wache hereingetragen.
Cleopatra. O du Sonne,
Verbrenne deine Sphäre. Nacht, steh fest

Auf wechselnden Weltfluren! O Antonius,
Anton, Anton! O Charmion hilf, hilf Iras,
Helft Freunde unten! Zieht herauf ihn!
Antonius. Still!
Nicht Cäsars Kraft besiegte Mark Anton,
Nein, Mark Anton erlag sich selbst nur!
Cleopatra. So mußt es sein; obsiegen konnt' Antonius
Antonius nur; doch weh, daß es so kam!
Antonius. Ich sterb', Ägypten, sterbe. Nur ein Weilchen
Will ich den Tod noch hinziehn, bis ich dir
Von so viel tausend Küssen den armen letzten
Auf deine Lippen drückte.
Cleopatra. Ich wag' es nicht –
O teurer Herr vergib! – Ich mag' es nicht,
Sie sahn mich sonst. Nein! Nicht das Siegsgepränge
Des Cäsars in der Fülle seines Glücks
Zier' jemals ich. Bleibt Messern, Giften, Schlangen
Nur Schärfe, Kraft und Stachel, bin ich sicher.
Eu'r Weib Octavia mit dem kalten Blick,
Verschloßnem Wesen, soll nicht Ehr' empfangen,
Indem sie streng mich ansieht. Komm, Antonius,
Helft, meine Frau'n, wir ziehn dich hier herauf;
Faßt alle an.
Antonius. O schnell, sonst ist es aus.
Cleopatra.
Das nenn' ich Spiel! Wie schwer du wiegst, Geliebter!
All unsre Stärke ging in Schwermut unter,
Das mehrt die Last. Hätt' ich der Juno Macht,
Merkur, der Kraftbeschwingte, höbe dich
Und setzte dich an Jovis Seite. Komm nur!
Wünschen war immer Torheit; komm, komm, komm,
Willkommen! Willkommen! Stirb nun, wo du lebst,
Leb auf im Kuß! Vermöchten das die Lippen,
Wegküssen sollst du sie!
Alle. O jammervoll!
Antonius. Ich sterb', Ägypten, sterbe!
Reicht mir ein wenig Wein, daß ich noch rede!
Cleopatra. Nein, laß mich reden, laß so laut mich schelten,
Bis sie, gekränkt, die falsche Spinnerin,
Fortuna, ihr Rad zerbricht.
Antonius. Ein Wort, Geliebte:
Beim Cäsar such' dir Schutz und Ehre ... O!
Cleopatra. Die gehn nicht miteinander.

Antonius. Hör mich, Liebe:
Von Cäsars Volk trau nur dem Proculejus.
Cleopatra. Ich trau' auf meinen Mut und meine Hand,
Keinem von Cäsars Volk.
Antonius. Den jammervollen Wechsel und mein Sterben
Klagt und beweint nicht: Euren Sinn erheitert
Und nähret ihn mit meinem früheren Glück,
Das mich erhob zum ersten Weltgebieter,
Zum edelsten. Und jetzt, nicht niedrig sterb' ich,
Noch neig' ich feige meinen Helm dem Landsmann,
Ein Römer, der erlag dem tapfern Römer.
Jetzt nun entflieht mein Geist, ich kann nicht mehr. (Er stirbt.)
Cleopatra. O edelster der Männer! Willst du scheiden?
So sorgst du nicht um mich? Aushalten soll ich
In dieser schalen Welt, die ohne dich
Nicht mehr ist als ein Stall? O seht, ihr Frau'n,
Die Krone schmilzt der Erde! O mein Herr!
O hingewelkt ist aller Siegeslorbeer,
Gestürzt des Kriegers Banner, Dirn' und Knabe
Stehn jetzt den Männern gleich; kein Abstand mehr,
Beachtungswertes bietet nichts mehr sich
Unter dem spähnden Mond. (Sie fällt in Ohnmacht.)
Charmion. O Fassung, Fürstin!
Iras. Sie stirbt auch, unsre Königin!
Charmion. Herrin!
Iras. Fürstin!
Charmion. O Fürstin, Fürstin, Fürstin!
Iras. Ägyptens Kön'gin, unsre Herrscherin!
Charmion. Still, Iras, still!
Cleopatra. Nichts mehr als jeglich Weib, und untertan
So armem Schmerz als jede Magd, die melkt
Und niedern Hausdienst tut. Nun könnt' ich gleich
Mein Zepter auf die neid'schen Götter schleudern
Und rufen: „Diese Welt glich' ihrer ganz,
Bis sie gestohlen unsern Diamant!"
Nichts als Tand ist alles.
Geduld ist läppisch, Ungeduld ziemt nur
Den toll gewordnen Hunden! Ist's denn Sünde,
Zu stürmen ins geheime Haus des Todes,
Eh' Tod zu uns sich wagt? Was macht ihr, Mädchen?
Ei, ei! Getrost! Wie geht dir's Charmion?
Ihr edlen Mädchen! Ach! – Seht, Weiber seht,
Unsre Leucht' erlosch, ist aus! Seid herzhaft, Freunde,

Begraben woll'n wir ihn; was groß, was edel,
Vollziehn wir dann nach hoher Römer Art.
Stolz sei der Tod uns zu empfangen! Kommt,
Dies Haus des Riesengeistes ist nun kalt!
Ach Mädchen, Mädchen, kommt! In dieser Not
Blieb uns kein Freund als Mut und schneller Tod.

  (Geht ab. Antonius' Leiche wird oben weggetragen.)

Fünfter Aufzug

1. Szene
Cäsars Lager vor Alexandrien

Es treten auf *Cäsar, Agrippa, Dolabella, Mäcenas, Gallus. Proculejus* und andere.

Cäsar. Geh, Dolabella, heiß ihm, sich ergeben:
Vergebens alles! Kein Verzug mehr hilft
Dem, der verzagen muß.
Dolabella.   Ich gehe, Cäsar. (Ab.)
  Dercetas kommt mit dem Schwert des Antonius.
Cäsar. Was soll uns das? Und wer bist du, der wagt
Uns so zu nahn?
Dercetas.   Dercetas heiß ich, Herr,
Ich diente Mark Anton, dem besten Mann,
Und wert des besten Diensts. Solang er stand und sprach,
War er mein Herr. Mein Leben trug ich nur,
An seine Hasser es zu wagen. Willst du
Mich zu dir nehmen? Was ich ihm gewesen,
Will ich dem Cäsar sein. Gefällt dir's nicht,
So nimm mein Leben hin.
Cäsar.   Was sagst du mir?
Dercetas. Ich sag', o Cäsar, Mark Anton ist tot.
Cäsar. Daß nicht den Einsturz solcher Macht verkündet
Ein stärkres Krachen! Soll der Welt Erschütterung
Nicht Löwen in der Städte Gassen treiben
Und Bürger in die Wüste! Antonius' Sterben
Ist nicht ein Einzeltod; die halbe Welt
Lag in dem Namen.
Dercetas.   Cäsar, er ist tot;
Kein Henker des Gerichts auf offnem Markt,
Kein mordgedungner Stahl, nein, jene Hand,
Die seinen Ruhm in Taten niederschrieb,

Hat mit dem Mut, den ihr das Herz geliehn,
Sein Herz durchbohrt. Dies ist sein Schwert,
Ich raubt' es seiner Wund'; es ist gefärbt
Mit seinem reinsten Blut.
Cäsar. Ihr trauert, Freunde?
So strafe Zeus mich! Dies ist eine Botschaft,
Ein Königsaug' zu feuchten.
Agrippa. Seltsam ist's,
Daß uns Natur das zu beweinen zwingt,
Was wir erstrebt mit Eifer!
Mäcenas. Ruhm und Unwert
Wog gleich in ihm.
Agrippa. Nie lenkt ein höhrer Geist
Ein menschlich Wesen; doch ihr Götter leiht
Uns Fehler, daß wir Menschen sein. Weint Cäsar?
Mäcenas. Wird ihm solch mächt'ger Spiegel vorgehalten,
Muß er sich selber schaun.
Cäsar. O Mark Anton!
Bis dahin bracht' ich dich! Doch Leibesschaden
Wird wohl durch einen Schnitt geheilt. Ich mußte
Den Tag dich schauen lassen meines Falles,
Den deinen sonst erblicken. Raum für beide
War nicht auf weiter Welt. Und doch beklag' ich's,
Mit Tränen kostbar wie das Herzens Blut,
Daß du, mein Bruder, mein Mitstrebender
In jeder hohen Tat, mein Reichsgenoß,
Freund und Gefährt' im Vorderreihn der Schlacht,
Arm meines Leibes, Herz, an dem das meine
Den Sinn entzündete, – daß unsre Sterne,
Nie zu versöhnen, so zerreißen mußten
Die vor'ge Einheit. Hört mich, werte Freunde –
Doch sag' ich's lieber euch zu beßrer Zeit!
Ein Bote kommt.
Des Mannes Botschaft kündet schon sein Blick,
Laßt uns ihn hören. Woher bist du?
Bote. Noch
Ein armer Ägypter. Meine Königin,
In ihrem Grabmal – ihrer Habe Rest –
Verschlossen, wünscht zu wissen deine Absicht,
Daß sie sich fassen mög' und vorbereiten
Auf das, was ihrer harrt.
Cäsar. Sprich Trost ihr zu.
Bald meldet einer ihr der Meinigen,

Welch ehrenvoll und mildes Los wir schon
Für sie bestimmt; denn Cäsar kann nicht leben
Und hart gesinnt sein.
Bote. Schütze dich der Himmel! (Ab.)
Cäsar. Komm hierher, Proculejus; geh, verkünd ihr,
Ich sei nicht willens, sie zu kränken. Gib ihr
Trost, wie's der Umfang ihres Wehs erheischt,
Daß sie großherzig nicht durch eignen Tod
Zuvor uns komme. Denn, nach Rom geführt,
Verewigt' sie unsern Triumphzug. Geh,
Und auf das schnellste bring mir, was sie sagt,
Und wie du sie gefunden.
Proculejus. Ich eile, Cäsar. (Ab.)
Cäsar. Gallus, begleit ihn. Wo ist Dolabella,
Zu helfen Proculejus? (Gallus geht ab.)
Agrippa u. **Mäcenas.** Dolabella!
Cäsar. Laßt ihn; denn eben jetzt besinn' ich mich,
Wozu ich ihn gebraucht. Er muß bald hier sein;
Kommt mit mir in mein Zelt, da sollt ihr hören,
Wie schwer man mich zu diesem Krieg bewog,
Wie mild und ruhig ich mich stets geäußert
In allen Briefen. Folgt mir und erfahrt,
Was ich in diesem Sinne euch kann zeigen. (Alle ab.)

2. Szene
Alexandria. Ein Zimmer im Monument

Cleopatra, Charmion und *Iras* treten auf.

Cleopatra. Schon gibt Verzweiflung mir ein beßres Leben.
Armselig ist es, Cäsar sein. Da er
Fortuna nicht, ist er nun Knecht Fortunens,
Handlanger ihres Willens. – Größe ist's,
Das tun, was alle andern Taten endigt,
Zufall in Ketten schlägt, verrammt den Wechsel
Fest schlägt, und nicht mehr kostet jenen Kot,
Des Bettlers Amm' und Cäsars.

Proculejus, Gallus und Soldaten erscheinen unten an der Tür des Begräbnisses.

Proculejus. Cäsar begrüßt Ägyptens Königin
Und heißt dich sinnen, welchen billigen Wunsch
Er dir gewähren soll.
Cleopatra (von innen). Wie ist dein Name?
Proculejus. Mein Nam' ist Proculejus.

Cleopatra. Mark Anton
Sprach mir von Euch, hieß mich auf Euch vertraun;
Doch wenig soll mich's kümmern, ob Ihr täuscht,
Da mir Vertraun nicht nutzt. Will Euer Herr
Zu seiner Bettlerin ein fürstlich Haupt,
Sagt: Majestät, schon wohlstandshalber, dürfe
Nicht wen'ger betteln als ein Reich. Gefällt ihm,
Für meinen Sohn Ägypten mir zu schenken,
So gibt er mir so viel des Meinen, daß ich
Ihm knieend danken will.
Proculejus. Habt guten Willen!
Ihr fielt in Fürstenhand, seid unbesorgt,
Vertraut Euch ohne Rücksicht meinem Herrn,
Der so voll Gnad' ist, daß sie überströmt
Auf alle Hilfsbedürft'gen. Ich bericht' ihm
Eu'r sanftes Unterwerfen, und er wird Euch
Ein Sieger sein, der das gewährt als Güte,
Um was als Gnad' Ihr kniet.
Cleopatra. O meldet ihm,
Ich, seines Glücks Vasallin, bring' ihm dar
Die Hoheit, die er sich gewann; gehorchen
Lern' ich jetzt stündlich, und mit Freuden säh' ich
Sein Angesicht.
Proculejus. Dies sag' ich, werte Fürstin.
Seid ruhig, denn ich weiß, Eu'r Unglück weckt
Sein Mitleid, der's veranlaßt.
Gallus. Ihr seht, wie leicht wir jetzt sie überfallen!
(Proculejus und einige von der Wache ersteigen das Grabmal auf einer Leiter und umringen Cleopatra. Zugleich wird das Tor entriegelt und aufgesprengt.)
Bewacht sie gut, bis Cäsar kommt.   (Ab.)
Iras. O Fürstin!
Charmion. Cleopatra! Du bist gefangen – Fürstin!
Cleopatra. Schnell, liebe Hand!
(Zieht einen Dolch hervor.)
Proculejus. Halt, edle Frau; laßt ab!
(Ergreift und entwaffnet sie.)
Tut Euch nicht selbst so nah; dies soll Euch retten,
Nicht Euch verraten!
Cleopatra. Auch den Tod mißgönnt Ihr,
Der selbst den Hund von seiner Qual erlöst.
Proculejus. Zahlt nicht mit Undank unsres Feldherrn Gnade
Durch Selbstvernichtung. Sehen soll die Welt
Das Wirken seiner Großmut, das Eu'r Tod
Ans Licht nicht treten läßt.

Cleopatra. Tod, wo bist du?
Komm her! Komm, komm! Nimm eine Königin,
Mehr wert als viele Säuglinge und Bettler!
Proculejus. O mäßigt Euch!
Cleopatra. Freund, keine Speise nehm'· ich, keinen Trank,
Und wenn's denn einmal müß'ge Worte gilt,
Ich schlaf' auch nicht. Dies ird'sche Haus zerstör' ich,
Tut Cäsar, was er kann. Wißt, Herr, nicht frön' ich
In Ketten je an Eures Feldherrn Hof,
Noch soll mich je das kalte Auge zücht'gen
Der nüchternen Octavia. Hochgehoben
Sollt' ich des schmähnden Roms jubelndem Pöbel
Zur Schau stehn? Lieber sei ein Sumpf Ägyptens
Mein freundlich Grab! Lieber in Nilus' Schlamm
Legt mich ganz nackt, laßt mich die Wasserfliege
Verunrein'gen zum Scheusal, macht Ägyptens
Erhabne Pyramiden mir zum Galgen,
Und hängt mich auf in Ketten!
Proculejus. Ihr dehnt weiter
Die Bilder solches Schauders, als Euch Cäsar
Veranlassung wird geben.
Dolabella tritt auf.
Dolabella. Proculejus,
Was du getan, weiß Cäsar, dein Gebieter. –
Er hat gesandt nach dir. Die Königin
Nehm' ich in meine Hut.
Proculejus. Wohl, Dolabella,
Mir um so lieber. Sei nicht hart mit ihr. –
Cäsarn bestell' ich, was du irgend wünschest,
Wenn du mir's aufträgst.
Cleopatra. Sprich, ich wolle sterben.
(Proculejus mit den Soldaten ab.)
Dolabella. Erhabne Kais'rin, hörtet Ihr von mir?
Cleopatra. Ich weiß nicht.
Dolabella. Ganz gewiß, Ihr kennt mich schon.
Cleopatra. Gleichviel ja, wen ich kenne, was ich hörte; –
Ihr lacht, wenn Frau'n und Kinder Träume erzählen;
Nicht wahr? Ihr lacht?
Dolabella. Was wollt Ihr damit sagen?
Cleopatra. Mir träumt', es lebt ein Feldherr Mark Anton, –
Noch einmal solcher Schlaf, damit ich nur
Noch einmal sähe solchen Mann!
Dolabella. Gefällt's Euch ...

Cleopatra.   Sein Antlitz war der Himmel: darin standen
Sonne und Mond, kreisten und gaben Licht
Dem kleinen O der Erde.
Dolabella.   Hohes Wesen, ...
Cleopatra.   Den Ozean überspreizten seine Füße,
Sein aufgereckter Arm stund auf dem Wappen
Der Welt als Helmschmuck, Sphärenklang sein Wort,
Doch Freunden nur.
Denn galt's, den Weltkreis stürmisch zu erschüttern,
War er ein rasselnder Donner. Seine Güte, –
Kein Winter jemals; immer blieb sie Herbst,
Die mehr noch wuchs im Ernten. Seine Freuden,
Delphinen gleich, stets ragte hoch sein Nacken
Empor aus ihrer Flut. Sein Zeichen trug
Kronen wie Fürstenhut; wie Münzen fielen
Ihm aus der Tasche Königreich' und Inseln –
Dolabella.   Cleopatra ...
Cleopatra.   Gab es wohl jemals, gibt es wohl je solchen Mann,
Wie ich ihn sah im Traum?
Dolabella.   Nein, edle Fürstin!
Cleopatra.   Du lügst hinauf bis zu dem Ohr der Götter!
Doch gab es je, gibt's jemals einen solchen,
So überragt er alle Phantasie. –
Stoff mangelt der Natur,
Die Wunderform des Traums zu überbieten;
Doch daß sie einen Mark Anton ersann,
Dies Kunststück schlug die Traumwelt völlig nieder,
Zum Spott sind ihre Schatten.
Dolabella.   Fürstin, hört:
Groß wie Ihr selbst ist Eu'r Verlust, und Ihr
Tragt ihn gemäß der Schwere. Mög' ich nie
Ersehntes Ziel erreichen, fühl' ich nicht
Durch Rückschlag Eures Grams bis in die Wurzel
Des Herzens tiefen Schmerz.
Cleopatra.   Ich dank' Euch, Freund.
Wißt Ihr, was Cäsar über mich beschloß?
Dolabella.   Ich wollt', Ihr wüßtet, was ich ungern sage.
Cleopatra.   Ich bitt' Euch, Herr ...
Dolabella.   Wie groß sein Edelmut, –
Cleopatra.   Er will mich im Triumph aufführen?
Dolabella.   Fürstin,
So ist's, ich weiß es.
(Hinter der Szene.)   Platz! Macht Platz dem Cäsar!

Cäsar, Gallus, Proculejus, Mäcenas, Seleucus und Gefolge treten auf.
Cäsar.   Welch ist die Königin von Ägypten?
Dolabella.   's ist
  Der Imperator, edle Frau.
                    (Cleopatra kniet.)
Cäsar.   Steht auf;
  Ihr sollt nicht knien, ich bitt' Euch drum; steht auf;
  Steht auf, Ägypten!
Cleopatra.   Also woll'n es
  Die Götter; meinem Sieger und Gebieter
  Muß ich gehorchen.
Cäsar.   Trübes Sinnen, ferne!
  Die Urkund' Eurer Unbill gegen uns
  Sei mir, obschon in unser Blut geschrieben,
  Wie Kränkung nur durch ungefähr.
Cleopatra.   Allein'ger Herr der Welt,
  Ich kann nicht so darlegen meine Sache,
  Daß sie ganz klar erschiene; ich bekenn' es,
  Mich drücken solche Schwächen, wie schon sonst
  Oft mein Geschlecht beschämt.
Cäsar.   Cleopatra,
  Wir wollen mildern lieber als verstärken.
  Wenn Ihr Euch unsrer Absicht fügsam zeigt,
  Die gegen Euch sehr sanft ist, findet Ihr
  Gewinn in diesem Tausch. Doch wenn Ihr sucht
  Auf mich den Schein der Grausamkeit zu werfen,
  Antonius' Bahn betretend, raubt Ihr Euch
  Was ich Euch zugedacht, stürzt Eure Kinder
  In den Ruin, vor dem ich gern sie schützte,
  Wenn Ihr darauf verharrt. – So geh' ich nun.
Cleopatra.   Das könnt Ihr, durch die Welt hin! Sie ist Euer,
  Und uns, Eure Schildzeichen und Trophäen,
  Hängt auf, wo's Euch gefällt. Hier, edler Herr, …
Cäsar.   Ihr selbst sollt für Cleopatra mir raten.
Cleopatra.   Hier steht an Geld, Gerät und Schmuck verzeichnet,
  Was mein Besitz. Es ist genau geschätzt,
  Nur Kleinigkeiten fehlen; wo ist Seleucus?
Seleucus.   Hier, Fürstin.
Cleopatra.   Dies ist mein Schatzverwalter; fragt ihn, Herr,
  Auf seine eigene Gefahr, daß ich für mich
  Nichts vorenthielt. – Seleucus, sprich die Wahrheit!
Seleucus.   Lieber den Mund versiegeln als zu lügen
  Auf eigene Gefahr.

Cleopatra. Was denn verhehlt' ich?
Seleucus. Genug, damit zu kaufen, was Ihr angabt.
Cäsar. Errötet nicht, Cleopatra! Ich lob' Euch
Für Eure Klugheit.
Cleopatra. Seht, o Cäsar, lernt
Des Siegers Macht! Die Meinen werden Euer,
Und tauschen wir das Glück, die Euern mein.
Dieses Seleucus schnöder Undank macht
Ganz wütend mich. O Sklav'! Nicht treuer du
Als feile Liebe! Schleichst du fort? Du sollst
Fortschleichen, glaub mir's! Doch dein Aug' erhasch' ich
Und hätt' es Flügel. Hund! Sklav'! Fühlloser Wicht!
Ausbund der Niedrigkeit.
Cäsar. Mäßigt Euch, Fürstin!
Cleopatra. O Cäsar, wie verwundet diese Schmach!
Daß, wenn du würdigst selbst mich hier zu sehn,
Die Ehre gönnend deiner Fürstlichkeit
Der tief Gebeugten, – daß mein eigner Knecht
Die Summe zieht von meiner Schmach, die seine
Tücke zusammenhält. – Gesetzt auch, Cäsar,
Daß ich behielt ein wenig Frauentand.
Unwichtig Spielwerk, Dinge solchen Werts,
Wie man sie Alltags-Freunden schenkt; – gesetzt,
Ein edles Kleinod hätt' ich aufgespart
Für Livia und Octavia, ihr Vermitteln
Mir zu gewinnen; – mußte mich verraten
Ein Mensch, den ich genährt? Götter, das stürzt mich
Noch tiefer als mein Fall. Du weilst noch? – Fort! –
Sonst sollen Funken meines Geistes sprühn
Aus meines Unglücks Asche. Wärst du menschlich,
Du hättst Mitleid für mich.
Cäsar. Geh fort, Seleucus. (Seleucus geht.)
Cleopatra. Ihr wißt, uns Größte trifft so oft Verdacht
Um das, was andre taten. Fallen wir,
So kommt auf unser Haupt die fremde Schuld.
Und darum ziemt uns Mitleid.
Cäsar. Königin,
Nicht was Ihr angezeigt noch was verhehlt,
Woll'n wir als Beute ansehn. Euch verbleib' es.
Schaltet damit nach Willkür. Denkt auch nicht,
Cäsar sei Handelsmann, mit Euch zu dingen
Um Kaufmannswaren. Deshalb seid getrost.
Macht Euren Wahn zum Kerker nicht. Nein, Teure,

Wir wollen so mit Euch verfügen wie
Ihr selbst uns raten werdet: eßt und schlaft;
So sehr gehört Euch unsre Sorg' und Mitleid,
Daß Ihr als Freund uns finden sollt. Lebt wohl.
Cleopatra.   Mein Herr! Mein Sieger!
Cäsar.   Nicht also; lebt wohl!
(Cäsar und sein Gefolge ab.)
Cleopatra.   Ha, Worte, Kinder! Worte! Daß ich nur
Nicht edel an mir handle! – Doch horch, Charmion.
(Spricht leise mit Charmion.)
Iras.   Zu Ende denn! Der klare Tag ist hin,
Im Dunkel bleiben wir!
Cleopatra.   Komm schnelll zurück;
Ich hab' es schon bestellt, es ist besorgt.
Geh, daß man's eilig bringe.
Charmion.   Ja, so sei's.
Dolabella kommt.
Dolabella.   Wo ist die Fürstin?
Charmion.   Hier.   (Geht ab.)
Cleopatra.   Nun, Dolabella, ...
Dolabella.   Auf Eures königlichen Worts Geheiß,
Dem meine Lieb' als heilig treu gehorcht,
Meld' ich Euch dies: durch Syrien denkt nun Cäsar
Den Marsch zu lenken, innerhalb drei Tagen
Schickt er mit Euern Kindern Euch voraus.
Nutzt diese Frist so gut Ihr könnt; ich tat
Nach Eurem Wunsch und meinem Wort.
Cleopatra.   Ich bleib' Euch
Verpflichtet, Dolabella.
Dolabella.   Ich Eu'r Knecht.
Lebt, Fürstin, wohl, ich muß dem Cäsar folgen.
Cleopatra.   Lebt wohl, ich dank' Euch.
(Dolabella geht ab.)
Nun, was denkst du, Iras?
Du, als'ne ägyptische Marionette, stehst
In Rom zur Schau wie ich; Handwerkervolk
Mit schmutz'gem Schurzfell, Maß und Hammer hebt
Uns hoch empor zur Schau; ihr trüber Hauch,
Widrig von grober Speis', umringt uns dampfend
Und zwingt zu atmen ihren Dunst.
Iras.   Verhüten's
Die Götter!
Cleopatra.   O ganz unfehlbar Iras! Freche Liktorn
Packen uns an wie Huren; schreiend singt uns

Der Bänkelsänger; aus dem Stegreif spielen
Uns selbst und Alexandriens Gelage
Die witz'gen Histrionen; Mark Anton
Tritt auf im Weinrausch, und ein quäkender Junge
Wird als Cleopatra meine Majestät
In einer Metze Stellung höhnen!
Iras. Götter!
Cleopatra. Ja, ganz gewiß!
Iras. Das seh' ich nimmer. Meine Nägel, weiß ich,
Sind stärker als mein Auge.
Cleopatra. Freilich; so nur
Höhnen wir ihren Anschlag und vernichten
Den aberwitz'gen Plan.

Charmion kommt zurück.

Nun, Charmion? Nun?
Schmückt mich als Königin, ihr Frau'n; geht, holt
Mein schönstes Kleid: ich will zum Cydnus wieder
Und Mark Anton begegnen. Hurtig, Iras! –
Nun, edle Charmion, wirklich enden wir,
Nun tatst du heut dein Amt, dann magst du spielen
Bis an den jüngsten Tag. Bringt Kron' und alles. –
Was für ein Lärm? (Iras geht. Lärm hinter der Szene.)

Ein Soldat tritt auf.

Soldat. Es steht ein Bauer draußen,
Der will durchaus mit Eurer Hoheit reden.
Er bringt Euch Feigen.
Cleopatra. Laßt ihn herein. (Soldat ab.) Welch armes Werkzeug oft
Das Edelste vollführt! Er bringt mir Freiheit!
Mein Schluß ist wandellos! Nichts fühl' ich mehr
Vom Weib in mir. Vom Kopf zu Fuß ganz bin ich
Nun marmorfest. Der unbeständ'ge Mond
Ist mein Planet nicht mehr.

Der Soldat kommt zurück mit einem Bauern, welcher einen Korb trägt.

Soldat. Dies ist der Mann.
Cleopatra. Geh fort und laß ihn hier. (Soldat ab.)
Hast du den art'gen Nilwurm mitgebracht,
Der tötet ohne Schmerz?

Bauer. Ja freilich; aber ich möchte nicht der Mann sein, der's Euch riete, Euch mit ihm abzugeben; denn sein Beißen ist ganz unsterblich; die, welche daran verscheiden, kommen selten oder nie wieder auf.

Cleopatra. Weißt du von einem, der daran gestorben?

Bauer. Sehr viele; Mannsleute und Frauensleute dazu. Ich hörte ganz kürzlich, noch gestern von einer, ein recht braves Weib, nur etwas dem Lügen ergeben, – und das sollte eine Frau nie sein, außer in redlicher Art und Weise – wie sie an seinem Biß gestorben war, was sie für Schmerzen gefühlt. Mein Seel, sie sagt' viel Gutes von dem Wurm; aber wer den Leuten alles glauben will, was sie sagen, wird nicht selig durch die Hälfte von dem, was sie tun. Das ist aber auf jeden Fall eine inkomplette Wahrheit. Der Wurm ist ein kurioser Wurm.

Cleopatra. Geh, mach dich fort, leb wohl!
Bauer. Ich wünsche Euch alles Glück zu dem Wurm.
Cleopatra. Leb wohl.
Bauer. Das müßt Ihr bedenken, seht Ihr, daß der Wurm nicht von Art läßt.
Cleopatra. Ja, ja, leb wohl!
Bauer. Seht Ihr, dem Wurm ist nicht zu trauen, außer in gescheiter Leute Händen; denn, mein Seel, es steckt nichts Gutes in dem Wurm.
Cleopatra. Sei unbesorgt, wir wollen ihn hüten!
Bauer. Recht schön, gebt ihm nichts, ich bitte Euch; er ist sein Futter nicht wert.
Cleopatra. Wird er mich essen?
Bauer. Denkt doch nicht, ich wäre so dumm, daß ich nicht wissen sollte, der Teufel selbst werde kein Weibsbild essen. Ich weiß, ein Weibsbild ist ein Gericht für die Götter, wenn's der Teufel nicht zugerichtet hat. Aber mein Seel, diese verwetterten Teufel machen den Göttern viel Verdruß mit ihren Weibern; denn von jedem Dutzend, das sie erschaffen, verderben ihnen die Teufel sechse.
Cleopatra. Nun geh nur, geh! Leb wohl!
Bauer. Ja wahrhaftig, ich wünsche Euch alles Glück zu dem Wurm. (Ab.)

Iras kommt zurück mit Krone und Kleid.
Cleopatra. Den Mantel gib, setz mir die Krone auf,
Ich fühl' ein Sehnen nach Unsterblichkeit!
Nun netzt kein Traubensaft die Lippe mehr. –
Rasch, gute Iras! Schnell! Mich dünkt, ich höre
Antonius' Ruf; ich seh' ihn sich erheben,
Mein edles Tun zu preisen; er verspottet
Des Cäsars Glück, das Zeus nur als Entschuld'gung
Zukünftigen Zorns verleiht.
Ich komme, mein Gemahl!
Jetzt schaff' mein Mut ein Recht mir auf den Namen!
Ganz Feu'r und Luft, geb' ich dem niedern Leben
Die andern Elemente. Seid ihr fertig,
So kommt, nehmt meiner Lippen letzte Wärme!

Leb wohl, du gute Charmion! Liebste Iras!
Ein langes Lebewohl!
      (Küßt sie, Iras fällt hin und stirbt.)
Hab' ich die Natter auf der Lippe? Fällst du?
Kann sich Natur so freundlich von dir trennen?
So trifft uns Tod wie Händedruck des Liebsten,
Schmerzlich und doch ersehnt. Liegst du noch still?
Wenn du so hinscheid'st, meldest du der Welt,
Sie sei nicht wert des Abschieds.
Charmion. Zerschmilz in Regen, trübe Luft, dann glaub' ich,
Daß selbst die Götter weinen.
Cleopatra.   Dies beschämt mich! –
Sieht sie zuerst Antonius' lockig Haupt,
Wird er sie fragen und den Kuß verschwenden,
Der mir ein Himmel ist. – Komm, tödlich Ding,
      (Setzt die Schlange an ihre Brust.)
Dein scharfer Zahn löse mit eins des Lebens
Verwirrten Knoten. Armer gift'ger Narr!
Sei zornig und beschließ. O könntst du reden,
So hört' ich dich den großen Cäsar schelten:
Kurzsicht'ger Tropf.
Charmion. O Stern des Ostens!
Cleopatra. Still,
Siehst du den Säugling nicht an meiner Brust
In Schlaf die Amme saugen?
Charmion.   Brich, mein Herz!
Cleopatra. Wie Balsam süß! Wie Luft so mild! So lieblich –
O mein Antonius! – Ja, dich nehm' ich auch,
      (Setzt eine zweite Schlange an ihren Arm.)
Was wart' ich noch …   (Fällt zurück und stirbt.)
Charmion. … in dieser öden Welt? So fahre wohl!
Nun triumphiere, Tod! Du führtest heim
Das schönste Fraunbild. Schließt euch, weiche Fenster!
Den goldnen Phöbus schaun hinfort nicht mehr
So königliche Augen. Deine Krone
Sitzt schief; ich richte sie, dann will ich spielen.
            Wache stürzt herein.
Erste Wache. Wo ist die Königin?
Charmion.   Still, weckt sie nicht!
Erste Wache. Cäsar schickt …
Charmion.   Zu langsam seine Boten!
      (Setzt sich die Schlange an.)
O komm! Nun schnell! Mach fort! Dich fühl' ich kaum!
Erste Wache. Kommt her, hier steht es schlimm; sie täuschten Cäsarn.

Zweite Wache.   Ruft Dolabella, Cäsar sandt' ihn her!
Erste Wache.   Was gibt's hier? Charmion, ist das wohlgetan?
Charmion.   Ja, wohlgetan; und wohl ziemt's einer Fürstin,
Die so viel hohen Königen entstammt, –
   Ab, Krieger!   (Stirbt.)
Dolabella tritt auf.
Dolabella.   Wie steht's hier?
Zweite Wache.   Alle tot.
Dolabella.   Cäsar, dein Argwohn
Verfehlte nicht sein Ziel. Du selber kommst,
Erfüllt zu sehn die grause Tat, die du
Gern hindern wolltest.
(Hinter der Szene.)   Platz für Cäsar! Platz!
Cäsar tritt auf mit Gefolge.
Dolabella.   O Herr! Ihr wart ein allzu sicherer Augur;
Was Ihr besorgt, geschah.
Cäsar.   Am tapfersten im Tod.
Sie riet, was wir gewollt, und königlich
Ging sie den eignen Weg. Wie starben sie?
Ich seh' kein Blut.
Dolabella.   Wer war zuletzt mit ihnen?
Erste Wache.   Ein schlichter Landmann, der ihr Feigen brachte;
Dies war sein Korb.
Cäsar.   Gift also!
Erste Wache.   Eben noch,
O Cäsar, lebte Charmion, stand und sprach,
Und ordnet' an dem Königs-Diadem
Der toten Herrin; zitternd stand sie da,
Und plötzlich sank sie nieder.
Cäsar.   Edle Schwachheit!
Hätten sie Gift geschluckt, so fände sich
Geschwulst von außen, doch sie gleicht dem Schlaf,
Als gält's im starken Schönheitsnetz 'nen zweiten
Antonius zu fangen.
Dolabella.   Ihre Brust
Ist blutgefärbt und etwas aufgeschwollen
Und ebenso ihr Arm.
Erste Wache.   Das weist auf Schlangen; auf den Feigenblättern
Ist Schleim zu sehn, so wie die Schlang' ihn läßt
In Höhlungen des Nils.
Cäsar.   Sehr zu vermuten,
Daß so sie starb; denn mir erzählt ihr Arzt,
Wie oft und wiederholt sie untersucht

Schmerzlose Todesarten. Nehmt ihr Bett,
Und tragt die Dienerinnen fort von hier;
Mit ihrem Mark Anton laßt sie bestatten! –
Kein Grab der Erde schließt je wieder ein
Solch hohes Paar. Der ernste Ausgang rührt
Wohl auch den Stifter; und ihr Schicksal wirbt
Ihnen nicht minder Mitleid als ihm Ruhm,
Der sie gestürzt. Laßt unsre Kriegerscharen
In ernstem Pomp begleiten diese Bahren,
Und dann nach Rom. – Komm, Dolabella, dein
Soll dieser hohen Feier Sorge sein.   (Alle gehen ab.)

Maß für Maß

Übersetzt von

Ludwig Tieck

Personen

Vincentio, Herzog von Wien.
Angelo, Statthalter während des Herzogs Abwesenheit.
Escalus, ein alter Herr vom Staatsrat und Gehilfe des Angelo.
Claudio, ein junger Edelmann.
Lucio, ein Wüstling.
Zwei junge *Edelleute*, Freunde des Lucio.
Varrius, ein Edelmann, in des Herzogs Diensten.
Ein *Kerkermeister*.
Thomas,
Peter, } Mönche.
Elbogen, ein einfältiger Gerichtsdiener.
Schaum, ein alberner junger Mensch.
Pompejus, Bierzapfer bei der Frau Ueberlei.
Grauslich, ein Scharfrichter.
Bernardino, ein Mörder.
Isabella, Schwester des Claudio.
Marianne, Angelos Verlobte.
Julia, Claudios Geliebte.
Franziska, eine Nonne.
Frau *Ueberlei*, eine Kupplerin.

Herren, Wachen, Gerichtsdiener und anderes Gefolge.

(Die Szene ist in Wien.)

Erster Aufzug

1. Szene
Ein Zimmer in des Herzogs Palast

Es treten auf der *Herzog, Escalus*, Herren vom Hofe und Gefolge.

Herzog. Escalus!
Escalus. Mein Fürst? –
Herzog. Die Eigenschaft des Herrschens zu entfalten,
 Erschien' in mir als Lust an eitler Rede,
 Weil mir bewußt, daß Eure eigne Kenntnis
 Die Summe alles Rates überschreitet,
 Den meine Macht Euch böte. Nehmt sie denn,
 Wie Euer Edelsinn und Wert verdient,
 Und laßt sie wirken. Unsers Volkes Art,
 Der Stadt Gesetze wie des ganzen Staats
 Gemeines Recht sind Euch so wohlgeläufig,
 Als Kunst und Übung irgendwen bereichert,
 Den wir gekannt. So nehmt die Vollmacht hin,
 Die Euch die Bahn bezeichne. Ruft hierher, –
 Ich meine, bittet Angelo zu kommen.   (Ein Diener geht.)
 Wie wird er, sprecht, in unserm Bildnis scheinen? –
 Denn wißt, daß mit besonderm Vorbedacht
 Wir ihn erwählt, an unsrer Statt zu herrschen;
 Ihm unsre Schrecken liehn und unsre Gnade,
 Und ihm als Stellvertreter alle Waffen
 Der eignen Macht vertraut. Wie dünkt Euch dies?
Escalus.   Wenn irgend einer je in Wien verdient
 So reiche Huld und Ehre zu erfahren,
 So ist's Lord Angelo.
        Angelo tritt auf.
Herzog.   Da kommt er selbst.
Angelo.   Stets Euer Hoheit Willen untertänig,
 Bitt' ich um Euern Auftrag.
Herzog.   Angelo,
 Es ist 'ne Schrift in deiner Lebensweise,
 Die klar entfaltet dem achtsamen Geist
 Deine Geschichte. Du selbst und dein Talent
 Sind nicht dein eigen, daß du dich verzehrst
 Für deinen eignen Wert, den Wert für dich.
 Der Himmel braucht uns so wie wir die Fackeln,
 Sie leuchten nicht für sich; wenn unsre Kraft

Nicht strahlt nach außen hin, wär's ganz so gut,
Als hätten wir sie nicht. Geister sind schön geprägt
Zu schönem Zweck: noch leiht jemals Natur
Den kleinsten Skrupel ihrer Trefflichkeit,
Daß sie als wirtschaftliche Göttin nicht
Verdienst sich eines Gläub'gers ausbedingt,
So Dank wie Zinsen. Doch ergeht mein Wort
An einen Mann, der mich belehren könnte:
Nimm hin denn, Angelo!
Solang wir fern, sei unser zweites Selbst,
Tod und Begnad'gung wohn' allein in Wien
In deiner Brust und Zunge. Escalus,
Obschon zuerst berufen, steh' dir nach:
Empfange deine Vollmacht.
Angelo. O, mein Fürst,
Laßt schärfre Prüfung mein Metall bestehn,
Bevor ein so erhabnes edles Bild
Darauf geprägt wird.
Herzog. Keine Ausflucht mehr.
Mit wohl gereifter lang bedachter Wahl
Wardst du ersehn: deshalb nimm deine Würden. –
So schnelle Eil' erfordert unsre Reise,
Daß sie mich drängt und unerledigt läßt
Geschäfte wicht'ger Art. Wir schreiben Euch,
Wie uns Begebenheit und Zeit ermahnt,
Was uns betrifft, und wünschen zu erfahren,
Was hier begegnen mag. So lebt denn wohl!
Ein glückliches Gelingen sei mit Euch
Nach unsern Wünschen.
Angelo. Doch erlaubt, mein Fürst,
Daß wir ein Stück des Weges Euch geleiten.
Herzog. Die Eil' erlaubt es nicht;
Ihr sollt, bei meinem Wort, mit keinem Zweifel
Euch plagen. Eure Macht ist gleich der meinen;
So schärft nun oder mildert die Gesetze,
Wie's Eure Einsicht heischt. Gebt mir die Hand;
Ich reis' im stillen. Lieb' ich gleich das Volk,
Doch wünsch' ich nicht, zur Schau mich ihm zu stellen;
Ob wohlgemeint, doch mundet mir nicht wohl
Sein lauter Ruf, sein ungestümes Jauchzen;
Noch scheint mir der ein Mann von reifem Urteil,
Der sich daran erfreut. Nochmals lebt wohl!
Angelo. Der Himmel gebe Euerm Tun Gedeihn!

Escalus. Er leit' und bring' Euch glücklich wieder heim.
Herzog. Ich dank' Euch. Lebet wohl! (Ab.)
Escalus. Ich werd' Euch um ein ungestört Gespräch
Ersuchen Herr; es liegt mir viel daran,
Ganz durchzuschau'n mein Amt bis auf den Grund.
Vollmacht hab' ich; doch welcher Kraft und Art,
Ward mir noch nicht erklärt.
Angelo. So ist's mit mir. Laßt uns zusammen gehn,
Dann sind wir bald genügend aufgeklärt,
Was diesen Punkt betrifft.
Escalus. Ich folg' Eu'r Gnaden. (Gehen ab.)

2. Szene
Eine Straße

Es treten auf *Lucio* und zwei *Edelleute*

Lucio. Wenn sich der Herzog und die andern Herzoge nicht mit dem König von Ungarn vergleichen, nun so fallen alle Herzoge über den König her.

Erster Edelmann. Der Himmel gebe uns seinen Frieden, aber nicht des Königs von Ungarn Frieden! –

Zweiter Edelmann. Amen!

Lucio. Du sprichst dein Schlußgebet wie der gottselige Seeräuber, der mit den zehn Geboten zu Schiff ging, das eine aber aus der Tafel auskratzte.

Zweiter Edelmann. Du sollst nicht stehlen?

Lucio. Ja, das schabte er aus.

Erster Edelmann. Nun, das war ja auch ein Gebot, das dem Kapitän und seinem ganzen Haufen gebot, ihren Beruf aufzugeben: sie hatten sich eingeschifft, um zu stehlen. Da ist keiner von uns Soldaten, dem beim Tischgebet vor der Mahlzeit die Bitte um Frieden recht gefiele.

Zweiter Edelmann. Ich habe noch keinen gehört, dem sie mißfallen hätte.

Lucio. Das will ich dir glauben! Denn ich denke, du bist nie dabei gewesen, wo ein Gratias gesprochen ward.

Zweiter Edelmann. Nicht? Ein Dutzendmal wenigstens! –

Erster Edelmann. Wie hast du's denn gehört? In Versen?

Lucio. In allen Maßen und Sprachen!

Erster Edelmann. Und wohl auch in allen Konfessionen? –

Lucio. Warum nicht? Gratias ist Gratias, aller Kontrovers zum Trotz: so wie du, Exempli gratia, ein durchtriebener Schelm bist und mehr von den Grazien weißt als vom Gratias.

Erster Edelmann. Schon gut; wir sind wohl beide über einen Kamm geschoren.

Lucio. Recht, wie Sammet und Egge; du bist die Egge.

Erster Edelmann. Und du der Sammet. Du bist ein schönes Stück Sammet, von der dreimal geschorenen Sorte. Ich will viel lieber die Egge von einem Stück englischen haarichten Fries sein als ein Sammet, über den eine französische Schere gekommen ist. Habe ich dich nun einmal recht herzhaft geschoren?

Lucio. Nein, ich denke, du hast diese Schere schon recht schmerzhaft verschworen, und ich will nach deinem eigenen Geständnis deine Gesundheit ausbringen lernen, aber solange ich lebe, vergessen, nach dir zu trinken.

Erster Edelmann. Ich habe mir wohl eben selbst zu nahe getan; habe ich nicht?

Zweiter Edelmann. Das hast du auch, du magst dich verbrannt haben oder nicht.

Lucio. Seht nur, kommt da nicht unsere Frau Minnetrost?

Erster Edelmann. Ich habe mir Krankheiten unter ihrem Dach geholt, die kosten mich — —

Zweiter Edelmann. Wieviel?

Erster Edelmann. Ratet nur! –

Zweiter Edelmann. Er wird Euch nicht gestehen, wieviel Mark sie ihn jährlich kosten.

Erster Edelmann. Recht, und überdem noch – – –

Lucio. Ein paar französische Kronen! –

Erster Edelmann. Immer willst du mir Krankheit andichten; aber du steckst im Irrtum, ich habe mir nichts geholt.

Lucio. Und doch bist du hohl durch und durch; deine Knochen sind hohl, die Ruchlosigkeit hat in dir geschwelgt.

Eine Kupplerin kommt

Erster Edelmann. Nun, wie geht's? An welcher von deinen Hüften hast du jetzt die Sciatica?

Kupplerin. Schon gut! Eben wird einer verhaftet und ins Gefängnis gesteckt, der war mir mehr wert als fünftausend solche wie Ihr.

Erster Edelmann. Wer denn, sagt doch?

Kupplerin. Zum Henker, Herr Claudio ist's, Signor Claudio!

Erster Edelmann. Claudio im Gefängnis? Nicht möglich!

Kupplerin. Ich sage Euch, es ist gewiß; ich sah ihn verhaftet; ich sah ihn weggeführt, und was noch mehr ist, binnen drei Tagen soll ihm der Kopf abgehauen werden.

Lucio. Nun, trotz allen Torheiten von eben, das sollte mir leid sein. Weißt du's denn gewiß?

Kupplerin. Nur zu gewiß; es geschieht, weil Fräulein Julia schwanger von ihm ward.
Lucio. Glaubt mir, es ist nicht unmöglich. Er versprach mir, mich vor zwei Stunden zu treffen, und er war immer pünktlich im Worthalten.
Zweiter Edelmann. Dazu kommt, daß es ganz mit dem übereinstimmt, wovon wir zusammen sprachen.
Erster Edelmann. Und am meisten mit dem letzten öffentlichen Ausruf.
Lucio. Kommt, hören wir, was an der Sache ist.
(Lucio und die Edelleute gehen ab.)
Kupplerin. So bringen mich denn teils der Krieg und teils das Schwitzen und teils der Galgen und teils die Armut um alle meine Kunden. Nun? Was bringst du mir Neues?
Pompejus kommt.
Pompejus. Den haben sie jetzt eben eingesteckt! –
Kupplerin. Und was hat er vorgehabt?
Pompejus. Ein Mädchen.
Kupplerin. Ich meine, was hat er begangen?
Pompejus. In einem fremden Bache Forellen gefischt.
Kupplerin. Wie? Hat ein Mädchen ein Kind von ihm?
Pompejus. Nein, aber es hat eine Frau ein Mädchen von ihm. Habt Ihr nicht von dem Ausruf gehört? He?
Kupplerin. Was für ein Ausruf, Mann?
Pompejus. Alle Häuser in den Vorstädten von Wien sollen eingerissen werden.
Kupplerin. Und was soll aus denen in der Stadt werden.
Pompejus. Die sollen zur Saat stehen bleiben; sie wären auch drauf gegangen, aber ein wohlweiser Bürger hat sich für sie verwendet.
Kupplerin. Sollen den alle öffentlichen Häuser in der Vorstadt eingerissen werden?
Pompejus. Bis auf den Grund, Frau.
Kupplerin. Nun, das heiß' ich eine Veränderung im Staat! Was soll nun aus mir werden?
Pompejus. Ei, fürchtet Ihr nichts; guten Advokaten fehlt es nicht an Klienten. Wenn Ihr schon euer Quartier ändert, braucht Ihr darum nicht Euer Gewerbe ändern; ich bleibe noch immer Euer Zapfer. Mut gefaßt! Mit Euch wird man's so genau nicht nehmen; Ihr habt Eure Augen in Euerm Beruf fast aufgebraucht; über Euch werden sie schon ein Auge zudrücken.
Kupplerin. Was soll nun werden, Zapfer Thomas? Laß uns auf die Seite gehen.
Pompejus. Hier kommt Signor Claudio, den der Schließer ins Gefängnis führt, und da ist auch Fräulein Julia. (Gehen ab.)

3. Szene
Daselbst

Es treten auf der *Schließer, Claudio* und *Gerichtsdiener, Lucio* und die zwei *Edelleute; Julia* wird vorübergeführt

Claudio. Mensch, warum muß die ganze Welt mich sehn? –
Bring mich zum Kerker, wie dir aufgetragen.
Schließer. Ich tu' dies nicht aus eignem bösen Willen,
Nur weil's Lord Angelo bestimmt verlangt.
Claudio. Ja, so kann dieser Halbgott Majestät
Uns nach Gewicht die Sünde zahlen lassen.
Des Himmels Wort: wen ich erwähl', erwähl' ich,
Wen nicht, verstoß' ich ... und doch stets gerecht! –
Lucio. Nun sag schon, Claudio, woher solcher Zwang?
Claudio. Von zu viel Freiheit, Lucio, zu viel Freiheit!
Wie Überfüllung strenge Fasten zeugt,
So wird die Freiheit, ohne Maß gebraucht,
In Zwang verkehrt; des Menschen Herze frönt –
Wie Ratten, die ihr eignes Gift verschlingen –
Dem bösen Durst, und tödlich wird der Trunk!

Lucio. Wenn ich im Arrest so weislich zu reden wüßte, so würde ich einige von meinen Gläubigern rufen lassen. Und doch, die Wahrheit zu sagen, mir ist die Narrenteidung der Freiheit lieber als die Moral der Gefangenheit. Was ist dein Vergehen, Claudio? –

Claudio. Was nur zu nennen neuen Anstoß gäbe!
Lucio. Was, ist's ein Mord?
Claudio. Nein!
Lucio. Unzucht?
Claudio. Nenn' es so.
Schließer. Fort, Herr, Ihr müßt jetzt weiter.
Claudio. Ein Wort, mein Freund: Lucio, ein Wort mit Euch.
Lucio. Ein Dutzend, wenn's dir irgend helfen kann.
Wird Unzucht so bestraft?
Claudio. So steht's mit mir: – nach redlichem Verlöbnis
Nahm ich Besitz von meiner Julia Bett;
Ihr kennt das Fräulein; sie ist ganz mein Weib,
Nur daß wir noch nicht aufgeboten sind
Wie's äußre Form erheischt. Dies unterblieb
Nur um Vermehrung einer Mitgift willen,
Die noch in ihrer Vettern Truhen liegt,
So daß wir unsern Bund verschweigen wollten,
Bis Zeit sie uns befreundet. Doch die Heimlichkeit

Höchst wechselseit'gen Kosens zeigt sich leider
Mit allzugroßer Schrift auf ihr geprägt.
Lucio.   Schwanger vielleicht!
Claudio.   Zum Unglück ist es so
Denn unsers Herzogs neuer Stellvertreter,
Sei es die Schuld des neuerblickten Amtes,
Sei's, daß ihm das gemeine Wohl erscheint
Gleich einem Roß, auf dem der Landvogt reitet,
Der, kaum im Sattel, daß es gleich empfinde
Des Reiters Herrschaft, ihn den Sporn läßt fühlen;
Sei's, daß die Tyrannei im Herrscheramt,
Sei's, daß sie wohn' im Herzen seiner Hoheit –
Ich weiß es nicht; genug, der neue Richter –
Weckt mir die ganze Reih' der Strafgesetze,
Die gleich bestäubter Wehr im Winkel hingen,
So lang, daß neunzehn Jahreskreise schwanden,
Und keins gebraucht ward, und aus Sucht nach Ruhm
Muß ihm das schläfrige, vergeßne Recht
Frisch wider mich erstehn; ja, nur aus Ruhmsucht!

Lucio.   Ja, wahrhaftig, so ist es, und dein Kopf steht so kitzlich auf deinen Schultern, daß ein verliebtes Milchmädchen ihn herunter seufzen könnte. Sende dem Herzog Botschaft und appelliere an ihn.
Claudio.   Das tat ich schon; doch ist er nicht zu finden.
Ich bitt' dich, Lucio, tu' mir diese Freundschaft.
Heut tritt ins Kloster meine Schwester ein,
Und ihre Probezeit beginnt sie dort.
Erzähl' ihr die Gefahr, die mich bedroht,
In meinem Namen fleh', daß sie die Gunst
Des strengen Richters sucht, ihn selbst beschwört.
Ich hoffe viel von ihr; denn ihre Jugend
Ist kräft'ge Rednergabe ohne Wort,
Die Männer rührt; zudem ist sie begabt,
Wenn sie es will, mit holdem Spruch und Witz,
Und leicht gewinnt sie jeden.

Lucio.   Der Himmel gebe, daß sie es könne, sowohl zum Trost aller derer, die sich im gleichen Falle befinden, und sonst unter schwerer Zucht stehen würden, als damit du dich deines Lebens erfreust; denn es wäre mir leid, wenn du's so närrischerweise um ein Spiel Triktrak verlieren solltest. Ich gehe zu ihr.
Claudio.   Ich danke dir, mein bester Freund.
Lucio.   In zweien Stunden –
Claudio.   Schließer, laßt uns gehn.
(Alle ab.)

4. Szene
Ein Kloster

Es treten auf der Herzog *und Pater* Thomas

Herzog. Nein, heil'ger Vater! Fort mit dem Gedanken!
Glaub nicht, der Liebe leichter Pfeil durchbohre
Des echten Mannes Brust. Daß ich dich bat
Um ein geheim Asyl, hat ernsten Zweck,
Gereifteren, als Ziel und Wünsche sind
Der glühnden Jugend.
Mönch.   Könnt Ihr mir vertraun?
Herzog. Mein frommer Freund, Ihr selbst wißt am besten,
Wie sehr ich stets die Einsamkeit geliebt,
Geringe Freude fand am eitlen Schwarm,
Wo Jugend herrscht und Gold und sinnlos Prunken.
Dem Grafen Angelo hab' ich vertraut –
Als einem Mann von strenger Art und Keuschheit –
Mein unumschränktes Ansehn hier in Wien,
Und dieser wähnt, ich sei verreist nach Polen,
Denn also hab' ich's ausgesprengt im Volk,
Und also glaubt man's. Nun, mein heil'ger Freund,
Fragt Ihr mich wohl, weshalb ich dies getan?
Mönch. So fragt' ich gern.
Herzog. Hier gilt ein scharf Gesetz, ein starres Recht,
Als Kappzaum und Gebiß halsstarr'gen Pferden,
Das wir seit vierzehn Jahren ließen schlafen,
Gleich einem alten Löwen in der Höhle,
Der nicht mehr raubt. Nun, wie ein schwacher Vater,
Der wohl die Birkenreiser drohend bindet
Und hängt sie auf zur Schau vor seinen Kindern,
Zum Schreck, nicht zum Gebrauch; bald wird die Rute
Verhöhnt mehr als gescheut; so unsre Satzung,
Tot für die Straf', ist für sich selbst auch tot,
Und Keckheit zieht den Richter an der Nase,
Der Säugling schlägt die Amm', und ganz verloren
Geht aller Anstand.
Mönch.   Euch, mein Fürst, lag ob,
Die Fesseln des gebundnen Rechts zu lösen,
Und dies erschien von Euch noch schrecklicher
Als von Lord Angelo.
Herzog.   Zu schrecklich, fürcht' ich.
Da meine Säumnis Freiheit ließ dem Volk,
Wär's Tyrannei, wollt' ich mit Härte strafen,

Was ist erlaubt. Denn der erteilt Erlaubnis,
Der freien Lauf der bösen Lust gewährt
Anstatt der Strafe. Darum, heil'ger Vater,
Hab' ich auf Angelo dies Amt gelegt,
Der, hinter meines Namens Schutz, mag treffen,
Derweil ich selbst vom Kampfe fern mich halte
Und frei vom Tadel bleibe. Sein Verfahren
Zu prüfen, will ich als ein Ordensbruder
Besuchen Fürst und Volk; drum bitt' ich Euch,
Schafft mir ein klösterlich Gewand, belehrt mich,
Wie ich in aller äußern Form erscheine
Als wahrer Mönch. Mehr Gründe für dies Tun
Will ich bei beßrer Muße Euch enthüllen.
Nur dies: – Lord Angelo ist scharf und streng,
Stets auf der Hut vor Neid, gesteht sich kaum,
Blut fließ' in seinen Adern, und sein Hunger
Sei mehr nach Brot als Stein. Bald wird uns kund,
Wandelt ihn Macht, sein wahrer Herzensgrund.   (Gehen ab.)

5. Szene
Ein Nonnenkloster

Es treten auf *Isabella* und *Franziska*.

Isabella.   Und habt ihr Nonnen keine Freiheit sonst?
Franziska.   Scheint diese dir zu klein? –
Isabella.   O nein! Ich sprach's nicht, als begehrt' ich mehr,
Im Gegenteil, ich wünschte strenge Zucht
Sankt Klarens Schwesterschaft und ihrem Orden.
Lucio (draußen).   He! Friede diesem Ort! –
Isabella.   Wer ruft denn da?
Franziska.   Es ist ein Mann. O liebe Isabella,
Schließt Ihr ihm auf und fragt, was sein Begehr;
Ihr könnt es tun, ich nicht, Ihr schwurt noch nicht;
Doch eingekleidet sprecht Ihr nie mit Männern
Als nur in der Äbtissin Gegenwart,
Und wenn Ihr sprecht, bleibt Eu'r Gesicht verhüllt;
Entschleiert Ihr das Antlitz, müßt Ihr schweigen.
Er ruft noch einmal: bitt' Euch, gebt ihm Antwort.
                        (Franziska ab.)
Isabella.   Fried' und Glückseligkeit! Wer ist's, der ruft? –
                Lucio tritt auf.
Lucio.   Heil, Jungfrau! Daß Ihr's seid, verkündet mir
Die Wangenblüte. Könnt Ihr so mich fördern,
Zum Fräulein Isabella mich zu führen,

Die hier Novize ist, der schönen Schwester
Des unglücksel'gen Bruders Claudio?
Isabella.   Warum unsel'gen Bruders? frag' ich Euch,
Und um so mehr, weil ich Euch melden muß,
Ich selbst bin Isabella, seine Schwester.
Lucio.   Holdsel'ge Schöne, Euer Bruder grüßt Euch,
Und daß ich's kürzlich meld', er ist im Kerker.
Isabella.   Weh mir! Für was?
Lucio.   Um das, wofür, wenn ich sein Richter wär',
Er seine Straf' empfangen sollt' in Dank.
Er half zu einem Kinde seiner Freundin.
Isabella.   Herr, macht mich nicht zu Euerm Scherz.
Lucio.   's ist wahr;
Ich möchte nicht, ist's gleich mein alter Fehl,
Mit Mädchen Kiebitz spielen, weit vom Herzen
Die Zunge – so mit allen Jungfraun tändeln,
Ihr seid mir ein verklärter Himmelsgast,
Und durch Enthaltsamkeit unkörperlich,
Drum muß das Wort mit Euch wahrhaftig sein,
Als nahte man sich einer Heiligen.
Isabella.   Ihr lästert das Erhabne, mich verhöhnend.
Lucio.   Das glaubt nicht! Kurz und wahr, so steht die Sache:
Eu'r Bruder und sein Liebchen herzten sich,
Und wie die Speise füllt, der blüh'nde Mai
Den dürren Furchen nach der Saat verhilft
Zu schwell'nder Fülle, also zeigt ihr Schoß
Sein fleißiges Bemühn und emsig Tun.
Isabella.   Ist jemand von ihm schwanger? Muhme Julia?
Lucio.   So ist sie Eure Muhme?
Isabella.   Durch Wahl; wie Schülerinnen Namen tauschen
In kindisch treuer Freundschaft.
Lucio.   Diese ist's.
Isabella.   O, nehm' er sie zur Frau!
Lucio.   Das ist der Punkt. –
Der Herzog hat höchst seltsam sich entfernt,
Und manchen Edeln – mich nebst andern – foppt er
Mit Hoffnung auf 'nen Krieg. Doch hören wir
Von solchen, die den Nerv des Staates kennen,
Was er uns vorgab, sei unendlich weit
Von seiner wahren Absicht. Jetzt regiert
Statt seiner mit der unbeschränktsten Vollmacht
Lord Angelo, ein Mann, dem statt des Bluts
Schneewasser in den Adern fließt; der nie

Der Sinne muntre Trieb' und Regung kannte;
Der ihren Stachel hemmt und abgestumpft
Mit geistigem Erwerb, Fasten, Studieren.
Dieser, die hergebrachte Üppigkeit zu schrecken,
Die lang das drohende Gesetz umschwärmt –
Wie Mäus' um Löwen –, klaubt den Spruch hervor,
Durch dessen schweren Inhalt Claudios Leben
Verwirkt ist; setzt sogleich ihn in Verhaft,
Und folgt genau der Härte des Gesetzes
Zu strenger Warnung. Alles ist verloren,
Wenn Euch nicht Gnade wird durch holdes Flehn
Ihn zu erweichen. Dies ist nun der Kern
Des Auftrags, den mir Euer Bruder gab.
Isabella. So will er seinen Tod?
Lucio. Das Urteil hat
Er schon gesprochen; schon Befehl erhielt
Der Schließer, hör' ich, für die Hinrichtung.
Isabella. Ach, welche arme Fähigkeit besitz' ich,
Ihm noch zu helfen?
Lucio. Eure Macht versucht!
Isabella. Weh mir! Ich zweifle –
Lucio. Zweifel sind Verräter,
Die oft ein Gut entziehn, das wir erreichten –
Weil den Versuch wir scheuten. Geht zu Angelo
Und lehrt ihn, daß wenn Jungfraun flehn, die Männer
Wie Götter geben; weinen sie und knien,
Dann wird ihr Wunsch so frei ihr Eigentum,
Als ob sie selber die Gewährung sprächen.
Isabella. Ich will versuchen, was ich kann.
Lucio. Nur schnell!
Isabella. Ich geh' sogleich,
Nicht länger säum' ich; der Äbtissin nur
Meld' ich's. Ich dank' Euch, Herr, bescheidentlich,
Empfehlt mich meinem Bruder, noch vor Nacht
Send' ich ihm sichre Nachricht des Erfolgs.
Lucio. Dann nehm' ich Abschied.
Isabella. Gott befohlen, Herr!
(Beide gehen.)

Zweiter Aufzug

1. Szene
Eine Halle in Angelos Hause

Es treten auf Angelo, Escalus, ein Richter, Schließer, Gerichtsdiener und Gefolge.

Angelo. Das Recht soll nicht zur Vogelscheuche werden,
Als ständ' es da, um Habichte zu schrecken
Und bliebe regungslos, bis sie zuletzt,
Gewöhnt, drauf ausruhn, statt zu fliehn.

Escalus.   Gut, laßt uns
Dann lieber scharf sein und ein wenig schneiden,
Als tödlich niederschlagen. Ach, der Jüngling,
Für den ich bat, hatt' einen edeln Vater.
Bedenkt, mein werter Herr – von dem ich glaube,
Ihr seid sehr streng in Tugend –
Ob in der Regung Eurer Leidenschaft,
Wenn Zeit mit Ort gestimmt und Ort mit Wunsch,
Ob, wenn das heft'ge Treiben Eures Bluts
Das Ziel erreichen mochte, das Euch lockte –
Ob, sag' ich, Ihr nicht selbst wohl konntet irren
In diesem Punkt, ob dem Ihr ihn verdammt,
Und dem Gesetz verfallen?

Angelo. Ein andres ist, versucht sein, Escalus,
Ein andres, fallen. Leugnen will ich nicht,
In dem Gerichte, das auf Tod erkennt,
Sei unter zwölf Geschwornen oft ein Dieb,
Wohl zwei, noch schuld'ger als der Angeklagte.
Wer offenbar dem Rechte ward,
Den straft das Recht. Was kümmert's das Gesetz,
Ob Dieb den Dieb verurteilt? 's ist natürlich,
Daß wir den Demant auf vom Boden heben,
Weil wir ihn sehn, doch was wir nicht gesehn,
Wir treten drauf und denken nicht daran.
Ihr dürft nicht deshalb mildern sein Vergehn,
Weil ich auch fehlen könnte; sagt vielmehr,
Wenn ich, sein Richter, solch' Verbrechen übe,
Sei mir der eigne Spruch Vorbild des Todes,
Und nichts entschuld'ge mich. Freund, er muß sterben.

Escalus. Wie's Eurer Weisheit dünkt.

Angelo.   Wo ist der Schließer?

Schließer. Hier, gnäd'ger Herr.

Angelo. Ihr steht dafür, das Claudio
Enthauptet werde morgen früh um neun;
Bringt ihm den Beicht'ger, laßt ihn sich bereiten,
Denn das ist seiner Wallfahrt letzte Stunde.   (Schließer ab.)
Escalus.   Nun, Gott verzeih' ihm und verzeih' uns allen.
Der steigt durch Schuld, der muß durch Tugend fallen;
Der wandelt frei des Lasters Dornenpfade,
Ein einz'ger Fehl verdammt *den* sonder Gnade.
>   Es treten auf *Elbogen, Schaum, Pompejus, Gerichtsdiener.*

Elbogen.   Kommt, bringt sie herbei. Wenn das rechtschaffne Leute im gemeinen Wesen sind, die nichts taten, als ihre Untaten in gemeinen Häusern auszurichten, so weiß ich nicht, was Jura ist. Bringt sie herbei.

Angelo.   Was gibt's, Freund? Wovon ist die Rede? Wie heißt Ihr?

Elbogen.   Mit Euer Gnaden Vergunst, ich bin des armen Herzogs Konstabel, und mein Name ist Elbogen; ich bin ein Stück Justiz, Herr, und führe Eurer gestrengen Gnaden hier ein paar notorische Benefikanten vor.

Angelo.   Benefikanten? Was denn für Benefikanten? Ihr meint wohl Malefikanten?

Elbogen.   Nichts für ungut, gnädiger Herr; ich weiß nicht recht, was sie sind; aber zwei absolutgesinnte Spitzbuben sind sie, und ohne ein Körnchen von der Heillosigkeit, die ein guter Christ haben muß.

Escalus.   Vortrefflich vorgetragen! Da haben wir einen verständigen Konstabel!

Angelo.   Zur Sache! Was für Leute sind es? Elbogen heißt du; warum sprichst du nicht, Elbogen?

Pompejus.   Er kann nicht, Herr, er ist am Ellbogen zerrissen.

Angelo.   Wer seid Ihr, Freund?

Elbogen.   Der, gnädiger Herr? Ein Bierzapfer, Herr; ein Stück von einem Kuppler; dient einem schlechten Weibsbilde, deren Haus, wie es heißt, in den Vorstädten eingerissen ist, und nun macht sie Prozession von einem Badehause, und das ist auch ein recht schlechtes Haus.

Escalus.   Wie wißt Ihr das?

Elbogen.   Mein Weib, gnädiger Herr, wie ich's vor Euer Gnaden detestiere, – –

Escalus.   Wie! Dein Weib?

Elbogen.   Ja, Herr, maßen es, Gott sei Dank, ein ehrliches Weib ist –

Escalus.   Und darum detestierst du's?

Elbogen. Ich sage Herr, ich für meine eigene Person detestiere hierin ebensogut wie sie; wenn dieses Haus nicht einer Kupplerin Haus ist, so wär's schade drum; denn es ist ein ganz nichtsnutziges Haus.

Escalus. Wie weißt du das, Konstabel?

Elbogen. Blitz, Herr, von meiner Frau; denn wenn sie eine Frau wäre, die den kardinalischen Lüsten nachhinge, so hätte sie in diesem Hause zu Proskription und Ehebruch und aller Unsauberkeit verführt werden können.

Escalus. Durch dieses Weibes Anstiften?

Elbogen. Ja, Herr, durch das Anstiften der Frau Überlei; wie sie ihm aber ins Gesicht spuckte, so wußte er, woran er war.

Pompejus. Herr, mit Eurer Gnaden Erlaubnis so war's nicht.

Elbogen. Das beweise mit einmal vor diesen Schlingeln, du ehrenwerter Mann, das beweise mir!

Escalus. Hört Ihr, wie er sich verspricht?

Pompejus. Herr, sie kam an und war hochschwanger und hatte – mit Eu'r Gnaden Respekt – ein Gelust nach gekochten Pflaumen. Nun hatten wir nur zwei im Hause, gnädiger Herr, und die lagen eben in dem Monument gleichsam auf einem Fruchtteller, ein Teller für drei oder vier Pfennige. Euer Gnaden müssen solche Teller schon gesehen haben; es sind keine Teller aus Porzellan, aber doch sehr gute Teller.

Escalus. Weiter, weiter, am Teller ist nichts gelegen.

Pompejus. Nein, wahrhaftig, Herr, nicht so viel als eine Stecknagel wert ist, das ist vollkommen richtig. Aber nun zur Hauptsache. Wie gesagt, die Frau Elbogen war, wie gesagt, guter Hoffnung und ansehnlich stark und hatte, wie gesagt, ein Gelust nach Pflaumen, und weil, wie gesagt, nur zwei auf dem Teller lagen, – denn Junker Schaum, der nämliche Herr hier, hatte, wie gesagt, die andern gegessen – und er bezahlte sie sehr gut, das muß ich sagen; denn wie Ihr wohl wißt, Junker Schaum, ich konnte Euch keinen Dreier herausgeben – –

Schaum. Nein, das ist wahr.

Pompejus. Seht Ihr wohl? Ihr wart eben dabei, wenn Ihr's Euch noch besinnt, und knacktet die Steine von den vorbesagten Pflaumen.

Schaum. Ja, das tat ich auch, mein Seel'.

Pompejus. Nun, seht Ihr wohl? Ich sagte Euch just, wenn Ihr's Euch noch besinnt, daß der und der und dieser und jener von der Krankheit, die Ihr wohl wißt, nicht zu kurieren wären, wenn sie nicht so sehr gute Diät hielten, sagte ich Euch.

Schaum. Alles richtig.

Pompejus. Seht Ihr's?

Escalus. Geht mir, Ihr seid ein langweiliger Narr; zur Sache. Was tat man denn der Frau des Elbogen, daß er Ursach zu klagen hat? Kommen wir jetzt auf das, was man ihr tat.

Pompejus. Herr, Eu'r Gnaden kann darauf noch nicht kommen.

Escalus. Das ist auch nicht meine Absicht.

Pompejus. Herr, Ihr sollt aber darauf kommen, mit Eu'r Gnaden Vergunst, und betrachtet Euch einmal den Junker Schaum hier, mein gnädiger Herr, er bringt's auf achtzig Pfund im Jahr, und sein Vater starb am Allerheiligentage. War's nicht am Allerheiligentage, Junker Schaum?

Schaum. Allerheiligenabend.

Pompejus. Nun, seht Ihr wohl? Ich hoffe, hier gibt's Wahrheit! Er saß eben auf einem niedrigen Sessel, gnädiger Herr; es war in der goldenen Traube, wo Ihr so gern sitzt, nicht so?

Schaum. Ja, das tu ich; denn es ist ein offenes Zimmer und gut für den Winter.

Pompejus. Seht Ihr wohl? Ich hoffe, hier gibt's Wahrheit!

Angelo. Dies währt wohl eine Winternacht in Rußland,
Wenn Nächte dort am längsten sind. Ich geh',
Und überlass' Euch diese Untersuchung.
Ich hoff', Ihr findet Grund, sie all zu stäupen.

Escalus. Das denk' ich auch, ich wünsch' Euch guten Morgen.

(Angelo ab.)

Nun, Freunde, weiter! Was tat man Elbogens Frau, noch einmal?

Pompejus. Einmal gnädiger Herr? Einmal hat man ihr nichts getan.

Elbogen. Ich ersuche Euch, Herr, fragt ihn, was dieser Mann hier meiner Frau getan hat.

Pompejus. Ich bitt' Eu'r Gnaden, fragt mich.

Escalus. Nun denn, was hat dieser Herr ihr getan?

Pompejus. Ich bitt' Eu'r Gnaden, seht diesem Herrn einmal ins Gesicht. Lieber Junker Schaum, seht doch Ihre Gnaden an; es geschieht zu einem guten Zweck; betrachten Sich Eu'r Gnaden sein Gesicht.

Escalus. O ja, recht wohl.

Pompejus. Nein, ich bitte, betrachtet's Euch genau!

Escalus. Nun ja, das tu' ich.

Pompejus. Sieht Euer Gnaden etwas Unrechtes in seinem Gesicht?

Escalus. O nein.

Pompejus. Ich will's vor Gericht imponieren, daß sein Gesicht das Schlimmste an ihm ist. Nun gut. Wenn sein Gesicht das

Schlimmste an ihm ist, wie konnte Junker Schaum des Konstabels Frau etwas Unrechtes tun? – Das möcht' ich von Euer Gnaden hören.

Escalus. Da hat er recht. Konstabel, was sagt Ihr dazu?

Elbogen. Erstlich, mit Eu'r Gnaden Erlaubnis, ist es ein respektierliches Haus; ferner ist dieser hier ein respektierlicher Kerl, und seine Wirtin ist ein respektierliches Weibsbild.

Pompejus. Bei dieser Hand, Herr, Elbogens Frau ist respektierlicher als wir alle.

Elbogen. Schlingel, du lügst, du lügst, gottloser Schlingel. Die Zeit soll noch kommen, wo sie je respektiert war von Mann, Weib und Kind.

Pompejus. Herr, sie war schon von ihm respektiert, eh' er mit ihr verheiratet war.

Escalus. Wer ist nun hier gescheiter? Die Gerechtigkeit oder die Ruchlosigkeit? Ist das wahr?

Elbogen. O du Lumpenkerl! O du Schlingel! O du menschenfresserischer Hannibal! Ich von ihr respektiert vor unserer Heirat? Wenn ich je von ihr oder sie von mir respektiert gewesen ist, so soll Eu'r Gnaden mich nicht für des armen Herzogs Diener halten. Beweise das, du gottloser Hannibal, sonst belange ich dich wegen tätlicher Mißhandlung!

Escalus. Wenn er Euch jetzt eine Maulschelle gäbe, so hättet Ihr noch obendrein eine Klage wegen anzüglicher Reden.

Elbogen. Sapperment, ich danke Eu'r Gnaden. Was wäre Eu'r Gnaden Inklination, daß ich mit diesem gottlosen Lump anfangen soll?

Escalus. Ich denke, Konstabel, weil er allerlei Bosheiten in sich trägt, die du gern herausbrächtest, wenn du könntest, so mag's mit ihm sein Bewenden haben, bis wir erfahren, worin sie bestehen.

Elbogen. Sapperment, ich danke Eu'r Gnaden. Da siehst du nun, du gottloser Schlingel wohin es mit dir gekommen ist; das Bewenden sollst du kriegen, das Bewenden!

Escalus (zu Schaum). Wo seid Ihr geboren, Freund?

Schaum. Hier in Wien, gnädiger Herr.

Escalus. Habt Ihr achtzig Pfund im Jahr?

Schaum. Ja, wenn's Euer Gnaden gefällig ist.

Escalus. So. – Was ist dein Gewerbe, Freund?

Pompejus. Ein Bierzapfer, Herr; einer armen Witwe Zapfer.

Escalus. Wie heißt Eure Wirtin?

Pompejus. Frau Überlei.

Escalus. Hat sie mehr als *einen* Mann gehabt?

Pompejus. Neun, Herr; der letzte war Überlei.

Escalus. Neun! Kommt einmal her, Junker Schaum. Junker

Schaum, ich dächte, Ihr ließt Euch nicht mit Zapfern ein; sie ziehen Euch nur aus, Junker Schaum, und Ihr bringt sie an den Galgen. Geht Eurer Wege, und laßt mich nichts mehr von Euch hören.

Schaum. Ich danke Eurer Herrlichkeit. Ich für meinen Teil bin auch nie in eine Schenkstube gekommen, daß man mich nicht angezapft hätte.

Escalus. Schon gut, Junker Schaum; geht mit Gott.

(Schaum ab.)

Jetzt kommt Ihr einmal heran, Meister Bierzapfer; wie heißt Ihr, Meister Zapfer?

Pompejus. Pompejus.

Escalus. Wie weiter?

Pompejus. Pumphose.

Escalus. So! An Eurer Pumphose habt Ihr freilich etwas Großes, und so wär't Ihr, wo von Hosen die Rede ist, Pompejus der Große. – Pompejus, Ihr seid ein Stück von einem Kuppler, Pompejus, obgleich Ihr Euch hinter Euer Bierzapferamt verstecken wollt. Seid Ihr's nicht? Kommt, sagt mir die Wahrheit, es soll Euer Schaden nicht sein.

Pompejus. In Wahrheit, Herr, ich bin ein armer Junge, der gern leben will.

Escalus. Wovon willst du leben, Pompejus? Vom Kuppeln? Was dünkt dich von diesem Gewerbe, Pompejus? Ist das ein gesetzlich erlaubtes Gewerbe?

Pompejus. Wenn das Gesetz nichts dagegen hat, Herr.

Escalus. Aber das Gesetz hat etwas dagegen, Pompejus, und wird in Wien immer etwas dagegen haben.

Pompejus. Will denn Eure Herrlichkeit aus allen jungen Leuten in der Stadt Wallachen und Kapaunen machen?

Escalus. Nein, Pompejus.

Pompejus. Sieht Eu'r Herrlichkeit, so werden sie nach meiner geringen Meinung nicht davon lassen. Wenn Eu'r Herrlichkeit nur die liederlichen Dirnen und losen Buben in Ordnung halten kann, so braucht sie die Kuppler gar nicht zu fürchten.

Escalus. Es fängt auch jetzt ein hübsches Regiment an, kann ich dir sagen; es handelt sich nur um Köpfen und Henken.

Pompejus. Wenn Ihr nur zehn Jahre lang hintereinander alle die henken und köpfen laßt, die sich in diesem Stücke vergehen, so könnt Ihr Euch beizeiten danach umsehen, wo Ihr mehr Köpfe verschreiben wollt. Wenn dies Gesetz zehn Jahre in Wien besteht, will ich im schönsten Hause das Stockwerk für sechs Dreier mieten; solltet Ihr's erleben, daß es so weit kommt, so sagt nur, Pompejus hab' es Euch vorausgesagt.

Escalus. Dank, trefflicher Pompejus. Nun, um dir die Prophezeiung zu erwidern, so rat' ich dir, verstehst du, laß dich auf keiner neuen Klage betreffen und ebensowenig in deiner jetzigen Wohnung; denn wenn das geschehen sollte, Pompejus, so werde ich dich in dein Zelt zurückschlagen und ein schlimmer Cäsar für dich werden, und, gerade heraus zu sagen, Pompejus, ich werde dich peitschen lassen. So, für diesmal, Pompejus, gehab dich wohl.

Pompejus. Ich danke Euer Herrlichkeit für Euern guten Rat; aber folgen werde ich ihm, wie Fleisch und Schicksal es fügen. Mich peitschen? Peitschen laßt den Kärrner seine Mähre, Wer peitscht' aus dem Beruf je einen Mann von Ehre? (Ab.)

Escalus. Kommt einmal her, Meister Elbogen, kommt einmal her, Meister Konstabel. Wie lange ist es her, daß Ihr Eurem Amt als Konstabler vorsteht?

Elbogen. Sieben und ein halbes Jahr, gnädiger Herr.

Escalus. Ich dachte mir's nach Eurer Fertigkeit im Amt, Ihr müßtet es schon eine Weile verwaltet haben. Sieben ganze Jahre, sagt Ihr?

Elbogen. Und ein halbes.

Escalus. Ach! da hat es Euch viel Mühe gemacht. Es geschieht Euch unrecht, daß man Euch so oft zum Dienst requiriert; sind denn nicht andere Leute in Eurem Kirchspiel, die imstande wären, ihn zu versehen?

Elbogen. Meiner Treu, gnädiger Herr, es sind wenige, die etwas Einsicht in solchen Dingen haben; wenn sie gewählt werden, sind sie immer froh, mich wieder statt ihrer zu wählen, ich tu's für ein Stück Geld, und übernehme es so für sie alle.

Escalus. Hört, schafft mit die Namen von sechs oder sieben Leuten, die die brauchbarsten in Eurem Kirchspiele sind.

Elbogen. In Euer Herrlichkeit Haus, mein gnädiger Herr?

Escalus. In mein Haus. Lebt wohl! Was ist wohl die Uhr? (Elbogen ab.)

Richter. Elf, gnädiger Herr.

Escalus. Wollt Ihr so gut sein und mit mir essen?

Richter. Ich danke Euch geziemend.

Escalus. Es ist mir herzlich leid um Claudios Tod,
  Doch seh' ich keinen Ausweg.

Richter. Lord Angelo ist streng!

Escalus.   Das tut auch not;
  Ihr seid nicht gnädig, zeigt sich immer Huld,
  Verzeihung ist nur Mutter neuer Schuld,
  Und doch, du armer Claudio! 's ist kein Ausweg! –
  Kommt, Herr! (Gehen ab.)

2. Szene
Ein anderes Zimmer daselbst

Es treten auf der Schließer und ein Diener.

Diener. Er hält noch ein Verhör, er kommt sogleich.
Ich meld' Euch an.
Schließer. Das tut. (Diener ab.) Ich frag' ihn nochmals,
Was er beschließt; vielleicht doch zeigt er Gnade.
Er hat ja nur als wie im Traum gesündigt.
Der Fehl färbt jede Sekt' und jedes Alter,
Und er drum sterben!

Angelo tritt auf.

Angelo. Nun, was wollt Ihr, Schließer?
Schließer. Befehlt Ihr, Herr, daß Claudio morgen sterbe?
Angelo. Sagt' ich dir nicht schon ja? Befahl ich's nicht?
Was fragst du denn?
Schließer. Aus Furcht, zu rasch zu sein;
Verzeiht, mein gnäd'ger Herr, ich weiß den Fall,
Daß nach vollzognem Urteil das Gericht
Bereute seinen Spruch.
Angelo. Mein sei die Sorge! –
Tut Eure Pflicht, sonst such ein ander Amt,
Man wird Euch leicht entbehren.
Schließer. Herr, verzeiht!
Was soll mit Julien, die schön ächzet, werden?
Denn ihre Stunde rückt heran.
Angelo. Die schafft mir
In ein bequemres Haus, und das sogleich.

Diener kommt zurück.

Diener. Hier ist die Schwester des zum Tod Verdammten,
Die Euch zu sprechen wünscht.
Angelo. Hat er 'ne Schwester?
Schließer. Ja, gnäd'ger Herr, ein tugendhaftes Fräulein,
Die bald nun eintritt in die Schwesternschaft,
Wenn's nicht bereits geschehn.
Angelo. Führt sie herein; (Diener ab.)
Und schafft sogleich hinweg die Buhlerin;
Reicht ihr notdürft'ge Kost, nicht Überfluß;
Ausfert'gen laß ich den Befehl.

Lucio und Isabella treten auf.

Schließer. Gott schütz' Euch! (Will abgehen.)
Angelo.
Bleibt noch. (Zu Isabella.) Ihr seid willkommen, was begehrt Ihr?

Isabella.   Von Gram erfüllt möcht' ich Eu'r Gnaden flehn,
  Wenn Ihr mich hören wollt –
Angelo.   Wohlan! Was wünscht Ihr?
Isabella.   Es gibt ein Laster, mir verhaßt vor allen,
  Dem ich vor allen harte Strafe wünsche;
  Fürbitten möcht' ich nicht, allein ich muß,
  Fürbitten darf ich nicht, allein mich drängt
  Ein Kampf von Wollen und Nichtwollen.
Angelo.   Weiter!
Isabella.   Mein Bruder ward verdammt, den Tod zu leiden;
  Ich fleh' Euch an, laßt seine Sünde tilgen,
  Den Bruder nicht!
Schließer.   Gott schenk' dir Kraft, zu rühren!
Angelo.   Ich soll die Schuld verdammen, nicht den Täter!
  Verdammt ist jede Schuld schon vor der Tat,
  Mein Amt zerfiele ja in wahres Nichts,
  Straft' ich die Schuld, die das Gesetz schon straft,
  Und ließe frei den Täter?
Isabella.   O gerecht, doch streng!
  So hatt' ich einen Bruder. Gott beschirm' Euch!   (Will gehen.)
Lucio (Zu Isabella).   Gebt's so nicht auf! Noch einmal dran und bittet;
  Kniet vor ihm hin, hängt Euch an sein Gewand.
  Ihr seid zu kalt; verlangtet Ihr 'ne Nadel,
  Ihr könntet nicht mit zahmrer Zunge bitten. –
  Noch einmal zu ihm, frisch!
Isabella.   So muß er sterben?
Angelo.   Jungfrau, 's ist keine Rettung.
Isabella.   O ja! Ich denk', Ihr könntet ihm verzeihn,
  Und weder Gott noch Menschen zürnen Euch.
Angelo.   Ich will's nicht tun.
Isabella.   Doch könnt Ihr's, wenn Ihr wollt?
Angelo.   Was ich nicht will, das kann ich auch nicht tun.
Isabella.   Doch könntet Ihr's ohn' Unrecht an der Welt,
  Wenn Euer Herz die gleiche Rührung fühlte
  Wie meins?
Angelo.   Er ward verurteilt, 's ist zu spät.
Lucio (zu Isabella).   Ihr seid zu kalt!
Isabella.   Zu spät! O nein doch! Mein gesprochnes Wort,
  Ich kann es widerrufen! Seid gewiß,
  Kein Attribut, das Mächtige verherrlicht,
  Nicht Königskrone, Schwert des Reichsverwesers,
  Des Marschalls Stab, des Richters Amtsgewand,
  Keins schmückt sie alle halb mit solchem Glanz

    Als Gnade tut. War er an Eurer Stelle,
    An seiner Ihr, Ihr straucheltet gleich ihm;
    Doch er wär' nicht so strengen Sinns wie Ihr!
Angelo.   Ich bitt' Euch, geht.
Isabella.   O güt'ger Gott, hätt' ich nur Eure Macht
    Und Ihr wär't Isabella! Ständ' es so?
    Dann zeigt' ich, was es heißt ein Richter sein,
    Was ein Gefangner.
Lucio (leise).   Das ist die rechte Weise!
Angelo.   Eu'r Bruder ist verfallen dem Gesetz
    Und Ihr verschwendet Eure Worte.
Isabella.   Weh mir!
    Ach! Alle Welt war Gottes Zorn verfallen,
    Und er, dem Fug und Macht zur Rache war,
    Fand aus Vermittlung. Wie erging' es Euch,
    Wollt' er, das allerhöchste Recht, Euch richten,
    So wie Ihr seid? O das erwäget, Herr,
    Und Gnade wird entschweben Euern Lippen
    Wie neugeboren.
Angelo.   Faßt Euch, schönes Mädchen;
    Denn das Gesetz, nicht ich, straft Euern Bruder.
    Wär' er mein Vetter, Bruder, ja mein Sohn,
    Es ging' ihm so; sein Haupt müßt' morgen fallen.
Isabella.   Schon morgen! Das ist schnell! O schont ihn, schont ihn,
    Er ist noch nicht bereit. Wir schlachten ja
    Geflügel nur, wenn's Zeit ist; dienten wir
    Gott selbst mit mindrer Achtung, als wir sorgen
    Für unser grobes Ich? Denkt, güt'ger, güt'ger Herr,
    Wer büßte schon für dies Vergehn mit Tod?
    So manche doch begingen's!
Lucio (leise).   So ist's recht.
Angelo.   Nicht tot war das Gesetz, obwohl es schlief.
    Die vielen hätten nicht gewagt den Frevel,
    Wenn nur der erste, der die Vorschrift brach,
    Für seine Tat gebüßt. Nun ist's erwacht,
    Frisch, was verübt ward, und Propheten gleich
    Sieht es im Spiegel, was für künft'ge Sünden –
    Ob neue, ob durch Nachsicht neu empfangne,
    Um ausgebrütet und erzeugt zu werden –
    Hinfort sich stufenweis' nicht mehr entwickeln,
    Nein, sterben im Entstehn.
Isabella.   Zeigt dennoch Mitleid!
Angelo.   Das tu ich nur, zeig' ich Gerechtigkeit.

Denn dann erbarmen mich, die ich nicht kenne,
Die jetz'ge Nachsicht einst verwunden möchte,
Und ihm wird Recht, der ein Verbrechen büßend,
Nicht lebt, ein zweites zu begehn. Dies genüge; –
Claudio muß morgen sterben; – nimm es hin.

Isabella. So muß zuerst von Euch solch Urteil kommen,
Und er zuerst es dulden? Ach, 's ist groß,
Des Riesen Kraft besitzen, doch tyrannisch,
Dem Riesen gleich sie brauchen.

Lucio (leise). Ha, vortrefflich!

Isabella. Können die Großen donnern,
Wie Jupiter, sie machten taub den Gott;
Denn jeder winz'ge, kleinste Richter brauchte
Zum Donner Jovis' Äther. – Nichts als Donnern!
O gnadenreicher Himmel!
Du mit dem zack'gen Schwefelkeile spaltest
Den unzerteilbar knot'gen Eichenstamm,
Nicht zarte Myrten; doch der Mensch, der stolze Mensch,
In kleine, kurze Majestät gekleidet,
Vergessend, was am mindsten zu bezweifeln,
Sein gläsern Element – wie zorn'ge Affen,
Spielt solchen Wahnsinn gaukelnd vor dem Himmel,
Daß Engel weinen, die gelaunt wie wir,
Sich alle sterblich lachen würden.

Lucio. Nur weiter, weiter, Kind; er gibt schon nach;
Es wirkt, ich seh' es.

Schließer. Geb' ihr Gott Gelingen!

Isabella. Miß nicht den Nächsten nach dem eignen Maß,
Ihr Starken scherzt mit Heil'gen! Witz an Euch
Ist, was am Kleinen nur Entweihung wär'.

Lucio. Das ist die rechte Weise; immer mehr!

Isabella. Was in des Feldherrn Mund ein zornig Wort,
Wird beim Soldaten Gotteslästerung.

Lucio. Wo nimmst du das nur her? Fahr fort!

Angelo. Was setzst du mir mit all den Sprüchen zu?

Isabella. Weil Hoheit, wenn sie auch wie andre irrt,
Doch eine Art von Heilkraft in sich trägt,
Sie ihren Fehl verhüllt. Fragt Euer Herz;
Klopft an die eigne Brust, ob nichts drin wohnt,
Das meines Bruders Fehltritt gleicht; bekennt sie
Menschliche Schwachheit, wie die seine war,
So steig' aus ihr kein Laut auf Eure Zunge
Zu Claudios Tod.

Angelo. Sie spricht so tiefen Sinns,
Daß meinen sie befruchtet. – Lebt nun wohl!
Isabella. O teurer Herr, kehrt um!
Angelo. Ich überleg' es noch. Kommt morgen wieder!
Isabella. Hört, wie ich Euch bestechen will! Kehrt um,
Mein güt'ger Herr!
Angelo. Wie! Mich bestechen?
Isabella. Ja, mit solchen Gaben,
Wie sie der Himmel mit Euch teilt!
Lucio. Gut, sonst verdarbst du alles!
Isabella. Nicht eitle Schekel von gediegnem Gold,
Noch Steine, deren Wert bald reich bald arm,
Nachdem die Laun' ihn schätzt; nein, fromm Gebet,
Das auf zum Himmel steigt und zu ihm dringt
Vor Sonnenaufgang; Bitten reiner Seelen,
Fastender Jungfraun, deren Herz nicht hängt
An dieser Zeitlichkeit.
Angelo. Gut, morgen kommt
zu mir.
Lucio. Jetzt geht nur; es gelingt Euch. – Kommt!
Isabella. Der Himmel schütz' Eu'r Gnaden!
Angelo (für sich). Amen! Denn
Ich bin schon auf dem Wege zur Versuchung,
Den die Gebete kreuzen.
Isabella. Und wann morgen
Wart' ich Eu'r Gnaden auf?
Angelo. Zu jeder Zeit vor Mittag.
Isabella. Gott beschütz' Euch!
(Lucio, Isabella und Schließer ab.)
Angelo. Vor dir! Vor deiner Tugend selbst! –
Was ist dies? Was? Ist's ihre Schuld, ist's meine?
Wer sündigt mehr? Ist's die Versucherin,
Ist's der Versuchte? Ha!
Nicht sie: nein, sie versucht' auch nicht! Ich bin's,
Der bei dem Veilchen liegt im Sonnenschein,
Und gleich dem Aase, nicht der Blume gleich,
Verwest in der balsam'schen Luft. Ist's möglich,
Daß Sittsamkeit mehr unsern Sinn betört,
Als Leichtsinn? Da uns wüster Raum nicht fehlt,
Soll man die heil'gen Tempel niederreißen,
Kloaken Platz zu machen? O pfui, pfui!
Was tust du! Ha, was bist du, Angelo!
Wünscht sie dein unrein Herz um eben das,

Was sie erhebt? O laß den Bruder leben! –
Es hat der Dieb ein freies Recht zum Raub,
Wenn erst der Richter stiehlt. Was! Lieb' ich sie,
Daß mich's verlangt, sie wieder reden hören,
An ihrem Blick mich weiden ... Wovon träum' ich?
O list'ger Erbfeind! Heil'ge dir zu fangen,
Köderst du sie mit Heil'gen; höchst gefährlich
Ist die Versuchung, die durch Tugendliebe
Zur Sünde reizt. Nie konnte feile Wollust,
Mit ihrer Doppelmacht, Natur und Kunst,
Mich je erregen; doch dies fromme Mädchen
Besiegt mich ganz. Bis heut begriff ich nie
Die Liebestorheit, fragte lachend, wie!   (Ab.)

3. Szene
Zimmer im Gefängnis

Es treten auf der *Herzog*, als Mönch gekleidet, und der *Schließer*.

Herzog.   Heil Euch, Freund Schließer! Denn das seid Ihr, denk' ich.
Schließer.   Der Schließer bin ich; was begehrt Ihr, Pater?
Herzog.   Nach Christenlieb' und meiner heil'gen Regel
Komm' ich mit Zuspruch zu den armen Seelen
In diesem Kerker. Laßt, so wie's der Brauch,
Sie dort mich sehn, und nennet mir den Grund
Von ihrer Haft, daß ich, wie sich's geziemt,
Mein Amt verwalten mag.
Schließer.   Gern tät ich mehr, wenn Ihr noch mehr bedürft.
Julia kommt.
Seht da; dort kommt ein Fräulein, hier verhaftet,
Die durch die Glut der eignen Jugend fiel
Und ihren Ruf versehrt. Sie trägt ein Kind,
Des Vater sterben muß; ein junger Mann,
Geeigneter den Fehl zu wiederholen
Als drum zu sterben.
Herzog.   Wann soll er sterben?
Schließer.   Morgen, wie ich glaube.
(Zu Julia.) Ich traf schon Anstalt, wartet noch ein wenig,
Dann führt man Euch von hier.
Herzog.   Bereust du, Kind, was du gesündigt hast?
Julia.   Ich tu's und trage meine Schuld geduldig.
Herzog.   Ich lehr' Euch, wie Ihr Eu'r Gewissen prüft
Und Eure Reu' erforscht, ob sie aufrichtig,
Ob hohl im Innern.

Julia. Freudig will ich's lernen.
Herzog. Liebt Ihr den Mann, der Euch ins Unglück stürzte?
Julia. Ja, wie das Weib, das ihn ins Unglück stürzte.
Herzog. So seh' ich denn, daß beide Ihr gesündigt
Im Einverständnis?
Julia. Ja, im Einverständnis.
Herzog. Dann ist Eu'r Unrecht schwerer noch als seins.
Julia. Ja, das bekenn' ich, Vater, und bereu' es.
Herzog. Recht, liebes Kind; nur darum nicht bereu' es,
Weil dich die Sünd' in diese Schmach geführt;
Solch Leid sieht auf sich selbst, nicht auf den Himmel
Und zeigt, des Himmels denkt man nicht aus Liebe,
Nein, nur aus Furcht.
Julia. Ich fühle Reu', weil es ein Unrecht war,
Und trage gern die Schmach.
Herzog. Beharrt dabei.
Eu'r Schuldgenoß muß morgen, hör' ich, sterben;
Ich geh' zu ihm, und spend' ihm Trost und Rat. –
Gnade geleit' Euch! Benedicite!   (Geht ab.)
Julia. Muß morgen sterben! O grausame Milde,
Die mir ein Leben schont, das immerdar
Nur Grau'n des Todes beut statt Trost!
Schließer. 's ist schad um ihn.

(Gehen ab.)

4. Szene
Zimmer in Angelos Hause

Angelo tritt auf.

Angelo. Bet' ich, und denk' ich, geht Gedank' und Beten
Verschiednen Weg. Gott hat mein hohes Wort,
Indes mein Dichten, nicht die Zunge hörend,
An Isabellen ankert. Gott im Munde; –
Als prägten nur die Lippen seinen Namen;
Im Herzen wohnt die giftig schwell'nde Sünde
Des bösen Trachtens. – Der Staat, in dem ich forschte,
Ist wie ein gutes Buch, zu oft gelesen,
Öde und schal; ja selbst mein Tugendruhm,
Der sonst – o hör' es niemand! All mein Stolz –,
Ich gäb' ihn für ein Federchen mit Freuden,
Das müßig spielt im Wind. O Rang! O Würde!
Wie oft durch äußre Schal' und Form erzwingst du
Ehrfurcht von Toren, lockst die Bessern selbst

Durch falschen Schein! – Blut, du behältst dein Recht;
Schreibt „guter Engel!" auf des Teufels Hörner,
Drum ward's noch nicht sein Wappenschmuck.
Ein *Diener* kommt.

Was gibt's?

Diener. Eine Nonn' ist draußen, Isabella heißt sie,
Die Zutritt wünscht.
Angelo.   Führt sie zu mir herein. (Diener geht.)
O Himmel!
Wie sich mein Blut im Sturm zum Herzen schart,
Ihm seine eigne Regsamkeit erstickend
Und allen meinen andern Kräften raubend
Die nöt'ge Fähigkeit! –
So zum Ohnmächt'gen drängt die tör'ge Menge,
Jeder will helfen und entzieht die Luft,
Die ihn beleben sollte; ebenso
Der Volksdrang, zeigt sich ein geliebter König,
Läuft vom Gewerb' und schwärmt in läst'gem Eifer
Um seine Gegenwart, wo ungezogne Liebe
So zu Beleid'gung wird.
Isabella tritt auf.

Nun, schöne Jungfrau?
Isabella. Ich kam zuhören, was Euch wohl gefällig.
Angelo. Viel mehr gefiele mir, wenn du es wüßtest,
Als daß du mich drum fragst. – Dein Bruder kann nicht leben!
Isabella. Das war's? – Gott schütz' Euch, Herr! (Will gehen.)
Angelo. Zwar könnt' er wohl noch leben und vielleicht
So lang als Ihr und ich; doch muß er sterben.
Isabella. Durch Euer Urteil?
Angelo.   Ja?
Isabella. Wann, bitt' ich Euch? – Damit in seiner Frist –
Lang oder kurz – er sich bereiten mag,
Daß er nicht Schaden nehm' an seiner Seele!
Angelo. Ha! Pfui dem schnöden Fehl! Mit gleichem Recht
Verzieh' ich dem, der aus der Welt entwandt
Ein schön geformtes Wesen, als willfahrt' ich
Unreiner Luft, des Himmels Bild zu prägen
Mit unerlaubtem Stempel. Ganz so leicht,
Ein echt geschaffnes Leben falsch vernichten –
Als Erz zum unerlaubten Mittel machen,
Ein falsches zu erzeugen.
Isabella. So steht's im Himmel fest, doch nicht auf Erden.
Angelo. Ah, meinst du? Dann bist du mir schnell gefangen! –

Was wählst du jetzt? Daß höchst gerechtem Spruch
Dein Bruder fällt; wo nicht, ihn zu erlösen
Du selbst den Leib so lockrer Lust dahingäbst
Als sie, die er entehrt?
Isabella.   Herr, glaubt es mir,
Eh' gäb ich meinen Leib hin als die Seele.
Angelo. Nicht sprech' ich von der Seel'. Erzwungne Sünden,
Sie werden nur gezählt, nicht angerechnet.
Isabella. Wie meint Ihr, Herr?
Angelo. Nein, nicht verbürg' ich das; denn ich darf sprechen
Auch gegen meine Worte. Doch erwidre:
Ich, jetzt der Mund des anerkannten Rechts,
Fälle das Todesurteil deinem Bruder,
Wär' etwa nicht Erbarmung in der Sünde,
Die ihn befreite?
Isabella.   So begeht sie denn,
Ich nehm' auf meine Seele die Gefahr.
Durchaus nicht Sünde wär' es, nur Erbarmung!
Angelo. Begingt Ihr sie und nähmt auf Euch die Tat,
Gleich schwer dann mögen Sünde wie Erbarmung!
Isabella. Wenn ich sein Leben bitt', ist Sünde das,
Die laß mich tragen, Gott! Gewährt Ihr es,
Ist Sünde das – dann sei's mein Frühgebet,
Daß sie zu meinem Unrecht sei gezählt,
Und Ihr sie nicht vertretet.
Angelo.   Nein doch, hört mich. –
Dein Sinn erfaßt mich nicht, sprichst du's in Einfalt?
Stellst du dich listig so? Das wär' nicht gut.
Isabella. Sei ich einfältig dann und gut in nichts,
Als daß ich fromm erkenn', ich sei nicht besser.
Angelo. So strebt die Weisheit nur nach hellstem Glanz,
Setzt sie sich selbst herab, wie schwarze Masken
Verdeckte Schönheit zehnmal mehr verkünden,
Als Reiz, zur Schau getragen. Doch merkt auf;
Daß Ihr mich ganz begreift, red' ich bestimmter: –
Eu'r Bruder kann nicht leben.
Isabella.   Wohl!
Angelo. Und sein Vergehn ist so, daß offenbar
Nach dem Gesetz ihn diese Strafe trifft.
Isabella. Wahr!
Angelo. Nehmt an, kein Mittel gäb's , ihn zu erretten –
Zwar nicht verbürg' ich dieses, noch ein andres,
Und setze nur den Fall: – Ihr, seine Schwester,

Würdet begehrt von einem Mächtigen,
Des hoher Rang und Einfluß auf den Richter
Den Bruder könnt' erlösen aus den Fesseln
Allbindender Gesetze, und es gäbe
Den einz'gen Ausweg nur, ihn zu befrei'n,
Daß Ihr den Reichtum Eures Leibes schenktet
Dem Mächtigen – wo nicht – stürb' Euer Bruder –
Was tätet ihr?

Isabella. So viel für meinen Bruder als für mich;
Das heißt: wär' über mich der Tod verhängt,
Der Geißel Striemen trüg' ich als Rubinen
Und zög' mich aus zum Tode wie zum Schlaf,
Den ich mir längst ersehnt, eh' ich den Leib
Der Schmach hingäbe.

Angelo. Dann müßt Eu'r Bruder sterben.

Isabella. Und besser wär's gewiß.
Viel lieber mag ein Bruder einmal sterben,
Als daß die Schwester, um ihn freizukaufen,
Auf ewig sterben sollte.

Angelo. Wär't Ihr dann nicht so grausam als der Spruch,
Auf den Ihr so geschmäht?

Isabella. Die Schand' im Loskauf und ein frei Verzeihn
Sind nicht Geschwister; des Gesetzes Gnade
War nie verwandt mit schmählichem Erkauf!

Angelo. Noch eben schien das Recht Euch ein Tyrann,
Und Eures Bruder Fehltritt dünkt Euch mehr
Ein Scherz als ein Verbrechen.

Isabella. O gnäd'ger Herr, verzeiht! Oft ist der Fall,
Zu haben, was man wünscht, spricht man nicht wie man's meint.
So mocht' ich das Verhaßte wohl entschuld'gen.
Zum Vorteil dessen, der mir teuer ist.

Angelo. Schwach sind wir alle.

Isabella. Sonst möcht' er immer sterben,
Wenn kein Genosse, wenn nur er allein
Der Erbe jener Schwäche, die du meinst.

Angelo. Nun, auch das Weib ist schwach!

Isabella. Ja, wie der Spiegel, drin sie sich beschaut,
So leicht zerbricht, als er Gestalten prägt.
Das Weib! Hilf Gott! Der Mann entweiht ihr Edles,
Wenn er's mißbraucht. Nennt mich denn zehnmal schwach;
Denn wir sind sanft wie unsre Bildung ist,
Nachgiebig falschem Eindruck.

Angelo. Ja, so ist's.

Und auf Eu'r eignes Zeugnis Eurer Schwäche –
Denn stärker sind wir, mein' ich, nicht geschaffen;
Als daß uns Fehler schütteln – dreist nun sprech' ich.
Ich halte dich beim Wort, sei was du bist,
Ein Weib; willst mehr du sein, so bist du keins
Und bist du eins – wie all dein äußrer Reiz
So holde Bürgschaft gibt – so zeig' es jetzt
Und kleide dich in die bestimmte Farbe.

Isabella. Ich hab' nur eine Zunge, teurer Herr,
Ich fleh Euch an, sprecht Eure vor'ge Sprache.

Angelo. Versteh mich deutlich denn, ich liebe dich.

Isabella. Mein Bruder liebte Julien, und Ihr sagt,
Er müsse dafür sterben?

Angelo. Liebst du mich, Isabella, soll er nicht.

Isabella. Ich weiß es, Eurer Würde war dies Vorrecht,
Sie scheint ein wenig schlimmer, als sie ist
Und prüft uns andre.

Angelo. Glaub' auf meine Ehre,
Mein Wort spricht meinen Sinn.

Isabella. O g'ringre Ehre, glaub' ich ihr so viel.
Und Gott verhaßter Sinn! O Schein, o Schein! –
Ich werde dich verkünden, sieh dich vor;
Gleich unterzeichne mir des Bruders Gnade,
Sonst ruf' ich's aller Welt mit lautem Schrei,
Was für ein Mann du bist.

Angelo. Wer glaubt dir's, Isabella?
Mein unbefleckter Ruf, des Lebens Strenge,
Mein Zeugnis gegen dich, mein Rang im Staat,
Wird also dein Beschuld'gen überbieten,
Daß du ersticken wirst am eignen Wort
Und nach Verleumdung schmecken. Ich begann,
Und nun, entzügelt, nehmt den Lauf, ihr Sinne;
Ergib dich meiner glühenden Begier,
Weg sprödes Weigern, zögerndes Erröten,
Das abweist, was es wünscht. Kauf deinen Bruder,
Indem du meinem Willen dich ergibst,
Sonst muß er nicht allein des Todes sterben;
Ja, deine Härte soll den Tod ihm dehnen
Durch lange Martern. Antwort gib mir morgen,
Sonst, bei der Leidenschaft, die mich beherrscht,
Ich werd' ihm ein Tyrann! Und dir sei klar,
Sprich, was du kannst; mein *Falsch* besiegt dein *Wahr*.

(Geht ab.)

Isabella. Wem sollt' ich's klagen! Wem ich dies erzählte,
Wer glaubt mir's? O gleisnerischer Mund,
Der mit der einen und derselben Zunge
Verdammnis spricht und Billigung zugleich!
Sich das Gesetz heißt schmiegen seiner Willkür
Und krümmt nach seinen Lüsten Recht und Unrecht,
Ihnen zu dienen. Hin zum Bruder eil' ich
Und fiel er auch durch allzu heißes Blut,
Doch lebt in ihm so reger Geist der Ehre,
Daß, hätt' er zwanzig Häupter hinzustrecken
Auf zwanzig blut'ge Blöck', er böte sie,
Eh' seine Schwester ihren Leib entheiligt
In so abscheulicher Entweihung.
Ja, Claudio, stirb, ich bleibe keusch und rein;
Mehr als ein Bruder muß mir Keuschheit sein,
Ich sag' ihm noch, was Angelo beschieden,
Dann geh' er durch den Tod zum ew'gen Frieden. (Geht ab.)

Dritter Aufzug

1. Szene
Im Gefängnis

Es treten auf der *Herzog, Claudio* und der *Schließer.*

Herzog. So hofft Ihr Gnade von Lord Angelo?
Claudio. Im Elend bleibt kein andres Heilungsmittel
Als Hoffnung nur:
Ich hoffe Leben, bin gefaßt auf Tod.
Herzog. Sei's unbedingt auf Tod! Tod so wie Leben
Wird dadurch süßer. Sprich zum Leben so:
Verlier' ich dich, so geb' ich hin, was nur
Ein Tor festhielte. Sprich: du bist ein Hauch,
Abhängig jedem Wechsel in der Luft,
Der diese Wohnung, die dir angewiesen,
Stündlich bedroht; du bist nur Narr des Todes;
Denn durch die Flucht strebst du ihm zu entgehn,
Und rennst ihm ewig zu. Du bist nicht edel;
Denn alles Angenehme, das dich freut,
Erwuchs aus Niederm. Tapfer bist du nicht:
Du fürchtest ja die zartgespaltne Zunge
Des armen Wurms; – dein bestes Ruhn ist Schlaf,

Den rufst du oft und zitterst vor dem Tod,
Der doch nichts weiter. Du bist nicht du selbst;
Denn du bestehst durch Tausende von Körnern,
Aus Staub entsprossen. Glücklich bist du nicht,
Was du nicht hast, dem jagst du ewig nach,
Vergessend, was du hast. Du bist nicht stetig,
Denn selbst dein Äußres wechselt seltsam launisch
Mit jedem Mond. Reich, bist du dennoch arm;
Dem Esel gleich, der unter Gold sich krümmt,
Trägst du den schweren Schatz nur *eine* Reise,
Und Tod entlastet dich. Freunde hast du keine;
Denn selbst dein Blut, das Vater dich begrüßt,
Das du aus deinen Lenden dir gezeugt,
Flucht deiner Gicht, dem Aussatz und dem Fluß,
Daß sie nicht schneller mit dir enden.
Du hast zu eigen Jugend nicht noch Alter,
Nein, gleichsam nur 'nen Schlaf am Nachmittag,
Der beides träumt; denn all dein Jugendglanz
Lebt wie bejahrt und fleht vom welken Alter
Die Zehrung sich, und bist du alt und reich,
Hast du nicht Glut noch Triebe, Mark noch Schönheit
Der Güter froh zu sein. Was bleibt nun noch,
Das man ein Leben nennt? Und dennoch birgt
Dies Leben tausend Tode; dennoch scheu'n wir
Den Tod, der all die Widersprüche löst.

Claudio. Habt Dank, mein Vater!
Ich seh', nach Leben strebend, such' ich Sterben,
Tod suchend, find' ich Leben. Nun, er komme!

Isabella kommt.

Isabella. Macht auf! Heil sei mit Euch und Gnad' und Frieden?
Schließer. Wer da? Herein! Der Wunsch verdient Willkommen!
Herzog. Bald, lieber Sohn, werd' ich Euch wiedersehn.
Claudio. Ehrwürd'ger Herr, ich dank' Euch.
Isabella. Ich wünsche nur ein kurzes Wort mit Claudio.
Schließer. Von Herzen gern; Herr, Eure Schwester ist's.
Herzog. Schließer, ein Wort mich Euch.
Schließer. So viel Ihr wollt.
Herzog. Verbergt mich, Freund, wo ich sie hören kann.
(Der Herzog und der Schließer ab.)
Claudio. Nun, Schwester, was für Trost?
Isabella. Nun ja, wie aller Trost ist; gut, sehr gut!
Lord Angelo hat ein Geschäft im Himmel
Und sucht dich aus als schnellen Abgesandten,

Wo du ihm bleibst als ew'ger Stellvertreter.
Drum triff die beste Anstalt ungesäumt,
Auf morgen reisest du.
Claudio. Ist denn kein Mittel?
Isabella. Nein; nur ein Mittel, das, ein Haupt zu retten,
Zerspalten würd' ein Herz!
Claudio. So gibt es eins?
Isabella. Ja, Bruder, du kannst leben. –
In diesem Richter wohnt ein teuflisch Mitleid;
Willst du dies anflehn, wird dein Leben frei,
Dich aber fesselt er bis in dein Grab.
Claudio. Wie? Ew'ge Haft?
Isabella. Ja, nenn' es ew'ge Haft; es wär' ein Zwang,
Der, stünd' auch offen dir der weitere Weltraum,
Dich bänd' an einen Punkt.
Claudio. Von welcher Art?
Isabella. Von solcher Art, daß, wenn du eingewilligt,
Du schältest ab die Ehre deinem Stamm
Und bliebest nackt.
Claudio. Laß mich die Sache wissen!
Isabella. O Claudio, ich fürcht' für dich und zittre,
Du möchtst ein fiebernd Leben dehnen wollen;
Sechs oder sieben Winter teurer achten
Als ew'ge Ehre. Hast du Mut zum Tod? –
Des Todes Schmerz liegt in der Vorstellung;
Der arme Käfer, den dein Fuß zertritt,
Fühlt körperlich ein Leiden, ganz so groß,
Als wenn ein Riese stirbt.
Claudio. Weshalb beschämst du mich?
Meinst du, ich suche mir entschloßnen Mut
Aus zartem Blumenschmelz? Nein, muß ich sterben,
Grüß' ich die Finsternis als meine Braut
Und drücke sie ans Herz!
Isabella. Das sprach mein Bruder;
Das war wie eine Stimme
Aus meines Vaters Grab. Ja, du mußt sterben! –
Du bist zu groß, ein Leben zu erkaufen
Durch niedre Schmach! – Der außenheil'ge Richter –
Des ernste Stirn und tiefbedachtes Wort
Der Jugend Lenz verkümmert und die Torheit scheucht,
So wie der Falk' die Taub' – ist doch ein Teufel;
Sein innrer Schlamm ans Licht gebracht, erschien' er
Ein Pfuhl, tief wie die Hölle.

Claudio. Der fromme Angelo?
Isabella. Das ist die list'ge Liverei der Hölle,
Den frechsten Schalk verkleidend einzuhüllen
In fromme Tracht. Glaubst du wohl, Claudio,
Wenn ich ihm meine Unschuld opfern wollte,
Du würdest frei?
Claudio. O Himmel! Ist es möglich?
Isabella. Ja, er vergönnte dir's, für solche Sünde,
Noch mehr hinfort zu sünd'gen. Diese Nacht
Soll das geschehn, was ich mit Abscheu nenne;
Sonst stirbst du morgen.
Claudio. Das sollst du nie.
Isabella. O wär' es nur mein Leben,
Ich würf' es leicht für deine Freiheit hin,
Wie eine Nadel!
Claudio. Dank dir, teure Schwester!
Isabella. Bereite dich auf morgen denn zum Tod!
Claudio. Ja. – – Fühlt auch er Begierden,
Für die er das Gesetz mit Füßen tritt,
Indem er's schärfen will? Dann ist's nicht Sünde,
Die kleinste mindstens von den Todessünden!
Isabella. Welch ist die kleinste?
Claudio. Wär' sie verdammlich, ein so weiser Mann,
Wie könnt' er eines Augenblickes Lust
Mit Ewigkeiten büßen? Isabella!...
Isabella. Was sagt mein Bruder?
Claudio. Sterben ist entsetzlich!
Isabella. Und leben ohne Ehre hassenswert!
Claudio. Ja! Aber sterben! Gehn, wer weiß wohin,
Daliegen, kalt, eng eingesperrt und faulen;
Dies lebenswarme, fühlende Bewegen
Ein Kloß von Ton, und dieser wonn'ge Geist,
Getaucht in Feuerfluten oder schaudernd
Umstarrt von Wüsten ew'ger Eisesmassen,
Gekerkert sein in unsichtbare Stürme
Und mit rastloser Wut gejagt rings um
Die schwebende Erde; oder Schlimmres werden
Als selbst die Schlimmsten, die die schwärmende
Verwegne Phantasie in tiefster Hölle
Sich heulend vorstellt, das ist zu entsetzlich; –
Das müd'ste, jammervollste ird'sche Leben,
Das Alter, Mangel, Schmerz, Gefangenschaft

Dem Menschen auflegt – ist ein Paradies,
Gegen das, was wir vom Tode fürchten!

Isabella. Ach!

Claudio. O Liebste, laß mich leben!
Was du auch tust, den Bruder dir zu retten,
Natur ist so nachsichtig dieser Sünde,
Daß sie zur Tugend wird.

Isabella. O Tier!
O feige Memm'! O ehrvergeßner Bube,
Soll meine Sünde dich zum Mann erschaffen? –
Ist's nicht blutschändrisch, Leben zu empfahn
Durch deiner Schwester Schmach? Was muß ich glauben?
Hilf Gott! War meine Mutter falsch dem Vater?
Denn solch entartet wildes Unkraut sproß
Niemals aus seinem Blute. Dir entsag' ich,
Stirb, fahre hin! Wenn auch mein Fußfall nur
Dein Schicksal wenden möcht', ich ließ es walten.
Ich bete tausendmal für deinen Tod,
Kein Wort zur Rettung.

Claudio. Schwester, hör' mich an.

Isabella. O pfui, pfui, pfui! –
Dein Sünd'gen war kein Fall, war schon Gewerbe,
Und Gnade würd' an dir zur Kupplerin;
Am besten stirbst du gleich. (Will abgehen.)

Claudio. O hör' mich, Schwester!

Der Herzog kommt zurück

Herzog. Ein Wort, o junge Schwester, nur ein Wort!

Isabella. Was ist Eu'r Wunsch?

Herzog. Wenn Eure Zeit es zuließe, hätte ich gern eine kurze Unterredung mit Euch; diese Gewährung meiner Bitte würde zugleich zu Eurem Frommen sein.

Isabella. Ich habe keine überflüssige Zeit; mein Verweilen muß ich andern Geschäften stehlen; doch will ich noch etwas verweilen.

Herzog (beiseite zu Claudio). Mein Sohn, ich habe mit angehört, was zwischen Euch und Eurer Schwester vorging. Angelo hatte nie die Absicht, sie zu verführen; er hat nur einen Versuch auf ihre Tugend gemacht, um sein Urteil über das menschliche Gemüt zu schärfen. Sie, echter Ehre voll, entgegnete ihm die fromme Weigerung, die er mit höchster Freude vernahm. Ich bin Angelos Beichtiger und weiß, daß dieses wahr ist. Bereitet Euch deshalb auf den Tod; schmeichelt Eurer Standhaftigkeit nicht durch trügliche Hoffnungen; morgen müßt Ihr sterben; fallt auf Eure Knie und macht Euch fertig.

Claudio. Laßt mich meine Schwester um Verzeihung bitten.

Die Liebe ist mir so vergangen, daß ich bitten werde, davon befreit zu sein.

Herzog. Dabei bleibt. Lebt wohl!   (Claudio ab.)

Der Schließer kommt zurück.

Schließer, ein Wort mit Euch.

Schließer. Was wünscht Ihr, Pater?

Herzog. Daß Ihr, wie Ihr kamt, jetzt wieder geht. Laßt mich ein wenig allein mit diesem Fräulein; meine Gesinnung und mein Kleid sind Euch Bürge, daß sie von meiner Gesellschaft nichts zu fürchten hat.

Schließer. Es sei so. (Geht ab.)

Herzog. Die Hand, die Euch schön erschuf, hat Euch auch gut erschaffen. Güte, von der Schönheit gering geachtet, läßt auch der Schönheit nicht lange ihre Güte; aber Sittsamkeit, die Seele Eurer Bildung, wird Euch auch immer schön erhalten. Von dem Angriff, den Angelo auf Euch versucht, hat mich der Zufall in Kenntnis gesetzt, und böte nicht die menschliche Schwachheit Beispiele für sein Straucheln, ich würde mich über Angelo wundern. Wie wollt Ihr's nun machen, diesen Statthalter zufriedenzustellen und Euren Bruder zu retten?

Isabella. Ich gehe gleich, ihm meinen Entschluß zu sagen: ich wolle lieber, daß mir ein Bruder nach dem Gesetz sterbe, als daß mir ein Sohn wider das Gesetz geboren werde. Aber, o! Wie irrt sich der gute Herzog in diesem Angelo! Wenn er je zurückkommt und ich kann zu ihm gelangen, so werde ich meine Lippen umsonst öffnen oder diese Verwaltung enthüllen.

Herzog. Das würde nicht unrecht sein. Indes wie die Sache nun steht, wird er Eurer Anklage entgegnen, er habe Euch nur prüfen wollen. Darum heftet Euer Ohr auf meinen Rat; meinem Wunsch, Gutes zu stiften, bietet sich ein Mittel dar. Ich bin überzeugt, Ihr könnt mit aller Rechtschaffenheit einem armen gekränkten Fräulein eine verdiente Wohltat erzeigen; Euern Bruder dem zornigen Gesetz entreißen; Eure eigene fromme Seele rein erhalten und den abwesenden Herzog sehr erfreuen, wenn er vielleicht dereinst zurückkehren und von dieser Sache hören sollte.

Isabella. Fahrt fort, mein Vater. Ich habe Herz, alles zu tun, was der Reinheit meines Herzens nicht verwerflich erscheint.

Herzog. Tugend ist kühn, und Güte ohne Furcht. Hörtet Ihr nie von Marianne, der Schwester Friedrichs, des tapferen Helden, der auf der See verunglückte?

Isabella. Ich hörte von dem Fräulein, und Lob begleitete ihren Namen.

Herzog. Eben die sollte dieser Angelo heiraten. Mit dieser war er feierlich verlobt und die Hochzeit festgesetzt; zwischen der Zeit des Verlöbnisses aber und dem Trauungstage ging das Schiff ihres Bruders Friedrich unter und mit ihm das Heiratsgut der Schwester. Nun denkt Euch, wie hart das arme Fräulein hierdurch getroffen ward. Sie verlor einen edeln und berühmten Bruder, dessen Liebe für sie von jeher die zärtlichste und brüderlichste gewesen; mit ihm ihr Erbteil und den Nerv ihres Glückes, ihr Heiratsgut, mit beiden den ihr bestimmten Bräutigam, diesen redlich scheinenden Angelo!

Isabella. Ist es möglich? Und Angelo verließ sie wirklich?

Herzog. Verließ sie in ihren Tränen, und trocknete nicht eine durch seinen Trost; widerrief sein Treuwort, indem er Entdeckungen über ihre verletzte Ehre vorgab; kurz, überließ sie ihrem Kummer, dem sie noch immer um seinetwillen ergeben ist, und er, ein Fels gegen ihre Tränen, wird von ihnen benetzt, aber nicht erweicht.

Isabella. Welche Wohltat vom Tode, wenn er dieses arme Mädchen aus der Welt nähme! Welche Ungerechtigkeit von diesem Leben, daß es diesen Mann leben läßt! Aber wie soll ihr hieraus Hilfe werden?

Herzog. Es ist eine Wunde, die Ihr leicht heilen könnt, und diese Kur rettet nicht allein Euren Bruder, sondern schützt Euch vor Schande, wenn Ihr sie unternehmt.

Isabella. Zeigt mir an, wie, ehrwürdiger Vater.

Herzog. Jenes Mädchen hegt noch immer ihre erste Neigung; seine ungerechte Lieblosigkeit, die nach Vernunftgründen ihre Zärtlichkeit ausgelöscht haben sollte, hat sie wie eine Hemmung im Strom nur heftiger und unaufhaltsamer gemacht. – Geht Ihr zu Angelo; erwidert auf sein Begehren mit willfährigem Gehorsam; bewilligt ihm seiner Forderungen jegliche, nur behaltet Euch diese Bedingungen vor: erstlich, daß Ihr nicht lange bei ihm verweilen dürft; dann, daß für die Zeit alle Begünstigung der Dunkelheit und Stille sei, und daß der Ort den Umständen entspreche. Gesteht er dies zu, dann gelingt alles. Wir bereden das gekränkte Mädchen, sich an Eurer Statt zur bestimmten Verabredung einzufinden. Wenn die Zusammenkunft hernach durch ihre Folgen bekannt wird, so kann ihn das bewegen, ihr Ersatz zu leisten, und dann wird auf diese Weise Euer Bruder gerettet, Eure Ehre bewahrt, die arme Marianne beglückt und der böse Statthalter entlarvt. Das Mädchen will ich unterrichten und auf seinen Anschlag vorbereiten. Willigt Ihr ein, dies alles auszuführen, so schützt die doppelte Wohltat diesen Trug vor Tadel. Was dünkt Euch davon?

Isabella. Der Gedanke daran beruhigt mich schon, und ich hoffe, es wird zum glücklichsten Erfolg gedeihen.

Herzog. Es kommt alles darauf an, daß Ihr Eure Rolle durchführt. Eilt ungesäumt zu Angelo. Wenn er Euch um diese Nacht bittet, so sagt ihm Gewährung zu. Ich gehe sogleich nach Sankt Lucas; dort in der einsamen Hütte wohnt diese verstoßene Marianne. Dort sucht mich auf, und mit Angelo macht es ab, damit die Sache sich schnell entscheide.

Isabella. Ich danke Euch für diesen Beistand – lebt wohl, ehrwürdiger Vater! (Sie gehen ab zu verschiedenen Seiten.)

2. Szene
Straße vor dem Gefängnis

Es treten auf der *Herzog, Elbogen, Pompejus* und *Gerichtsdiener*.

Elbogen. Nun wahrhaftig, wenn da kein Einhalt geschieht, und Ihr wollt mit aller Gewalt Manns- und Frauenleute wie das liebe Vieh verkaufen, so wird noch die ganze Welt braunen und weißen Bastard trinken.

Herzog. O Himmel! Was haben wir hier für Zeug!

Pompejus. Mit der lustigen Welt ist's zu Ende, seit sie von zwei Wucherern und Luftigsten sein Handwerk gelegt hat und dem Schlimmsten von Gerichts wegen einen Pelzrock zuerkannt, um sich warm zu halten, und noch dazu gefüttert mit Lämmerfell und verbrämt mit Fuchs, um anzudeuten, daß List besser fortkommt als Unschuld.

Elbogen. Geht Eurer Wege, Freund; Gott grüß' Euch, guter Vater Bruder.

Herzog. Und Euch, werter Bruder Vater. Was hat Euch dieser Mann zuleide getan, Herr?

Elbogen. Dem Gesetz hat er etwas zuleide getan, Herr, und obendrein, Herr, halten wir ihn für einen Dieb; denn wir haben einen ganz besonderen Dietrich bei ihm gefunden, Herr, den wir an den Statthalter eingeschickt haben.

Herzog. Pfui, Schuft, ein Kuppler, ein verruchter Kuppler! –
Die Sünde, die dein Beistand fördern hilft,
Verschafft dir Unterhalt; denk, was das heißt,
Den Wanst sich füllen, sich den Rücken kleiden
Mit so unsauberm Laster! Sprich zu dir:
Von ihren schändlichen und vieh'schen Lüsten
Trink' ich und esse, kleide mich und lebe – –
Und glaubst du wohl, dein Leben sei ein Leben,
Von solchem Stank sich nährend. Geh! Tu Buße! –

Pompejus. Freilich, auf gewisse Weise stinkt es, Herr; aber doch, Herr, könnt' ich beweisen...

Herzog. Ja, gibt der Teufel dir Beweis für Sünde,

Bist du ihm überwiesen. – Führt ihn fort;
Zucht und Ermahnung müssen wirksam sein,
Eh' solch ein störrig Vieh sich bessert.

Elbogen. Er muß vor den Statthalter, Herr, der hat ihn gewarnt, der Statthalter kann solch Hurenvolk nicht ausstehen; wenn er dergleichen Hurenhändlerhandwerk treibt und kommt vor ihn, da wär' ihm besser eine Meile weiter.

Herzog. So mancher scheint von allen Fehlern rein;
O wär' er's auch! Und jeder Fehl vom Schein! –

Lucio kommt.

Elbogen. Sein Hals wird's nun bald machen wie Euer Leib, Herr; ein Strick darum.

Pompejus. Da wittre ich Rettung: ich rufe Bürgschaft; hier kommt ein Edelmann, ein Freund von mir.

Lucio. Was macht mein Edler Pompejus! Was, an Cäsars Wagen? Wirst du in Triumph aufgeführt? Was? Wo sind nun deine Pygmalionsbilder, deine neugebackenen Weiber, die einem eine Hand in die Tasche stecken und sie als Faust wieder herausziehen? Was hast du für eine Replik, he? Wie gefällt dir diese Melodie? Manier und Methode? Ist sie nicht im letzten Regen ersoffen? Nun, was sagst du, alte Vettel? Ist die Welt noch, wie sie war, mein Guter? Wie ist ihr Lauf? Geht's betrübt und einsilbig? Oder wie? Was ist der Humor davon?

Herzog. Immer so und wieder so! Immer schlimmer!

Lucio. Wie geht's meinem niedlichen Schätzchen, deiner Frau? Verschafft sie noch immer Kunden, he?

Pompejus. I nun, Herr, sie war mit ihrem Vorrat von gesalzenem Fleisch zu Ende, nun hat sie sich selbst in die Beize begeben.

Lucio. Ei, recht so; so gehört sich's; so muß es sein: Eure Fische immer frisch, Eure Hökerin in der Lauge; so ist's der Welt Lauf, so muß es sein. Begibst du dich ins Gefängnis, Pompejus?

Pompejus. Ja, mein Seel', Herr.

Lucio. Ei, das läßt sich hören, Pompejus! Glück zu! – Geh, sag, ich hätte dich hingeschickt; Schulden halber, Pompejus, oder vielleicht – – –

Elbogen. Weil er ein Kuppler ist, weil er ein Kuppler ist.

Lucio. Schön! Darum ins Gefängnis mit ihm, wenn sich das Gefängnis für einen Kuppler gehört, so geschieht ihm ja sein Recht, ein Kuppler ist er unleugbar, und zwar von alters her; ein geborener Kuppler. Leb wohl, teurer Pompejus, empfehlt mich dem Gefängnis; Ihr werdet wohl nun ein guter Haushalter werden, denn man wird Euch zu Hause halten.

Pompejus. Ich hoffe doch, Euer Hochgeboren wird für mich Bürge sein?

Lucio. Nein, wahrhaftig, das werd' ich nicht, Pompejus; das ist jetzt nicht Mode. Ich will mich für dich verwenden, daß man dich noch länger sitzen läßt; wenn du dann die Geduld verlierst, so zeigst du, daß du Haare auf den Zähnen hast. Leb wohl, wackerer Pompejus! – Guten Abend, Pater!

Herzog. Gleichfalls.

Lucio. Schminkt sich Brigittchen noch immer Pompejus?

Elbogen. Fort mit Euch! Kommt jetzt!

Pompejus. Ihr wollt also dann nicht Bürge sein, Herr?

Lucio. Weder dann noch jetzt. – Was gibt's auswärts Neues, Pater? – Was gibt's Neues?

Elbogen. Fort mit Euch! Kommt jetzt!

Lucio. Fort, ins Hundeloch, Pompejus! Fort! –

(Elbogen, Pompejus und Gerichtsdiener gehen ab.)

Was gibt's Neues vom Herzog, Pater?

Herzog. Ich weiß nichts; könnt Ihr mir etwas mitteilen?

Lucio. Einige sagen, er sei beim Kaiser von Rußland; andere, er sei nach Rom gereist. Wo meint Ihr, daß er sei.

Herzog. Ich weiß es nicht; aber wo er sein mag, wünsch' ich ihm Gutes.

Lucio. Das war ein toller, phantastischer Einfall von ihm, sich aus dem Staat wegzustehlen und sich in die Bettelei zu werfen, zu der er nun einmal nicht geboren ist. Lord Angelo herzogt indes recht tapfer in seiner Abwesenheit; er nimmt das galante Wesen rechtschaffen ins Gebet.

Herzog. Daran tut er wohl.

Lucio. Ein wenig mehr Milde für die Liederlichkeit könnte ihm nicht schaden, Pater; etwas zu sauertöpfisch in dem Punkt, Pater.

Herzog. Es ist ein zu allgemeines Laster, und nur Strenge kann es heilen.

Lucio. Freilich, das Laster ist von großer Familie und vornehmer Verwandtschaft; aber es ist unmöglich, es ganz auszurotten, Pater, man müßte denn Essen und Trinken abschaffen. Man sagt, der Angelo sei gar nicht auf dem ordentlichen Wege der Natur von Mann und Weib erzeugt; sollte das wohl wahr sein? Was meint Ihr?

Herzog. Wie wäre er denn erzeugt?

Lucio. Einige erzählen, eine Meernixe habe ihn gelaicht; andere, er sei von zwei Stockfischen in die Welt gesetzt: aber das ist gewiß, daß, wenn er sein Wasser abschlagt, der Urin gleich zu Eis gefriert, daran ist nicht der mindeste Zweifel; er ist eine Marionette ohne Zeugungskraft, das kann nicht in Abrede gestellt werden.

Herzog. Ihr scherzt, mein Herr, und führt lose Reden.

Lucio. Zum Henker, ist denn das nicht eine unbarmherzige Manier, um eines rebellischen Hosenlatzes willen einem Mann das Leben zu nehmen? Hätte der Herzog, der jetzt abwesend ist, das wohl je getan? Ehe der einen hätte henken lassen um hundert Bastarde, hätte er das Kostgeld für ein ganzes Tausend aus seiner Tasche bezahlt. Er war kein Kostverächter, er verstand den Dienst, und das machte ihn nachsichtig.

Herzog. Ich habe nie gehört, daß man dem abwesenden Herzog eben mit Weibern hätte viel nachsagen können; er hatte dazu keinen Hang.

Lucio. O Herr, da seid Ihr im Irrtum! –

Herzog. Unmöglich!

Lucio. Was? Der Herzog nicht? Ja doch! Fragt nur Euer altes fünfzigjähriges Bettelweib; er pflegte ihr immer einen Dukaten in ihre Klapperbüchse zu stecken. Der Herzog hatte seine Nücken; er war auch gern betrunken, das glaubt mir auf mein Wort.

Herzog. Ganz gewiß, Ihr tut ihm Unrecht.

Lucio. Herr, ich war sein vertrauter Freund; ein Duckmäuser war der Herzog, und ich glaube, ich weiß, warum er davongegangen ist.

Herzog. Nun, sagt mir doch, warum denn?

Lucio. Nein, um Vergebung, das ist ein Geheimnis, das man zwischen Zähnen und Lippen verschließen muß. Aber so viel kann ich Euch doch zu verstehen geben: der größte Teil seiner Untertanen hielt den Herzog für einen verständigen Mann.

Herzog. Verständig? Nun, das war er auch ohne Frage!

Lucio. Ein sehr oberflächlicher, unwissender, leichtsinniger Gesell!

Herzog. Entweder ist dies Neid oder Narrheit von Euch oder Irrtum; der ganze Lauf seines Lebens, die Art wie er das Staatsruder geführt, würden, wenn es der Bürgschaft bedürfte, ein besseres Zeugnis von ihm ablegen. Laßt ihn nur nach dem beurteilt werden, was er geleistet hat, und er wird dem Neide selbst als ein Gelehrter, ein Staatsmann und ein Soldat erscheinen. Deshalb redet Ihr ohne Einsicht; oder wenn Ihr mehr Verstand habt, wird er sehr von Eurer Bosheit verfinstert.

Lucio. Herr, ich kenne ihn und liebe ihn.

Herzog. Liebe spricht mit beßrer Einsicht, und Einsicht mit mehr Liebe.

Lucio. Ei was, Herr, ich weiß, was ich weiß.

Herzog. Das kann ich kaum glauben, da Ihr nicht wißt, was Ihr sprecht. Aber wenn der Herzog je zurückkehrt – wie wir alle beten, daß es geschehen möge – so laßt mich Euch ersuchen, Euch vor ihm zu verantworten. Habt Ihr der Wahrheit gemäß gesprochen, so habt

Ihr Mut, es zu vertreten. Meine Pflicht ist, Euch dazu aufzufordern, und deshalb bitt' Euch, wie ist Euer Name?

Lucio. Herr, mein Name ist Lucio; der Herzog kennt mich.

Herzog. Er wird Euch noch besser kennenlernen, wenn ich so lange lebe, daß ich ihm Nachricht von Euch geben kann.

Lucio. Ich fürchte Euch nicht.

Herzog. O, Ihr hofft, der Herzog werde nicht zurückkehren, oder Ihr haltet mich für einen zu unbedeutenden Gegner. Und in der Tat, ich kann Euch wenig schaden; Ihr werdet dies alles wieder abschwören.

Lucio. Ehe will ich mich henken lassen; du irrst dich in mir, Pater. Doch genug hiervon. Kannst du mir sagen, ob Claudio morgen sterben muß oder nicht?

Herzog. Warum sollte er sterben, Herr?

Lucio. Nun, weil er eine Flasche mit einem Trichter gefüllt. Ich wollte, der Herzog, von dem wir reden, wäre wieder da. Dieser impotente Machthaber wird die Provinz durch Enthaltsamkeit entvölkern; nicht einmal die Sperlinge dürfen an seiner Dachtraufe bauen, weil sie verbuhlt sind. Der Herzog hätte gewiß, was im Dunkeln geschah, auch im Dunkel bestraft; er hätte es nimmermehr ans Licht gebracht; ich wollte, er wäre wieder da! Wahrhaftig, dieser Claudio wird verdammt, weil er eine Schleife aufgeknüpft! Leb wohl, guter Pater, ich bitte dich, schließ mich in dein Gebet. Der Herzog, sage ich dir, verschmäht auch Fleisch am Freitag nicht. Er ist jetzt über die Zeit hinaus, und doch sag' ich dir, er würde eine Bettlerin schnäbeln, und röche sie nach Schwarzbrot und Knoblauch. Sag nur, ich hätte dir's gesagt! Leb wohl. (Ab.)

Herzog. Nichts rettet Macht und Größe vor dem Gift
Der Schmähsucht; auch die reinste Unschuld trifft
Verleumdung hinterrücks, ja selbst den Thron
Erreicht der tück'schen Lästerzunge Hohn. –
Doch wer kommt hier?

Escalus, der *Schließer,* die *Kupplerin* und *Gerichtsdiener* treten auf.

Escalus. Fort, bringt sie ins Gefängnis! –

Kupplerin. Liebster gnädiger Herr, habt Mitleid mit mir. Euer Gnaden gilt für einen sanftmütigen Herrn; liebster gnädiger Herr! –:

Escalus. Doppelt und dreifach gewarnt und immer das nämliche Verbrechen! – Das könnte die Gnade selbst in Wut bringen und zum Tyrannen machen.

Schließer. Eine Kupplerin, die es seit elf Jahren treibt, mit Euer Gnaden Vergunst! –

Kupplerin. Gnädiger Herr, das hat ein gewisser Lucio mir eingerührt. Jungfer Käthchen Streckling war schwanger von ihm zu des Herzogs Zeit, er versprach ihr die Ehe; sein Kind ist fünfviertel Jahre alt auf nächsten Philippi und Jakobi; ich habe es selbst aufgefüttert, und seht nun, wie er mit mir umspringen will.

Escalus. Dies ist ein Mensch von sehr schlechter Aufführung, ruft ihn vor uns. Fort mit ihr ins Gefängnis; weiter kein Wort mehr. – (Kupplerin und Gerichtsdiener ab.)

Schließer, mein Amtsgenosse Angelo läßt sich nicht überreden; Claudio muß morgen sterben. Besorgt ihm geistlichen Zuspruch, und was er zu christlicher Erbauung bedarf. Wenn mein Bruder gleiches Mitleid wie ich empfände, so stünde es nicht so um Claudio.

Schließer. Gnädiger Herr, dieser Pater ist bei ihm gewesen und hat ihm mit Rat beigestanden, dem Tode entgegenzugehen.

Escalus. Guten Abend, guter Pater!

Herzog. Gnade und Segen über Euch! –

Escalus. Von wannen seid Ihr?

Herzog. Nicht diesem Land gehör' ich, wo mich Zufall
Für eine Zeitlang hält. Ich bin ein Bruder
Aus frommen Orden, jüngst von Rom gekommen
Mit wicht'gem Auftrag seiner Heiligkeit.

Escalus. Was gibt's Neues im Auslande?

Herzog. Nichts; außer daß Rechtschaffenheit an einem so starken Fieber leidet, daß ihre Auflösung sie heilen muß. Nur dem Neuen wird nachgefragt, und es ist ebenso gefährlich geworden, in irgend einer Lebensbahn alt zu werden, als es schon eine Tugend ist, in irgend einem Unternehmen standhaft zu bleiben. Kaum ist noch so viel Vertrauen wirksam, um der Gesellschaft Sicherheit zu verbürgen; aber Bürgschaft so überlei, daß man allen Umgang verwünschen möchte. Um dies Rätsel dreht sich die ganze Weisheit der Welt; dies Neue ist alt genug und dennoch das Neue des Tages. Ich bitt' Euch, Herr, von welcher Gesinnung war Euer Herzog?

Escalus. Von der, daß er vorzüglich dahin strebte, sich genau selbst kennen zu lernen.

Herzog. Welchen Vergnügungen war er ergeben?

Escalus. Mehr erfreut, andere froh zu sehen, als froh über irgend etwas, das zu seinem Vergnügen geschah; ein Herr, der in allen Dingen mäßig war. Doch überlassen wir ihn seinem Schicksal mit einem Gebet für sein Wohlergehen und vergönnt mir die Frage, wie Ihr Claudio vorbereitet fandet? Wie ich höre, habt Ihr ihm Euren Besuch gegönnt.

Herzog. Er bekennt, sein Richter habe ihn nicht mit zu strengem Maß gemessen; vielmehr demütigt er sich mit großer Ergebung vor dem Ausspruch der Gerechtigkeit. Doch hatte er sich, der

Eingebung seiner Schwachheit folgend, manche täuschende Lebenshoffnung gebildet, die ich allmählich herabgestimmt habe, und jetzt ist er gefaßt auf den Tod.

Escalus. Ihr habt dem Himmel Euer Gelübde und dem Gefangenen alle Pflichten Eures Berufs erfüllt. Ich habe mich für den armen jungen Mann bis an die äußerste Grenze meiner Bescheidenheit verwendet; aber meines Genossen Gerechtigkeit zeigte sich so strenge, daß er mich zwang, ihm zu sagen, er sei in der Tat die Gerechtigkeit selbst.

Herzog. Wenn sein eigener Wandel dieser Schroffheit seines Verfahrens entspricht, so wird sie ihm wohl anstehen; sollte er aber selber fehlen, so hat er sich sein eigenes Urteil gesprochen.

Escalus. Ich gehe, den Gefangenen zu besuchen. Lebt wohl!
Herzog. Friede sei mit Euch!

(Escalus und der Schließer gehen ab.)

Wer führen will des Himmels Schwert,
Muß heilig sein und ernst bewährt.
Selbst ein Muster, uns zu leiten,
So festzustehn wie fortzuschreiten;
Gleiches Maß den fremden Fehlen
Wie dem eignen Frevel wählen.
Schande dem, der tödlich schlägt
Unrecht, das er selber hegt!
Schmach, Angelo, Schmach deinem Richten,
Der fremde Spreu nur weiß zu sichten!
Wie oft birgt innre schwere Schuld,
Der außen Engel scheint an Huld;
Wie oft hat Schein, in Sünd' erzogen,
Der Zeiten Auge schon betrogen,
Daß er mit dünnen Spinneweben
Das Schwerste, Gröbste mag erheben! –
List gegen Bosheit wend' ich nun:
Lord Angelo soll heute ruhn
Bei der Verlobten, erst Verschmähten;
So soll der Trug den Trug vertreten,
Falschheit die Falschheit überwinden,
Und neu der alte Bund sich gründen.   (Ab.)

Vierter Aufzug

1. Szene

Zimmer in Mariannes Hause

Marianne sitzend, ein Knabe singt.

Lied

Bleibt, o bleibt ihr Lippen ferne,
Die so lieblich falsch geschworen,
Und ihr Augen, Morgensterne,
Die mir keinen Tag geboren,
Doch den Kuß gib mir zurück!
    Gib zurück,
Falsches Siegel falschem Glück,
    Falschem Glück!

Marianne. Brich ab dein Lied, und eile schnell hinweg;
  Hier kommt ein Mann des Trostes, dessen Rat
  Oft meinen wildempörten Gram gestillt. (Knabe ab.)

Der Herzog tritt auf.

O lieber Herr, verzeiht! Ich wünschte fast
Ihr hättet nicht so sangreich mich gefunden:
Entschuldigt mich, und glaubt wie ich's Euch sage,
Die Plage ist mir Lust und Lust nur Plage.

Herzog. Recht wohl; doch üben Töne Zauberkraft,
  Die Schlimmes gut, aus gutem Schlimmes schafft. –
  Ich bitt' Euch, sagt mir, hat hier jemand heut nach mir gefragt?
  Eben um diese Stunde versprach ich, ihn hier zu treffen.

    Marianne. Es hat niemand nach Euch gefragt; ich habe hier den ganzen Tag gesessen.

Isabella kommt.

    Herzog. Ich glaube Euch ohne Bedenken; die Zeit ist da, eben jetzt. Ich muß Euch bitten, Euch auf einen Augenblick zu entfernen; ich denke, wir sprechen uns gleich wieder, um für Euch etwas Gutes einzuleiten.

    Marianne. Ich bin Euch stets verpflichtet. (Ab.)

Herzog. Seid höchlich mir willkommen! –
Was hat der treffliche Regent beschlossen?

Isabella. Sein Garten ist umringt von einer Mauer,
  An einen Weinberg lehnet er im West,
  Und zu dem Weinberg führt ein Lattentor,
  Das dieser größre Schlüssel öffnen wird;
  Der andre schließt ein kleines Pförtchen auf,

Das aus dem Weinberg in den Garten führt.
Dort hab' ich zugesagt mich einzustellen,
Grad' in der Stunde ernster Mitternacht.
Herzog. Doch seid Ihr auch gewiß, den Weg zu finden?
Isabella. Ich merkte alles sorglich und genau:
Mit flüsternd und höchst sündenvollem Eifer,
Mit sprechenden Gebärden wies er mir
Zweimal den Weg.
Herzog. Sind keine andern Zeichen
Von Euch bestimmt, die sie zu merken hat?
Isabella. Nein, nur daß wir im Dunkel uns begegnen
Und ich ihm eingeschärft, nur kurze Zeit
Könn' ich verweilen; denn, so sagt' ich ihm,
Begleiten werd' ein Mädchen mich dahin,
Die auf mich wart', und deren Meinung sei,
Ich komm' um meinen Bruder.
Herzog. Wohl erdacht;
Ich habe von dem allen noch kein Wort
Mariannen mitgeteilt. – He! Fräulein, kommt! –

Marianne kommt wieder.

Ich bitt' Euch, macht Bekanntschaft mit der Jungfrau,
Sie kommt, Euch zu verpflichten.
Isabella. Ja, so wünsch' ich's.
Herzog. Vertraut Ihr mir, daß ich Euch lieb' und achte?
Marianne. Ich weiß, Ihr tut's, und hab' es schon erfahren.
Herzog. So nehmt denn diese Freundin an der Hand
Und hört, was sie Euch jetzt erzählen wird.
Ich werd' Euch hier erwarten. – Eilt indes,
Die feuchte Nacht ist nah.
Marianne. Gefällt's Euch, mitzugehn?
(Marianne und Isabella ab.)
Herzog. O Größ' und Hoheit, tausend falscher Augen
Haften auf dir! In Bänden voll Gerede
Ist falsches Spähn voll Widerspruch im Umlauf
Über dein Handeln; tausendfältig macht dich
Der Witz zum Vater seiner müß'gen Träume,
Und zwängt dich seinen Grillen ein. – Willkommen!
Seid Ihr Euch einig?

Marianne und Isabella kommen zurück.

Isabella. Sie will die Unternehmung wagen, Vater,
Wenn Ihr sie billigt.
Herzog. Nicht ermahn' ich nur,
Ich dränge, daß sie's tut.

Isabella. Zu sagen habt Ihr wenig
Nur, wenn Ihr von ihm scheidet, leis und schwach:
„Gedenkt jetzt meines Bruders!"
Marianne. Fürchtet nichts.
Herzog. Auch Ihr, geliebte Tochter, fürchtet nichts.
Er ist mit Euch vermählt durch sein Verlöbnis:
Euch so zusammenfügen ist nicht Sünde,
Denn Eures Anspruchs unbestrittnes Recht
Heiligt den Trug. Kommt jetzt und laßt uns gehn;
Wer ernten will, der muß zuvor erst sä'n.   (Gehen ab.)

2. Szene
Ein Zimmer im Gefängnis

Der *Schließer* und *Pompejus* treten auf.

Schließer. Kommt einmal her, Bursch; könnt Ihr wohl einem Menschen den Kopf abschlagen?

Pompejus. Wenn der Mensch ein Junggesell ist, Herr, so kann ich's; ist's aber ein verheirateter Mann, so ist er seines Weibes Haupt, und ich kann unmöglich einen Weiberkopf abschlagen.

Schließer. Hört, Freund, laßt die Narrenspossen, und antwortet mir geradezu. Morgen früh sollen Claudio und Bernardino sterben; wir haben hier im Gefängnis unseren gewöhnlichen Scharfrichter, der einen Gehilfen im Dienst braucht. Wenn Ihr's übernehmen wollt, ihm beizustehen, so sollt Ihr von Euren Fußschellen loskommen, wo nicht, so habt Ihr Eure volle Zeit im Gefängnis auszuhalten und beim Abschied noch ein unbarmherziges Auspeitschen; denn Ihr seid ein stadtkündiger Kuppler gewesen.

Pompejus. Herr, ich bin seit undenklicher Zeit ein unzünftiger Kuppler gewesen; aber jetzt will ich mir's gefallen lassen, ein zünftiger Henker zu werden. Es soll mir ein Vergnügen sein, einigen Unterricht von meinem Amtsbruder zu erhalten.

Schließer. Heda, Grauslich! Wo steckst du, Grauslich?
Grauslich kommt.

Grauslich. Ruft Ihr, Herr? –

Schließer. Seht einmal, hier ist ein Bursch, der Euch morgen bei der Hinrichtung helfen soll. Wenn's Euch recht ist, so trefft mit ihm ein jährliches Abkommen, und behaltet ihn hier bei Euch; wo nicht, so braucht ihn für diesmal, und laßt ihn gehen. Er kann Euch gegenüber nicht auf seine Ehre pochen, denn er ist ein Kuppler gewesen.

Grauslich. Ein Kuppler! Pfui, da verunehrt er unsere Kunst.

Schließer. Ach, geht nur! Ihr wiegt gleich viel; eine Feder wird auf der Waage den Ausschlag geben.   (Ab.)

Pompejus. Wollt Ihr nicht eine Ausnahme mit mir machen? Denn bis auf Eure hängenden Augen nehmt Ihr Euch sehr gut aus. Ihr nennt also Eure Hantierung eine Kunst?

Grauslich. Ja, Herr, eine Kunst.

Pompejus. Das Malen, Herr, habe ich sagen hören, sei eine Kunst, und da die Huren, Herr, unter deren Regiment ich gedient habe, sich aufs Malen verstehen, so folgt, daß meine Hantierung eine Kunst sei; aber was für eine Kunst im Henken sein sollte – und wenn Ihr mich henken wolltet, das kann ich nicht einsehen.

Grauslich. Herr, es ist eine Kunst.

Pompejus. Beweis?

Grauslich. Jedes ehrlichen Mannes Anzug muß für einen Dieb passen. Freilich; denn ist er zu klein für den Dieb, so hält der ehrliche Mann ihn doch für groß genug, und ist er zu groß für den Dieb, so hält ihn der Dieb doch für klein genug. So muß jedes ehrlichen Mannes Anzug für einen Dieb passen.

Der Schließer kommt zurück.

Schließer. Nun, seid Ihr einig?

Pompejus. Herr, ich will ihm dienen; denn ich sehe, so ein Henker hat doch ein bußfertigeres Gewerbe also so ein Kuppler; er bittet öfter um Vergebung.

Schließer. Ihr da, haltet Euer Beil und Euren Block auf morgen um vier Uhr in Bereitschaft.

Grauslich. Komm mit, Kuppler, ich will dich in meiner Hantierung unterrichten; folge mir.

Pompejus. Ich bin sehr wißbegierig, Herr, und ich hoffe, wenn Ihr einmal Gelegenheit habt, mich für Euch selbst zu brauchen, Ihr sollt mich rührig finden, und wahrhaftig, Herr, Ihr habt so viel Güte für mich, daß ich Euch wieder gefällig sein möchte.

Schließer. Ruft mir den Bernardin und Claudio her. –

(Grauslich und Pompejus gehen ab.)

Der tut mir leid; doch jener Mörder nicht,
Und wär's mein Sohn, ich gäb' ihm dem Gericht.

Claudio tritt auf.

Hier ist dein Todesurteil, Claudio, lies;
Jetzt ist es Mitternacht; um acht Uhr früh
Gehst du zur Ewigkeit. – Wo ist Bernardin?

Claudio. So fest im Schlafe wie schuldlose Arbeit,
Wenn sie des Wandrers Glieder schwer belastet;
Er wird nicht wach.

Schließer. Ihm kann auch keiner helfen.
Nun geht, bereitet Euch. – Horcht, welch Geräusch?

(Man hört klopfen. Claudio geht ab.)

Gott woll' Euch Trost verleihn! Schon gut! Ich komme! –
Ich hoff', es ist Begnad'gung oder Aufschub
Für unsern guten Claudio. – Willkommen, Vater! –
     Der Herzog tritt auf.
Herzog. Der Nacht heilsamste, beste Geisterschar
 Umhüll' Euch, guter Schließer! War hier niemand?
Schließer. Seitdem die Abendglock' ertönte, niemand.
Herzog. Nicht Isabella?
Schließer.   Nein.
Herzog.   Dann kommen sie.
Schließer. Ist Trost für Claudio?
Herzog.   Ein'ge Hoffnung bleibt.
Schließer. Das ist ein scharfer Richter!
Herzog. Das nicht! Das nicht! Sein Leben folgt genau
 Der strengen Richtschnur seines ernsten Rechts.
 In heiliger Enthaltsamkeit bezwingt er
 An sich, was seine Herrschermacht mit Nachdruck
 In andern strebt zu dämpfen. Schwärzt' ihn selbst,
 Was er bestraft, dann wär' er ein Tyrann;
 Doch so ist er gerecht. – Jetzt sind sie da.
    (Es wird geklopft. Schließer ab.)
 Der Mann ist mild! Und selten, daß geneigt
 Der harte Schließer sich dem Menschen zeigt!
 Was gibt's? Wer pocht? Das ist ein hast'ger Geist,
 Der so das arme Tor mit Streichen trifft.
   Der Schließer kommt zurück und spricht zu einem draußen.
Schließer. Laßt ihn noch warten, bis der Pförtner kommt,
 Ihn einzulassen; er ist unterwegs.
Herzog. War der Befehl noch nicht zurückgenommen?
 Muß Claudio morgen sterben?
Schließer.   Keine Ändrung!
Herzog. Wie nah die Dämmrung, Schließer, dennoch hoff' ich,
 Vor Tagesanbruch hört Ihr mehr.
Schließer.   Vielleicht
 Wißt Ihr etwas? Doch fürcht' ich sehr, es kommt
 Kein Widerruf. Solch Beispiel sah ich nie.
 Und über dem hat selbst vom Richterstuhl
 Lord Angelo dem Ohr des ganzen Volks
 Das Gegenteil erklärt.
     Ein Bote kommt.
    Ein Diener des Regenten.
Herzog. Der bringt für Claudio die Begnadigung.
 Bote. Mein Herr sendet Euch diese Zeilen, und durch mich den mündlichen Auftrag, daß Ihr nicht von dem kleinsten Punkt der-

selben abweichen sollt, weder in Zeit, Inhalt, noch sonst einem Umstand. – Guten Morgen, denn ich denke, der Tag bricht schon an. (Bote geht ab.)

Schließer. Ich werde gehorchen.

Herzog. Sein Gnadenbrief! Erkauft durch solche Sünden,
Die den Begnad'ger selbst als Frevler künden!
Da blüht den Lastern schnell und leicht Gedeihn,
Wo Macht und Hoheit ihnen Schutz verleihn;
Wirkt Sünde Huld, wird zuviel Huld geübt,
Weil sie des Frevels halb den Frevler liebt. –
Nun, Herr? Was schreibt er Euch?

Schließer. Wie gesagt, Lord Angelo, der mich vermutlich nachlässig im Dienst glaubt, ermuntert mich durch dies ungewöhnliche Antreiben. Mir scheint dies seltsam; denn es war früher nie seine Gewohnheit.

Herzog. Ich bitt' Euch, laßt doch hören.

Schließer (liest). „Was Ihr auch immer Gegenteiliges hören mögt, laßt Claudio um vier Uhr hinrichten und nachmittags den Bernardin. Zu besserer Versicherung schickt mir Claudios Kopf um fünf. Laßt dies genau vollzogen werden, in dem Gedanken, daß mehr hier anliegt, als wir Euch für jetzt mitteilen dürfen. Verfehlt daher nicht, Eure Pflicht zu tun, indem Ihr auf eigene Gefahr stehen müßt!" – Was sagt Ihr dazu, Herr?

Herzog. Wer ist der Bernardin, der diesen Nachmittag enthauptet werden soll?

Schließer. Ein Zigeuner von Geburt, doch hier im Lande erzogen und groß geworden; er sitzt schon seit neun Jahren gefangen.

Herzog. Wie kommt es, daß ihn der abwesende Herzog nicht entweder in Freiheit setzte oder hinrichten ließ? Wie ich höre, pflegte er immer so zu verfahren.

Schließer. Seine Freunde wirkten beständig Aufschub für ihn aus, und in der Tat ward sein Verbrechen erst unter Lord Angelos Regierung unzweifelhaft erwiesen.

Herzog. Ist es jetzt dargetan?

Schließer. Ganz offenbar und von ihm selbst eingestanden.

Herzog. Hat er Reue im Gefängnis an den Tag gelegt? Wie hat es auf ihn eingewirkt?

Schließer. Ein Mensch, dem der Tod nicht fürchterlicher vorkommt als ein Weinrausch; sorglos unbekümmert, furchtlos vor Vergangenheit, Gegenwart und Zukunft; ohne Scheu vor dem Tod im Angesicht des Todes.

Herzog. Ihm fehlt Belehrung!

Schließer. Die hört er nicht an. Er hat jederzeit viel Freiheit im

Gefängnis gehabt; man könnte ihm freistellen zu entfliehen, er würde es nicht tun. Er berauscht sich mehrmals am Tage; oft ist er mehrere Tage hintereinander betrunken. Mehr als einmal haben wir ihn geweckt, als wollten wir ihn zur Hinrichtung führen und ihm einen vorgeblichen Befehl dafür gezeigt, es hat nicht den mindesten Eindruck auf ihn gemacht.

Herzog. Hernach mehr von ihm. Auf Eurer Stirn, Kerkermeister, stehen Redlichkeit und Entschlossenheit geschrieben; lese ich nicht recht, so täuscht mich meine alte Kunst. Indes, im Vertrauen auf mein sicheres Urteil will ich's drauf wagen. Claudio, für dessen Hinrichtung Ihr jetzt den Befehl habt, ist dem Gesetz nicht mehr verfallen als Angelo, der ihn verurteilt hat. Euch davon durch den Augenschein zu überzeugen, bedarf es nur eines Aufschubs von vier Tagen, währenddessen Ihr mir eine schleunige und gewagte Gefälligkeit erweisen sollt.

Schließer. Und worin, ehrwüdiger Herr?

Kupplerin. Indem Ihr seinen Tod verschiebt!

Schließer. Ach, wie kann ich das? Da mir die Stunde bestimmt, und der ausdrückliche Befehl zugesandt ist, bei Todesstrafe seinen Kopf dem Angelo vor Augen zu bringen! Ich würde mir Claudios Schicksal zuziehen, wollte ich nur im geringsten hiervon abweichen.

Herzog. Bei meinem Ordensgelübde will ich Euch für alles einstehen. Wenn Ihr meiner Leitung folgen wollt, laßt diesen Bernardin heut morgen hinrichten und schickt seinen Kopf dem Angelo.

Schließer. Angelo sah sie beide, und würde das Gesicht erkennen.

Herzog. O, der Tod ist Meister im Entstellen, und Ihr könnt ihm zu Hilfe kommen. Schert ihm das Haupt, kürzt ihm den Bart und sagt, der reuige Sünder habe dies vor seinem Tode so verlangt. Ihr wißt, daß der Fall häufig vorkommt. Wenn Euch irgend etwas hieraus erwächst als Dank und gutes Glück, bei dem Heiligen, dem ich mich geweiht, so will ich mit meinem Leben Euer Fürsprach sein.

Schließer. Verzeiht mir, guter Pater, es ist gegen meinen Eid.

Herzog. Schwurt Ihr dem Herzog oder seinem Statthalter?

Schließer. Dem Herzog und seinem Stellvertreter.

Herzog. Ihr würdet nicht glauben, Euch vergangen zu haben, wenn der Herzog dies Verfahren billigte?

Schließer. Aber welche Wahrscheinlichkeit hätte ich dafür?

Herzog. Nicht nur eine Möglichkeit, nein, eine Gewißheit. Doch weil ich Euch furchtsam sehe, und weder meine Ordenskraft, meine lautere Gesinnung, noch meine Überredung Euch gewinnen können, so will ich weiter gehen, als ich mir's vorgesetzt, um alle Furcht in Euch zu vernichten. Seht her, Freund, hier ist des Herzogs Handschrift und Siegel. Ihr kennt die Schrift ohne Zweifel, und das Petschaft wird Euch nicht fremd sein.

Schließer. Ich kenne sie beide.

Herzog. Dieser Brief enthält des Herzogs Rückkehr; Ihr sollt ihn sogleich nach Gefallen durchlesen und werdet sehen, daß er binnen zwei Tagen hier sein wird. Dies ist ein Umstand, den Angelo nicht weiß, denn eben heute erhält er Briefe von sonderbarem Inhalt, vielleicht daß der Herzog gestorben, vielleicht daß er in ein Kloster gegangen sei; aber wohl nichts von dem, was hier geschrieben steht. Seht, der Morgenstern macht den Schläfer schon munter. Staunt nicht zu sehr, wie dies alles zusammenhängt; alle Schwierigkeiten sind leicht, wenn man sie kennt. – Ruft Eure Scharfrichter und herab mit Bernardinos Haupt; ich will sogleich seine Beichte hören, und ihn für ein besseres Leben vorbereiten. Ich sehe, ihr seid noch erstaunt; aber dies muß Euch ganz gewiß machen. Kommt mit, es ist schon lichte Dämmerung. (Beide ab.)

3. Szene
Ebendaselbst

Pompejus tritt auf.

Pompejus. Ich bin hier so bekannt, als ich's in unserem eigenen Hause war; man sollte meinen, es wäre das Haus der Frau Überlei, denn hier kommen eine Menge von ihren alten Kunden zusammen. Fürs erste ist hier der junge Herr Rasch; der sitzt hier für einen Vorrat von Packpapier und altem Ingwer, hundertsiebenundneunzig Pfund zusammen, woraus er fünf Mark bares Geld gemacht; freilich muß der Ingwer eben nicht sehr gesucht gewesen sein, und die alten Weiber waren wohl eben alle gestorben. Dann ist hier ein Herr Capriole, den Meister Dreihaar, der Seidenhändler, eingeklagt hat; für ein drei oder vier Stück schwarzen Atlas hat er ihn in unsere Gesellschaft eingeschwärzt. Dann haben wir hier den jungen Schwindlich und den jungen Herrn Fluchmaul und Herrn Kupfersporn und Herrn Hungerdarm, den Dolch- und Degenmann und den jungen Fegesack, der den lustigen Pudding totschlug, und Junker Stichfest, den Klopffechter, und den schmucken Herrn Schuhriem, den weitgereisten, und den wilden Halbnösel, der dem Krug den Garaus machte, und ich glaube ihrer vierzig mehr; lauter tapfere Leute in unserer Hantierung, und sind jetzt auf „Gott lohn's" angewiesen.

Grauslich kommt.

Grauslich. Fort, Kerl! Hol uns Bernardin her!

Pompejus. Meister Bernardin! Ihr müßt wach werden und Euch henken lassen! Meister Bernardin!

Grauslich. He, Holla! Bernardin!

Bernardin. Daß euch das Donnerwetter übern Hals käme! Wer macht den Lärm da! Wer seid ihr!

Vierter Aufzug. 3. Szene

Pompejus. Euer guter Freund, mein Herr, der Henker; Ihr müßt so gut sein, mein Herr, und aufstehen und Euch hinrichten lassen!
Bernardin. Fort, du Schurke, fort sag' ich, ich will schlafen.
Grauslich. Sag ihm, er muß wach werden und das gleich.
Pompejus. Bitt' Euch, Meister Bernardin, werdet nur wach, bis man Euch hingerichtet hat, nachher könnt Ihr weiterschlafen.
Grauslich. Geh hinein und hol ihn heraus.
Pompejus. Er kommt schon, Herr, er kommt schon; ich höre sein Stroh rascheln.

Bernardin tritt auf.

Grauslich. Ist das Beil auf dem Block, du?
Pompejus. Fix und fertig, Herr.
Bernardin. Nun, Grauslich! Was habt Ihr vor?
Grauslich. Im Ernst, Freund, macht Euch dran und haspelt Euer Gebet herunter; denn, seht Ihr, der Befehl ist da.
Bernardin. Ihr Schurke, ich habe die ganze Nacht durchgesoffen, es ist mir ungelegen.
Pompejus. Ei desto besser; wenn er die ganze Nacht durchgesoffen hat, und man henkt ihn morgen früh, da hat er den andern Tag um auszuschlafen.

Der Herzog kommt

Grauslich. Seht, Freund, da kommt Euer Beichtvater. Meint Ihr noch, es sei Spaß? He?
Herzog. Mein Freund, ich hörte, wie bald Ihr die Welt verlassen müßt, und kam aus christlicher Nächstenliebe Euch zu ermahnen, zu trösten und mit Euch zu beten.
Bernardin. Pater, daraus wird nichts. Ich habe die ganze Nacht scharf gesoffen und muß mehr Zeit haben, mich zu besinnen, sonst sollen sie mir das Hirn mit Keulen herausschlagen. Ich tu's nicht, daß ich mich heut hinrichten lasse; dabei bleibt's.
Herzog. O Freund, Ihr müßt, und darum bitt' ich Euch,
    Schaut vorwärts auf den Weg, der Euch bevorsteht.
Bernardin. Ich schwöre aber, daß kein Mensch mich dazu bringen soll, heut zu sterben.
Herzog. So hört nur!
Bernardin. Nicht ein Wort! Wenn Ihr mir was zu sagen habt, kommt in mein Gefängnis, denn ich will heut keinen Schritt heraustun. (Ab.)

Der Schließer kommt zurück.

Herzog. Ganz unbereit
    Zum Leben wie zum Tod. O steinern Herz! –
    Ihm nach Gefallen, führt ihn hin zum Block!
            (Grauslich und Pompejus ab.)

Schließer. Nun, Herr, wie fandet Ihr den Delinquenten?
Herzog. Durchaus verstockt, unfertig für den Tod;
In der Verfassung ihn hinauszuführen,
Wäre verdammlich.
Schließer. Hier im Kerker, Vater,
Starb diesen Morgen an dem hitz'gen Fieber
Ragozin, ein höchst berüchtigter Pirat,
Ein Mann von Claudios Alter; Bart und Haare
Genau von gleicher Farbe. Sagt, wie wär's,
Wenn wir dem Mörder Zeit zur Fassung gönnten
Und täuschten den Regenten mit dem Kopf
Des Ragozin, der mehr dem Claudio gleicht?
Herzog. Das ist ein Glücksfall, den der Himmel sendet,
Tut augenblicks dazu; es naht die Zeit,
Die Angelo bestimmt. Mit Pünktlichkeit
Vollzieht den Auftrag, während ich durch Lehre
Den Rohen dort zu will'gem Tod bekehre.
Schließer. Das soll geschehn, Ehrwürd'ger, unverzüglich;
Doch Bernardin muß diesen Abend sterben.
Und wie verfährt man weiter nun mit Claudio
Und wendet die Gefahr, die mich bedroht,
Wird es bekannt, daß er noch lebt?
Herzog. Verfügt es so: bringt in geheime Haft
Bernardin sowie Claudio; eh die Sonne
Zweimal in ihrem Tageslauf gegrüßt
Da drauß die Erdbewohner, findet Ihr
Vollkommne Sicherstellung!
Schließer. Ich tu' mit Freuden, wie Ihr sagt.
Herzog. So eilt,
Besorgt's, und schickt das Haupt dem Angelo.
(Schließer ab.)
Nun schreib' ich Briefe gleich dem Angelo –
Der Schließer bringt sie ihm – nach deren Inhalt
Ihm Meldung wird, ich sei der Heimat nah,
Und daß ein wicht'ger Anlaß mich bestimmt
Zu öffentlichem Einzug. Ihn entbiet' ich
Mir zu begegnen am geweihten Quell,
Zwei Stunden vor der Stadt; von dort sodann
Durch stufenweises wohlerwognes Vorgehn
Verfahren wir mit Angelo.
Der Schließer kommt.
Schließer. Hier ist der Kopf, ich trag' ihn selber hin.
Herzog. So ist's am rätlichsten. Kehrt bald zurück;

Denn manches muß ich Euch vertraun, das sonst
Kein Ohr vernehmen darf.
Schließer. Ich will mich eilen. (Schließer ab.)
Isabella (draußen). Friede mit Euch! Macht auf! Ist keiner da?
Herzog. 's ist Isabellens Ruf; sie kommt zu hören,
Ob ihrem Bruder Gnade sei gewährt.
Doch bleib ihr seine Rettung noch verhehlt,
Daß aus Verzweiflung Himmelstrost ihr werde,
Wenn sie's am mindsten hofft.
Isabella tritt auf.
Isabella. Vergönnt, o Herr!
Herzog. Seid mir gegrüßt, mein schönes, frommes Kind!
Isabella. Ein lieber Gruß von solchem heil'gen Mund! –
Hat schon der Bruder Freiheit vom Regenten?
Herzog. Er hat ihn, Tochter, von der Welt erlöst,
Das abgeschlagne Haupt ward ihm gesandt.
Isabella. Nein doch! Es ist nicht so!
Herzog. Es ist nicht anders! –
Zeigt Eure Weisheit, Jungfrau, durch Ergebung.
Isabella. Ich will zu ihm, ausreißen ihm die Augen!
Herzog. Er wird gewiß den Zutritt Euch verweigern.
Isabella. Weh, armer Claudio! Weh dir, Isabella! –
Grausame Welt! Verdammter Angelo!
Herzog. So schadet Ihr ihm nicht, noch helft Ihr Euch;
Seid ruhig dann, stellt Gott die Sach' anheim.
Merkt; was ich sage: jede Silbe sollt Ihr
Glaubwürd'ge zuverläß'ge Wahrheit finden.
Der Fürst kehrt morgen heim – nein, weint nicht so!
Ein Bruder unsres Ordens und sein Beicht'ger
Gab den Beweis mir, schon hat er entboten
An Escalus und Angelo die Kunde:
Sie sollen ihm am Tor entgegenziehn,
Dort ihre Macht abliefern. Könnt Ihr's, leitet
Die Klugheit in den Pfad, wie ich es wünsche,
Und Ihr kühlt Euern Sinn an dem Verworfnen,
Euch wird des Fürsten Huld, dem Herzen Rache
Und allgemeines Lob.
Isabella. Ich folg' Euch gern.
Herzog. So gebt dem Bruder Peter diesen Brief,
Den er mir von des Herzogs Heimkehr schrieb.
Sagt, durch dies Zeichen lad' ich ihn heut nacht
In Mariannens Wohnung. Ihre Sach' und Eure
Mach' ich ihm völlig kund; er bringt Euch vor

Den Fürsten, dann dem Angelo ins Antlitz
Klagt lauter ihn und lauter an. Ich Armer
Bin durch ein heiliges Gelübd' gebunden,
Das fern mich hält. Nun geht mit diesem Brief,
Erleichtert Euer Herz und bannt vom Aug'
Dies herbe Naß. – Traut meinem Orden nicht,
Rat' ich verkehrt Euch. – Wer da?

Lucio kommt.

Lucio. Guten Abend! Mönch, sag , wo ist der Schließer?

Herzog. Nicht zugegen.

Lucio. O schöne Isabella, mein ganzes Herz erblaßt, deine Augen so rot zu sehen! Du muß Geduld fassen. Ich muß mich auch dreinfinden, mittags und abends mit Wasser und Mehl zufrieden zu sein; so lieb mein Kopf mir ist, darf ich meinen Bauch nicht füllen; eine einzige derbe Mahlzeit, und ich wäre geliefert. Aber wie es heißt, kommt der Herzog morgen wieder. Bei meiner Seele, Isabella, ich liebte deinen Bruder; hätte nur der alte phantastische Herzog, der Winkelkriecher, zu Hause gesessen, er lebte noch! (Isabella geht ab.)

Herzog. Herr, der Herzog ist Euern Reden über ihn außerordentlich wenig Dank schuldig; das beste ist nur, daß Eure Schilderung ihm nicht gleicht.

Lucio. Geh nur, Mönch, du kennst den Herzog nicht so wie ich; er ist ein beßrer Wildschütz, als du denkst.

Herzog. Nun, Ihr werdet dies einmal zu verantworten haben. Lebt wohl!

Lucio. Nein, wart' noch, ich gehe mit dir; ich kann dir hübsche Geschichten von dem Herzog erzählen.

Herzog. Ihr habt mir schon zu viele erzählt, wenn sie wahr sind, und sind sie's nicht, so wäre eine einzige schon zu viel.

Lucio. Ich mußte einmal vor ihm erscheinen, weil eine Dirne schwanger von mir geworden war.

Herzog. Ist Euch so etwas begegnet?

Lucio. Nun freilich war sie's von mir; aber ich schwur die Geschichte ab; ich hätte sonst die faule Mispel heiraten müssen.

Herzog. Herr, Eure Gesellschaft ist mehr unterhaltend als anständig; gehabt Euch wohl.

Lucio. Mein Seel', ich bringe dich noch bis an die Ecke. Wenn dir Zotengeschichten zuwider sind, so wollen wir dir nicht zuviel auftischen. – Ja, Mönch, ich bin eine Art von Klette, ich hänge mich an. – (Gehen ab.)

4. Szene
Ein Zimmer in Angelos Hause

Angelo und *Escalus* treten auf

Escalus. Jeder Brief, den er schreibt, widerspricht dem vorhergehenden.

Angelo. Auf die ungleichste und widersinnigste Weise. Seine Handlungen erscheinen fast wie Wahnsinn; der Himmel gebe, daß sein Verstand nicht gelitten habe! Und warum ihm vor dem Tor entgegenkommen und unsere Ämter dort niederlegen?

Escalus. Ich errate es nicht.

Angelo. Und warum sollen wir eben in der Stunde vor seiner Ankunft ausrufen lassen, daß wenn jemand über Unrecht zu klagen hat, er sein Gesuch auf offener Straße anbringen möge?

Escalus. Hierfür gibt er Gründe an: er will alle Klagen auf einmal abtun und uns für die Zukunft vor Praktiken sicherstellen, die alsdann keine Kraft mehr gegen uns haben sollen.

Angelo. Wohl; ich ersuch' Euch, macht's der Stadt bekannt:
Auf nächsten Morgen früh hol' ich Euch ab,
Und teilt es allen mit, die Rang und Amt
Befugt, ihn einzuholen.

Escalus. Das will ich, Herr; so lebt denn wohl!

Angelo. Gute Nacht! –

(*Escalus* geht ab.)

Die Tat nimmt allen Halt mir; stumpft den Sinn
Und lähmt mein Handeln. – Ein entehrtes Mädchen! –
Und durch den höchsten Richter, der die Strafe
Geschärft! Wenn zarte Scheu ihr nicht verwehrte
Den jungfräulichen Raub bekannt zu machen,
Wie könnte sie mich zeichnen; doch Vernunft
Zwingt sie zum Schweigen. Denn Glaubwürdigkeit
Folgt so waltig meiner Würd' und Hoheit,
Daß, wagt der Lästrer einzeln dran zu rühren,
Er sich vernichtet. – Mocht' er leben bleiben!
Doch seiner wilden Jugend hitzig Blut
Konnt' einst in Zukunft wohl auf Rache denken,
Wenn ihm ein so entehrtes Leben ward,
Erkauft durch solche Schmach. – Lebt' er doch lieber! –
Ach, wenn uns erst erlosch der Gnade Licht,
Nichts geht dann recht, wir wollen, wollen nicht! –

(Geht ab.)

5. Szene
Feld vor der Stadt

Es treten auf der Herzog in eigener Tracht, und Bruder Peter.

Herzog. Die Briefe bringt mir zur gelegnen Zeit;
(Gibt ihm Briefe.)
Der Schließer weiß um unsern Zweck und Plan.
Die Sach' ist nun im Gang; folgt Eurer Vorschrift,
Und schreitet fest zum vorgesetzten Ziel,
Wenn Ihr auch manchmal ablenkt hier und dort,
Wie sich der Anlaß beut. Geht vor beim Flavius
Und sagt ihm, wo ich sei; das Gleiche meldet
Dem Valentin, dem Roland und dem Crassus,
Und heißt zum Tor sie die Trompeter senden;
Doch schickt mir Flavius erst.

Peter. Ich werd' es schnell besorgen. (Geht ab.)

Varrius tritt auf.

Herzog. Dank, Varrius, daß du kamst in solcher Eil'.
Komm, gehn wir, denn es sind noch andre Freunde,
Die uns begrüßen wollen, lieber Varrius. (Alle gehen ab.)

6. Szene
Straße beim Tor

Isabella und Marianne treten auf.

Isabella. So krumme Worte reden, fällt mir schwer.
Gern spräch' ich wahr; doch so ihn anzuklagen,
Ist Eure Rolle. – Dennoch muß ich's tun,
Zu unserm Nutzen, wie er sagt.

Marianne. Folgt ihm nur.

Isabella. Und ferner warnt er, daß wenn allenfalls
Er spräche wider mich für meinen Feind,
Mich's nicht befremden soll; es sei Arznei,
Bitter, doch heilsam.

Marianne. Wenn nur Bruder Peter...

Isabella. O still, da kommt er schon.

Bruder Peter tritt auf.

Peter. Kommt, Fräulein, einen höchst gelegnen Platz
Fand ich, wo Euch der Herzog nicht entgeht.
Zweimal gab die Trompete schon das Zeichen;
Die Edeln und die Würdigsten der Stadt
Sind schon am Tor versammelt, und alsbald
Beginnt des Herzogs Einzug. Darum eilt! – (Sie gehen ab.)

Fünfter Aufzug

1. Szene

Ein öffentlicher Platz am Tor

Von der einen Seite treten auf Marianne, verschleiert; Isabella und Bruder Peter; – von der andern der Herzog, Varrius, Herren vom Hofe, Angelo, Escalus, Lucio, der Schließer und Bürger aus der Stadt.

Herzog. Willkommen Euch, mein sehr verehrter Vetter;
Mein alter Freund, wir freun uns, Euch zu sehn!

Angelo u. Escalus. Beglückte Rückkehr Eurer gnäd'gen Hoheit!

Herzog. Euch beiden herzlichen, vielfachen Dank.
Wir haben uns erkundigt, und vernehmen
So trefflich Lob von Eurer Staatsverwaltung,
Wie's öffentlichen Dank von uns erheischt,
Bis auf vollkommnern Lohn.

Angelo. Euch um so mehr verpflichtet!

Herzog. O! Solch Verdienst spricht laut. Ich tät ihm unrecht,
Schlöss' ich's in meiner Brust verschwiegne Hast,
Da es verdient, mit erzner Schrift bewahrt
Unwandelbar dem Zahn der Zeit zu trotzen,
Und des Vergessens Sichel. Reicht die Hand
Vor allem Volk, damit es so erfahre,
Wie äußre Höflichkeit gern laut verkündet
Des Busens innre Liebe. Escalus,
Kommt her und geht an unsrer linken Seite;
Ja, ihr seid wackre Stützen!

Bruder Peter und Isabella treten auf.

Peter. Nun ist es Zeit; sprecht laut und kniet vor ihm!

Isabella. Gerechtigkeit, mein Fürst! Senkt Euern Blick
Auf die gekränkte – ach! gern sagt' ich, Jungfrau! –
O edler Fürst, entehrt nicht Euer Auge
Auf irgend andern Gegenstand es lenkend,
Bis Ihr gehört die Wahrheit meiner Klage
Und Recht mir zugesprochen! Recht, Recht, Recht!

Herzog. Gekränkt? Worin? Von wem? Erzählt es kurz,
Hier ist Lord Angelo, der schafft Euch Recht;
Entdeckt ihm Euern Fall.

Isabella. O edler Herzog,
Ihr heißt Erlösung mich beim Teufel suchen!
Hört selbst mich an; denn was ich reden muß,
Heischt Strafe gegen mich, glaubt Ihr es nicht,
Sonst zwingt es Euch zu helfen. – Hört! O hört mich hier! –

Angelo.   Mein Fürst, ich sorg', es hat ihr Kopf gelitten.
  Sie bat bei mir um ihres Bruders Gnade,
  Der starb im Lauf des Rechts.
Isabella.   Im Lauf des Rechts?
Angelo.   Und bitter wird sie nun und seltsam reden.
Isabella.   Höchst seltsam, doch höchst wahrhaft werd' ich reden.
  Daß Angelo meineidig ist; wie seltsam!
  Daß Angelo ein Mörder ist; wie seltsam!
  Daß Angelo ein dieb'scher Ehebrecher,
  Ein Heuchler und ein Jungfraunschänder ist,
  Ist das nicht seltsam? seltsam?
Herzog.   Zehnfach seltsam!
Isabella.   Es ist nicht wahrer, daß er Angelo,
  Als daß dies alles ganz so wahr als seltsam;
  Ja, zehnfach wahrer; Wahrheit bleibt ja Wahrheit,
  Wie wir die Summe ziehn!
Herzog.   Fort mir ihr! Ärmste,
  In ihrem Wahnsinn spricht sie so!
Isabella.   Fürst, ich beschwöre dich – so wahr du glaubst,
  Es sei noch andres Heil als hier auf Erden –
  Verwirf mich nicht im Wahn, ich sei gestört
  Durch Tollheit. Mach' nicht zur Unmöglichkeit,
  Was nur unglaublich scheint, 's ist nicht unmöglich!
  Ja, der verruchtste Frevler auf der Welt
  Kann streng erscheinen, fromm, verschämt, vollendet
  Wie Angelo. So mag auch Angelo,
  Wie Würd' und Hoheit ihn auch schmückt und ziert,
  Doch ein Erzschurke sein; glaub', wär' er wen'ger,
  So wär' er nichts, mein Fürst, doch er ist mehr;
  Hätt' ich mehr Namen nur für Schändlichkeit!
Herzog.   Bei meiner Ehre!
  Ist sie verrückt – und anders glaub' ich nicht –
  So hat ihr Unsinn seltne Form von Sinn;
  So viel Zusammenhang von Wort zu Wort,
  Als ich in Tollheit nie gehört.
Isabella.   O Fürst,
  Nicht diese Wort! Verbanne nicht Vernunft
  Als widersprechend; nein, laß deine dienen,
  Wahrheit hervorzurufen, die verhüllt,
  Und falsche bergen, die als wahr erscheint.
Herzog.   Manchem Gesunden fehlt wohl mehr Verstand. –
  Was wolltst du sagen? –
Isabella.   Ich bin die Schwester eines Claudio, Herr,

Der wegen Unzucht ward verdammt, zu büßen
Mit seinem Haupt; verdammt von Angelo.
Mir, der Novize einer Schwesternschaft,
Ward Botschaft von dem Bruder, und ein Lucio
Kam mit der Nachricht...
Lucio. Das bin ich, mit Gunst.
Ich kam zu ihr von Claudio und drängt' sie,
Ihr rührend Fürwort bei Lord Angelo
Für ihren armen Bruder zu versuchen.
Isabella. Ja, dieser ist's.
Herzog (zu Lucio). Euch hieß man nicht zu reden.
Lucio. Nein, gnäd'ger Herr,
Doch auch zu schweigen nicht.
Herzog. So tu' ich's jetzt;
Ich bitt' Euch, merkt Euch das, und habt Ihr einst
Zu sprechen für Euch selbst, dann fleht zum Himmel,
Daß Ihr nicht stecken bleibt.
Lucio. Herr, dafür steh' ich.
Herzog. Steht für Euch selber! Nehmt Euch wohl in acht!
Isabella. Der Herr erzählte den Beginn der Sache.
Lucio. Recht!
Herzog. Recht mag's sein; doch Ihr seid sehr im Unrecht
Zu sprechen vor der Zeit. – Fahrt fort.
Isabella. Ich kam
Zu diesem gottlos schändlichen Regenten...
Herzog. Das sieht fast aus wie Wahnsinn!
Isabella. Herr, verzeiht,
Das Wort paßt für die Sache.
Herzog. Verbessert so! – Zur Sache denn, wie weiter?
Isabella. Kurz denn, um zu verschweigen, was nicht tot:
Wie ich ihm zusprach, wie ich bat und kniete,
Wie er mich abwies, was ich drauf erwidert –
Denn so verging viel Zeit – beginn' ich gleich
Den schnöden Schluß mit Schmerz und Scham zu klagen.
Nur für das Opfer meiner Keuschheit selbst
An seine lüstern ungezähmte Gier,
Sprach er den Bruder frei; nach langem Kampf
Siegt' schwesterliches Mitleid über Ehre,
Und ich ergab mich ihm; doch nächsten Morgen,
Da seine Lust gebüßt war, fordert er
Des armen Bruders Haupt.
Herzog. Traun! Höchst wahrscheinlich!
Isabella. O, wär' es so wahrscheinlich, als es wahr ist!

Herzog.   Ha, töricht Ding, du weißt nicht, was du sprichst
Sonst bist du zur Verleumdung angestiftet
Durch gift'ge Ränke. Erstlich seine Tugend
Ist fleckenlos, dann wär' es widersinnig,
Mit solcher Tyrannei den Fehl zu strafen,
In den er selber fiel. Sündigt' er also,
Dann wägt' er deinen Bruder nach sich selbst,
Und nicht vertilgt' er ihn. Nein, du bist angestiftet;
Gesteh es frei und sag, auf wessen Rat
Du diese Klage vorbringst?
Isabella.   Ist dies alles?
Dann, o ihr gnadenreichen Engel droben,
Stärkt mit Geduld mich, und zu reifer Zeit
Entdeckt die Untat, die sich hier verhüllt
In höherm Schutz; Gott hüt' Euch so vor Wehe,
wie ich gekränkt, geschmäht hier vor Euch gehe.
Herzog.   Ich weiß, Ihr gingt wohl gern – ruft einen Häscher,
Bringt sie in Haft. Wie! Sollt' ich's ruhig ansehn,
Daß giftig Lästrung treffe solchen Freund,
Der uns so nah? Gewiß! Hier waltet Arglist.
Wer weiß von Eurem Plan? Und daß Ihr kamt?
Isabella.   Einer, den ich hier wünschte; Pater Ludwig.
Herzog.   Ihr Beicht'ger wohl. – Kennt jemand diesen Ludwig?
Lucio.   Ich kenn' ihn, Herr; in alles mengt er sich,
Mir ist er widrig; schützt' ihn nicht die Kutte,
Um seine Reden wider Eure Hoheit,
Als Ihr entfernt, hätt' ich ihn derb gebläut.
Herzog.   Was, Reden wider mich? Welch saubrer Mönch!
Und hier dies jämmerliche Weib zu hetzen
Auf unsern Stellvertreter! Schafft den Mönch!
Lucio.   Noch gestern abend sah ich ihn, mein Fürst,
Mit ihr im Kerker; 's ist ein frecher Mönch,
Ein schäbichter Gesell.
Peter.   Gott schütz' Eu'r Hoheit;
Ich war zugegen, gnäd'ger Fürst, und hörte
Eu'r fürstlich Ohr gemißbraucht. Den Regenten
Beschuldigt dieses Mädchen höchst verleumdrisch;
Der ist so frei von sünd'ger Lust mit ihr,
Als sie mit einem, der noch nicht geboren.
Herzog.   Nicht mindres glaubten wir.
Kennt Ihr den Pater Ludwig, den sie nannte?
Peter.   Ich kenn' ihn als 'nen frommen heil'gen Mann,
Nicht frech, noch je in Weltliches sich mengend,

Wie dieser Herr von ihm Erwähnung tat,
Und auf mein Wort, ein Mann, der nimmer noch,
Wie er behauptet, Eure Hoheit schmähte.
Lucio.   Mein gnäd'ger Fürst, höchst bubenhaft, glaubt mir's.
Peter.   Gut, mit der Zeit rechtfertigt er sich wohl;
Doch eben jetzt liegt er krank, mein Fürst,
An heft'gem Fieber. Nur auf sein Gesuch –
Weil er erfuhr, daß eine Klage hier
Lord Angelo bedrohe – kam ich her,
Zu zeugen, was er weiß, in seinem Namen,
Was wahr, was falsch, und was mit einem Eid
Und gültigem Beweis er dartun wird,
Ruft man ihn auf. Zuerst, dies Mädchen hier –
Den würd'gen Herrn Statthalter loszusprechen,
So öffentlich persönlich angeklagt –
Will ich der Lüge zeihen in ihr Antlitz,
Daß sie es selbst gestehn soll.
               (Isabella wird weggeführt.)
Herzog.   Wohl! Laßt hören.
Belächelt Ihr dies nicht, Lord Angelo?
Über die Eitelkeit der armen Toren!
Reicht Sessel her. Kommt, Vetter Angelo;
Ich will nur Hörer sein; sprecht Ihr als Richter
In Eurer eignen Sache. – Ist dies die Zeugin?
             Marianne tritt vor.
Sie zeig' uns ihr Gesicht und rede dann.
Marianne.   Verzeiht, mein Fürst, nicht zeig' ich mein Gesicht,
Bis mein Gemahl es heißt.
Herzog.   Seid Ihr vermählt?
Marianne.   Nein, gnäd'ger Herr.
Herzog.   Seid Ihr ein Mädchen?
Marianne.   Nein.
Herzog.   So seid Ihr Witwe?
Marianne.   Auch nicht.
Herzog.   Nun, dann seid Ihr
Gar nichts; nicht Mädchen, Witwe nicht, noch Frau.
Lucio.   Gnädiger Herr, es wird wohl ein Schätzchen sein, denn die sind gewöhnlich weder Mädchen, Witwen, noch Frauen.
Herzog.   Schweigt doch den Menschen! Hätt' er Ursach nur
Zu schwatzen für sich selbst!
Lucio.   Gut, gnäd'ger Herr.
Marianne.   Ich muß gestehn, ich war niemals vermählt,
Und ich gesteh' es auch, ich bin kein Mädchen.

Ich hab' erkannt ihn, doch mein Mann erkennt nicht,
Daß er mich je erkannt.
 Lucio. So war er also betrunken, gnädiger Herr, es kann nicht anders sein.
Herzog. Ich wollt', du wärst es auch, so schwiegst du endlich.
Lucio. Gut, mein Fürst.
Herzog. Dies ist kein Zeugnis für Lord Angelo.
Marianne. Nun komm' ich drauf, mein Fürst.
Sie, die ihn anklagt um verletzte Zucht,
Dadurch zugleich verklagt sie meinen Gatten;
Und zwar erwähnt sie solcher Zeit, mein Fürst,
Wo ich bezeug', ich selbst umarmt' ihn damals
In Lieb' und Zärtlichkeit.
Angelo. Meint sie wen sonst als mich?
Marianne. Nicht daß ich wüßte!
Herzog.   Nicht?
Ihr sagtet, Euer Gatte?
Marianne. Jawohl, mein Fürst, und das ist Angelo,
Der glaubt, daß er mich niemals hat berührt
Und wähnt, daß Isabella ihn umarmt.
Angelo. Seltsamer Wahn! Laß dein Gesicht uns sehn.
Marianne. Mein Gatte fordert's, dann entschlei'r ich mich.
(Sie nimmt den Schleier ab.)
Sieh dies Gesicht, grausamer Angelo,
Dem du einst schwurst, es sei des Ansehns wert;
Sie diese Hand, die durch den geweihten Bund
Sich fest in deine fügte; sieh mich selbst,
Die Isabellens Stelle hat vertreten
Und in dem Gartenhause dir begegnet,
Als wär's es jene.
Herzog.   Kennt Ihr dieses Mädchen?
Lucio. Ja, fleischlich, sagt sie.
Herzog.   Still doch, Mensch!
Lucio.   Schon gut!
Angelo. Mein Fürst, ich leugn' es nicht, ich kenne sie.
Fünf Jahre sind's, da war von Heirat wohl
Die Rede zwischen uns; doch brach ich's ab,
Teils, weil das festgesetze Heiratsgut
Nicht dem Vertrag entsprach, teils, und zumeist,
Weil ich erfuhr, sie schade ihrem Ruf
Durch Leichtsinn. Seit der Zeit, fünf Jahre schon,
Sprach ich sie nicht, noch sah und hört' ich sie
Bei meiner Treu' und Ehre.

Marianne. Hoher Herr,
Wie Licht vom Himmel kommt, vom Hauch das Wort,
Wie Sinn in Wahrheit ist, Wahrheit in Tugend;
Ich bin sein anverlobtes Weib, so fest
Ein Treugelübde bindet; ja mein Fürst,
Erst Dienstag Nacht in seinem Gartenhaus
Erkannt' er mich als Weib. Wie dies die Wahrheit,
So mög' ich ungekränkt vom Knien erstehn,
Wo nicht – auf ewig festgebannt hier haften,
Ein marmorn Monument! –
Angelo. Bisher hört' ich's mit Lächeln;
Jetzt, gnäd'ger Fürst, laßt meinem Recht den Lauf;
Hier bricht mir die Geduld. Ich seh' es wohl,
Die armen blöden Weiber sind durchaus
Werkzeuge nur in eines Mächt'gen Hand,
Der sie anstiftet. Gebt mir Freiheit, Fürst,
Die Ränke zu entlarven.
Herzog. Ja, von Herzen,
Und straft sie nur, so wie's Euch wohlgefällt.
Einfält'ger Mönch und du, boshaftes Weib,
Im Bund mit der, die ging! Glaubst du, dein Schwur,
Und zwäng' er alle Heil'gen her vom Himmel
Sei Zeugnis gegen solch Verdienst und Ansehn,
Das unser Beifall stempelt? Ihr, Lord Escalus,
Setzt Euch zu meinem Vetter, steht ihm bei,
Die Quelle dieses Unfugs zu erspähn.
Noch war's ein andrer Mönch, der sie gestimmt,
Den schafft herbei.
Peter. Ich wünscht', er sei schon hier; denn allerdings
War er's, der diese Weiber anstiftet.
Eu'r Schließer weiß den Ort, wo er verweilt,
Und kann ihn holen.
Herzog. Tut es ungesäumt. (Schließer ab.)
Und Ihr, mein würd'ger, wohlerprobter Vetter,
Dem daran liegt, die Sache zu durchforschen,
Verfahrt mit dieser Schmähung, wie Ihr mögt,
Und wählt die Straf; ich verlass' Euch jetzt
Ein wenig, doch Ihr bleibt, bis Ihr durchaus
Euch schlüssig machtet über die Lästrer.
Escalus. Mein Fürst, es soll an uns nicht fehlen. –
(Der Herzog geht ab.)
Signor Lucio, sagtet Ihr nicht, Ihr kenntet jenen Pater
Ludwig als einen Menschen von unehrbarem Wandel?

Lucio. Cucullus non facit monachum, ehrbar in nichts als in seinem Habit, und hat höchst niederträchtig von unserem Herzog gesprochen.

Escalus. Seid so gut und wartet hier, bis er kommt, um dies gegen ihn zu behaupten. Es wird sich ergeben, daß dieser Mönch ein schlimmer Gesell ist.

Lucio. So sehr als irgend einer in Wien; auf mein Wort.

Escalus. Ruft besagte Isabella wieder her, ich will mit ihr reden. Erlaubt mir, gnädiger Herr, sie zu vernehmen. Ihr sollt sehen, wie ich ihr zusetzen werde.

Lucio. Nicht besser als der, nach ihrer eigenen Aussage.

Escalus. Wie war das?

Lucio. Ei, gnädiger Herr, ich meine nur, wenn Ihr ihr insgeheim zusetzt, so wird sie eher beichten, vielleicht schämt sie sich, es so vor der Welt zu tun.

Gerichtsdiener führen *Isabella* herein; es kommen der *Herzog*, als Mönch verkleidet, und der *Schließer*.

Escalus. Ich werde sie überraschen, ohne daß sie etwas davon merkt.

Lucio. Das muß eine merkwürdige Überraschung sein.

Escalus. Tretet näher, junges Mädchen; hier dieses Frauenzimmer widerspricht allem, was Ihr gesagt habt.

Lucio. Gnädiger Herr, hier kommt der Schurke, von dem ich sprach; hier mit dem Schließer.

Escalus. Eben recht; redet ihr aber nicht zu ihm, bis wir Euch aufrufen.

Lucio. Mum.

Escalus. Näher, guter Freund! Habt Ihr diese Weiber angestiftet, Lord Angelo zu verleumden? Sie haben bekannt, daß Ihr es tatet.

Herzog. Das ist falsch.

Escalus. Was? Wißt Ihr, wo Ihr seid?

Herzog. Ehrfurcht vor Eurer Würde! Selbst den Teufel
Ehrt mancher wohl um seinen Flammenthron. –
Wo ist der Fürst? Ihr sollt uns Rede stehn.

Escalus. Er ist in uns; ihm will ich Rede stehn.
Gebt acht und redet ziemlich.

Herzog. Kühnlich gewiß. Doch ach! Ihr armen Kinder!
Kamt ihr, das Lamm beim Fuchse hier zu fordern?
Nun, gute Nacht Ersatz! Der Herzog ging?
Dann geht auch ihr zu Grunde! Euer Herzog
Ist ungerecht, daß er von sich zurückweist
Eu'r Rechtsgesuch an ihn, vor allem Volk

Und in des Schurken Mund eu'r Urteil legt,
Den ihr hier angeklagt!

Lucio.   Dies ist der Schuft! Der ist's, von dem ich sprach!

Escalus.   Wie! Du unheil'ger, unehrwürd'ger Mönch,
War's nicht genug, die Fraun hier anzustiften
Wider den würd'gen Herrn? Noch jetzt mit Lästrung –
Ja hier, vor seinem eignen Ohre – wagst du's
Und nennst ihn Schurke?
Und schielst von ihm sogar noch auf den Fürsten
Und schiltst ihn ungerecht? Führt ihn hinweg! –
Fort, auf die Folter! Zerrt ihn, Glied für Glied,
Bis er den Plan bekennt! Was, ungerecht!

Herzog.   Seid nicht so hitzig! Euer Herzog
Wagt nicht, mir nur den Finger einzuzwängen,
Nicht mehr, als er den eignen foltern wird.
Auch bin ich ihm nicht untertan,
Noch hier vom Sprengel. Meiner Sendung Amt
Ließ manches mich erleben hier in Wien;
Ich sah, wie hier Verderbnis dampft und siedet
Und überschäumt. Gesetz für jede Sünde;
Doch Sünden so beschützt, daß Eure Satzung
Wie Warnungstafeln in des Baders Stube
Dasteht, und was verpönt nur wird verhöhnt.

Escalus.   Den Staat geschmäht? Fort, bringt ihn in den Kerker!

Angelo.   Wes könnt Ihr ihn verklagen, Signor Lucio?
Ist dies der Mann, von dem Ihr uns gesagt?

Lucio.   Derselbe, gnädiger Herr. Kommt heran, Gevatter Kahlkopf; kennt Ihr mich?

Herzog.   Ich erinnere mich Euer, Herr, an dem Ton Eurer Stimme; ich traf Euch während des Herzogs Abwesenheit im Kerker.

Lucio.   So? Traft Ihr mich? Und erinnert Ihr Euch noch, was Ihr vom Herzog sagtet?

Herzog.   Vollkommen, Signor.

Lucio.   Wirklich, Herr? Und läuft der Herzog den Dirnen nach? Und ist er ein Geck und ein Hahnenfuß, wie Ihr von ihm sagtet?

Herzog.   Ihr müßt erst unsere Rollen tauschen, Herr, eh Ihr mich das von ihm aussagen laßt. Ihr allerdings spracht so von ihm und viel mehr, viel schlimmer.

Lucio.   Ei du lästerlicher Bursch! Zog ich dich nicht bei der Nase, wie du so sprachst?

Herzog.   Ich versichere, daß ich den Herzog so sehr liebe als mich selbst.

Angelo. Hört doch, wie der Schurke jetzt abbrechen möchte, nachdem er verräterische Lästerungen ausgestoßen!

Escalus. Mit solchem Kerl muß man kein Wort verlieren; fort mit ihm ins Gefängnis! Wo ist der Schließer? Legt ihm Eisen genug an, laßt ihn nicht weiterreden und nun auch fort mit diesen leichtfertigen Dirnen und ihrem andern Spießgesellen! (Der Schließer legt Hand an den Herzog.)

Herzog. Halt da! Haltet ein!

Angelo. Was? Er widersetzt sich? Helft ihm, Lucio.

Lucio. Wartet nur, wartet nur, wartet nur; pfui doch! Was, Ihr kahlköpfiger, lügnerischer Schuft, Ihr müßt Euch die Kutte über den Kopf ziehen? Müßt Ihr? Zeigt einmal Euer Schelmengesicht und an den Galgen mit Euch! Zeigt Euer Strauchdiebsgesicht und laßt Euch frisch henken! Will die Kapuze nicht herunter?

(Reißt ihm die Mönchskappe ab und erkennt den Herzog.)

Herzog. Du bist der erste Bube,
Der je 'nen Herzog machte!
Erst, Schließer, meine Bürgschaft diesen drei'n. –
Schleicht Euch nicht weg, Freund. Denn der Mönch und Ihr
Sind noch nicht fertig; haltet mir ihn fest.

Lucio. Das kann noch schlimmer werden als henken.

Herzog (zu Escalus). Was Ihr gesagt, will ich verzeihn. Setzt Euch.
(Zu Angelo.) Wir borgen *diesen* Platz, mit Eurer Gunst. –
Hast du noch Wort und Witz und Dreistigkeit,
Die zu Gebot dir stehn? Wenn du sie hast,
So halt sie fest, bis ich zu End' erzählt
Und zittre dann!

Angelo. O, mein furchtbarer Fürst!
Ich wäre schuld'ger wohl als meine Schuld,
Dächt' ich, ich könnt' Euch irgend noch entschlüpfen,
Da ich erkannt, wie Ihr mein Tun durchschaut
Dem ew'gen Richter gleich. Drum, gnäd'ger Fürst,
Nicht längre Sitzung prüfe meine Schande;
Statt des Verhörs nehmt mein Geständnis an;
Unmittelbarer Spruch und schneller Tod
Ist alles, was ich flehe.

Herzog. Kommt, Marianne. –
Sprich, warst du je verlobt mit diesem Fräulein?

Angelo. Das war ich, Herr.

Herzog. So geh, vollzieh die Trauung ungesäumt.
Ihr, Mönch, vermählt sie; wenn Ihr das vollbracht,
Bringt ihn zurück hierher. – Geh, folg' ihm, Schließer.

(Angelo, Marianne, Peter und Schließer ab.)

Escalus. O Herr! Mehr noch entsetzt mich seine Schande
Als dieses Handels Seltsamkeit!
Herzog. Kommt näher, Isabella.
Eu'r Mönch ist nun Eu'r Fürst. Wie ich vorhin
Als Freund mit frommem Rat mich Euch geweiht,
Nicht wechselnd Sinn und Kleidung, bin ich noch
Gewidmet Euerm Dienst.
Isabella. O Fürst, verzeiht,
Daß die Vasallin mit Geschäft und Mühn
Die unbekannte Majestät beschwert!
Herzog. Euch ist verziehn.
Und nun, du Teure, sei auch mir so hold.
Des Bruders Tod, ich weiß, drückt dir das Herz
Und staunen magst du, daß ich nur verhüllt
Gestrebt, ihn dir zu retten, nicht vielmehr
Mich rasch hervorhob aus verborgner Macht,
Statt ihn dahinzugeben. Liebreich Wesen,
Es war der schnelle Hergang seines Tods,
Der, wie ich wähnte, trägern Fußes käme,
Was meinen Plan zerstört. Doch ruh' er sanft! –
Glückselger dort, der Todesfurcht entrafft,
Als hier in steter Furcht. Nimm das zum Trost;
Dies Glück ward deinem Bruder.
    Angelo, Marianne, Peter und *Schließer* kommen zurück.
Isabella. Wohl, mein Fürst.
Herzog. Hier diesem Neuvermählten, der uns naht,
Des üpp'ge Lüsternheit dich kränken wollte
An deiner wohlgeschirmten Ehr' und Tugend
Möchtst du verzeihn um Mariannens willen,
Doch weil er deinem Bruder sprach den Tod –
Er, schuldig selbst der doppelten Verletzung
Geweihter Keuschheit und gelobten Schwurs,
Der dir dafür des Bruders Rettung bürgte –
Ruft des Gesetzes Gnade selber nun
Vernehmlich, ja selbst aus des Schuld'gen Munde:
„Ein Angelo für Claudio, Tod für Tod,
Liebe für Liebe, bittern Haß für Haß,
Gleiches mit Gleichem zahl' ich, Maß für Maß."
Drum Angelo, da dein Vergehn am Tage,
So klar, daß selbst kein Leugnen Hilfe böte,
Sei nun verurteilt zu demselben Block,
Wo Claudio fiel, und zwar mit gleicher Hast.
Hinweg mit ihm.

Marianne. O gnadenreicher Fürst,
  Ich hoff', Ihr gabt zum Spott mir nicht den Gatten?
Herzog. Der Gatte selbst gab Euch zum Spott den Gatten.
  Nur als Beschützung Eurer Ehre hielt ich
  Den Ehebund nötig, daß kein Vorwurf je,
  Weil Ihr die Seine wart, Eu'r Leben treffe
  Und hemme künft'ges Glück. All seine Güter,
  Obwohl nach dem Gesetz an uns verfallen,
  Sind Euch als Wittum und Besitz verliehn;
  Kauft damit einen bessern Mann.
Marianne. O Herr,
  Ich wünsche keinen andern je, noch bessern.
Herzog. Vergeblich wünscht Ihr, wir sind fest entschieden.
Marianne. (kniet.)
  Huldreichster Fürst, –
Herzog. Umsonst ist Eure Müh.
  Fort, führt ihn hin zum Tod. – Nun, Herr, zu Euch! (Zu Lucio.)
Marianne. O milder Fürst! Hilf, süße Isabella,
  Leih mir dein Knie, mein ganzes Leben will ich,
  All meine Zukunft deinem Dienste leihn.
Herzog. Ganz wider allen Sinn bedrängst du sie!
  Wenn sie für diese Tat um Gnade kniete,
  Zersprengte Claudios Geist sein steinern Bett
  Und riß sie hin in Schrecknis.
Marianne. Isabella,
  O Herzens-Isabella, dennoch kniet,
  Erhebt die Hand, sprecht nicht, ich red' allein.
  Aus Fehlern, sagt man, sind die besten Menschen
  Gebildet, werden meist um so viel besser,
  Weil sie vorher ein wenig schlimm; so geht's
  Vielleicht auch meinem Gatten. Isabella,
  Willst du nicht mit mir knien?
Herzog. Er stirbt für Claudios Tod.
Isabella. Huldreicher Fürst,
  Ich fleh' Euch, schaut auf diesen Mann der Schuld,
  Als lebte Claudio noch. Fast muß ich denken,
  Aufricht'ge Pflicht hat all sein Tun regiert,
  Bis er mich sah. Da es sich so verhält,
  Laßt ihn nicht sterben! Claudio ward sein Recht,
  Weil er den Fehl beging, für den er starb,
  Doch Angelo –
  Sein Tun holt' nicht den sünd'gen Vorsatz ein,
  Und muß begraben ruhn als eitler Vorsatz,

Der starb entstehend. – Gedanken sind nicht Taten;
Vorsätze nur Gedanken.
Marianne. Nur Gedanken!
Herzog. Eu'r Flehn erweicht mich nicht, steht auf; ich will's. –
Noch kommt ein neu Vergehn mir in den Sinn: –
Schließer, wie kam's, daß Claudio ward enthauptet
Zu ungewohnter Stunde?
Schließer. Also ward mir's
Geboten.
Herzog. Ward Euch schriftlicher Befehl?
Schließer. Nein, gnäd'ger Fürst, es war ein mündlich Wort.
Herzog. Und dafür seid Ihr Eures Amts entsetzt. –
Gebt Eure Schlüssel ab.
Schließer. Verzeihung, gnäd'ger Fürst;
Mir ahnt', es sein ein Fehl, doch wußt' ich's nicht;
Und als ich überlegte, hab' ich's bereut.
Des zum Beweis blieb einer im Verhaft,
Dem sonst ein mündlich Wort den Tod erkannt,
Und den ich leben ließ.
Herzog. Wer?
Schließer. Bernardino.
Herzog. O, hättst du doch an Claudio das getan!
Geh, hol ihn her, ich will ihn sehn. (Schließer geht.)
Escalus. Mich schmerzt,
Daß ein so weiser, so gelehrter Mann
Als Ihr, Lord Angelo, mir stets erschient,
So gröblich fehlte; – erst, durch heißes Blut,
Und Mangel richt'gen Urteils hinterher.
Angelo. Mich schmerzt, daß ich Euch diesen Schmerz bereitet,
Und solche Reu' durchdringt mein wundes Herz,
Daß mir der Tod willkommner scheint als Gnade.
Ich hab' ihn wohl verdient und bitte drum!

Der Schließer, Bernardin, Claudio und Julia kommen zurück.

Herzog. Welcher ist Bernardin?
Schließer. Der, gnädiger Herr.
Herzog. Ein Mönch erzählte mir von diesem Mann. –
Du da! Man sagt, du seist verstockten Herzens,
Du fürchtest nichts jenseit des Irdischen,
Und dem entspricht dein Tun. Du bist verurteilt;
Doch deine Schuld auf Erden sei verziehn,
So strebe nun, daß solche Huld dich leite
Auf bessre Zukunft. Pater, unterweist ihn,
Ich laß ihn Euch. – Wer ist der Eingehüllte?

Schließer. Noch ein Gefangner ist's, den ich gerettet,
Der sterben sollt', als Claudio ward enthauptet,
Und fast dem Claudio gleich, als wie sich selbst.
Herzog. Wenn er ihm ähnlich sieht – nun seinethalb
Sei ihm verziehn, und Eurer Anmut halb
Gebt mir die Hand und sagt, Ihr seid die Meine;
Er ist mein Bruder dann. Doch dies für künftig.
Lord Angelo sieht also, daß er lebt;
Mir scheint, sein Aug' erglänzt in neuer Hoffnung;
Nun! Eure Sünde zahlt Euch noch so ziemlich.
Liebt ja Eu'r Weib, und zeigt Euch ihrer würdig.
Ich fühle Neigung in mir, zu verzeihn,
Doch jenem da, ihm kann ich nicht vergeben.
Ihr frecher Mensch, der wußt', ich sei ein Narr
Und feig' und liederlich, ein Tor, ein Toller;
Womit, sagt an, hab ich's um Euch verdient,
Daß Ihr mich so erhebt?

   Lucio. Meiner Treu, gnädigster Herr, ich sagte das nur so nach hergebrachter Mode; wollt Ihr dafür henken lassen, so mag's geschehn, aber ich sähe es lieber, wenn Ihr geruhen wolltet, mich durchpeitschen zu lassen.

Herzog. Zuerst gepeitscht, Herr, dann gehenkt.
Laßt es ausrufen, Schließer, durch ganz Wien:
Hat wo ein Mädchen Klag' auf diesen Burschen –
Wie er mir selber schwor, daß eine sei,
Die ihm ein Kind gebar – so melde sie's,
Dann soll er sie heiraten. – Nach der Hochzeit
Stäupt ihn und hängt ihn auf.

   Lucio. Ich bitte Euer Hoheit um alles, verheiratet mich doch nicht an eine Metze! Euer Hoheit sagte noch eben, ich hätte Euch zum Herzoge gemacht; liebster gnädiger Herr, lohnt mir nun nicht damit, daß Ihr mich zum Hahnrei macht.

Herzog. Bei meinem Wort, heiraten sollst du sie.
Dein Schmähn vergeb' ich, und was weitres du
Verwirkt hast, gleichfalls. Führt ihn ins Gefängnis
Und sorgt, daß mein Befehl vollzogen wird.

   Lucio. Solch einen liederlichen Fisch heiraten, gnädiger Herr, erdrückt, erstickt, gepeitscht und gehenkt werden.

Herzog. Den Fürsten schmähn, verdient's.
Claudio, die Ihr gekränkt, bringt sie zu Ehren;
Glück Euch, mit Marianna! Liebt sie, Angelo,
Ich war ihr Beicht'ger, ihre Tugend kenn' ich.
Dir, Escalus, sei Dank für alles Gute;

Ich bin auf bessern Glückwunsch noch bedacht.
Dank, Schließer, dir für treuen Dienst und Schweigen;
Wir stellen dich auf einen würd'gern Platz.
Vergebt ihm, Angelo, daß er den Kopf
Des Ragozin statt Claudios Euch gebracht;
Der Fehl ist keiner. – Teure Isabella,
Noch hab' ich eine Bitt', auch Euch zum Besten,
Und wollt Ihr freundliches Gehör mir leihn,
So wird das Meine Eu'r, das Eure mein.
Zum Palast dann, und hört aus meinem Munde
Von dem, was noch zu sagen bleibt, die Kunde.   (Alle gehen ab.)

Timon von Athen

Übersetzt von

Dorothea Tieck

Personen

Timon, ein alter Athenienser.
Lucius,
Sempronius, } seine Freunde.
Ventidius,
Lucullus,
Apemantus, Philosoph.
Alcibiades, Feldherr.
Flavius, Timons Haushofmeister.
Flaminius,
Lucilius, } Timons Diener.
Servilius,
Caphis,
Philotus,
Titus, } Diener von Timons Gläubigern.
Lucius,
Hortensius,
Zwei *Diener* des Varrus.
Ein *Diener* des Isidor.
Cupido und andere Masken. Zwei *Fremde*.
Ein *Dichter*, ein *Maler*, ein *Kaufmann* und ein *Juwelier*.
Ein alter *Athenienser*, ein *Page*, ein *Narr*.
Phrynia, } Courtisanen.
Timandra,

Senatoren, Hauptleute, Krieger, Diebe, Gefolge.

(Die Szene ist in Athen und dem nahen Walde.)

Erster Aufzug

1. Szene

Athen. Vorsaal in Timons Hause

Der Dichter und der Maler treten auf.

Dichter. Guten Tag!
Maler. Mich freut's, Euch wohl zu sehn.
Dichter. Ich sah Euch lange nicht. Wie geht die Welt?
Maler. Sie trägt sich ab im Lauf.
Dichter. Das ist bekannt.
 Doch welch besonder Seltnes, Fremdes, das
 Noch alle Chronik nicht erreicht? – Doch seht,
 Der Kaufmann, der Juwelier und mehrere andere treten auf.
 Magie des Reichtums? Diese Geister alle
 Beschwor dein Zauber her zum Dienst. Ich kenne
 Den Kaufmann.
Maler. Ich beide. Jener ist ein Juwelier.
Kaufmann. Höchst würdig ist der Lord.
Juwelier. Jenseit des Zweifels.
Kaufmann. Ein Mann höchst unvergleichbar, sozusagen
 Geschult zu unermüdlich steter Güte;
 Ein Musterbild.
Juwelier. Hier hab' ich ein Juwel.
Kaufmann. O, bitte, zeigt! Für den Lord Timon wohl?
Juwelier. Zahlt er die Schätzung. Doch was das betrifft –
Dichter. (recitierend).
 Wenn wir um Lohn den Schändlichen gepriesen,
 Dämpft es den Glanz des wohlgelungnen Reimes,
 Des Kunst des Edeln singt.
Kaufmann (den Stein betrachtend). Ha! Schön geschnitten.
Juwelier. Und reich; das ist ein Wasser, seht nur selbst.
Maler. Ihr seid verzückt. Ein Werk, wohl eine Huld'gung
 Dem großen Lord?
Dichter. Ein Ding, mir leicht entschlüpft.
 Ein Harz ist unsre Poesie, entträufelnd
 Dem Stamme, der es hegt. Das Feuer im Stein
 Glänzt nur, schlägt man's heraus; von selbst erregt
 Sich unsre edle Flamm' und flieht, dem Strom gleich,
 Das Ufer, dran sie brandet. – Was ist das?
Maler. Ein Bild, Herr. Wann kommt Euer Buch heraus?
Dichter. Es folgt der Überreichung auf dem Fuß.
 Zeigt mir das Stück.

Maler. Es ist ein gutes Stück.
Dichter. Gewiß! Dies hebt sich trefflich, herrlich ab.
Maler. So ziemlich.
Dichter. Unvergleichlich! Wie die Grazie
Ihn durch sich selbst ausspricht! Wie geist'ge Kraft
Aus diesem Auge blitzt! Wie Phantasie
Sich auf der Lippe regt! Stumme Gebärdung,
Die jeder möcht' in Worten deuten.
Maler. Wohl leidlich hübsch das Leben nachgeäfft;
Hier ist ein Zug. Gelang's?
Dichter. Ich möchte sagen,
Er meistert die Natur! Des Künstlers Streben
Lebt in dem Bild lebend'ger als das Leben.

Einig Senatoren treten ein und gehen nach den inneren Gemächern.

Maler. Wie viele Freunde hat der Edle!
Dichter. Athensche Senatoren! – Die Beglückten!
Maler. Schaut, mehr noch!
Dichter. Seht den Zusammenfluß, den Schwall der Freunde!
In diesem rohen Werk zeichn' ich 'nen Mann,
Den diese ird'sche Welt umfängt und hegt
Mit reichster Gunst. Mein freier Zug wird nirgend
Gehemmt durch einzelnes, nein, segelt fort
In weiter See von Wachs. Kein boshaft Zielen
Vergiftet eine Silbe meiner Fahrt;
Sie fliegt den Adlerflug, kühn, stets gradaus,
Läßt keine Spur zurück.
Maler. Wie soll ich Euch verstehn?
Dichter. Ich will es Euch entriegeln.
Ihr seht wie alle Ständ' und alle Menschen,
Sowohl von glatt geschmeid'gem Wesen als
Von strenger, ernster Art, dem Timon weihn
In Demut ihren Dienst. Sein großer Reichtum,
Umkleidend seinen adlig güt'gen Sinn,
Bezwingt und kauft für seine Lieb' und Huld'gung
Ein jeglich Herz. Ja, von des Schmeichlers Spiegelantlitz
Zu Apemantus selbst, der nichts so liebt,
Als er sich selber haßt. Auch er beugt ihm
Sein Knie und kehrt in Frieden heim, bereichert
Vom Nicken Timons.
Maler. Ich sah's, er sprach mit ihm.
Dichter. Ich stelle dar auf lieblich grünem Hügel
Fortuna thronend; an dem Fuß des Berges
Drängt jegliches Verdienst sich, jedes Wesen,

Die auf der Wölbung dieser Sphäre streben,
Ihr Glück zu steigern. Unter allen diesen,
Die auf die Königin den Blick geheftet,
Stell' ich den einen dar in Timons Bildung,
Den zu sich winkt Fortunas elfne Hand;
Die schnelle Gunst verkehrt in Sklaven schnell,
Die eben Mitbewerber waren.

Maler. Herrlich!
Fortuna und der Thron und Hügel, dünkt mich,
Der Ein', herauf gewinkt von allen unten,
Sein Haupt geneigt zum steilen Berg hinan,
Sein Glück erklimmend, wär' ein schöner Vorwurf
Für unsre Kunst.

Dichter. Nein, hört nur weiter, Freund!
All jene – die noch eben ihm Kamraden,
Ja, ein'g' ihm vorzuziehn – von dem Moment
Folgen sie seinen Schritten; Hof und Halle
Mit Huld'gung füllend,
Vergötternd Flüstern gießend in sein Ohr,
Selbst seinen Bügel heil'gend, trinken sie
Die freie Luft durch ihn.

Maler. Nun, und was weiter?
Dichter. Wenn nun Fortun' in Laun' und Wankelmut
Herabstößt ihren Günstling, all sein Troß,
Der hinter ihm den Berg hinauf sich mühte
Auf Knieen und Händen selbst, läßt hin ihn stürzen;
Nicht einer, der ihm folgt in seinem Fall.

Maler. Das ist gewöhnlich.
Ich kann derart Euch tausend Bilder weisen,
Die auch des Glückes schnellen Wandel malen,
Lebend'ger als das Wort. Doch tut Ihr wohl,
Zeigt Ihr Lord Timon, daß geringe Augen
Den Fuß schon höher als das Haupt gesehn.

Timon tritt auf mit Begleitung, ein *Diener* des *Ventidius* spricht mit ihm.

Timon. Gefangen ist er, sagst du?
Diener. Ja, Herr, und fünf Talent' ist seine Schuld;
Klein sein Vermögen, seine Gläub'ger dringend,
Und Euer Fürwort spricht er an bei denen,
Die ihn gefangen setzten; fehlt ihm dies,
So stirbt sein Trost.

Timon. Edler Ventidius! Gut.
Nicht meine Weis' ist's, abzuschütteln Freunde,
Wenn meiner sie bedürfen. Weiß ich doch,

Sein edler Sinn ist solcher Hilfe wert.
Die wird ihm; denn ich zahl', und er sei frei.
Diener. Euer Gnaden wird auf ewig ihn verbinden.
Timon. Empfiehl mich ihm. Gleich send' ich seine Lösung,
Und, frei gemacht, bitt' ihn, zu mir zu kommen. –
Denn nicht genug dem Schwachen aufzuhelfen,
Auch stützen muß man ihn. – So fahre wohl!
Diener. Sei alles Glück mit meinem gnäd'gen Herrn!
(Diener geht ab.)
Ein alter *Athenienser* tritt auf.
Athenienser. Lord Timon, hör mich an!
Timon. Sprich, guter Alter.
Athenienser. Du hast 'nen Diener, der Lucilius heißt?
Timon. So ist's. Was soll er?
Athenienser. Höchst edler Timon, laß ihn vor dich kommen.
Timon. Ist er hier im Gefolge? – He, Lucilius!
Lucilius (vortretend). Hier, zu Euer Gnaden Dienst.
Athenienser. Der Mensch hier, edler Timon, er, dein Knecht,
Kommt abends oft zu mir. Ich bin ein Mann,
Der von früh auf was vor sich bringen wollte;
Und etwas höher sucht mein Gut den Erben,
Als der mit Tellern läuft.
Timon. Nun gut; was weiter?
Athenienser. Ich hab' nur eine Tochter, nichts Verwandtes,
Und ihr will ich mein ganzes Gut vermachen.
Schön ist das Mädchen, jung für eine Braut;
Mit großen Kosten hab' ich sie erzogen
Zur allerbesten Bildung. Er, dein Diener
Geht ihrer Liebe nach. Nun, edler Lord,
Weis' ihn mit mir aus meinem Hause fort;
Was ich sprach, war umsonst.
Timon. Der Mann ist redlich.
Athenienser. So wird er's hier beweisen, großer Timon;
Es wird sein redlich Tun sich selbst belohnen,
Es muß nicht meine Tochter just gewinnen.
Timon. Und liebt sie ihn?
Athenienser. Jung ist sie, leicht empfänglich;
Uns lehrt der Irrtum unsrer eignen Jugend,
Wie unbedacht sie sei.
Timon. Liebst du das Mädchen?
Lucilius. Ja, teurer Herr, und mir ward Gegenliebe.
Athenienser. Fehlt meine Zustimmung bei dieser Ehe,
Die Götter sei'n mir Zeugen, so erwähl' ich

Mir aus den Straßenbettlern einen Erben
Und nehm' ihr alles.
Timon. Was bestimmst du ihr,
Wird sie vermählt dem Gatten gleichen Standes?
Athenienser. Nun, drei Talente gleich; in Zukunft alles.
Timon. Der gut erzogne Jüngling dient mir lange;
Sein Glück zu baun, tu ich ein übriges,
Denn das ist Menschenpflicht. Gib ihm dein Kind;
Was du Ihr gibst, soll er von mir erhalten
Und so nicht leichter wiegen.
Athenienser. Edler Lord,
Zum Pfande deine Ehr', und sie ist sein.
Timon. Schlag ein; ich halte Wort, bei meiner Ehre.
Lucilius. In Demut dank' ich Euch, mein gnäd'ger Lord,
Und nimmer mög' ich Glück und Gut genießen,
Das Euch nicht angehört!
(Lucilius und der alte Athenienser gehen ab.)
Dichter. Nehmt huldreich auf dies Werk; lebt lang' und glücklich!
Timon. Ich dank' Euch sehr; bald sollt Ihr von mir hören;
Entfernt Euch nicht. – Was habt Ihr da, mein Freund?
Maler. Ein kleines Bild. Geruht, mein Gnäd'ger, nicht
Es zu verschmähn.
Timon. Erfreulich ist ein Bild.
Das Bildnis ist beinah der wahre Mensch;
Denn seit Ehrlosigkeit mit Menschen schachert,
Ist er nur Außenseite. Dies Gemälde
Ist, was es vorgibt. Mir gefällt dies Werk,
Und du erfährst, daß mir's gefällt; komm wieder
Zur Aufwartung, und du wirst von mir hören.
Maler. Der Himmel schütz' Euch!
Timon. Lebt wohl, ihr Freunde. Gebt mir eure Hand;
Wir speisen heut zusammen. – Euer Stein
Litt unter seiner Schätzung.
Juwelier. Wie, Herr, so wär' er unterschätzt?
Timon. Nein, Überfülle allerhöchsten Lobes.
Bezahlt' ich ihn, so wie er angepriesen,
Würd' es mich ganz entkleiden.
Juwelier. Seine Schätzung
Ist, wie Verkäufer zahlen würden. Doch,
Ein Ding, von gleichem Wert, den Eigner tauschend,
Wird, wie Ihr wißt nach seinem Herrn geschätzt.
Daß Ihr ihn tragt, erhöht den Wert des Steins.
Timon. Ein guter Spott.

Kaufmann. Nein, edler Herr, er spricht gemeine Rede,
Die jeder spricht mit ihm.
Timon. Seht, wer hier kommt. Wollt Ihr Euch schelten lassen?

Apemantus tritt auf.

Juwelier. Wir teilen mit Eu'r Gnaden.
Kaufmann. Er schont keinen.
Timon. Sei mir willkommen, edler Apemantus!
Apemantus. Spar, bis ich edel werde, deinen Willkomm;
Wenn du erst Timons Hund, die Schuft' hier ehrlich.
Timon. Was nennst du Schufte sie? Du kennst sie nicht.
Apemantus. Sind sie keine Athener?
Timon. Ja.
Apemantus. So widerruf' ich nicht.
Juwelier. Ihr kennt mich, Apemantus.
Apemantus. Du weißt, ich tu's; ich nannte dich beim Namen.
Timon. Du bist stolz, Apemantus.
Apemantus. Auf nichts so sehr, als daß ich nicht wie Timon bin.
Timon. Wohin gehst du?
Apemantus. Einem ehrlichen Athener das Gehirn aufzuschlagen.
Timon. Das ist eine Tat, für die du sterben mußt.
Apemantus. Ja, wenn Nichtstun den Tod durch das Gesetz verdient.
Timon. Wie gefällt dir dies Gemälde, Apemantus?
Apemantus. Gut, weil es nichts Böses tut.
Timon. Machte der es nicht gut, der es malte?
Apemantus. Der noch besser, der den Maler hervorbrachte, und doch ist der selbst nur ein schmutziges Stück.
Maler. Du bist ein Hund.
Apemantus. Deine Mutter ist von meinem Stamm; was ist sie, wenn ich ein Hund bin?
Timon. Willst du mit mir zu Mittag speisen, Apemantus?
Apemantus. Nein, ich esse keine großen Herren.
Timon. Tätest du das, so würdest du die Frauen erzürnen.
Apemantus. O, die essen große Herren, und dadurch nehmen sie zu.
Timon. Das ist eine unanständige Andeutung.
Apemantus. Wenn du's dafür nimmst, nimm sie für deine Mühe.
Timon. Wie gefällt dir dieser Edelstein, Apemantus?
Apemantus. Nicht so gut wie Ehrlichkeit, die doch keinem Menschen einen Heller kostet.
Timon. Wieviel denkst du, daß er wert sei?
Apemantus. Nicht meines Denkens wert. – Wie steht's, Poet?

Dichter. Wie steht's, Philosoph?
Apemantus. Du lügst.
Dichter. Bist du keiner?
Apemantus. Ja.
Dichter. So lüge ich nicht.
Apemantus. Bist du nicht ein Poet?
Dichter. Ja.
Apemantus. So lügst du; sieh nur in dein neuestes Werk, wo du dichtest, er sei ein würdiger Mensch.
Dichter. Das ist nicht erdichtet, er ist es wirklich.
Apemantus. Ja, er ist deiner würdig, um dich für deine Arbeit zu bezahlen. Wer die Schmeichelei liebt, ist des Schmeichlers würdig. Himmel, wäre ich doch ein Lord!
Timon. Was wolltest du dann tun, Apemantus?
Apemantus. Dasselbe was Apemantus jetzt tut: einen Lord von Herzen hassen.
Timon. Wie dich selbst?
Apemantus. Ja.
Timon. Weshalb?
Apemantus. Daß ich meine verbissene Art aufgeben müßte, um Lord zu bleiben. – Bist du nicht ein Kaufmann?
Kaufmann. Ja, Apemantus.
Apemantus. Der Handel richte dich zu Grunde, wenn es die Götter nicht tun!
Kaufmann. Wenn es der Handel tut, so tun es die Götter.
Apemantus. Der Handel ist dein Gott, und dein Gott richte dich zu Grunde.

Trompeten. Es tritt ein Diener auf.

Timon. Was für Trompeten?
Diener. Alcibiades
Mit zwanzig Rittern, seinen Kriegsgefährten.
Timon. Geht, führt sie ein, geleitet sie zu uns.

(Einige von dem Gefolge gehen ab.)

Ihr müßt heut mit mir speisen. – Geht nicht fort,
Bis ich Euch dankte; nach der Mahlzeit dann
Zeigt uns das Bild. – Erfreut, Euch hier zu sehn.

Alcibiades und seine Gefährten treten auf.

Willkommen, Freund. *(Sie begrüßen sich.)*
Apemantus. So, so; nun geht es los! –
Gicht lähm' und dörr' Euch die geschmeid'gen Glieder! –
Von Liebe nichts in all den süßen Schuften,
Und lauter Höflichkeit! Die Menschenbrut
Artet zu Aff' und Pavian noch aus.

Alcibiades. Ihr stilltet meine Sehnsucht, und ich schwelge
In Gier an Eurem Anblick.
Timon.   Sehr willkommen,
Und eh' wir scheiden, eint uns manche Stunde
In Freud' und Lust. Ich bitte, tretet ein.
(Alle gehen ab außer Apemantus.)
Zwei *Lords* treten auf.
Erster Lord. Was ist die Zeit am Tage, Apemantus?
Apemantus. Zeit, daß man ehrlich ist.
Erster Lord.   Die Zeit ist immer.
Apemantus. Um so verruchter du, sie nie zu nutzen.
Zweiter Lord. Gehst zu Lord Timons Fest?
Apemantus. Ja, um zu sehn, wie Schurken Speise nährt
Und Narren Wein erhitzt.
Zweiter Lord.   Leb wohl, leb wohl!
Apemantus. Du bist ein Narr, daß du mir's zweimal sagst.
Zweiter Lord. Warum, Apemantus?

Apemantus. Du hättest das eine für dich behalten sollen, denn ich denke dir keines zu geben.

Erster Lord. Geh, häng dich auf.

Apemantus. Nein, ich tue nichts auf deinen Befehl; bring deine Gesuche bei deinem Freunde an.

Zweiter Lord. Fort, du zänkischer Hund, oder ich stoße dich mit dem Fuß hinaus.

Apemantus. Ich will, wie der Hund, die Hufen des Esels fliehen. (Apemantus geht ab.)
Erster Lord. Er ist ein Widerspruch der Menschheit. Kommt hinein,
Laßt Timons Güt' uns kosten; sie ist reicher
Als selbst das Herz der Milde.
Zweiter Lord. Er strömt sie aus; Plutus, der Gott des Goldes,
Ist sein Verwalter nur. Jedes Verdienst
Wird siebenfach belohnt; und keine Gabe
Die nicht Vergeltung ihrem Geber bringt,
Weit über allen Entgelt.
Erster Lord.   Das edelste
Gemüt hat er, das je im Menschen herrschte.
Zweiter Lord. Er lebe lang und glücklich! Woll'n wir gehn?
Erster Lord. Ja, ich begleite Euch. (Sie gehen ab.)

2. Szene
Prunksaal in Timons Hause

Oben, laute Musik. Ein großes Bankett wird herein getragen. Flavius *und andere* Diener. *Dann treten auf:* Timon, Alcibiades, Lucius, Sempronius, Ventidius *und Gefolge. Zuletzt* Apemantus.

Bentidius. Erlauchter Timon, Götterratschluß sandte
Zur langen Ruh' den greisen Vater hin.
Er schied beglückt und hinterließ mich reich;
Drum, wie mich Lieb' und Dankbarkeit verpflichten,
Erstatt' ich deiner Großmut die Talente
Doppelt zurück, mit Dank und Dienst, des Beistand
Mir Freiheit schuf.
Timon. O nimmermehr, Ventidius.
Rechtschaffner Mann, da kränkt Ihr meine Liebe;
Ich gab sie weg auf immer. Wer zurück nimmt,
Kann nicht mit Recht behaupten, daß er gibt:
Wenn so der Große tut, nicht ziemt uns nachzuspielen,
Weil an den Reichen stets die Fehler selbst gefielen.
    (Sie stehen alle mit Ehrfurcht um Timon her.)
Ventidius. Ein edler Geist!
Timon. Nein, Lords, die Zeremonie
Ward nur erfunden, einen Glanz zu leihn
Verstellter Freundlichkeit und hohlem Gruß,
Guttun vernichtend, eh' sie noch gewährt;
Bei wahrer Freundschaft ward sie leicht entbehrt.
Setzt euch; ihr seid willkommner meinem Glück,
Als mir mein Reichtum ist. *(Sie setzen sich.)*
Erster Lord. Mylord, das war stets unser Eingeständnis.
Apemantus. Ho! Eingeständnis? Folgt nicht Hängen drauf?
Timon. O, Apemantus! – Sei willkommen.
Apemantus. Nein,
Ich will nicht, daß du mich willkommen heißest;
Ich kam, damit du aus der Tür mich werfest.
Timon. Pfui, du bist rauh und einer Laune eigen,
Dem Menschen ungeziemend, tadelnswürdig.
Sonst sagt man: *ira furor brevis est*,
Doch jener Mann ist immerfort ergrimmt.
Du da, bereit ihm seinen eignen Tisch;
Denn er ist weder der Gesellschaft hold,
Noch paßt er für sie irgend.
Apemantus. Bleib, Timon, ich, geschieht's auf deine Gefahr.
Ich kam um aufzumerken; sei gewarnt.

Timon. Das kümmert mich nicht; du bist ein Athener und mir deshalb willkommen. Ich möchte hier nichts zu befehlen haben; bitte, laß mein Mahl dich zum Schweigen bringen.

Apemantus. Dein Mahl verschmäh' ich; es erwürgt mich, denn
Nie würd' ich schmeicheln. – Götter! welche Schar
Verzehrt den Timon, und er sieht sie nicht!
Mich quält es, daß so viel' ihr Brot eintauchen
In *eines* Mannes Blut; und größre Tollheit,
Er muntert sie noch auf.
Mich wundert, wie doch Mensch dem Menschen traut.
Sie sollten ohne Messer nur sich laden,
Gut für das Mahl und sichrer für ihr Leben.
Man hat manch Beispiel; der Gesell, der ihm
Zunächst, Brot mit ihm bricht, und auf das Wohl trinkt
Von seinem Atem im geteilten Trunk,
Er ist der nächst' ihn zu ermorden. So
Geschah's schon oft. Wär' ich ein großer Herr,
Ich wagte bei der Mahlzeit nicht zu trinken;
Sonst könnte man erspähn der Kehle Schwächen;
Nur halsgepanzert sollten Große zechen.

Timon. Von Herzen, Herr, und rundum geh' es weiter.

Zweiter Lord. Laß ihn von dieser Seite wandeln, edler Lord.

Apemantus. Von dieser Seit' wandeln!
Ein herz'ger Mensch! – Versteht sich auf den Wandel.
O Timon! Du und dein Besitz
Wird krank von dem Gesundheitstrinken noch.
Hier hab' ich, was zu schwach ist, um zu sünd'gen,
Ehrliches Wasser, was noch keinen hinwarf.
Dies mag mit meiner Kost sich gut vertragen.
Schmaus ist zu stolz, den Göttern Dank zu sagen.
                    (Des Apemantus gratias.)
Ihr Götter, nicht um Geld bitt' ich;
Für niemand bet' ich als für mich.
Gebt, daß ich nie so töricht sei,
Zu traun der Menschen Schwur und Treu';
Noch der Dirne, wenn sie weint;
Und dem Hund, der schlafend scheint;
Noch dem Schließer im Gefängnis,
Noch dem Freunde in Bedrängnis.
Amen. So greife zu!
Der Reiche sündigt, Wurzeln speise du.
                    (Er ißt und trinkt.)
Und wohl bekomm' es deinem guten Herzen, Apemantus.

Timon. General Alcibiades, Euer Herz ist in diesem Augenblick im Felde.

Alcibiades. Mein Herz ist immer zu Euren Diensten, Mylord.

Timon. Ihr wäret lieber bei einem Frühstück von Feinden als bei einem Mittagessen von Freunden.

Alcibiades. Wenn sie frischblutend sind, so kommt kein Schmaus ihnen gleich, und ich möchte meinem besten Freund ein solches Fest wünschen.

Apemantus. So wollte ich, alle diese Schmeichler wären deine Feinde, damit du sie alle töten könntest und mich dann darauf einladen.

Erster Lord. Würde uns nur das Glück zu teil, edler Lord, daß Ihr einst unserer Liebe bedürftet, damit wir Euch einigermaßen unseren Eifer zeigen könnten, dann würden wir uns auf immer für beglückt halten.

Timon. O, zweifelt nicht, meine teuern Freunde, die Götter selbst haben gewiß dafür gesorgt, daß ihr mir noch dereinst sehr nützlich werden könnt. Wie wäret ihr auch sonst meine Freunde? Weshalb führet ihr, vor tausend andern, diesen liebevollen Namen, wenn ihr meinem Herzen nicht die Nächsten wäret? Ich habe mir selbst mehr von euch gesagt, als ihr mit Bescheidenheit für euch sagen könnt, und das steht fest bei mir. O, ihr Götter, denke ich, was bedürften wir irgend der Freunde, wenn wir ihrer niemals bedürften? Sie wären ja die unnützesten Geschöpfe auf der Welt, wenn wir sie nie gebrauchten, und glichen lieblichen Instrumenten, die in ihren Kasten an der Wand hängen und ihre Töne für sich selbst behalten. Wahrlich, ich habe oft gewünscht, ärmer zu sein, um euch näher zu stehen. Wir sind dazu geboren, wohltätig zu sein, und was können wir wohl mit besserem Anspruch unser eigen nennen als den Reichtum unserer Freunde? O, welch ein tröstlicher Gedanke, daß so viele, Brüdern gleich, einer über des andern Vermögen gebieten kann! O Freude, die schon stirbt, ehe sie geboren wird! Meine Augen können die Tränen nicht zurückhalten; um ihren Fehl vergessen zu machen, trinke ich euch zu.

Apemantus. Du weinst, daß sie trinken mögen, Timon.

Zweiter Lord. So ward die Freud' auch uns im Aug' empfangen
Und sprang sogleich als weinend Kind hervor.

Apemantus. Ich lache, daß es wohl ein Bastard war.

Dritter Lord. Wahrlich, Mylord, Ihr habt mich ganz erschüttert.

Apemantus. Gans! (Trompeten hinter der Szene.)

Timon. Was bedeutet die Trompete? – He?

Ein Diener tritt auf.

Diener. Mit Eurer Genehmigung, Mylord, es sind einige Damen da, die sehnlich den Einlaß wünschen.

Timon. Damen? Was begehren sie?

Diener. Sie haben einen Vorläufer bei sich, Mylord, der den Auftrag hat, ihren Willen kundzutun.

Timon. Wohl, so laß sie ein.

Cupido tritt auf.

Cupido. Dem würd'gen Timon Heil und all den andern,
Die seiner Huld genießen! – Die fünf Sinne
Erkennen dich als ihren Herrn und nahn
Glück wünschend deinem reichen Herz: Gehör,
Geschmack, Gefühl, Geruch fand hier Erquicken;
Sie kommen nun, dein Auge zu entzücken.

Timon. Sie sind alle willkommen! Nehmt sie freundlich auf.
Musik heiß' sie willkommen!   (Cupido geht ab.)

Erster Lord. Ihr seht, wie Ihr von allen seid geliebt.

Musik, *Cupido* tritt wieder auf, Maskerade von *Damen* als Amazonen verkleidet, sie haben Lauten, sie tanzen und spielen.

Apemantus. Heisa, ein Schwarm von Eitelkeit bricht ein!
Sie tanzen, tolle Weiber sind's.
Ganz solche Tollheit ist die Pracht des Lebens,
Wie dieser Pomp sich zeigt bei dieser Wurzel.
Wir machen uns zu Narrn, uns zu ergötzen;
Vergeuden Schmeicheln, aufzutrinken Menschen,
Auf deren Alter wir es wieder speien
Mit gift'gem Haß und Neid. Wer lebt, der nicht
Verderbt ist oder andere verderbt?
Wer stirbt und nimmt ins Grab nicht einen Fußtritt,
Den ihm der Freund versetzt?
Die vor mir tanzen jetzt, ich würde fürchten,
Sie stampfen einst auf mich. Es kam schon vor;
Man schließt beim Sonnenuntergang das Tor.

(Die Lords stehen vom Tisch auf, indem sie dem Timon die größte Ehrfurcht beweisen, und, um ihre Liebe zu zeigen, wählt jeder eine Amazone zum Tanz; nach einer heiteren Musik schließt der Tanz.)

Timon. Ihr schönen Frauen lieht' Anmut unsrer Lust
Und schmücktet unser Fest mit schönerm Glanz,
Das halb so reich und hold vorher nicht strahlte;
Ihr gabt ihm höhern Wert und freundlich Schimmern
Und unterhieltet mich, wie ich's ersann;
Noch bleib' ich Dank euch schuldig.

Erste Dame. Ihr nehmt uns, Mylord, von der besten Seite.

Apemantus. Wahrlich, denn die schlimmste ist schmutzig und würde wohl kaum das Nehmen vertragen, denke ich.

Timon. Ihr Frauen, dort findet ihr ein arm Bankett;
So gütig seid, euch selber zu bedienen.

Die Damen. Euch höchst ergebnen Dank, Mylord.
>(Cupido und die Damen gehen ab.)

Timon. Flavius, –
Flavius.   Mylord.
Timon.   Bring mir das kleine Kästchen.
Flavius. Sogleich, Mylord. –
(Beiseite.) Noch immer mehr Juwelen!
Man darf ihn nicht in seiner Laune kreuzen;
Sonst würd' ich – Gut – wenn alles ist geschwunden,
Wünscht er, er hätte sich gekreuzt gefunden.
O Jammer! Möchte Milde rückwärts sehn,
Daß nicht an Großmut Edle untergehn.
>(Er geht ab und kommt mit dem Kästchen wieder.)

Erster Lord. Sind unsre Leute da?
Diener.   Euch zu Befehl, Mylord.
Zweiter Lord. Die Pferde vor!
Timon.   Ihr Freunde, noch ein Wort
Erlaubt mir. – Geht, mein guter Lord, ich muß
Euch bitten, daß Ihr mir die Ehr' erweist,
Hier dieses Juwel zu adeln;
Empfanget und tragt es, güt'ger Herr.
Erster Lord. Doch bin ich schon so sehr in Eurer Schuld –
Alle. Das sind wir alle.
>Ein *Diener* tritt auf.

Zweiter Diener. Mylord, es steigen ein'ge Senatoren
Vom Pferde eben, um Euch zu besuchen.
Timon. Höchlich willkommen.
Flavius. Ich ersuch' Eu'r Gnaden,
Erlaubt ein Wort mir: es betrifft Euch nah.
Timon. Mich selbst? So hör' ich dich ein andermal.
Ich bitte, laß uns wohl bereitet sein,
Sie ziemend aufzunehmen.
Flavius (beiseite).   Kaum noch weiß ich, wie.
>Ein *Diener* tritt auf.

Dritter Diener. Erlaubt mir, gnäd'ger Herr, Lord Lucius sendet
Aus freier Liebe, als Geschenk Euch, vier
Milchweiße Rosse, aufgeschirrt mit Silber.
Timon. Ich nehme sie mit Dank. Sorgt, daß die Gabe
Würd'ge Aufnahme findet. – Nun, was gibt's?
>Ein *Diener* tritt auf.

Vierter Diener. Mit Euer Gnaden Erlaubnis, der edle Lord Lucullus wünscht Eure Gesellschaft, um morgen mit ihm zu jagen und sendet Euer Gnaden zwei Koppel Windhunde.

Timon. Ich sage zu. – Laß in Empfang sie nehmen,
Nicht ohne reichen Lohn.
Flavius (beiseite).   Was soll draus werden?
Bewirten sollen wir und reich beschenken,
Und alles das aus einem leeren Kasten. –
Er rechnet nie und heißt mich immer schweigen,
Wenn ich sein Herz als Bettler ihm will zeigen,
Da seine Macht nicht seinem Wunsch genügt.
Ihn überfliegt so sehr, was er verspricht,
Daß, was er redet, Schuld ist; ja verpflichtet
Für jedes Wort, ist er so mild, daß Zins
Er dafür zahlt. All seine Güter stehn
In ihren Büchern. –
Wär' ich nur meines Dienstes los in gutem,
Bevor ich ihn gewaltsam lassen muß!
Viel besser freundlos, keinem Speise bieten
Als vielen, die mehr noch als Feinde wüten.
Es blutet mir das Herz um meinen Herrn.
                    (Er geht ab.)
Timon. Ihr tut Euch selbst groß unrecht,
Schätzt Ihr so wenig Euren eignen Wert. –
Hier nehmt die kleine Gabe meiner Liebe.
Zweiter Lord. Ich nehm's mit nicht gemeiner Dankbarkeit.
Dritter Lord. Jawohl, ist er der Großmut wahre Seele!
Timon. Und jetzt entsinn' ich mich, Mylord, Ihr gabt
Jüngst schönes Lob dem Braunen, den ich ritt;
Er ist der Eure, da er Euch gefällt.
Dritter Lord. Ich bitt' Euch, edler Herr, entschuldigt mich.
Timon. Glaubt meinem Wort, mein Freund, ich weiß, man kann
Nur nach Verdienst das loben, was man liebt.
Der Freunde Neigung wäg' ich nach der eignen;
Verlaßt Euch drauf, ich komme auch zu Euch.
Alle Lords. Wer wäre so willkommen!
Timon. Besuch von euch, von allen und von jedem
Ist mir so wert, ich kann genug nicht geben;
Den Freunden möcht' ich Königreiche schenken
Und nie ermüden. – Alcibiades,
Du bist ein Krieger, darum selten reich,
Du brauchst es wohl! Dein Lebensunterhalt
Ist bei den Toten, deine Ländereien
Das Schlachtfeld.
Alcibiades.   Unfruchtbares Land, Mylord.
Erster Lord. Wir sind unendlich Euch verpflichtet.

Timon. Und
So bin ich euch.
Zweiter Lord. Von ganzem Herzen Euer.
Timon. Nicht minder ich. – He, Lichter, noch mehr Lichter!
Erster Lord. Das höchste Glück,
Reichtum und Ehre bleib' Euch, edler Timon.
Timon. Zum Dienst der Freunde.
(Alcibiades und die Lords gehen ab.)
Apemantus. Welch ein Lärm ist das!
Den Kopf genickt, den Steiß heraus gekehrt!
Ob wohl die Beine jene Summen wert,
Die sie gekostet? Freundschaft ist voll Kahmen;
Der Falschheit Knochen sollten immer lahmen.
Kniebeugen macht treuherz'gen Narrn bankrutt.
Timon. Nun, Apemantus, wärst du nicht so mürrisch,
Wollt' ich dir Gutes tun.
Apemantus. Nein, ich will nichts;
Denn würd' ich auch bestochen, bleibe keiner
Auf dich zu schmähn; dann sündigst du noch schneller.
Du gibst so viel, Timon, daß, wie ich fürchte,
Du in Papier dich bald hinweg geschenkt;
Wozu die Schmäus' und Aufzüg', eitles Großtun?
Timon. Nein, schmähest du erst auf Geselligkeit,
So will ich wahrlich deiner gar nicht achten.
Fahr wohl, und komm mit besserer Musik. (Timon geht ab.)
Apemantus. So du mich jetzt nicht hören willst,
So sollst du es auch später nicht. Zuschließ' ich
Den Himmel dir. O Mensch, wie so betört!
Taub ist das Ohr dem Rat, das Schmeichler hört. (Geht ab.)

Zweiter Aufzug
1. Szene
Zimmer in dem Hause eines Senators

Der Senator tritt auf mit Papieren in der Hand.

Senator. Fünftausend kürzlich erst dem Barro; Isidor
Ist er neuntausend schuldig; meins dazu
Macht fünfundzwanzig. – Immer rascher taumelt
Verschwendung so? Es kann, es wird nicht dauern.
Fehlt's mir an Geld, stehl' ich 'nes Bettlers Hund
Und geb' ihn Timon; gut, der Hund münzt Geld.
Will ich, statt meines Pferdes, zwanzig kaufen,

Und beßre: nun, mein Pferd schenk' ich dem Timon,
Nichts fordernd geb' ich's ihm, gleich fohlt mir's Rosse,
Und treffliche. Kein Pförtner steht am Tor;
Nein, einer nur, der lächelnd alles ladet,
Was dort vorbeigeht. Dauern kann es nicht;
Kein Sinn kann seinen Zustand sicher finden.
He, Caphis! Caphis, sag' ich.

Caphis tritt auf.

Caphis. Was befehlt Ihr?
Senator. Den Mantel um und zu Lord Timon gleich;
Sei dringend um mein Geld und nicht begütigt
Durch leichte Ausflucht. Schweig nicht, wenn es heißt –
Empfiehl mich deinem Herrn – man mit der Kappe
Spiel in der rechten Hand, so. – Nein, sag ihm,
Man drängt mich selbst, und ich muß sie beschwicht'gen
Aus meinen Mitteln. Seine Frist ist um,
Und mein Kredit, da er nicht Stundung hielt,
Ist schon beschmitzt. Ich lieb' und ehr' ihn, doch ich breche
Mir nicht den Hals, den Finger ihm zu heilen.
Ich brauch' es augenblicks, und was mich rettet,
Muß nicht unsichre, schwanke Rede sein,
Nur schleunigste Befried'gung. Mach dich auf;
Nimm ein höchst ungestümes Wesen an,
Ein Angesicht des Mahners; denn ich fürchte,
Steckt jede Feder in der rechten Schwinge,
Bleibt Timon als ein nackter Gauch zurück,
Der jetzt als Phönix schimmert. Mach dich fort.
Caphis. Ich gehe, Herr.
Senator. Ich gehe, Herr? – Nimm die Beschreibung mit
Und merke die Verfallzeit.
Caphis. Gut.
Senator. So geh. (Gehen ab.)

2. Szene
Vorhalle in Timons Hause

Flavius tritt auf mit vielen Rechnungen in der Hand.

Flavius. Nachdenken, Einhalt nicht! Wirtschaft so sinnlos,
Daß er sie weder so kann weiter führen,
Noch die Verschwendung hemmt. Sich nicht drum kümmert,
Wo alles hingeht, noch ein Mittel sucht,
Woraus es fortzuführen; nie verband
Sich so viel Milde solchem Unverstand.
Was wird noch draus? Er hört nicht bis er fühlt:

Ich schenk' ihm reinen Wein, kommt er vom Jagen.
Pfui, pfui!

Caphis tritt auf und die *Diener* des Isidor und Varro.

Caphis. Ei, Barro, guten Abend.
Kommst du nach Geld?

Varros Diener. Ist's nicht auch dein Geschäft?

Caphis. So ist's. – Und deins auch, Isidor?

Isidors Diener. Jawohl.

Caphis. Wär'n wir nur alle fertig schon!

Varros Diener. Ich fürchte.

Caphis. Hier kommt der gnäd'ge Herr.

Es treten auf *Timon, Alcibiades* und *Lords.*

Timon. Gleich nach der Mahlzeit gehn wir wieder dran,
Mein Alcibiades. – Zu mir? Was gibt's?

Caphis. Hier, diese Schuldverschreibung, edler Herr –

Timon. Schuld? Woher bist du?

Caphis. Gnäd'ger Herr, aus Athen.

Timon. Zu meinem Hausverwalter geh.

Caphis. Verzeiht mir, gnäd'ger Herr, seit einem Monat
Verweist er mich von einem Tag zum andern.
Mein Herr ist angereizt durch schlimmen Drang,
Zu mahnen an die Schuld, und fleht in Demut,
Daß Ihr, mit Eurem edeln Tun im Einklang,
Sein Recht ihm tut.

Timon. Mein guter Freund, ich bitte,
Komm wieder zu mir morgen früh.

Caphis. Nein, edler Herr.

Timon. Vergiß dich nicht, mein Guter.

Varros Diener. Des Varro Diener, Lord –

Isidors Diener. Von Isidor;
In Demut bittet er um schnelle Zahlung.

Caphis. Wär' Euch bekannt, wie sehr mein Herr es braucht –

Varros Diener. Schon vor sechs Wochen fällig, Herr, und drüber.

Isidors Diener. Mylord, Euer Hausverwalter weist mich ab;
Ausdrücklich schickt man mich zu Euer Gnaden.

Timon. Nur kleine Ruh'. –
Ich bitt' euch, edle Lords, geht mir voran;
(Alcibiades und die Lords gehen ab.)
Ich folg' euch augenblicks. – (Zu Flavius.) Komm her und sprich,
Was ist denn das, daß man mich so umdrängt
Mit stürm'schem Mahnen um verfall'ne Scheine
Und rückgehaltne Schulden, zahlbar längst,
Zum Nachteil meiner Ehre?

Flavius. Hört, ihr Herrn,
Die Zeit ist für Geschäfte nicht geeignet.
Stillt euren Ungestüm, bis nach der Mahlzeit;
Auf daß ich Seiner Gnaden sagen möge,
Weshalb ihr nicht bezahlt seid.
Timon. Tut das, Freunde.
Und laßt sie gut bewirten. (Timon geht ab.)
Flavius. Bitte, kommt. (Flavius geht ab.)

Apemantus und ein *Narr* treten auf.

Caphis. Wartet, hier kommt Apemantus mit dem Narren; wir wollen noch etwas Spaß mit ihnen treiben.

Varros Diener. An den Galgen mit ihm, er wird uns schlecht begegnen.

Isidors Diener. Die Pest über den Hund!

Varros Diener. Was machst du, Narr?

Apemantus. Führst du Gespräch mit deinem Schatten?

Varros Diener. Ich spreche nicht mit dir.

Apemantus. Nein, mit dir selbst. – (Zum Narren.) Komm fort.

Isidors Diener (zu Varros Diener). Da hängt dir der Narr schon am Halse.

Apemantus. Nein, du stehst allein, und hängst nicht an ihm.

Caphis. Wo ist der Narr nun?

Apemantus. Der die letzte Frage tat. – Arme Schelme und Diener von Wucherern! Kuppler zwischen Gold und Mangel!

Alle Diener. Was sind wir, Apemantus?

Apemantus. Esel.

Alle Diener. Warum?

Apemantus. Weil ihr mich fragt, was ihr seid, und euch selbst nicht kennt. – Sprich mit ihnen, Narr.

Narr. Wie geht's euch, ihr Herren?

Alle Diener. Großen Dank, Narr. Wie geht es deiner Gebieterin?

Narr. Sie setzt eben Wasser bei, um solche Küchlein, wie ihr seid, zu brühen. Ich wollte, wir sähen euch in Korinth.

Apemantus. Gut! Ich danke dir.

Ein Page tritt auf.

Narr. Seht, hier kommt der Page meiner Gebieterin.

Page (zum Narren). Nun, wie geht's, Kapitän? Was machst du in dieser weisen Gesellschaft? – Wie geht's dir, Apemantus?

Apemantus. Ich wollte, ich hätte eine Rute in meinem Munde, um dir eine heilsame Antwort geben zu können.

Page. Ich bitte dich, Apemantus, lies mir die Aufschrift dieser Briefe; ich weiß nicht, an wen jeder ist.

Apemantus. Kannst du nicht lesen?
Page. Nein.
Apemantus. So wird also an dem Tage, wo du gehenkt wirst, keine große Gelehrsamkeit sterben. Dieser ist an Lord Timon; dieser an Alcibiades. Geh; du wurdest als Bastard geboren und wirst als Kuppler sterben.
Page. Und du wurdest als Hund geworfen und wirst verhungern, den Tod des Hundes. Antworte nicht, denn ich bin schon fort.

(Der Page geht ab.)

Apemantus. Ebenso entfliehst du der Gnade. Narr, ich will mit dir zu Lord Timon gehen.
Narr. Und willst du mich dort lassen?
Apemantus. Wenn Timon zu Hause bleibt. – Ihr drei bedient drei Wucherer.
Alle Diener. Ja; bedienten sie lieber uns!
Apemantus. Das wollte ich auch – und so gut wie jeder Henker den Dieb bedient.
Narr. Seid ihr Diener von drei Wucherern?
Alle Diener. Ja, Narr.
Narr. Ich glaube, es gibt keinen Wucherer, der nicht einen Narren zum Diener hat. Meine Gebieterin ist es auch, und ich bin ihr Narr. Wenn die Leute von euren Herren borgen wollen, so kommen sie traurig und gehen fröhlich wieder weg; aber in das Haus meiner Gebieterin kommen sie fröhlich und gehen traurig wieder weg. Die Ursache?
Varros Diener. Ich könnte sie nennen.
Apemantus. So tu es denn, damit wir dich als Hurenknecht und Schelm kennen lernen; wofür du nichtsdestoweniger gelten sollst.
Varros Diener. Was ist ein Hurenknecht, Narr?
Narr. Ein Narr in guten Kleidern und dir etwas ähnlich. Ein Geist ist es; denn zuweilen erscheint er als ein vornehmer Herr, zuweilen als ein Rechtsgelehrter, zuweilen als ein Philosoph mit zwei Steinen, außer dem Stein der Weisen; zuweilen gleicht er auch einem Ritter; und, kurz und gut, in allen Gestalten, worin die Menschen von achtzig bis zu dreizehn Jahren umherwandeln, geht dieser Geist um.
Varros Diener. Du bist nicht ganz ein Narr.
Narr. Und du nicht ganz ein Weiser; so viel Narrheit als ich besitze, so viel Witz mangelt dir.
Apemantus. Dieser Antwort hätte sich Apemantus nicht schämen dürfen.
Alle Diener. Platz, Platz; hier kommt Lord Timon.

Timon und *Flavius* treten auf.

Apemantus. Komm mit mir, Narr, komm.

Narr. Ich folge nicht immer dem Liebhaber, dem ältesten Bruder und der Frau; manchmal dem Philosophen.

(Apemantus und der Narr gehen ab.)

Flavius. Geht nur ins Haus, gleich will ich mit euch reden.

(Die Diener gehen alle ab.)

Timon. Du machst mich staunen. Warum früher nicht
Hast du mir mein Vermögen klar berechnet?
Daß ich vermocht den Haushalt einzurichten,
Wie's mir vergönnt.

Flavius. Ihr wolltet nimmer hören,
So oft ich's vorschlug Eurer Muße.

Timon. Was!
Einmal ergriffst du wohl den Augenblick,
Wenn üble Laune dich zurückgewiesen,
Und die Verstimmung soll nun jetzt dir helfen,
Dich zu entschuld'gen.

Flavius. O, mein teurer Herr!
Oft hab' ich meine Rechnung Euch gebracht,
Sie hingelegt; Ihr aber schobt sie weg
Und spracht: sie liegt in meiner Redlichkeit.
Befahlt Ihr, für ein klein Geschenk so viel
Zu geben, schüttelt' ich den Kopf und weinte;
Ja, bat Euch, gegen das Gebot der Sitte,
Mehr Eure Hand zu schließen. Ich ertrug
Nicht seltnen und nicht milden Vorwurf, wagt' ich
An Eures Reichtums Ebbe Euch zu mahnen
Und Eurer Schulden Flut, geliebter Herr,
Jetzt hört Ihr mich – zu spät! – jetzt ist's so weit,
Daß Euer ganz Vermögen halb zu wenig
Die gegenwärt'gen Schulden nur zu tilgen.

Timon. Laß all mein Land verkaufen.

Flavius. Alles ist
Verpfändet, viel verfallen und dahin,
Und was noch bleibt kann kaum den Riß verstopfen
Des jetz'gen Drangs. Die Zukunft kommt mit Eil'.
Was nun vertritt die Zwischenzeit? Und endlich,
Wie steht's um unsre Rechnung?

Timon. Bis Lacedämon reichten meine Güter.

Flavius. O, teurer Herr, die Welt ist nur ein Wort,
Und wär' sie Eu'r, wie schnell wär' sie dahin,
Wenn sie ein Laut verschenkte!

Timon. Du hast recht.

Flavius. Mißtraut Ihr meinem Haushalt, meiner Ehre,
So laßt mich vor den strengsten Prüfern stehn
Zur Rechenschaft. Die Götter sind mir Zeugen;
Wenn alle Vorratskammern voll gedrängt
Schmausender Schwelger, die Gewölbe weinten
Vom Weinguß Trunkner, und wenn jeder Saal
Von Kerzen flammt' und von Musik erbrauste,
Saß einsam ich beim Hahn, der zwecklos lief,
Und ließ mein Auge strömen.
Timon.   Bitte, nichts mehr.
Flavius. Ihr Götter, rief ich, dieser Herr so mild!
Wie manchen reichen Bissen Sklaven heut
Verschluckten! Wer ist Timon nicht ergeben?
Welch Haupt, Herz, Schwert, Gold, Gut gehört nicht ihm,
Dem großen, edlen, königlichen Timon?
Ach! Schwand der Reichtum, der dies Lob gekauft,
So schwand der Atem, der dies Lob gebildet.
Was Schmaus gewinnt, verliert das Fasten wieder;
Ein Winterschau'r, und tot sind diese Fliegen.
Timon. Still, pred'ge mir nicht mehr. –
Noch kennt mein Herz kein lasterhaft Verschwenden;
Unweis' und nicht unedel gab ich weg.
Was meinst du doch? Denkst du, ganz gottlos, denn,
Ich werde freundlos sein? Beruh'ge dich;
Wollt' ich anzapfen allen Wein der Liebe,
Durch Borg der Herzen Inhalt mir erprüfen,
Könnt' sie und all ihr Gut ich frei gebrauchen,
Wie ich dich reden heiße.
Flavius. Es mög' Erfüllung Euren Glauben segnen.
Timon. Und, in gewisser Art, freut mich mein Mangel,
Daß ich ihn Segen achte; denn durch ihn
Prüf' ich die Freund'. Dann siehst du deinen Irrtum,
Wie überreich ich in den Freunden bin.
He, drinnen da! – Flaminius! Servilius!

Flaminius, Servilius und andere *Diener* treten auf.

Die Diener. Mylord, Mylord –
Timon. Verschicken will ich euch – dich zu Lord Lucius –
Zu Lord Lucullus dich; noch heut jagt' ich
Mit ihm; – dich zu Sempronius;
Empfehlt mich ihrer Lieb', und ich sei stolz,
Daß die Gelegenheit sich fand, um Darlehn
An Geld sie anzusprechen; mein Ersuchen:
Fünfzig Talent.

Flaminius. Wie Ihr befehlt, Mylord.
Flavius (beiseite). Lord Lucius und Lucullus? Hm!
Timon (zu einem andern Diener). Und du, geh zu den Senatoren gleich
Die schon, weil ich dem Staate Dienst getan,
Gewähren mögen; laß sie gleich mir tausend
Talente senden.
Flavius. Ich war schon so kühn –
Denn dies geschieht ja oft so, wie ich weiß –
Dein Petschaft dort und Namen zu gebrauchen;
Doch schütteln sie den Kopf, und ich kam wieder
Nicht reicher durch den Schritt.
Timon. Ha! Wirklich? Kann es sein!
Flavius. Einstimmig sprechen alle, wie ein Mann,
Daß ihre Kassen leer, kein Geld im Schatz,
Nicht könnten, wie sie wollten – täte leid –
Höchst würdig Ihr – doch wünschten sie – nicht wüßten –
Es konnte manches besser – edler Sinn
Verdreht sich – wär' nur alles gut – doch schade!
Und so, vorschützend andre wicht'ge Dinge,
Mit scheelem Blick und diesen Redebrocken,
Halb abgezogner Mütz', kalt trock'nem Nicken,
Vereisten sie das Wort mir auf der Zunge.
Timon. Gebt's ihnen heim, ihr Götter!
Ich bitte, Mann, blick froh. Den alten Burschen
Ist nun der Undank einmal einverleibt;
Ihr Blut ist Gallert, kalt und fließt nur dünn,
Es ist nicht frisch und warm, sie fühlen nichts;
Und die Natur, der Erd' entgegen wachsend,
Ist, wie das Reiseziel, schon dumpf und schwer. –
(Zu einem Diener.) Geh zu Ventidius. (Zu Flavius.) Bitte, sei nicht traurig,
Treu bist du, redlich; frei und offen sag' ich's,
Kein Tadel trifft dich. – (Zum Diener.) Kürzlich erst begrub
Ventidius seinen Vater; er ward Erbe
Von großen Schätzen; als er arm noch war,
Gefangen, und 's an Freuden ihm gebrach,
Löst' ich ihn aus mit fünf Talenten. Grüß' ihn,
Vermuten mög' er, dringliches Bedürfnis
Berühre seinen Freund und woll' bedacht sein
Mit jenen fünf Talenten. – (Zu Flavius.) Den Burschen gib sie,
Die jetzt drauf drängen. Fort mit dem Gedanken,
Bei Freunden könne Timons Glück erkranken!
Ja, der Gedanke ist der Großmut Feind;
Freigeb'gem Sinn freigebig jeder scheint. (Gehen ab.)

Dritter Aufzug

1. Szene

Zimmer in Lucullus' Hause

Flaminius, ein *Diener* kommt zu ihm

Diener. Ich habe dich bei meinem Herrn gemeldet, er wird gleich zu dir herunterkommen.

Flaminius. Ich danke dir.

Lucullus tritt auf.

Diener. Hier ist mein Herr.

Lucullus (beiseite). Einer von Timons Dienern? Gewiß ein Geschenk. Ha, ha, das trifft ein; mir träumte heute nacht von Silberbecken und Kanne. (Laut.) Flaminius, ehrlicher Flaminius; du bist ganz ausnehmend sehr willkommen. – (Zum Diener.) Geh, bring Wein. (Diener geht ab.) Und was macht der hochachtbare, unübertreffliche, großmütige Ehrenmann Athens, dein höchst gütiger Herr und Gebieter?

Flaminius. Seine Gesundheit ist gut, Herr.

Lucullus. Das freut mich recht, daß seine Gesundheit gut ist. Und was hast du da unter deinem Mantel, mein artiger Flaminius?

Flaminius. Wahrlich, Mylord, nichts als eine leere Büchse, die ich Euer Gnaden für meinen Herrn zu füllen ersuche; er ist in den Fall gekommen, dringend und augenblicklich fünfzig Talente zu brauchen und schickt zu Euer Gnaden, ihm damit auszuhelfen, indem er durchaus nicht an Eurem schnellen Beistand zweifelt.

Lucullus. Hm, hm, hm, hm, er zweifelt nicht, sagst du? Ach, der gute Lord! Er ist ein edler Mann, wollte er nur nicht ein so großes Haus machen. Viel und oftmals habe ich bei ihm zu Mittag gespeist und es ihm gesagt, und bin zum Abendessen wieder gekommen, bloß in der Absicht, ihn zur Sparsamkeit zu bewegen; aber er wollte keinen Rat annehmen und sich durch mein wiederholtes Kommen nicht warnen lassen. Jeder Mensch hat seinen Fehler und Großmut ist der seinige; das habe ich ihm gesagt, aber ich konnte ihn nicht davon zurückbringen.

Der *Diener* kommt mit Wein.

Diener. Gnädiger Herr, hier ist der Wein.

Lucullus. Flaminius, ich habe dich immer für einen klugen Mann gehalten. Ich trinke dir zu.

Flaminius. Euer Gnaden beliebt es so zu sagen.

Lucullus. Ich habe an dir immer einen raschen, auffallenden Geist bemerkt – nein, es ist wirklich so – und du weißt wohl, was vernünftiges Betragen ist; du bist der Zeit willfährig, wenn die Zeit dir willfährig ist; alles gute Eigenschaften. – Mach dich davon, Mensch.

– (Zum Diener, der abgeht.) Tritt näher, ehrlicher Flaminius. Dein Herr ist ein wohltätiger Mann; aber du bist klug und weißt recht wohl, obgleich du zu mir kommst, daß jetzt keine Zeit ist, um Geld auszuleihen, besonders auf bloße Freundschaft, ohne Sicherheit. Hier hast du drei Goldstücke für dich, guter Junge, drück ein Auge zu und sage, du habest mich nicht getroffen. Lebe wohl.

Flaminius. Ist's möglich? Hat die Welt sich so verwandelt
    Und wir dieselben lebend? – Niederträcht'ge
    Gemeinheit, bleibe dem, der dich verehrt! (Indem er das Geld hinwirft.)

Lucullus. Ha, ha! Nun sehe ich, du bist ein Narr und schickst dich gut für deinen Herrn. (Lucullus geht ab.)

Flaminius. Nimm dies zu jenem Gold, das einst dich brennt!
Verschmolznes Erz sei dein Verdammungsspruch,
Du Auswuchs nur von Freund, doch nicht ein Freund!
Hat Freundschaft solch ein schwaches Herz von Milch,
Das in zwei Nächten umschlägt? O, ihr Götter!
Ich fühle meines Herren Zorn! Der Wicht
Hat noch in sich zur Stunde Timons Mahl.
Wie soll es ihm gedeihn und Nahrung werden,
Wenn er sich selbst in Gift verwandelt hat?
O, diene er Krankheiten nur zum Stoff!
Und, liegt er auf den Tod, der Teil der Kraft,
Für den mein Herr bezahlte, o entart' er!
Vermehre Krankheit und die Todesmarter! (Geht ab.)

2. Szene
Straße

Lucius kommt mit drei Fremden.

Lucius. Wer, Lord Timon? Er ist mein sehr guter Freund und ein ausgezeichneter Ehrenmann.

Erster Fremder. Wir kennen ihn nicht anders, obwohl wir ihm fremd sind. Aber ich kann Euch etwas sagen, Mylord, was ich durch das allgemeine Gerücht gehört habe; Timons glückliche Tage sind aus und vorbei, und sein Besitztum wird ihm ungetreu.

Lucius. Nein, glaubt das nicht; um Geld kann er nie in Verlegenheit sein.

Zweiter Fremder. Aber glaubt mir dies, gnädiger Herr, daß vor kurzem einer seiner Diener bei Lord Lucullus war, um, ich weiß nicht wie viele Talente, zu borgen; ja, und noch mehr, sehr in ihn drang und die Notwendigkeit zeigte, die ihn zu diesem Schritt bewog, und doch abgewiesen ward.

Lucius. Wie?

Zweiter Fremder.   Ich sage Euch, abgewiesen.

Lucius.   Wie seltsam ein solcher Fall! Nun, bei den Göttern, ich muß mich dessen schämen. Den würdigen Mann abzuweisen! Darin zeigte er wenig Gefühl für Ehre. Was mich betrifft, ich muß bekennen, ich habe einige kleine Liebeszeichen von ihm erhalten, Geld, Silbergeschirr, Edelsteine und dergleichen Kleinigkeiten, nichts in Vergleich mit jenem; doch, hätte irrtümlich zuerst er zu mir gesendet, ich hätte seinem Bedürfen diese Talente nicht geweigert.

Servilius tritt auf.

Servilius.   Ei sieh, zum guten Glück, da ist ja der edle Lucius; ich habe schwitzen müssen ihn zu finden. – Verehrter Herr. –

Lucius.   Servilius! Recht willkommen. Lebe wohl. – Empfiehl mich deinem edlen, tugendhaften Herrn, meinem allerteuersten Freunde.

Servilius.   Mit Euer Gnaden Erlaubnis, mein Herr sendet –

Lucius.   Was sendet er? Ich bin deinem Herrn schon so sehr verpflichtet; er sendet immer. O sage mir, wie kann ich ihm wohl danken? Und was sendet er mir jetzt?

Servilius.   Nur seine augenblickliche Notlage sendet er Euch jetzt, mein gnädiger Herr, und bittet Euch, ihm sogleich mit so vielen Talenten auszuhelfen, als hier geschrieben stehen.

Lucius.   Ich weiß, der gnäd'ge Lord scherzt nur mit mir;
Nicht fünfzig hundert fehlen ihm Talente.

Servilius.   Doch fehlt ihm jetzt die weit geringre Summe.
Hätte nicht Großmut seine Not verschuldet,
Würd' ich nicht halb so eifrig in Euch dringen.

Lucius.   Sprichst du im Ernst, Servilius?

Servilius.   Bei meiner Seele, Herr, es ist wahr.

Lucius.   Welch' ein gottvergessenes Tier war ich, mich vor einer so gelegenen Zeit vom Gelde zu entblößen, da ich mich hätte als einen Mann von Ehre zeigen können! Wie unglücklich trifft es sich, daß ich durch einen kleinen Einkauf am Tage zuvor nun einen großen Teil meiner Ehre einbüßen muß! – Servilius, ich rufe die Götter zu Zeugen, ich bin nicht imstande, es zu tun; um so mehr Vieh, sage ich noch einmal! – Ich wollte soeben Timon selbst ansprechen, das können diese Herren bezeugen; aber jetzt möchte ich um alle Schätze von Athen nicht, daß ich es getan hätte. Empfiehl mich angelegentlich deinem liebevollen Gebieter; ich hoffe, er wird das Beste von mir denken, da es nicht in meiner Macht steht, mich ihm freundlich zu bezeigen. – Und sage ihm von mir, ich halte es für einen der größten Unglücksfälle, die mich treffen konnten, daß ich solchem edlen Mann nicht dienen kann. Guter Servilius, willst du mir so viele Liebe erzeigen, meine eigenen Worte gegen ihn zu gebrauchen?

Servilius. Ja, Herr, das werde ich.

Lucius. Ich werde daran denken, dir einen Gefallen zu tun, Servilius. (Servilius geht ab.)

Recht, wie Ihr sagt, mit Timon will sich's neigen;
Wem man nicht traut, der kann nie wieder steigen.

(Lucius geht ab.)

Erster Fremder. Bemerkt Ihr dies, Hostilius?
Zweiter Fremder. Nur zu gut.
Erster Fremder. Dies ist
Der Geist der Welt, und von demselben Schlag
Ist jedes Schmeichlers Witz. Ist er noch Freund,
Der mit uns in dieselbe Schüssel taucht?
Timon, ich weiß, war dieses Mannes Vater,
Es rettete sein Beutel ihn vom Fall;
Hielt sein Vermögen, ja, mit Timons Geld
Bezahlt er seiner Diener Lohn. Nie trinkt er,
Daß Timons Silber nicht die Lipp' ihm rührt,
Und doch – o seht, wie scheußlich ist der Mensch,
Wenn er des Undanks Bildung an sich trägt! –
Versagt er ihm, was ihm nur ist, dem Reichen,
Was ein barmherz'ger Mann dem Bettler gibt.

Dritter Fremder. Die Frömmigkeit seufzt leidend.
Erster Fremder. Was mich betrifft,
Ich habe nie von Timon was genossen,
Noch teilte mir sich seine Güte mit,
Als Freund mich zu bezeichnen; doch beteur' ich,
Um seines edlen Sinns, erlauchter Tugend
Und seines adeligen Wesens halb,
Wenn er in seiner Not mich angegangen,
Mein ganz Besitztum hätt' ich hergeschenkt
Und ihm die größte Hälfte zugewandt,
So lieb' ich sein Gemüt. Doch merk' ich wohl,
Des Mitleids wird man sich entschlagen müssen;
Denn Klugheit thront noch höher als Gewissen. (Sie gehen ab.)

3. Szene

Zimmer in Sempronius' Hause

Sempronius tritt auf mit einem *Diener* Timons.

Sempronius. Bestürmen muß er mich vor allen andern?
Den Lucius und Lucullus konnt' er angehn,
Und auch Ventidius ist nun reich geworden,

Den er vom Kerker losgekauft! Sie alle
Verdanken ihren Wohlstand ihm.

Diener.   Mylord,
Geprüft sind sie und falsches Gold gefunden;
Sie weigern sich ihm alle.

Sempronius.   Weigern ihm?
Ventidius und Lucullus weigern ihm?
Nun schickt er her zu mir? Und sie? Hm, hm! –
Das zeigt in ihm nur wenig Lieb' und Urteil.
Ich, seine letzte Zuflucht. Dreimal geben
Wie Ärzte die Freund' ihn auf. Ich soll ihn heilen?
Sehr hat er mich gekränkt; ich bin ihm böse,
Daß er mich so verkennt. Kein Grund und Sinn,
Weshalb er mich zuerst nicht angesprochen;
Denn ich, auf mein Gewissen, war der Erste,
Der Gaben je von ihm empfangen hat.
Und denkt er jetzo so verkehrt von mir,
Ich würd's zuletzt vergelten? Nein, dies würde
Nur Gegenstand des Spotts für all die andern,
Ein Tor nur ständ' ich da vor all den Lords.
Dreimal die ganze Summe gäb' ich lieber,
War ich der Erst', nur um mein Zartgefühl;
So schwoll mein Herz ihm Gut's zu tun. Jetzt geh!
Zum Nein der andern sei das Wort gesellt,
Wer meine Ehre kränkt, sieht nie mein Geld.
(Geht ab.)

Diener. Ganz unvergleichlich! Euer Gnaden ist ein recht frommer Bösewicht. Der Teufel wußte nicht, was er tat, als er den Menschen politisch machte; er stand sich selbst im Lichte, und ich kann nicht anders glauben, als daß durch so nichtswürdige Klugheit der Sünder sich noch von ihm losmacht. Wie ehrlich strebte der Lord, niederträchtig zu erscheinen? Stellt einen Tugendkanon auf, um gottlos zu sein, denen gleich, die mit inbrünstigem Religionseifer ganze Königreiche in Brand stecken möchten.

Der Art ist seine überkluge Liebe.
Er Timons beste Hoffnung; all entweichen,
Nur die Götter nicht. Die Freunde all sind Leichen.
Die Tür, die niemals ihren Riegel kannte,
Durch manch gastfreies Jahr, muß jetzt sich schließen,
Um sichern Wahrsam ihrem Herrn zu leihn.
Das ist der Schluß von allzu freien Jahren;
Das Haus bewahrt, wer nicht sein Geld kann wahren.
(Geht ab.)

4. Szene
Vorhalle in Timons Hause

Es treten auf zwei *Diener* des Varro und ein *Diener* des Lucio; *Titus Hortensius* und andere Diener von Timons Gläubigern.

Varros Diener.   Recht guten Morgen! Titus und Hortensius.
Titus.   Euch auch, mein guter Varro.
Hortensius.   Lucius!
Wie treffen wir uns hier?
Lucius' Diener.   Und, wie ich glaube,
Führt ein Geschäft uns alle her; denn meins
Ist Geld.
Titus.   Und so ist ihrs und unsers.

Philotus tritt auf.

Lucius' Diener.   Ei!
Philotus auch.
Philotus.   Guten Morgen.
Lucius' Diener.   Freund, willkommen.
Was ist's wohl an der Zeit?
Philotus.   Nicht weit von neun.
Lucius' Diener.   So spät?
Philotus.   War Mylord noch nicht sichtbar?
Lucius' Diener.   Nein.
Philotus.   Mich wundert's; schon um sieben strahlt' er sonst.
Lucius' Diener.   Ja, doch sein Tag ist kürzer jetzt geworden.
Geht, Freunde, des Verschwenders Lauf ist gleich
Der Sonne; doch erneut sich nicht wie sie.
Ich fürcht', in Timons Beutel ist es Winter;
Das heißt, steckt man die Hand auch tief hinein,
Man findet wenig.
Philotus.   Ja, das fürcht' ich auch.
Titus.   Jetzt merkt mal auf ein höchst seltsames Ding.
Euer Herr schickt Euch nach Geld?
Hortensius.   Gewiß, das tut er.
Titus.   Und trägt Juwelen, die ihm Timon schenkte,
Für die ich Geld erwarte.
Hortensius.   's ist gegen mein Gemüt.
Lucius' Diener.   Ja, wundersam,
Timon bezahlt, was niemals er bekam.
Als wenn dein Herr, weil er Juwelen trägt,
Sich dafür Geld von Timon geben ließe.
Hortensius.   Ich bin des Auftrags satt, die Götter wissen's.

Sehr viel erhielt mein Herr, als Timon reich;
Sein Undank macht es jetzt dem Diebstahl gleich.
Varros Diener. Meins ist dreitausend Kronen; und das deine?
Lucius' Diener. Fünftausend.
Varros erster Diener.
Das ist sehr viel und nach der Summe scheint's,
Dein Herr schenkt' ihm mehr Zutraun als der meine;
Sonst wäre sicher auch die Fordrung gleich.
Flaminius tritt auf.
Titus. Einer von Timons Dienern.
Lucius' Diener. Flaminius! Auf ein Wort: ich bitte dich, ist dein Herr bereit, herauszukommen?
Flaminius. Nein, gewiß nicht.
Titus. Wir erwarten seine Gnaden und ich bitte dich, tu ihm das zu wissen.
Flaminius. Ich habe nicht nötig, es ihm zu sagen; er weiß wohl, daß Ihr nur zu emsig seid. (Flaminius geht ab.)
Flavius tritt auf, in einen Mantel verhüllt.
Lucius' Diener. Ist der Verhüllte nicht sein Hausverwalter? Er geht in einer Wolke fort. He, ruft ihn.
Titus. Hört Ihr nicht, Freund?
Varros erster Diener. Mit Eurer Erlaubnis, Herr –
Flavius. Was wollt ihr von mir haben, meine Freunde?
Titus. Wir warten auf gewisse Gelder.
Flavius. Ja,
Wär' Geld nur so gewiß als euer Warten,
So wär' es sicher. Was nicht brachtet ihr
Die Schuldbrief', als noch eure falschen Herren
An Timons Tisch geschwelgt? Da lächelten sie wedelnd
Zu seinen Schulden und nahmen noch den Zins
In gier'gen Schlund. Ihr tut euch selbst zu nah,
Daß ihr mich reizt; laßt ruhig mich von hinnen.
Mein Herr und ich, wir sind am Ende nun:
Am Ende mein Verrechnen, sein Vertun.
Lucius' Diener. Ja, doch die Antwort dient nicht.
Flavius. Dient sie nicht,
Ist besser sie als Ihr; denn Ihr dient Schelmen. (Flavius geht ab.)
Varros erster Diener. Was murmelt da der abgedankte gnädige Herr?
Varros zweiter Diener. Das ist einerlei; er ist arm, und das ist Strafe genug für ihn. Wer kann freier sprechen als der, der kein Haus hat, den Kopf hinein zu tun? Solche Leute dürfen auf große Gebäude schelten.

Servilius tritt auf.

Titus. Hier ist Servilius; nun werden wir wohl irgend eine Antwort bekommen.
Servilius. Wenn ich euch bitten darf, ihr guten Herren,
So kommt zu einer andern Stunde; sehr
Will ich's euch danken; denn glaubt meinem Wort,
Mein Herr ist außerordentlich verstimmt.
Sein heitrer Sinn hat gänzlich ihn verlassen;
Denn er ist krank und muß sein Zimmer hüten.
Lucius' Diener. Das Zimmer hütet mancher, der nicht krank ist.
Und, ist er so sehr leidend, sollt' er, mein' ich,
Um so viel eher seine Schulden zahlen
Und sich den Weg frei machen zu den Göttern.
Servilius. Ihr Götter!
Titus. Dies können wir für keine Antwort nehmen.
Flaminius (drinnen). Servilius! Komm und hilf! Mylord, Mylord!
Timon tritt auf in einem Anfall von Wut, *Flaminius* folgt ihm.
Timon. Was, sperrt die eigne Tür den Durchgang mir?
War ich stets frei und muß mein eigen Haus
Mein Feind sein, der mich fesselt, und mein Kerker?
Der Platz, dem ich manch Fest gab, zeigt nun auch,
Wie alle Menschen, mir ein eisern Herz?
Lucius' Diener. Mach dich an ihn, Titus.
Titus. Mylord, hier ist meine Verschreibung.
Lucius' Diener. Und meine.
Hortensius. Und meine.
Die beiden Diener des Varro. Und unsre, Herr.
Philotus. Alle unsre Verschreibungen.
Timon. So haut mich nieder, spaltet mich zum Gürtel!
Lucius' Diener. Ach! Herr –
Timon. Zerteilt mein Herz in Summen.
Titus. Fünfzig Talente hier.
Timon. Zählt mein Blut aus.
Lucius' Diener. Fünftausend Kronen, Herr.
Timon. Fünftausend Tropfen zahlen die. Und Ihr – Und Ihr?
Varros erster Diener. Herr!
Varros zweiter Diener. Herr!
Timon. Reißt mich in Stück' und töten euch die Götter!
(Geht ab.)
Hortensius. Nun, ich sehe wohl, unsere Herren mögen ihre Mützen nach ihrem Gelde schmeißen; diese Schulden kann man wohl verzweifelte nennen, da ein Rasender sie bezahlen soll.
(Sie gehen alle ab.)

Timon kommt zurück mit Flavius.

Timon. Es nahmen Lust und Atem mir die Wichte.
Gläubiger? – Teufel! –
Flavius. Mein teurer Herr!
Timon. Und könnt's nicht so geschehn?
Flavius. Mein gnädiger Herr.
Timon. Soll es sein. – Mein Hausverwalter!
Flavius. Hier, Herr?
Timon. So flink? Geh, lade mir die Freunde wieder,
Lucius, Lucullus und Sempronius, alle;
Ich will die Schurken noch einmal bewirten.
Flavius. O, teurer Herr,
Das sprecht Ihr nur aus tief zerstörtem Sinn.
Es ist nicht so viel übrig, auszurichten
Ein maß'ges Mahl.
Timon. Du sorge nicht. Lad' alle,
Daß noch einmal herein die Schelmzucht breche;
Mein Koch und ich besorgen schon die Zeche. (Sie gehen ab.)

5. Szene
Das Haus des Senats

Der Senat ist versammelt.

Erster Senator. Mylord, so stimm' auch ich. Die Schuld ist blutig;
Er muß notwendig mit dem Tode büßen.
Die Sünde wird durch Gnade frecher nur.
Zweiter Senator. Sehr wahr; vernichten soll ihn das Gesetz.
Alcibiades tritt auf mit Gefolge.
Alcibiades. Heil sei und Ehr' und Milde dem Senat!
Erster Senator. Was wollt Ihr, Feldherr?
Alcibiades. Vor eure Tugend tret' ich als ein Fleh'nder;
Denn Mitleid ist die Tugend des Gesetzes,
Nur Tyrannei braucht es zur Grausamkeit.
Die Laune war's von Zeit und Schicksal, schwer
Zu drücken einen Freund, der, heißen Bluts,
Schritt ins Gesetz, wo pfadlos dessen Tiefe
Für jenen, der hineinstürzt unbedacht.
Er ist ein Mann, Unglück beiseit' gesetzt,
Von wackern Tugenden;
Auch nicht befleckte Feigheit sein Beginnen –
Ein Ruhm, der wohl des Fehltritts Schuld bezahlt –
Nein, ehrenhaften Sinns und edeln Zorns,
Da er zum Tod die Ehre sah verletzt,

Begegnet' er dem Feind;
Und so gemäßigt mit verhaltnem Grimm,
Hielt er den Zorn bis an das End' in Schranken,
Als stritt er mit Beweisen und Gedanken.

Erster Senator. Du unternimmst zu herben Widerspruch,
Willst du die schnöde Tat in Schönheit kleiden;
Fast schien dein künstlich Wort dahin zu streben,
Den Menschenmord zu adeln, Rauferlaune
Vor Tapferkeit zu ehren, die doch, wahrlich,
Nur mißerzeugter Mut, zur Welt gekommen,
Als Sekten und Partei'n geboren wurden.
Nur der zeigt wahren Mut, der weislich duldet
Das Schlimmste, was der Gegner spricht; dem Kränkung
Gewand nur wird und Hülle, leicht zu tragen;
Der Unbill nie läßt bis zum Herzen dringen,
Dies zu vergiften.
Ist Unheil Schimpf und zwingt uns tot zu schlagen,
Wird nur der Tor um Unheil Leben wagen.

Alcibiades. Mylord, –

Erster Senator.
Durch Euch wird glorreich nicht ein hart Verschulden;
Sich rächen ist nicht Tapferkeit, nein, Dulden.

Alcibiades. Dann, mit Vergunst, ihr edeln Herrn, verzeiht.
Red' ich hier als Soldat. –
Was wagen in der Schlacht sich dumme Menschen
Und dulden nicht das Dräun? Und schlafen still,
Gelassen ihrem Feind die Kehle bietend,
Ganz ohne Widerstand? Ist im Ertragen
So großer Mut, was machen wir im Feld?
Dann sind die Frauen, die zu Hause bleiben,
Die Tapfersten, geht Dulden über alles;
Mehr als der Leu, ist dann Soldat der Esel;
Der Schelm in Ketten, weiser als der Richter,
Liegt Weisheit nur im Leiden. Senatoren,
Groß seid ihr schon, nun seid auch mild und gut;
Raschheit verdammt man leicht mit kaltem Blut.
Schlimmers als Mord erfand die Sünde nicht;
Doch zeigt die Notwehr ihn in milderm Licht.
Der Zorn gehört wohl zu den größten Sünden;
Doch ist kein Mensch, der nie gezürnt, zu finden:
Wägt daran seine Schuld.

Zweiter Senator. Ihr sprecht umsonst.

Alcibiades. Umsonst? Die Dienste alle, die er tat,

Zu Lacedämon und Byzantium,
Sie konnten ihm das Leben wohl erkaufen!
Erster Senator. Was meint Ihr?
Alcibiades. Ich sag' euch, edlen Dienst hat er getan,
Und manchen eurer Feind' im Feld getötet
Wie tapfer er noch kämpft' im letzten Treffen,
Das künden all die Wunden, die er schlug.
Zweiter Senator. Ja, Ihr habt recht, zu viele Wunden schlug er,
Ein Schwelger ist er; schon der eine Fehl
Ersäuft ihn und raubt seinem Mut Besinnung;
Hätt' er nicht andre Feinde, der allein
Könnt' ihn besiegen; oft ward er gesehn,
Daß er in vieh'scher Wut das Schnöde tat
Und mit Empörern hielt. So viel ist wahr,
Sein Rausch bringt Schande ihm und uns Gefahr.
Erster Senator. Er stirbt.
Alcibiades. O hart Geschick! Was starb er nicht im Krieg?
Nun wohl, wenn nicht um seiner selber willen –
Kann gleich sein rechter Arm sein Leben kaufen,
Und niemand schuldig bleiben, – euch zu rühren,
Nehmt meine Taten auch, vereint sie beide:
Und, da ich weiß, es lieb' euer würd'ges Alter
Die Sicherheit, verpfänd' ich meine Siege,
All meinen Ruhm, damit er zahl' und zinse.
Verlangt Gesetz für diesen Fehl sein Leben,
Mit tapfrem Blut dem Krieg er's zahlen mag.
Streng ist Gesetz; doch Krieg steht ihm nicht nach.
Erster Senator. Wir stehen hier fürs Gesetz, er stirbt; nichts weiter,
Bei unserm Zorn. Sei's Bruder, Sohn, Genoß,
Des Blut verfiel, der fremdes Blut vergoß.
Alcibiades. Muß es denn sein? Es muß nicht. Senatoren,
Ich bitt' euch sehr, erkennt mich wieder.
Zweiter Senator.   Wie?
Alcibiades. Ruft mich zurück in euer Gedächtnis.
Dritter Senator.   Was?
Alcibiades. Gewiß, euer Alter hat mich ganz vergessen;
Weshalb sonst ständ' ich so verachtet hier
Und säh' die kleine Gunst geweigert mir?
Das schmerzt die Wunden!
Erster Senator. Trotzt Ihr unserm Zorn?
Er ist an Worten schwach, doch stark im Tun,
Drum sei verbannt auf ewig.
Alcibiades.   Ich verbannt?

Bannt eure Torheit, euren Wucher bannt,
Der den Senat abscheulich macht.
Erster Senator.   Wenn nach zwei Tagen dich Athen noch faßt,
Fürcht' unser schwer Gericht. Eh' unser Geist
Noch mehr entbrennt, soll jener schleunig sterben.

(Die Senatoren gehen ab.)

Alcibiades.   So werdet alt und greis, bis ihr nur lebt
Noch als Gebein, verhaßt jedwedem Auge.
Ha! mich faßt Raserei: Ich schlug den Feind,
Indes ihr Gold sie zählten, ihre Münzen
Ausliehn auf hohen Zins und ich nur reich
An tapfern Narben. – Und dafür nun so?
Ist dies der Balsam, den Senat, der Wuchrer,
In seines Feldherrn Wunden gießt? Verbannung!
Das ist nicht schlimm; willkommen ist Verbannung.
So hat mein Zorn und Grimm denn guten Grund,
Athen zu schlagen. Heiter stimmen will ich
Mein mißvergnügtes Heer, auf Herzen fahndend;
's bringt Ehre, mit der halben Welt sich schlagen.
Gleich Göttern soll kein Krieger Schmach ertragen.   (Er geht ab.)

6. Szene
Timons Prunksaal

Tafeln sind gesetzt, die Diener stehen umher. Timons Freunde kommen von verschiedenen Seiten herein.

Erster Lord.   Ich wünsche Euch einen guten Tag, Freund.

Zweiter Lord.   Ich Euch gleichfalls. Ich glaube, dieser würdige Mann wollte uns neulich nur auf die Probe stellen.

Erster Lord.   Eben darauf waren meine Gedanken gerichtet, indem wir uns begegneten. Ich hoffe, es steht nicht so schlimm mit ihm, als er bei Prüfung seiner Freunde vorgab.

Zweiter Lord.   Nach dem, was dies neue Gastmahl uns glauben heißt, kann es wohl nicht sein.

Erster Lord.   Das glaube ich auch; er sandte mir eine dringende Einladung, welche abzulehnen mir ernste Geschäfte nahe genug legten; aber er beschwor mich, auch die wichtigste Rücksicht fallen zu lassen, und so mußte ich denn notwendig erscheinen.

Zweiter Lord.   Auf gleiche Weise war ich von sehr bedeutenden Geschäften abgehalten; aber er wollte meine Entschuldigung nicht hören. Es tut mir leid, daß mein Vorrat ganz erschöpft war, als er zu mir schickte, Geld aufzunehmen.

Erster Lord.   An derselben Kränkung leide ich, da ich nun sehe, wie die Sachen stehen.

Zweiter Lord.   Jedem, der hier ist, geht es so. Wieviel wollt' er Euch abborgen?

Erster Lord.   Tausend Goldstücke.

Zweiter Lord.   Tausend Goldstücke!

Erster Lord.   Wieviel von Euch?

Zweiter Lord.   Er schickte zu mir – doch hier kommt er.

Timon tritt auf mit Gefolge.

Timon.   Von Herzen gegrüßt, ihr beiden Herren. – Wie geht es euch?

Erster Lord.   Immer sehr gut, wenn ich Euer Gnaden Wohlergehen erfahre.

Zweiter Lord.   Die Schwalbe folgt dem Sommer nicht freudiger als wir Euer Gnaden.

Timon.   Und verläßt auch den Winter nicht freudiger; solche Sommervögel sind die Menschen. – Ihr Herren, unser Mahl wird dieses langen Wartens nicht wert sein, weidet eure Ohren indes an der Musik; wenn Trompetenklang ihnen keine zu harte Speise ist. Wir wollen uns gleich setzen.

Erster Lord.   Ich hoffe, Ihr erinnert Euch dessen nicht unfreundlich, mein gnädiger Herr, daß ich Euch einen leeren Boten zurücksandte.

Timon.   Ei, laßt Euch das nicht beunruhigen.

Zweiter Lord.   Mein edler Lord –

Timon.   Ah, guter Freund! Wie geht's?

(Ein Bankett wird hereingebracht.)

Zweiter Lord.   Mein höchst verehrter Herr, ich bin krank vor Scham, daß ich, als Ihr neulich zu mir sandtet, ein so unglücklicher Bettler war.

Timon.   Denkt nicht weiter daran.

Zweiter Lord.   Hättet Ihr nur zwei Stunden früher geschickt –

Timon.   Stört damit nicht bessere Gedanken. – Kommt, bringt alles zugleich.

Zweiter Lord.   Lauter verdeckte Schüsseln!

Erster Lord.   Ein königliches Mahl, das glaubt mir.

Dritter Lord.   Daran zweifelt nicht, wie nur Geld und die Jahreszeit es liefern kann.

Erster Lord.   Wie geht es Euch? Was gibt es Neues?

Dritter Lord.   Alcibiades ist verbannt. Habt ihr davon schon gehört?

Erster u. zweiter Lord.   Alcibiades verbannt?

Dritter Lord.   So ist es, zweifelt nicht.

Erster Lord.   Wie denn? Wie denn?

Zweiter Lord.   Ich bitte Euch, aus welchem Grunde?

Timon. Meine würdigen Freunde, wollt ihr näher treten?
Dritter Lord. Ich will euch nachher mehr davon erzählen. Hier steht uns ein herrlicher Schmaus bevor.
Zweiter Lord. Dieser Mann ist noch der alte.
Dritter Lord. Wird's dauern? Wird's dauern?
Zweiter Lord. Es wird; doch kommt die Zeit, und dann –
Dritter Lord. Ich verstehe Euch.
Timon. Ein jeder an seinen Platz, mit der Gier wie er zu den Lippen seiner Geliebten eilen würde; an allen Plätzen werdet ihr gleich bedient. Macht kein Zeremonien-Gastmahl daraus, daß die Gerichte kalt werden, ehe wir über den ersten Platz einig sind. Setzt euch, setzt euch. Die Götter fordern unsern Dank. „O, ihr großen Wohltäter! Sprengt auf unsere Gesellschaft Dankbarkeit herab. Laßt euch preisen für die Gaben, die ihr uns beschert; aber behaltet zurück, für künftige Gabe, damit eure Gottheiten nicht verachtet werden. Verleiht einem jeden genug, damit keiner vom andern zu leihen braucht; denn, zwänge die Not eure Gottheit, von den Menschen zu borgen, so würden die Menschen selbst die Götter verlassen. Macht das Gastmahl beliebter als den Mann, der es gibt. Laßt keine Gesellschaft von zwanzig ohne eine Stiege Bösewichter sein. Wenn zwölf Frauen an einem Tische sitzen, so laßt ein Dutzend von ihnen sein – wie sie sind. – Den Rest eurer Gaben, o ihr Götter – die Senatoren von Athen, zusamt der gemeinen Hefe des Pöbels – was in ihnen nichts taugt, ihr Götter, macht zum Verderben reif. Was diese meine gegenwärtigen Freunde betrifft – da sie mir nichts sind, so segnet sie in nichts, und so sind sie mir zu nichts willkommen."

Deckt auf. Nun leckt, ihr Hunde.
   (Die Schüsseln werden aufgedeckt, sie sind alle voll warmen Wassers.)
Mehrere zugleich. Was meint der edle Herr?
Andere. Ich weiß es nicht.
Timon. Mögt ihr ein beßres Gastmahl nimmer sehn,
Ihr Maulfreund-Rotte! Dampf und lauwarm Wasser
Ist eure Leistung. Dies ist Timons letztes;
Den ihr bis jetzt mit Schmeichelei'n besät,
Wäscht so sie ab, euch eigne Bosheit rauchend
Ins Antlitz sprüh'nd.   (Er gießt ihnen Wasser ins Gesicht.)
            Lebt lange und verabscheut,
Stets lächelnde, abscheuliche Schmarutzer,
Höfliche Mörder, sanfte Wölfe, freundliche Bären,
Ihr Narrn des Glücks, Tischfreunde, Sommerfliegen,
Scharrfüß'ge Wichte, Dünste, Wetterhähne!
Von Mensch und Vieh die unzählbare Krankheit,

Sie überschupp' euch ganz! – Was, gehst du fort?
Nimm dein' Arznei erst mit – und du, und du.
　　　(Er wirft ihnen die Schüsseln nach und treibt sie hinaus.)
Bleibt, ich will Geld euch leihn, von euch nicht borgen. –
Wie, all in Lauf? Kein Mahl sei mehr genommen,
An dem ein Schurke nicht als Gast willkommen.
Verbrenne Haus; versink Athen! Verhaßt nun seid
Dem Timon, Mensch und alle Menschlichkeit! (Er geht ab.)

　　Die Gäste kommen zurück mit noch andern *Lords* und Senatoren.

Erster Lord.　Wie nun, ihr Herren?
Zweiter Lord.　Wißt ihr was Näheres um Timons Raserei?
Dritter Lord.　Still! Habt ihr meine Kappe nicht gesehen?
Vierter Lord.　Ich habe meinen Mantel verloren.
Dritter Lord.　Er ist nichts weiter als ein toller Lord, und nur Laune setzt ihn in Bewegung. Reulich schenke er mir einen Edelstein, und nun hat er ihn mir vom Hute heruntergeschlagen. Habt ihr meinen Edelstein nicht gesehen?
Vierter Lord.　Habt ihr meine Kappe nicht gesehen?
Zweiter Lord.　Hier ist sie.
Vierter Lord.　Hier liegt mein Mantel.
Erster Lord.　Laßt uns nicht verweilen.
Zweiter Lord.　Lord Timon rast.
Dritter Lord.　　　　　　　　　　　Ich fühl's in den Gebeinen.
Vierter Lord.
Juwelen schenkt' er gestern uns, heut wirft er uns mit Steinen.
　　　　　　(Alle ab.)

Vierter Aufzug

1. Szene
Feld

Timon tritt auf.

Timon.　Laß mich noch einmal auf dich schaun! Du Mauer,
Die diese Wölf' umschließt, tauch' in die Erde,
Schütz' nicht Athen! Fraun, werdet zügellos;
Trotz euren Eltern, Kinder! Sklaven, Narren,
Reißt von dem Sitz die würd'gen Senatoren,
Und haltet Rat statt ihrer! Jungfraun-Reinheit
Verkehre plötzlich sich zu feiler Schande,
In Gegenwart der Eltern! Bankruttierer,
Halt fest, gib nichts zurück; heraus das Messer.

Für deines Gläub'gers Hals! Stehlt, ihr Leibeigenen!
Langhänd'ge Räuber sind ja eure Herrn
Und plündern nach Gesetz. Magd, in deines Herren Bett!
Die Frau ist im Bordell. Sohn, sechzehn alt,
Die Krücke reiß dem lahmen Vater weg,
Und schlag ihm aus das Hirn! Furcht, Frömmigkeit,
Scheu vor den Göttern, Friede, Recht und Wahrheit,
Zucht, Häuslichkeit, Nachtruh' und Nachbartreue,
Belehrung, Sitte, Handwerk und Gewerbe,
Herkommen, Brauch, Rangunterschied, Gesetz,
Stürzt euch vernichtend in eu'r Gegenteil,
Daß nur Vernichtung lebt! – Pest, Menschenwürger,
Häuf' deine mächt'gen gifterfüllten Fieber
All auf Athen, zum Streiche reif! Du Hüftweh,
Verkrümme den Senat, daß ihre Glieder
Lahm, gleich den Sitten werden! Lust und Frechheit,
Schleich' in das Mark und das Gemüt der Jugend,
Daß sie, dem Tugendstrom entgegenschwimmend,
In Wüstheit sich ertränkt! Mit Krätz' und Beulen
Sei ganz Athen besät und ew'ger Aussatz
Die Ernte. Atem stecke Atem an;
Daß ihre Näh' gleich ihrer Freundschaft sei,
Gift durch und durch! Nichts nehm' ich von dir mit
Als Nacktheit, du, des Abscheus würd'ge Stadt!
Nimm auch noch das, mit hundertfachen Flüchen.
          (Sein Gewand abwerfend.)
Timon geht nun zum Wald; das wildste Tier
Zeigt Lieb' ihm mehr, als je die Menschen hier.
Auf ganz Athen, hört, Götter insgesamt,
Auf Stadt und Land die Blitze niederflammt!
Laßt wachsen Timons Haß mit seinen Jahren,
Nicht hoch, nicht nieder wollt davor bewahren!
Amen!   (Geht ab.)

2. Szene
In Timons Hause

Flavius tritt auf und mehrere *Diener* Timons.

Erster Diener.   Sprecht, Hausverwalter, wo ist unser Herr?
  Sind wir vernichtet, abgedankt; bleibt nichts?
Flavius.   Gefährten, ach, was soll ich euch doch sagen?
  Es sei'n mir Zeugen die gerechten Götter,
  Ich bin so arm wie ihr.

Erster Diener.   Solch Haus gefallen!
Solch edler Herr verarmt, verloren alles!
Kein Freund, der bei der Hand sein Schicksal faßt
Und mit ihm geht!
Zweiter Diener.   Wie wir den Rücken wenden
Von dem Gefährten, den das Grab verschlang;
So schleichen vom begrabnen Glück sich alle
Die Freunde, lassen ihm die hohlen Schwüre,
Gleich leeren Beuteln, und sein armes Selbst,
Ein Bettler nur, der Luft anheimgefallen,
Mit seiner Krankheit allgemiedner Armut,
Geht nun, wie Schmach, allein. – Noch mehr Gefährten.
                Es kommen noch andere *Diener*.
Flavius.   Zerbrochenes Gerät gefallnen Hauses.
Dritter Diener.   Und doch trägt unser Herz noch Timons Kleid,
Das Antlitz zeigt's, wir sind noch Kameraden,
All in des Kummers Dienst. Leck ist das Fahrzeug;
Wir Schiffer stehn auf sinkendem Verdeck
Und sehn die Wellen dräun. Wir müssen scheiden
In diese See der Luft.
Flavius.   Ihr guten Freunde,
Hier teil' ich unter euch mein letztes Gut.
Laßt uns, wo wir uns sehn, um Timons willen,
Kamraden sein; die Häupter schütteln, sagen,
Als Grabgeläut dem Glücke unsers Herrn,
„Wir kannten beßre Tage". Jeder etwas;   (Er gibt ihnen Geld.)
Nein, alle reicht die Hand. Und nun kein Wort,
So gehn wir arm, doch reich an Kummer fort.
         (Die Diener gehen ab.)
O, furchtbar Elend, das uns Pracht bereitet!
O, wer will wohl nach Glanz und Reichtum ringen,
Wenn sie uns hin zu Schmach und Armut zwingen?
Wer ließ sich äffen von der Pracht, wer lebte
Wohl gern in einem Traum der Freundschaft nur?
Ansehn und Pracht und Wohlstand zu besitzen,
Gemalt nur so wie die geschminkten Freunde?
Du, Redlicher, verarmt durch Herzensgüte,
Durch Mild' erwürgt! Wie ist Natur verdreht,
Wenn Allzugut als schlimmste Sünde steht;
Wer hilft durch Tugenden noch andrer Nöten,
Wenn sie nur Götter schaffen, Menschen töten?
O teurer Herr – gesegnet, um verflucht,
Reich, elend nur zu sein – dein groß Vermögen

Ist nun dein tiefstes Leid. Ach, güt'ger Herr!
Er brach in Wut aus dem hartherz'gen Wohnsitz
Der vieh'schen Freunde.
Nichts nahm, sein Leben er zu fristen mit,
Nichts, was ihm dazu hülfe.
Ich will ihm nach, und wo er ist erforschen:
So gut ich kann, will ich für ihn noch schalten;
Was mir des Geldes bleibt, für ihn verwalten.   (Er geht ab.)

3. Szene
Wald

Timon tritt auf.

Timon.   O, Lichtgott, Segen zeugend, zieh hinauf
Dunstfäulnis; deiner Schwester Laufbahn sei
Vergiftet! Zwillingsbrüder eines Schoßes –
Deren Erzeugung, Wohnung und Geburt
Sie kaum getrennt – trifft sie verschiednes Glück –
Der Größre höhnt den Niedern: Ja, Natur,
– Von Wunden rings bedrängt – sie kann groß Glück
Ertragen nur, wenn sie Natur verachtet,
Hebe diesen Bettler und versag's dem Lord –
So folgt als Erbteil Schmach den Senatoren,
Dem Bettler eingeborne Ehre.
Besitztum schwellt des Bruders Seiten auf,
Der Mangel zeugt den Abfall. Wer, wer darf
In reiner Mannheit aufrecht stehn und sagen:
„Ein Schmeichler ist der Mensch". Wenn's *einer* ist,
So sind es all; denn jeder höhern Staffel
Des Glücks schmiegt sich die untre; goldnem Dummkopf
Duckt der gelehrte Schädel. Schief ist alles;
Nichts grad' in unsrer fluchbeladnen Menschheit,
Als Bosheit, ungekrümmt. Drum seid verabscheut,
Gelage all, Gesellschaft, Menschendrang!
Denn Timon haßt die Gleichgeschaffnen, ja, sich selbst.
Zernichtung dem Geschlecht der Menschen! – Erde
Gib Wurzeln mir!   (Er gräbt.)
Wer Beßres in dir sucht, dem würz' den Gaumen
Mit deinem schärfsten Gift! Was find' ich hier?
Gold? Kostbar, flimmernd, rotes Gold? Nein, Götter!
Nicht eitel fleht' ich. Wurzeln, reiner Himmel!
So viel hiervon, macht schwarz weiß, häßlich schön;
Schlecht gut, alt jung, feig tapfer, niedrig edel.

Ihr Götter! Warum dies? Warum dies, Götter;
Ha! Dies lockt euch den Priester vom Altar;
Reißt Lebenskräft'gen weg das Schlummerkissen.
Ja, dieser rote Sklave löst und bindet
Geweihte Bande, segnet den Verfluchten,
Macht ehrwürdig den Aussatz, ehrt den Dieb
Und gibt ihm Rang, gebeugtes Knie und Geltung
Im Rat der Senatoren; dieser führt
Der überjähr'gen Witwe Freier zu;
Die selbst den Eiterschwären des Spitals
Brechreiz erregte, läßt balsamisch duften,
Wie Frühlingstag, das Gold. Verdammte Erde,
Gemeine Hure, die du Zwietracht stiftest
Im Völkerschwarm, ich lehr' dich deine Pflicht.
              (Man hört von weitem einen Marsch.)
Ha! Eine Trommel?
Lebendig bist du, doch begrab' ich dich.
Ja, laufen wirst du noch, du starker Dieb,
Wenn dein gichtkranker Wärter nicht kann stehn; –
Doch so viel bleib' als Pfand.
              (Er behält einiges Gold zurück.)
Alcibiades tritt auf mit Trommeln und Pfeifen, auf kriegerische Weise,
              Phrynia und *Timandra*.

Alcibiades. Wer bist du? Sprich!
Timon. Ein Vieh, wie du. Mög' doch dein Herz verfaulen,
Weil du mir wieder Menschenantlitz zeigst!
Alcibiades. Wie nennst du dich? Ist Mensch dir so verhaßt,
Und bist doch selbst ein Mensch?
Timon. Misanthropos bin ich, und hasse Menschheit,
Doch du, dir wünsch' ich, daß ein Hund du wärst,
So liebt' ich etwas dich.
Alcibiades.   Ich kenne dich;
Doch unbekannt und fremd ist mir dein Schicksal.
Timon. Dich kenn' ich auch; mehr wünsch' ich nicht zu wissen,
Als daß du mir bekannt. Folg deiner Trommel,
Bemal mit Menschenblut den Grund, rot, rot;
Göttlich Gebot, menschlich Gesetz ist grausam;
Was soll der Krieg denn sein? Hier deine Dirne
Trägt mehr Zerstörung in sich als dein Schwert,
Trotz ihrem Engelsblick.
Phrynia.   Daß dir die Lippen faulen!
Timon. Nicht küssen will ich dich; so bleibt Verwesung
Dir an den Lippen hangen.

Alcibiades. Wie ward der edle Timon so verwandelt?
Timon. So wie der Mond, wenn Licht ihm fehlt zu geben,
  Doch konnt' ich nicht mich wie der Mond erneuen;
  Mir borgte keine Sonne.
Alcibiades.   Edler Timon,
  Kann ich dir Freundschaft zeigen?
Timon.   Eine nur,
  Bestärke meinen Glauben.
Alcibiades.   Welchen, Timon?
Timon. Versprich mir Freundschaft, aber halte nichts.
  Versprichst du nicht, so strafen dich die Götter,
  Denn du bist Mensch, und hältst du, so vernichten
  Die Götter dich, denn du bist Mensch!
Alcibiades. Von deinem Elend hört' ich ein'ges schon.
Timon. Du sahst es damals, als das Glück mir lachte.
Alcibiades. Ich seh' es jetzt; damals war Freudenzeit.
Timon. Wie deine jetzt, zwei Huren stützen sie.
Timandra. Ist dies die Zier Athens, von dem die Welt
  So schön und rühmlich sprach?
Timon.   Bist du Timandra?
Timandra.   Ja!
Timon. Bleib Hure stets! Dich liebt nicht, wer dich braucht;
  Gib Krankheit dem, der seine Lust dir läßt.
  Nütz deine üpp'gen Stunden aus. Die Wichte
  Verkrüpple für das Bad; zur Hungerkur,
  Den rosenwangigen Jüngling.
Timandra.   An den Galgen, Scheusal!
Alcibiades. Verzeih ihm, hold Geschöpf, denn sein Verstand
  Ertrank und ging in seinem Elend unter. –
  Nur wenig Gold besitz' ich, wackrer Timon,
  Und dieser Mangel bringt zum Aufstand täglich
  Mein darbend Heer. Mit Leid vernahm ich, wie
  Athen verrucht hat deines Werts vergessen
  Und deines tapfern Streits, als Nachbarstaaten,
  Wenn nicht dein Gold und Schwert war, es bewältigt.
Timon. Ich bitte, schlag die Trommel, mach dich fort.
Alcibiades. Ich bin dein Freund, beklag dich, teurer Timon.
Timon. Wie kannst du den beklagen, den du plagst?
  Ich wäre gern allein.
Alcibiades.   Nun, so leb wohl.
  Nimm dieses Gold.
Timon.   Behalt, ich kann's nicht essen.
Alcibiades. Wenn ich Athen, das stolze, umgestürzt –

Timon. Bekriegst Athen?
Alcibiades. Ja, Timon, und mit Recht.
Timon. Die Götter mögen all durch dich hinwürgen,
Und dich nachher, wenn du sie all erwürgt!
Alcibiades. Weshalb mich, Timon?
Timon. Weil, die Schurken tötend,
Du wardst erwählt mein Vaterland zu tilgen.
Nimm hin dein Gold. – Geh, hier ist Gold, – geh fort;
Sei wie Planeten-Pest, wenn Jupiter
In kranker Luft auf sündenschwere Städte
Sein Gift ausstreut; dein Schwert verschone keinen;
Nicht um sein Silberhaar den würd'gen Greis,
Ein Wucherer ist's. Hau die Matrone nieder;
Sie heuchelt, nur ihr Äußeres ist sittsam,
Sie Kupplerin. Laß nicht der Jungfrau Wange
Stumpfen dein schneidend Schwert; denn diese Milchbrust,
Die durch die Fenster kirrt der Männer Augen,
Steht auf des Mitleids Liste nicht geschrieben,
Nein, zeichnet sie als scheußliche Verrät'rin;
Auch nicht des Säuglings schone,
Des Grübchen Narren um ihr Mitleid prellt;
Denk, 's ist ein Bastard, den Orakelspruch
Mit dunklem Wort als deinen Mörder nennt;
Zerstück' ihn mitleidlos. Schwör' Tod dem Leben;
Leg' erze Rüstung dir um Ohr und Auge,
So hart, daß Schrei von Mutter, Säugling, Jungfrau,
Des Priesters selbst in heil'gen Kleidern blutend,
Nicht durchdringt. Hier ist Gold für deine Krieger:
Sä' aus Vernichtung; ist dein Grimm erschöpft,
So sei vernichtet selbst. Sprich nichts und geh.
Alcibiades. Hast du noch Gold? So nehm' ich dein Geschenk,
Nicht deinen Rat.
Timon. Tu's oder nicht, vom Himmel sei verflucht!
Phrynia u. Timandra.
Gold, guter Timon, gib uns. Hast du mehr?
Timon. Genug, daß Huren ihren Stand verschwören,
Die Kupplerin nicht Huren feilscht. Weit auf
Die Schürzen, Nickel. – Ihr seid nicht eidesfähig –
Obwohl ich weiß, Ihr würdet furchtbar schwören,
Daß, hörend euren Schwur, die ew'gen Götter
In Fieberschauern bebten, – spart die Eide,
Ich traue eurem Stand. Bleibt Huren stets,
Und ihm, des frommes Wort euch will bekehren,

Ihm zeigt euch stark, verführt ihn, brennt ihn nieder;
Besiegt mit eurem Feuer seinen Rauch.
Abtrünnig nie; seid dann sechs Mond' in Mühn,
Dem ganz entgegen: Schindelt armes Dach
Euch mit der Leichen Raub – auch von Gehenkten,
Was tut's? – Tragt sie, betrügt mit ihnen; buhlt;
Schminkt, bis ein Pferd euch im Gesicht bleibt stecken;
Schad' was um Runzeln!

Phrynia u. Timandra. Gut, mehr Gold – was weiter?
Glaub nur, wir tun für Gold, was du verlangst.

Timon. Auszehrung sä't
In hohl Gebein des Manns; lähmt Schenkelknochen,
Des Reiters Spornkraft brecht. Des Anwalts Stimme,
Daß er nie falschen Anspruch mehr vertrete
Und Unrecht kreische laut; umschuppt mit Aussatz
Den Priester, der, auf Sinnenschwachheit lästernd,
Sich selbst nicht glaubt; fort mit der Nase, fort,
Glatt weg damit! Vernichtet ganz die Brücke
Ihm, der sich eigne Jagd erschnüffelnd, nicht
Für alle spürt. Krausköpf'ge Raufer macht sie kahl;
Dem unbenarbten Kriegesprahler gebt
Gehör'ge Qual von euch. Verpestet alles,
Und eure Tätigkeit erstick' und dörre
Die Quelle aller Zeugung. – Nehmt mehr Gold! –
Verderbt die andern, und verderb' euch dies,
Und Schlamm begrab' euch alle!

Phrynia u. Timandra.
Mehr Rat mit noch mehr Geld, freigeb'ger Timon.

Timon. Mehr Hur', mehr Unheil erst; dies ist nur Handgeld.

Alcibiades. Nun Trommeln, nach Athen hin. Leb wohl, Timon;
Geht's wie ich hoffe, seh' ich bald dich wieder.

Timon. Geht's, wie ich wünsche, seh' ich nie dich mehr.

Alcibiades. Nichts Böses tat ich dir.

Timon.   Ja, du sprachst gut von mir.

Alcibiades. Nennst du das böse?

Timon.   Erfahrung lehrt es täglich.
Geh, mach dich fort, und deine Meute auch.

Alcibiades. Wir sind ihm nur zur Last. – Schlagt Trommeln, fort!
   (Trommeln. Alcibiades, Phrynia und Timandra gehen ab.)

Timon. Mußt du, Natur, krank in der Menschheit Abfall
Noch hungern! – (Er gräbt.) Allgemeine Mutter du.
Dein Schoß unmeßbar, deine Brust unendlich,
Gebiert, nährt all; derselbe Stoff, aus dem

Dein stolzes Kind, der freche Mensch aufquillt,
Erzeugt die schwarze Kröt' und blaue Natter,
Die gift'ge Blindschleich' und den goldnen Molch
Und jeglich Scheusal unterm Wolkenhimmel,
Auf das Hyperions Lebensfeuer strahlt;
Gib ihm, der deine Menschenkinder haßt,
Aus deinem güt'gen Schoß nur *eine* Wurzel!
Vertrockne deinen furchtbarn Zeugungsschoß,
Daß ihm kein undankbarer Mensch entspringe!
Gebier nur Tiger, Drachen, Wölf' und Bären;
Wirf neue Unhold', die dein obrer Rand,
Der hohen Marmorwölbung nie gezeigt! –
O, eine Wurzel, – inn'gen Dank dafür!
Vertrockne Mark des Weinbergs, Fett der Äcker;
Woraus der undankbare Mensch mit feur'gem Trank
Und Leckerbiß den reinen Sinn verschlemmt,
Daß alle Überlegung von ihm flieht.
Apemantus tritt auf.
Ein Mensch schon wieder? Ha, verflucht!

Apemantus. Hierher ward ich gewiesen. Man berichtet,
Daß du mein Leben nachahmst, und mein Tun.

Timon. So ist es denn, weil keinen Hund du hältst,
Den ich nachahmen möchte; dir die Pest!

Apemantus. Dies ist in dir nur ungesunde Art,
Unmännlich, arme Schwermut, die dem Wechsel
Des Glücks entsprang. Was soll der Platz, der Spaten,
Dies Sklavenkleid und dieser Traueranblick?
Noch liegt dein Schmeichler weich, trinkt Wein, trägt Seide,
Umarmt den kranken Wohlgeruch, vergessend,
Daß je ein Timon war. Beschäm den Wald nicht,
Daß du den bitter Höhnenden hier spielst.
Sei du ein Schmeichler jetzt, such zu gedeihn
Durch das, was dich gestürzt hat; beug dein Knie,
Der Atem schon des, dem dein Auge dient,
Blas dir die Mütze ab; sein Laster preise
Und nenn es Tugend. So erging's auch dir;
Du liehst dein Ohr, wie ein höflicher Bierzapf,
Schelmen, und wer es war. Nun ist's gerecht,
Daß du ein Schuft wirst; hättst du wieder Geld,
So gäbst du's Schuften. Nimm nicht an mein Wesen.

Timon. Wär' ich dir gleich, so wollt' ich fort mich schleudern.

Apemantus. Du warfst dich weg, da du dir selber glichest;
So lang ein Toller, nun ein Narr! Wie, denkst du,

Die rauhe Luft, dein stürm'scher Kammerdiener,
Wärmt dir dein Hemd? Folgt alt bemooster Baum,
Der Adler überlebt, hier deinen Fersen
Und springt auf deinen Wink? Reicht kalter Bach
Mit Eisesrand den würz'gen Morgentrunk,
Durchschwärmte Nacht zu stärken? Ruf die Wesen, –
Die nackt und bloß den ärgsten Trotz ausdauern,
Der rauhen Luft; die unbehausten Leiber,
Dem Kampf der Elemente hingegeben,
Treu der Natur, – befiehl, daß sie dir schmeicheln;
So findst du –

Timon.   Daß ein Narr du bist. Hinweg!
Apemantus.   Du bist mir lieber jetzt, als ehemals.
Timon.   Verhaßter du.
Apemantus.   Weshalb?
Timon.   Dem Elend schmeichelst du.
Apemantus.   Ich schmeichle nicht, ich sag', du bist ein Lump.
Timon.   Doch weshalb suchst du mich?
Apemantus.   Um dich zu quälen.
Timon.   Stets eines Narren oder Schuftes Amt.
  Gefällst du dir drin?
Apemantus.   Ja.
Timon.   Wie! Schurk' auch noch?
Apemantus.   Legt'st du dies bittre, kalte Wesen an,
  Um deinen Stolz zu zücht'gen, wär' es gut;
  Doch nur gezwungen tust du's; würdest Höfling,
  Wenn du kein Bettler wärst. Freiwillig Elend
  Krönt selbst sich, überlebt unsichre Pracht;
  Die füllt sich selber an, und wird nie voll;
  Doch jenes g'nügt sich selbst; der höchste Stand
  Ist, unzufrieden, kläglich und voll Jammer,
  Noch schlimmer als der schlimmste, der zufrieden.
  Du sollt'st zu sterben wünschen, da du elend.
Timon.   Nicht weil du's sagst, der weit elender ist.
  Du bist ein Sklav', den nie der Liebesarm
  Des Glücks umfing; ein Hund wardst du geboren.
  Hätt'st du, gleich uns, vom Säugling her, erstiegen
  Die süße Folg', die schnell die Welt dem bietet,
  Der über ihre armen Arbeitssklaven
  Frei schalten darf, du hättest dich gestürzt
  In maßlos Schwelgen; Jugend schmelzen lassen
  In manchem Bett der Lust und nie gehört
  Der Mahnung eisig Wort; du jagtest nach

Dem süßen Wild vor dir. Dagegen ich,
Der ich als Lustgelag die Welt besaß;
Mund, Zungen, Augen, Herzen aller Menschen
Im Dienst, mehr als ich Arbeit für sie wußte;
Die zahllos an mir hingen, so wie Blätter
Am Eichbaum, sind durch *einen* Winterschau'r
Ab von den Zweigen; – offen steh' ich, bar
Für jeden Sturm, der bläst; – ich, dies zu tragen,
Der nur das Beßre kannte, ist wohl schwer;
Dein Leben fing mit Leiden an, gehärtet
Hat dich die Zeit. Was sollt'st du Menschen hassen?
Sie schmeichelten dir nie. Was gabst du ihnen?
Willst fluchen du, – so fluche deinem Vater,
Dem armen Lump, der, in Verzweiflung, Stoff
Gab irgend einer Bettlerin, dich formte,
Armseligkeit von Ahnen her. Hinweg! –
Wärst du der Menschheit Wegwurf nicht geboren,
Du würd'st ein Schurke und ein Schmeichler sein.
Apemantus. Bist du noch stolz?
Timon. Ja, daß ich du nicht bin.
Apemantus. Ich, weil ich kein Verschwender war.
Timon. Und ich,
Weil ich es jetzt noch bin;
Wär' all mein Reichtum in dir eingeschlossen,
So gäb' ich dir Erlaubnis, dich zu henken. Fort!
Wär' alles Leben von Athen in diesem,
So äß' ich's. (Er ißt eine Wurzel.)
Apemantus. Hier; ich will dein Mahl verbessern. (Er gibt ihm etwas.)
Timon. Erst beßre meinen Umgang, schaff dich fort.
Apemantus. So beßr' ich meinen eignen, wenn du fehlst.
Timon. Gebessert wär' er nicht, nein, nur geflickt;
Wo nicht, wollt' ich's.
Apemantus. Was wünschest du Athen?
Timon. Dich, durch den Wirbelwind, dahin. Und willst du,
So sage dort, ich habe Gold; sieh hier.
Apemantus. Hier kann kein Gold was nutzen.
Timon. Ja, am meisten;
Hier schläft's und läßt zum Unheil sich nicht dingen.
Apemantus. Wo liegst die Nacht du, Timon?
Timon. Unter dem,
Was mich bedeckt. Wo fütterst du am Tage?
   Apemantus. Wo mein Hunger Nahrung findet oder vielmehr, wo ich sie verzehre.

Timon. Ich wollte, Gift gehorchte mir, und wüßte meine Meinung.

Apemantus. Wohin wolltest du es senden?

Timon. Dein Mahl zu würzen.

Apemantus. Den Mittelweg der Menschheit kanntest du nie, sondern nur die beiden äußersten Enden. Als du in Gold und Wohlgeruch lebtest, wurdest du wegen zu gesuchter Feinheit verspottet; in deinen Lumpen kennst du sie gar nicht mehr und wirst, um ihres Gegenteils willen, verabscheut. Hier hast du eine Mispel, iß sie.

Timon. Ich esse nicht, was ich hasse.

Apemantus. Hassest du Mispeln?

Timon. Ja, wenn sie dir auch gleich sehen.

Apemantus. Hättest du die, diesen Mispeln ähnlichen, faulen Zwischenträger früher gehaßt, so würdest du dich jetzt mehr lieben. Kanntest du je einen Verschwender, der noch geliebt ward, wenn seine Mittel dahin waren?

Timon. Wen, ohne diese Mittel, von denen du sprichst, sahest du je geliebt?

Apemantus. Mich selbst.

Timon. Ich verstehe dich; du hattest einmal so viel, daß du dir einen Hund halten konntest.

Apemantus. Was, auf der ganzen Welt, kannst du am besten mit deinen Schmeichlern vergleichen?

Timon. Die Frauen; aber die Männer, die Männer sind das Ding selbst. Was würdest du mit der Welt machen, Apemantus, wenn sie dir gehörte?

Apemantus. Ich würde sie dem Vieh geben, um der Menschen los zu werden.

Timon. Wolltest du denn mit den übrigen Menschen zu Grunde gehen und ein Vieh unter dem Vieh bleiben?

Apemantus. Ja, Timon.

Timon. Ein viehischer Wunsch, den ich die Götter bitte, zu gewähren? Wärest du der Löwe, so würde der Fuchs dich betrügen; wärest du das Lamm, so würde der Fuchs dich fressen; wärest du der Fuchs, so würdest du dem Löwen verdächtig werden, wenn dich der Esel vielleicht verklagte; wärest du der Esel, so würde deine Dummheit dich plagen, und du lebtest doch nur als ein Frühstück für den Wolf; wärest du der Wolf, so würde deine Gefräßigkeit dich quälen, und du müßtest dein Leben oft wegen deines Mittagessens wagen; wärest du das Einhorn, so würde Stolz und Wut dich zu Grunde richten, und würdest du die Beute deines eigenen Grimmes; Wärest du der Bär, so tötete dich das Pferd; wärest du das Pferd, so ergriffe dich der Leopard; wärest du der Leopard, so wärest du des

Löwen Bruder, und deine eigenen Flecken würden zu Gericht sitzen über dein Leben. Deine ganze Sicherheit wäre, versteckt sein und deine Verteidigung, Abwesenheit. Welch Vieh könntest du sein, das nicht einem andern Vieh unterworfen wäre? Und welch ein Vieh bist du schon, daß du nicht einsiehst, wie viel du in der Verwandlung verlörest?

Apemantus. Könntest du mir durch Reden gefallen, so hättest du es hiermit getroffen. Der Staat von Athen ist ein Wald von Vieh geworden.

Timon. Wie ist der Esel durch die Mauern gebrochen, daß du außer der Stadt bist?

Apemantus. Dort kommt ein Dichter und ein Maler. Die Pest der Gesellschaft treffe dich! Aus Furcht, angesteckt zu werden, gehe ich fort. Wenn ich einmal nicht weiß, was ich sonst tun soll, will ich dich wieder besuchen.

Timon. Wenn es, außer dir, nichts Lebendiges mehr gibt, sollst du willkommen sein. Ich möchte lieber eines Bettlers Hund als Apemantus sein.

Apemantus. Du bist das Haupt der Narrn der ganzen Welt.
Timon. Wärst du doch rein genug, dich anzuspein.
Apemantus. Verwünscht bist du, zu schlecht, um dir zu fluchen.
Timon. Mit dir gepaart ist jeder Schuft ein Edler.
Apemantus. Nicht Aussatz gibt es sonst, als was du sprichst.
Timon. Ja, nenn' ich dich. – Ich schlüg' dich, doch das würde
Die Hände mir vergiften.
Apemantus. O könnte doch mein Mund sie faulen machen!
Timon. Hinweg! Du Sprößling eines räud'gen Hundes!
Die Wut erstickt mich, daß du Leben hast;
Mir schwindelt, seh' ich dich!
Apemantus. O, mögst du bersten!
Timon. Fort, läst'ger Schuft! Mich dauert's, einen Stein
An dich zu wenden! (Er wirft einen Stein nach ihm.)
Apemantus. Tier!
Timon. Schuft!
Apemantus. Kröte!
Timon. Schelm!

(Apemantus zieht sich zurück, als wenn er gehen wollte.)

Mir ekelt ob der falschen Welt, und lieben
Will ich von ihr die kahle Notdurft nur.
Drum, Timon, grabe dir alsbald dein Grab,
Lieg, wo der Seeschaum täglich schlagen mag
Den Stein; dein Epitaph schreib in der Grotte,
Daß Tod in mir des Lebens andrer spotte. (Er betrachtet das Gold.)

Du süßer Königsmörder, tiefe Scheidung
Des Sohns und Vaters, glänzender Besudler
Von Hymens reinstem Lager! Tapfrer Mars!
Du ewig blüh'nder, zartgeliebter Freier,
Des roter Schein den heil'gen Schnee zerschmelzt
Auf Dianas reinem Schoß! Sichtbare Gottheit,
Die du Unmöglichkeiten eng verbrüderst,
Zum Kuß sie zwingst, du sprichst in jeder Sprache,
Zu jedem Zweck! O du, der Herzen Prüfstein!
Denk, es empört dein Sklave sich, der Mensch;
Vernichte deine Kraft sie all verwirrend,
Daß Tieren wird die Herrschaft dieser Welt!

Apemantus. O wär' es so!
Doch wenn ich tot erst. – Daß du Gold hast, sag' ich;
Bald drängt sich alles zu dir.

Timon.   Zu mir?
Apemantus.   Ja.
Timon.   Den Rücken gib!
Apemantus. Dein Elend lieb und lebe!
Timon. So lebe lang und stirb so! – Wir sind quitt. –

              (Apemantus geht ab.)

Mehr Menschengleiches? – Iß, und hasse sie.

        Es kommen mehrere *Banditen*.

Erster Bandit. Woher sollte er Gold haben? So ein armer Rest, ein kleines Korn vom Überbleibsel. Nur der Mangel an Gold und der Abfall seiner Freunde brachte ihn in diese Schwermut.

Zweiter Bandit. Das Gerücht geht, er habe einen großen Schatz.

Dritter Bandit. Wir wollen uns an ihn machen; wenn er nichts danach fragt, so gibt er es uns gleich; wenn er es aber geizig hütet, wie sollen wir es kriegen?

Zweiter Bandit. Ja; denn er trägt es nicht bei sich, es ist vergraben.

Erster Bandit. Ist er das nicht?
Die Banditen. Wo?
Zweiter Bandit. Nach der Beschreibung ist er's.
Dritter Bandit. Ja, ich kenne ihn.
Die Banditen. Guten Tag, Timon.
Timon. Was, Diebe?
Die Banditen. Krieger, nicht Diebe.
Timon. Beides, und von Weibern geboren.
Die Banditen. Wir sind nicht Diebe, Menschen nur im Mangel.
Timon. Eu'r größter Mangel ist, euch mangelt Speise.

Weshalb der Mangel? Wurzeln hat die Erde;
In Meilenumfang springen hundert Quellen;
Der Baum trägt Eicheln, Sträuche rote Beeren;
Natur, die güt'ge Hausfrau breitet aus
Auf jedem Busch ein volles Mahl. Was Mangel?
Erster Bandit.
Wir können nicht von Kräutern, Beeren, Wasser,
Wie wildes Tier und Fisch und Vogel leben.
Timon.   Noch von den Tieren, Fischen, Vögeln selbst;
Auch Menschen müßt ihr zehren. Danken muß ich,
Daß ihr seid offne Dieb' und schaltet nicht
In heil'germ Schein; unendlich ist der Raub,
Den jeder Stand mit Ehren treibt. Hier, Schufte,
Nehmt Gold. Geht, saugt das feine Blut der Traub
Bis siedend heiß das Blut vom Fieber schäumt
Und euch das Henken spart, traut keinem Arzt;
Sein Gegengift ist Gift, und er erschlägt,
Mehr als ihr raubt. Nehmt Gold, zusamt dem Leben
Übt Büberei, ihr übt sie im Beruf,
Als zünftig. Alles, hört, treibt Diebereí;
Die Sonn' ist Dieb, beraubt durch zieh'nde Kraft
Die weite See; ein Erzdieb ist der Mond,
Da er wegschnappt sein blasses Licht der Sonne.
Das Meer ist Dieb, des feuchte Woge auflöst
Den Mond in salz'ge Tränen. Erd' ist Dieb,
Sie zehrt und zeugt aus Schlamm nur, weggestohlen
Von allgemeinem Auswurf; Dieb ist alles,
Gesetz, euch Peitsch' und Zaum, stiehlt trotzig selbst
Und ungestraft. Fort, liebt einander nicht,
Beraubt einander selbst. Hier, noch mehr Gold,
Die Kehlen schneidet; was ihr seht, sind Diebe.
Fort, nach Athen, und brecht die Läden auf.
Ihr stehlt nichts, was ihr nicht dem Dieb entreißt.
Stehlt minder nicht, weil ich euch dies geschenkt;
Und Gold verderb' euch jedenfalls! Amen!
(Timon zieht sich in seine Höhle zurück.)

Dritter Bandit.   Er hat mich fast von meinem Gewerbe wegbeschworen, indem er mich dazu antrieb.

Erster Bandit.   Es ist nur aus Bosheit gegen das menschliche Geschlecht, daß er uns diesen Rat gibt, nicht damit wir in unserem Gewerbe glücklich sein sollen.

Zweiter Bandit.   Ich will ihm, als einem Feinde, glauben und mein Handwerk aufgeben.

Erster Bandit. Laßt uns erst Athen wieder in Frieden sehen; keine Zeit ist so schlimm, daß man nicht ehrlich sein könnte.

(Die Banditen gehen ab.)

Flavius tritt auf.

Flavius. O, Götter ihr! Ist jener
Schmachvolle und zerbrochne Mann mein Herr?
So abgezehrt, verfallen? O du Denkmal
Und Wunderwerk von Guttat, schlecht vergolten!
Welch Gegenbild von Ehr' und Pracht hat hier
Verzweiflungsvoller Mangel aufgestellt!
Gibt's Nied'rers auf der Welt als Freunde schändlich,
Die edlen Sinn in Schmach so stürzen endlich?
O, wohl ziemt das Gebot für unsere Zeit,
Das auch den Feind zu lieben uns gebeut!
Laß stets mich eh'r um ihre Liebe werben,
Die wünschen, als die wirken mein Verderben!
Er faßte mich ins Aug'; ich will ihm zeigen
Den tiefen Gram, und ihm, als meinem Herrn,
Solang ich lebe, dienen. – Teurer Herr!

Timon kommt aus seiner Höhle.

Timon. Wer bist du? Fort!

Flavius. Herr, habt Ihr mich vergessen?

Timon. Was fragst du? Ich vergaß die ganze Menschheit,
und bist du Mensch, so hab' ich dich vergessen.

Flavius. Ich bin Eu'r redlicher und armer Diener.

Timon. So kenn' ich dich nicht, denn ein Redlicher
War nie bei mir: all meine Diener Schurken,
Die Schufte nur bei Tisch bedienten.

Flavius. Götter,
Bezeugt es, wie nie treuern Gram empfand
Ein Hausverwalter um des Herren Sturz
Als, ach, mein Aug' um Euch.

Timon. Wie, weinst du? – Komm heran, – so lieb' ich dich,
Weil du ein Weib bist, und dich los hier sagst
Vom harten Mann, des Auge nimmer tropft
Als nur in Lachenslust. Mitleid rührt keinen;
Im Lachen weinen, seltsam! Nicht im Weinen!

Flavius. Ich fleh', mein guter Lord, verkennt mich nicht,
Weist meinen Gram nicht ab, nehmt als Verwalter
Mich an, solang die kleine Summe währt.

Timon. Hatt' ich 'nen Diener, so gerecht, so treu,
Und nun so trostreich? Ha! Das bringt zum Rasen
Mein wild Gemüt. Laß mich dein Antlitz sehn. –

Gewiß, vom Weib ist dieser Mann geboren. –
Verzeiht den raschen, allgemeinen Fluch,
Ihr ewig mäß'gen Götter! Ich bekenn' es,
Ein Mensch ist redlich, – hört mich recht – nur einer;
Nicht mehr, versteht, – und der ist Hausverwalter. –
Wie gern möcht' ich die ganze Menschheit hassen,
Du kaufst dich los. Doch, außer dir, trifft alle
Mein Fluch.
Doch, dünkt mich, bist du redlich mehr als klug;
Denn, wenn du mich verrietst und hintergingst,
Hätt'st leichter du den neuen Dienst gefunden;
Denn mancher findet so den zweiten Herrn,
Der auf den ersten tritt. Doch sprich mir wahr, –
Ich zweifle noch, bin ich gleich überzeugt, –
Ist deine Freundlichkeit nicht Habsucht, List,
Des Wuchrers Liebe? Wie ein Reicher schenkt
Und hofft, daß zwanzig er für eins empfange.

Flavius. Nein, teurer, liebster Herr, in dessen Brust
Argwohn und Zweifel, ach, zu spät nun wohnen;
Hätt'st du im Glück die falsche Zeit erkannt!
Argwohn entspringt nur, wo das Glück verschwand.
Beim Himmel! Was ich zeig', ist lautre Liebe,
Daß meine Treu', Euer edles Herz erkennend,
Für Eure Nahrung sorgen will, und glaubt,
Mein höchst verehrter Herr,
Daß ich das allerhöchste Glück nicht tausche,
Das jetzt mir oder künftig winken könnte, –
Für diesen Wunsch, es ständ' in Eurer Macht,
Durch Euer eignes Glück mich zu belohnen.

Timon. Nun sieh, so ist's! – Du einz'ger Redlicher,
Hier nimm! – Aus meinem Elend senden dir
Die Götter diesen Schatz. Sei reich und glücklich;
Doch nur mit dem Beding: Zieh fern von Menschen;
Fluch' allen, keinen laß Erbarmen finden;
Das Fleisch vor Hunger am Gebein verschwinden,
Eh' du dem Bettler hilfst. Gib Hunden, was
Du Menschen weigerst; Kerker schling' sie ein,
Laß Schulden sie zu nichts verschrumpfen;
Verdorren sie, wie Frost die Wälder trifft,
Und zehr' ihr falsches Blut des Fiebers Gift!
Und so, fahr wohl, sei glücklich.

Flavius. Laßt mich bleiben,
Zum Trost Euch, liebster Herr.

Timon. Liebst du nicht Flüche,
So mach dich fort, gesegnet, jetzt zu gehn;
Die Menschen flieh, laß dich mich nimmer sehn.
(Sie gehen nach verschiedenen Seiten ab.)

Fünfter Aufzug

1. Szene
Vor Timons Höhle

Es treten auf der *Dichter* und *Maler, Timon* im Hintergrund

Maler. So wie ich mir den Ort habe beschreiben lassen, kann sein Aufenthalt nicht weit mehr sein.

Dichter. Was soll man von ihm denken? Bestätigt sich das Gerücht, daß er so viel Gold hat?

Maler. Gewiß. Alcibiades sagt es: Phrynia und Timandra bekamen Gold von ihm; er bereicherte auch arme, umherstreifende Soldaten mit einer großen Menge. Und man sagt, daß er seinem Haushofmeister eine mächtige Summe gab.

Dichter. Also war sein Bankrott nur eine Prüfung seiner Freunde.

Maler. Weiter nichts. Ihr werdet ihn wieder als einen Palmbaum in Athen erblicken, blühen trotz den Höchsten. Darum ist es nicht übel getan, wenn wir ihm jetzt, in seinem vermeinten Unglück, unsere Liebe bezeigen; es erscheint in uns als Rechtlichkeit, und wahrscheinlich erhält unser Vorsatz, was er erstrebt, wenn das Gerücht, das von seinem Reichtum spricht, wahr ist.

Dichter. Was habt Ihr ihm denn jetzt zu bringen?

Maler. Für den Augenblick nichts als meinen Besuch; ich will ihm aber ein herrliches Stück versprechen.

Dichter. Ich muß ihn auf dieselbe Art bedienen; ihm von einem Entwurf erzählen, der sich auf ihn bezieht.

Maler. Vortrefflich! Versprechen ist die Sitte der Zeit; es öffnet die Augen der Erwartung. Vollziehen erscheint um so dummer, wenn es eintritt; und, die einfältigen, geringen Leute ausgenommen, ist die Tat des Wortes völlig aus der Mode. Versprechen ist sehr hofmännisch und guter Ton. Vollziehen ist eine Art von Testament, das von gefährlicher Krankheit des Verstandes bei dem zeugt, der es macht.

Timon. Trefflicher Künstler! Du kannst einen Menschen nicht so schlecht malen, als du selbst bist.

Dichter. Ich denke darüber nach, was ich sagen will, das ich für ihn angefangen habe. Es muß eine Darstellung von ihm selbst sein, eine Satire gegen die Weichlichkeit des Wohlstandes, eine Enthüllung der unbegrenzten Schmeichelei, die der Jugend und dem Überfluß folgt.

Timon. Mußt du denn durchaus als Bösewicht in deinem eigenen Werk dastehen? Willst du deine Laster in andern Menschen geißeln? Tu's, ich habe Gold für dich.

Dichter. Kommt, suchen wir ihn denn.
 Daß unser Zögern sich nicht schwer vergeht,
 Winkt uns Gewinn und kämen wir zu spät.

Maler. Sehr wahr;
 Am heitern Tag erspähe, was dir fehlt,
 Eh' es die Nacht im dunkeln Schoß verhehlt.
 So kommt.

Timon. Entgegen tret' ich euch. O, welch ein Gott
 Ist Gold, daß man ihm dient im schlechtern Tempel,
 Als wo das Schwein haust! Du bist's, der das Schiff
 Auftakelt und den Schaum des Meers durchpflügt;
 Machst, daß dem Knecht mit Ehrfurcht wird gehuldigt.
 Anbetung dir, den Heiligen zum Lohne,
 Die dir allein gedient, die Pest als Krone!
 Jetzt geh' ich auf sie zu.   (Er kommt vor.)

Dichter.   Heil, würd'ger Timon!

Maler. Einst unser edler Herr!

Timon.   Erleb' ich's doch noch,
 Zwei Redliche zu sehn?

Dichter. Wir hörten, die wir oft dein Wohltun fühlten,
 Du seist vereinsamt, abgefall'n die Freunde,
 Die, undankbaren Sinns. – O Scheusal' ihr!
 Nicht scharf genug sind alle Himmelsgeißeln –
 Wie! Dich! Des sternengleiche Großmut Leben
 Und Nahrung ihrem ganzen Wesen gab!
 Es macht mich toll, und nicht kann ich bekleiden
 Die riesengroße Masse dieses Undanks
 Mit noch so großen Worten.

Timon. So geh' er nackt, man sieht ihn klarer dann
 Ihr Redlichen zeigt so, durch euer Wesen,
 Die andern um so schlechter.

Maler.   Er und ich,
 Wir wandelten im Regen deiner Gaben,
 Der uns erquickend traf.

Timon.   Ja, ihr seid ehrlich.

Maler. Wir kommen her, dir unsern Dienst zu bieten.
Timon. Ihr Redlichen! Ei, wie vergelt' ich's euch?
Nun, könnt ihr Wurzeln essen, Wasser trinken?
Beide. Was wir nur können, tun wir, dir zu dienen.
Timon. Ihr Redlichen vernahmt, ich habe Gold;
Gewiß, ihr habt; sprecht wahr, denn ihr seid redlich.
Maler. Man sagt es, edler Lord, doch deshalb nicht
Kam ich zu Euch, so wenig als mein Freund.
Timon. Ehrliche Männer ihr; – du malst Gemälde,
Der Best' in ganz Athen bist du, fürwahr!
Malst nach dem Leben.
Maler. Lieber Herr, so, so.
Timon. Ganz wie ich sagte, ist's. (Zum Dichter.) Und deine Dichtung!
Ha, fließt dein Vers nicht hin, so glatt und zart,
Daß deine Kunst natürlich wieder wird! –
Bei alledem, ihr wohlgesinnten Freunde,
Ich sag' es frei, habt ihr 'nen kleinen Fehler.
Freilich, nicht groß ist er an euch; noch wünsch' ich,
Daß ihn zu bessern ihr euch müht.
Beide. Geruht,
Ihn uns zu nennen.
Timon. Doch ihr nehmt es übel.
Beide. Wir nehmen's dankbar an.
Timon. Wollt ihr das wirklich?
Beide. Nicht zweifelt, edler Lord.
Timon. Ein jeder von euch beiden traut einem Schurken,
Der tüchtig euch betrügt.
Beide. Herr, tun wir das?
Timon. Ja, und ihr hört ihn lügen, seht ihn heucheln,
Ihr kennt sein grobes Flickwerk liebt ihn, nährt ihn,
Tragt ihn im Herzen; aber seid gewiß,
Er ist ein ausgemachter Schuft.
Maler. Ich kenne keinen solchen, Herr.
Dichter. Noch ich.
Timon. Seht ihr, ich lieb' euch, ich will Gold euch geben,
Verbannt die Schufte nur aus eurer Nähe;
Henkt, stecht sie nieder, werft sie ins Kloak,
Vernichtet sie, wie's geht, und kommt zu mir,
Ich geb' euch Gold genug.
Beide. Nennt sie, verehrter Herr, macht sie uns kenntlich.
Timon. Du hier-, du dorthin, daß nur zwei beisammen;
Steht jeder auch für sich, getrennt, allein,
Ist doch ein Erzschuft stets mit ihm verbunden.

Wenn, wo du stehst, zwei Schufte nicht sein sollen,
Komm ihm nicht nah. – Wenn du nicht hausen willst,
Als wo *ein* Schuft nur ist, so meide ihn.
Fort! Hier ist Gold; ihr kamt nach Gold, ihr Schurken;
Für eure Arbeit nehmt Bezahlung. Fort!
Du bist ein Alchimist, mach Gold daraus:
Fort, Lumpenhunde!
  (Er schlägt sie und geht ab, indem er sie vor sich hertreibt.)

2. Szene
Vor Timons Höhle

Es treten auf *Flavius* und zwei *Senatoren*.

Flavius. Vergeblich, daß ihr Timon sprechen wollt;
Denn in sich selbst ist er so ganz versunken,
Daß außer ihm, nichts was dem Menschen gleicht,
Freund mit ihm ist.
Erster Senator.   Führ uns zu seiner Höhle;
Wir sind geschickt, versprachen den Athenern,
Mit ihm zu reden.
Zweiter Senator.   Nicht zu allen Zeiten
Ist stets der Mensch sich gleich. Zeit und sein Gram
Schuf so ihn um; wenn Zeit mit mildrer Hand
Der vor'gen Tage Glück ihm wieder beut,
Macht sie zum vor'gen Mann ihn. Führt uns zu ihm,
Dann geh' es, wie es kann.
Flavius.   Hier ist die Höhle. –
Sei Fried' und Wohlsein hier! Timon! Gebieter!
Schaut her, und sprecht mit Freunden. Die Athener
Begrüßen Euch durch würd'ge Senatoren:
O, edler Timon, sprecht mit ihnen.
     Timon tritt auf.
Timon. Du Sonne, heilsame, verbrenne! – Sprecht
Und seid gehenkt. Für jedes wahre Wort
Euch Blasen auf die Zung', und jedes falsche
Brenn' sie wie Eisen mit der Wurzel weg,
Im Sprechen sie vernichtend!
Erster Senator.   Würd'ger Timon –
Timon. Nur solcher wert als Ihr, wie Ihr des Timon.
Zweiter Senator. Timon, es grüßt dich der Senat Athens.
Timon. Ich dank' ihm; schickt' ihm gern die Pest zurück,
Könnt' ich für ihn sie greifen.
Erster Senator.   O, vergiß,

Was deinethalben selber wir bedauern.
Die Senatoren mit einstimm'ger Liebe
Ersuchen dich, heim nach Athen zu kehren,
Dir hohe Würden bietend, welche offen
Daliegen, daß du dich mit ihnen schmückst.
Zweiter Senator. Und sie gestehn,
Zu gröblich war's, wie alle dich vergaßen.
Jetzt hat nun der gesamte Staat – der selten
Nur widerruft – gefühlt, wie sehr die Hilfe
Ihm Timons fehlt, zu deutlich nur empfindend,
Daß selbst er stürzt, dem Timon Hilfe weigernd;
Er sendet uns, als Ausdruck seines Kummers,
Zugleich mit der Belohnung, die ergib'ger
Als die Verletzung, noch so scharf gewogen;
So aufgehäufte Summen Lieb' und Gold,
Daß sie auslöschen ganz des Staates Schuld
Und ein dir schreiben ihrer Liebe Zeichen,
Daß du sie stets als deine lesen kannst.
Timon. Wie ihr mich bezaubert,
Mich überrascht, daß fast die Träne rinnt;
Leiht mir des Toren Herz, des Weibes Auge,
Bei eurem Trost zu weinen, Senatoren.
Erster Senator. Laß dir's gefallen, kehre heim mit uns:
Nimm über unser, dein Athen, die Herrschaft
Als Oberhaupt, und Dank soll dich belohnen,
Vollkommne Macht dich krönen, und dein Name
In Ansehn blühn, – wenn wir zurückgetrieben
Das freche Nahn des Alcibiades,
Der, wildem Eber gleich, aufwühlt den Frieden
Des Vaterlands.
Zweiter Senator. Und der die Türm' Athens
Mit seinem Schwert bedräut.
Erster Senator. Timon, darum –
Timon. Gut, Herr, ich will; darum will, Herr, ich so:
Fällt meine Landsleut' Alcibiades,
Laßt Alcibiades von Timon wissen,
Daß Timon
Nichts danach fragt. Schleift er die edle Stadt
Und zupft die frommen Greis' an ihren Bärten,
Gibt unsre heil'gen Jungfrauen preis der Schmach
Des tierisch wilden, frech vermeßnen Krieges,
Dann laßt ihn wissen – sagt ihm, Timon sprach's –
Aus Mitleid für den Greis und Jüngling, muß ich

Ihm melden, ja – ich frage nichts danach,
Und zürn' er drob; denn nichts fragt nach ihr Messer,
Solang ihr Kehlen habt. Von mir sag' ich,
Daß ich den schlechtsten Kneif im rohen Lager
Im Herzen höher stell' als aus Athen
Die hochschätzbarste Gurgel. So verbleibt
Dem Schutz der segensreichen Götter, wie
Der Dieb dem Schließer.

Flavius. Geht, es ist umsonst.

Timon. Nun, ich schrieb eben da mein Epitaph,
Man sieht es morgen. Nun beginnt zu heilen
Mein langes Lebens- und Gesundheitsleid,
Und nichts bringt alles mir. Geht, lebt nur weiter;
Sei Alcibiades euch Qual, ihr ihm,
Und lange währ's!

Erster Senator. Wir sprechen nur vergeblich.

Timon. Doch lieb' ich noch mein Vaterland, und nicht
Erfreut der allgemeine Schiffbruch mich,
Wie das Gerücht es sagt.

Erster Senator. So sprichst du gut.

Timon. Empfehlt mich meinen teuren Landsgenossen. –

Erster Senator. Dies Wort ziert deinen Mund, indem er's spricht.

Zweiter Senator. Zieht in das Ohr, wie im Triumph der Sieger
Ins jubelreiche Tor.

Timon. Empfehlt mich ihnen
Und sagt, um ihren Kummer zu erleichtern,
Die Furcht vor Feindesschlag, Verlust und Schmerz,
Der Liebe Qual und mannigfaches Weh,
Die der Natur zerbrechlich Fahrzeug trägt,
Auf schwankem Lebensweg, will ich sie trösten,
Des Alcibiades Wut entwaffnen lehren.

Zweiter Senator. Dies dünkt mich gut, er kehrt gewiß zurück.

Timon. Mir wächst ein Baum, hier nah meinem Gehege,
Mein eigner Nutzen treibt mich ihn zu fällen,
Ich haue bald ihn um; sagt meinen Freunden,
Sagt ganz Athen, dem Adel wie dem Volk,
Vom Höchsten zum Geringsten, wem's gefalle,
Zu enden seine Not, der möge eilen,
Hierher, eh' noch mein Baum die Axt gefühlt
Und sich dran hängen. – Bitte, grüßt sie alle.

Flavius. Stört ihn nicht mehr, so findet ihr ihn stets.

Timon. Kommt nicht mehr zu mir, sondern sagt Athen,
Timon hat hier sein ew'ges Haus gebaut

Am flachen Uferrand der salz'gen Flut,
Das einmal tags mit ihrem schwell'nden Schaum
Die Wogen überfluten; dahin kommt,
Laßt meinen Grabstein euch Orakel sein. –
Laßt, Lippen, bittre Wort' und ende, Laut;
Des Schlimmen Beßrung sei der Pest vertraut!
Kein Menschenwerk als Gräber; Tod ihr Lohn!
Birg, Sonne, dich! Vollbracht hat Timon schon.   (Er geht ab.)
Erster Senator.   Sein zorn'ger Sinn ist fest und unzertrennlich
Von seinem Wesen.
Zweiter Senator.   In ihm starb unsre Hoffnung; kehren wir
Und bieten auf, was uns noch bleibt an Mitteln
In dieser großen Not.
Erster Senator.   Wir müssen eilen.   (Sie gehen ab.)

3. Szene
In Athen

Es treten auf zwei *Senatoren* und ein *Bote.*

Erster Senator.   Mit Sorgfalt forschtest du; sind seine Scharen
So zahlreich, wie du sagst?
Bote.   Das Mind'ste nannt' ich;
Dabei verheißt sein Eilen, daß er gleich
Sich zeigen wird.
Zweiter Senator.
Kommt Timon nicht, so sind wir sehr gefährdet.
Bote.   Ich traf, als Boten, einen alten Freund,
Mit dem, obwohl jetzt durch Partein getrennt,
Die alte Lieb' ihr Sonderrecht bewahrte
Und uns als Freunde sprechen ließ; – er ritt
Vom Alcibiades zu Timons Höhle
Und bracht' ihm Briefe, die ihn dringend baten,
Mit ihm den Krieg auf eure Stadt zu führen,
Da seinethalb zum Teil er ihn begann.
               Die *Senatoren* kommen von Timon zurück.
Erster Senator.   Seht, unsre Brüder kommen.
Dritter Senator.
Sprecht nicht von Timon, nichts von ihm erwartet. –
Des Feindes Trommel tönt, der große Zug
Erfüllt die Luft mit Staub. Zu den Waffen alle!
Es legt der Feind für unsern Fuß die Falle.
               (Sie gehen alle ab.)

4. Szene
Vor Timons Höhle, man sieht einen Grabstein

Ein Soldat tritt auf.

Soldat. Nach der Beschreibung wäre dies der Platz.
Wer da? He, keine Antwort! – Was ist das?
Timon ist tot, er zahlte der Natur;
Dies macht' ein Tier, von Menschen keine Spur.
Ja, tot gewiß, und dies ist hier sein Grab. –
Was auf dem Grabmal steht, kann ich nicht lesen;
So drück' ich in dies Wachs die Zeichen ab.
Der Feldherr ist in Kenntnis jeder Schrift
Ein alter Forscher, obwohl jung an Jahren;
Athen, die stolze Stadt, bedroht er eben,
Ihr Fall ist seiner Ehrsucht höchstes Streben. (Er geht ab.)

5. Szene
Vor den Thoren von Athen

Trompeten. Alcibiades tritt auf mit seinem Heer.

Alcibiades. Blast dieser, feigen, schwelgerischen Stadt
Ins Ohr mein schrecklich Nahn.

Trompeten. Die Senatoren erscheinen auf den Mauern.

Bis jetzt gelang es euch, die Zeit zu füllen
Mit Maß der Willkür; Satzung war allein,
Was gut euch dünkte; ich und andre schliefen
Im Schatten eurer Macht und wanderten
Kreuzweis die Arm' und seufzten unser Leid
Vergeblich nur. Nun ist die Zeit erwachsen,
Wo schmiegsam Mark, im Lasttier stark geworden,
Von selber schreit: „Nicht mehr!" In Polsterstühlen
Wird jetzt bequem die stumme Kränkung ruhn,
Und der vollwanst'ge Übermut wird keuchen
In Furcht und grauser Flucht.

Erster Senator. O, edler Jüngling,
Als deine erste Kränkung noch Gedanke,
Eh' du Gewalt, wir Grund zu fürchten hatten,
Kam Botschaft dir, mit Balsam deine Wut,
Mit Liebe unsern Undank auszutilgen,
Mehr zahlend als die Schuld.

Zweiter Senator. Auch luden wir
Zu unsrer Stadt den umgeschaff'nen Timon,
Demütig flehend, liebevoll versprechend;

Nicht alle fehlten, drum verdienen alle
Des Krieges Geißel nicht.
Erster Senator. Hier diese Mauern,
Sie wurden nicht durch derer Hand gebaut,
Die dich gekränkt, noch ist die Kränkung so,
Daß diese Türm' und Tempel fallen sollten,
Um Schuld der Einzelnen.
Zweiter Senator. Auch sind sie tot,
Die Ursach' waren, daß du dich entferntest;
Scham über ihren Fehl in Übermaß,
Zerbrach ihr Herz. So zieh denn, edler Feldherr,
Mit fliegendem Panier in unsre Stadt.
Laß, durch das Los bestimmt, den Zehnten sterben;
Hungert dein Rachgefühl nach dieser Speise,
Vor der Natur ergraut, nimm du den Zehnten;
Wie durch Geschick des Würfels Flecken fallen,
So falle der Befleckte.
Erster Senator. Alle fehlten nicht;
Nicht billig ist's, für die Verstorbnen Rache
An Lebenden zu nehmen; Sünde erbt
Sich nicht wie Land und Gut. Drum, teurer Landsmann,
Führ ein dein Heer, doch laß die Rache draußen;
Schon deiner Wieg', Athens, verwandten Bluts,
Das deines Zornes Strom vergießen würde,
Mit dem der Schuldigen. Gleich einem Schäfer
Nah deiner Hürd' und sondre das Erkrankte,
Doch nicht erwürge alles.
Zweiter Senator. Was du forderst,
Wirst du mit deinem Lächeln eh' erzwingen
Als mit dem Schwert erhaun.
Erster Senator. Setz nur den Fuß
An dies bollwerkte Tor, so springt es auf,
Hast du dein mildes Herz vorausgesandt
Als Freundesboten.
Zweiter Senator. Wirf den Handschuh her;
Gib sonst ein Unterpfand der Ehr', daß du
Zu deiner Herstellung den Krieg nur nutzest
Und nicht zu unserm Sturz, so nimmt dein Heer
Wohnung in unsrer Stadt, bis wir bewilligt
Dein vollestes Begehr.
Alcibiades. Hier ist mein Handschuh;
Tut auf das unbedrohte Tor, steigt nieder!
Die, welche Timons Feind' und meine sind,

Die selbst als strafbar ihr bezeichnet, fallen
Allein, und zu versöhnen eure Furcht
Mit meinem edlen Sinn: kein Mann verläßt
Sein Standquartier, den Strom auch keiner trübe
Des hergebrachten Rechts in eurer Stadt:
Geschieht's, so zieh' ihn eure eigne Satzung
Zur strengsten Rechenschaft.
Beide. Ein edles Wort.
Alcibiades. So steigt herab und haltet das Versprechen.
(Die Senatoren steigen herab und öffnen die Tore.)
Ein *Soldat* tritt auf.
Soldat. Mein edler Feldherr, Timon ist gestorben
Und an des Meeres ödem Strand begraben.
Auf seinem Grabstein fand ich diese Schrift;
Ich prägte sie in Wachs, des sanfte Form
Dir deute, was ich selbst nicht lesen kann.
Alcibiades (liest).
„Hier liegt der traurige Leib, dem der traur'ge Geist entschwebt;
Forscht meinen Namen nicht. Fluch allem, was da lebt!
Hier lieg' ich, Timon; da ich lebt', haßt' ich, was Leben hegt;
Geh, fluch von Herzen, aber mach, daß fort dein Fuß dich trägt."
Wohl drückt dies aus, was du zuletzt gefühlt;
Hast unser menschlich Leid du auch verachtet,
Des Hirnes Flut, die Tropfen, welche karg
Die Rührung fallen läßt; doch lehrte dich
Dein reicher Witz Neptunus selbst zu zwingen,
Daß er nun ewig weint gesühnte Fehler
Auf deinem niedern Grab. Gestorben ist
Der edle Timon; künftig mehr von ihm. –
Führt mich in eure Stadt, und mit dem Schwert
Bring' ich den Ölzweig. Krieg erzeuge Frieden,
Und Frieden hemme Krieg; jeder erteile
Dem andern Rat, daß eins das andre heile. –
Rührt eure Trommeln. (Alle gehen ab.)

König Lear

Übersetzt von

Ludwig Tieck

Personen

Lear, König von Britannien.
König von *Frankreich*.
Herzog von *Burgund*.
Herzog von *Cornwall*.
Herzog von *Albanien*.
Graf von *Gloster*.
Graf von *Kent*.
Edgar, Glosters Sohn.
Edmund, Glosters Bastard.
Curan, ein Höfling.
Ein *Arzt*.

Der *Narr*.
Oswald, Gonerils Haushofmeister.
Ein *Hauptmann*.
Ein *Edelmann* im Gefolge der Cordelia.
Ein *Herold*.
Ein *alter Mann*, Glosters Pachter.
Bediente von Cornwall.
Goneril,
Regan, } Lears Töchter.
Cordelia,

Ritter im Gefolge des Königs, Offiziere, Boten, Soldaten und Gefolge.

(Die Szene ist in Britannien.)

Erster Aufzug

1. Szene
König Lears Palast

Kent, Gloster und *Edmund*

Kent. Ich dachte, der König sei dem Herzog von Albanien gewogener als dem von Cornwall.

Gloster. So schien es uns immer; doch jetzt, bei der Teilung des Reichs, zeigt sich's nicht, welchen der beiden Herzöge er höher schätzt. Denn so gleichmäßig sind die Teile abgewogen, daß die genaueste Wahl selbst sich für keine der Hälften entscheiden könnte.

Kent. Ist das nicht Euer Sohn, Mylord?

Gloster. Seine Erziehung ist mir zur Last gefallen: Ich mußte so oft erröten, ihn anzuerkennen, daß ich nun dagegen gestählt bin.

Kent. Ich verstehe Euch nicht.

Gloster. Seine Mutter und ich verstanden uns nur zu gut; und dies Einverständnis verschaffte ihr früher einen Sohn für ihre Wiege als einen Mann für ihr Bett. Merkt Ihr was von einem Fehltritt?

Kent. Ich kann den Fehltritt nicht ungeschehen wünschen, da der Erfolg davon so anmutig ist.

Gloster. Doch habe ich auch einen rechtmäßigen Sohn, etwa ein Jahr älter als dieser, den ich aber darum nicht höher schätze. Obgleich dieser Schelm etwas vorwitzig in die Welt kam, eh' er gerufen war, so war doch seine Mutter schön. Es ging lustig her bei seinem Entstehen, und der Bankert durfte nicht verleugnet werden. Kennst du diesen edlen Herrn, Edmund?

Edmund. Nein, Mylord.

Gloster. Mylord von Kent; gedenke sein hinfort als meines geehrten Freundes.

Edmund. Mein Dienst sei Euer Gnaden gewidmet.

Kent. Ich muß Euch lieben, und bitte um Eure nähere Bekanntschaft.

Edmund. Ich werde sie zu verdienen suchen.

Gloster. Er war neun Jahre im Auslande und soll wieder fort. Der König kommt!   (Man hört Trompeten.)

König *Lear, Cornwall, Albanien, Goneril, Regan, Cordelia* und Gefolge
treten auf.

Lear. Empfangt die Herren von Frankreich und Burgund, Gloster!

Gloster. Sehr wohl, mein König!   (Gloster und Edmund ab.)

Lear. Derweil enthüll'n wir den verschwiegnen Vorsatz.

Die Karte dort. – Wißt, daß wir unser Reich
Geteilt in drei. 's ist unser fester Schluß,
Von unserm Alter Sorg' und Müh' zu schütteln,
Sie jüngrer Kraft vertrauend, während wir
Zum Grab entbürdet wanken. Sohn von Cornwall,
Und Ihr gleich sehr geliebter Sohn Albanien,
Wir sind jetzund gewillt, bekannt zu machen
Der Töchter festbeschiedne Mitgift, daß
Wir künft'gem Streite so begegnen. –
Die Fürsten Frankreich und Burgund, erhabne
Wettbewerber um der jüngern Tochter Gunst,
Verweilten lange hier in Liebeswerbung
Und harr'n auf Antwort. – Sagt mir, meine Töchter –
Da wir uns jetzt entäußern der Regierung,
Des Landbesitzes und der Staatsgeschäfte –
Welche von euch liebt uns nun wohl am meisten?

Daß wir die reichste Gabe spenden, wo
Natur kämpft mit Verdiensten. Goneril,
Du Erstgeborne, sprich zuerst!

Goneril. Mein Vater,
Mehr lieb' ich Euch, als Worte je umfassen;
Weit inniger, als Licht und Luft und Freiheit;
Weit über Schätze, deren Wert man abwägt,
Wie Schmuck des Lebens, Wohlsein, Schönheit, Ehre;
Wie je ein Kind geliebt, ein Vater Liebe fand.
Das Wort bedünkt mich arm, die Sprache stumm,
Weit mehr, als alles das, lieb' ich Euch noch.

Cordelia (beiseite).
Was sagt Cordelia nun? Sie liebt und schweigt.

Lear. All dies Gebiet, von dem zu jenem Strich,
An schatt'gen Forsten und Gefilden reich,
An vollen Strömen, weit gedehnten Triften,
Beherrsche du; dir und Albaniens Stamm
Sei dies auf ewig. Was sagt unsre zweite Tochter,
Die teure Regan, Cornwalls Gatting? Sprich!

Regan. Ich bin vom selben Stoff wie meine Schwester,
Und schätze mich ihr gleich. Mein treues Herz
Fühlt, all mein Lieben hat sie Euch genannt;
Nur bleibt sie noch zurück: denn ich erkläre
Mich als die Feindin jeder andern Lust,
Die in der Sinne reichstem Umkreis wohnt,
Und fühl' in Eurer teuern Hoheit Liebe
Mein einzig Glück.

Cordelia (beiseite). Arme Cordelia dann!
Und doch nicht arm; denn meine Lieb', ich weiß,
Wiegt schwerer als mein Wort.

Lear. Dir und den Deinen bleib' als Erb' auf immer
Dies weite Dritteil unsres schönen Reichs,
An Umfang, Wert und Anmut minder nicht,
Als was ich Gon'ril gab. Nun, unsre Freude,
Du jüngste, nicht geringste: deren Liebe
Die Weine Frankreichs und die Milch Burgunds
Nachstreben; was sagst du, dir zu gewinnen
Ein reichres Dritteil als die Schwestern? Sprich!

Cordelia. Nichts, gnäd'ger Herr!

Lear. Nichts?

Cordelia. Nichts.

Lear. Aus nichts kann nichts entstehn; sprich noch einmal.

Cordelia. Ich Unglücksel'ge ich kann nicht mein Herz

Erster Aufzug. 1. Szene

Auf meine Lippen heben; ich lieb' Eu'r Hoheit,
Wie's meiner Pflicht geziemt, nicht mehr, nicht minder.
Lear. Wie? Wie? Cordelia! Beßre deine Rede,
Verschlimmerst sonst dein Glück.
Cordelia. Mein teurer Herr,
Ihr zeugtet, pflegtet, liebtet mich; und ich,
Ich bin Euch dankbar, wie die Pflicht es heischt,
Gehorch' Euch, lieb' Euch und verehr' Euch hoch.
Wozu den Schwestern Männer, wenn sie sagen,
Sie lieben Euch nur? Würd' ich je vermählt,
So folgt dem Mann, der meinen Schwur empfing,
Halb meine Treu', halb meine Lieb' und Pflicht.
Gewiß, nie werd' ich frein, wie meine Schwestern,
Den Vater nur allein zu lieben.
Lear. Und kommt dir das vom Herzen?
Cordelia. Ja, mein Vater.
Lear. So jung und so unzärtlich?
Cordelia. So jung, mein Vater, und so wahr.
Lear. Sei's drum. Nimm deine Wahrheit dann zur Mitgift;
Denn bei der Sonne heil'gem Strahlenkreis,
Bei Hekates Mysterien und der Nacht,
Bei allen Kräften der Planetenbahn,
Durch die wir leben und dem Tod verfallen,
Sag' ich mich los hier aller Vaterpflicht,
Aller Gemeinsamkeit und Blutsverwandtschaft,
Und wie ein Fremdling meiner Brust und mir
Sei du von jetzt auf ewig. Der rohe Scythe,
Ja der die eignen Kinder macht zum Fraß,
Zu sätt'gen seine Gier, soll meinem Herzen
So nah' stehn, gleichen Trost und Mitleid finden
Wie du, mein weiland Kind.
Kent. O edler König!
Lear. Schweig, Kent!
Tritt zwischen den Drachen nicht und seinen Grimm!
Sie war mein Liebling, alles hofft' ich mir
Von ihrer sanften Pflege. Fort! Mir aus den Augen! –
So sei das Grab mein Fried', als ich von ihr
Mein Vaterherz losreiße. – Ruft mir Frankreich!
Wer rührt sich? Ruft Burgund! – Ihr Cornwall und Albanien,
Zu meiner Töchter Mitgift schlagt dies Dritteil. –
Stolz, den sie Gradheit nennt, vermähle sie!
Euch beide kleid' ich hier in meine Macht,
Vorrang der Würd' und all den reichen Glanz,

Der Majestät umgibt. Wir, nach der Monde Lauf,
Mit Vorbehalt allein von hundert Rittern,
Die ihr erhaltet, wohnen dann bei euch,
Nach Ordnung wechselnd. Wir bewahren nur
Den Namen und des Königs Ehrenrecht; –
Die Macht,
Verwaltung, Rent' und alle Staatsgewalt,
Geliebte Söhn', ist euer. Des zum Zeugnis
Teilt diesen goldnen Reif.

Kent. Erhabner Lear,
Den ich als meinen König stets geehrt,
Geliebt als Vater und als Herrn begleitet,
Als höchsten Hort einschloß in mein Gebet –

Lear. Der Bogen ist gespannt, entflieh dem Pfeil!

Kent. Er falle lieber, ob die Spitze auch
Ins tiefste Herz mir bohrt. Kent sei ohn' Sitte,
Wenn Lear von Sinnen ist. Was willst du, Greis?
Meinst du, daß Pflicht zu reden scheut, weil Macht
Sich neigt dem Schmeichler? – Ehre fordert Gradheit,
Wenn Kön'ge töricht werden. Bleibe, Herr,
Und mit der besten Überlegung hemme
Die frevle Eil'. Mit meinem Leben bürg' ich,
Die jüngre Tochter liebt dich minder nicht,
Noch ist der ohne Herz, des schwacher Klang
Nicht Hohlheit wiedertönt.

Lear. Schweig, Kent, bei deinem Leben!

Kent. Mein Leben galt mir stets nur als ein Pfand
Zu wagen gegen deinen Feind; gern opfr' ich's
Für deine Wohlfahrt.

Lear. Aus den Augen mir!

Kent. Sieh besser, Lear, und laß mich immer bleiben
Den Zielpunkt deines Auges.

Lear. Nun, beim Apoll!

Kent. Nun, beim Apollo, König,
Du rufst vergeblich deine Götter an.

Lear. O Sklav! – Verruchter! (Legt die Hand ans Schwert.)

Albanien und **Cornwall.** Teurer Herr, laßt ab!

Kent. Tu's, töte deinen Arzt und gib den Lohn
Der schnöden Krankheit. Nimm zurück die Schenkung;
Sonst, bis der Kehle Kraft versagt zu schrein,
Sag ich dir: du tust unrecht.

Lear. Höre mich,
Bei deiner Lehnspflicht, hör mich, Elender!

> Weil du zum Wortbruch uns verleiten wolltst –
> Den wir noch nie gewagt – und frechen Muts
> Tratst zwischen unsern Spruch und unsre Macht –
> Was unser Sinn und Rang nicht dulden darf –
> Sprech' ich als Herrscher jetzt, nimm deinen Lohn.
> Fünf Tage gönnen wir, dich zu versehn
> Mit Schirmung vor des Lebens Ungemach,
> Am sechsten kehrst du den verhaßten Rücken
> Dem Königreich; und weilt am zehnten Tag
> In unserm Lande dein verbannter Leib,
> So ist's dein Tod. Hinweg! Bei Jupiter,
> Dies widerruf' ich nicht.

Kent. So leb denn wohl, Fürst. Zeigst du dich so, Lear,
> Lebt Freiheit auswärts und Verbannung hier.
> Dir, Jungfrau, sei'n die Götter mächt'ger Hort,
> Du denkst gerecht, und wahrhaft war dein Wort.
> Eu'r breites Reden sei durch Tat bewährt,
> Daß Liebeswort willkommne Frucht gebärt.
> Fahrt wohl, ihr Fürsten all'! Kent muß von hinnen,
> Im neuen Land den alten Lauf beginnen.   (Er geht ab.)

Gloster kommt zurück mit Frankreich, Burgund und Gefolge.

Gloster. Hier sind Burgund und Frankreich, hoher Herr!

Lear. Fürst von Burgund,
> Zu Euch erst sprech' ich, der mit diesem König
> Um unsre Tochter warb. Was als das Mindste
> Erwartet Ihr als Mitgift, oder steht
> Von Euerm Antrag ab?

Burgund.   Erhabner König,
> Mir g'nügt, was Ihr freiwillig habt geboten.
> Und minder geht Ihr nicht.

Lear.   Mein würd'ger Herzog,
> Als sie uns wert war, schätzten wir sie so;
> Nun ist ihr Preis gesunken. Seht, da steht sie:
> Wenn etwas an der kleinen Larve da,
> Oder sie ganz mit unserm Zorn dazu,
> Und weiter nichts, Eu'r Hoheit noch gefällt,
> So nehmt sie, sie ist Eu'r.

Burgund.   Mir fehlt die Antwort.

Lear. Herr!
> Wollt Ihr mit allen Mängeln, die ihr eigen,
> Freundlos und neuverschwistert unserm Haß,
> Zur Mitgift Fluch, durch Schwur von uns entfremdet,
> Sie nehmen oder lassen?

Burgund. Herr, verzeiht,
Solche Bedingung endigt jede Wahl.
Lear. So laß sie; bei der Macht, die mich erschuf,
Ich nannt' Euch all ihr Gut.
(Zu Frankreich.) Ihr, großer König –
Nicht so weit möcht' ich Eurer Lieb' entwandern,
Euch zu vermählen, wo ich hasse. Lenkt
In beßrem Ziel, ich bitt' Euch, Eure Neigung
Als auf dies Wesen, das Natur errötet,
Anzuerkennen.
Frankreich. Wahrlich, dies ist seltsam!
Daß sie, die eben noch Eu'r Kleinod war,
Der Inhalt Eures Lobs, Balsam des Alters,
Eu'r Bestes, Teuerstes, in diesem Nu
So Unerhörtes tat, ganz zu zerreißen
Solch reichgewebte Gunst. Gewiß, ihr Laster
Muß unnatürlich, ungeheuerlich,
Oder die Liebe, der Ihr Euch gerühmt,
Verdächtig sein. So schlimm von ihr zu denken,
Heischt Glauben, wie Vernunft ihn ohne Wunder
Mir nimmer einimpft.
Cordelia. Dennoch bitt' ich, Herr –
Ermangl' ich auch der schlüpfrig glatten Kunst,
Zu reden nur zum Schein – denn was ich ernstlich will,
Vollbring' ich, eh' ich's sage – daß Ihr zeugt,
Es sei kein schnöder Makel, Mord und Schmach,
Kein zuchtlos Tun, noch ehrvergeßner Schritt,
Der mir geraubt hat Eure Gnad' und Huld.
Nur, weil mir fehlt – wodurch ich reicher bin. –
Ein stets begehrend Aug' und eine Zunge,
Die ich mit Stolz entbehr', obgleich ihr Mangel
Mir Eure Neigung raubte.
Lear. Besser wär's,
Du lebtest nicht, als mir zum Mißgefallen!
Frankreich. Ist es nur das? Ein Zaudern der Natur,
Das die Erwähnung dessen oft verschweigt,
Was es zu tun denkt? – Herzog von Burgund,
Was sagt Ihr zu der Braut? Lieb' ist nicht Liebe,
Wenn sie vermengt mit Rücksicht, die seitab
Vom wahren Ziel sich wendet. Wollt Ihr sie?
Sie selbst ist ihre Mitgift.
Burgund. Hoher Lear,
Gebt mir den Anteil, den Ihr selbst bestimmt,

Und hier nehm' ich Cordelia bei der Hand
Als Herzogin Burgunds.
Lear.   Nichts! Ich beschwor's, ich bleibe fest.
Burgund.
Dann tut mir's leid, daß Ihr zugleich den Vater
Verliert und den Gemahl.
Cordelia.   Fahr hin, Burgund! –
Da Streben nach Besitz sein Lieben ist,
Werd' ich nie seine Gattin.
Frankreich.   Schönste Cordelia, du bist arm höchst reich,
Verbannt höchst wert; verachtet höchst geliebt! –
Dich nehm' ich in Besitz und deinen Wert;
Gesetzlich sei, zu nehmen, was man wegwarf.
Wie seltsam, Götter! Meiner Liebe Glühn
Zu Ehrfurcht muß aus kaltem Hohn erblühn.
Sie mußte Erb' und Glück bei dir verlieren,
Um über uns und Frankreich zu regieren.
Kein Herzog von Burgunds stromreichen Auen
Erkauft von mir die teuerste der Frauen!
Den Harten gib ein mildes Abschiedswort
Das hier verlierst du, find'st ein beßres Dort.
Lear.   Du hast sie, Frankreich; sie sei dein; denn nie
Hatt' ich solch Kind und nimmer grüße sie
Mein altes Auge mehr. Folg deinen Wegen
Ohn' unsre Lieb' und Gunst, ohn' unsren Segen.
Kommt, edler Fürst Burgund!
(Trompetengetön. Lear, Burgund, Cornwall, Albanien, Gloster und Gefolge
gehen ab.)
Frankreich.   Sag deinen Schwestern lebewohl.
Cordelia (beiseite).   Ihr, Vaters Edelsteine! – Nassen Blicks
Verläßt Cordelia euch. Ich kenn' euch wohl,
Und nenn' als Schwester eure Fehler nicht
Beim wahren Namen. Liebt denn unsern Vater,
Ich leg' ihn euch ans vielgerühmte Herz; –
Doch ach! Wär' ich ihm lieb' noch wie vor Zeiten,
Wollt' ich ihm einen bessern Platz bereiten.
So lebt dann beide wohl!
Regan.   Lehr uns nicht unsre Pflichten.
Goneril.   Dem Gemahl
Such zu genügen, der als Glücksalmosen
Dich aufnahm. Kindspflicht hast du verletzt;
Drum traf dich wohlverdienter Mangel jetzt.
Cordelia.   Was List verborgen, wird ans Licht gebracht;

Wer Fehler schminkt, wird einst mit Spott verlacht.
Es geh' euch wohl!
Frankreich. Komm, liebliche Cordelia!
(Frankreich und Cordelia gehen ab.)

Goneril. Schwester, ich habe nicht wenig zu sagen, was uns beide sehr nahe angeht. Ich denke, unser Vater will heut abend fort.

Regan. Ja, gewiß, und zu dir; nächsten Monat zu uns.

Goneril. Du siehst, wie launisch sein Alter ist; was wir darüber beobachten konnten, war bedeutend. Er hat immer unsere Schwester am meisten geliebt, und mit wie armseligem Urteil er sie jetzt verstieß, ist zu auffallend.

Regan. 's ist die Schwäche seines Alters; doch hat er sich von jeher nur obenhin gekannt.

Goneril. Schon in seiner besten und kräftigen Zeit war er zu hastig; wir müssen also von seinen Jahren nicht nur die Unvollkommenheiten längst eingewurzelter Gewohnheit erwarten, sondern außerdem noch den störrischen Eigensinn, den gebrechliches und reizbares Alter mit sich bringt.

Regan. Solch jähes Auffahren wird uns nun auch bevorstehen wie diese Verbannung Kents.

Goneril. Es wird noch weitere Abschiedskomplimente zwischen Frankreich und ihm geben; bitt' Euch, laßt uns zusammenhalten. Behauptet unser Vater sein Ansehn mit solchen Gesinnungen, so wird jene letzte Übertragung seiner Macht uns nur zur Kränkung.

Regan. Wir wollen es weiter überlegen.

Goneril. Es muß etwas geschehen, und in der Hitze.
(Sie gehen ab.)

2. Szene
Schloß des Grafen Gloster

Edmund mit einem Briefe

Edmund. Natur, du bist mein Gott, deinem Gesetz
Ist all mein Dienst geweiht. Was sollt' ich dulden
Den Fluch vererbter Sitte und gestatten
Daß mich der Völker Eigensinn enterbt,
Weil ich ein zwölf, ein vierzehn Mond' erschien
Nach einem Bruder? Was Bastard? Weshalb unecht?
Wenn meiner Glieder Maß so wohl gefügt,
Mein Sinn so edel und so echt die Bildung
Wie einer seinen Dame Frucht! Warum
Mit unecht uns brandmarken? Bastard? Unecht?

Uns, die im heißen Diebstahl der Natur
Mehr Stoff empfahn und kräft'gern Feuergeist,
Als in verdumpftem, trägem, schmalem Bett
Verwandt wird auf ein ganzes Heer von Tröpfen,
Halb zwischen Schlaf gezeugt und Wachen? Drum,
Echtbürt'ger Edgar! Mir gehört dein Land. –
Des Vaters Liebe hat der Bastard Edmund
Wie der Echtbürt'ge. Schönes Wort: echtbürtig!
Wohl, mein Echtbürt'ger, wenn dieses Brieflein wirkt
Und man mein Märchen glaubt, soll den Echtbürt'gen
Der Bastard Edmund . . . Ich gedeih', ich wachse!
Nun, Götter, schirmt Bastarde!

Gloster kommt.

Gloster. Kent so verbannt! – Frankreich im Zorn gegangen!
Der König fort zu Nacht! – Der Kron' entsagt!
Beschränkt auf Unterhalt! – Und alles das
Im Nu! – Edmund! Was gibt's? Was hast du Neues?

Edmund (steckt den Brief ein). Verzeih Eu'r Gnaden, nichts.

Gloster. Warum steckst du so eifrig den Brief ein?

Edmund. Ich weiß nichts Neues, Mylord.

Gloster. Was für ein Blatt lasest du?

Edmund. Nichts, Mylord.

Gloster. Nichts? – Wozu denn die erschreckliche Eil' damit in deine Tasche? – Ein eigentliches Nichts bedarf keiner solchen Hast, sich zu verstecken. Laß sehn. Gib! Wenn es nichts ist, brauche ich keine Brille.

Edmund. Ich bitte, Herr, verzeiht; es ist ein Brief meines Bruders, den ich noch nicht ganz durchgesehen, und soweit ich bis jetzt las, finde ich den Inhalt nicht für Eure Durchsicht geeignet.

Gloster. Gib mir den Brief, sag' ich.

Edmund. Ich werde unrecht tun, ich mag ihn geben oder behalten. Der Inhalt, soweit ich ihn verstehe, ist zu tadeln.

Gloster. Laß sehn, laß sehn.

Edmund. Ich hoffe zu meines Bruders Rechtfertigung, er schrieb dies nur als Prüfung und Versuchung meiner Tugend.

Gloster (liest). „Dieses Herkommen, diese Ehrfurcht vor dem Alter verbittert uns die Welt für unsere besten Jahre; entzieht uns unser Vermögen, bis unsere Hinfälligkeit es nicht mehr genießen kann. Ich fange an, eine alberne törichte Sklaverei in diesem Drucke bejahrter Tyrannei zu finden, die da herrscht, nicht wie sie Macht hat, sondern wie man sie duldet. Komm zu mir, daß ich weiter hierüber rede. Wenn unser Vater schlafen wollte, bis ich ihn weckte, solltest du für immer die Hälfte seiner Einkünfte besitzen und der Liebling sein deines Bruders Edgar." – Hum! – Verschwörung! – Schlafen wollte, bis ich ihn weckte – die Hälfte seiner Einkünfte besitzen – mein Sohn Edgar! Hatte er eine Hand, dies zu schreiben? Ein Herz und ein Gehirn, dies auszubrüten? Wann bekamst du dies? Wer brachte dir's?

Edmund. Es ward mir nicht gebracht, Mylord, das ist eben die Feinheit; ich fand's durch das Fenster meines Zimmers geworfen!

Gloster. Du erkennst deines Bruders Handschrift?

Edmund. Wäre der Inhalt gut, Mylord, so wollte ich darauf schwören; aber, wenn ich auf diesen sehe, so möchte ich lieber glauben, sie sei es nicht.

Gloster. Es ist seine Hand.

Edmund. Sie ist's, Mylord, aber ich hoffe, sein Herz ist dem Inhalte fern.

Gloster. Hat er dich nie zuvor über diesen Punkt ausgeforscht?

Edmund. Niemals, Mylord; doch habe ich ihn oft behaupten hören, wenn Söhne in reifen Jahren und die Väter auf der Neige ständen, dann sei von Rechts wegen der Vater des Sohnes Mündel und der Sohn Verwalter seines Vermögens.

Gloster. O Schurke, Schurke! – Völlig der Sinn seines Briefes! – Verruchter Bube! Unnatürlicher, abscheulicher, viehischer Schurke! Schlimmer als viehisch! – Geh gleich, such ihn auf, ich will ihn festnehmen. – Verworfner Bösewicht! – Wo ist er?

Edmund. Ich weiß es nicht genau, Mylord. Wenn es Euch gefiele, Euren Unwillen gegen meinen Bruder zurückzuhalten, bis Ihr ihm ein beßres Zeugnis seiner Absichten entlocken könnt, so würdet Ihr sicherer gehen; wollt Ihr aber gewaltsam gegen ihn verfahren und hättet Euch in seiner Absicht geirrt, so würde es Eure Ehre tödlich verwunden und das Herz seines Gehorsams zertrümmern. Ich möchte mein Leben für ihn zum Pfande setzen, daß er dies geschrieben hat, um meine Ergebenheit gegen Euch, Mylord, auf die Probe zu stellen, und sonst keine gefährliche Absicht hatte.

Gloster. Meinst du?

Edmund. Wenn's Eu'r Gnaden genehm ist, stell' ich Euch an einen Ort, wo Ihr uns darüber hören und Euch durch das Zeugnis Eures eigenen Ohrs Gewißheit verschaffen sollt; und das ohne Verzug, noch diesen Abend.

Gloster. Er kann nicht solch ein Ungeheuer sein.

Edmund. Und ist's gewiß nicht.

Gloster. Gegen seinen Vater, der ihn so ganz, so zärtlich liebt! Himmel und Erde! Edmund, such ihn auf! – Bohre dich in sein Herz, ich bitte dich, führe das Geschäft nach deiner eigenen Klugheit.

Ich wollte Rang, Vermögen, alles dran geben, um volle Klarheit zu erlangen.

Edmund. Ich will ihn sogleich aufsuchen, Mylord, die Sache fördern, wie ich's vermag, und Euch Nachricht geben.

Gloster. Jene letzten Verfinsterungen an Sonne und Mond weissagen uns nichts Gutes. Mag die Wissenschaft der Natur sie so oder anders auslegen, die Natur empfindet ihre Geißel an den Wirkungen, die ihnen folgen. Liebe erkaltet, Freundschaft fällt ab, Brüder entzweien sich; in Städten Meuterei, auf dem Lande Zwietracht, in Palästen Verrat; das Band zwischen Sohn und Vater zerrissen. Dieser mein Bube bestätiget diese Vorzeichen; da ist Sohn gegen Vater. Der König weicht aus dem Gleise der Natur, da ist Vater gegen Kind. Wir haben das Beste unserer Zeit gesehen. Ränke, Herzlosigkeit, Verrat und alle zerstörenden Umwälzungen verfolgen uns rastlos bis an unser Grab. Erforsche mir den Buben, Edmund, es soll dein Schaden nicht sein; tu's mit allem Eifer. Und der edle treuherzige Kent verbannt! Sein Verbrechen, Redlichkeit! – Seltsam, seltsam! (Geht ab.)

Edmund. Das ist die ausbündige Narrheit dieser Welt, daß wenn wir an Glück krank sind – oft durch die Übersättigung unseres Tuns – wir die Schuld unserer Unfälle auf Sonne, Mond und Sterne schieben, als wenn wir Schurken wären durch Notwendigkeit; Narren durch himmlische Einwirkung; Schelme, Diebe und Verräter durch die Übermacht der Sphären; Trunkenbolde, Lügner und Ehebrecher durch notgedrungene Abhängigkeit von planetarischem Einfluß; und alles, worin wir schlecht sind, durch göttlichen Anstoß. Eine herrliche Ausflucht für den Liederlichen, seine hitzige Natur den Sternen zur Last zu legen! – Mein Vater ward mit meiner Mutter einig unterm Drachenschwanz, und meine Nativität fiel unter ursa major; und so folgt denn, ich sei rauh und verbuhlt. Ei was, ich wäre geworden, was ich bin, wenn auch der mädchenhafteste Stern am Firmament auf meine Bastardisierung geblinkt hätte. Edgar –

Edgar tritt auf.

Und husch ist er da, wie die Katastrophe in der alten Komödie. Mein Stichwort ist spitzbübische Melancholie und ein Seufzer wie Thoms aus Bedlam. – O diese Verfinsterungen deuten diesen Zwiespalt! Fa, sol, la, mi –

Edgar. Wie geht's, Bruder Edmund? In was für tiefsinnigen Betrachtungen?

Edmund. Ich sinne, Bruder, über eine Weissagung, die ich dieser Tage las, was auf diese Verfinsterungen folgen werde!

Edgar. Gibst du dich mit solchen Dingen ab?

Edmund. Ich versichere dich, die Wirkungen, von denen er schreibt, treffen unglücklich ein: – Unnatürlichkeit zwischen Vater und Kind – Tod, Teuerung, Auflösung alter Freundschaft, Spaltung im Staat, Drohungen und Verwünschungen gegen König und Adel; grundloses Mißtrauen, Verbannung von Freunden, Auflösung des Heers, Trennung der Ehen, und was noch alles!

Edgar. Seit wann gehörst du zur astronomischen Sekte?

Edmund. Hör, wann sahst du meinen Vater zuletzt?

Edgar. Nun, gestern abend.

Edmund. Sprachst du mit ihm?

Edgar. Ja, zwei volle Stunden.

Edmund. Schiedet ihr in gutem Vernehmen? Bemerktest du kein Mißfallen an ihm in Worten oder Mienen?

Edgar. Durchaus nicht.

Edmund. Besinne dich, womit du ihn beleidigt haben könntest; und ich bitte dich, meide seine Gegenwart, bis eine kurze Zwischenzeit die Hitze seines Zorns gemäßigt hat, der jetzt so in ihm wütet, daß ihn kaum eine Mißhandlung deiner Person besänftigen würde.

Edgar. Irgend ein Schurke hat mich angeschwärzt.

Edmund. Das fürcht' ich auch. Ich bitte dich, halte geduldig an dich, bis die Heftigkeit seines Ingrimms nachläßt, und, wie gesagt, verbirg dich bei mir in meinem Zimmer, wo ich's einrichten will, daß du den Grafen reden hören sollst. Ich bitte dich, geh, hier ist mein Schlüssel. Wagst du dich hervor, so geh bewaffnet.

Edgar. Bewaffnet, Bruder?

Edmund. Bruder, ich rate dir dein Bestes: geh bewaffnet. Ich will nicht ehrlich sein, wenn man Gutes gegen dich im Schilde führt. Ich habe dir nur schwach angedeutet, was ich sah und hörte; längst noch nicht, wie entsetzlich die Wirklichkeit ist. Bitte dich, fort!

Edgar. Werd' ich bald von dir hören?

Edmund. Zähle auf mich in dieser Sache. (Edgar geht ab.)
Ein gläub'ger Vater und ein edler Bruder,
So fern von allem Unrecht, daß er nie
Argwohn gekannt, des dumme Ehrlichkeit
Mir leichtes Spiel gewährt! Ich sehe alles:
Wenn nicht Geburt, schafft List mir Land und Leute;
Und was mir nützt, das acht' ich freie Beute. (Er geht ab.)

3. Szene
Vor dem Palast des Herzogs von Albanien

Goneril und der *Haushofmeister*

Goneril. Schlug mein Vater meinen Diener, weil er seinen Narren schalt?

Haushofmeister. Ja, gnäd'ge Frau!
Goneril. Es kränkt mich Tag und Nacht. Ja, jede Stunde
   Bricht er hervor mit der und jener Unbill,
   Die alle uns verstört; ich duld' es nicht.
   Die Ritter werden frech, er selber schilt
   Um jeden Tand. Wenn er vom Jagen kommt,
   Will ich ihn jetzt nicht sehn; sag, ich sei krank.
   Wenn Ihr in Eurem Dienst saumsel'ger werdet,
   So tut Ihr recht, die Schuld nehm' ich auf mich.   (Trompeten.)
Haushofmeister. Jetzt kommt er, gnäd'ge Frau, ich hör' ihn schon.
Goneril. Zeigt ihm so träge Lässigkeit Ihr wollt,
   Du und die andern; wollt', es käm' zur Sprache.
   Wenn's ihm mißfällt, so zieh er hin zur Schwester,
   Die darin, weiß ich, einig ist mit mir
   Und sich nicht meistern läßt. Der alte Tor,
   Der immer noch die Macht behaupten will,
   Die er verschenkt hat! Nun, bei meinem Leben,
   Das Alter kehrt zur Kindheit, und es braucht
   Der strengen Zucht, wenn Güte ward mißbraucht.
   Merk dir, was ich gesagt.
Haushofmeister.   Wohl, gnäd'ge Frau!
Goneril. Und seinen Rittern gönnt nur kalte Blicke,
   Was draus erwächst, gleichviel; sagt's auch den andern.
   Ich nehme wohl Gelegenheit hieraus,
   Mich zu erklären. Meiner Schwester schreib' ich gleich,
   Daß sie verfährt wie ich. Besorg das Mahl.   (Sie gehen ab.)

4. Szene
Ebendaselbst

Kent tritt auf, verkleidet

Kent. Kann ich so gut nur fremde Sprache borgen,
   Die meine Red' entstellt, so mag vielleicht
   Mein guter Will' in vollem Maß erreichen
   Das Ziel, um das mein Selbst ich ausgelöscht.
   Nun, du verbannter Kent,
   Kannst du dort dienen, wo man dich verdammt –
   Und geb' es Gott! – soll dein geliebter Herr
   Dich unermüdlich finden.

   Jagdhörner hinter der Szene; Lear, Ritter und Gefolge treten auf.

   Lear. Laßt mich einen Augenblick auf das Essen warten; geht, laßt anrichten.   (Einer vom Gefolge geht ab.)
   Nun, wer bist du?

Kent. Ein Mann, Herr!

Lear. Was ist dein Beruf? Was willst du von uns?

Kent. Mein Beruf ist, nicht weniger zu sein, als ich scheine; dem treu zu dienen, der mir sein Vertrauen schenken will; den zu lieben, der ehrlich ist; mit dem zu verkehren, der Verstand hat und wenig spricht; Gottes Gericht zu fürchten; zu fechten, wenn ich's nicht ändern kann, und keine Fische zu essen.

Lear. Wer bist du?

Kent. Ein recht treuherziger Kerl und so arm als der König.

Lear. Wenn du als Untertan so arm bist, wie er als König, so bist du arm genug. Was willst du?

Kent. Dienst.

Lear. Wem willst du dienen?

Kent. Euch.

Lear. Kennst du mich, Alter?

Kent. Nein; aber Ihr habt etwas in Eurer Miene, das ich gern Herr nennen möchte.

Lear. Was ist das?

Kent. Hoheit.

Lear. Was für Dienste kannst du tun?

Kent. Ich kann ehrlich verschwiegen sein, reiten, laufen, eine hübsche Geschichte schlecht erzählen, und eine deutliche Botschaft schlicht bestellen; wozu ein gewöhnlicher Mensch brauchbar ist, dafür tauge ich, und das Beste an mir ist Fleiß.

Lear. Wie alt bist du?

Kent. Nicht so jung, Herr, ein Mädchen ihres Gesanges wegen zu lieben, noch so alt, um ohne alle Ursache in sie vergafft zu sein; ich habe achtundvierzig Jahre auf dem Rücken.

Lear. Folge mir, du sollst mir dienen; wenn du mir nach dem Essen nicht schlechter gefällst, so trennen wir uns nicht so bald. – Das Essen, holla! das Essen! – Wo ist mein Bursch, mein Narr? – Geh einer und ruf mir meinen Narren her!

Der Haushofmeister kommt.

Ihr da! – He! – Wo ist meine Tochter?

Haushofmeister. Verzeiht mir – (Er geht ab.)

Lear. Was sagt der Schlingel da? Ruft den Tölpel zurück. Wo ist mein Narr, he? – Ich glaube, die Welt liegt im Schlaf. Nun? Wo bleibt der Köter?

Ritter. Er sagt, Mylord, Eurer Tochter sei nicht wohl.

Lear. Warum kam denn der Schuft nicht zurück, als ich ihn rief?

Ritter. Herr, er sagte mir sehr rund heraus, er wolle nicht.

Lear. Er wolle nicht?

Ritter. Mylord, ich weiß nicht, was vorgeht; aber nach meiner Ansicht begegnet man Eurer Hoheit nicht mehr mit der ehrerbietigen Aufmerksamkeit, wie man pflegte; es zeigt sich ein großes Abnehmen der Höflichkeit sowohl bei der ganzen Dienerschaft als auch beim Herzog und Eurer Tochter selbst.

Lear. Ha! Meinst du?

Ritter. Ich bitte Euch, verzeiht mir, Mylord, wenn ich mich irre; denn mein Diensteifer kann nicht schweigen, wenn ich Eure Hoheit beleidigt glaube.

Lear. Du erinnerst mich nur an meine eigene Wahrnehmung. Ich bemerkte seit kurzem eine sehr kalte Vernachlässigung; doch schob ich's mehr auf meinen übertriebenen Argwohn als auf einen wirklichen Vorsatz und absichtliche Unfreundlichkeit. – Ich will genauer darauf acht geben. Aber wo ist mein Narr? Ich hab' ihn in zwei Tagen nicht gesehen.

Ritter. Seit der jungen Fürstin Abreise nach Frankreich, gnäd'ger Herr, hat sich der Narr ganz abgehärmt.

Lear. Still davon; ich hab' es wohl bemerkt. Geht, und sagt meiner Tochter, ich wolle sie sprechen. Und Ihr, ruft meinen Narren.

Der Haushofmeister kommt.

O Ihr da, kommt doch näher. Wer bin ich, Kerl?

Haushofmeister. Myladys Vater.

Lear. Myladys Vater? Mylords Schurk! Du verdammter Hund, du Lump, du Schuft!

Haushofmeister. Ich bin nichts von alledem, Mylord, ich bitte mir's aus.

Lear. Wirfst du mir Blicke zu, du Hundsfott? (Er schlägt ihn.)

Haushofmeister. Ich lasse mich nicht schlagen, Mylord.

Kent (schlägt ihm ein Bein unter). Auch kein Bein stellen, du niederträchtiger Spitzbube!

Lear. Ich danke dir, Bursch, du dienst mir, und ich will dich lieben.

Kent. Kommt, Freund, steht auf, packt Euch! Ich will Euch Unterschied lehren; fort, fort! – Wollt Ihr Eure Flegelslänge noch einmal messen, so bleibt, sonst packt Euch! Fort! Seid Ihr klug? – – So! – (Er stößt den Haushofmeister hinaus.)

Lear. Nun, mein freundlicher Gesell, ich danke dir; hier ist Handgeld auf deinen Dienst. (Er gibt Kent Geld.)

Der Narr kommt.

Narr. Laß mich ihn auch dingen; hier ist meine Kappe.

Lear. Nun, mein wackerer Schelm? Was machst du?

Narr. Höre, Freund, du tätest am besten, meine Kappe zu nehmen.

Lear. Warum, mein Kind?

Narr. Warum? Weil du's mit einem hältst, der in Ungnade gefallen ist. Ja, wenn du nicht lächeln kannst in der Richtung des Windes, so wirst du bald einen Schnupfen weghaben. Da nimm meine Kappe. Sieh, dieser Mensch da hat zwei von seinen Töchtern verbannt und der dritten wider Willen seinen Segen gegeben; wenn du dem folgen willst, mußt du notwendig meine Kappe tragen. Nun, wie steht's, Gevatter? Ich wollt', ich hätte zwei Kappen und zwei Töchter!

Lear. Warum, mein Söhnchen?

Narr. Wenn ich ihnen all meine Habe geschenkt hätte, die Kappen behielt ich für mich; ich habe meine; bettle du dir eine zweite von deinen Töchtern.

Lear. Nimm dich in acht, Gesell! – Die Peitsche!

Narr. Wahrheit ist ein Hund, der ins Loch muß und hinausgepeitscht wird, während Madame Schoßhündin am Feuer stehen und stinken darf.

Lear. Eine bittre Pille für mich!

Narr (zu Kent). Hör, guter Freund, ich will dich einen Reim lehren.

Lear. Laß hören.

Narr. Gib acht, Gevatter!

> Halt', was du verheißt,
> Verschweig, was du weißt,
> Hab mehr, als du leihst,
> Reit immer zumeist,
> Sei wachsam im Geist,
> Nicht würfle zu dreist,
> Laß Dirnen und Wein,
> Bleib im Kämmerlein!
> So findst du den Stein
> Der Weisen allein.

Kent. Das ist nichts, Narr.

Narr. Dann ist's gleich dem Wort eines unbezahlten Advokaten; du gabst mir nichts dafür. Kannst du von nichts keinen Gebrauch machen, Gevatter?

Lear. Ei nein, Söhnchen, aus nichts wird nichts.

Narr. Bitt' dich, sag ihm doch, gerade so viel trage ihm die Rente seines Landes; er wird's einem Narren nicht glauben.

Lear. Ein bittrer Narr!

Narr. Weißt du den Unterschied, mein Junge, zwischen einem bittren Narren und einem süßen Narren?

Lear. Nein, Bursch, lehr ihn mich.

Narr.
> Der dir's geraten, Lear,
> Dein Land zu geben hin,

> Den stell hierher zu mir,
> Oder stehe du für ihn.
> Der süß' und bittre Narr
> Zeigt sich dir nun sofort,
> Der ein' im scheck'gen Wams,
> Den andern siehst du dort.

Lear. Nennst du mich Narr, Junge?

Narr. Alle deine andern Titel hast du weggeschenkt, mit diesem bist du geboren.

Kent. Darin ist er nicht so ganz Narr, Mylord.

Narr. Nein, mein Seel, Lords und andere große Herren würden's mir auch nicht ganz lassen; hätt' ich ein Monopol darauf, sie müßten ihr Teil daran haben, und die Damen ebenso, die würden mir auch den Narren nicht allein lassen; sie würden was ab haben wollen. Gib mir ein Ei, Gevatter, ich will dir zwei Kronen geben.

Lear. Was für zwei Kronen werden das sein?

Narr. Nun, nachdem ich das Ei durchgeschnitten und das Inwendige herausgegessen habe, die beiden Kronen des Eis. Als du deine Krone mitten durchspaltetest und beide Hälften weggabst, da trugst du deinen Esel auf dem Rücken durch den Dreck; du hattest wenig Witz in deiner kahlen Krone, als du deine goldene wegschenktest. Wenn ich diesmal in meiner eigenen Manier rede, so laß den peitschen, der's zuerst so findet.

> (Singt.) Nie machten Narrn so wenig Glück,
> Denn Weise wurden täppisch;
> Ihr bißchen Scharfsinn ging zurück,
> Und all ihr Tun ward läppisch.

Lear. Seit wann bist du so reich an Liedern, he?

Narr. Das ward ich, Gevatter, seit du deine Töchter zu deinen Müttern machtest; denn als du ihnen die Rute gabst und dir selbst deine Hosen herunterzogst,

> Da weinten sie aus freud'gem Schreck,
> Ich sang aus bitterm Gram,
> Daß solch ein König spielt' Versteck
> Und zu den Narren kam.

Bitt' dich, Gevatter, nimm einen Schulmeister an, der deinen Narren lügen lehre; ich möchte gern lügen lernen.

Lear. Wenn du lügst, Bursch, so werden wir dich peitschen lassen.

Narr. Mich wundert, wie du mit deinen Töchtern verwandt sein magst; sie wollen mich peitschen lassen, wenn ich die Wahrheit sage, du willst mich peitschen lassen, wenn ich lüge, und zuweilen werde ich gepeitscht, weil ich's Maul halte. Lieber wollt' ich alles in der Welt sein als ein Narr; und doch möchte ich nicht du sein,

Gevatter. Du hast deinen Witz von beiden Seiten zugeschnitzt und nichts in der Mitte gelassen. Da kommt so ein Schnitzel.

Es tritt *Goneril* auf.

Lear. Nun, Tochter? Wieder deine Stirn gerunzelt?
Mir deucht, sie wird die letzte Zeit zu finster!

Narr. Du warst ein hübscher Gesell, als du noch nicht nötig hattest, auf ihre Runzeln zu achten; nun bist du eine Null ohne Ziffern. Ich bin jetzt mehr als du, ich bin ein Narr, du bist nichts. – Ja doch, ich will ja schweigen; das befiehlt mir Euer Gesicht, obgleich Ihr nichts sagt.

> Mum, mum,
> Wer nicht Krust noch Krume spart,
> Alles satt hat, dem geht's hart.

(Er zeigt auf Lear.) Das ist so 'ne leere Erbsenschote!

Goneril. Nicht dieser überfreche Narr allein,
Auch mancher Eurer zügellosen Ritter
Sucht stündlich Zank und Unfug und bricht aus
In unerträglich läst'ger Wildheit. Herr,
Ich glaubte, wenn ich dies Euch angezeigt,
Abhilfe wäre sicher; doch befürcht' ich,
Nach dem, was Ihr seit kurzem spracht und tatet,
Ihr schützt dies Treiben selbst und reizt dazu
Durch Euern Beifall. Steht es so, dann fehlt
Die Rüge nicht, noch schläft die scharfe Zucht,
Die, zwar nur strebend nach wohltät'gem Frieden,
Vielleicht in ihrem Lauf Euch Kränkung bringt,
Was Schmach uns wäre sonst; doch weise Vorsicht,
Wenn es die Not gebeut.

Narr. Denn du weißt, Gevatter,

> Grasmücke so lange den Kuckuck speist,
> Bis sein Junges ihr endlich den Kopf abbeißt.

Und da ging das Licht aus, und wir saßen im Dunkeln.

Lear. Bist du meine Tochter?

Goneril. Ich wollt', Ihr brauchtet den gesunden Sinn,
Der, wie ich weiß, Euch reinlich zu Gebot steht,
Entschlüget Euch der Launen, die seit kurzem
Euch Eurem wahren Selbst entfremden.

Narr. Kann's nicht ein Esel merken, wenn der Karren das Pferd zieht? – Heisa, Hanne, ich liebe dich.

Lear. Kennt mich hier jemand? – Nein, das ist nicht Lear! –
Geht Lear so? Spricht so? Wo sind seine Augen?
Sein Kopf wird schwach und seine Denkkraft liegt

Im Todesschlaf. Ha, bin ich wach? – Es ist nicht so.
Wer kann mir sagen, wer ich bin?
Narr. Lears Schatten.
Lear. Ich wüßt' es gern; denn nach den Zeichen
Des Königtums, nach Wissen und Vernunft
War's Täuschung, wenn ich glaubt', ich hätte Töchter.
Narr. Die dich zum gehorsamen Vater machen werden.
Lear. Euer Name, schöne Frau?
Goneril. O geht, Mylord!
Dieses Erstaunen schmeckt zu sehr nach andern
Mir neuen Grillen. Ich ersuch' Euch, Herr,
Nicht meine wahre Absicht mißzudeuten.
So alt und würdig, seid verständig auch;
Ihr haltet hundert Ritter hier und Knappen,
So wildes Volk, so schwelgerisch und frech,
Daß unser Hof, befleckt durch ihre Sitten,
'ner wüsten Schenke gleicht. Schlemmen und Unzucht
Stempeln ihn mehr zum Weinhaus und Bordell
Als fürstlichen Palast. Scham selber heischt
Abhilfe schleunig. Seid deshalb ersucht
Von der, die sonst sich nimmt, um was sie bat,
Ein wenig zu vermindern Euern Schwarm,
Und wählt den Rest, der Euerm Dienst verbleibt,
Aus Männern, wohlanständig Euerm Alter,
Die sich und Euch wohl kennen.
Lear. Höll' und Teufel! –
Sattelt die Pferde, ruft all mein Gefolg;
Entarteter Bastard, ich will dich nicht
Belästigen; noch bleibt mir *eine* Tochter.
Goneril. Ihr schlagt mein Dienstvolk, Euer zuchtlos Volk
Macht Bessre sich zu Knechten.
Albanien tritt auf.
Lear. Weh', wer zu spät bereut! O Herr, seid Ihr's?
Ist das Eu'r Wille? Sprecht! – Bringt meine Pferde!
Undankbarkeit, du marmorherz'ger Teufel,
Abscheulicher, wenn du am Kind erscheinst,
Als das Meerungetüm!
Albanien. Faßt Euch, Mylord!
Lear. Verruchter Gei'r, du lügst! –
Mein Volk sind ausgewählt' und wackre Männer,
Höchst kundig aller Pflichten ihres Dienstes,
Und die auf ihres Namens Ehre halten
Mit strengster Achtsamkeit. O kleiner Fehl,

Wie schienst du an Cordelien mir so greulich,
Daß wie mit einer Folterschraube du
Verrenkt mein Wesen; aus dem Herzen mir
Die Liebe rissest, sie in Galle wandelnd. O Lear, Lear, Lear!
(Schlägt an die Stirn.)
Schlag an dies Tor, das deinen Blödsinn einließ,
Hinaus die Urteilskraft! Geht, gute Leute!
Albanien. Herr, ich bin schuldlos, ja ich ahne nicht,
Was Euch bewegt.
Lear. Es kann wohl sein, Mylord. –
Hör mich, Natur, hör, teure Göttin, hör mich!
Hemm deinen Vorsatz, wenn's dein Wille war,
Ein Kind zu schenken dieser Kreatur!
Unfruchtbarkeit sei ihres Leibes Fluch! –
Vertrockn' ihr die Organe der Vermehrung;
Und nie erwachse dem verruchten Schoß
Ein Säugling, sie zu ehren. *Muß sie kreißen,
so schaff ihr Kind aus Zorn, auf daß es lebe
Als widrig quälend Mißgeschick für sie!* –
Es grab' ihr Runzeln in die junge Stirn,
Mit unversiegten Tränen ätz' es Furchen
In ihre Wangen, alle Muttersorg' und Wohltat
Erwidr' es ihr mit Spott und Hohngelächter;
Daß sie empfinde, wie es schärfer nage
Als Schlangenzahn, ein undankbares Kind
Zu haben! – Fort, hinweg! (Er geht ab.)
Albanien. Nun, ew'ge Götter, was bedeutet dies?
Goneril. Nicht kümmert Euch, die Ursach' zu erfahren;
Laßt seiner wilden Laune nur das Ziel,
Das Torheit ihr gesteckt.

Lear kommt zurück.

Lear. Was? Fünfzig meiner Leut' auf einen Schlag?
In vierzehn Tagen?
Albanien. Gnäd'ger Herr, was ist's?
Lear. Ja, hör mich. – Höll' und Tod! Ich bin beschämt,
Daß du so meine Mannheit kannst erschüttern,
Daß diese heißen Tränen, die mir wider Willen
Entstürzen, dir geweint sein müssen. Pest
Und Giftqualm über dich! –
Des Vaterfluchs grimmtödliche Verwundung
Durchbohre jeden Nerven deines Wesens! –
Ihr alten kind'schen Augen weint noch einmal
Aus diesem Grunde, so reiß' ich euch aus

Und werf' euch mit den Tränen hin, die ihr vergießt,
Den Staub zu löschen. Kam's so weit? Sei's drum! –
Ich hab' noch *eine* Tochter,
Die ganz gewiß mir freundlich ist und liebreich.
Wenn sie dies von dir hört, mit ihren Nägeln
Zerfleischt sie dir dein Wolfsgesicht. Dann findst du
Mich in der Bildung wieder, die du denkst,
Ich habe sie auf immer abgeworfen.
                    (Lear, Kent und Gefolge gehen ab.)
Goneril. Habt Ihr's gehört, Mylord?
Albanien. Trotz meiner großen Liebe, Goneril,
Kann ich nicht so parteiisch sein.
Goneril. Ich bitt' Euch, laßt das gut sein. – Oswald, he! –
(Zum Narren.) Ihr da, mehr Schurk' als Narr, folgt Eurem Herrn.

    Narr. Gevatter Lear, Gevatter Lear, wart und nimm den Narren mit dir.

> Ein Fuchs, den man gefangen,
> Und solche Rangen,
> Die müßten am Baum mir hangen,
> Könnt' ich 'nen Strick erlangen:
> Der Narr kommt nachgegangen.   (Geht ab.)

Goneril. Der Mann war gut beraten. – Hundert Ritter!
's wär' klug getan und sicher, hundert Ritter
Zur Hand ihm lassen, daß bei jedem Traum,
Bei jeder Grill' und Laune, Klag' und Unlust
Er seine Torheit stützt' auf ihre Macht,
Und unser Leben hing' an seinem Wink.
He, Oswald! He!
Albanien.   Du fürchtest wohl zu sehr –
Goneril. Sichrer, als traut' ich ihm zu sehr.
Laß mich die Kränkung hemmen, die ich fürchte,
Nicht eigne Hemmung fürchten. Ja, ich kenn' ihn;
Was er geäußert, schrieb ich meiner Schwester.
Nimmt sie ihn auf mit seinen hundert Rittern,
Da ich den Nachteil ihr gezeigt, – – Nun, Oswald,
Der *Haushofmeister* kommt.
Hast du an meine Schwester dies geschrieben?
Haushofmeister. Ja, gnäd'ge Frau!
Goneril. Nimm dir Begleitung mit und schnell zu Pferd;
Belehr sie über alles, was ich fürchte,
Und füge selbst ihr solchen Grund hinzu,
Der dies noch mehr verstärkt. Nun, mach dich auf –
Und kehre bald zurück.   (Der Haushofmeister geht ab.)

Nein, nein, Mylord,
Dies Eu'r milchsanftes, allzugüt'ges Wesen,
Ich will's nicht schelten; doch Eu'r Mangel an
Verstand trägt, mit Verlaub, Euch weit mehr Tadel,
Als Eure schädliche Milde Lob Euch ein.

Albanien. Ob du das Rechte triffst, entscheid' ich nimmer,
Wer bessern will, macht oft das Gute schlimmer.

Goneril. Nun also –

Albanien. Gut, gut, – der Ausgang. (Sie gehen ab.)

5. Szene
Ebendaselbst

Es treten auf *Lear, Kent* und der *Narr*.

Lear. Geh du voraus nach Gloster mit diesem Brief; sag meiner Tochter von dem, was du weißt, nicht mehr, als was sie nach dem Brief von dir erfragen wird. Wenn du nicht sehr eilst, werd' ich noch vor dir dort sein.

Kent. Ich will nicht schlafen, Mylord, bis ich Euern Brief bestellt habe. (Geht ab.)

Narr. Wenn einem das Hirn in den Fersen säße, wär's da nicht in Gefahr, Frostbeulen zu bekommen?

Lear. Ja, Bursch.

Narr. Dann sei lustig, dein Verstand wird nie in Schlappschuhen gehen dürfen.

Lear. Ha, ha, ha!

Narr. Gib acht, deine andere Tochter wird dir artlich begegnen; denn obgleich sie dieser so ähnlich sieht, wie der Holzapfel dem Apfel, so weiß ich doch, was ich weiß.

Lear. Nun, was weißt du denn, Bursch?

Narr. Sie wird ihr an Geschmack so gleich sein, als ein Holzapfel einem Holzapfel. Das weißt du, warum einem die Nase mitten im Gesicht steht?

Lear. Nein.

Narr. Ei, um die beiden Augen nach beiden Seiten der Nase hin zu gebrauchen, damit man in das, was man nicht herausriechen kann, ein Einsehen habe.

Lear. Ich tat ihr unrecht.

Narr. Kannst du mir sagen, wie die Auster ihre Schale macht?

Lear. Nein.

Narr. Ich auch nicht; aber ich weiß, warum die Schnecke ein Haus hat.

Lear. Warum?

Narr. Nun, um ihren Kopf hineinzustecken, nicht um's an ihre Töchter zu verschenken und ihre Hörner ohne Futteral zu lassen.

Lear. Ich will meine Natur vergessen. Solch güt'ger Vater! Sind meine Pferde bereit?

Narr. Deine Esel sind nach ihnen gegangen. Der Grund, warum die sieben Sterne nicht mehr sind als sieben, ist ein hübscher Grund.

Lear. Weil's nicht acht sind?

Narr. Ja, wahrhaftig; du würdest einen guten Narren abgeben.

Lear. Mit Gewalt muß ich's wiedernehmen. Scheusal, Undankbarkeit.

Narr. Wenn du mein Narr wärst, Gevatter, so bekämst du Schläge, weil du vor der Zeit als geworden bist.

Lear. Was soll's?

Narr. Du hättst nicht alt werden sollen, eh' du klug geworden wärst.

Lear. O schütz vor Wahnsinn mich, vor Wahnsinn, Götter!
Schenkt Fassung mir, nur Wahnsinn nicht, nicht Wahnsinn!

Ein Ritter kommt.

Nun, sind die Pferde bereit?

Ritter. Bereit, Mylord.

Lear. Komm, Junge.

Narr. Die jetzt noch Jungfer ist und spottet mein und stichelt,
Die bleibt's nicht lange, wird nicht alles weggesichelt.

Zweiter Aufzug

1. Szene

Vor dem Schlosse des Grafen Gloster

Es treten auf Edmund und Curan von verschiedenen Seiten.

Edmund. Gott grüß' dich, Curan.

Curan. Und Euch, Herr. Ich bin bei Euerm Vater gewesen und habe ihm die Nachricht gebracht, daß der Herzog von Cornwall und Regan, seine Herzogin, diesen Abend bei ihm eintreffen werden.

Edmund. Wie kommt das?

Curan. Ich weiß in der Tat nicht. Ihr werdet die Neuigkeiten gehört haben; ich meine, was man sich zuraunt; denn noch ist die Sache nur Ohrengeflüster.

Edmund. Ich? Nichts; bitt' Euch, was sagt man.

Curan. Habt Ihr nicht gehört, daß es wahrscheinlich bald zwischen den Herzogen von Cornwall und Albanien zum Krieg kommen wird?
Edmund. Nicht ein Wort.
Curan. So werdet Ihr's noch hören. Lebt wohl, Herr. (Ab.)
Edmund. Der Herzog hier zu Nacht! So besser! Trefflich!
Das webt sich mit Gewalt in meinen Plan.
Mein Vater stellte Wachen, meinen Bruder
Zu fangen, und ich hab' ein häklich Ding,
Das ich noch tun muß. Helft mir, Glück und Raschheit!
Bruder, ein Wort! – Komm, Bruder, komm herunter!
Edgar tritt auf.
Mein Vater stellt dir nach; o flieh von hier;
Kundschaft erhält er, wo du dich versteckt; –
Dir wird die Nacht den besten Schutz gewähren. –
Sprachst du nicht etwa gegen Herzog Cornwall? –
Er kommt hierher, bei Nacht, in größter Eil',
Und Regan mit ihm. Hast du nichts gesagt
Auf seiner Seite gegen Albaniens Herzog?
Besinne dich.
Edgar. Nein wahrlich, nicht ein Wort.
Edmund. Den Vater hör' ich kommen, – nun verzeih –
Verstellterweise muß ich mit dir fechten,
Zieh; wehre dich zum Schein! Nun mach es gut.
(Laut.) Ergib dich! (Leise.) Komm zuvor ihm! – (Laut.) Licht he, Licht!
(Leise.) Flieh, Bruder! (Laut.) Fackeln, Fackeln! (Leise.) So leb wohl!
(Edgar geht ab.)
Ein wenig Blut an mir zeugt wohl die Meinung
Von ernstrer Gegenwehr. (Er verwundet sich den Arm.) Ich sah Betrunkne
Im Scherz mehr tun als dies. – O Vater, Vater!
Halt, haltet ihn! Ist keine Hilfe?
Gloster und Bediente mit Fackeln treten auf.
Gloster. Nun,
Edmund, wo ist der Schurke?
Edmund. Er stand im Dunkeln hier, sein Schwert gezückt,
Den Mond beschwörend mit verruchtem Zauber,
Ihm hilfreich beizustehn –
Gloster. Nun, und wo ist er?
Edmund. Seht, Herr, ich blute.
Gloster. Edmund, wo ist der Schurke?
Edmund. Dorthin entflohn. Als er auf keine Weise –
Gloster. Verfolgt ihn! – Fort! – Auf kein Weise – was?

Edmund.   Mich überreden konnt', Euch zu ermorden,
Und ich ihm sagte, daß die Rachegötter
Auf Vatermord all ihren Donner schleudern,
Und wie durch vielfach starkes Band dem Vater
Das Kind vereinigt sei – genug Mylord,
Gewahrend, wie mit Abscheu ich verwarf
Sein unnatürlich Tun – in grimmer Regung
Mit schon gezognem Schwert fällt er gewaltig
Mich Unbewehrten an, trifft mir den Arm;
Doch merkend, wie mein bessrer Geist empört,
Kühn durch des Streites Recht ihm widerstand –
Vielleicht erschreckt auch durch mein Schrei'n um Hilfe –
Entfloh er plötzlich.
Gloster.   Weit nur mag er fliehn,
In diesem Land entgeht er nicht der Haft,
Und, trifft man ihn, dem Tode. Unser Herzog,
Mein werter Fürst und Schutzherr, kommt zu Nacht;
Kraft seiner Vollmacht künd' ich's aller Welt,
Daß, wer ihn findet, unsern Dank verdient,
Bringt er den feigen Meuchler zum Gericht;
Wer ihn verbirgt, den Tod.
Edmund.   Als ich ihm sein Beginnen wiederriet
Und fand ihn so erpicht, – da droht' ich grimmig,
Ihn anzugeben; er erwiderte:
Du güterloser Bastard! Kannst du wähnen,
Ständ' ich dir gegenüber, daß der Glaube
An irgend Wahrheit, Wert und Treu' in dir
Dir Zutraun schaffte? Nein, straft' ich dich Lügen –
Und dies tät' ich, ja, und zeigtst du auf
Die eigne Handschrift – alles stellt' ich dar
Als deine Bosheit, Arglist, schnöden Trug.
Du mußt 'nen Dummkopf machen aus der Welt,
Soll sie im Vorteil meines Tods für dich
Höchst starken und gewicht'gen Trieb nicht sehn,
Ihn anzustiften.
Gloster.   O verstockter Bube!
Die Handschrift leugnen? Es ist nicht mein Sohn!
                    (Man hört Trompeten.)
Der Herzog! – Was ihn herführt, weiß ich nicht. –
Die Häfen sperr' ich all', er soll nicht fliehn.
Mein Fürst muß mir's gewähren; auch sein Bildnis
Versend' ich nah und fern; das ganze Reich
Soll Kenntnis von ihm haben; und mein Land,

Du treuer, wahrer Sohn, ich wirk' es aus,
Daß du's besitzen darfst.

Cornwall und *Regan* treten mit Gefolge auf.

Cornwall. Wie geht's, mein edler Freund? Seit ich hierher kam –
Was kaum geschah – vernahm ich arge Dinge.
Regan. Und sind sie wahr, genügt wohl keine Rache
So großer Missetat. Wie geht's Euch, Graf?
Gloster. Zerrissen ist mein altes Herz, zerrissen!
Regan. Was? Meines Vaters Pate sucht Eu'r Leben?
Er, den mein Vater hat benannt? Eu'r Edgar?
Gloster. O Fürstin! Fürstin! Scham verschwieg' es gern.
Regan. Hatt' er nicht Umgang mit den wüsten Rittern
In meines Vaters Dienst?
Gloster. Ich weiß nicht, Lady. –
Es ist zu schlimm, zu schlimm!
Edmund. Ja, gnäd'ge Frau, er hielt's mit jenem Schwarm.
Regan. Kein Wunder dann, daß er auf Bosheit sann!
Sie trieben ihn zum Mord des alten Mannes,
Um seine Renten schwelgend zu verprassen.
Erst diesen Abend hat mir meine Schwester
Sie recht geschildert und mit solcher Warnung,
Daß, wenn sie kommen, um bei mir zu wohnen,
Ich nicht zu Haus sein will.
Cornwall. Auch ich nicht, Regan.
Edmund, ich hör', Ihr habt dem Vater Euch
Bewährt als treuer Sohn.
Edmund. Ich tat nach Pflicht.
Gloster. Er deckte seinen Anschlag auf und ward
Verwundet, als er ihn ergreifen wollte.
Cornwall. Setzt man ihm nach?
Gloster. Ja, gnäd'ger Herr.
Cornwall. Wird er ergriffen, soll sich niemand ferner
Vor seiner Bosheit scheun; all meine Macht
Steht Euch zu Dienst nach eigner Wahl. Ihr, Edmund,
Des Tugend und Gehorsam eben jetzt
Sich so bewährt, Ihr sollt der Unsre sein;
So zuverläss'ge Männer tun uns not,
So zähl' ich denn auf Euch.
Edmund. Ich dien' Euch treu,
Was ich auch sein mag.
Gloster. Dank für ihn, mein Fürst.
Cornwall. Ihr wißt nicht, was uns hergeführt zu Euch.

Regan. So außer Zeit in Finsternis der Nacht!
Der Anlaß, edler Gloster, hat Gewicht,
Und Eures Rates sind wir sehr bedürftig.
Mein Vater schreibt uns, und die Schwester auch,
Von Zwistigkeiten, die ich besser hielt
Zu schlichten außerm Hause. Beide Boten
Erwarten hier Bescheid. Ihr, alter Freund,
Beruhigt Eu'r Gemüt, und steht uns bei
Mit höchst erwünschtem Rat in dieser Sache,
Die ihn sofort erheischt.
Gloster. Ich dien' Euch gern;
Eu'r Gnaden sind von Herzen mir willkommen. (Sie gehen ab.)

2. Szene
Ebendaselbst

Es treten auf *Kent* und der *Haushofmeister* von verschiedenen Seiten.

Haushofmeister. Guten Morgen, mein Freund; bist du hier vom Hause?

Kent. Ja.

Haushofmeister. Wo können wir die Pferde unterbringen?

Kent. Im Dreck.

Haushofmeister. Ich bitte dich, sag mir's, wenn du mich lieb hast.

Kent. Ich habe dich nicht lieb.

Haushofmeister. Nun, so frage ich nichts nach dir.

Kent. Hätt' ich dich in Lipsburys Pferch, so solltest du schon nach mir fragen.

Haushofmeister. Warum behandelst du mich so? Ich kenne dich nicht.

Kent. Kerl, ich kenne dich.

Haushofmeister. Wer bin ich denn?

Kent. Ein Schurke bist du, ein Halunke, ein Tellerlecker; ein niederträchtiger, eitler, hohler, bettelhafter, dreiröckiger, hundertpfündiger, schmutziger, grobstrümpfiger Schurke; ein milchlebriger Ohrfeigen einsteckender Schurke; ein verwetterter, spiegelgafferischer, überdiensteifriger, geschniegelter Taugenichts; ein Kerl, der nicht mehr hat als einen Koffer; einer, der aus lauter Diensteifer ein Kuppler sein möchte, und nichts ist als ein Gemisch von Schelm, Bettler, Feigling, Kuppler und der Sohn und Erbe einer Bastardpetze; einer, den ich Greinen und Winseln hineinprügeln will, wenn du die kleinste Silbe von diesen deinen Ehrentiteln ableugnest.

Haushofmeister. Was für ein Unmensch bist du, Kerl, so auf einen zu schimpfen, den du nicht kennst und der dich nicht kennt?

Kent. Was hast du für eine eiserne Stirn, du Schuft, mir's abzuleugnen, daß du mich kennst? Sind's zwei Tage her, daß ich dir ein Bein stellte und dich vor dem König prügelte? – Zieh, du Schuft, denn obgleich es Nacht ist, scheint der Mond; ich will eine Mondscheinstunke aus dir machen. Zieh, du verwetterter, infamer Kamrad von Barbierstubenläufer, zieh! (Er zieht den Degen.)

Haushofmeister. Fort, ich habe nichts mit dir zu schaffen!

Kent. Zieh, du Hundsfott; du kommst mit Briefen gegen den König und nimmst der Drahtpuppe Eitelkeit Partei gegen die Majestät ihres Vaters. Zieh, Schuft, oder ich will dir deine Schenkel so zu Mus zerhacken – zieh, Racker! Stell dich!

Haushofmeister. Hilfe! He, Mord, Hilfe!

Kent. Wehr dich, Bestie; steh, Schuft, steh; du geputzter Lumpenkerl, wehr dich! (Er schlägt ihn.)

Haushofmeister. Hilfe, ho! Mord, Mord!

Edmund, Cornwall, Regan, Gloster und Gefolge treten auf.

Edmund. Was gibt's hier? Was habt ihr vor? – Auseinander!

Kent. Nur her, Milchbart, wenn Ihr Luft habt; kommt, ich will Euch den Schwertsegen geben; nur her, Junker!

Gloster. Waffen? Gefecht? Was geht hier vor?

Cornwall. Friede, bei euerm Leben!
Der stirbt, wer sich noch rührt; was geht hier vor?

Regan. Die Boten unsrer Schwester und des Königs.

Cornwall. Was ist eu'r Streit? Sagt an!

Haushofmeister. Kaum schöpf' ich Atem, Herr!

Kent. Ich glaub's, Ihr habt den Mut so angestrengt.
Du feiger Schurk', Natur verleugnet dich.
Ein Schneider machte dich!

Cornwall. Seltsamer Kauz!
Ein Schneider einen Menschen machen?

Kent. Ja, ein Schneider, Herr; ein Steinmetz oder ein Maler hätte ihn nicht so schlecht geliefert und wären sie nur zwei Stunden in der Lehre gewesen.

Cornwall. Doch sprich! Wie kam der Zwist?

Haushofmeister. Der alte Raufbold, Herr, des Blut ich schonte,
Um seinen grauen Bart, –

Kent. Ei du verzwicktes X; unnützer Buchstab! Mylord, wenn Ihr's vergönnt, stampf' ich den ungesichteten Schuft zu Mörtel und bestreiche eines Abtritts Wand mit ihm. – Mein grauen Bart geschont, du Bachstelze?

Cornwall. Schweig, Kerl!
Du grober Knecht, weißt du von Ehrfurcht nichts?
Kent. Ja, Herr! Doch hat der Ingrimm einen Freibrief.
Cornwall. Worüber bist du grimmig?
Kent. Daß solch ein Lump, wie der, ein Schwert soll tragen,
Der keine Ehre trägt. Solch Gleisner-Volk
Nagt oft, gleich Ratten, heil'ge Band' entzwei,
Zu fest verknüpft zum Lösen; schmeichelt jeder Laune,
Die auflebt in dem Busen seines Herrn;
Trägt Öl ins Feu'r, zum Kaltsinn Schnee; verneint,
Bejaht und dreht den Hals wie Wetterhähne
Nach jeder Windveränderung seiner Obern,
Nichts wissend, Hunden gleich, als nachzulaufen.
(Zum Haushofmeister.) Die Pest auf deine epilept'sche Fratze! –
Belächelst du mein Wort wie eines Narren?
Gans, hätt' ich dich auf Sarums ebner Flur,
Ich trieb' dich gackernd heim nach Camelot.
Cornwall. Wie, Alter? Bist du toll?
Gloster. Wie kam der Zank? Das sag!
Kent. Die Antipoden sind sich ferner nicht
Als ich und solch ein Schuft.
Cornwall. Weshalb nennst du ihn Schuft, was tat er dir?
Kent. Sein Angesicht gefällt mir nicht.
Cornwall. Vielleicht auch mein's wohl, oder sein's und Ihr's?
Kent. Herr! Grad' heraus und offen ist mein Brauch:
Ich sah zur Zeit schon bessere Gesichter,
Als hier auf irgend einer Schulter jetzt
Vor meinen Augen stehn.
Cornwall. Das ist ein Bursch,
Der einst gelobt um Derbheit, sich befleißt
Vorwitz'ger Roheit, und sein Wesen zwängt
Zu fremdem Schein; der kann nicht schmeicheln, der! –
Ein ehrlich grad Gemüt – spricht nur die Wahrheit!
Geht's durch, nun gut, wenn nicht – so ist er grade.
Ich kenne Schurken, die in solcher Gradheit
Mehr Arglist hüllen und verruchte Pläne
Als zwanzig arme, unterwürf'ge Schranzen,
Die ängstlich ihre Pflicht noch überbieten.
Kent. Gewiß, Herr, und wahrhaftig – ganz im Ernst –
Unter Vergünst'gung Eures hocherhabnen
Aspekts, des Einfluß wie der Strahlenkranz
Um Phöbus' Flammenstirn –
Cornwall. Was soll das heißen?

Kent. Daß ich aus meiner Redeweise fallen will, die Euch so wenig behagt. Ich weiß, Herr, ich bin kein Schmeichler; wer Euch mit graden Worten betrog, war gradehin ein Schurke, und das will ich meinesteils nicht sein, sollt' ich auch Eu'r Mißfallen dazu vermögen können, daß Ihr mich dazu auffordertet.

Cornwall. Was tatst du ihm zuleid?

Haushofmeister. Herr! Nicht das mindeste.
Dem König, seinem Herrn, gefiel's vor kurzem,
Aus einem Mißverständnis mich zu schlagen,
Worauf er gleich zur Hand, dem Zorne schmeichelnd,
Rücklings mich hinwarf; als ich lag, mich schimpfte,
Und nahm so große Heldenmiene an,
Daß diese Mannestat der König pries,
Weil er zu Leib ging dem, der sich bezwang –
Und ganz berauscht von seinem Ritterwerk,
Zog er aufs neue hier.

Kent. Tut nicht ein jeder dieser feigen Schelme,
Als wär' Ajax sein Narr.

Cornwall. Holt mir den Block!
Du alter Starrkopf, du weißbärt'ger Prahler,
Dich lehr' ich –

Kent. Herr, ich bin zu alt zum Lernen,
Holt nicht den Block für mich. Dem König dien' ich;
In seinem Auftrag ward ich abgesandt;
Zu wenig Ehrfurcht zeigt Ihr, zu viel Trotz
Gegen die Fürstenhoheit meines Herrn,
Legt ihr in Block den Boten.

Cornwall. Holt den Block!
Auf Ehr' und Wort, bis Mittag soll er sitzen.

Regan. Bis Mittag? Bis zur Nacht; die Nacht dazu!

Kent. O Lady, wär' ich Euers Vaters Hund,
Ihr solltet so mich nicht behandeln.

Regan. Da Ihr sein Schurke seid, so will ich's.

(Die Fußblöcke werden gebracht.)

Cornwall. Der ist ein Kerl so recht von jener Farbe,
Wie unsre Schwester schreibt. Kommt, bringt den Block.

Gloster. Laßt mich Euch bitten, Herr! dies nicht zu tun;
Er ging zu weit; sein Herr, der gute König,
Ahndet's gewiß. Doch diese niedre Zücht'gung
Trifft nur geringen schlechten Troß als Strafe
Für Mauserei'n und ganz gemeinen Unfug,
Und übel wird der König es vermerken,

Wird er so schlecht geehrt in seinem Boten,
Daß man ihn also einzwängt.
Cornwall. Das vertret' ich.
Regan. Viel übler muß es meine Schwester deuten,
Daß einer ihren Dienstmann schmäht und anfällt,
Der ihren Dienst versieht. Schließt ihm die Beine!
(Kent wird in den Block gelegt.)
Kommt, werter Lord! (Regan und Cornwall ab.)
Gloster. Du tust mir leid, mein Freund; der Herzog will's,
Des heft'ge Art, das weiß man, keinen Einspruch
Noch Hemmung duldet. Ich will für dich bitten.
Kent. Nein, tut's nicht, Herr. Ich wacht' und reiste scharf.
Fürs erste schlaf' ich was, dann kann ich pfeifen.
Das Glück 'nes braven Kerls kommt wohl einmal
Ins Stocken. Guten Morgen!
Gloster. Der Herzog tut nicht recht; man wird's verübeln. (Geht ab.)
Kent. Du guter König, machst das Sprichwort wahr:
du kommst vom Regen in die Traufe.
Komm näher, Leuchte dieser niedern Welt,
Daß ich bei deinem heitern Strahl den Brief
Durchlesen möge. – Wahrlich, nur das Elend
Erfährt noch Wunder! Ich weiß, Cordelia schickt ihn,
Die schon zum Glück von meinem dunklen Leben
Nachricht erhielt; sie findet schon die Zeit
Für diesen Greuelzustand, treu besorgt
Um Lindrung. Ganz erschöpft und überwacht
Genießt den Vorteil, müde Augen, nicht
Zu schaun dies schnöde Lager. Nun, Fortuna,
Gut' Nacht! Noch einmal lächl' und dreh dein Rad. (Er schläft ein.)

3. Szene
Heide

Edgar tritt auf.

Edgar. Ich hörte mich geächtet,
Und durch die günst'ge Höhlung eines Baums
Entkam ich noch der Jagd. Kein Port ist frei,
Kein Platz, an dem nicht strenge Wacht und Sorgfalt
Mir nachstellt. Retten will ich mich, solang
Ich noch entfliehn kann, und ich überlegt' mir's,
Den allertiefsten ärmsten Schein zu borgen,
In dem die Not den Menschen je zum Vieh
Erniedrigt. Mein Gesicht schwärz' ich mit Schlamm,

Die Lenden schürz' ich, zauf' in Knoten all
Mein Haar, und mit entschlossner Nacktheit trotz' ich
Dem Sturm und den Verfolgungen der Luft.
Die Gegend beut Vorbild und Muster mir
Von Tollhausbettlern, die mit hohler Stimme
Holzpflöcke, Nägel, Splitter, Rosmarin
In ihre nackten tauben Arme schlagen
Und in so grausem Anblick sich in Mühlen,
Schafhürden, armen Dörfern, Meiereien
Bald mit mondsücht'gem Fluch, bald mit Gebet
Mitleid erzwingen. Armer Turlygood! Armer Thoms!
So bin ich etwas noch – als Edgar nichts! (Er geht ab.)

4. Szene
Vor Glosters Schloß

Es treten auf Lear, der Narr und ein Ritter.

Lear. Seltsam, von Haus' so weggehn und den Boten
Mir nicht heimsenden!

Ritter. Wie ich dort erfuhr,
War tags zuvor an die Reis' hierher
Noch kein Gedanke.

Kent. Heil dir, edler Herr!

Lear. Wie?
Treibst du die Schmach zur Kurzweil?

Kent. Nein, Mylord.

Narr. Ha, ha! Der trägt grausame Kniegürtel! Pferde bindet man an den Köpfen, Hunde und Bären am Halse, Affen an den Lenden und Menschen an den Beinen; wenn ein Mensch zu übermütig mit den Beinen gewesen ist, so muß er hölzerne Strümpfe tragen.

Lear. Wer war's, der also dich mißkannt, hierher
Dich so zu werfen?

Kent. Beide, Er und Sie,
Eu'r Sohn und Tochter.

Lear. Nein.

Kent. Ja.

Lear. Nein, sag' ich.

Kent. Ich sage ja.

Lear. Sie konnten's nicht.

Kent. Doch.

Lear. Bei Jupiter schwör' ich, nein.

Kent. Bei Juno schwör' ich, ja.

Lear. Sie durften's nicht;
Sie konnten's, wagten's nicht; 's ist mehr als Mord,
Die Ehrfurcht so gewaltsam zu verletzen. –
Erklär mir's in bescheidner Eil', wie hast du
Verdient, wie haben sie verhängt die Schmach,
Da du von *uns* kamst?
Kent. Als in ihrem Hause
Ich Eurer Hoheit Briefe übergab,
Da, eh' ich aufstand von dem Platz, wo ich
Gekniet in Demut, kam halb atemlos
Ein Bote, dampfend heiß, und keucht hervor
Die Grüße seiner Herrin Goneril;
Gab, war ich gleich der erste, seinen Brief,
Der flugs gelesen ward. Auf dessen Inhalt
Beriefen sie die Reis'gen, nahmen Pferde,
Hießen mich folgen und gelegentlich
Der Antwort warten; gaben kalte Blicke;
Und da ich hier den andern Boten traf,
Des Willkomm meinen, wie ich sah', vergiftet –
Derselbe Bube, der so frech sich neulich
Vergangen wider Eure Majestät –
Mehr Manns als Urteils in mir fühlend, zog ich.
Er weckt das Haus mit lautem, feigen Schrei.
Eu'r Sohn und Tochter fanden dies Vergehn
Wert, solche Schmach zu dulden.

Narr. Der Winter ist noch nicht vorbei, wenn die wilden Gänse in der Richtung ziehn.

> Gehn die Väter nackt,
> So werden die Kinder blind;
> Kommen sie geldbepackt,
> Wie artig scheint das Kind.
> Fortuna, die arge Hur',
> Tut auf den Reichen nur.

Aber mit alledem werden dir deine lieben Töchter noch so viel aufzählen, daß du fürs ganze Jahr genug haben wirst.

Lear.
O wie der Krampf mir auf zum Herzen schwillt! –
Hinab, aufsteigend Weh! Dein Element
Ist unten! Wo ist diese Tochter?
Kent. Beim Grafen, Herr, hier drinnen.
Lear. Folgt mir nicht;
Bleibt hier. (Er geht ab.)
Ritter. Versahst du mehr nicht, als was du erzählt?

Kent. Nein.
Wie kommt der König mit so kleiner Zahl?

Narr. Wärst du für die Frage in den Block gesetzt, so hättst du's wohl verdient.

Kent. Warum, Narr?

Narr. Wir wollen dich zu einer Ameise in die Schule schicken, um dich zu lehren, daß es im Winter keine Arbeit gibt. Alle, die ihrer Nase folgen, werden durch ihre Augen geführt, bis auf die Blinden; und gewiß ist unter zwanzig nicht eine Nase, die den nicht röche, der stinkt. Laß ja die Hand los, wenn ein großes Rad den Hügel hinabrollt, damit dir's nicht den Hals breche, wenn du ihm folgst; wenn's aber den Hügel hinaufgeht, dann laß dich's nachziehen. Wenn dir ein Weiser einen bessern Rat gibt, so gib mir meinen zurück; ich möchte nicht, daß andere als Schelmen ihm folgten, da ein Narr ihn gibt.

> Herr, wer Euch dient für Gut und Geld
> Und nur gehorcht zum Schein,
> Packt ein, sobald ein Regen fällt,
> Läßt Euch im Sturm allein.
> Doch ich bin treu; der Narr verweilt,
> Läßt fliehn der Weisen Schar.
> Der Schelm wird Narr, der falsch enteilt,
> Der Narr kein Schelm fürwahr.

Kent. Wo hast du das gelernt, Narr?

Narr. Nicht im Block, Narr.

Lear kommt zurück mit Gloster.

Lear. Verweigern, mich zu sprechen? Sind krank, sind müde?
Sie reisten scharf die Nacht? – Ausflüchte nur!
Bilder von Abfall und Empörung! Geh,
Schaff mir 'ne bessre Antwort.

Gloster.   Teurer Herr,
Ihr kennt des Herzogs feurige Gemütsart,
Wie unbeweglich und bestimmt er ist
In seinem Sinn.

Lear.   Pest, Rache, Tod, Vernichtung!
Was feurig? Was Gemüt? – Wie Gloster, Gloster!
Den Herzog Cornwall will ich sprechen und sein Weib.

Gloster. Nun wohl, mein teurer Herr, so sagt' ich's auch.

Lear. So sagtest du's? Verstehst du mich auch, Mann?

Gloster. Ja, Herr!

Lear.   Der König will mit Cornwall sprechen,
Der Vater, sieh, mit seiner Tochter sprechen,
Befiehlt Gehorsam. Sagtst du ihnen das?

Mein Blut und Leben! – Feurig?
Der feur'ge Herzog? Sagt dem heißen Herzog, daß –
Doch nein, noch nicht. Kann sein, er ist nicht wohl;
Krankheit verabsäumt jeden Dienst, zu dem
Gesundheit ist verpflichtet; wir sind nicht wir,
Wenn die Natur, im Druck, die Seele zwingt,
Zu leiden mit dem Körper. Ich will warten,
Und ich verarg' es meinem raschen Mut,
Daß ich krankhaften Schwächeanfall, nahm
Für den gesunden Mann. O Höll' und Tod!
Warum sitzt dieser hier? – Ha, dies bezeugt
Des Herzogs Weggehn und das ihre sei!
Nur Hinterlist! Gebt mir den Diener los;
Geht, sagt dem Herzog und seinem Weib, ich wollte
Sie sprechen, jetzt, alsbald; heiß' sie erscheinen,
Sonst schlag' ich an der Kammertür die Trommel,
Bis sie den Schlaf zu Tod lärmt.
Gloster. Wär' alles gut doch zwischen Euch! (Er geht ab.)
Lear. Weh mir, mein Herz! Mein schwellend Herz! – Hinunter!
Narr. Ruf ihm zu, Gevatter, wie die alberne Köchin den Aalen, als sie sie lebendig in die Pastete tat; sie schlug ihnen mit einem Stecken auf die Köpfe und rief: hinunter, ihr Gesindel, hinunter! Ihr Bruder war's, der aus lauter Güte für sein Pferd ihm das Heu mit Butter bestrich.

Cornwall, Regan, Gloster und Gefolge treten auf.

Lear. Guten Morgen euch beiden.
Cornwall. Heil Euch, gnäd'ger Herr!
(Kent wird losgemacht.)
Regan. Ich bin erfreut, Eu'r Majestät zu sehn.
Lear. Regan, ich denk', du bist's, und weißt die Ursach',
Warum ich's denke; wärst du nicht erfreut,
Ich schiede mich von deiner Mutter Grab,
Weil's eine Ehebrecherin verschlösse. –
O, bist du frei?
Ein andermal davon. – Geliebte Regan,
Deine Schwester taugt nicht! – O, sie band mir, Regan,
Scharfzahn'gen Undank, gleich dem Geier, hier –
(Auf sein Herz zeigend.) Ich kann kaum sprechen – nimmer wirst
du's glauben,
Mit wie entartetem Gemüt, o Regan!
Regan. Ich bitt' Euch, habt Geduld, ich hoffe, minder
Wißt Ihr zu schätzen ihren Wert, als sie
Von ihrer Pflicht zu weichen.

Lear. Wie war das?
Regan. Ich kann nicht denken, daß sie nur im kleinsten
  Gefehlt in ihrer Pflicht. Hat sie vielleicht
  Gehemmt den Unfug Eures Schwarms, Mylord,
  So war's auf solchen Grund und guten Zweck,
  Daß sie kein Tadel trifft.
Lear. Mein Fluch auf sie!
Regan. O Mylord, Ihr seid alt,
  Natur in Euch steht auf der letzten Grenze
  Ihres Bezirks. Euch sollt' ein kluger Sinn,
  Der Euern Zustand besser kennt als Ihr,
  Zügeln und lenken. Darum bitt' ich Euch,
  Kehrt heim zu unsrer Schwester, sagt Ihr, Herr,
  Ihr kränktet sie.
Lear. Ich ihr Verzeihn erbitten?
  Fühlst du denn wohl, wie dies dem Hause ziemt?
  „Liebe Tochter, ich bekenn' es, ich bin alt; (er kniet)
  Alter ist unnütz; auf den Knieen bitt' ich:
  Gewähre mir Bekleidung, Kost und Bett."
Regan. Laßt ab! Das ist ein törichtes Gebaren.
  Kehrt heim zu meiner Schwester.
Lear. Nimmermehr!
  Sie hat verkürzt mich um mein halb Gefolge,
  Mich finster angeblickt, mit ihrer Zunge
  Recht schlangenartig mir ins Herz gestochen.
  Des Himmels aufgehäufte Rache fall'
  Auf ihr undankbar Haupt; schlag ihre jungen Glieder,
  Du gift'ge Luft, mit Lähmung!
Cornwall. Pfui, pfui, pfui!
Lear. Du jäher Blitz, flamm in ihr stolzes Auge
  Dein blendend Feu'r! Verpestet ihre Schönheit,
  Sumpfnebel, die die Sonne aufgesogen,
  Fallt und vernichtet ihren Stolz!
Regan. O, Götter!
  Das wünscht Ihr einst auch mir in Eurem Jähzorn.
Lear. Nein, Regan, nie empfängst du meinen Fluch.
  Dein zartgestimmtes Herz gibt nimmer dich
  Der Rauheit hin; ihr Auge sticht, doch deins
  Tut wohl und brennt nicht; nie könntst meine Freude
  Du mir mißgönnen, mein Gefolg vermindern,
  Mit herbem Zank mein Ausgesetztes schmälern,
  Und endlich gar mit Kett' und Riegel mir
  Den Eintritt wehren; nein, du lerntest besser

Die Pflichten der Natur, der Kindschaft Band,
Der Ehrfurcht Zoll, die Schuld der Dankbarkeit;
Du hast des Reiches Hälfte nicht vergessen,
Womit ich dich beschenkt.
Regan. Nun, Herr, zur Sache!
Lear. Wer setzte meinen Diener in den Stock?
Cornwall. Was für Trompeten?
Der *Haushofmeister* tritt auf.
Regan. Ich weiß es, meiner Schwester; denn sie schreibt mir
Ihr schleunig Kommen. Ist deine Herrin da?
Lear. Das ist ein Sklav', des leicht geborgter Stolz
In seiner Herrschaft flücht'ger Gnade wohnt;
Geh, Schuft, mir aus dem Auge!
Cornwall. Was meint Eu'r Gnaden?
Lear. Wer blockte meinen Diener? Regan, ich hoffe,
Du wußtest nicht darum. – Wer kommt da? – O, ihr Götter!
Goneril kommt.
Wenn Ihr die Alten liebt, Eu'r milder Zepter
Gehorsam heiligt, wenn Ihr selber alt seid,
Macht es zu Eurem Streit; sprecht, zeugt für mich!
(Zu Goneril.) Schämst du dich nicht, auf diesen Bart zu sehn?
O, Regan! Kannst du bei der Hand sie fassen?
Goneril. Warum nicht bei der Hand? Was fehlt' ihr denn?
Nicht alles ist ja Fehl, was Torheit meint
Und Aberwitz so nennt.
Lear. Ihr Saiten seid zu starr,
Noch reißt ihr nicht? – Wie kam der in den Block?
Cornwall. Ich ließ ihn schließen, Herr; doch seine Unart
Verdiente mindern Glimpf.
Lear. Ihr? Tatet Ihr's?
Regan. Hört, Vater, da Ihr schwach seid, scheint es auch.
Wollt bis zum Ablauf Eures Monats Ihr
Zurückgehn, bei der Schwester wohnen: dann,
Halb Euren Zug entlassend, kommt zu mir.
Ich bin jetzt fern vom Haus und nicht versehn,
Wie es sich ziemt, für Euern Unterhalt.
Lear. Zurück zu ihr? Und fünfzig Mann entlassen?
Nein, eh'r verschwör' ich alles Dach, und lieber
Wag' ich es mit der Tyrannei der Luft,
Und will Kam'rad mit Wolf und Eule werden.
O scharfer Zahn der Not! – Zurück zu ihr?
Der heiße Frankreich, der mein Jüngstes nahm
Ohn' Erbgut, – ha, so leicht zwäng' ich mich wohl,

> An seinem Throne knieend, wie ein Knecht,
> Ein ärmlich Brot und Jahrgeld zu erbetteln.
> Zurück zu ihr? – Verlange lieber noch,
> Daß Sklav' ich werd' und Saumtier diesem Schuft!
> (Auf Oswald zeigend.)

Goneril. Wie's Euch beliebt.

Lear. Ich bitt' dich, Tochter, mach mich nicht verrückt!
> Ich will dir nicht zur Last sein; Kind, leb wohl;
> Wir woll'n uns nicht mehr treffen, nicht mehr sehn.
> Und doch bist du mein Fleisch, mein Blut, mein Kind;
> Nein, eine Krankheit eh'r in meinem Fleisch,
> Die mein ich nennen muß; bist eine Beule,
> Ein Pestauswuchs, ein schwellender Karfunkel
> Im kranken Blut. Doch will ich dich nicht schelten;
> Scham komme, wenn sie will, ich ruf' ihr nicht;
> Ich heiße nicht den Donnerträger schleudern,
> Noch schwatz' ich aus von dir vor Jovis' Thron; –
> Geh in dich, ganz nach Muße bessre dich; –
> Ich hab' Geduld, ich kann bei Regan bleiben,
> Ich und die hundert Ritter.

Regan.   Nicht so ganz! –
> Ich zählte nicht auf Euch, bin nicht gerüstet,
> Euch zu empfangen; hört die Schwester, Herr!
> Denn wer Eu'r Zürnen mit Vernunft betrachtet,
> Muß sich doch sagen: Ihr seid alt, und so –
> Doch sie weiß, was sie tut.

Lear. Ist dies nun gut gesprochen?

Regan. Ich darf's behaupten, Herr. Was, fünfzig Ritter?
> Ist's nicht genug? Wozu bedürft Ihr mehr?
> Wozu selbst diese, da Gefahr und Last
> So viele widerrät? Kann so viel Volk
> In einem Haus bei zweierlei Befehl
> In Freundschaft stehn? 's ist schwer, beinah' unmöglich.

Goneril. Was braucht Ihr, Herr, noch andre Dienerschaft?
> Als meiner Schwester Leute oder meine?

Regan. Jawohl, Mylord; wenn die nachlässig wären,
> Bestraften wir sie dann. Kommt Ihr zu mir –
> Denn jetzt seh' ich Gefahr – so bitt' ich Euch,
> Bringt mir nur fünfundzwanzig; denn nicht mehr
> Werd' ich herbergen und versorgen.

Lear. Ich gab euch alles –

Regan.   Und zur rechten Zeit.

Lear. Macht' euch zu meinen Vormündern, Verwaltern;

Nur diese Anzahl zum Gefolge mir
Behielt ich vor. Was, muß ich zu dir kommen
Mit fünfundzwanzig, Regan? Sagst du so?

Regan. Und sag' es noch einmal, Mylord; nicht mehr.

Lear. Solch ruchlos Wesen sieht doch hübsch noch aus,
Sind andre noch ruchloser; nicht die Schlimmste
Zu sein, ist dann wie Lob. – (Zu Goneril.) Ich geh' mit dir;
Dein fünfzig macht doch zweimal fündundzwanzig,
Und du bist zweifach ihre Liebe.

Goneril. Hört mich;
Was braucht Ihr fünfundzwanzig, zehn, ja fünf?
In einem Haus, wo Euch zweimal so viel
Zu Diensten stehn?

Regan. Was braucht Ihr *einen* nur?

Lear. O streite nicht, was nötig sei. Der schlechtste Bettler
Hat bei der größten Not noch Überfluß.
Gib der Natur nur das, was nötig ist,
So gilt des Menschen Leben wie des Tiers.
Du bist 'ne Edelfrau;
Wenn warm gekleidet gehn schon prächtig wäre,
Nun, der Natur tut deine Pracht nicht not,
die kaum dich warm hält; – doch für wahre Not –
Gebt, Götter, mir Geduld, Geduld tut not! –
Ihr seht mich hier, 'nen armen, alten Mann,
Gebeugt durch Gram und Alter, zwiefach elend! –
Seid ihr's, die dieser Töchter Herz empört!
Wider den Vater, närrt mich nicht so sehr,
Daß zahm ich's dulde; weckt mir edlen Zorn! –
O laß nicht Weiberwaffen, Wassertropfen,
Des Mannes Wang' entehren! – Nein, ihr Unholde,
Ich will mir nehmen solche Rach' an euch,
Daß alle Welt – will solche Dinge tun –
Was, weiß ich selbst noch nicht; doch soll'n sie werden
Das Grau'n der Welt. Ihr denkt, ich werde weinen?
Nein, weinen will ich nicht.
Wohl hab' ich Fug' zu weinen; doch dies Herz
Soll eh' in hunderttausend Scherben splittern,
Als daß ich weine. – O Narr, ich werde rasend!
(Lear, Gloster, Kent und der Narr gehen ab.)

Cornwall. Gehn wir hinein, es kommt ein Sturm.
(Sturm und Gewitter von weitem.)

Regan. Das Haus ist klein; es faßt den Alten nicht
Und sein Gefolg'.

Goneril. 's ist seine Schuld, er nahm sich selbst die Ruh';
Nun büßt er seine Torheit.
Regan.   Was ihn betrifft, ihn nehm' ich gerne auf;
Doch keinen seines Zugs.
Goneril.   So denk' ich auch. –
Wo ist Mylord von Gloster?

Gloster kommt zurück.

Cornwall.   Er ging dem Alten nach; – dort kommt er wieder.
Gloster.   Der König ist in Wut.
Cornwall.   Wo geht er hin?
Gloster.   Er will zu Pferd; doch weiß ich nicht wohin.
Cornwall.   Man lasse den, der selbst sich führen will.
Goneril.   Mylord, ersucht ihn ja nicht, hier zu bleiben!
Gloster.   O Gott, die Nacht bricht ein, der scharfe Wind
Weht schneidend; viele Meilen ringsumher
Ist kaum ein Busch.
Regan.   O Herr, dem Eigensinn
Wird Ungemach, das er sich selber schafft,
Der beste Lehrer. Schließt des Hauses Tor;
Er hat verwegne Diener im Gefolg';
Wozu die ihn anhetzen, da so leicht
Sein Ohr getäuscht wird, das muß Vorsicht scheu'n.
Cornwall.   Schließt Eure Pforte, Herr; die Nacht ist schlimm,
Und Regan rät uns gut. Kommt aus dem Sturm.

(Sie gehen ab.)

Dritter Aufzug

1. Szene

Heide. Sturm, Donner und Blitz

Kent und ein *Ritter* von verschiedenen Seiten treten auf

Kent.   Wer ist da, außer schlechtem Wetter?
Ritter.   Ein Mann, gleich diesem Wetter, höchst bewegt.
Kent.   Ich kenn' Euch; wo ist der König?
Ritter.   Im Kampf mit dem erzürnten Element.
Er heißt dem Sturm die Erde wehn ins Meer
Oder die krause Flut das Land ertränken,
Daß alles wandle oder untergeh';
Rauft aus sein weißes Haar, das wüt'ge Windsbraut

Mit blindem Grimm erfaßt und macht zu Spott.
Er will in seiner kleinen Menschenwelt
Des Sturms und Regens Wettkampf übertrotzen.
In dieser Nacht, wo bei den Jungen gern
Die ausgesogne Bärin bleibt, der Löwe
Und der hungergrimm'ge Wolf gern trocken halten
Ihr Fell, rennt er mit unbedecktem Haupt
Und heißt, was immer will, hinnehmen alles.
Kent. Doch wer ist mit ihm?
Ritter. Der Narr allein, der wegzuscherzen strebt
Sein herzzerreißend Leid.
Kent. Ich kenn' Euch, Herr,
Und wag' es auf die Bürgschaft meiner Kunde,
Euch Wicht'ges zu vertraun. Es trennt ein Zwiespalt –
Wiewohl sie noch sein Angesicht verhüllen
In gleicher List – Albanien und Cornwall.
Sie haben – so wie jeder, den sein Stern
Erhob und krönte – Diener, treu zum Schein,
Die, Frankreichs Spion' und Kundschafter, von unserm
Zustand es unterrichten, allen Händeln
Und Zänkerei'n der Fürsten; von
Dem schweren Joch, das beide auferlegt
Dem alten König; von noch tiefern Dingen,
Wozu vielleicht dies nur ein Vorspiel war. –
Doch ist gewiß, von Frankreich kommt ein Heer
In dies zerrissne Reich, das schon, mit Klugheit
Benutzend unsre Säumnis, heimlich fußt
In unsern besten Häfen, und alsbald
Sein Banner frei entfaltet. Nun für Euch:
Wagt Ihr's, so fest zu bauen auf mein Wort,
Daß Ihr nach Dover gleich enteilt? Dort findet
Ihr jemand, der's Euch dankt, erzählt Ihr treu
Welch unnatürlich sinnverwirrend Leid
Der König klagen muß.
Ich bin ein Edelmann von altem Blut,
Und weil ich Euch als zuverlässig kenne,
Vertrau' ich Euch dies Amt.
Ritter. Wir reden noch davon.
Kent. Nein, sagt das nicht –
Und zur Bestät'gung, ich sei Größres als
Mein äußrer Schein, empfangt die Börs' und nehmt,
Was sie enthält. Wenn Ihr Cordelien seht –
Und daran zweifelt nicht – zeigt ihr den Ring,

Und nennen wird Sie Euch den Freund, des Namen
Euch jetzt noch unbekannt. Hu, welch ein Sturm! –
Ich will den König suchen.

Ritter. Gebt mir die Hand. Habt Ihr nicht mehr zu sagen?

Kent. Nicht viel, doch wichtiger als alles andre;
Dies, wenn den König wir gefunden. Ihr
Geht diesen Weg, ich jenen; wer zuerst
Ihn antrifft, ruft dem andern zu. (Sie gehen von verschiedenen Seiten ab.)

2. Szene
Eine andere Gegend auf der Heide

Noch immer Ungewitter. Es treten auf *Lear* und der *Narr*.

Lear. Blast, Wind' und sprengt die Backen! Wütet! Blast! –
Ihr Katarakt' und Wolkenbrüche, speit,
Bis ihr die Türm' ersäuft, die Hähn' ertränkt!
Ihr schweflichten, gedankenschnellen Blitze,
Vorläufer eichenspaltenden Donnerkeils,
Versengt mein weißes Haupt! Du Donner, schmetternd,
Schlag flach das mächt'ge Rund der Welt; zerbrich
Die Formen der Natur, vernicht' auf eins
Den Schöpfungskeim des undankbaren Menschen.

Narr. Ach, Gevatter, Hofweihwasser in einem trockenen Hause ist besser, als dies Regenwasser draußen. Lieber Gevatter, hinein und bitt' um deiner Töchter Segen; das ist 'ne Nacht, die sich weder des Weisen noch des Toren erbarmt.

Lear. Rassle nach Herzenslust! Spei, Feuer, ström, Regen;
Nicht Regen, Wind, Blitz, Donner sind meine Töchter.
Euch schelt' ich grausam nicht, ihr Elemente;
Euch gab ich Kronen nicht, nannt' euch nicht Kinder,
Ihr seid zu nichts verbunden mir; drum büßt
Die grause Lust. Hier steh' ich, euer Sklav',
Ein alter Mann, arm, elend, siech, verachtet.
Und dennoch knecht'sche Helfer nenn' ich euch,
Die ihr im Bund mit zwei verruchten Töchtern
Türmt eure hohen Schlachtreih'n auf ein Haupt,
So alt und weiß als dies. O, o, 's ist schändlich!

Narr. Wer ein Haus hat, seinen Kopf hineinzustecken, der hat einen guten Kopflatz.

> Wenn Hosenlatz will hausen,
> Eh' Kopf ein Dach geschafft,
> Wird Kopf und Latz verlausen;
> Solch Frei'n ist bettelhaft.

>   Und willst du deinen Zeh,
>   Du Tropf, zum Herzen machen,
>   Schreist übern Leichdorn weh,
>   Wirst, statt zu schlafen, wachen.

– Denn noch nie gab's ein hübsches Kind, das nicht Gesichter vorm Spiegel schnitt.

Kent tritt auf.

Lear. Nein! Ich will sein ein Muster aller Langmut,
Ich will nichts sagen.

Kent. Wer da?

Narr. Nun, hier ist Hoheit und ein Hosenlatz, das heißt: ein Weiser und ein Narr.

Kent. Ach seid Ihr hier, Mylord? Was sonst die Nacht liebt,
Liebt solche Nacht doch nicht; – des Himmels Zorn
Scheucht selbst die Wanderer der Finsternis
In ihre Höhlen. Seit ich ward zum Mann,
Erlebt' ich nimmer solchen Feuerguß,
Solch Krachen grausen Donners, solch Geheul
Des brüll'nden Regensturms; kein menschlich Wesen
Erträgt solch Leid und Grau'n.

Lear.   Jetzt, große Götter,
Die ihr so wild ob unsern Häuptern wettert,
Sucht eure Feinde auf. Zittre, du Frevler,
Auf dem verborgne Untat ruht, vom Richter
Noch ungestraft! – Versteck dich, blut'ge Hand;
Meineid'ger Schalk, und du, o Tugendheuchler,
Der in Blutschande lebt! Zerscheitre, Sünder,
Der unterm Mantel frommer Ehrbarkeit
Mord stiftete! Ihr tiefverschloßnen Greul,
Sprengt den verhüll'nden Zwinger, fleht um Gnade
Die grausen Mahner. – Ich bin ein Mann, an dem
Man mehr gesündigt, als er sündigte.

Kent. O Gott, mit bloßem Haupt! –
Mein gnäd'ger Herr, nahbei ist eine Hürde,
Die bietet etwas Schutz doch vor dem Sturm.
Ruht dort, indes ich in dies harte Haus –
Weit härter als der Stein, aus dem's erbaut,
Das eben jetzt, als ich nach Euch gefragt,
Mir schloß die Tür – zurückgeh' und ertrotze
Die karge Huld.

Lear.   Mein Geist beginnt zu schwindeln.
Wie geht's, mein Junge? Komm, mein Junge! Friert dich? –
Mich selber friert. Wo ist die Streu, Kam'rad?

Die Kunst der Not ist wundersam; sie macht
Selbst Schlechtes köstlich. Nun zu deiner Hürde. –
Du armer Schelm und Narr, mir blieb ein Stückchen
Vom Herzen noch, und das bejammert dich.

Narr. Wenn der Witz nur schwach und gering bestellt,
Hop heisa bei Regen und Wind,
Der füge sich still in den Lauf der Welt,
Denn der Regen, der regnet jeglichen Tag.

Lear. Wahr, lieber Junge. – Kommt, zeigt uns die Hürde!

(Geht ab.)

Narr. Das ist 'ne hübsche Nacht, um eine Buhlerin abzukühlen. Ich will eine Prophezeiung sprechen, ehe ich gehe: –

Wenn Priester Worte, nicht Werke häufen,
Wenn Brauer in Wasser ihr Malz ersäufen,
Wenn der Schneider den Junker Lehrer nennt,
Kein Ketzer mehr, nur der Buhler brennt,
Wenn Richter ohne Falsch und Tadel,
Wenn ohne Schulden Hof und Adel,
Wenn Lästrung nicht auf Zungen wohnt,
Der Gauner des Nächsten Beutel schont,
Wenn die Wucherer ihr Gold im Felde beschaun
Und Huren und Kuppler Kirchen baun,
Dann kommt das Reich von Albion
In großer Verwirrung und Konfusion;
Dann kommt die Zeit, wer's lebt zu sehn,
Daß man mit Füßen pflegt zu gehn.

Diese Prophezeiung wird Merlin machen; denn ich lebe vor seiner Zeit. (Ab.)

3. Szene
Glosters Schloß

Es treten auf *Gloster* und *Edmund*

Gloster. O Gott! Edmund, diese unnatürliche Begegnung gefällt mir nicht. Als ich sie um Erlaubnis bat, mich seiner erbarmen zu dürfen, da verboten sie mir den Gebrauch meines eigenen Hauses, befahlen mir bei Strafe ihrer ewigen Ungnade, weder von ihm zu sprechen, für ihn zu bitten, noch ihn auf irgend eine Weise zu unterstützen.

Edmund. Höchst grausam und unnatürlich!

Gloster. Still, sage nichts. Es ist ein Zwiespalt zwischen den beiden Herzogen, und Schlimmeres als das; ich erhielt diesen Abend einen Brief – es ist gefährlich, davon zu reden; ich verschloß den Brief in meinem Kabinett. Die Kränkungen, die der König jetzt duldet, werden schwer geahndet werden. Ein Teil des Heeres ist schon gelandet; wir müssen mit dem König halten. Ich will ihn aufsuchen und ihn heimlich unterstützen. Geh du, unterhalte ein Gespräch mit dem Herzoge, damit er diese Teilnahme nicht bemerke. Wenn er nach mir fragt, bin ich krank und zu Bett gegangen. Und sollte es mein Tod sein – wie mir denn nichts Geringeres gedroht ist – dem König, meinem alten Herrn, muß geholfen werden. Es sind seltsame Dinge im Werk; Edmund, ich bitte dich, sei behutsam. (Er geht ab.)

Edmund. Gleich meld' ich die verbotne Freundlichkeit
 Dem Herzog und von jenem Brief dazu
 Dies scheint ein groß Verdienst, und soll mir lohnen
 Mit meines Vaters Raub, den Gütern allen;
 Die Jungen steigen, wenn die Alten fallen. (Ab.)

4. Szene
Heide

Es treten auf *Lear, Kent* und der *Narr*

Kent. Hier ist's, Mylord; o geht hinein, Mylord!
 Die Tyrannei der offnen rauhen Nacht
 Hält die Natur nicht aus. (Noch immer Sturm.)
Lear. Laß mich zufrieden.
Kent. Ich bitt' Euch, kommt.
Lear. Willst du das Herz mir brechen?
Kent. Mein eignes eh'r. O geht hinein, mein König!
Lear. Dir dünkt es hart, daß dieser wüt'ge Sturm
 Uns bis zur Haut durchdringt, so ist es dir;
 Doch wo die größere Krankheit Sitz gefaßt,
 Fühlt man die mindre kaum. Du fliehst den Bären;
 Doch führte dich die Flucht zur brüll'nden See,
 Liefst du dem Bären in den Schlund. Ist frei der Geist,
 Dann fühlt der Körper zart. Der Sturm im Geist
 Raubt meinen Sinnen jegliches Gefühl
 Als das, was hier mir wühlt – Undank des Kindes!
 Als ob der Mund zerfleischte diese Hand,
 Weil sie ihm Nahrung bot! Schwer will ich strafen! –
 Nicht will ich weinen mehr. In solcher Nacht
 Mich auszusperrn! – Gieß fort; ich will's erdulden, –
 In solcher Nacht wie die! O Regan, Gon'ril! –
 Euren alten guten Vater, des freigebig Herz
 Euch alles gab. – O dies treibt mich zum Wahnsinn. –
 Fort die Gedanken, fort, nichts mehr davon.

Kent. Mein guter König, geht hinein!
Lear. Bitt' dich, geh du hinein, sorg für dich selbst.
Der Sturm erlaubt nicht, Dingen nachzusinnen,
Die mehr mich schmerzten. Doch ich geh' hinein;
Geh, Bursch, voran! – Du Armut ohne Dach –
Nun, geh doch! Ich will beten und dann schlafen.

(Der Narr geht in die Hütte.)

Ihr armen Nackten, wo ihr immer seid,
Die ihr des tück'schen Wetters Unbild duldet,
Wie soll eu'r schirmlos Haupt, hungernder Leib,
Der Lumpen offne Blöß' euch Schutz verleihn
Vor Stürmen so wie der? O daran dacht' ich
Zu wenig sonst! – Nimm Arzenei, o Pomp!
Gib preis dich, fühl einmal, was Armut fühlt,
Daß du hinschütt'st für sie dein Überflüss'ges,
Und rettest die Gerechtigkeit des Himmels!

Edgar (drinnen). Anderthalb Klafter! Anderthalb Klafter! Armer Thoms!

Narr (indem er aus der Hütte läuft). Geh nicht hinein, Gevatter! Hier ist ein Geist! Hilfe! Hilfe!

Kent. Gib mir die Hand. – Wer ist da?

Narr. Ein Geist, ein Geist! Er sagt, er heiße armer Thoms.

Kent. Wer bist du, der im Stroh hier mummelt? Komm heraus!

Edgar tritt auf als Wahnwitziger.

Edgar. Hinweg! Der böse Feind verfolgt mich.
Durch scharfen Hagedorn saust der kalte Wind, Hu! –
Geh in dein kaltes Bett und wärme dich!

Lear. Wie? Gabst du alles deinen beiden Töchtern?
Und kamst du so herunter?

Edgar. Wer gibt dem armen Thoms was? – den der böse Feind durch Feuer und durch Flammen geführt hat, durch Flut und Strudel, über Moor und Sumpf; der ihm Messer unters Kissen gelegt hat und Schlingen unter seinen Kirchenstuhl; der ihm Rattengift neben die Suppe stellte; der ihm Hoffart eingab, auf einem braunen trabenden Roß über vier Zoll breite Stege zu reiten und seinem eigenen Schatten wie einem Verräter nachzujagen. Gott schütze deine fünf Sinne! Thoms friert. (Vor Frost schaudernd.) Gott schütze dich vor Wirbelwinden, vor bösen Sternen und Seuchen! Gebt dem armen Teufel ein Almosen, den der böse Feind heimsucht. Hier könnt' ich ihn jetzt haben und hier – und da – und hier wieder – und hier. (Noch immer Ungewitter.)

Lear. Was, brachten ihn die Töchter in solch Elend?
Konnst du nichts retten? Gabst du alles hin?

Narr. Nein, er behielt ein Laken, sonst müßten wir uns alle schämen.

Lear. Nun, jede Seuche, die Luft zur Strafe
Der Sünder herbergt, stürz' auf deine Töchter!

Kent. Herr! Er hat keine Töchter!

Lear. Ha, Tod, Rebell! Nichts beugte die Natur
Zu solcher Schmach als undankbare Töchter. –
Ist's Mode jetzt, daß weggejagte Väter
So wüten müssen an dem eignen Fleisch?
Sinnreiche Strafe! Zeugte doch dies Fleisch
Diese Pelikan Töchter.

Edgar. Pollicok saß auf Pollicoks Berg:
Hallo, hallo, hallo!

Narr. Diese kalte Nacht wird uns all zu Narren und Tollen machen.

Edgar. Hüte dich vor dem bösen Feind; gehorch deinen Eltern; halte dein Worte; fluche nicht; verführe nicht deines Nächsten verlobte Braut; häng nicht dein liebes Herz an eitle Pracht; – Thoms friert!

Lear. Was bist du gewesen?

Edgar. Ein Verliebter, stolz an Herz und Sinn, der sein Haar kräuselte, Handschuh' an seiner Kappe trug, den Lüsten seiner Gebieterin frönte und das Werk der Finsternis mit ihr trieb. Ich Schwur so viel Eide, als ich Worte redete, und brach sie im holden Angesicht des Himmels; schließt ein in Gedanken der Wollust und erwachte, sie auszuführen; den Wein liebte ich kräftig, die Würfel heftig, und mit den Weibern übertraf ich den Großtürken. Falsch von Herz, leicht von Ohr, blutig von Hand. Schwein in Faulheit, Fuchs im Stehlen, Wolf in Gier, Hund in Tollheit, Löwe in Raubsucht. Laßt nicht das Knarren der Schuhe, noch das Rascheln der Seide dein armes Herz den Weibern verraten. Halte deinen Fuß fern von Bordellen, deine Hand von Schürzen, deine Feder von Schülbüchern und trotze dem bösen Feind! Immer noch durch den Hagdorn saust der kalte Wind; ruft summ, summ. – Heinonino, Dauphin, mein Junge, Hurra! Laß ihn vorbei!

(Noch immer Ungewitter.)

Lear. Nun, dir wäre besser in deinem Grabe, als so mit unbedecktem Leib dieser Wut der Elemente begegnen. Ist der Mensch nicht mehr als das? Betracht ihn recht! Du bist dem Wurm keine Seide schuldig, dem Tier kein Fell, dem Schaf keine Wolle, der Katze keinen Bisam. Ha, drei von uns sind überkünstelt; du bist das Ding selbst.

Der Mensch im Naturzustand ist nichts mehr, als solch ein armes, nacktes, zweizinkiges Tier wie du. Fort, fort, ihr Zutaten! – Kommt, knöpft auf! (Er reißt sich die Kleider ab.)

Narr. Ich bitt' dich, Gevatter, laß gut sein; das ist eine garstige Nacht zum Schwimmen. Jetzt wär' ein kleines Feuer auf einer wüsten Heide wie eines alten Buhlers Herz; ein kleiner Funke und der ganze übrige Körper kalt. Seht, hier kommt ein wandelndes Feuer.

Edgar. Das ist der böse Feind Flibbertigibbet; er kommt mit der Abendglocke und geht um bis zum ersten Hahnenschrei; er bringt den Star und den Schwind, macht das Auge schielend und schickt Hasenscharten, verschrumpft den weißen Weizen und quält die arme Kreatur auf Erden.

Sankt Withold ins Feld dreimal wollt' schreiten,
Kommt die Nachtmähr' und ihre neun Füllen von weitem;
    Da dräut er gleich:
    Entweich! Entweich!
Und trolle dich, Alp, und troll dich!

Kent. Wie geht's, mein König?

Gloster kommt mit einer Fackel.

Lear. Wer ist der?
Kent. Wer da? Wen sucht Ihr?
Gloster. Wer seid Ihr? Eure Namen?
Edgar. Der arme Thoms, der den schwimmenden Frosch ißt, die Kröte, die Unke, den Kellermolch und den Wassermolch; der in der Wut seines Herzens, wenn der böse Feind tobt, Kuhmist für Salat ißt, die alte Ratte verschlingt und den toten Hund; den grünen Mantel des stehenden Pfuhls trinkt; gepeitscht wird von Kirchspiel zu Kirchspiel und in die Eisen gesteckt, gestäupt und eingekerkert; der drei Kleider hatte für seinen Rücken, sechs Hemden für seinen Leib, zum Reiten ein Pferd, zum Tragen ein Schwert;

Doch Mäus' und Ratten und solch Getier
Aß Thoms sieben Jahr lang für und für.

Hütet Euch vor meinem Verfolger! Still, Smolkin, still, du böser Feind!
Gloster. Mylord, habt Ihr nicht bessere Gesellschaft?
Edgar. Der Fürst der Finsternis ist ein Edelmann;
Modo heißt er und Mahu.
Gloster. Ach unser Fleisch und Blut, Herr, war so schlecht,
Daß es die haßt, die es erzeugten.
Edgar. Thoms friert!
Gloster. Kommt mit mir, meine Treu' erträgt es nicht,
Zu folgen Eurer Töchter hartem Willen;

Befahlen sie mir gleich, die Tür zu schließen,
Euch preiszugeben der tyrann'schen Nacht;
Doch hab' ich's drauf gewagt, Euch auszuspähn,
Und zeig' Euch, wo Ihr Mahl und Feuer findet.
Lear. Erst red' ich noch mit diesem Philosophen.
Woher entsteht der Donner?
Kent. Mein teurer Herr! Nehmt seinen Vorschlag an,
Geht in das Haus.
Lear. Ein Wort mit diesem kundigen Thebaner.
Was ist dein Studium.?
Edgar. Den Teufel fliehn und Ungeziefer töten.
Lear. Ein Wort mit Euch noch insgeheim.
Kent. Drängt ihn noch einmal, mitzugehn, Mylord!

(Noch immer Ungewitter.)

Sein Geist beginnt zu schwärmen.
Gloster. Kannst du's tadeln?
Die Töchter suchen seinen Tod. Das sagtst du
Voraus, du guter Kent! Du armer Flüchtling!
Du fürchtst, der König wird verrückt. Glaub mir,
Fast bin ich's selber auch. Ich hatt' 'nen Sohn,
Verstoßen jetzt, er stand mir nach dem Leben
Erst neulich, eben jetzt. – Ich liebt' ihn, Freund,
Mehr liebt kein Vater je; ich sage dir,
Der Gram raubt den Verstand mir. Welche Nacht! –
Ich bitt' Eu'r Hoheit –
Lear. O verzeiht;
Mein edler Philosoph, begleitet uns.
Edgar. Thoms friert.
Gloster. Hinein, Bursch, in die Hütte, halt dich warm!
Lear. Kommt all' hinein.
Kent. Hierher, Mylord!
Lear. Mit ihm!
Ich gehe nur mit meinem Philosophen.
Kent. Willfahrt ihm, Herr, gebt ihm den Burschen mit!
Gloster. So nehmt ihn mit.
Kent. Du folg uns! Komm mit uns!
Lear. Komm, mein Athener!
Gloster. Nicht viel Worte, still!
Edgar. Herr Roland kam zum finstern Turn,
Sein Wort war stets: seid auf der Hut,
Ich wittr', ich witte Britenblut.

(Sie gehen alle ab.)

5. Szene
Glosters Schloß

Es treten auf Cornwall und Edmund.

Cornwall. Ich will Rache an ihm, ehe ich sein Haus verlasse.

Edmund. Mylord, wie man mich tadeln wird, daß ich so die Natur meinem Diensteifer geopfert – daran denk' ich mit Schaudern.

Cornwall. Ich sehe nun ein, daß Euer Bruder nicht so ganz aus Bösartigkeit seinen Tod suchte; es war vielmehr ein treibendes Gefühl von seinem Wert, durch die Schlechtigkeit des Alten erregt.

Edmund. Wie heimtückisch ist mein Schicksal, daß ich bereuen muß, gerecht zu sein! – Hier ist der Brief, von dem er sprach, aus dem hervorgeht, daß er es mit den Franzosen hält und zu ihrem Vorteil den Kundschafter spielt. O Himmel! daß dieser Verrat nicht wäre, oder ich nicht der Entdecker!

Cornwall. Kommt mit mir zur Herzogin.

Edmund. Wenn der Inhalt dieses Briefes wahr ist, so habt Ihr Großes zu erledigen.

Cornwall. Wahr oder falsch, er hat dich zum Grafen von Gloster gemacht. Suche deinen Vater auf, daß er gleich von uns möge verhaftet werden.

Edmund (beiseite). Finde ich ihn beschäftigt, dem König beizustehen, so wird das den Argwohn noch verstärken. (Laut.) Ich will in meiner Treue fortfahren, wie schmerzlich mir auch der Kampf zwischen mir und meinem Herzen ist.

Cornwall. Du sollst mein Vertrauen besitzen und in meiner Liebe einen besseren Vater finden. (Sie gehen ab.)

6. Szene
In einer Hütte

Kent und Gloster treten ein.

Gloster. Hier ist's besser als in der freien Luft; nehmt es dankbar an. Ich werde zu Eurer Bequemlichkeit hier zufügen, was ich vermag; ich bin gleich wieder bei Euch. (Geht ab.)

Kent. Alle Kraft seines Geistes ist seiner Ungeduld gewichen. Die Götter lohnen Euch Eure Freundlichkeit.

Lear, Edgar und der Narr kommen herein.

Edgar. Frateretto ruft mir und sagt, Nero fische im Pfuhl der Finsternis. (Zum Narren.) Bete, Narr, und hüte dich vor dem bösen Feind.

Narr. Bitt' dich, Gevatter, sag mir, ist ein toller Mann ein Edelmann oder ein Bürgersmann?

Lear. Ein König, ein König!

Narr. Nein, 's ist ein Bürgersmann, der einen Edelmann zum Sohn hat; denn der ist ein wahnsinniger Bürgersmann, der seinen Sohn früher als sich zum Edelmann werden sieht.

Lear. Daß ihrer tausend mit rotglühnden Spießen
Laut zischend auf sie stürzten!

Edgar. Der böse Feind beißt mich im Rücken.

Narr. Der ist toll, der auf die Zahmheit eines Wolfes baut, auf die Gesundheit eines Pferdes, eines Knaben Liebe oder einer Hure Schwur.

Lear. Es soll geschehn, gleich spreche ich ihr Urteil.
(Zu Edgar.) Komm, setz dich her, du hochgelehrter Richter;
Du weiser Herr, sitz hier. (Zum Narren.) Nun, ihr Wölfinnen –

Edgar. Sieh, wie er steht und glotzt; – braucht Ihr Eure Augen vor Gericht, schöne Dame?
    Komm übern Bach, mein' Liesel, zu mir.

Narr.   Ihr Kahn ist nicht dicht,
    Doch sagt sie dir's nicht,
    Warum sie 'rüber nicht darf zu dir.

Edgar. Der böse Feind verfolgt den armen Thoms mit der Stimme einer Nachtigall. Hoptanz schreit in Thoms' Bauch nach zwei Heringen. Krächze nicht, schwarzer Engel! Ich habe kein Futter für dich.

Kent. Nun, bester Herr? O steht nicht so betäubt!
Wollt Ihr Euch legen, auf den Kissen ruhn?

Lear. Erst das Verhör. Bringt mir die Zeugen her!
(Zu Edgar.) Du, Ratsherr im Talar, nimm deinen Platz!
(Zum Narren.) Und du, sein Amtsgenoß der Richterwürde,
Sitz ihm zur Seite. (Zu Kent.) Ihr gehört zu uns,
Setzt Euch gleichfalls.

Edgar.   Laßt uns gerecht verfahren.
    Schläfst oder wachst du, artiger Schäfer?
    Deine Schäfchen im Korne gehn,
    Und flötet nur einmal dein niedlicher Mund,
    Deinen Schäfchen kein Leid soll geschehn.
Purr! die Katz' ist grau.

Lear. Sprecht über die zuerst; 's ist Goneril. Ich schwöre hier vor dieser Versammlung, sie hat den armen König, ihren Vater, mit Füßen getreten.

Narr. Kommt, Lady! Ist Eu'r Name Goneril?

Lear. Sie kann's nicht leugnen.

Narr. Verzeiht! Ich hielt Euch für 'nen Sessel.
Lear. Und hier noch eine, deren scheeler Blick
Ihr böses Herz verrät. Haltet sie fest!
He! Waffen, Waffen, Feuer, Schwert! – Bestechung!
Du falscher Richter, läßt du sie entfliehn?
Edgar. Gott erhalte dir deine fünf Sinne!
Kent. O Jammer! – Herr, wo ist nun die Geduld,
Die Ihr so oft Euch rühmtet zu bewahren?
Edgar (beiseite). Meine Tränen nehmen so Partei für ihn,
Daß sie mein Spiel verderben.
Lear. Die kleinen Hunde, seht,
Spitz, Mops, Blandine, alle bell'n mich an.
Edgar. Thoms wird seinen Kopf nach ihnen werfen. Hinaus mit euch, ihr Kläffer!

> Sei dein Maul schwarz oder weiß,
> Sei's von gift'gem Geifer heiß,
> Windspiel, Bullenbeißer, Jagdhund,
> Bracke, Pudel, Dogg' und Schlachthund,
> Lang- und Stumpfschwanz, all ihr Köter,
> Hört ihr Thoms, so schreit ihr Zeter,
> Denn werf' ich so den Kopf nach euch,
> Rennt ihr und springt in Graben und Teich.

Du di du di, Sessa! – Kommt auf die Kirmes und den Jahrmarkt! – Armer Thoms! – Dein Horn ist trocken.

Lear. Nun laßt sie Regan anatomieren und sehn, was für ein Gewächs sie am Herzen hat. Gibt's irgend eine Ursache in der Natur, die diese harten Herzen hervorbringt? – (Zu Edgar.) Euch Herr, halte ich als einen meiner Hundert; nur gefällt mir der Schnitt Eures Habits nichts. Ihr werdet sagen, es sei persische Tracht; aber laßt ihn ändern.
Kent. Mein teurer Herr, ruht hier und schlaft ein Weilchen.
Lear. Macht keinen Lärm, macht keinen Lärm; zieht den Vorhang zu. So, so, so; wir wollen nächsten Morgen zu Abend essen; so, so, so.
Narr. Und ich will am Mittag schlafen gehn.

Gloster kommt zurück.

Gloster. Komm her, Freund, sag, wo ist mein Herr, der König?
Kent. Hier, Herr! Doch stört ihn nicht, er ist von Sinnen.
Gloster. Du guter Mann, nimm ihn in deine Arme;
Von einem Anschlag, ihn zu töten, hört' ich.
Ich hab 'ne Sänfte, leg ihn da hinein,
Und rasch nach Dover, wo du finden wirst
Schutz und Willkommen. Eil und nimm ihn auf,

Säumst du 'ne halbe Stunde nur, so ist
Sein Leben, dein's und aller, die ihn schützen,
Verloren ohne Rettung. Fort denn, fort!
Folg mir, und schnell geleit' ich dich dorthin,
Wo du was not tut findest.
Kent. Schläfst du, erschöpfte Kraft? –
Ein Balsam wär's für dein zerrissnes Leben,
Das, ist dir solche Lind'rung nicht vergönnt,
Wohl schwer gesundet. –
    (Zum Narren.) Komm, hilf deinem Herrn,
Du darfst zurück nicht bleiben.
Gloster.   Kommt, hinweg!

  (Kent, Gloster und der Narr tragen den König fort.)
    Edgar bleibt allein.

Edgar. Sehn wir den Beßren tragen unsern Schmerz,
Kaum rührt das eigne Leid noch unser Herz.
Wer einsam duldet, fühlt die tiefste Pein,
Fern jeder Lust, trägt er den Schmerz allein;
Doch kann das Herz viel Leiden überwinden,
Wenn sich zur Qual und Not Genossen finden.
Mein Unglück dünkt mir leicht und minder scharf,
Da, was mich beugt, den König niederwarf;
Er kind-, ich vaterlos. Nun, Thoms, wohlan,
Merk auf der Großen Zwist; erschein erst dann,
Wenn der Verdacht, des falscher Wahn dich schändet,
Des Treubewährten Acht versöhnend endet.
Komme, was will die Nacht, flieht nur der König! –
Gib acht! Gib acht!   (Geht ab.)

7. Szene
Glosters Schloß

  Es treten auf *Cornwall, Regan, Goneril, Edmund* und *Bediente.*

Cornwall. Eilt sogleich zu Mylord, Eurem Gemahl; zeigt ihm diesen Brief; die französische Armee ist gelandet. Geht, sucht den Schurken Gloster. (Einige Bediente gehen ab.)

Regan. Henkt ihn ohne weiteres.

Goneril. Reißt ihm die Augen aus.

Cornwall. Überlaßt ihn meinem Unwillen. Edmund, leistet Ihr unserer Schwester Gesellschaft; die Rache, die wir an Euerm verräterischen Vater zu nehmen gezwungen sind, verträgt Eure Gegenwart nicht wohl. Ermahnt den Herzog, wenn Ihr zu ihm kommt, zur schleunigsten Rüstung; wir werden sie uns ebenfalls angelegen sein lassen. Unsere Boten sollen schnell sein und das Verständnis zwischen uns erhalten. Lebt wohl, liebe Schwester – lebt wohl, Mylord von Gloster!

Haushofmeister tritt auf.

Nun? wo ist der König?
Haushofmeister.   Mylord von Gloster hat ihn fortgeführt.
Fünf- oder sechsunddreißig seiner Ritter,
Ihn eifrig suchend, trafen ihn am Tor,
Und ziehn nebst andern von des Lords Vasallen
Mit ihm nach Dover, wo sie rüst'ger Freunde
Sich rühmen.
Cornwall.   Schafft die Pferde Eurer Herrin!
Goneril.   Lebt wohl, Mylord und Schwester!

(Goneril und Edmund gehen ab.)

Cornwall.   Edmund, leb wohl. – Sucht den Verräter Gloster,
Bindet ihn, wie 'nen Dieb, führt ihn hierher.
Obgleich wir ihm nicht wohl ans Leben können
Ohn' alle Rechtsform; doch soll unsre Macht
Hold unserm Zorne sein, was man zwar tadeln,
Nicht hindern mag. Wer kommt? Ist's der Verräter?

Bediente kommen mit Gloster.

Regan.   Der undankbare Fuchs! Er ist's.
Cornwall.   Bind't ihm die welken Arme.
Gloster.   Was meint Eu'r Hoheit? Freunde, denkt, ihr seid
Hier meine Gäste; frevelt nicht an mir.
Cornwall.   Bind't ihn!   (Gloster wird gebunden.)
Regan.   Fest! Fest! O schändlicher Verräter!
Gloster.   Du unbarmherz'ge Frau, das war ich nie.
Cornwall.   Bind't ihn an diesen Stuhl. Schuft, du sollst sehn –

(Regan zupft ihn am Bart.)

Gloster.   Beim güt'gen Himmel, das ist höchst unedel,
Zu raufen meinen Bart!
Regan.   So weiß und solch ein Schelm!
Gloster.   Ruchlose Frau,
Dies Haar, das du entreißest meinem Kinn,
Verklagt dich droben einst; ich bin Eu'r Wirt;
Ihr solltet nicht mit Räuberhand mißhandeln
Mein gastlich Angesicht. Was wollt Ihr tun?
Cornwall.   Sprecht, was für Briefe schrieb man Euch aus Frankreich?
Regan.   Antwortet schlicht, wir wissen schon die Wahrheit.

Cornwall. Und welchen Bund habt Ihr mit den Verrätern,
Die jetzt gelandet sind.
Regan. In wessen Hand gabt Ihr den tollen König.
Sprecht!
Gloster. Einen Brief erhielt ich voll Vermutung,
Von jemand, der zu keiner Seite neigt,
Und der nicht feindlich ist.
Cornwall.   Ausflucht!
Regan.   Und falsch.
Cornwall. Wo sandtest du den König hin?
Gloster.   Nach Dover.
Regan. Warum nach Dover?
Stand nicht dein Leben drauf –
Cornwall. Warum nach Dover? Erst erklär' er das.
Gloster. Am Pfahle fest, muß ich die Hatze dulden.
Regan. Warum nach Dover?
Gloster. Weil ich nicht wollte sehn, wie deine Nägel
Ausrissen seine armen alten Augen;
Noch wie die unbarmherz'ge Goneril
In sein gesalbtes Fleisch die Hauer schlage.
Die See, in solchem Sturm, wie er ihn barhaupt
In höllenfinstrer Nacht erduldet, hätte
Sich aufgebäumt, verlöscht die ew'gen Lichter;
Doch armes, altes Herz, er half
Dem Himmel regnen. Wenn ein Wolf geheult
In jener grausen Nacht an deinem Tor,
Du hättst gerufen: Pförtner, tu doch auf;
Wer grausam sonst, ward zahm. Doch seh' ich noch
Beschwingte Rach' ereilen solche Kinder.
Cornwall. Sehn wirst du's nimmer. Halte fest den Stuhl,
Auf deine Augen setz' ich meinen Fuß.
Gloster. Wer noch das Alter zu erleben hofft,
Der steh' mir bei. – O grausam! O ihr Götter!
Regan. Eins wird das andre höhnen; jenes auch.
Cornwall. Siehst du nun Rache?
Diener. Haltet ein, Mylord!
Seit meiner Kindheit hab' ich Euch gedient,
Doch bessern Dienst erwies ich Euch noch nie,
Als jetzt Euch Halt! zu rufen.
Regan.   Was, du Hund?
Diener. Wenn Ihr 'nen Bart am Kinne trügt, ich zaust' ihn
Bei solchem Streit; was habt Ihr vor?
Cornwall.   Mein Sklav'? (Er zieht den Degen.)

Diener.   Nun denn, heran und wagt's mit meinem Zorn!
(Sie fechten, Cornwall wird verwundet.)
Regan (zu einem Bedienten).   Gib mir dein Schwert; lehnt sich ein
Bauer auf?
(Sie durchsticht ihn von hinten.)
Diener.   O ich bin hin! Mylord, Euch blieb ein Auge,
Die Straf' an ihm zu sehn. – O!   (Er stirbt.)
Cornwall.   Dafür ist Rat; heraus, du schnöder Gallert!
Wo ist dein Glanz nun?
Gloster.   Alles Nacht und trostlos.
Wo ist mein Sohn Edmund?
Edmund, schür' alle Funken der Natur,
Und räche diesen Greuel.
Regan.   Ha, falscher Bube,
Du rufst den, der dich haßt; er selber war's,
Der deinen Hochverrat entdeckt; er ist
zu gut, dich zu bedauern.
Gloster.   O mein Wahnsinn!
Dann tat ich Edgar unrecht.
Götter, vergebt mir das und segnet ihn!
Regan.   Fort, werft ihn aus dem Tor, dann mag er riechen
Den Weg nach Dover. Wie ist Euch, Herr? – Wie geht's?
(Gloster wird weggebracht.)
Cornwall.   Er schlug mir eine Wunde. – Folgt mir, Lady.
Hinaus den blinden Schurken! Diesen Hund
Werft auf den Mist. Regan, ich blute stark;
Dies kommt zur Unzeit. Gib mir deinen Arm.
(Regan führt Cornwall ab.)
Erster Diener.   Ich achte nicht, was ich für Sünde tu',
Wenn's dem noch wohl geht.
Zweiter Diener.   Lebt sie lange noch
Und findet dann ein leicht, natürlich Ende,
So werden alle Weiber Ungeheuer.
Erster Diener.   Ihm nach, dem alten Grafen; schafft den Tollen,
Daß er ihn führen mag; sein Bettler-Wahnsinn
Läßt sich zu allem brauchen.
Zweiter Diener.   Geh nur, ich hol' ihm Flachs und Eierweiß,
Es auf sein blutiges Gesicht zu legen.
Der Himmel helf' ihm!
(Sie gehen ab nach verschiedenen Seiten.)

Vierter Aufzug

1. Szene

Freies Feld

Edgar tritt auf.

Edgar. Doch besser so und sich verachtet wissen,
Als stets verachtet sein und stets geschmeichelt.
Im tiefsten Elend
Das niedrigste, das glückverstoßenste Wesen
Lebt man in Hoffnung noch und nicht in Furcht.
Beweinenswerter Wechsel trifft nur Bestes,
Das Schlimmste kehrt zum Lachen wieder. Drum willkommen,
Du wesenlose Luft, die ich umfasse! –
Der Ärmste, den du warfst ins tiefste Elend,
Fragt nichts nach deinen Stürmen. – Doch wer kommt hier?

Gloster von einem alten Manne geführt.

Mein Vater bettlergleich geführt? Welt, Welt, o Welt!
Lehrt' uns dein seltsam Wechseln dich nicht hassen,
Das Leben beugte nimmer sich dem Alter.

Alter Mann. O lieber, gnäd'ger Herr, ich war Euer
Pächter und Eures Vaters Pächter an die achtzig Jahre.

Gloster. Geh deines Wegs, verlaß mich, guter Alter,
Dein Beistand kann mir doch nicht nützlich sein,
Dir möcht' er schaden.

Alter Mann. Alter Herr, Ihr könnt ja Euren Weg nicht sehn.

Gloster. Ich habe keinen, brauch' drum keine Augen;
Ich strauchelt', als ich sah: Oft zeigt sich's, Haben
Lullt uns in Sicherheit, und die Entbehrung
Gedeiht zum Vorteil. O mein Sohn! Mein Edgar! –
Speise dem Zorne des betrognen Vaters!
Erlebt' ich noch, umarmend dich zu sehn,
Dann spräch' ich, wieder hab' ich Augen!

Alter Mann. Wer da?

Edgar (beiseite). Gott, wer darf sagen: Schlimmer kann's nicht werden?
's ist schlimmer nun als je.

Alter Mann. Der tolle Thoms!

Edgar (beiseite). Und kann noch schlimmer gehn, 's ist nicht das
Schlimmste.
Solang man sagen kann, dies ist das Schlimmste.

Alter Mann. Wo willst du hin, Gesell?

Gloster. Ist er ein Bettler?

Alter Mann.   Ein Toller und ein Bettler.
Gloster.   Er hat Vernunft noch, sonst könnt' er nicht betteln;
  Im letzten Nachtsturm sah ich solchen Burschen
  Und für 'nen Wurm muß' ich den Menschen halten;
  Da kam mein Sohn mir ins Gemüt, und doch
  War mein Gemüt ihm damals kaum befreundet.
  Seitdem erfuhr ich mehr. Was Fliegen sind
  Den müß'gen Knaben, das sind wir den Göttern;
  Sie töten uns zum Spaß.
Edgar (beiseite).   Ist mir's denn möglich?
  Ein schlecht Gewerb, beim Gram den Narren spielen;
  Man ärgert sich und andre.   (Laut.) Grüß' Euch Gott!
Gloster.   Ist das der nackte Bursch!
Alter Mann.   Ja, gnäd'ger Herr.
Gloster.   Dann geh, mein Freund. Willst du uns wieder treffen
  Ein, zwei, drei Meilen weiter auf der Straße
  Nach Dover zu, so tu's aus alter Liebe,
  Und bring 'ne Hülle für die nackte Seele;
  Er soll mich führen.
Alter Mann.   Ach! Er ist ja toll.
Gloster.   's ist Fluch der Zeit, wenn Tolle führen Blinde!
  Tu, was ich bat, oder auch was du willst;
  Vor allem geh.
Alter Mann.   Den besten Anzug hol' ich, den ich habe;
  Entstehe draus, was mag.   (Er geht ab.)
Gloster.   Hör, nackter Bursch!
  Edgar.   Der arme Thoms friert.   (Beiseite.) Ich kann's nicht länger treiben!
Gloster.   Komm her, Gesell!
Edgar (beiseite).   Und doch, ich muß.
  (Laut.) Gott schütz' die lieben Augen dir, sie bluten.
Gloster.   Weißt du den Weg nach Dover?
  Edgar.   Steg' und Heckenpforten, Fahrweg und Fußpfad. Der arme Thoms ist um seine gesunden Sinne gekommen. Gott schütze dich, du gutes Menschenkind, vorm bösen Feind! Fünf Teufel waren zugleich im armen Thoms: der Geist der Luft, Obidicut; Hoptanz, der Fürst der Stummheit; Mahu, des Stehlens; Modu, des Mords und Flibbertigibbet, der Grimassenteufel, der seitdem in die Zofen und Stubenmädchen gefahren ist. Gott helfe dir, Herr!
Gloster.   Hier nimm die Börse, du, den Zorn des Himmels
  Zu jedem Fluch gebeugt; daß ich im Elend,
  Macht dich beglückter. – So ist's recht, ihr Götter!
  Laßt stets den üpp'gen wollusttrunknen Mann,

Der Eu'r Gebot mit Füßen tritt, nicht sehn will,
Weil er nicht fühlt, schnell fühlen eure Macht.
Verteilung tilgte dann das Übermaß
Und jeder hätte g'nug. Sag, weißt du Dover?
Edgar. Ja, Herr!
Gloster. Dort ist ein Fels, des hohe steile Klippe
Furchtbar hinabschaut in der Tiefe Bett.
Bring mich nur hin an seinen letzten Rand,
Und lindern will ich deines Elends Bürde
Mit einem Kleinod. Von dem Ort bedarf
Ich keines Führer mehr.
Edgar. Gib mir den Arm,
Thoms will dich führen. (Sie gehen ab.)

2. Szene
Schloß des Herzogs von Albanien

Es treten auf *Goneril* und *Edmund,* von der andern Seite der *Haushofmeister.*

Goneril. Willkomm'n Mylord! Mich wundert, daß mein sanfter Mann
Uns nicht entgegenkam. – Wo ist dein Herr!
Haushofmeister. Drinn' gnäd'ge Frau; doch ganz und gar verändert.
Ich sagt' ihm von dem Heer, das jüngst gelandet,
Da lächelt' er; ich sagt' ihm, daß Ihr käm't;
Er rief: so schlimmer! Als ich drauf berichtet
Von Glosters Hochverrat und seines Sohnes
Getreuem Dienst, da schalt er mich 'nen Dummkopf,
Und sprach, daß ich verkehrt die Sache nähme;
Was ihm mißfallen sollte, scheint ihm lieb,
Was ihm gefallen, leid.
Goneril (zu Edmund). Dann geht nicht weiter;
's ist die verzagte Feigheit seines Geists,
Die nichts zu unternehmen wagt; kein Unrecht rührt ihn,
Soll er die Spitze bieten. Unser Wunsch
Von unterwegs kann in Erfüllung gehn.
Eilt denn zurück zu meinem Bruder, Edmund,
Beschleunigt seine Rüstung, führt sein Heer;
Ich muß die Waffen wechseln und die Kunkel
Dem Manne geben. Dieser treue Diener
Soll unser Bote sein. Bald hört Ihr wohl,
Wenn Ihr zu Eurem Vorteil wagen wollt,
Was Eure Dame wünscht: Tragt dies; kein Wort; –
Neigt Euer Haupt, der Kuß, dürft' er nur reden,

Erhöbe dir den Mut hoch in die Lüfte;
Versteh mich und leb wohl.
Edmund. Dein in den Reih'n des Tods. (Er geht ab.)
Goneril. Mein teurer Gloster! –
O welch ein Abstand zwischen Mann und Mann! –
Ja dir gebührt des Weibes Gunst; mein Narr
Besitzt mich wider Recht.
Haushofmeister. Der Herzog, gnäd'ge Frau!

(Haushofmeister geht ab.)

Albanien tritt auf.

Goneril. Ich war des Pfeifens doch wohl wert!
Albanien. O Goneril,
Du bist des Staubs nicht wert, den dir der Wind
Ins Antlitz weht. Ich fürchte dein Gemüt. –
Ein Wesen, das verachtet seinen Stamm,
Kann nimmer fest begrenzt sein in sich selbst.
Sie, die vom Marke ihres Stamms sich löst,
Und selber abzweigt, muß durchaus verwelken
Und Todeswerkzeug sein.
Goneril. Nicht mehr, der Text ist albern.
Albanien. Weisheit und Tugend scheint dem Schlechten schlecht,
Schmutz liebt sich selber nur. Was tatet Ihr?
Tiger, nicht Töchter, was habt Ihr verübt?
Ein Vater und ein gnadenreicher Greis,
Den wohl der zott'ge Bär in Ehrfurcht leckte,
Triebt ihr zum Wahnsinn, Grausame, Entartete!
Und litt mein edler Bruder solche Tat,
Ein Mann, ein Fürst, der ihm so viel verdankt? –
Schickt nicht der Himmel sichtbar seine Geister
Alsbald herab, zu züngeln diese Greu'l,
Muß Menschheit an sich selbst zum Raubtier werden
Wie Ungeheu'r der Tiefe.
Goneril. Milchherz'ger Mann!
Der Wangen hat für Schläg', ein Haupt für Schimpf,
Dem nicht ein Auge ward, zu unterscheiden,
Was Ehre sei, was Kränkung; der nicht weiß,
Daß Toren nur den Schuft bedauern, der
Bestraft ward, eh' er fehlt'. – Was schweigt die Trommel?
Frankreichs Panier weht hier im stillen Land,
Mit stolzem Helmbusch droht dein Mörder schon,
Und du, ein Tugendnarr, bleibst still und stöhnst:
Ach, *warum tut er das?*

Albanien. Schau auf dich, Teufel;
So graunvoll ist nicht seine Häßlichkeit
Am Satan, wie am Weib die ihre.
Goneril. Blöder Tor!
Albanien. Schmach dir, entstellt, verwandelt Wesen, mach
Dein Antlitz nicht zum Scheusal! Ziemte mir's,
Daß diese Hand gehorchte meinem Blut,
Sie möchte leicht zerreißen dir und trennen
Fleisch und Gebein! Wie sehr du Teufel bist,
Die Weibsgestalt beschützt dich.
Goneril. Ei, welche Mannheit nun!

Ein *Bote* tritt auf.

Albanien. Was bringst du Neues?
Bote. O gnäd'ger Herr, tot ist der Herzog Cornwall,
Ihn schlug sein Knecht, als er ausreißen wollte
Graf Glosters zweites Auge.
Albanien. Glosters Augen?
Bote. Ein Knecht, den er erzog, durchzückt von Mitleid,
Die Tat zu hindern, zückte seinen Degen
Auf seinen großen Herrn; der, drob ergrimmt,
Ihn rasch mit anderer Hilfe niederstieß. –
Doch traf ihn schon der Todesstreich, der jetzt
Ihn nachgeholt.
Albanien. Das zeigt, ihr waltet droben,
Ihr Richter, die so schnell der Erde Freveln
Die Rache senden. Doch, o armer Gloster,
Verlor er beide Augen?
Bote. Beide, Herr!
Der Brief, Mylady, fordert schnelle Antwort,
Er kommt von Eurer Schwester.
Goneril (beiseite). Halb gefällt's mir;
Doch, da sie Witwe ist und mein Gloster bei ihr,
Könnt' all der luft'ge Bau zusammenstürzen
Auf mein verhaßtes Leben. Andrerseits
Mundet die Nachricht wohl. Ich werde lesen,
Und Antwort senden. (Sie geht ab.)
Albanien. Wo war sein Sohn, als sie ihn blendeten?
Bote. Er kam mit Eurer Gattin.
Albanien. Er ist nicht hier.
Bote. Mein gnäd'ger Herr, ich traf ihn auf dem Rückweg.
Albanien. Weiß er die Greueltat?
Bote. Ja, gnäd'ger Herr! Er war's, der ihn verriet,

Und den Palast mit Fleiß verließ, der Strafe
So freiern Lauf zu lassen.
Albanien. Ich lebe, Gloster,
Die Treu', die du dem König zeigst, zu lohnen,
Und dein Gesicht zu rächen! – Hierher, Freund,
Und sag mir, was du sonst noch weißt. (Sie gehen ab.)

3. Szene
Das französische Lager bei Dover

Es treten auf *Kent* und ein *Edelmann*.

Kent. Warum der König von Frankreich so plötzlich zurückgegangen ist, wißt Ihr die Ursach'?
Edelmann. Es war im Staate etwas nicht in Ordnung,
Das nach der Landung er bedacht; es drohte
Dem Königreich so viel Gefahr und Schrecken,
Daß eigne Gegenwart höchst dringend schien
Und unvermeidlich.
Kent. Wen ließ er hier zurück als seinen Feldherrn?
Edelmann. Den Marschall Frankreichs, Herrn la Far.
Kent. Reizten Eure Briefe die Königin nicht zu Äußerungen des Schmerzes?
Edelmann. Jawohl, sie nahm sie, las in meinem Beisein,
Und dann und wann rollt' eine volle Träne
Die zarte Wang' herab. Es schien, daß sie
Als Kön'gin ihren Schmerz regierte, der
Rebellisch wollt' ihr König sein.
Kent. O dann
Ward sie bewegt!
Edelmann. Doch nicht zum Zorn. Geduld und Kummer stritten,
Wer ihr den stärksten Ausdruck lieh. Ihr saht
Regen zugleich und Sonnenschein; ihr Lächeln
Und ihre Tränen war wie Frühlingstag.
Dies sel'ge Lächeln, das die vollen Lippen
Umspielte, schien, als wiss' es um die Gäste
Der Augen nicht, die so von diesen schieden,
Wie Perlen von Demanten tropfen. Kurz,
Der Gram würd' als ein Schatz gesucht, wenn so
Er alle schmückte.
Kent. Hat sie nichts gesprochen?
Edelmann. Ja, mehrmals seufzte sie den Namen Vater
Stöhnend hervor, als preßt' er ihr das Herz;
Rief: Schwestern! Schwestern! Schmach der Frauen! Schwestern!

Kent! Vater! Schwestern! Was, in Sturm der Nacht?
Glaubt an kein Mitleid mehr! Dann strömten ihr
Die heil'gen Tränen aus den Himmelsaugen,
Und netzten ihren Laut; sie stürzte fort,
Allein mit ihrem Gram zu sein.
Kent. Die Sterne,
Die Sterne bilden unsre Sinnesart,
Sonst zeugte nicht so ganz verschiedne Kinder
Ein und dasselbe Paar. – Spracht Ihr sie noch?
Edelmann. Nein.
Kent. War's vor des Königs Reise?
Edelmann. Nein, seitdem.
Kent. Gut, Herr!
Der arme kranke Lear ist in der Stadt;
Manchmal in beßrer Stimmung wird's ihm klar,
Warum wir hier sind, und auf keine Weise
Will er die Tochter sehn.
Edelmann. Weshalb nicht, Herr?
Kent. Ihn überwältigt so die Scham; sein harter Sinn,
Der seinen Segen ihr entzog, sie preisgab
Dem fremden Zufall und ihr teures Erbrecht
Den hünd'schen Schwestern lieh – das alles sticht
So giftig ihm das Herz, daß glüh'nde Scham
Ihn von Cordelien fernhält.
Edelmann. Armer Herr!
Kent. Wißt Ihr von Cornwalls und Albaniens Macht?
Edelmann. 's ist wie gesagt, sie stehn im Feld.
Kent. Ich bring' Euch jetzt zu unserm König Lear,
Und lass' ihn Eurer Pflege. Wicht'ger Grund
Macht nötig, mich verborgen noch zu halten;
Geb' ich mich kund, so wird's Euch nicht gereuen,
Daß Ihr mich jetzt gekannt. Ich bitt' Euch, kommt,
Begleitet mich. (Sie gehen ab.)

4. Szene
Freies Feld

Trommeln und Fahnen. *Cordelia*, ein *Arzt*, Gefolge, Edelleute und Soldaten treten auf.

Cordelia. O Gott, er ist's; man traf ihn eben noch
In Wut wie das empörte Meer; laut singend,
Bekränzt mit wildem Erdrauch, Windenranken,
Mit Kletten, Schierling, Nesseln, Kuckucksblumen

>   Und allem müß'gen Unkraut, welches wächst
>   Im nährenden Weizen. Hundert schickt und mehr;
>   Durchforscht jedwedes hochbewachs'ne Feld
>   Und bringt ihn zu uns. Was vermag die Kunst,
>   Ihm herzustellen die geraubten Sinne?
>   Er, der ihn heilt, nehm' alle meine Schätze.
>
> **Arzt.** Es gibt noch Mittel, Fürstin.
>   Die beste Wärt'rin der Natur ist Ruhe,
>   Die ihm gebricht; und diese ihm zu schenken,
>   Vermag manch wirksam Heilkraut, dessen Kraft
>   Das Aug' des Schmerzes schließen wird.
>
> **Cordelia.** All ihr gesegneten, geheimen Wunder,
>   All ihr verborgnen Kräfte der Natur,
>   Sprießt auf durch meine Tränen! Lindert, heilt
>   Des guten Greises Weh! Sucht, sucht nach ihm,
>   Eh' seine blinde Wut das Leben löst,
>   Das sich nicht führen kann.

Ein Bote tritt auf.

Bote.   Vernehmt, Mylady,
  Die brit'sche Macht ist auf dem Zug hierher.

Cordelia. Man wußt' es schon; und unsre Vorbereitung
  Erwartet sie. O, du mein teurer Vater,
  Für deine Sache hab' ich mich gerüstet,
  Drum hat der große Frankreich
  Mein Trauern, meiner Tränen Flehn erhört.
  Nicht hohler Ehrgeiz treibt uns zum Gefecht,
  Nur Liebe, Lieb' und unsers Vaters Recht;
  Möcht' ich doch bald ihn sehn und ihn vernehmen! *(Sie gehen ab.)*

5. Szene
Regans Schloß

Es treten auf Regan und der Haushofmeister.

Regan. Doch steht des Bruders Macht im Feld?
Haushofmeister.   Ja, Fürstin.
Regan. Er selbst zugegen?
Haushofmeister.   Ja, mit vieler Not;
  Eure Schwester ist ein besserer Soldat.
Regan. Lord Edmund sprach mit deinem Herzog nicht?
Haushofmeister. Nein, gnäd'ge Frau!
Regan. Was mag der Schwester Brief an ihn enthalten?
Haushofmeister. Ich weiß nicht, Fürstin.

Regan. Gewiß, ihn trieb ein ernst Geschäft von hier.
Sehr töricht war's, dem Gloster nach der Blendung
Das Leben lassen; wohin er kommt, bewegt er
Die Herzen wider uns. Edmund, vermut' ich,
Aus Mitleid seines Elends, ging zu enden
Sein nächtlich Dasein, und erforscht zugleich
Des Feindes Stärke.
Haushofmeister. Ich muß durchaus ihm nach mit meinem Brief.
Regan. Das Heer rückt morgen aus; bleibt hier mit uns.
Gefährlich ist der Weg.
Haushofmeister. Ich darf nicht, Fürstin,
Mylady hat mir's dringend eingeschärft.
Regan. Was brauchte sie zu schreiben? Könntst du nicht
Mündlich bestellen dein Geschäft? – Vielleicht –
Etwas – ich weiß nicht was. – Ich will dir gut sein,
Laß mich den Brief entsiegeln.
Haushofmeister. Lieber möcht' ich –
Regan. Ich weiß, die Herzogin haßt ihren Gatten.
Das ist gewiß, bei ihrem letzten Hiersein
Liebäugte sie mit sehr beredten Blicken
Dem edlen Edmund. Du bist ihr Vertrauter.
Haushofmeister. Ich, Fürstin?
Regan. Ich rede mit Bedacht, ich weiß, du bist's;
Drum rat' ich dir, nimm diese Weisung an.
Mein Mann ist tot; Edmund und ich sind einig;
Und besser paßt er sich für meine Hand,
Als deiner Herrin. – Schließe weiter selbst.
Wenn du ihn findst, so bitt' ich, gib ihm dies;
Und wenn's die Herzogin von dir vernimmt,
Ermahne sie, Vernunft zu Rat zu ziehn.
Und somit lebe wohl.
Triffst du vielleicht den blinden Hochverräter,
Ein reicher Lohn wird dem, der ihn beiseit' schafft.
Haushofmeister. Ich wollt', ich fänd' ihn, Fürstin, daß Ihr säht,
Mit wem ich's halte.
Regan. So gehab dich wohl!   (Sie gehen ab.)

6. Szene
Gegend bei Dover

Es treten auf *Gloster* und *Edgar* als Bauer.

Gloster. Wann kommen wir zum Gipfel dieses Bergs?
Edgar. Ihr klimmt hinan, seht nur, wie schwer es geht!

Gloster.   Mich dünkt, der Grund ist eben.
Edgar.   Furchtbar steil!
Horcht! Hört Ihr nicht die See?
Gloster.   Nein, wahrlich nicht!
Edgar.   Dann wurden Eure andern Sinne stumpf
Durch Eurer Augen Schmerz.
Gloster.   Das mag wohl sein.
Mich dünkt, dein Laut ist anders und du sprichst
Mit besserm Sinn und Ausdruck als zuvor.
Edgar.   Ihr täuscht Euch sehr, ich bin in nichts verändert
Als in der Tracht.
Gloster.   Mich dünkt, du sprächest besser.
Edgar.   Kommt, Herr, hier ist der Ort; steht still; wie graunvoll
Und schwindelnd ist's, so tief hinab zu schaun! –
Die Kräh'n und Dohlen, die die Mitt' umflattern,
Sehn kaum wie Käfer aus; halbwegs hinab
Hängt einer, Fenchel sammelnd – schrecklich Handwerk! –
Mir dünkt, er scheint nicht größer als sein Kopf.
Die Fischer, die am Strande gehn entlang,
Sind Mäusen gleich; das hohe Schiff am Anker
Verjüngt zu seinem Boot; das Boot zum Tönnchen,
Beinah zu klein dem Blick; die dumpfe Brandung,
Die sich an zahllos trägen Kieseln bricht,
Schallt nicht so hoch. – Ich will nicht mehr hinabsehn;
Daß nicht mein Hirn sich dreht, das Aug', versagend,
Kopflings hinabstürzt.
Gloster.   Stell mich, wo du stehst.
Edgar.   Gebt mir die Hand! Ihr sei nur *einen* Fuß
Vom letzten Rand. Für alles unterm Mond
Tät ich hier keinen Sprung.
Gloster.   Laß mich nun los.
Hier, Freund, ist noch ein Beutel, drin ein Kleinod,
Kostbar genug dem Armen. Feen und Götter
Gesegnen dir's! Geh nun zurück, mein Freund,
Nimm Abschied, laß mich hören, daß du gehst.
Edgar.   Leb wohl denn, guter Herr!
Gloster.   Von ganzem Herzen.
Edgar.   So spiel' ich nur mit dem Verzweifelnden,
Um ihn zu heilen.
Gloster.   O ihr mächt'gen Götter!
Der Welt entsag' ich, und vor Euerm Blick
Schütt' ich geduldig ab mein großes Leid.
Könnt' ich es länger tragen ohne Hader

Mit euerm unabwendbar ew'gen Rat,
So möcht' wohl mein verhaßter Lebensdocht
Von selbst verglimmen. Wenn mein Edgar lebt –
O segnet ihn! – Nun, Freund, gehab dich wohl.

Edgar. Bin fort schon, lebt denn wohl. (Gloster springt und fällt zur Erde.)
Und weiß ich, ob Einbildung nicht den Schatz
Des Lebens rauben kann, wenn Leben selbst
Dem Raub sich preisgibt? War er, wo er dachte,
Jetzt dächt' er nicht mehr. – Lebend oder tot? –
He, guter Freund! – Herr, hört Ihr? – Sprecht! –
So könnt' er wirklich sterben. – Nein, er lebt.
Wer seid Ihr, Herr?

Gloster.   Hinweg und laß mich sterben.

Edgar. Warst du nicht Fadensommer, Federn, Luft,
So viele Klafter tief kopfüber stürzend,
Du wärst zerschellt gleich einem Ei. Doch atmest du,
Hast Körperschwere, blutst nicht, sprichst, bist ganz.
Zehn Mastbäum' aufeinander sind so hoch nicht,
Als steilrecht du hinabgefallen bist.
Dein Leben ist ein Wunder: sprich noch einmal.

Gloster. Doch fiel ich oder nicht?

Edgar. Vom furchtbarn Gipfel dieser kreid'gen Klippe.
Sieh nur hinauf, man kann die schrill'nde Lerche
So hoch nicht sehn noch hören; sieh nur auf!

Gloster. Ach Gott! Ich habe keine Augen.
Ward auch die Wohltat noch versagt dem Elend,
Durch Tod zu enden? – Trost gewährt' es doch,
Als Not dem Grimm entziehn sich des Tyrannen
Und seine Willkür täuschen konnt'.

Edgar.   Gebt mir den Arm.
Auf! – So. Wie geht's? Fühlt Ihr die Beine? – Ihr steht?

Gloster. Zu gut! Zu gut!

Edgar.   Das nenn' ich wunderseltsam!
Was war das für ein Ding, das Euch verließ
Dort auf der Höh'?

Gloster.   Ein armer Bettler war's.

Edgar. Hier unten schienen seine Augen mir
Zwei Monden; tausend Nasen hatt' er, Hörner,
Gekrümmt, gefurcht, wie das empörte Meer;
Ein Teufel war's. Drum denk, beglückter Alter,
Daß lichte Götter, die zum Ruhm vollführen,
Was uns unmöglich scheint, dich retteten.

Gloster. Ja, das erkenn' ich jetzt. Ich will hinfort

Mein Elend tragen, bis es ruft von selbst:
Genug, genug, und stirb! Das Ding, wovon
Ihr sprecht, schien mir ein Mensch; oft rief es aus:
Der böse Feind! – Er führte mich dahin.

Edgar. Seid ruhig, und getrost! Doch wer kommt da?
Lear tritt auf, phantastisch mit Blumen und Kränzen aufgeschmückt.
Gesunder Sinn wird nimmer seinen Herrn
So putzen.

Lear. Nein, wegen des Münzens können sie mir nichts anhaben; ich bin der König selbst.

Edgar. O herzzerreißender Anblick!

Lear. Natur ist hierin mächtiger als die Kunst. – Da ist Euer Handgeld. Der Bursch führt seinen Bogen wie eine Vogelscheuche; spannt mir eine volle Tuchmacherelle. – Sieh, sieh, eine Maus! – Still, still, dies Stück gerösteter Käse wird gut dazu sein. – Da ist mein Panzerhandschuh; gegen einen Riesen verfecht' ich's. Die Hellebarden her! – O schön geflogen, Vogel. Ins Schwarze, ins Schwarze! Hui! – Gebt die Parole!

Edgar. Süßer Majoran.

Lear. Passiert.

Gloster. Die Stimme kenn' ich.

Lear. Ha, Goneril! – Mit 'nem weißen Bart! Sie schmeichelten mir, wie einem Hund und erzählten mir, ich hätte weiße Haare im Bart, ehe die schwarzen kamen. – ja und nein zu sagen, zu allem, was ich sagte! – Ja und nein zugleich, das war keine gute Theologie. Als der Regen einst kam, mich zu durchnässen, und der Wind mich schauern machte, und der Donner auf mein Geheiß nicht schweigen wollte, da fand ich sie, da kam ich ihnen auf die Fährte. Nichts da, es ist kein Verlaß auf sie. Sie sagten mir, ich sei *alles;* das ist eine Lüge, ich bin nicht fieberhaft.

Gloster. Den Ton von dieser Stimme kenn' ich wohl:
Ist's nicht der König?

Lear. Ja, jeder Zoll ein König.
Blick' ich so starr, sieh, bebt der Untertan. –
Dem schenk' ich's Leben; was war sein Vergehn?
Ehbruch!
Du sollst nicht sterben. – Tod um Ehbruch –? – Nein!
Zaunkönig tut's, die kleine goldne Fliege,
Vor meinen Augen buhlt sie.
Laßt der Begattung Lauf – denn Glosters Bastard
Liebte den Vater mehr, als meine Töchter,
Erzeugt im echten Bett.
Dran, Unzucht! Frisch auf, denn ich brauch' Soldaten. –

Sieh dort die ziere Dame,
Ihr Antlitz weissagt Schnee in ihrem Schoß;
Sie spreizt sich tugendlich und dreht sich weg,
Hört sie die Lust nur nennen,
Und doch sind Iltis nicht und üpp'ge Stute
So ungestüm in ihrer Brunst.
Vom Gürtel nieder sind's Centauren,
Wenn auch von oben Weib;
Nur bis zum Gürtel geht der Götter Reich,
Was drunter, ist des Teufels;
Dort ist die Hölle, dort die Finsternis,
Dort ist der Schwefelpfuhl, Brennen, Sieden, Pestgeruch,
Verwesung – pfui, pfui, pfui! – Pah! Pah! –
Gib etwas Bisam, guter Apotheker,
Meine Phantasie zu würzen! Da ist Gold.

Gloster. O laß die Hand mich küssen!

Lear. Laß mich sie erst abwischen; sie riecht nach Sterblichkeit.

Gloster. O du zertrümmert Meisterstück der Schöpfung! –
So nutzt das große Weltall einst sich ab
Zu nichts. Kennst du mich wohl?

Lear. Ich erinnere mich deiner Augen recht wohl. Blinzelst du mir zu? – Nein, tu dein Ärgstes, blinder Amor; ich will nicht lieben. Lies einmal diese Herausforderung; merke nur, wie sorgfältig sie abgefaßt ist.

Gloster. Wär'n alle Lettern Sonnen, ich säh keine.

Edgar. Nicht glauben wollt' ich dem Gerücht; es ist,
Und bricht mein Herz.

Lear. Lies!

Gloster. Mit den Augenhöhlen?

Lear. Oho, stehen wir so miteinander? Keine Augen im Kopf, kein Geld im Beutel! – Höhlten sie dir die Augen und holten dir den Beutel? Doch siehst du, wie die Welt geht!

Gloster. Ich seh' es fühlend.

Lear. Was, bist du toll? – Kann man doch sehn, wie es in der Welt hergeht ohne Augen. Schau mit dem Ohr; sieh, wie jener Richter auf jenen einfältigen Dieb schmält. Horch – unter uns: den Platz gewechselt und die Hand gedreht, wer ist Richter, wer Dieb? Sahst du wohl eines Bauern Hund einen Bettler anbellen?

Gloster. Ja, Herr!

Lear. Und der Wicht lief vor dem Köter; da konntest du das große Bild des Ansehens erblicken; dem Hund im Amte gehorcht man.
Du schuft'ger Büttel, weg die blut'ge Hand!
Was geißelst du die Hure? Peitsch dich selbst;

Dich lüstet, heiß mit ihr zu tun, wofür
Dein Arm sie stäupt. Der Wuch'rer henkt den Gauner.
Zerlumptes Kleid läßt keinen Fehl erkennen,
Talar und Pelz birgt alles. Hüll in Gold die Sünde,
Und harmlos bricht der starke Speer des Rechts, –
In Lumpen – des Pygmäen Halm durchbohrt sie.
Kein Mensch ist sündig; keiner, sag' ich, keiner,
Und ich verbürg' es – glaub' du mir nur, Freund –
Wenn er des Klägers Mund versiegeln kann. –
Schaff Augen dir von Glas,
Und wie Politiker des Pöbels, tu,
Als sähst du Dinge, die du doch nicht siehst – –
Nun, nun, nun, nun,
Zieht mir die Stiefel ab! – Stärker, stärker – so!

Edgar. O tiefer Sinn und Aberwitz gemischt! –
Vernunft in Tollheit!

Lear. Willst weinen über mich, nimm meine Augen.
Ich kenne dich recht gut, dein Nam' ist Gloster;
Gedulde dich, wir kamen weinend an.
Du weißt, wenn wir die erste Luft einatmen,
Schrein wir und winseln. Ich will dir pred'gen, horch!

Gloster. O welcher Jammer!

Lear. Wir Neugebornen weinen, zu betreten
Die große Narrenbühne – Ein schöner Hut! –
O feine Kriegslist, einen Pferdetrupp
Mit Filz so zu beschuhn; ich will's versuchen,
Und überschleich' ich so die Schwiegersöhne,
Dann schlagt sie tot, tot, tot! – Tot, tot!

Ein Edelmann mit Bedienten tritt auf.

Edelmann. O hier, hier ist er. Haltet Ihn! Mylord,
Eu'r liebstes Kind –

Lear. Wie, kein Entsatz? Gefangen? Bin ich doch
Der wahre Narr des Glücks. Haltet mich wohl,
Ich geb' euch Lösegeld. Schafft mir 'nen Wundarzt,
Ich bin ins Hirn gehaun.

Edelmann. Nichts soll Euch fehlen.

Lear. Kein Beistand – ganz allein?
Da könnte wohl der Mensch in salz'ge Tränen
Vergehn, wie Kannen seine Augen brauchend,
Des Herbstes Staub zu löschen.

Edelmann. Teurer Herr!

Lear. Brav will ich sterben wie ein Bräut'gam; was?

Will lustig sein; kommt, kommt, ich bin ein König,
Ihr Herren, wißt ihr das?
Edelmann. Ein hoher König und wir folgen Euch.
   Lear. So ist noch nichts verloren. Kommt, wenn ihr's haschen wollt, so müßt ihr's durch Laufen haschen. Sa, sa, sa, sa! (Er läuft fort.)
Edelmann. Ein Anblick jammervoll am ärmsten Bettler,
An einem König namenlos. Du hast *ein* Kind,
Durch das die Welt vom großen Fluch erlöst wird,
Den zwei auf sie gebracht.
Edgar. Heil, edler Herr!
Edelmann.   Gott grüß Euch, Freund! Was wollt Ihr?
Edgar. Vernahmt Ihr, Herr, ob's bald ein Treffen gibt?
Edelmann. Nun, das ist weltbekannt, ein jeder weiß es,
Der Ohren hat zu hören.
Edgar.   Doch erlaubt,
Wie nahe steht der Feind?
Edelmann. Nah und in schnellem Anmarsch, stündlich kann
Die Hauptmacht hier sein.
Edgar.   Dank Euch! Das war alles.
Edelmann. Weilt gleich die Königin aus Gründen hier,
Ist doch das Heer schon vorgerückt.
Edgar.   Ich dank' Euch. (Edelmann geht ab.)
Gloster. Ihr ewig güt'gen Götter, nehmt mein Leben,
Daß nicht mein böser Geist mich nochmals treibt,
Zu sterben, eh' es euch gefällt.
Edgar.   So betet
Ihr trefflich, Vater!
Gloster. Nun, mein Freund, wer seid Ihr?
Edgar. Ein armer Mann, durch Schicksalsschläge zahm,
Der durch die Schule tiefempfundnen Grams
Empfänglich ward für Mitleid. – Gebt die Hand mir,
Ich führ' Euch in ein Haus.
Gloster.   Von Herzen Dank;
Des Himmels Huld und reicher Segen geb'
Euch Lohn auf Lohn!
             Der Haushofmeister tritt auf.
Haushofmeister.   Ein Preis verdient! Willkommen!
Dein augenloser Kopf ward darum Fleisch,
Mein Glück zu gründen. Alter Hochverräter,
Bedenke schnell dein Heil; das Schwert ist bloß,
Das dich vernichten soll.
Gloster.   So brauch mit Kraft
Die Freundeshand!   (Edgar setzt sich zur Wehr.)

Haushofmeister. Was, frecher Bauer, willst du
Verteid'gen künd'gen Hochverräter? Fort! –
Daß seines Schicksals Pest nicht auch auf dich
Ansteckend falle. Laß den Arm ihm los.

  Edgar. Will nit los lossen, Herr, muß erst anders kumme.

Haushofmeister. Laß los, Sklav', oder du stirbst.

  Edgar. Lieber Herr, gehn Eures Wegs und loßt arme Leut' in Ruh. Wann ich mich sollt mit eim großen Maul ums Leben bringe losse, da hätt' ich's schun vor vierzehn Täg los werde künne. Kummt mer dem alte Mann nit nah; macht Euch furt, rat' ich, oder ich will emohl versuche, was stärker ist, Eu'r Hirnkaste oder mei Knippel. Ich sog's Euch grod' raus.

Haushofmeister. Ei, du Hund!

  Edgar. Ich ward' Euch die Zähne stochre, Herr; wos schiern mich Eure Finte! (Sie fechten und Edgar schlägt ihn zu Boden.)

Haushofmeister. Sklav' du erschlugst mich – Schuft, nimm meinen
                                         Beutel.
Soll's dir je wohl gehn, so begrabe mich,
Und gib die Briefe, die du bei mir findst,
An Edmund Grafen Gloster. Such ihn auf
In Englands Heer. – O Tod zur Unzeit – – Tod! (Er stirbt.)

Edgar. Ich kenne dich; ein dienstbeflißner Bube,
Den Lastern der Gebieterin so ergeben,
Als Bosheit wünschen mag.

Gloster.   Was, ist er tot?

Edgar. Hier setzt Euch, Vater, ruht.
(Beiseite.) Laß sehn die Taschen; jene Briefe können
Mir guten Dienst tun. (Laut.) Er ist tot, nur schade,
Daß ich sein Henker mußte sein. (Beiseite.) Laßt sehn;
Erlaube, liebes Wachs, und schilt nicht, Sitte!
Man risse ja, des Feindes Sinn zu spähn,
Sein Herz auf; seine Briefe, geht schon eher. (Er liest den Brief.)

„Gedenkt unsrer gegenseitigen Schwüre: Ihr habt manche Gelegenheit, ihn aus dem Wege zu räumen; fehlt Euch der Wille nicht, so werden Zeit und Ort Euch vielmal günstig sein. Es ist nichts geschehn, wenn er als Sieger heimkehrt. Dann bin ich die Gefangne und sein Bett mein Kerker. Von dessen ekler Wärme befreit mich und nehmt seinen Platz ein für Eure Mühe: Eure – Gattin, so möcht' ich sagen – ergebne Dienerin Goneril."

O unermeßner Raum des Weiberwillens!
Ein Plan auf ihres biedern Mannes Leben,
Und der Ersatz mein Bruder! – Hier im Sande
Verscharr' ich dich, unsel'ger Bote du,

Mordsücht'ger Buhler; und zur rechten Zeit
Bring' ich dies frevle Blatt vors Angesicht
Des todumgarnten Herzogs. Wohl ihm dann,
Daß deinen Tod und Plan ich melden kann.
(Edgar schleppt den Leichnam hinaus.)

Gloster.   Der König rast. Wie starr ist meine Seele,
Daß ich noch aufrecht steh' und scharf empfinde
Mein schweres Los! Besser, ich wär' verrückt;
Und Schmerz in eiteln Phantasien verlöre
Bewußtsein seiner selbst.

Edgar kommt zurück.

Edgar.   Gebt mir die Hand.
Fernher, so scheint mir, hör' ich Trommelschlag;
Kommt, Vater! – Zu 'nem Freunde führ' ich Euch.   (Sie gehen ab.)

7. Szene
Zelt

Es treten auf *Cordelia, Kent*, ein *Arzt* und ein *Edelmann*.

Cordelia.   O teurer Kent, kann all mein Tun und Leben
Dir je vergüten? Ist mein Leben doch
Zu kurz und jeder Maßstab allzuklein.
Kent.   So anerkannt ist überreich bezahlt,
Was ich gesagt, ist alles schlichte Wahrheit,
Nicht mehr noch minder.
Cordelia.   Nimm ein beßres Kleid;
Die Tracht ist Denkmal jener bittern Stunden,
Ich bitt' dich, leg sie ab.
Kent.   Nein, güt'ge Fürstin;
Jetzt schon erkannt sein, schadet meinem Plan.
Als Gnade bitt' ich, kennt mich jetzt noch nicht,
Eh' Zeit und ich es fordern.
Cordelia.   Sei's denn so,
Mein werter Lord.   (Zum Arzt.) Was macht der König?
Arzt.   Er schläft noch, Fürstin!
Cordelia.   Güt'ge Götter, heilt
Den großen Riß des schwergekränkten Greises!
Der Sinne rauhen Mißklang, stimmt ihn rein
Dem Kind gewordnen Vater!
Arzt.   Gefällt's Eu'r Hoheit,
Daß wir den König wecken? Er schlief lang.

Cordelia.   Folgt Eurer Einsicht und verfahrt durchaus
Nach eignem Willen. Ist er angekleidet?

Diener bringen den schlafenden *Lear* in einem Sessel herein.

Edelmann.   Ja, gnäd'ge Frau, in seinem tiefen Schlaf
Versahn wir ihn mit frischen Kleidern.
Arzt.   Bleibt, gnäd'ge Kön'gin, wenn wir ihn erwecken;
Ich zweifle nicht an seiner Mäß'gung.
Cordelia.   Wohl!
Arzt.   Gefällt's Euch, näher! – Lauter die Musik!
Cordelia.   Mein teurer Vater! O Genesung, gib
Heilkräfte meinen Lippen; dieser Kuß
Lindre den grimmen Schmerz, mit dem die Schwestern
Dein Alter kränkten!
Kent.   Güt'ge, liebe Fürstin!
Cordelia.   Warst du ihr Vater nicht – dies Silberhaar
Verlangte Mitleid. O, war dies ein Antlitz
Dem Sturm der Elemente preiszugeben?
Dem lauten furchtbarn Donner? – Stand zu halten
Dem höchst graun'vollen schnell beschwingten Flug
Gekreuzter Blitze? In dem schwachen Helm
Zu wachen, armer Posten. Feindes Hund,
Und hätt' er mich gebissen, durft' in jener Nacht
An meinem Feuer stehn, und mußtest du
Bei Schweinen hausen, heimatlosem Volk,
Auf kurzem, faulem Stroh, mein armer Vater.
Ach! Ach!
Ein Wunder, daß dein Leben nicht zugleich
Mit deinen Sinnen schied. Er wacht; sprecht zu ihm!
Arzt.   Tut Ihr's Mylady; 's ist am besten.
Cordelia.   Was macht mein königlicher Herr? Wie geht's
Eu'r Majestät?
Lear.   's ist unrecht, daß ihr aus dem Grab mich nehmt;
Du bist ein sel'ger Geist, ich bin gebunden
Auf einem Feuerrad, das meine Tränen
Durchglühn wie flüssig Blei.
Cordelia.   Herr! Kennt Ihr mich?
Lear.   Du bist ein Geist, ich weiß es wohl – wann starbst du?
Cordelia.   Noch immer weit, weit weg!
Arzt.   Er ist kaum wach, laßt ihn ein Weilchen ruhig.
Lear.   Wo war ich denn? Wo bin ich? – Heller Tag? –
Man spielte schlimm mir mit. Ich stürb' vor Mitleid
Erblickt' ich andre so. – Wie ist mir doch?

Ich will nicht schwören, dies sei meine Hand, –
Laß sehn: ich fühle diesen Nadelstich.
Wär' ich doch überzeugt von meinem Zustand! –
Cordelia. O seht auf mich, Mylord! –
Hebt Eure Hand zum Segen über mich!
Ihr müßt nicht knien.
Lear. Spottet meiner nicht!
Ich bin ein schwacher, kind'scher alter Mann,
Achtzig und drüber, keine Stunde mehr
Noch weniger, und grad heraus,
Ich fürchte fast, ich bin nicht recht bei Sinnen.
Mich dünkt, ich kenn' Euch, kenn' auch diesen Mann,
Doch zweifl' ich noch, denn ich begreif' es nicht,
An welchem Ort ich bin; all mein Verstand
Entsinnt sich dieser Kleider nicht, noch weiß ich,
Wo ich die Nacht schlief; lacht nicht über mich,
Denn so gewiß ich lebe,
Die Dame halt' ich für mein Kind Cordelia.
Cordelia. Das bin ich auch! Ich bin's!
Lear. Sind deine Tränen naß? Ja wirklich! Bitte,
O weine nicht!
Wenn du Gift für mich hast, so will ich's trinken,
Ich weiß, du liebst mich nicht; denn deine Schwestern,
Wenn ich mir's recht erinnre, kränkten mich,
Du hattest Grund, sie nicht.
Cordelia. Kein Grund! Kein Grund!
Lear. Bin ich in Frankreich?
Cordelia. In Eurem eignen Königreich, Mylord!
Lear. Betrügt mich nicht!
Arzt. Seid ruhig, hohe Frau'
Die große Wut ist, wie Ihr seht, geheilt;
Doch wär's gefährlich, die verlorne Zeit
Ihm zu erklären. Führt ihn jetzt hinein!
Und stört ihn nicht, bis er sich mehr erholt.
Cordelia. Beliebt es Euch, hineinzugehn, mein König?
Lear. O habt Geduld mit mir! Bitte, vergeßt,
Vergebt, denn ich bin alt und kindisch.
(Lear, Cordelia, Arzt und Bediente gehen ab.)
Edelmann. Bestätigt sich's,
Daß Herzog Cornwall so erschlagen ward?
Kent. Ja, Herr!
Edelmann. Wer ist der Führer seines Heers?
Kent. Man sagt, der Bastard Glosters.

Edelmann. Sein verbannter
Sohn Edgar, heißt's, lebt mit dem Grafen Kent
In Deutschland.
Kent. Das Gericht ist unverbürgt.
's ist Zeit, sich umzuschaun, das Heer des Reichs
Rückt schleunig vor.
Edelmann. Nun, die Entscheidung wird sehr blutig sein.
Gehabt Euch wohl! (Geht ab.)
Kent. Und meine Schale senkt sich oder steigt,
Gut oder schlimm, wie jetzt der Sieg sich neigt. (Geht ab.)

Fünfter Aufzug

1. Szene
Feldlager bei Dover

Es treten auf mit Trommeln und Fahnen *Edmund, Regan,* Edelleute und Soldaten.

Edmund. Den Herzog fragt, ob's bleibt beim letzten Wort,
Oder seitdem ihn was bewog, den Plan
Zu ändern; denn er ist voll Widerspruch
Und Wechsel. Meld uns seinen festen Willen. (Hauptmann ab.)
Regan. Der Schwester Boten traf gewiß ein Unfall.
Edmund. Ich fürcht' es, gnäd'ge Frau!
Regan. Nun, liebster Graf,
Ihr kennt das Glück, das ich Euch zugedacht: –
Sagt mir – doch redlich, sagt die lautre Wahrheit –
Liebt Ihr nicht meine Schwester?
Edmund. Ganz in Ehren.
Regan. Doch fandet Ihr nie meines Bruders Weg
Zu der verbotnen Stätte?
Edmund. Falscher Argwohn!
Regan. Ich fürcht', Ihr seid mit ihr schon längst vereint
Aufs innigste, Ihr seid schon ganz der Ihre.
Edmund. Nein, gnäd'ge Frau, auf Ehre.
Regan. Ich werd' es nimmer dulden. Teurer Lord,
Seid nicht vertraut mit ihr.
Edmund. Das fürchtet nicht,
Sie und der Herzog, ihr Gemahl –
Albanien, Goneril und Soldaten.
Goneril (beiseite). Eh' daß mir diese Schwester ihn entfremdet,
Möcht' ich die Schlacht verlieren.

Albanien. Vielliebe Schwester, seid uns sehr willkommen.
  Man sagt, der König kam zu seiner Tochter
  Mit andern, so die Strenge unsrer Herrschaft
  Zu Klage zwang. Ich war noch niemals tapfer,
  Wo ich nicht ehrlich konnte sein. Die Sache
  Betrifft uns, insofern in unser Land
  Frankreich einfiel, nicht insofern den Mut
  Des Königs sie und anderer neu belebt, die
  Aus trift'gem Grund, fürcht' ich, mit ihm halten.
Edmund. Ihr sprecht sehr tugendlich.
Regan.   Wozu dieses Klügeln?
Goneril. Dem Feind entgegen steht vereint zusammen;
  Für diesen häuslichen besondern Zwist
  Ist jetzt nicht Zeit.
Albanien.   So laßt uns denn den Ratschluß
  Mit Kriegserfahrnen fassen, was zu tun.
Edmund. Gleich werd' ich bei Euch sein in Eurem Zelt.
Regan. Ihr geht doch mit uns, Schwester?
Goneril. Nein.
Regan. Der Wohlstand fordert's; bitt' Euch, geht mit uns.
Goneril (beiseite). Oho, ich weiß das Rätsel. Ich will gehn.
      Da sie gehen wollen, kommt *Edgar* verkleidet.
Edgar. Sprach Euer Gnaden je so armen Mann,
  Gönnt mir ein Wort.
Albanien.   Ich will Euch folgen. Redet!
      (Edmund, Regan, Goneril und Gefolge gehen ab.)
Edgar. Eh' Ihr die Schlacht beginnt, lest diesen Brief;
  Wird Euch der Sieg, laßt die Trompete rufen
  Nach dem, der ihn gebracht. So arm ich scheine,
  Kann ich 'nen Kämpfer stellen, zu bewähren,
  Was hier behauptet wird. Doch wenn Ihr fallt,
  Dann hat Eu'r Tun auf dieser Welt ein Ende,
  Und alle Ränke schweigen. Glück mit Euch!
Albanien. Wart' noch, bis ich ihn las.
Edgar.   Das darf ich nicht.
  Wenn's an der Zeit, laßt nur den Herold rufen,
  Und ich erscheine wieder. (Er geht ab.)
Albanien. Nun, fahre wohl, ich will den Brief mir ansehn.
          Edmund kommt zurück.
Edmund. Der Feind ist nah; zieht Eure Macht zusammen.
  Hier ist die Schätzung seiner Stärk' und Macht
  Nach der genausten Kundschaft; doch Eu'r Eilen
  Tut dringend not.

Albanien. So wollen wir bereit sein.
(Geht ab.)

Edmund. Den beiden Schwestern schwur ich meine Liebe;
Eine mißtraut der andern, wie Gestochne
Der Natter. Welche soll ich nehmen? Beide?
Ein' oder keine. – Keiner werd' ich froh,
Wenn beide leben. Mir die Witwe nehmen,
Bringt Goneril von Sinnen, macht sie rasend,
Und schwerlich komm' ich je zu meinem Ziel,
Solang ihr Gatte lebt. Gut; nutzen wir
Noch seinen Beistand für die Schlacht; ist die
Vorbei, mag sie, die gern ihn los wär', sinnen,
Ihn schnell hinwegzuräumen. Das Erbarmen,
Das er für Lear im Sinn hat und Cordelia –
Wenn wir gesiegt und sie in unserer Macht,
Vereitl' ich sein Verzeihn. Nicht müß'ger Rat
Ziemt meiner Stellung, nein, entschloßne Tat.
(Geht ab.)

2. Szene
Ebendaselbst

Feldgeschrei drinnen. Es kommen mit Trommeln und Fahnen *Lear, Cordelia* und Soldaten und ziehen über die Bühne. *Edgar* und *Gloster* treten auf.

Edgar. Hier nehmt den kühlen Schatten dieses Baums
Als guten Wirt; fleht für den Sieg des Rechts.
Wenn ich zu Euch je wiederkehre, Vater,
Bring' ich Euch Trost.
Gloster. Begleit' Euch Segen, Herr!
(Edgar geht ab.)

(Getümmel, Schlachtgeschrei; es wird zum Rückzug geblasen.)

Edgar kommt zurück.

Edgar. Fort, alter Mann, gebt mir die Hand, hinweg! –
Lear ist besiegt, gefangen samt der Tochter;
Gebt mir die Hand, nur fort!
Gloster. Nicht weiter, Freund! Man kann auch hier verfaulen.
Edgar. Wieder so trüb? Abwarten muß der Mensch
Sein Scheiden aus der Welt wie seine Ankunft;
Reif sein ist alles. Kommt!
Gloster. Wohl ist das wahr.
(Sie gehen ab.)

3. Szene
Das britische Lager bei Dover

Edmund tritt als Sieger auf, mit Trommeln und Fahnen. *Lear* und *Cordelia* als Gefangene. Offiziere, Soldaten und andere.

Edmund. Hauptleute, führt sie weg! In strenge Haft;
Bis deren höchster Wille uns wird kund,
Die ihre Richter.
Cordelia. Ich bin nicht die erste,
Die, Gutes wollend, dulden muß das Schwerste.
Dein Unglück, Vater, beugt mir ganz den Mut,
Sonst übertrotzt' ich wohl des Schicksals Wut.
Sehn wir nicht diese Töchter? Diese Schwestern?
Lear. Nein, nein, nein, nein! Komm fort! Zum Kerker fort! –
Da laß uns singen wie Vögel in dem Käfig.
Bittst du um meinen Segen, will ich knien
Und dein Verzeihn erflehn; so woll'n wir leben,
Beten und singen, Märchen uns erzählen,
Und über goldne Schmetterlinge lachen;
Wir hören armes Volk vom Hof erzählen,
Und schwatzen mit, wer wohl gewinnt, verliert;
Wer in, wer aus der Gunst; und tun so tief
Geheimnisvoll, als wären wir Kundschafter
Der Gottheit; und so überdauern wir
Im Kerker Ränk' und Spaltungen der Großen,
Die mit dem Mond ebben und fluten.
Edmund. Fort!
Lear. Auf solche Opfer, meine Cordelia, streun
Die Götter selbst den Weihrauch. Hab' ich dich?
Wer uns will trennen, muß mit Himmelsbränden
Uns scheuchen wie die Füchse. Weine nicht!
Die Pest soll sie verzehren, Fleisch und Haut,
Eh' sie uns weinen machen; nein, eh' sollen sie
Verschmachten! Komm!

(Lear und Cordelia werden von der Wache abgeführt.)

Edmund. Tritt näher, Hauptmann, horch!
Nimm dieses Blatt, folgt ihnen in den Kerker.
Schon eine Stuf' erhöht' ich dich, und tust du,
Wie dies verlangt, so bahnst du deinen Weg
Zu hohen Ehren. Merke dir's, der Mensch
Ist wie die Zeit; zartfühlend sein, geziemt
Dem Schwerte nicht. Dein wichtiges Geschäft

Erlaubt kein Reden; sag, du willst es tun,
Sonst such dir anders Glück.
Hauptmann. Ich bin bereit.
Edmund. Wohlan denn! Und sei glücklich, wenn's getan.
Jedoch sofort, hörst du. Und fang's so an,
Wie ich dir's niederschrieb.
Hauptmann. Ich kann den Karrn nicht ziehn noch Hafer essen,
Ist's Menschen möglich, will ich's tun.   (Er geht ab.)

    Trompeten. *Albanien, Goneril, Regan* und Soldaten treten auf.

Albanien. Herr, Ihr habt heut viel Tapferkeit bewiesen,
Und hold war Euch das Glück. In Eurer Haft
Sind, die uns feindlich heut entgegenstanden.
Wir fordern sie von Euch, und woll'n sie halten,
Wie's ihr Verdienst und unsre Sicherheit
Gleichmäßig heischen.
Edmund. Herr, ich hielt für gut
Den alten schwachen König in Gewahrsam
Und ganz besondre Hut hinwegzusenden.
Sein Alter wirkt, sein Rang noch mehr wie Zauber,
Um ihm das Herz des Volkes zu gewinnen,
Und die geworbnen Lanzen wider uns,
Die Herrn, zu kehren. Mit ihm ward Cordelia
Aus gleichem Grund entfernt; sie sind bereit,
Auf morgen oder später zu erscheinen,
Wo Ihr die Sitzung haltet. Jetzt bedeckt
Uns Schweiß und Blut; der Freund verlor den Freund,
Und in der Hitze flucht' dem besten Kampf,
Wer seine Schärfe fühlte. Das Verhör
Des Königs und Cordeliens erheischt
Wohl eine beßre Stunde.
Albanien. Herr, erlaubt,
Ich acht' Euch nur als Diener dieses Kriegs,
Als Bruder nicht.
Regan. Das ist, wie's *uns* beliebt.
Mich dünkt, Ihr solltet unsern Wunsch erst fragen,
Eh' Ihr dies spracht. Er führte unser Heer,
Vertrat uns selbst und unsre Fürstenwürde;
So nahe unserm Thron, darf er's wohl wagen
Und Euch als Bruder grüßen.
Goneril. Nicht so hitzig!
Sein eigner Weg hat höher ihn geadelt
Als deine Übertragung.

Regan.   In mein Recht
Durch mich gekleidet, weicht er nicht dem Besten.
Albanien.   Er wär's zumeist, wenn er sich Euch vermählte.
Regan.   Aus Spöttern werden oft Propheten.
Goneril.   Holla!
Das Aug', mit dem Ihr das gesehen, schielte.
Regan.   Lady, mir ist nicht wohl, sonst gäb' ich dir
Aus voller Galle Antwort. General,
Nimm hin mein Heer, Gefangne, Land und Erbteil,
Schalt über sie und mich; nimm ganz mich hin;
Bezeug's die Welt, daß ich dich hier erhebe
Zu meinem Herrn und Eh'gemahl.
Goneril.   Wie, hoffst du
Ihn zu besitzen?
Albanien.   In deiner Macht nicht steht's, dies zu verhindern.
Edmund.   Noch Eurer, Herr!
Albanien.   Halbbürt'ger Bursche, ja!
Regan.   Die Trommel rührt! – Verficht mein Recht als deins.
Albanien.   Halt! Hört Vernunft! Edmund, um Hochverrat
Verhaft' ich dich und diese goldne Schlange.
(Auf Goneril deutend.) Was Euern Anspruch anlangt, schöne Schwester,
Ich muß ihn hindern namens meiner Frau.
Die Dam' ist dieses Lords zweite Verlobte,
Und ich, ihr Mann, vernicht' Eu'r Aufgebot.
Sucht Ihr 'nen Gatten, schenkt Eu'r Lieben mir,
Mein Weib ist schon versagt.
Goneril.   Ein Zwischenspiel!
Albanien.   Du bist in Waffen, Gloster. Blast Trompeten!
Kommt niemand, dich ins Angesicht zu zeihn
Verruchten, offenbaren Hochverrats –
Hier ist mein Pfand. Aufs Haupt verweis' ich's dir,
Eh' Brot mein Mund berührt, du seist das alles,
Wofür ich dich erklärt.
Regan.   Krank! Ich bin krank!
Goneril (beiseite).   Wenn nicht, so trau' ich keinem Gift.
Edmund.   Hier ist mein Gegenpfand. Wer in der Welt
Mich Hochverräter nennt, lügt wie ein Schurke.
Trompeten blast! Wer zu erscheinen wagt,
An ihm, an Euch, an jedem sonst behaupt' ich
Fest meine Ehr' und Treu'.
Albanien.   Ein Herold, ho!
        Ein *Herold* tritt auf.
Vertrau allein dem eignen Arm; dein Heer,

Wie ich's auf meinem Namen warb, entließ ich's
In meinem Namen.
Regan. Diese Krankheit wächst!
Albanien. Ihr ist nicht wohl; geht, führt sie in mein Zelt!

(Regan wird weggebracht.)

Herold, tritt vor! Laß die Trompete blasen!
Und lies dies laut!

Die Trompete wird geblasen; der *Herold* liest.

Wenn irgend ein Mann von Stand oder Rang im Heer wider Edmund, den angeblichen Grafen von Gloster, behaupten will, er sei ein vielfacher Verräter, der erscheine beim dritten Trompetenstoß. Er ist bereit, sich zu verteidigen.

Edmund. Blase!
Herold. Noch einmal! – Noch einmal!

Eine andere Trompete antwortet hinter der Bühne; darauf tritt *Edgar* bewaffnet auf, ein Trompeter geht vor ihm.

Albanien. Fragt, was er will, warum er hier erscheint
Auf der Trompete Ladung?
Herold. Wer seid Ihr?
Eu'r Nam'? Eu'r Stand? Warum antwortet Ihr
Auf diese Ladung?
Edgar. Wißt, mein Nam' erlosch,
Zernagt vom gift'gen Zahne des Verrats;
Doch bin ich edel wie mein Widerpart,
Dem ich Kampf biete.
Albanien. Welchem Widerpart?
Edgar. Wer ist's, der für Edmund, Graf Gloster, spricht?
Edmund. Er selbst, was willst du ihm?
Edgar. So zieh dein Schwert,
Daß, wenn mein Wort ein edles Herz verletzt,
Dein Arm dir Recht verschafft; hier ist das meine. –
Denn also ist das Vorrecht meines Standes
Des Ritterschwures und Berufs; dich zeih' ich
Trutz deiner Stärke, Jugend, Würd' und Hoheit,
Trutz deinem Siegerschwert und deinem Glück,
Wie Kraft und Mut dich ziert, – du seist Verräter,
Falsch deinen Göttern, deinem Bruder, deinem Vater,
Rebellisch diesem hocherlauchten Fürsten,
Und von dem höchsten Wirbel deines Haupts
Zu deiner Sohle tiefstem Staub herab
Ein krötengift'ger Bube. Sagst du *nein*,
Dies Schwert, mein Arm, mein bester Mut sind fertig,

Was ich gezeugt, aufs Haupt dir zu beweisen:
Du *lügst*.
Edmund. Klugheit gebeut, nach deinem Namen fragen,
Doch weil dein Äußres also schön und krieg'risch
Und edler Anstand spricht aus deiner Rede, –
Was ich mit Fug und Vorsicht wohl verweigert,
Nach Recht der Ritterschaft, will ich verachten.
In deine Zähne schleudr' ich den Verrat,
Werf' dir ins Herz zurück die Höllenlüge;
Der, weil sie dich nur streift' und kaum versehrt',
Mein Schwert sogleich die Stätte bahnen soll,
Wo sie auf ewig ruhn soll. Blast Trompeten!

(Getümmel; sie fechten; Edmund fällt.)

Albanien. O rettet ihn!
Goneril.   Du fielst durch Hinterlist.
Nach Recht des Zweikampfs brauchtst du nicht zu stehn
Dem unbekannten Gegner; nicht besiegt,
Getäuscht, betrogen bist du.
Albanien.   Weib, schweigt still,
Sonst stopft dies Blatt den Mund Euch.
                   (Zu Edmund.) Sieh hierher!
Du Schändlichster! Lies deine Untat hier;
(Zu Goneril.) Zerreißt es nicht! Ich seh', Ihr kennt dies Blatt.

(Er gibt den Brief an Edmund.)

Goneril. Und wenn auch, das Gesetz ist mein, nicht dein;
Wer darf mich richten?
Albanien.   Scheusal! Also kennst du's?
Goneril. Frag mich nicht, was ich kenne.   (Sie geht ab.)
Albanien. Geh, folg ihr; sie ist außer sich; bewacht sie.
Edmund. Wes du mich angeklagt, ich hab's getan,
Und mehr, weit mehr; die Zeit enthüllt es bald. –
Es ist vorbei und so auch ich. Doch wer bist du,
Der so mir obgesiegt? Bist du ein Edler,
Vergeb' ich dir.
Edgar.   Laß uns Erbarmung tauschen,
Ich bin an Blut geringer nicht als du;
Wenn mehr, so mehr auch tatst du mir zu nah.
Edgar heiß' ich, bin deines Vaters Sohn.
Die Götter sind gerecht, aus unsern Lüsten
Erschaffen sie das Werkzeug, uns zu geißeln.
Der dunkle sünd'ge Ort, wo er dich zeugte,
Bracht' ihn um seine Augen.

Edmund. Wahr, o wahr!
Ganz schwang das Rad sich um, und ich bin hier.
Albanien. Mir schien dein Gang schon königlichen Adel
Zu kündigen; ich muß dich hier umarmen.
Gram spalte mir das Herz, haßt' ich jemals
Dich oder deinen Vater.
Edgar. Würd'ger Fürst,
Das weiß ich.
Albanien. Doch, wo waret Ihr verborgen?
Wie kam Euch Kunde von des Vaters Elend?
Edgar. Indem ich's pflegte, hört ein kurzes Wort;
Und ist's erzählt, o bräche dann mein Herz! –
Der blut'gen Achtserklärung zu entgehn,
Die mir so nah war – o wie süß das Leben! –
Daß stündlich wir in Todesqualen sterben
Lieber, als Tod mit eins! – verhüllt' ich mich
In eines Tollen Lumpen, nahm ein Ansehn,
Daß Hunde selbst mich scheuten. So entstellt,
Fand ich den Vater mit den blut'gen Ringen,
Beraubt der edlen Steine; ward sein Leiter,
Führt' ihn und bettelte für ihn und schützt' ihn
Vor der Verzweiflung. Nie gab ich mich kund,
Bis ich vor einer halben Stund' in Waffen,
Nicht sicher, doch voll Hoffnung dieses Siegs,
Um seinen Segen fleht', und von Beginn
Zum Ende meiner Pilgerschaft erzählte.
Doch sein zerspaltnes Herz, ach schon zu schwach,
Den Kampf noch auszuhalten zwischen Schmerz
Und Freud', im Übermaß der Leidenschaft
Brach lächelnd.
Edmund. Deine Red' hat mich gerührt
Und wirkt wohl Gutes; aber sprich nur weiter,
Dein Ansehn ist, als hättst du mehr zu sagen.
Albanien. Ist es noch mehr, mehr leidvoll noch, so schweig,
Denn ich bin nah daran, mich aufzulösen,
Dies hörend.
Edgar. Dies erschien als Höchstes wohl
Dem, der den Gram nicht liebt; jedoch an andrer,
Noch steigernd, was zuviel schon, überbot
Das Alleräußerste.
Als ich laut schrie vor Leid, da kam ein Mann,
Der mich gesehn in meinem tiefsten Elend
Und meine schreckliche Gesellschaft floh;

Nun aber, da er hörte, wer es sei,
Der dies ertrug, schlug er die starken Arme
Mir um den Hals, und heulte laut
Zum Himmel auf, als wollt' er ihn zersprengen;
Warf sich auf meinen Vater hin, erzählte
Von sich und Lear die kläglichste Geschichte,
Die je ein Ohr vernahm; im Sprechen ward
Sein Schmerz erdrückend, daß die Stränge schon
Des Lebens rissen; – da zum zweitenmal
Klang die Trompet', ich ließ ihn halb entseelt.
Albanien. Doch wer war dieser?
Edgar. Kent, der verbannte Kent, der in Verkleidung
Nachfolgte dem ihm feindgesinnten König,
Und Dienste tat, die keinem Sklaven ziemten.

Ein Edelmann kommt in voller Eile mit einem blutigen Messer.

Edelmann. Helft, helft, o helft!
Edgar. Wem helfen?
Albanien. Sagt uns an!
Edgar. Was soll der blut'ge Dolch?
Edelmann. Er raucht, ist heiß;
Er kommt frisch aus dem Herzen – o sie ist tot!
Albanien. Wer tot! Sprich, Mann!
Edelmann. Herr, Eure Gattin; ihre Schwester ist
Von ihr vergiftet; sie bekannt' es selbst.
Edmund. Ich war verlobt mit beiden, alle drei
Vereinigt jetzt ein Augenblick.

Kent tritt auf.

Edgar. Hier kommt Kent.
Albanien. Bringt sie hierher uns, lebend oder tot.

(Gonerils und Regans Leichen werden hereingetragen.)

Dies Strafgericht des Himmels macht uns zittern,
Rührt unser Mitleid nicht.
O, ist er das? – Die Zeit verstattet nicht
Empfang, wie ihn die Sitte heischt.
Kent. Ich kam,
Um gute Nacht auf immer meinem König
Und Herrn zu sagen. Ist er nicht hier?
Albanien. So Großes ward vergessen! –
Sprich, Edmund, wo ist Lear? Wo ist Cordelia?
Siehst du den Anblick, Kent?
Kent. Ach! Warum so?

Edmund.   Edmund ward doch geliebt!
Die eine gab um mich der andern Gift
Und dann sich selbst den Tod.
Albanien.   So ist's! – Verhüll ihr Antlitz!
Edmund.   Nach Leben ring' ich. Gutes möcht' ich tun
Trotz meiner eignen Art. Schickt ungesäumt –
O eilt Euch! – auf das Schloß; denn mein Befehl
Geht auf des Königs und Cordeliens Leben.
Ich sag' Euch, zögert nicht!
Albanien.   Lauft, lauft, o lauft!
Edgar.   Zu wem, Mylord? Wer hat den Auftrag? Schickt
Ein Pfand des Widerrufs!
Edmund.   Sehr wohl bedacht, hier nimm mein Schwert
Und gib's dem Hauptmann.
Albanien.   Eil dich, um dein Leben!
(Edgar geht ab.)
Edmund.   Er hat Befehl von deinem Weib und mir,
Cordelien im Gefängnis aufzuhängen,
Und der Verzweiflung dann die Schuld zu geben,
Daß sie sich selbst entleibt.
Albanien.   Die Götter schützen sie! Tragt ihn hinweg!
(Edmund wird weggetragen.)

Lear kommt, seine Tochter Cordelia tot in den Armen tragend.

Lear.   Heult, heult, heult, heult! O, ihr seid all von Stein!
Hätt' ich Eu'r Aug' und Zunge nur, mein Jammer
Sprengte des Himmels Wölbung! – Hin auf immer! –
Ich weiß, wenn einer tot und wann er lebt;
Tot wie die Erde. Gebt 'nen Spiegel her;
Umnebelt oder trübt ihr Hauch die Fläche,
Dann lebt sie.
Kent.   Ist dies das verheißne Ende?
Edgar.   Sind's Bilder jenes Grau'ns?
Albanien.   Vernichtungssturzes?
Lear.   Die Feder regte sich, sie lebt! O lebt sie,
So ist's ein Glück, das allen Kummer tilgt,
Den ich jemals gefühlt.
Kent (knieend).   O teurer Herr!
Lear.   Fort, sag' ich dir!
Edgar.   's ist Kent, Eu'r edler Freund.
Lear.   Fluch über euch, Verräter, Mörder all! –
Ich konnt' sie retten; nun dahin auf immer!
Cordelia! Cordelia! Wart' ein wenig, ha!

Was sprachst du? – Ihre Stimme war stets weich,
Leise und sanft; ein köstlich Ding an Frau'n –
Ich schlug den Sklaven tot, der dich gehenkt.
Kent. 's ist wahr, Mylords, er tat's.
Lear. Tat ich's nicht, Bursch?
Einst war die Zeit, wo sie mein gutes Schwert
Wohl hätte springen machen. Nun bin ich alt,
Und all dies Leid bringt mich herab. – Wer bist du?
Mein Aug' ist nicht das beste; ich weiß es gleich.
Kent. Rühmt sich Fortuna zweier, die sie liebte
Und haßte; einen sehn wir hier.
Lear. Ja, mein Gesicht ist schwach. – Bist du nicht Kent?
Kent. Ich bin's, dein Diener Kent.
Wo ist dein Diener Cajus?
Lear. Das ist ein wackrer treuer Bursch; das glaubt mir;
Der schlägt und säumt nicht; – er ist tot und fault.
Kent. Nein, teurer Fürst; ich selber bin der Mann.
Lear. Das will ich sehn –
Kent. Der gleich seit Eurem Umschlag und Verfall
Folgt' Eurer düstern Bahn.
Lear. Willkommen hier!
Kent. Sonst keiner wohl! – Trüb' alles, tot und trostlos!
Eure ältern Töchter legten Hand an sich
Und starben in Verzweiflung.
Lear. Ja, das denk' ich.
Albanien. Er weiß nicht, was er sagt; es ist vergeblich,
Daß wir ihn hier umringen.
Edgar. Ganz umsonst.

Ein *Hauptmann* kommt.

Hauptmann. Edmund ist tot, Mylord!
Albanien. Das ist hier Nebensache.
Ihr Freund' und edeln Lords, hört unsern Willen.
Was Trost verleihn kann so gewalt'gen Trümmern,
Das sei versucht. Wir selbst entsagen hier
Zu Gunsten dieser greisen Majestät
Der Herrschermacht. (Zu Edgar.) Ihr tretet in Eu'r Recht
Mit Zuwachs und Vermehrung, wie es Eure Treu'
Mehr als verdient hat. Alle Freunde sollen
Den Lohn der Tugend kosten, alle Feinde
Den Kelch der Missetat. O seht, o seht!
Lear. Und tot mein armes Närrchen! – Nein! Kein Leben!
Ein Hund, ein Pferd, 'ne Maus soll Leben haben,

Und du nicht einen Hauch? – O, du kehrst nimmer wieder,
Niemals, niemals, niemals, niemals, niemals!
Ich bitt' Euch, knöpft hier auf! – Ich dank' Euch, Herr!
Seht Ihr dies? Seht sie an! – Seht ihre Lippen,
Seht hier, – seht hier!   (Er stirbt.)

Edgar.   Ohnmächtig wird er, – o mein König!
Kent.   Brich Herz, ich bitt' dich, brich!
Edgar.   Blickt auf, mein König!
Kent.   Quält seinen Geist nicht! Laßt ihn ziehn! Der haßt ihn,
Der auf die Folter dieser zähen Welt
Ihn länger spannen will.
Edgar.   O wirklich tot!
Kent.   Das Wunder ist, daß er's ertrug so lang;
Sein Leben war nur angemaßt.
Albanien.   Tragt sie hinweg! Was uns zunächst erfüllt,
Ist allgemeine Trauer.
(Zu Kent und Edgar.) Herrscht ihr beiden,
Geliebten Freunde; heilt des Staates Leiden.
Kent.   Ich muß zur Reise bald gerüstet sein;
Mein Meister ruft, ich darf nicht sagen: nein!
Albanien.   Laß uns, der trüben Zeit gehorchend, klagen,
Nicht, was sich ziemt, nur was wir fühlen sagen.
Dem Ältsten war das schwerste Los gegeben,
Wir Jüngern werden nie so viel erleben.
            (Sie gehen mit einem Totenmarsche ab.)

Troilus und Kressida

Übersetzt von

Ludwig Tieck

Personen

Priamus, König von Troja.
Hektor,
Troilus,
Paris, } seine Söhne.
Deiphobus,
Helenus,
Antenor,
Aeneas, } trojanische Heerführer.
Kalchas, ein Priester.
Pandarus, Oheim der Kressida.
Margarelon,
Agamemnon, Oberanführer der Griechen.
Menelaus, sein Bruder.

Achilles,
Ajax,
Ulysses,
Nestor, } griechische Heerführer.
Diomedes,
Patroklus,
Thersites,
Alexander, Diener der Kressida.
Edelknaben.

Helena, Gemahlin des Menelaus.
Andromache, Gemahlin des Hektor.
Kassandra, Tochter des Priamus.
Kressida, Tochter des Kalchas.

Trojanische und griechische Krieger und Gefolge.

(Die Szene ist in Troja und im griechischen Lager vor dieser Stadt.)

Prologus

Die Szen' ist Troja. Von den Inseln Gräcias
Sandten zornmüt'ge Fürsten, heißen Bluts,
Zum Hafen von Athen die Ruderschiffe,
Beladen mit den Dienern und der Rüstung
Des grausen Krieges. Neunundsechzig Führer,
Prangend im Fürstenhut, sind abgesegelt
Von Attika gen Phrygia. Ihr Gelübde,
Troja zu schleifen, wo im Schirm der Mauern
Frau Helena, geraubt dem Menelaus,
Beim üpp'gen Paris schläft. – Das ist der Krieg.
Sie ziehn nach Tenedos,
Und dort entlasten die tiefkiel'gen Schiffe
Sich ihrer tapfern Fracht; auf Iliums Ebnen

Schart sich der frischen, noch kampfrüst'gen Griechen
Feldlager. – Priamus' sechstor'ge Stadt, –
Dardania, Thymbria, Ilias, Chetas, Troas
Und Antenoridas – mit mächt'gen Krampen
Und wohlausfüllend schwer gewicht'gen Riegeln,
Schließt Trojas Söhne ein.
Erwartung nun, die muntern Geister schürend
Auf dieser Seit' und jener, Troer, Griechen,
Setzt all's auf Kriegsglück. Und hierher komm' ich
Als Prologus, im Harnisch, nicht vertrauend
Dem Werk des Dichters noch der Spieler Kunst,
Nur angetan, dem Kriegsgedichte ziemend,
Meld' ich euch, edle Hörer, wie das Spiel,
Des Kampfs Beginn und Erstlinge verschweigend,
Anfängt im Mittelpunkt, von dort enteilt,
Und nur, wo sich die Szene bietet, weilt.
So haltet Lob und Tadel nicht zurück;
Gut oder schlimm, es ist nur Kriegesglück.

Erster Aufzug

1. Szene

Troja

Troilus und *Pandarus* treten auf.

Troilus. Ruft meinen Knappen her, mich zu entwaffnen;
Was soll ich vor den Mauern Trojas fechten,
Dem hier im Innern tobt so wilder Kampf?
Wem von den Troern noch ein Herz gehört,
Der zieh' ins Feld; ach, Troilus hat keins!

Pandarus. Stets noch das alte Lied?

Troilus. Der Griech' ist stark und bei der Kraft gewandt,
Heiß bei Gewandtheit und bei Hitze tapfer;
Doch ich bin schwächer als des Weibes Tränen,
Zahmer als Schlaf, betörter als die Einfalt,
Zaghafter als die Jungfrau in der Nacht
Und ungewandt wie unbelehrte Kindheit.

Pandarus. Nun, ich habe dir's genug gesagt; ich, meinesteils, werde mich nicht mehr drein mischen und mengen. Der, der aus dem Weizen einen Kuchen haben will, muß das Mahlen abwarten.

Troilus. Hab' ich nicht gewartet?

Pandarus. Ja, auf das Mahlen; aber Ihr müßt das Beuteln abwarten.

Troilus. Hab' ich nicht gewartet?

Pandarus. Ja, auf das Beuteln; aber Ihr müßt das Säuern abwarten.

Troilus. Auch darauf hab' ich gewartet.

Pandarus. Ja, aufs Säuern; aber nun kommt noch in dem Wort *hernach* das Kneten, das Formen des Kuchens, das Heizen des Ofens und das Backen; ja, Ihr müßt auch noch das Kaltwerden abwarten, oder Ihr lauft Gefahr, Euch die Lippen zu verbrennen.

Troilus. Die Langmut selbst, wie sehr sie Göttin ist,
Weicht vor dem Dulden mehr als ich zurück.
Ich sitz' an Priams Königstisch, und kommt
Die holde Kressida mir in den Sinn, –
Verräter du! Sie kommt? Wann wär' sie fort?

Pandarus. Gewiß, sie war gestern abend reizender, als ich sie oder irgend ein Mädchen je gesehen.

Troilus. O laß dir noch erzählen: Wie mein Herz,
Als sprengt's ein Seufzer, mir zerbrechen wollte –
Daß mich mein Vater nicht erriet noch Hektor,
Verbarg ich, wie die Sonn' im Sturme leuchtet,
In eines Lächelns Falte diesen Seufzer;
Doch gleicht, in Schein der Luft verhüllt, Bedrängnis
Dem Scherz, der bald zum Gram wird durchs Verhängnis.

Pandarus. Ja, wär' ihr Haar nicht etwas dunkler als das der Helena – doch was tut das? – so wäre gar kein Unterschied zwischen den beiden Frauen. Doch was mich betrifft, so ist sie meine Nichte; ich möchte sie nicht, wie man zu sagen pflegt, herausstreichen; aber ich wollte, es hätte sie jemand gestern reden hören wie ich. Ich will dem Verstand deiner Schwester Kassandra nicht zu nahe treten; aber ...

Troilus. O Pandarus! Ich sag' dir, Pandarus, –
Wenn ich dir sage, dort ertrank mein Hoffen,
Erwidre nicht, wie viele Klafter tief
Es untersank. Ich sag', ich bin verzückt
Aus Lieb' in Kressida. Du nennst sie schön,
Senkst in die offne Wunde meines Herzens
Ihr Aug', ihr Haar; die Wange, Gang und Stimme;
Handelst in deiner Red' von ihrer Hand,
Mit der verglichen alles Weiß wie Tinte
Sich selbst das Urteil schreibt; ihr sanfter Druck
Macht rauh des Schwanes Flaum, die feinste Fühlung
Hart wie des Pflügers Faust: – dies sagst du mir,

Und wahrhaft ganz, wenn ich dir schwör', ich liebe;
Doch mit dem Wort legst du in jede Wunde,
Mit der mich Liebe traf, statt Öls und Balsams,
Den Dolch, der sie geschlagen.
  Pandarus. Ich sage nur was wahr.
Troilus. Nicht einmal so viel!
  Pandarus. Meiner Treu, ich mische mich nicht mehr hinein. Mag sie sein, wie sie ist! Ist sie schön, um so besser für sie; ist sie's nicht, so wird sie schon wissen, wie sie sich helfen kann.
Troilus. Lieber Pandarus! Was ist, Pandarus?
  Pandarus. Ich habe meine Mühe für meine Arbeit gehabt; verkannt von ihr und verkannt von Euch; immer hin und her gelaufen und schlechten Dank für meine Mühe.
Troilus. Was, bist du böse, Pandarus? Auf mich?
  Pandarus. Weil sie mit mir verwandt ist, darum ist sie nicht so schön als Helena; wäre sie nicht mit mir verwandt, da wäre sie Freitags ebenso schön als Helena Sonntags. Doch was kümmert's mich? Mir soll's einerlei sein, ob sie schwarz wie eine Mohrin aussehe; es ist mir alles gleich.
Troilus. Sage ich denn, sie sei nicht schön?
  Pandarus. Es kümmert mich nicht, ob Ihr's sagt oder nicht. Sie ist eine Törin, daß sie ihrem Vater nicht nachfolgt; sie muß zu den Griechen, und das werde ich ihr sagen, sobald ich sie sehe. Ich meinesteils will mich nicht mehr drein mischen noch mengen.
Troilus. Pandarus –
  Pandarus. Ich nicht.
Troilus. Bester Pandarus –
  Pandarus. Bitt' Euch, laßt mich in Frieden. Ich lasse alles, wie ich's gefunden, und damit gut.

(Pandarus ab. Es wird zum Streit geblasen.)

Troilus. Still, rauhe Töne! still, unholder Klang!
Narrn beiderseits! Schön sein muß Helena,
Wenn Ihr sie täglich schminkt mir eurem Blut.
Der Anlaß kann mich nicht zum Kampf begeistern,
Zu dürftig für mein Schwert ist dieser Preis! –
Doch Pandarus – wie quält ihr mich, ihr Götter!
Zugänglich nur wird Kressida durch ihn;
Den Kind'schen werb' ich nie zum Werben an,
Und sie bleibt spröd' und züchtig jeder Bitte.
Sag' mir Apoll, um deiner Daphne Liebe,
Was Kressida, was Pandar ist, was ich?
Ihr Bett ist Indien! Dort als Perle ruht sie;
Was zwischen ihrem Thron und unserm Ilium,

Nenn' ich empörtes, flutbewegtes Meer;
Mich selbst den Kaufherrn und den Segler Pandar
Mein Boot, mein Schiffgeleit, mein zweifelnd Hoffen.

     Trompeten. *Aeneas* tritt auf.

Aeneas. Wie nun, Prinz Troilus? Weshalb nicht im Feld?
Troilus. Weil ich nicht dort. Die Weiberantwort paßt,
Denn weibisch ist es, draußen nicht zu sein.
Was gibt's, Aeneas, Neues heut im Feld?
Aeneas. Daß Paris heimgekommen und verwundet.
Troilus. Durch wen, Aeneas?
Aeneas.   Menelaus tat's.
Troilus. Zum Lachen! Nahm ihn jener so aufs Korn?
Paris geschrammt von Menelaus' Horn?
Aeneas. Horch! lust'ge Jagd dort außen, hell und scharf!
Troilus. Weit schöner hier, wenn „*dürft'* ich" hieß „ich *darf*".
Doch jene Jagd, steht dir nach ihr der Sinn?
Aeneas. In aller Eil.
Troilus.   So gehn wir beide hin. (Sie gehen ab.)

2. Szene

Ebendaselbst

Es treten auf *Kressida* und *Alexander*, ihr Diener.

Kressida. Wer ging vorbei?
Alexander.   Die Königin Hekuba,
Und Helena.
Kressida. Wohin?
Alexander.   Zum Turm nach Osten,
Des Höh' die ganze Gegend überschaut,
Die Schlacht zu sehen. Hektor, des Geduld
Sonst unerschütterlich, ward heut bewegt;
Er schalt Andromache und schlug den Wappner,
Und gleich als gält' im Kriege gute Wirtschaft,
War er in Waffen vor dem Morgenlicht
Und zog ins Feld hinaus, wo jede Blume
Wie ein Prophet beweint, was sie voraussieht
In Hektors Zorn.
Kressida.   Was reizte seine Wut?
Alexander. So wird erzählt: im Heer der Griechen kämpfte
Ein Fürst aus Troerblut, des Hektors Neffe,
Ajax mit Namen.
Kressida.   Wohl; was sagt man weiter?

Alexander. Er ist, so heißt's, ein ganz besondrer Mann
Und steht allein.

Kressida. Das tun alle Männer, wenn sie nicht betrunken sind oder keine Beine haben.

Alexander. Dieser Mann, mein Fräulein, hat sich die Eigentümlichkeit von allerlei Tieren zugeeignet: er ist so kühn wie der Löwe, so täppisch wie der Bär, so langsam wie der Elefant; ein Mann, in dem die Natur so viele Launen gehäuft hat, daß seine Tüchtigkeit in Torheit untergeht, seine Torheit durch Verständigkeit gewürzt ist. Niemand besitzt eine Tugend, von der er nicht einen Anflug bekommen hätte, noch irgend jemand eine Unart, von der ihm nicht etwas anklebte; er ist melancholisch ohne Ursache und lustig wider den Strich; er hat die Gelenkigkeit zu jedem Dinge, aber jedes Ding ist an ihm so ungelenk, daß er wie ein gichtischer Briareus hundert Hände, und keine zum Gebrauch hat; oder wie ein stockblinder Argus lauter Augen und keine Sehkraft.

Kressida. Wie kann aber dieser Mann, der mich lächeln macht, den Hektor in Zorn bringen?

Alexander. Man erzählt, er sei gestern mit Hektor in der Schlacht handgemein geworden, und habe ihn niedergeschlagen, und die Schmach und Schande habe Hektor seitdem nicht essen noch schlafen lassen.

Pandarus kommt.

Kressida. Wer kommt?

Alexander. Fräulein, Euer Oheim Pandarus.

Kressida. Hektor ist ein tapferer Degen.

Alexander. Wie nur irgend einer in der Welt, Fräulein!

Pandarus. Was sagt Ihr? Was sagt Ihr?

Kressida. Guten Morgen, Oheim Pandarus!

Pandarus. Guten Morgen, Muhme Kressida! Wovon sprecht Ihr? Guten Morgen, Alexander! – Wie geht's dir, Nichte? Wann warst du in Ilium?

Kressida. Heute morgen, Oheim.

Pandarus. Wovon spracht Ihr, als ich kam? War Hektor schon gewaffnet und ins Feld gezogen, als du nach Ilium kamst? Helena war wohl noch nicht aufgestanden; nicht wahr?

Kressida. Hektor war schon fort, aber Helena noch nicht aufgestanden.

Pandarus. Ja ja, Hektor war recht früh auf den Beinen.

Kressida. Davon sprachen wir eben, und daß er aufgebracht sei.

Pandarus. War er aufgebracht?

Kressida. Das sagt mir dieser da.

Pandarus. Freilich war er aufgebracht; ich weiß auch warum.

Heute wird er's ihnen beibringen, das kann ich ihnen sagen. Und Troilus wird ihm so ziemlich gleichkommen; sie mögen sich nur vor Troilus in acht nehmen, das mögen sie mir glauben!

Kressida.   Wie? Ist er auch aufgebracht?

Pandarus.   Was, Troilus? Troilus ist der Beßre von beiden.

Kressida.   O Jupiter! Das ist gar kein Vergleich!

Pandarus.   Wie, nicht zwischen Troilus und Hektor? Erkennst du nicht einen Mann, wenn du ihn siehst?

Kressida.   Nun ja, wenn ich ihn sonst schon sah und kannte.

Pandarus.   Ganz recht; ich spreche, Troilus ist Troilus.

Kressida.   Da sprecht Ihr wie ich, denn ich weiß gewiß, er ist nicht Hektor.

Pandarus.   Nein, und Hektor ist auch nicht Troilus in gewissem Betracht.

Kressida.   So tun wir keinem unrecht; er ist er selbst.

Pandarus.   Ach, du armer Troilus! Ich wollte, er wäre es.

Kressida.   Er ist es ja.

Pandarus.   Mit dem Beding ginge ich barfuß nach Indien!

Kressida.   Hektor ist er nicht!

Pandarus.   Er selbst? Nein, das ist er nicht. – Ja, ich wollte, er wäre es. Nun, die Götter leben noch; die Zeit schafft's ihm oder entrafft's ihm; ja, Troilus, ich wollte, sie hätte mein Herz im Leibe! Nein, Hektor ist kein beßrer Mann als Troilus.

Kressida.   Verzeiht!

Pandarus.   Er ist älter –

Kressida.   Ich bitte um Entschuldigung!

Pandarus.   Der andere ist noch nicht so alt; Ihr sollt ganz anders sprechen, wenn der andere erst so alt sein wird. Hektor kann lange warten, ehe er seinen Verstand bekommt!

Kressida.   Den braucht er auch nicht, wenn er seinen eigenen hat.

Pandarus.   Noch seine Eigenschaften –

Kressida.   Tut nichts!

Pandarus.   Noch seine Schönheit!

Kressida.   Sie würde ihn nicht kleiden, seine eigene ist besser.

Pandarus.   Du hast kein Urteil, Nichte! Helena selbst beteuerte neuerlich, daß Troilus, wenn von brauner Farbe die Rede sei – denn braun ist er allerdings, und doch nicht so recht eigentlich braun –

Kressida.   Nein; sondern braun.

Pandarus.   Die Wahrheit zu sagen, braun und nicht braun.

Kressida.   Die Wahrheit zu sagen, wahr und nicht wahr.

Pandarus.   Sie stellte sein Kolorit über das des Paris.

Kressida.   Nun, Paris hat Farbe genug.

Pandarus.   Das hat er auch.

Kressida. So hätte Troilus denn zu viel Farbe. Wenn sie sein Kolorit *über* das des andern stellt, ist er höher an Farbe; wenn nun Paris rot genug ist und Troilus hochrot, so ist das ein zu feuriges Lob für ein gutes Kolorit. Ebenso gern hätte Helenas goldene Zunge den Troilus wegen einer Kupfernase rühmen können.

Pandarus. Ich schwöre dir, ich glaube, Helena liebt ihn mehr als den Paris.

Kressida. Dann ist sie eine sehr verliebte Griechin.

Pandarus. Nein, ganz gewiß, das tut sie. Neulich stellte sie sich zu ihm in das gewölbte Fenster, und du weißt, er hat nur drei oder vier Haare am Kinn –

Kressida. O gewiß, eines Bierzapfers Rechenkunst würde hinreichen, diese Einheiten in eine Summe zu ziehen.

Pandarus. Nun, er ist noch sehr jung, und doch sind seine Nerven so stählern, daß er dir bis auf zwei, drei Pfund ebensoviel aufheben wird als sein Bruder Hektor.

Kressida. Was? Ein so junger Mann, und schon solche Stehlergaben?

Pandarus. Um dir zu beweisen, daß Helena in ihn verliebt ist; denke nur, sie kam und legte dir ihre weiße Hand an sein gespaltenes Kinn –

Kressida. Juno sei uns gnädig! Wer hat's ihm gespalten?

Pandarus. Erinnerst du dich denn nicht seines Grübchens? Mir scheint, sein Lächeln steht ihm besser als irgend jemand in ganz Phrygien.

Kressida. O ja, er lächelt recht brav.

Pandarus. Nicht wahr?

Kressida. Freilich, wie eine Regenwolke im Herbst.

Pandarus. O still doch! Ich wollte dir ja beweisen, daß Helena in Troilus verliebt sei!

Kressida. Troilus wird Euch diesen Beweis nicht verweisen, wenn Ihr ihn führen könnt.

Pandarus. Troilus? Nun, der fragt nicht mehr nach ihr, als ich nach einem hohlen Ei frage.

Kressida. Wenn Ihr die hohlen Eier so gern habt als die hohlen Köpfe, seid Ihr wohl schal genug, die Schalen ohne Eier zu essen.

Pandarus. Wahrhaftig, ich muß noch immer lachen, wenn ich dran denke, wie sie ihn am Kinn kitzelte. Das ist gewiß, sie hat eine wundervolle weiße Hand; das muß man bekennen.

Kressida. Ohne Folter.

Pandarus. Und da fällt's ihr ein, ein weißes Haar auf seinem Kinn zu entdecken.

Kressida. Das arme Kinn! Ist doch manche Warze reicher!

Pandarus. Aber das gab ein Gelächter! Königin Hekuba lachte, daß ihr die Augen übergingen –

Kressida. Vor lauter Mühlsteinen.

Pandarus. Und Kassandra lachte!

Kressida. Aber es war unter dem Topf ihrer Augen wohl ein mäßigeres Feuer; liefen ihre Augen auch über?

Pandarus. Und Hektor lachte!

Kressida. Und wem galt all dies Lachen?

Pandarus. Ei, dem weißen Haar, das Helena an Troilus' Kinn erspäht.

Kressida. Wäre es ein grünes gewesen, so hätte ich auch gelacht.

Pandarus. Sie lachten nicht so sehr über das Haar als über seine hübsche Antwort.

Kressida. Wie war seine Antwort?

Pandarus. Sie hatte gesagt: hier sind nur einundfünfzig Haare an Eurem Kinn, und eins davon ist weiß?

Kressida. Das war ihre Frage?

Pandarus. Jawohl, das bedarf keiner Frage. Einundfünfzig Haare, sagte er, und ein weißes; das weiße Haar ist mein Vater, und die übrigen sind seine Söhne. O Jupiter, sagte sie, welches von diesen Haaren ist Paris, mein Gemahl? Das gespaltene, sagte er: reißt es aus, und gebt's ihm. Und nun entstand solch ein Gelächter, und Helena ward so rot und Paris so böse, und die übrigen lachten so sehr, daß es ins Weite ging.

Kressida. Da mag es auch bleiben, denn es ist nicht weit her.

Pandarus. Nun, Nichte, ich sagte dir gestern etwas, das nimm dir zu Herzen.

Kressida. Das tue ich auch.

Pandarus. Ich schwöre dir, es ist wahr, er weint dir wie einer, der im April geboren ist. (Man hört zum Rückzug blasen.)

Kressida. Und ich will in diesen Tränen so lustig aufwachsen wie eine Nessel im Mai.

Pandarus. Horch! sie kommen aus dem Felde zu Haus; sollen wir hier hinauftreten, und sie nach Ilium zieh'n sehen? Tue es, liebste Nichte; tue es, liebste Nichte, Kressida!

Kressida. Wie es Euch gefällt.

Kressida. Hier, hier ist ein allerliebster Platz, hier können wir's recht schmuck mit ansehen. Ich will sie dir alle bei Namen nennen, wie sie vorbeiziehen; merke nur vor allen auf Troilus.

(Aeneas geht über die Bühne.)

Kressida. Sprecht nicht so laut.

Pandarus. Das ist Aeneas. Ist das nicht ein hübscher Mann? Es ist eine rechte Blume unter den Troern, das kann ich dir sagen. Aber merke nur auf Troilus; gleich wird er kommen.

Kressida. Wer ist das? (Antenor geht vorüber.)

Pandarus. Das ist Antenor; der hat's hinter den Ohren, das kann ich dir sagen, und ist ein guter Soldat; einer von den besten Köpfen in ganz Troja und ein artiger Mann in seiner ganzen Person. – Wann kommt doch Troilus? Gleich sollst du Troilus sehen. Gib acht, wie er nicken wird, wenn er mich sieht.

Kressida. Nickt er immer ein, wenn er Euch sieht.

(Hektor geht vorüber.)

Pandarus. Das ist Hektor. Der da, der da, siehst du, der! das ist ein Kavalier! Gott sei mit dir, Hektor; das ist ein wackerer Mann, Nichte. O du edler Hektor! Sieh, wie er um sich blickt! Das ist eine Haltung! Ist's nicht ein stattlicher Mann?

Kressida. Ein recht stattlicher Mann.

Pandarus. Nicht wahr? Es ist eine rechte Herzenslust, ihn zu sehen. Sieh nur, wie viel Beulen auf seinem Helm sind! Sieh nur hin, siehst du's? Sieh nur hin! Mit dem ist nicht zu spaßen; der versteht's; mit dem soll's einmal einer aufnehmen! Das nenne ich Beulen!

Kressida. Sind die von Schwertern? (Paris geht vorüber.)

Pandarus. Von Schwertern? Von was sie wollen, das kümmert ihn nicht. Wenn auch der Teufel mit ihm anbände, das ist ihm alles gleich. Ja, beim Element, es ist eine wahre Lust; ach, dort kommt Paris, dort kommt Paris; siehst du dort, Nichte? Ist das nicht auch ein hübscher Mann? Nicht? – Ei, das ist ja allerliebst; wer sagte doch, er wäre heut verwundet? Er ist nicht verwundet. Nun, das wird für Helena eine rechte Freude sein. O, wenn ich doch nur den Troilus sähe! Gleich wirst du Troilus zu sehen bekommen.

Kressida. Wer ist das? (Helenus geht vorüber.)

Pandarus. Das ist Helenus. Ich begreife gar nicht, wo Troilus bleibt. – Das ist Helenus. – Er wird wohl gar nicht zu Felde gezogen sein. – Das ist Helenus.

Kressida. Kann Helenus fechten, Onkel?

Pandarus. Helenus? Nein – ja, er ficht so ziemlich erträglich. – Ich begreife nicht, wo Troilus bleibt. – Horch! Hörst du nicht, wie sie rufen: Troilus? – Helenus ist ein Priester.

Kressida. Was für ein Duckmäuser kommt denn da heran.

(Troilus geht vorüber.)

Pandarus. Wo, dort? Das ist Deiphobus; nein, Troilus ist's. Ach, welch ein Mann! Nichte! Hem! O du wackerer Troilus! Du Fürst der Ritterschaft!

Kressida. Still doch, ums Himmels willen, still!

Pandarus. Gib acht auf ihn; fasse ihn recht ins Auge! O du wackerer Troilus! Sieh ihn dir recht an, Nichte; siehst du, wie blutig sein Schwert ist und sein Helm noch mehr zerhauen als der des Hektor? Und wie er um sich blickt, wie er einhergeht? O wunderschöner Jüngling und noch nicht dreiundzwanzig! Geh mit Gott, Troilus, geh mit Gott; hätte ich eine Grazie zur Schwester oder eine Göttin zur Tochter, er sollte die Wahl haben. O wunderschöner Held! Paris? – Paris ist ein Quark gegen ihn, und ich wette, Helena tauschte gern und gäbe noch ein Auge in den Kauf.

(Mehrere Soldaten ziehen vorüber.)

Kressida. Dort kommen noch mehr.

Pandarus. Esel! Narren! Tölpel! Spreu und Kleie! Spreu und Kleie! Suppe nach der Mahlzeit! In Troilus' Anblick könnte ich leben und sterben. Sieh nicht weiter hin, sieh nicht weiter hin; die Adler sind vorüber; Krähen und Dohlen, Krähen und Dohlen! Lieber wäre ich solch ein Held wie Troilus als Agamemnon mit ganz Griechenland.

Kressida. Die Griechen haben ihren Achilles; der übertrifft den Troilus.

Pandarus. Achilles? Ein Lastträger, ein Karrenschieber, ein rechtes Kamel.

Kressida. Nun, nun!

Pandarus. Nun, nun? Hast du denn kein Urteil? Hast du denn keine Augen? Verstehst du, was ein Mann ist? Sind denn nicht Geburt, Schönheit, gute Bildung, Beredsamkeit, Mannhaftigkeit, Verstand, Artigkeit, Tapferkeit, Jugend, Freigebigkeit und so weiter die Spezereien und das Salz, die einen Mann würzen?

Kressida. O ja; ein Mengelmus von einem Manne, und so in der Pastete gehackt und gebacken gibt's ein Mus von lauter Mängeln.

Pandarus. Was sind das nun wieder für Reden! Man weiß nie, auf welcher Lauer du liegst.

Kressida. Auf meinem Rücken, um meinen Leib frei zu haben; auf meinem Witz, um meine Launen zu verteidigen; auf meiner Verschwiegenheit, um meinen guten Ruf zu sichern; meiner Maske vertraue ich, um meine Schönheit zu bewahren; dann endlich Euch, um das alles zu schützen, und auf allen diesen Lauerplätzen liege ich, und habe wohl tausend Wachen.

Pandarus. Nenne mir eine deiner Wachen.

Kressida. Das ist eben meine Hauptwache, die gegen Euch gerichtet ist. Denn wenn ich erst nicht mehr behüten kann, was niemand finden sollte, so kann ich Euch wenigstens bewachen, daß Ihr nicht erfahrt, wie ich zu Schaden kam; es müßte denn so zunehmen, daß sich's nicht mehr verstecken ließe, und dann wär's ohnehin mit dem Wachen vorbei.

Pandarus. Ihr seid mir die Rechte!

Der Page des Troilus kommt.

Page. Herr, mein Gebieter wünscht Euch gleich zu sprechen.
Pandarus. Wo?
Page. In Eurem Hause, Herr; dort legt er seine Rüstung ab.
Pandarus. Lieber Kleiner, sag ihm, ich komme gleich.

(Der Page geht.)

Ich fürchte, er ist verwundet. Lebe wohl, liebe Nichte, lebe wohl.
Kressida. Lebt wohl, Oheim.
Pandarus. Ich bin gleich wieder bei Euch, Nichte.
Kressida. Und bringt mir ...
Pandarus. Nun ja! Ein Liebespfand von Troilus. (Geht ab.)
Kressida. Bei diesem Liebespfand, du bist ein Kuppler!
Wort, Gab' und Trän' und heil'gen Schwurs Beteuern
Läßt er nicht ab für jenen zu erneuern;
Zwar mehr in Troilus hab' ich gewahrt,
Als was mir Pandars Spiegel offenbart;
Doch weigr' ich. Fraun sind Engel stets, geworben;
Genuß ist Luft; genossen ist erstorben.
Nichts weiß ein liebend Mädchen, bis sie weiß,
Allein das Unerreichte steh' im Preis;
Daß nie, erhört, das Glück so groß im Minnen,
Als wenn Begier noch fleht, um zu gewinnen;
Drum nehmt die Lehre – Liebe gibt sie – an:
Wer wirbt, der fleht; es fordert, wer gewann.
Und mag mein Herz auch treue Lieb' empfinden,
Nie soll ein Blick, ein Wort sie je verkünden. (Ab.)

3. Szene
Das griechische Lager

Trompeten. Es treten auf *Agamemnon, Nestor, Ulysses, Menelaus* und andere.

Agamemnon. Fürsten,
Kann Gram mit Gelbsucht eure Wangen färben?
Der weite Vorwurf, den Erwartung bildet
Bei jedem Plan auf Erden hier begonnen,
Entbehrt gehoffter Größe. – Unstern und Hemmung
Keimt in den Adern hocherhabner Tat,
Wie Knorren, durch zu üpp'gen Saft erzeugt,
Der schlanken Fichte Wachstum stockend lähmen,

Daß sie gekrümmt von ihrem Wuchs entartet.
Auch kann's, ihr Fürsten, nicht befremdlich sein,
Wenn uns Erwartung täuscht, und Trojas Mauern
Noch aufrecht stehn, bedroht seit sieben Jahren;
Weil jede Kriegstat in vergangner Zeit,
Von der uns Kunde zukam, ward gekreuzt
Und im Versuch weit abgelenkt vom Ziel
Und jenem geist'gen Vorbild des Gedankens,
Das ihr ein Traumbild schuf. Weshalb denn, Fürsten,
Seht ihr beschämten Blicks auf unser Werk,
Als wäre Schmach, was doch nichts anders ist,
Als des erhabnen Zeus verzögernd Prüfen,
Ob noch im Menschen stets Beharren sei?
Denn nicht erprobt sich dieser echte Stahl,
Begünstigt uns Fortuna; denn alsdann
Scheint Held und Feiger, Narr und Weiser, Künstler
Und Tor, Weichling und Starker, nah verwandt; –
Doch in dem Sturm und Schnauben ihres Zorns
Wirft Sond'rung, mit gewalt'ger, breiter Schaufel
Alles aufschüttelnd, leichte Spreu hinweg,
Und was Gewicht und Stoff hat in sich selbst
Bleibt reich in Tugend liegen, unvermischt.

Nestor.   Mit schuld'ger Ehrfurcht deinem heil'gen Thron,
O Agamemnon, wird dein letztes Wort
Nestor erläutern. In dem Kampf mit Wechsel
Bewährt sich echte Kraft. Auf stiller See,
Wie fährt so mancher gaukelnd winz'ge Kahn
Auf ihrer ruh'gen Brust und gleitet hin
Mit Seglern mächt'gen Baus?
Doch laß den Raufer Boreas erzürnen
Die sanfte Thetis – rasch durchschneidet dann
Das starkgerippte Schiff die Wellenberge,
Springt zwischen beiden feuchten Elementen
Gleich Perseus' Roß. – Wo bleibt das kecke Boot,
Des schwachgefüge Seiten eben noch
Wettkämpften mit der Kraft? Es flieht zum Hafen,
Wenn's nicht Neptun verschlingt. So trennt sich auch
Des Mutes Schein vom wahren Kern des Muts,
Im Sturm des Glücks; denn strahlt es hell und mild,
Dann wird die Bremse quälender der Herde
Als selbst der Tiger; doch wenn Stürme spaltend
Der knot'gen Eichen Knie darniederbeugen,
Und Schutz die Fliege sucht – ja, dann das Tier des Muts

>   Wie aufgeregt von Wut, wird selber Wut
>   Und brüllt, in gleichen Tönen widerhallend,
>   Dem zorn'gen Glück entgegen.
> **Ulysses.**   Agamemnon,
>   Du großer Fürst, Gebein und Nerv der Griechen,
>   Herz unsrer Scharen, Seel' und einz'ger Geist,
>   In dem Gemüt und Wesen aller sollte
>   Beschlossen sein – hör, was Ulysses spricht.
>   Den Beifall und die Huld'gung abgerechnet,
>   Die, Mächt'ger du durch Rang und Herrscherwürde,
>   Und du, Ehrwürd'ger durch dein hohes Alter,
>   Ich Euren Reden zolle – die so trefflich,
>   Daß Agamemnon und der Griechen Hand
>   Sie sollt' in Erz erhöhn, und du hinwieder,
>   Ehrwürd'ger Nestor, silberweiß, mit Banden
>   Aus Luft gewebt, stark wie die Achs', um die
>   Der Himmel kreist, sollst jedes griech'sche Ohr
>   An deine weise Zunge fesseln; – doch
>   Du Staatsmann und du Fürst, vergönnt Ulysses
>   Nach Euch zu reden.
> **Agamemnon.**   Sprich, Held von Ithaka; so sicher ist's,
>   Daß kein unnützes, kein gehaltlos Wort
>   Je deine Lippen teilt, als wir erwarten,
>   Wenn Hund Thersites anstimmt sein Gebell,
>   Je Witz, Musik, Orakel zu vernehmen.
> **Ulysses.**   Troja, noch unerschüttert, wär' gefallen,
>   Und ohne Herrn des großen Hektor Schwert,
>   Wenn folgendes nicht hemmte:
>   Verkannt wird Seel' und Geist des Regiments;
>   Und seht! so viele Griechenzelte hohl
>   Stehn auf dem Feld, so viel Parteien-Hohlheit. –
>   Wenn nich der Feldherr gleicht dem Bienenstock,
>   Dem alle Schwärme ihre Beute zollen,
>   Wie hofft ihr Honig? Wenn sich Abstufung verlarvt,
>   Scheint auch der Schlechtste in der Maske edel.
>   Die Himmel selbst, Planeten und dies Zentrum
>   Reihn sich nach Abstand, Rang und Würdigkeit,
>   Beziehung, Jahrszeit, Form, Verhältnis, Lauf,
>   Amt und Gewohnheit in der Ordnung Folge,
>   Und deshalb thront der majestät'sche Sol
>   Als Hauptplanet in höchster Herrlichkeit
>   Vor allen andern; sein heilkräftig Auge
>   Verbessert den Aspekt bösart'ger Sterne

Und schießt, wie Königs Machtwort, unumschränkt
Auf Gut und Böses. Doch wenn die Planeten
In schlimmer Mischung irren ohne Regel,
Welch Schrecknis! Welche Plag' und Meuterei!
Welch Stürmen auf der See! Wie bebt die Erde!
Wie rast der Wind! Furcht, Umsturz, Graun und Zwiespalt
Reißt nieder, wühlt, zerschmettert und entwurzelt
Die Eintracht und vermählte Ruh' der Staaten
Ganz aus den Fugen! O, wenn Abstufung,
Die Leiter aller hohen Plane, schwankt,
Erkrankt die Ausführung. Wie könnten Gilden,
Würden der Schule, Brüderschaft in Städten,
Friedsamer Handelsbund getrennter Ufer,
Der Vorrang und das Recht der Erstgeburt,
Ehrfurcht vor Alter, Zepter, Kron' und Lorbeer,
Ihr ewig Recht ohn' Abstufung behaupten?
Tilg' Abstufung, verstimme *diese* Saite
Und höre dann den Mißklang! Alles träf'
In offnem Widerstand. Empört dem Ufer
Erschwöllen die Gewässer übers Land,
Daß sich in Schlamm die feste Erde löste;
Macht würde der Tyrann der blöden Schwäche,
Der rohe Sohn schlüg' seinen Vater tot;
Kraft hieße *Recht*; nein, Recht und Unrecht, deren
Endlosen Streit Gerechtigkeit vermittelt,
Verlören wie Gerechtigkeit den Namen.
Dann löst sich alles auf nur in Gewalt,
Gewalt in Willkür, Willkür in Begier,
Und die Begier, ein allgemeiner Wolf,
Zwiefältig stark durch Willkür und Gewalt,
Muß dann die Welt als Beute an sich reißen
Und sich zuletzt verschlingen. Großer König,
Dies Chaos, ist erst Abstufung erstickt,
Folgt ihrem Mord –
Und dies Nichtachten jeder Abstufung,
Geht rückwärts einen Schritt, indem's hinauf
Zu klimmen strebt. Des Oberfeldherrn spottet
Der unter ihm zunächst; den höhnt der Zweite,
Den Nächsten dann sein Untrer; nach dem Beispiel
Des ersten Schritts, der seinem Obern trotzt,
Wird jeder folgende zum neid'schen Fieber
Kraftloser bleicher Nebenbuhlerschaft,
Und solch ein Fieber ist's, das Troja schirmt,

Nicht eigne Stärke. Kurz, den Troern schafft
Nur unsre Schwäche Frist, nicht eigne Kraft.
Nestor. Sehr weislich hat Ulysses uns enthüllt
Die Seuch', an welcher unsre Macht erkrankt.
Agamemnon. Der Krankheit Art hast du durchschaut, Ulysses,
Welch Mittel nun?
Ulysses. Der Held Achilles, den die Meinung krönt
Als Nerv und rechte Hand des ganzen Heers –
Das Ohr gefüllt mit seinem luft'gen Ruhm,
Wird voller Einbildung und ruht im Zelt,
Verspottend unser Tun. Mit ihm Patroklus,
Auf einem Ruhbett, treibt den langen Tag
Sein Possenspiel
Und stellt mit tölpisch lächerlichem Pathos,
Das er Nachahmung nennt – o des Verleumders! –
Uns all zur Schau. Manchmal, o großer König,
Verzerrt er deine gleichlos höchste Würde,
Stolzierend wie ein Bühnenheld, des Geist
Im Kniebug wohnt, und dem's erhaben dünkt,
Der Bretter Schall und hölzern Zwiesprach hören,
Wenn er mit steifem Fuß den Boden stampft –
So jämmerlich verdreht und übertrieben
Agiert er deine Hoheit. Wenn er spricht,
Klingt's wie geborstne Glocken: Sinnlos Zeug,
Wie es von Typhons Schlund hervorgebrüllt
Noch Bombast schiene. Bei dem schalen Wust
Liegt breit und faul Achilles auf den Polstern,
Lacht aus der tiefen Brust mit lautem Beifall,
Ruft: *„Herrlich! Das ist Agamemnon völlig!*
Nun spiel mir Nestor! Räuspre, streich den Bart
Wie er, wenn er zu reden Anstalt macht!" –
Er tut's; und trifft's, wie Nord und Süd sich treffen,
So ähnlich wie Vulkan der Gattin ist.
Doch Freund Achill ruft nochmals: *„Meisterhaft!*
's ist Nestor ganz! Jetzt spiel ihn mir, Patroklus,
Wie er sich nachts beim Überfall bewaffnet." –
Und dann, wie klein! muß selbst des Alters Schwachheit
Zur Posse dienen. Hustend räuspert er,
Schiebt zittrig fuschelnd an des Panzers Hals
Die Nieten ein und aus: und bei dem Spaß
Stirbt Herr Großmächtig, schreit: *„Genug, Patroklus,*
Schaff Rippen mir von Stahl! sonst spreng' ich alle
Vor übermäß'ger Lust!" So dient den beiden

All unsre Fähigkeit, Natur, Gestalt,
Besondre Gab und allgemeine Art,
Vollbrachte Tat, Entwurf, Befehl und Plan,
Aufmunterung zum Kampf, Antrag auf Stillstand,
Erfolg und Mißgeschick, was ist und nicht ist,
Zum Stoff für Albernheit und Übertreibung.

Nestor.   Und von dem schlimmen Beispiel dieser zwei,
Die, wie Ulysses sagt, die Meinung krönt
Mit Herrscherton, ward mancher angesteckt.
Ajax, voll Eigendünkels, trägt das Haupt
So hoch gezäumt, so trotzig wie der breite
Achilles; bleibt in seinem Zelt wie jener;
Gibt Schmäuse den Partein; schimpft unsre Waffen,
Als wär' er ein Orakel; hetzt Thersites
Den Wicht, der wie die Münze Läst'rung prägt,
Durch niedrigen Vergleich uns zu besudeln,
Mit Schimpf und Hohn zu schmähn auf unsre Drangsal,
Wie ringsher uns Gefahr umwuchern mag.

Ulysses.   Sie lästern unsre Politik als Feigheit;
Sie stoßen Weisheit aus dem Rat des Kriegs;
Verlachen Vorbedacht und würdigen
Nur Tat der Faust; die stille Geisteskraft,
Die sinnt, wie viele Hände wirken sollen,
Wenn es die Zeit erheischt, und nach dem Maß
Emsiger Müh' bestimmt, wie stark der Feind –
Das alles hält man keines Fingers wert,
Bettarbeit nennt man's, Stubenkrieg und Schreibwerk,
So daß der Widder, der die Mauern bricht,
Und die Gewalt und Sturmkraft seiner Wucht,
Den Rang hat vor der Hand, die ihn gezimmert,
Ja selbst vor denen, die mit List und Klugheit
Scharfsinnig seine Wirkung angeordnet.

Nestor.   Dies eingeräumt, so gilt Achilles' Pferd
Viel Thetis-Söhne!

Agamemnon.   Horcht! Wes des Trompeten?
Sieh, Menelaus!

Menelaus.   Von Troja!

Aeneas tritt auf.

Agamemnon.   Was führt Euch hierher?
Aeneas.   Ist dies
Des großen Agamemnon Zelt?
Agamemnon.   Ja, dieses.

Aeneas. Darf einer, der ein Herold ist und Fürst,
Mit offner Botschaft nahn des Königs Ohr?
Agamemnon. Noch sichrer als geschützt vom Arm Achills,
Vor allen griech'schen Häuptern, die einstimmig
Als Haupt und Feldherrn Agamemnon ehren.
Aeneas. Höflich Gewähren; Sicherheit vollauf. –
Wie mag, wer diesen höchsten Blicken fremd,
Von andern Sterblichen ihn unterscheiden?
Agamemnon. Wie?
Aeneas. Ich frag', auf daß ich Ehrfurcht in mir wecke
Und ein Erröten auf die Wange rufe,
Bescheiden wie Aurora, wenn sie kühl
Zum jungen Phöbus schaut.
Wer ist der Gott im Amt, der Helden lenkt?
Wer ist der Hochgebieter Agamemnon?
Agamemnon. Der Troer höhnt uns, oder Trojas Ritter
Sind überfeine Hofherrn.
Aeneas. Hofherrn so mild und adlig, ohne Wehr,
Wie Engel holdgeneigt: also im Frieden.
Doch fehlt den Kriegern Zorn nicht, kräft'ger Arm,
Der Glieder Macht, getreues Schwert, und, Zeus voran,
Kein Herz so muterfüllt. Doch, still, Aeneas!
Still, Troer! Leg den Finger auf die Lippe;
Des Ruhmes Würdigkeit verliert an Wert,
Wenn der Gepriesne selbst mit Lob sich ehrt;
Doch Lob, das widerwillig nur erklingt,
Der Taten Ruf ist's, der zum Himmel dringt.
Agamemnon. Trojan'scher Ritter, nennt Ihr Euch Aeneas?
Aeneas. Ja, Grieche, also heiß' ich.
Agamemnon. Eu'r Geschäft?
Aeneas. Verzeiht, es ist für Agamemnons Ohr!
Agamemnon. Er hört nichts heimlich, was von Troja kommt.
Aeneas. Auch kam ich nicht von Troja, ihm zu flüstern;
Trompeten laß ich schmettern an sein Ohr
Und weck' es, aufmerksam sich mir zu neigen;
Dann will ich reden.
Agamemnon. Sprich, so frei wie Luft;
Dies ist nicht Agamemnons Schlummerstunde; –
Daß du vernehmest, Troer, er ist wach,
Sagt er es selber dir.
Aeneas. Trompet', erklinge
Mit eh'rnem Schall durch all die trägen Zelte,
Und jedem tapfern Griechen tu es kund,

Was Troja ehrlich meint, das spricht es laut.   (Trompetenstoß.)
In Troja lebt, o großer Agamemnon,
Ein Prinz, Hektor mit Namen, Priams Sohn,
Den diese dumpfe, lange Waffenruh'
Verrostet hat. Nimm die Trompeten, sprach er,
Und rede so: Ihr Kön'ge, Fürsten, Herrn,
Ist *einer* von den Edeln Griechenlands,
Dem mehr die Ehre gilt als seine Ruh',
Der mehr nach Ruhm strebt, als Gefahren scheut,
Der seinen Mut wohl kennt, nicht seine Furcht,
Der seine Dame mehr liebt als in Worten,
Mit müß'gen Schwüren ihrem Mund gelobt –
Und ihren Wert und Reiz behaupten darf
Nicht bloß mit Liebeswaffen – dem entbiet' ich:
Im Angesicht der Griechen und Trojaner
Beweist es Hektor oder müht sich drum,
Er hab' ein Weib verständ'ger, schöner, treuer
Als an die Brust jemals ein Grieche schloß –
Und morgen ruft er mit Trompetenklang
Inmitten Eurer Zelt' und Trojas Mauern,
Daß sich ein Griech' erheb' in Liebe treu.
Tritt einer auf, wird Hektor hoch ihn ehren;
Wenn keiner kommt, wird er in Troja sagen,
Die griech'schen Fraun sind sonnverbrannt und unwert
Des Splitters einer Lanze. – Dies ist mein Auftrag.

Agamemnon.   So, Prinz, verkünd' ich's unsern Liebenden
Hat keiner ein Gemüt also entzündet,
So blieben all daheim. Doch wir sind Ritter,
Und sei mit Schmach vom Rittertum vertrieben,
Wer nicht schon liebt, geliebt hat, wird noch lieben.
Drum, wer in Lieb' ist, sein wird oder war,
Der stelle sich, sonst biet' ich selbst mich dar.

Nestor.   Sag ihm vom Nestor, der ein Mann schon war,
Als Hektors Ältervater sog die Brust –
Er ist nun alt – doch findet sich im Heer
Kein edler Mann, in dem ein Funke glüht,
Zu stehn für seine Dame – sag ihm dies;
Den Silberbart berg' ich im Goldvisier
Und in der Schiene den gewelkten Arm;
So tret' ich auf, und sag ihm, mein Gemahl
Besiegt' an Schönheit seine Ältermutter,
An Keuschheit alle. Seinem Jugendmut
Zeug' ich's mit meinen sieben Tropfen Blut.

Aeneas.   Verhüte Gott, daß Jugend also selten!
Ulysses.   Amen!
Agamemnon.   Erlauchter Lord Aeneas, reicht die Hand.
Ich führ' Euch, Herr, in unsern Pavillon;
Achill vernehme, was Ihr heut bestellt
Und jeder griech'sche Ritter, Zelt für Zelt. –
Dann schmaust mit uns, eh Ihr nach Troja kehrt,
Und edler Feindesgruß sei Euch gewährt.   (Sie gehen ab.)
               (Es bleiben Ulysses und Nestor.)
Ulysses.   Nestor –
Nestor.   Was sagt Ulysses?
Ulysses.   In meinem Hirn erzeugt sich ein Gedanke;
Seid Ihr die Zeit, ihn zur Geburt zu fördern!
Nestor.   Was ist es?
Ulysses.   Dies; man sprengt mit stumpfem Keil
Den harten Klotz. Den überreifen Stolz,
Der hoch in Saat geschossen in dem üpp'gen
Achill, muß unsre Sichel schleunig mähn;
Sonst streut er rings dieselbe böse Saat,
Uns alle zu ersticken.
Nestor.   Wohl! Und wie?
Ulysses.   Der Kampf, zu dem der tapfre Hektor ruft, –
Obschon in Allgemeinheit ausgesprochen –
Zielt doch zunächst allein nur auf Achill.
Nestor.   Der Zweck ist augenfällig; wie ein Ganzes,
Des Großheit sich aus kleinen Teilen formt.
Und wird dies kund getan, so zweifle nicht,
Achilles, wär' auch sein Gehirn so trocken
Als Libyens Strand – und doch, Apoll bezeug's,
's dürr genug – wird mit eilfert'gem Urteil,
Ja, unverzüglich, Hektors Zweck durchschaun,
Daß er auf ihn gezielt.
Ulysses.   Und sich aufraffen und ihm stellen?
Nestor.   Ja;
So muß es sein. Wer mißt sich sonst mit ihm,
Der aus dem Kampf mit Hektorn Ehre brächte,
Als nur Achill? Ist's gleich ein Spielgefecht,
Hängt an der Kampfesprobe doch die Meinung.
Denn unser Köstlichstes schmeckt hier der Troer
Mit seinem feinsten Gaum und glaubt, Ulysses,
Man wird unpassend schätzen unser Ansehn
Nach diesem raschen Kampf; denn der Erfolg
Obschon des *einen* Mannes, gibt den Maßstab

Von gut und schlimmem Ausgang für das Ganze.
Und solcher Index – ob auch kleine Lettern,
Verglichen mit der Bände Folge – zeigt
In Kindsgestalt den Riesenkörper schon,
Von dem was kommen soll. – Man sieht im Streiter,
Der sich dem Hektor stellt, nur unsre Wahl,
Und Wahl, einmüt'ger Einklang alles Urteils,
Kürt den Verdiensteten und kocht heraus
Gleichsam von unser aller Wert und Kraft
Die Quintessenz des Manns. Mißklingt es dem,
Welch Herz faßt dann der Sieger in dem Kampf,
Um sich der besten Meinung zu versichern.
Und die macht seinen bloßen Arm zum Werkzeug,
Nicht minder kraftvoll als Geschoß und Schwert,
Vom Arm geführt.

Ulysses.   Verzeihung meinem Wort!
Drum muß Achilles *nicht* mit Hektor kämpfen,
Zeigt wie ein Krämer erst die schlechte Ware,
Vielleicht bringt Ihr sie an; geläng' es nicht,
Dann wird der Glanz der bessern Euch erhöht,
Zeigt Ihr die schlechte erst. Drum gebt nicht zu,
Daß Hektor und Achill zusammen fechten,
Sonst folgen unsrer Schmach wie unsrem Ruhm
Zwei höchst verderbliche Gefährten nach.

Nestor.   Mein altes Auge sieht sie nicht; wer sind sie?

Ulysses.   Der Ruhm, den sich Achill erringt vom Hektor,
Wär' er nicht stolz, wir alle teilten ihn.
Doch allzu übermütig ward er schon,
Und lieber möcht' uns Libyens Sonne dörren
Als seiner Augen Stolz und bittrer Hohn,
Besiegt ihn Hektor nicht; erläg' er ihm,
Zerstörten wir das allgemeine Ansehn
Durch unsres Helden Schmach. Nein! losen wir
Und lenken's klug, daß Tölpel Ajax ziehe
Das Blatt zum Kampf mit Hektor. Unter uns
Rühm' Euer Zeugnis ihn als besten Krieger;
Das wird Arznei dem großen Myrmidonen,
Der auf die Volksgunst pocht; dann sinkt sein Kamm,
Der stolz sich wie der Regenbogen bäumt.
Kommt der schwerköpf'ge Ajax heil davon,
So schmückt ihn unser Lob, und schlägt's ihm fehl,
Dann bleibt doch stets die Meinung unverletzt,
Daß wir noch beßre haben. Wie's auch fällt,

Des Plans geheime Absicht muß gelingen;
Ajax erwählt, rupft dem Achill die Schwingen.
Nestor. Ulysses,
Jetzt fängt dein Vorschlag erst mir an zu munden,
Und ungesäumt soll Agamemnon gleichfalls
Ihn kosten. – Gehn wir in sein Zelt sofort;
Hier zähm' ein Hund den andern. Stolz allein
Muß dieser Bullenbeißer Knochen sein.   (Sie gehen ab.)

Zweiter Aufzug

1. Szene
Das griechische Lager

Ajax und *Thersites* treten auf.

Ajax.   Thersites –

Thersites.   Agamemnon ... wie, wenn er Beulen hätte? vollauf, über und über, allenthalben –

Ajax.   Thersistes –

Thersites.   Und die Beulen liefen; gesetzt, so wär's; liefe dann nicht der ganze Feldherr? Wäre das nicht eine offene Eiterbeule?

Ajax.   Hund –

Thersites.   Auf die Art käme doch etwas Materielles aus ihm; jetzt sehe ich gar nichts.

Ajax.   Du Brut einer Wolfspetze, kannst du nicht hören? So fühle denn!   (Schlägt ihn.)

Thersites.   Daß dich die griechische Pestilenz, du köterhafter rindsköpfiger Lord!

Ajax.   Sprich denn, du abgestandener Klumpen Sauerteig, sprich! Ich will dich zu einer hübschen Figur prügeln!

Thersites.   Ich könnte dich leichter zu einem Witzigen und Gottesfürchtigen lästern; aber dein Hengst hält eher eine Rede aus dem Kopf, als du ein Gebet auswendig sprichst. Du kannst schlagen, nicht? das kannst du? Die Pferdeseuche über deine Gaulmanieren!

Ajax.   Giftpilz! Erzähle mir, was hat man ausgerufen?

Thersites.   Denkst du, ich sei gefühllos, daß du mich so schlägst?

Ajax.   Was hat man ausgerufen?

Thersites.   Man hat dich als Narren ausgerufen, denke ich.

Ajax.   Nimm dich in acht, Stachelschwein, nimm dich in acht! Meine Finger jucken!

Thersites. Ich wollte, es juckte dich vom Kopf bis zu den Füßen, und ich müßte dich kratzen; ich wollte dich zum schäbigsten Scheusal in Griechenland machen. Wenn du draußen bist, bei einem Ausfall, schlägst du so schläfrig wie ein anderer.

Ajax. Ich frage, was hat man ausgerufen?

Thersites. Jede Stunde brummst und grollst du auf den Achilles und bist neidisch auf seine Größe wie Cerberus auf Proserpinens Schönheit; ja, du bellst ihn an!

Ajax. Frau Thersites!

Thersites. Den solltest du schlagen!

Ajax. Fladen!

Thersites. Der würde dich mit seiner Faust zu Krümchen quetschen wie ein Matrose seinen Zwieback!

Ajax. Du verdammter Köter. (Schlägt ihn.)

Thersites. Nur zu!

Ajax. Du Hexenstuhl!

Thersites. Nur zu! Nur zu! du grützköpfiger Lord! Du hast nicht mehr Hirn als ich im Ellbogen! ein Packesel kann dein Lehrmeister sein; du schäbiger tapferer Esel! Du bist hierher geschickt, um auf die Trojaner zu dreschen, und unter Leuten von etwas Witz bist du verraten und verkauft wie ein afrikanischer Sklave. – Wenn du dich darauf legst, mich zu schlagen, will ich bei deiner Ferse anfangen und dir Zoll für Zoll sagen, was du bist, du Klotz ohne Eingeweide!

Ajax. Hund!

Thersites. Schäbiger Lord!

Ajax. Köter! (Schlägt ihn.)

Thersites. Mars' dummer Tölpel! – Nur zu, Grobian; nur zu, Kamel; immer zu!

Achilles und *Patroklus* treten auf.

Achilles. Was gibt es, Ajax? Warum tut Ihr das?
Was gibt's Thersites? Wovon ist die Rede?

Thersites. Ihr seht ihn da, nicht wahr?

Achilles. Nun ja, was gibt's?

Thersites. Nein, seht ihn an!

Achilles. Das tue ich ja; was ist denn?

Thersites. Nein, seht ihn Euch recht an!

Achilles. Recht! Ja, das tue ich.

Thersites. Und doch seht Ihr ihn nicht recht an; denn wofür Ihr ihn immer halten mögt, er ist Ajax.

Achilles. Ich kenne ihn ja, du Narr!

Thersites. Ja, aber der Narr kennt sich selbst nicht!

Ajax. Darum prügle ich dich.

Thersites. O ho! o ho! Welch kleine Dosen Witz er von sich gibt! Seine Ausflüchte haben Ohren so lang. Ich habe sein Gehirn geknufft, mehr als er meine Knochen zerschlagen. Neun Spatzen will ich für einen Heller kaufen, und seine pia mater ist nicht so viel wert als der neunte Teil eines Spatzen. Dieser Lord, Achilles – der Ajax, der seinen Verstand im Bauch trägt und seine Kaldaunen im Kopf – ich will Euch sagen, was ich von ihm denke.

Achilles. Was?

Thersites. Ich sage, dieser Ajax ...

Achilles. Laß doch, guter Ajax!

(Ajax will Thersites schlagen, Achilles tritt zwischen sie.)

Thersites. ... Hat nicht so viel Verstand –

Achilles. Nein, so muß ich Euch zurückhalten!

Thersites. ... Daß er das Öhr von Helenas Nadel füllen könnte, für die er zu fechten herkam.

Achilles. Halt Friede, Narr!

Thersites. Ich hielte gern Friede und Ruhe, aber der Narr will nicht; seht nur, dieser da, der dort!

Ajax. Ei du schändlicher Hund, ich will ...

Achilles. Wollt Ihr Euren Witz gegen den eines Narren setzen?

Thersites. Nein, gewiß nicht, denn der des Narren würde ihn zu schanden machen.

Patroklus. Gib dich zur Ruhe, Thersites!

Achilles. Worüber zankt ihr?

Ajax. Ich hieß den garstigen Schuhu, mir den Inhalt des Aufrufs zu sagen, und da schimpft er auf mich los.

Thersites. Ich bin dein Diener nicht.

Ajax. Seht nur! Seht nur!

Thersites. Ich diene hier freiwillig!

Achilles. Euer letztes Dienen war leidend, es war nicht freiwillig; niemand läßt sich freiwillig schlagen. Ajax war hier der Freiwillige, und Ihr wurdet zum Dienst gepreßt.

Thersites. Meint Ihr! Euch steckt auch der Verstand größtenteils in den Sehnen, oder die Welt lügt. Hektor wird einen rechten Fang tun, wenn er einem von euch das Gehirn ausschlägt. Ebensogut möchte er eine taube Nuß ohne Kern aufknacken.

Achilles. Fängst du auch mit mir an, Thersites?

Thersites. Da sind Ulysses und der alte Nestor, dessen Witz schon schimmlich war, ehe Euer Großvater Nägel auf den Zehen hatte – die jochen euch wie ein Gespann Ochsen zusammen, daß ihr den Krieg umpflügen müßt.

Achilles. Was? Was?

Thersites. Ja, meiner Treu! Hot, Achilles! ho, Ajax!

Ajax. Ich reiße dir die Zunge aus!
Thersites. Das macht nichts, ich werde hernach noch ebenso beredt sein wie du.
Patroklus. Kein Wort mehr, Thersites; halt Friede!
Thersites. Ich muß Friede halten, wenn's Achills Hündchen verlangt; nicht wahr?
Achilles. Das war für dich, Patroklus!
Thersites. Ich will euch gehenkt sehn wie dumme Teufel, ehe ich je wieder in euer Zelt komme; ich werde mich zu Leuten halten, die ihre fünf Sinne haben und die Zunft der Narren verlassen.
(Geht ab.)
Patroklus. Glück auf den Weg!
Achilles. Nun wißt: durchs ganze Lager ward verkündigt,
Daß Hektor morgen um die fünfte Stunde
Inmitten unsrer Zelt' und Trojas Mauern
Wird einen Ritter fordern zum Gefecht,
Der Lust hat einen Gang zu tun; weshalb,
Das weiß ich nicht; 's ist Lumperei! – Lebt wohl!
Ajax. Lebt wohl! Wer wird sich stellen?
Achilles. Ich weiß nicht. Lose soll'n entscheiden; sonst
Fänd' er wohl seinen Mann.
Ajax. A ha! Euch selbst? – Da muß ich mehr von hören!
(Sie gehen ab.)

2. Szene

Priamus' Palast

Es treten auf *Priamus, Hektor, Troilus, Paris* und *Helenus*.

Priamus. Nachdem viel Stunden, Wort' und Leben schwanden,
Spricht nochmals Griechenland durch Nestor dies:
„Gebt Helena, und jeder andre Schaden
Als Ehre, Zeitverlust, Aufwand und Müh'
Blut, Freund', und was noch Teures sonst verschlang
Des nimmersatten Krieges heiße Gier,
Sei abgetan." Hektor, wie dünkt es dich?
Hektor. Scheut niemand minder Gräzien auch als ich,
Was mich als einzelnen betrifft; dennoch,
Erhabner Priamus,
Gab's nie ein Weib von zärtlicherm Gefühl,
Empfänglicher dem Sinn der Furcht, geneigter
Zum bangen Ruf: *„Wer weiß, was draus entsteht?"*
Als Hektor. Sicherheit macht Frieden krank,

Zu sichre Sicherheit; doch weiser Zweifel
Heißt Leuchte für den Klugen; Stift des Arztes,
Der Wunde Grund zu prüfen. Geh denn Helena.
Seitdem für sie der erste Schwertstreich fiel,
War jede zehnte Seel' aus tausend Zehnten
In unserm Volk so teu'r als Helena.
Verloren wir so manches Zehnt der Unsern
Für eine, die uns fremd; für uns nicht wert,
Wenn sie die Unsre wär', nur zehn allein;
Welcher vernünft'ge Grund denn, der uns hindert,
Sie auszuliefern?
Troilus. Pfui, o pfui, mein Bruder!
Wägst du die Ehr' und Würde eines Königs
Wie unser hoher Vater nach dem Maß
Gemeiner Unzen? Willst mit Pfenn'gen zählen
Seiner Unendlichkeit maßloses All?
Ein unabsehbar weit Gebiet umzirken
Mit Zoll und Spanne so geringer Art,
Wie Fürchten und Vernunft? O pfui der Schmach!
Helenus. Kein Wunder, wenn Vernunft du schiltst, der selbst
Vernunft entbehrt. Soll unser Vater nicht
Sein großes Herrscheramt bau'n auf Vernunft,
Weil unvernünftig deine Rede war?
Troilus. Du bist für Träum' und Schlummer, Bruder Priester,
Und fütterst deine Handschuh' mit Vernunft;
Dies sind nun deine Gründe. –
Du weißt, ein Feind sinnt drauf, dir weh zu tun,
Du weißt, gezückte Schwerter drohn Gefahr,
Und die Vernunft flieht das, was Schaden bringt;
Was Wunder denn, wenn Helenus gewahrt
Den Griechen und sein Schwert, daß er selbst Fitt'che
Tiefer Vernunft sich an die Fersen bindet
Und wie Merkur, wenn Zeus ihn schilt, entflieht,
Schnell wie ein Sternschuß? Pred'gen wir Vernunft,
So schließt die Tor' und schlaft! Mannheit und Ehre,
Wenn sie mit Gründen nur sich mästeten,
Gewännen Hasenherz; Vernunft und Sinnen
Macht Lebern bleich und Jugendkraft zerrinnen.
Hektor. Bruder, sie ist nicht wert, was sie uns kostet,
Sie hier zu halten.
Troilus. Was hat wohl andern Wert als wir es schätzen?
Hektor. Doch nicht des einzlen Willkür gibt den Wert,
Er hat Gehalt und Würdigkeit sowohl

In eigentümlich innrer Kostbarkeit
Als in dem Schätzer. Wahn und Tollheit ist's,
Den Dienst zu machen größer als den Gott! –
Und töricht schwärmt der Wille, der sich neigt
Zu dem, was seine Liebe fälschlich adelt,
Wenn innrer Wert dem Scheinverdienst gebricht.

Troilus. Ich nehme heut ein Weib, und meine Wahl
Hängt von der Leitung meines Willens ab,
Mein Wille ward entflammt durch Aug' und Ohr,
Zwei wackern Lotsen durch die schroffen Klippen
Von Will' und Urteil. Wie verstieß ich nun –
Wenn einst dem Willen meine Wahl mißfiel –
Das Weib, das ich erkor! – Da ist kein Ausweg,
Kein Wanken gilt, wenn Ehre soll bestehn.
Wir senden nicht die Seide heim dem Kaufmann,
Die wir verderbt, noch werfen wir verächtlich
Die übrigbliebnen Speisen ins Kloak,
Weil wir nun satt. – Man hielt es wohlgetan,
Daß Paris Rache nehm' am Griechenvolk;
Einmüt'ger Beifall schwellt' ihm seine Segel;
Die alten Kämpfer, Meer und Wind, sie ruhten,
Ihm beizustehn; den Port erreicht' er schnell,
Und statt der alten Base, dort gefangen,
Bracht er 'ne griech'sche Fürstin, deren Frische
Apollo runzlich, welk den Morgen macht. –
Mit welchem Fug? Die Griechen halten jene! –
Und ist sie's wert? Ha, eine Perle ist sie,
Die mehr denn tausend Schiffe jagt' ins Meer
Und Kaufherrn schuf aus Kön'gen.
Gesteht ihr ein, recht war's, daß Paris ging –
Ihr müßt; denn alles rief: *zieh hin! zieh hin!* –
Bekennt ihr, daß ein Kleinod seine Beute –
Ihr müßt; denn alle schlugt ihr in die Hände,
Und rieft: *unschätzbar*! – Warum schmäht ihr nun
Den Ausgang eures eignen weisen Plans
Und tut, was selbst Fortuna nicht getan,
Für bettelarm erklärend, was ihr reicher schätztet
Als Land und Meer? Dann, pfui dem schnöden Raub!
Wir stahlen, was wir fürchten zu behalten
Als Dieb, unwert des so gestohlnen Guts!
Was wir vergeltend raubten ihrem Strand
Scheun wir zu schützen in der Heimat Land!

Kassandra (draußen). Weint, Troer, weint!

Priamus. Welch Schrei'n? Welch Angstgestöhn?
Troilus. Die tolle Schwester; ihre Stimm' erkenn' ich.
Kassandra (draußen). Weint, Troer!
Hektor. 's ist Kassandra.
> *Kassandra* kommt, in Verzückung, mit fliegenden Haaren.

Kassandra. Weint, Troer, weint! Leiht mir zehntausend Augen
Und alle füll' ich mit prophet'schen Tränen!
Hektor. Still, Schwester, still!
Kassandra. Jungfrau'n und Knaben, Männer, welke Greise,
Unmünd'ge Kindheit, die nichts kann als weinen,
Verstärkt mein Wehgeschrei! und zahlt voraus
Von großem künft'gen Jammer einen Teil!
Weint, Troer, weint; gewöhnt eu'r Aug' an Tränen,
Troja vergeht, das schöne Ilium sinkt!
Paris, der Feuerbrand verzehrt uns alle.
Weint! weint! O Helena, du Weh der Wehen! –
Weint! Troja brennt! Verbannt sie, heißt sie gehen! (Geht ab.)
Hektor. Nun, junger Troilus, weckt dies laute Rufen
Der Weissagung von unsrer Schwester kein
Gefühl der Rührung? Oder ist dein Blut
So toll erhitzt, daß Überlegung nicht
Noch Furcht vor schlechtem Ausgang schlechter Sache
Die Glut dir mäß'gen kann?
Troilus. Ei, Bruder Hektor,
Wir dürfen nicht die Güte jeder Tat
Ermessen nach dem Ausgang des Erfolgs,
Noch unsre Herzen gleich entmut'gen, weil
Kassandra rast. Ihr hirnverrücktes Toben
Kann nicht in Unrecht wandeln den gerechten Streit,
Dem unser aller Ehre sich verpfändet
Als wohlgeziemend. Mir, für meinen Anteil
Gilt er nicht mehr als jedem Sohn des Priam,
Und Zeus verhüte, daß wir etwas täten,
Verföchten, drauf beharrten, was auch nur
Rechtmäß'gen Grund zum kleinsten Tadel gäbe.
Paris. Sonst dürfte wohl die Welt des Leichtsinns zeihn
Mein Unternehmen, so wie euern Rat.
Doch, bei den Göttern! Eu'r vollkommner Beifall
Gab Flügel meinem Wunsch und schnitt hinweg
Jeglich Bedenken solcher kühnen Wagnis.
Denn was vermag allein mein schwacher Arm?
Was beut die Kühnheit *eines* Manns für Kampf,
All derer Stoß und Feindschaft zu bestehn,

Die solche Fehd' erwecken mußt'? Doch schwör' ich,
Müßt' ich allein den schweren Kampf versuchen
Und käme nur die Macht dem Willen gleich,
Nie widerriefe Paris, was er tat,
Noch wankt' er im Verfolg.

Priamus. Paris, du sprichst
Wie einer, der von süßen Lüften schwindelt.
Du hast den Honig stets, die Galle sie,
So tapfer sein, verdiente Ruhm noch nie.

Paris. Ich trachte nicht allein den Freuden nach,
Die solche Schönheit ihrem Eigner bringt;
Des holden Raubes Vorwurf wünscht' ich auch
Getilgt, indem wir ehrenvoll sie wahren.
Welch ein Verrat an der entführten Herrin,
Schmach eurem hohen Ruhm und Schande mir,
Nun aufzugeben solch ein Eigentum,
Nach abgezwungenem Vergleich? Wär's möglich,
Daß so entartete Gesinnung je
Den Eingang fänd' in eure edlen Herzen?
Auch dem Geringsten nicht in unserm Volk
Fehlt Mut zu wagen und das Schwert zu ziehn
Für Helena; und kein so Edler ist,
Des Leben wär' zu teu'r, des Tod unrühmlich,
Ist Helena der Preis. Deshalb beteur' ich,
Wohl ziemt es sich, im Kampfe nicht zu weichen
Für die, der auf der Welt nichts zu vergleichen!

Hektor. Paris und Troilus, beide spracht ihr gut,
Und habt erörtert Frag' und Stand des Streits; –
Doch oberflächlich, nicht ungleich der Jugend,
Die Aristoteles unfähig hielt
Zum Studium der Moralphilosophie.
Die Gründe, die ihr vortragt, leiten mehr
Zu heißer Leidenschaft des wilden Bluts,
Als die Entscheidung frei und klar zu schlichten,
Was Recht und Unrecht. Denn die Rach' und Wollust
Sind tauber als der Ottern Ohr dem Ruf
Wahrhaften Urteils! Die Natur verlangt
Erstattung jedes Guts dem Eigner. Nun,
Wo wär' in aller Menschheit näh'res Anrecht
Als zwischen Mann und Ehefrau? Wird ein solches
Naturgesetz verletzt durch Leidenschaft,
Und große Geister, dem betäubten Willen
Zu leicht sich fügend, widerstreben ihm,

So gibt's in jedem Volksrecht ein Gesetz
Als Zügel solcher wütender Begierden,
Die in Empörung alle Schranken brechen.
Ist Helena des Sparterkönigs Weib,
Wie sie's denn ist – so ruft Moralgesetz
Des Staats wie der Natur mit lauter Stimme,
Sie ihm zurückzusenden. Fest beharren
Im Unrecht tun, vermindert Unrecht nicht,
Nein, macht es schwerer. Dies ist Hektors Meinung,
Wenn er das Recht erwägt. Gleichwohl indes,
Ihr feur'gen Brüder, neig' ich mich zu euch,
In dem Entschluß, nicht Helena zu lassen.
Denn wicht'gen Einfluß hat des Streits Entscheidung
Auf unser all und jedes einzeln Ruhm.

Troilus.   Da trafst du ganz das Leben unsrer Sache.
Wär's nicht die Ehre, die uns mehr entflammt,
Als userm schwell'nden Groll genugzutun, –
Nicht einen Tropfen Troerblut mehr wollt' ich
Für sie vergeudet sehn. Doch, tapfrer Hektor,
Sie ist ein Gegenstand für Ehr' und Ruhm,
Ein Sporn zu tapfrer, hochbeherzter Tat,
Gibt jetzt uns Mut die Feinde zu vernichten
Und für die Zukunft Preis, der uns verklärt.
Denn, weiß ich doch, Held Hektor gäbe nicht
So reichen Vorteil der verheißnen Glorie,
Wie sie auf dieses Kampfes Stirn uns lächelt,
Für alles Gold der Welt.

Hektor.   Wohl hast du recht,
Du tapfrer Sproß des großen Priamus.
Ich sandte schon aufreizend Fehdewort
Den trägen und entzweiten Griechenfürsten,
Das auf wird schrecken ihre Schlummergeister.
Wie ich vernommen, schläft ihr bester Held;
Neid und Parteiung schleichen durch das Feld,
Dies hoff' ich, soll ihn wecken.   (Sie gehen ab.)

3. Szene
Das griechische Lager

Thersites tritt auf.

Thersites.   Wie nun, Thersites? Ganz verloren im Labyrinth deines Grimms? Soll's der Elefant Ajax so davontragen? Er schlägt mich, und ich schimpfe auf ihn; o schöne Genugtuung! Ich wollte, es stände umgekehrt, und ich könnte ihn schlagen, während er auf mich schimpft! – Blitz, ich will Teufel bannen und beschwören lernen, damit ich doch irgend eine Frucht meiner zornigen Verwünschungen sehe. – Dann, dieser Achilles! Der ist mir ein trefflicher Ingenieur! Wenn Troja nicht eher genommen wird, bis diese beiden es untergraben, so mögen die Mauern stehen, bis sie von selbst einfallen. O du großer Donnerschleuderer des Olymp, vergiß, daß du Jupiter, der Götterkönig, bist, und du, Merkur, verliere alle Schlangenkraft deines Caduceus, wenn ihr ihnen nicht das kleine, kleine weniger als kleine Körnchen Verstand nehmt, das sie haben, von dem die kurzarmige Dummheit selbst einsieht, es sei so übermäßig winzig, daß es nicht so viel überlegene Umsicht haben wird, eine Fliege vor einer Spinne zu retten, ohne das plumpe Schlachtschwert zu ziehen und das Gewebe zu durchhauen. Hiernächst wünsche ich dem ganzen Lager die Pestilenz oder besser das Knochenweh; denn der Fluch, dünkt mich, sollte denen folgen, welche um einen Unterrock Krieg führen. Das ist mein Gebet, und der Teufel Bosheit spreche das Amen. Heda! Holla! Fürst Achilles!

Patroklus tritt auf.

Patroklus. Wer da, Thersites? Lieber Thersites, komm herein und schimpfe!

Thersites. Hätte ich nur an eine vergoldete falsche Münze gedacht, du wärst meiner frommen Betrachtung nicht entschlüpft; aber es macht nichts. Dich selbst wünsche ich dir an den Hals! Der allgemeine Fluch der Menschen, Torheit und Unwissenheit, sei dein in reichlicher Fülle! Der Himmel behüte dich vor einem Hofmeister, und gute Zucht komme dir nicht nah! Dein Blut regiere dich bis an deinen Tod! Wenn dich dann die Leichenfrau eine schöne Leiche nennt, so schwöre ich meinen besten Eid, sie hat nie andere als Aussätzige eingekleidet. – Amen! Wo ist Achilles?

Patroklus. Was? Gehörst du zu den Frommen? Sprachst du ein Gebet?

Thersites. Ja; der Himmel erhöre mich!

Achilles tritt auf.

Achilles. Wer ist da?

Patroklus. Thersites, Herr.

Achilles. Wo, wo? Bist da? Ei, mein Käse, mein Verdauungspulver, warum hast du dich seit so mancher Mahlzeit nicht bei mir aufgetischt? Sag an, was ist Agamemnon?

Thersites. Dein Oberherr, Achilles. Nun sage mir, Patroklus, was ist Achilles?

Patroklus. Dein Gebieter, Thersites. Nun sage mir, was bist du selbst?

Thersites. Dein Kenner, Patroklus. Nun sage mir, Patroklus, was bist du?

Patroklus. Das mußt du, der mich kennt, am besten wissen.

Achilles. O sag doch! sag doch!

Thersites. Ich will die Frage noch einmal durchgehen. – Agamemnon befiehlt dem Achilles; Achilles ist mein Gebieter, ich bin Patroklus' Kenner, und Patroklus ist ein Narr!

Patroklus. Du Schuft!

Thersites. Still, Narr, ich bin noch nicht fertig.

Achilles. Er hat das Privilegium. Nur weiter, Thersites!

Thersites. Agamemnon ist ein Narr, Achilles ist ein Narr, Thersites ist ein Narr, und, wie schon gesagt, Patroklus ist ein Narr.

Achilles. Beweise das. Nun?

Thersites. Agamemnon ist ein Narr, weil der dem Achilles befehlen will; Achilles ist ein Narr, weil er sich vom Agamemnon befehlen läßt: Thersites ist ein Narr, weil er einem solchen Narren dient, und Patroklus ist ein Narr schlechthin.

Patroklus. Warum bin ich ein Narr?

Thersites. Die Frage tue deinem Schöpfer; mir ist's genug, daß du's bist. Seht, wer hier kommt.

Es treten auf *Agamemnon, Ulysses, Nestor, Ajax* und *Diomedes.*

Achilles. Patroklus, ich will mit niemand reden. Komm mit mir hinein, Thersites. (Geht ab.)

Thersites. Über all das Flickwerk, alle die Gaukelei, alle die Nichtswürdigkeit! Die ganze Geschichte dreht sich um einen Hahnrei und eine Hure; ein hübscher Gegenstand, um Parteihader zu stiften und sich daran zu Tode zu bluten; daß doch der Aussatz die Heldin fräße, und Krieg und Liederlichkeit alle zusammen verdürbe! (Geht ab.)

Agamemnon. Wo ist Achilles?

Patroklus. In seinem Zelt; doch nicht wohlauf, mein Fürst.

Agamemnon. Tut ihm zu wissen, ich sei selbst hier.
 Er schimpfte unsre Boten, und wir tun
 Verzicht auf unsre Würde, ihn besuchend;
 Dies zeigt ihm an, daß er nicht etwa glaube,
 Wir sei'n in Zweifel über unsern Rang,
 Uns selbst verkennend.

Patroklus. Also sag' ich's ihm. (Geht ab.)

Ulysses. Wir sahn ihn wohl am Eingang seines Zelts,
 Er ist nicht krank.

Ajax. Ja doch, löwenkrank, krank an einem stolzen Herzen. Ihr mögt's Melancholie nennen, wenn Ihr höflich von dem Mann reden wollt; aber bei meinen Haupt, 's ist Stolz. Aber, auf was, auf was? Er soll uns einmal einen Grund angeben! Ein Wort, mein Fürst!

Nestor. Was hat Ajax, daß er so gegen ihn bellt?

Ulysses. Achilles hat ihm seinen Narren abspenstig gemacht.

Nestor. Wen? Thersites?

Ulysses. Eben den.

Nestor. Dann wird's dem Ajax an Stoff fehlen, wenn er sein Thema verloren hat.

Ulysses. Nein, Ihr seht, der ist sein Thema, der sein Thema hat: Achilles.

Nestor. Das kann nicht schaden; besser zerschellt, als gefellt. Aber das war ein starkes Bündnis, das ein Narr trennen konnte!

Ulysses. Die Freundschaft, welche Weisheit nicht knüpfte, kann Torheit leicht auflösen. Hier kommt Patroklus.

Patroklus kommt zurück.

Nestor. Kein Achilles mit ihm?

Ulysses. Der Elefant hat Knie, doch nicht zum Gruß,
Sie dienen ihm zum Tragen, nicht zur Beugung.

Patroklus. Achill heißt mich euch sagen, er bedaure,
Wenn etwas sonst als eure Lust und Kurzweil
Eu'r Gnaden jetzt, nebst euren edlen Freunden
Zu ihm geführt; er hofft, es sei allein
Für eu'r Verdaun und der Gesundheit wegen
Ein Gang nach eurer Mahlzeit.

Agamemnon. Hört, Patroklus,
Wir kennen dies Erwidern nur zu gut.
Doch dieser Vorwand, so mit Hohn beschwingt,
Kann doch nicht unsrer Wahrnehmung entfliegen.
Manch seltnen Wert besitzt er; mancher Grund
Heißt uns dies eingestehn; doch seine Tugend,
Nicht tugendlich verwendet seinerseits,
Verlor in unsern Augen fast den Glanz,
Wie edles Obst in ungesunder Schüssel
Verdirbt, ohn' daß man's kostet. Meldet ihm,
Wir kommen ihn zu sehn. Ihr sündigt nicht,
Wenn Ihr ihm sagt, er dünk' uns mehr als stolz
Und minder als gesittet; größer viel
In eignem Hochmut als nach echter Schätzung.
Manch Beßrer krümmt sich hier der spröden Wildheit,
In die er sich verlarvt,
Entäußert sich der heil'gen Herrschermacht
Und räumt ihm ein, nachsichtig und aus Schonung,
Den Vorrang seiner Laune; ja, bewacht

Sein kindisch Wechseln, seine Ebb' und Flut,
Als ob der Lauf und Fortgang dieses Kriegs
Mit seiner Wittrung schiffte. Sagt ihm dies;
Sagt noch, daß wenn er so sich überschätzt,
Wir ihn verschmähn; dann lieg' er wie ein Rüstzeug,
Zu dem man spricht, weil's zum Gebrauch zu schwer:
Bewegung bringt; dies kann nicht in den Krieg! –
Und daß wir vorziehn einen rühr'gen Zwerg
Dem Riesen, welcher schläft. Dies alles sagt ihm.

Patroklus. Ich tu's, und bring Euch Antwort unverzüglich. (Geht ab.)
Agamemnon. Antwort durch fremden Mund genügt uns nicht;
Er komme selbst. Geht Ihr, Ulyß, zu ihm. (Ulysses geht ab.)

Ajax. Was ist er mehr als andere.

Agamemnon. Nicht mehr, als was er selbst zu sein wähnt.

Ajax. So viel? Und glaubt Ihr nicht, daß er sich dünkt ein beßrer Mann als ich zu sein?

Agamemnon. Das ist kein Zweifel.

Ajax. Und teilt Ihr diesen Dünkel? bejaht Ihr's?

Agamemnon. Nein, edler Ajax; Ihr seid ebenso stark, so tapfer, so klug, so edel, viel freundlicher und viel gesitteter.

Ajax. Warum sollte ein Mensch stolz sein? Wo kommt der Stolz her? Ich weiß nicht, was Stolz ist!

Agamemnon. Eu'r Gemüt ist um so reiner, Ajax, und Eure Tugenden um so leuchtender. Wer stolz ist, verzehrt sich von selbst. Stolz ist sein eigener Spiegel, seine eigene Trompete, seine eigene Chronik! Und wer sich selbst preist, außer durch die Tat, vernichtet die Tat im Preise.

Ajax. Ich hasse einen stolzen Mann, wie ich das Brüten der Kröten hasse.

Nestor (beiseite). Und liebst dich selber doch; ist das nicht seltsam?

Ulysses kommt zurück.

Ulysses. Achilles sagt mir, morgen fecht' er nicht.

Agamemnon. Womit entschuldigt er's?

Ulysses. Den Grund gibt er nicht an.
Dem Strome seiner Stimmung folgt er nach
Und weigert jedem Ehrfurcht und Gehorsam
In selbstisch eigenwilliger Verstocktheit.

Agamemnon. Warum nicht kommt er, freundlich doch ersucht,
Aus seinem Zelt und teilt die Luft mit uns?

Ulysses. Ein Stäubchen, nur daß man ihn bitten möge,
Macht er zum Berg; er ist an Größe krank;
Er spricht nicht mit sich selbst, daß nicht sein Stolz
Mit seinem Worte hadert. Eigendünkel

Erregt sein Blut durch so erhitzten Schwulst,
Daß, wie des Leibs und Geisteskräfte kämpfen,
Sein Reich des Lebens, in Empörung wütend,
Anstürmt gegen Achilles selbst. Was noch?
So pestkrank ist sein Stolz, daß jede Beule
Ruft: *Keine Rettung!*

Agamemnon. Ajax, geht zu ihm.
Mein teurer Fürst, geht Ihr hinein und grüßt ihn.
Man sagt, er schätzt Euch sehr und läßt durch Euch sich
Vielleicht ein wenig abziehn von sich selbst.

Ulysses. O Agamemnon, dies geschehe nicht!
Es soll des Ajax Schritt gesegnet sein,
Der weggeht vom Achill. Soll jener Stolze,
Der seinen Trotz mit eignem Fett beträuft
Und nichts, was in der Welt geschieht, je würdigt
Der Überlegung – wenn's ihn selber nicht
Anregt und trifft – soll dem gehuldigt werden,
Von ihm, der unser Abgott mehr als er?
Nein, dieser dreimal würd'ge, tapfre Fürst
Soll nicht so schmähn den wohlerrungnen Lorbeer,
Noch sich mit meinem Will'n so weit erniedern,
Er, ganz so hochberühmt als selbst Achill,
Jetzt zum Achill zu gehn.
Das hieße spicken allzufeisten Stolz
Und Feu'r zutragen dem Cancer, wenn er flammend
Bei sich empfängt den mächtigen Hyperion.
Der Fürst vor ihm erscheinen? Zeus verhüt' es
Und spreche donnernd: *Geh Achill zu diesem!*

Nestor (beiseite). O das ist recht; er kratzt ihn, wo's ihn juckt.

Diomedes (beiseite). Und wie sein Schweigen diesen Beifall trinkt!

Ajax. Geh' ich zu ihm, dann mit der Eisenfaust
Schlag' ich ihm ins Gesicht!

Agamemnon. Ihr sollt nicht gehn.

Ajax. Und tut es stolz, so zwiebl' ich seinen Stolz,
Laßt mich nur hin!

Ulysses. Nicht um den ganzen Kampfpreis unsres Kriegs!

Ajax. Der schuft'ge, freche Bursch!

Nestor (beiseite). Wie er sich selber schildert!

Ajax. Kann er nicht umgänglich sein?

Ulysses (beiseite). Der Rabe schilt auf die Schwärze!

Ajax. Ich will seinen Launen zur Ader lassen!

Agamamnon (beiseite). Der will der Arzt sein, der der Kranke sein sollte.

Ajax. Dächten nur alle so wie ich –
Ulysses (beiseite). So wäre Witz nicht Sitte.
Ajax. Dann ginge es ihm so nicht durch! – Er müßte erst Klingen kosten; soll's der Hochmut davontragen?
Nestor (beiseite). Wenn das geschieht, fällt dir die Hälfte zu.
Ulysses (beiseite). Zehn Teile wären sein.
Ajax. Ich will ihn kneten, will ihn geschmeidig machen –
Nestor (beiseite). Er ist noch nicht durchwärmt! Legt noch mehr Lob nach; schenkt ein, schenkt ein, sein Ehrgeiz ist noch trocken!
Ulysses (zu Agamemnon). Mein Fürst, Ihr nehmt Euch den Verdruß
zu nah –
Nestor. Erhabner Feldherr, tut es nicht!
Diomedes. Zu dem Gefecht kommt sicher nicht Achilles.
Ulysses. Ihn nennen hören, muß den Mann schon kränken.
Hier ist ein Held – doch weil er gegenwärtig, –
So schweig' ich lieber.
Nestor. Warum wollt Ihr das?
Er ist nicht wie Achill vom Ehrgeiz krank!
Ulysses. Sei's kund der ganzen Welt, gleich tapfer ist er!
Ajax. Ein niederträchtiger Hund, der uns verhöhnt!
O, wär' er nur ein Troer –
Nestor. Welch ein Fleck am Ajax –
Ulysses. Erschien er stolz –
Diomedes.   Wär' er auf Ruhm erpicht –
Ulysses. Zankflüchtig –
Diomedes.   Eigen, in sich selbst vernarrt.
Ulysses. Ihr seid, gottlob, von sanfter Art, mein Fürst;
Preis ihm, der dich gezeugt, ihr, die dich säugte!
Ruhm deinem Lehrer, deinem Mutterwitz
Dreimal mehr Ruhm, als aller Wissenschaft!
Doch wer im Fechten deinen Arm geübt,
Für den halbiere Mars die Ewigkeit
Und geb' ihm eine Hälfte. Gilt es Stärke?
Stierträger Milo weiche dir an Ehre,
Gewalt'ger Held. Von deiner Weisheit schweig' ich,
Die wie ein Hag, ein Zaun, ein Damm umgrenzt
Dein weites Denkgebiet. Hier, seht auf Nestor!
Belehrt durch alter Zeiten Kunde, muß er
Wohl weise sein und ist's auch; kann nicht anders;
Allein verzeiht, mein Vater, wär' Eu'r Leben
So jung wie Ajax und Eu'r Haupt entsprechend,
Ihr hättet keinen Vorrang, wärt nicht mehr,
Als Ajax ist.

Ajax. Soll ich euch Vater nennen?
Nestor. Ja, guter Sohn.
Diomedes. Nehmt Rat von ihm, Fürst Ajax.
Ulysses. Hier gilt kein Zögern; denn der Hirsch Achill
  Verläßt den Wald nicht. Unser hoher Feldherr
  Berufe jetzt der Obern ganze Schar;
  Hilfskönige verstärkten Troja. Morgen
  Gilt's festzustehn mit unsrer ganzen Kraft;
  Hier ist ein Held. Kommt Ritter all zuhauf:
  Mit Eurer Blüte nimmt es Ajax auf.
Agamemnon. Folgt mir zum Rat; ob auch Achilles schlief,
  Schnell schwimmt der Kahn, das Orlogschiff geht tief. (Sie gehen ab.)

Dritter Aufzug

1. Szene
Troja

Es treten auf *Pandarus* und ein *Diener*; man hört Musik hinter der Szene.

Pandarus. Freund, auf ein Wort! Folgt Ihr nicht dem jungen Herrn Paris?

Diener. Ja, Herr, wenn er vor mir geht.

Pandarus. Ich meine, Ihr dient ihm?

Diener. Ich diene dem Herrn.

Pandarus. Dann dient Ihr einem edlen Herrn; ich kann nicht anders als ihn lobpreisen.

Diener. Der Herr sei gepriesen!

Pandarus. Ihr kennt mich, nicht wahr?

Diener. Ei nun, Herr, so obenhin.

Pandarus. Freund, lernt mich besser kennen; ich bin der Herr Pandarus.

Diener. Ich hoffe Eure Herrlichkeit besser kennen zu lernen.

Pandarus. Das wünsche ich.

Diener. So seid Ihr also im Stande der Gnade?

Pandarus. Gnade? O nein, Freund; Herrlichkeit und Gestrengen sind mein Titel. Was ist das für Musik?

Diener. Ich kenne sie nur zum Teil; es ist Musik mit verteilten Stimmen.

Pandarus. Kennt Ihr die Musikanten?

Diener. Ganz und gar, Herr.

Pandarus. Für wen spielen sie?

Diener. Für die Zuhörer, Herr.

Pandarus. Wem zu Gefallen?

Diener. Mir, Herr, und allen denen, die gern Musik hören.

Pandarus. Auf wes Geheiß frage ich, Freund?

Diener. Ich denke, Ihr fragt auf niemands Geheiß.

Pandarus. Freund, wir verstehen einander nicht. Ich bin zu höflich, und Ihr seid zu spitz. Auf wes Verlangen spielen diese Leute?

Diener. Ja, nun traft Ihr's Herr. Nun, auf das Verlangen des Prinzen Paris, meines Herrn, welcher selbst dabei ist, und mit ihm die sterbliche Venus, das Herzblut der Schönheit, der Liebe unsichtbare Seele.

Pandarus. Wer? meine Nichte Kressida?

Diener. Nein, Herr, Helena. Konntet Ihr das nicht an ihren Ehrentiteln erraten?

Pandarus. Ich sehe schon, lieber Freund, du kennst das Fräulein Kressida noch nicht. Ich komme, im Auftrag des Prinzen Troilus mit Paris zu sprechen. Ich will eine freundliche Bestellung ihm eilend beibringen, denn mein Geschäft ist siedend.

Diener. Ein gesottenes Geschäft! Das nenne ich eine Phrase für die Schwitzbäder.

Es treten auf Paris *und* Helena *mit Gefolge.*

Pandarus. Alles Schöne für Euch, mein Prinz, und für Eure schöne Umgebung! Schöne Wünsche in schönem Maß, begleiten Euch schönstens! Vor allen Euch, schönste Königin! Schöne Träume seien Euer schönes Kopfkissen!

Helena. Werter Herr, Ihr seid voll von schönen Worten.

Pandarus. Ihr sprecht Euer schönstes Wohlgefallen aus, holde Königin. Schönster Prinz, hier ist vortreffliche ugierte Musik.

Paris. Ihr habt sie aus den Fugen gebracht, Vetter; so wahr ich lebe, Ihr sollt sie wieder herstellen. Ihr sollt ein Stück von eurer Komposition anstücken. Er ist ein Meister in der Harmonie, Lenchen.

Pandarus. Ach nein, Königin!

Helena. O, mein Herr ...

Pandarus. Rauh, bei den Göttern; ja, bei den Göttern, sehr rauh und unmelodisch.

Paris. In den Dissonanzen; gut gesagt, Vetter!

Pandarus. Ich habe ein Geschäft mit dem Prinzen, teure Königin. Gnädiger Herr, wollt Ihr mir ein Wort vergönnen?

Helena. Nein, so entgeht Ihr uns nicht; wir müssen Euch singen hören.

Pandarus. Ihr habt die Gnade mit mir zu scherzen, süße

Königin. Aber die Sache ist die, mein Prinz, ... Mein gnädigster Prinz und höchst geehrter Freund, Euer Bruder Troilus –

Helena. Herr Pandarus! Mein honigsüßer Pandarus –

Pandarus. Laßt mich, süße Königin, laßt mich; ... empfiehlt sich Euch in tiefster Ergebenheit –

Helena. Ihr sollt uns nicht aus unserer Melodie foppen; wenn Ihr's tut, so komme unsere Melancholie über Euch.

Pandarus. Süße Königin! Das ist eine süße Königin! Nein, welche süße Königin!

Helena. Und eine süße Königin traurig machen, ist ein bitterer Frevel.

Pandarus. Nein, damit setzt Ihr's nicht durch, damit wahrhaftig nicht! nein! Solche Worte machen mich nicht irre, nein! nein! – Und, mein gnädiger Prinz, er bittet Euch, Ihr wollt seine Entschuldigung übernehmen, wenn der König bei der Abendtafel nach ihm fragt.

Helena. Bester Pandarus –

Pandarus. Was sagt die süße Königin, die allersüßeste Königin?

Paris. Was hat er denn vor? Wo speist er zu Nacht?

Helena. Aber, bester Pandarus –

Pandarus. Was sagt die süße Königin? Meine Nichte wird sich mit Euch erzürnen. Ihr dürft nicht fragen, wo er zu Nacht speist! –

Paris. Ich setze mein Leben dran, bei meiner Herzenskaiserin Kressida.

Pandarus. Ach nein, nichts dergleichen; nein, da irrt Ihr; Eure Herzenskaiserin ist krank.

Paris. Gut, ich will ihn entschuldigen.

Pandarus. Schön, mein teurer Prinz. Wie kommt Ihr auf Kressida? Nein, Eure arme Herzenskaiserin ist krank.

Paris. Ich errate.

Pandarus. Ihr erratet? Was erratet Ihr? Kommt, gebt mir eine Zither. Nun, süße Königin?

Helena. So, das war recht artig von Euch.

Pandarus. Meine Nichte ist erschrecklich verliebt in ein Ding, das Ihr habt, süße Königin.

Helena. Sie soll's haben, wenn's nicht mein Gemahl Paris ist.

Pandarus. Den? Nein, nach dem fragt sie nicht. Er und sie sind entzweit.

Helena. Heut zwieträchtig, morgen einträchtig, so könnten wohl drei draus werden.

Pandarus. Geht, geht, nichts mehr davon; ich will Euch nun mein Lied singen.

Helena. Ja; singt es gleich. Meiner Treu', Pandarus, Ihr habt eine hübsche Stirn.

Pandarus. Ja, das sagt Ihr wohl.

Helena. Singt uns ein verliebtes Lied; die Liebe wird uns noch alle verderben. O Cupido, Cupido, Cupido!

Pandarus. Ein Liebeslied! Ja, wahrhaftig!

Paris. Ja, von Liebe; nichts als von Liebe!

Pandarus. Wahrhaftig, so fängt's auch an:

> O Liebe, Lieb' in jeder Stunde! –
> Dein Pfeil mit Weh
> Trifft Hirsch und Reh;
> Doch nicht entrafft
> Sie gleich der Schaft
> Er kitzelt nur die Wunde.
>   Verliebte schrei'n:
> O Todespein!
> Doch was so tödlich erst gedroht,
> Daraus wird Jubeln und Juchhei'n.
> Die Sterbenden sind frisch und rot;
> O weh, ein Weilchen, dann ha! ha!
> O weh, seufzt nur nach ha! ha! ha!
>   Juchhei!

Helena. Verliebt, wahrhaftig, bis an die Spitze seiner Nase!

Paris. Er ißt nichts als Tauben, Liebste, und die brüten ihm heißes Blut, und heißes Blut erzeugt heiße Gedanken, und heiße Gedanken erzeugen heiße Werke, und heiße Werke sind Liebe.

Pandarus. Ist dies die Entstehung der Liebe? Heißes Blut, heiße Gedanken und heiße Werke. Ei, das sind ja Ottern. Ist Liebe ein Otterngezücht. – Wer ist heute im Felde, liebster König?

Paris. Hektor, Deiphobus, Helenus, Antenor und die ganze junge Ritterschaft von Troja. Ich hätte heut auch gern die Waffen angelegt, Lenchen wollte es aber nicht zugeben. Wie kommt's, daß mein Bruder Troilus ausblieb?

Helena. Er läßt die Lippen hängen – Ihr wißt schon warum, Herr Pandarus.

Pandarus. Ich weiß nichts, honigsüße Königin. Mich soll doch wundern, wie es ihnen heut gegangen ist. – Ihr denkt daran Euern Bruder zu entschuldigen?

Paris. Aufs pünktlichste.

Pandarus. Lebt wohl, süße Königin!

Helena. Empfehlt mich Eurer Nichte!

Pandarus. Das werde ich tun, süße Königin.

(Er geht ab. Es wird zum Rückzug geblasen.)

Paris. Sie kehren heim. Gehn wir in Priams Halle,
Sie zu begrüßen, und du, süßes Weib,
Hilf Hektorn sich entpanzern. Fühlt sein Harnisch
Den Zauber deiner weißen Hand, gehorcht er
Weit williger als scharfem Stahl, gezückt
Von griech'scher Kraft, und dir gelingt, was nicht
Dem Bundesheer, Held Hektorn zu entwaffnen.
Helena. Mit Stolz erfüllt mich's, ihm zu dienen, Paris.
Das, was wir ihm als schuld'ge Pflicht geweiht,
Wird unsrer Schönheit Palme noch erhöhn,
Ja, überstrahlt uns selbst.
Paris. Du Süße! Über alles lieb' ich dich! (Sie gehen ab.)

2. Szene
Troja. Pandarus' Garten

Pandarus und *Troilus' Diener* treten auf.

Pandarus. Heda! Wo ist dein Herr? Ist er bei meiner Nichte Kressida?

Diener. Nein, Herr, er wartet auf Euch, daß Ihr ihn zu ihr führt.

Troilus kommt.

Pandarus. O hier kommt er. Nun, wie geht's? Wie geht's?
Troilus. Du da, geh fort. (Diener ab.)
Pandarus. Habt Ihr meine Nichte gesehn?
Troilus. Nein, Pandarus. Ich wank' um ihre Tür
Gleich einer neuen Seel' am Strand des Styx,
Des Fährmanns wartend. O sei du mein Charon
Und schaff mich schnell zu jenen sel'gen Fluren,
Wo ich mag schwelgen in dem Lilienbett,
Bestimmt für den Beglückten. Liebster Pandar,
Von Amors Schulter nimm die bunten Schwingen
Und fleug mit mir zu Kressida!
Pandarus. Weilt hier im Garten, und ich rufe sie. (Pandarus geht ab.)
Troilus. Mir schwindelt; rings im Kreis dreht mich Erwartung.
Die Wonn' in meiner Ahndung ist so süß,
Daß sie den Sinn verzückt. Wie wird mir sein,
Wenn nun der durst'ge Gaumen wirklich schmeckt
Der Liebe lautern Nektar? Tod, so fürcht' ich,
Vernichtung, Ohnmacht oder Luft zu sein,
Zu tief eindringend, zu entzückend süß
Für meiner gröbern Sinn' Empfänglichkeit.

Dies fürcht' ich sehr und fürchte außerdem,
Daß im Genuß mir Unterscheidung schwindet
Wie in der Schlacht, wenn Scharen wild sich drängend
Den fliehnden Feind bestürmen.

Pandarus kommt zurück.

Pandarus. Sie macht sich fertig; gleich wird sie hier sein; nun seid gescheit. Sie errötet und holt so kurz Atem, als wäre sie von einem Gespenst erschreckt; ich will sie holen, es ist die niedlichste Spitzbübin; sie atmet so kurz wie ein Sperling, den man eben gefangen hat. (Geht ab.)

Troilus. Die gleiche Angst umfaßt auch meine Brust;
Mein Herz schlägt rascher als ein Fieberpuls,
Und alle Kräfte stocken regungslos,
Vasallen gleich, die unversehns begegnen
Dem Aug' der Majestät.

Pandarus kommt mit Kressida zurück.

Pandarus. Komm, komm; wozu dies Erröten? Scham ist nur ein kleines Kind. – Hier ist sie nun; schwört ihr nun die Eide, die Ihr mir geschworen habt. – Was, willst du schon wieder entfliehen? Muß man dich erst durch Wachen zähmen, sag? Komm doch heran; komm heran! Wenn du zurückgehst, spannen wir dich in die Deichsel. – Warum sprecht Ihr nicht mit ihr? Nun, zieh doch diesen Vorhang weg und laß dein Gemälde betrachten. Liebe Zeit! Wie ihr euch fürchtet, dem Tageslicht ein Ärgernis zu geben! Wenn es dunkel wäre, ihr würdet einander schon näher kommen. So, so; jetzt bietet Schach, und Ihr nehmt die Dame. Seht, das war gründlich geküßt; auf dem Grund läßt sich ein Haus bauen, Zimmermann; hier ist die Luft lieblich. Ja, wahrhaftig, ihr sollt euch das Herz aus dem Leibe kämpfen, eh' ich euch voneinander lasse. – Nur zu! nur zu!

Troilus. Ihr habt mich aller Worte beraubt, mein Fräulein!

Pandarus. Worte zahlen keine Schulden; gebt ihr Taten; aber sie wird Euch auch um die Taten bringen, wenn sie Eure Tätigkeit auf die Probe stellt. – Was, wieder geschnäbelt? Hier heißt's, *zur Bekräftigung dessen von beiden Parteien wechselseitig.* – Kommt hinein, kommt hinein, ich will ein Feuer machen lassen. (Pandarus geht ab.)

Kressida. Wollt Ihr hineingehen, mein Prinz?

Troilus. O Kressida, wie oft habe ich mich so gewünscht!

Kressida. Gewünscht, mein Prinz? Die Götter gewähren – O mein Prinz!

Troilus. Was sollen sie gewähren? Was verursacht dies liebliche

Abbrechen? Was für tiefverborgene Trübung erspäht mein süßes Mädchen in dem klaren Brunnen unserer Liebe?

Kressida. Mehr Trübung als Wasser, wenn meine Furcht Augen hat.

Troilus. Die Furcht macht Teufel aus Engeln; sie sieht nie richtig.

Kressida. Blinde Furcht, von sehender Vernunft geführt, geht sicherer zum Ziel als blinde Vernunft, die ohne Furcht strauchelt. Das Schlimmste fürchten, heilt oft das Schlimmste.

Troilus. Was könnte meine Geliebte fürchten? In Cupidos Maskenanzug wird nie ein Ungeheuer aufgeführt.

Kressida. Auch nie etwas Ungeheures?

Troilus. Nichts als unsere Unternehmungen; wenn wir geloben, Meere zu weinen, in Flammen zu leben, Felsen zu verschlingen, Tiger zu zähmen, und wähnen, es sei der Dame unseres Herzens schwerer, genug Prüfungen zu ersinnen, als für uns, irgend etwas Unmögliches zu bestehen. Das ist das Ungeheure in der Liebe, meine Teure – daß der Wille unendlich ist und die Ausführung beschränkt; daß das Verlangen grenzenlos ist und die Tat ein Sklave der Beschränkung.

Kressida. Man sagt, jeder Liebhaber schwöre mehr zu vollbringen, als ihm möglich ist, und behalte dennoch Kräfte, die er nie in Anwendung bringt; er gelobe, mehr als zehn auszuführen, und bringe kaum den zehnten Teil von dem, was einer vermöchte, zu stande. Wer die Stimme eines Löwen und das Tun eines Hasen hat, ist der nicht ein Ungeheuer?

Troilus. Gibt es solche? Wir sind nicht von dieser Art. Laßt uns gelten nach bestandener Prüfung, und schätzt uns nach Taten; unser Haupt müsse unbedeckt bleiben, bis Ruhm es krönt. Keine Vollkommenheit, die noch erst erreicht werden soll, werde in der Gegenwart gepriesen; wir wollen das Verdienst nicht vor seiner Geburt taufen, und ist es geboren, so soll keine Bezeichnung demütig sein. Wenig Worte und feste Treue! Troilus wird für Kressida ein solcher sein, daß was Bosheit ihm Schlimmstes nachsagen mag, ein Spott über seine Treue sei, und was Wahrheit am wahrsten sprechen kann, nicht wahrer als Troilus.

Kressida. Wollt Ihr hineingehen, mein Prinz?

Pandarus kommt zurück.

Pandarus. Wie, noch immer errötend? Seid ihr noch nicht mit Schwätzen fertig?

Kressida. Nun, Oheim, was ich Törichtes beginne, sei Euch zugeeignet.

Pandarus. Ich danke schönstens. Wenn der Prinz von dir einen

Buben bekommt, so soll er mir gehören. Sei dem Prinzen treu; wenn er wankelmütig, so halte dich an mich.

Troilus. Ihr kennt nun Eure Bürgen; Eures Oheims Wort und meine feste Treue.

Pandarus. Nun, ich will auch für *sie* gut sagen. Die Mädchen aus unserer Verwandtschaft wollen lange gebeten sein; aber, einmal gewonnen, sind sie standhaft; rechte Kletten, sage ich Euch; sie bleiben haften, wo man sie hinwirft.

Kressida. Kühnheit kommt nun zu mir und macht mir Mut;
Prinz Troilus! Euch liebt' ich Tag und Nacht,
Seit manchem langen Mond.

Troilus. Wie warst du mir so schwer denn zu gewinnen?

Kressida. Schwer nur zum Schein; doch war ich schon gewonnen
Vom ersten Blick, der jemals, – o verzeiht!
Sag' ich zuviel, so spielt Ihr den Tyrannen.
Ich lieb' Euch nun; doch nicht bis jetzt so viel,
Daß ich's nicht zähmen kann – doch nein, ich lüge;
Mein Sehnen war, wie ein verzognes Kind,
Der Mutter Zucht entwachsen. O wir Ärmsten!
Was plaudr' ich da? Wer bleibt uns wohl getreu,
Wenn wir uns selbst so unverschwiegen sind?
So sehr ich liebte, ward ich nicht um Euch,
Und doch fürwahr wünscht' ich ein Mann zu sein,
Oder, daß wir der Männer Vorrecht hätten,
Zuerst zu sprechen. Liebster, heiß mich still sein,
Sonst im Entzücken red' ich ganz gewiß,
Was mich dereinst gereut. O sieh, dein Schweigen
So schlau verstummend, lockt aus meiner Schwachheit
Die innersten Gedanken. Schließ den Mund mir!

Troilus. Gern, tönt er auch die süßeste Musik! (Er küßt sie.)

Pandarus. Recht artig, meiner Treu'!

Kressida. Mein Prinz, ich bitt' Euch sehr, entschuldigt mich;
Nicht wollt' ich so mir einen Kuß erbetteln.
Ich bin beschämt – o Himmel! Was begann ich?
Für diesmal muß ich Abschied nehmen, Prinz.

Troilus. Abschied, mein süßes Mädchen?

Pandarus. Abschied? Nun ja, Ihr mögt bis morgen früh
Abschied nehmen –

Kressida. Laßt's genug nun sein –

Troilus. Was erzürnt dich, Liebste?

Kressida. Mein eignes Hiersein, Prinz.

Troilus. Ihr könnt Euch selbst
Doch nicht entfliehn?

Kressida. Laßt mich, daß ich's versuche.
Zwar, eine Art von meinem Selbst bleibt hier,
Doch ein unart'ges, das sich selbst verläßt
Als deine Törin. O, wo blieb mein Sinn?
Ich möchte gehn – ich sprech', ich weiß nicht was.
Troilus. Wer so verständig spricht, weiß was er spricht.
Kressida. Vielleicht, mein Prinz, zeig' ich mehr List als Liebe
Und sprach so dreist ein frei Geständnis aus,
Mir Euer Herz zu fahn. Doch Ihr seid weise
Oder Ihr liebt; denn weise sein und lieben,
Vermag kein Mensch; nur Götter können's üben.
Troilus. O, daß ich glaubt', es könne je ein Weib –
Und wenn sie's kann, glaubt ich's zuerst von Euch –
Für ewig nähren Liebesflamm' und Glut,
In Kraft und Jugend ihre Treu' bewahren,
Die Schönheit überdauernd durch ein Herz,
Das frisch erblüht, ob auch das Blut uns altert!
Und nur die Überzeugung mir erstarkte,
Ihr könntet meine Treu' und Innigkeit
Erwidern mit dem gleichgefüllten Maß
Der reinen ungetrübten Herzensneigung!
Wie würde mich's erheben! Aber, ach!
Ich bin so wahrhaft wie der Wahrheit Einfalt,
Einfält'ger als der Kindesstand der Wahrheit.
Kressida. Den Wettkampf nehm' ich an.
Troilus. O hold Gefecht,
Wenn Recht um Sieg und Vorrang ficht mit Recht!
Treuliebende in Zukunft werden schwören
Und ihre Treu' mit Troilus versiegeln,
Und wenn dem Vers voll Schwür' und schwülst'gen Bildern
Ein Gleichnis fehlt, der oft gebrauchten müde,
Als – treu wie Stahl, wie Sonnenschein dem Tag,
Pflanzen dem Mond, das Täubchen seinem Täuber,
Dem Zentrum Erde, Eisen dem Magnet,
Dann, nach so viel Vergleichungen der Treu',
Wird als der Treue höchstes Musterbild
„*So treu wie Troilus*" den Vers noch krönen
Und weihn das Lied.
Kressida. Prophetisch sei dies Wort!
Werd' ich dir falsch, untreu nur um ein Haar –
Wenn Zeit gealtert und sich selbst vergaß,
Wenn Regen Trojas Steine ausgespült,
Blindes Vergessen Städte eingeschlungen,

Und mächt'ge Reiche spurlos sind zermalmt
Ins staub'ge Nichts; auch dann noch mög' Erinnrung,
Spricht man von falschen ungetreuen Mädchen,
Schmähn meine Falschheit; sagten sie, so falsch
Wie Luft, wie Wasser, Wind und lockrer Sand,
Wie Fuchs dem Lamm, wie Wolf dem Kalb der Färse,
Panther dem Reh, Stiefmutter ihrem Sohn,
Ja, schließ' es dann und treff' ins Herz der Falschheit:
„So falsch wie Kressida!"

Pandarus. Wohlan, der Handel ist geschlossen; das Siegel drauf, das Siegel drauf, ich will Zeuge sein. Hier fasse ich Eure Hand, hier die meiner Nichte; wenn ihr je einander untreu werdet, die ich mit so viel Mühe zusammengebracht habe, so mögen alle kläglichen Liebesvermittler bis an der Welt Ende nach meinem Namen Pandarus heißen. Alle beständigen Liebhaber soll man Troilus nennen; alle falschen Mädchen Kressida und alle Zwischenträger Pandarus. Sagt Amen!

Troilus. Amen!

Kressida. Amen!

Pandarus. Amen! Und somit will ich euch eine Kammer und ein Bett nachweisen, und damit das Bett euer artiges Liebeständeln nicht ausschwatze, drückt es tot. Nun fort! –

Und Amor gönn' auch hier allen schweigsamen Kindern
'nen Pandar, Bett und Kammer, um ihre Not zu lindern.

(Sie gehen ab.)

3. Szene
Das griechische Lager

Es treten auf *Agamemnon, Ulysses, Diomedes, Nestor, Ajax, Menelaus* und *Kalchas.*

Kalchas. Nun, Fürsten, für den Dienst, den ich getan,
Ermahnt der Zeit Gelegenheit mich laut,
Den Lohn zu fordern. Wollet euch erinnern,
Wie ich, kraft meiner Einsicht in die Zukunft,
Troja im Stich ließ, meine Güter aufgab,
Schmach des Verräters trug und eingetauscht
Für wohlerworbnen ruhigen Besitz
Unsichre Zukunft, losgesagt von allen,
Die Zeit, Bekanntschaft, Umgang und Gewöhnung,
Zu Freunden und Vertrauten mir gemacht,
Und hier, um euch zu dienen ward, gleichwie
Ein Neuling in der Welt, fremd, unbekannt.

Deshalb ersuch' ich euch, als Vorgeschmack,
Mir jetzt ein kleines Gunstgeschenk zu geben,
Aus jenen vielen mir von euch verheißnen,
Die ihr mir zugedacht nach eurem Wort.
Agamemnon. Was willst du uns, Trojaner? Fordre denn!
Kalchas. Ihr machtet einen Troer zum Gefangnen,
Antenor, gestern; Troja schätzt ihn sehr.
Oft habt ihr – und ich dankt' euch oft dafür –
Mir meine Kressida auswechseln wollen,
Die Troja stets verweigert. Doch Antenor
Ist, weiß ich, solche Triebkraft ihres Tuns,
Daß ihre Volksberatung, fehlt sein Wirken,
Erschlaffen muß, und diesen einzutauschen,
Gäben sie wohl 'nen Prinzen von Geblüt,
Ja, einen Sohn des Priam. *Den* entlaßt
Als Preis für meine Tochter, deren Freiheit
Zahlt alle Dienste, die ich euch erwies,
In hochwillkommner Müh'.
Agamemnon.   Geleit' ihn, Diomed,
Und bring uns Kressida; gewährt sei Kalchas,
Was er von uns gewünscht. Ihr, Diomed,
Rüstet Euch stattlich aus zu diesem Tausch;
Zugleich erforscht, ob Hektor seines Aufrufs
Erwidrung morgen wünscht. Ajax ist fertig.
Diomedes. Dies übernehm' ich gern, und 's ist 'ne Bürde,
Die ich zu tragen stolz bin.   (Diomedes und Kalchas gehen ab.)

Achilles und *Patroklus* treten aus ihrem Zelt.

Ulysses. Achilles steht am Eingang seines Zelts; –
Wollt nun, mein Feldherr, fremd vorübergehn,
Als wär' er ganz vergessen, und ihr Fürsten,
Nachlässig nur und achtlos blickt ihn an.
Ich folg' euch nach; gewiß, dann fragt er mich,
Warum so seitab kalt man auf ihn sah.
Dann als Medikament soll Ironie
Behandeln seinen Stolz und eure Fremdheit,
Die er dann selber einnimmt mit Begier.
Es wird ihm wohltun. Stolz hat keinen Spiegel
Sich selbst zu schaun als Stolz; des Knies Verehrung
Mästet den Hochmut, wird des Stolzen Zehrung.
Agamemnon. Wir tun nach Euerm Rat und woll'n uns fremd
Gebärden, wie wir ihm vorübergehn.
So tue jeder Lord und grüß' ihn gar nicht

Oder verächtlich, das verdrießt ihn mehr,
Als sieht ihn keiner an. Ich geh' voraus.
Achilles. Wie? kommt der Feldherr zum Gespräch mit mir?
Ihr wißt's, ich fechte gegen Troja nicht!
Agamemnon. Was sagt Achill? Begehrt er was von uns?
Nestor. Wollt Ihr, mein Fürst, etwas vom Feldherrn?
Achilles. Nein!
Nestor. Nichts, Feldherr!
Agamemnon. Um so besser!
Achilles. Guten Tag, guten Tag!
Menelaus. Wie geht's? Wie geht's?
Achilles. Was, spottet mein der Hahnrei?
Ajax. Wie steht's, Patroklus?
Achilles. Guten Morgen, Ajax!
Ajax. He?
Achilles. Guten Morgen!
Ajax. Ja, und guten Tag dazu!
(Sie gehen vorüber.)
Achilles. Was heißt das? Kennt das Volk Achilles nicht?
Patroklus. Sie tun ganz fremd! Sonst bückten sie sich tief
Und sandten dir entgegen schon ihr Lächeln,
Demütig nah'nd, als wenn zur Tempelweihe
Sie schlichen!
Achilles. Ha! ich bin verarmt seit gestern?
Zwar, Größe, wenn sie mit dem Glück zerfällt,
Zerfällt mit Menschen auch. Der Hingestürzte
Liest sein Geschick so schnell im Blick der Menge,
Als er den Fall gefühlt. Die Menschen zeigen
Wie Schmetterlinge die bestäubten Schwingen
Dem Sommer nur, und keinen Menschen gibt's,
Der, weil er Mensch ist, irgend Ehre hat; –
Er hat nur Ehre, jener Ehre halb,
Die außer ihm, als Reichtum, Rang und Gunst –
Zufalls Geschenk so oft, wie des Verdienstes! –
Wenn diese fallen, die nur schlüpfrig sind,
Muß Lieb', an sie gelehnt und schlüpfrig auch,
Eins mit dem andern niederziehn und alle
Im Sturze sterben. Nicht so ist's mit mir;
Das Glück und ich sind Freunde; noch genieß' ich
In vollem Umfang, was ich sonst besaß,
Bis auf die Blicke jener, die, so scheint mir's,
An mir gefunden, was so reicher Ehren
Wie sonst nicht würdig ist. Da kommt Ulyß –

Ich will sein Lesen unterbrechen. –
Wie nun, Ulyß?
Ulysses. Nun, großer Thetis-Sohn?
Achilles. Was lest Ihr da?
Ulysses. Nun, ein seltsamer Geist
Schreibt hier, ein Mann, wie trefflich ausgestattet,
Wie reich begabt an äußerm Gut und innerm,
Rühmt sich umsonst zu haben, was er hat,
Noch fühlt er's sein als nur im Widerstrahl; –
Als müßte erst sein Wert auf andre scheinen
Und dann die Hitze, die er jenen gab,
Dem Geber wiederkehren.
Achilles. Das ist nicht seltsam!
Die Schönheit, die uns hier im Antlitz blüht,
Kennt nicht der Eigner, fremdem Auge nur
Empfiehlt sie sich. Auch selbst das Auge nicht,
Das geistigste der Sinne, schaut sich selbst,
Für sich allein; nur Auge gegen Auge
Begrüßen sich mit wechselseit'gem Ball.
Denn Sehkraft kehrt nicht zu sich selbst zurück,
Bis sie gewandert und sich dort vermählt,
Wo sie sich sieht. Das ist durchaus nicht seltsam!
Ulysses. Der Satz an sich ist mir nicht aufgefallen;
Er ist nicht neu; die Folg'rung nur des Autors,
Der, wie er ihn erörtert, dartun will,
Niemand sei Herr von irgend einem Ding –
Ob in und an ihm vieles gleich besteht –
Bis seine Gaben er den andern mitteilt;
Noch hab' er selbst Begriff von ihrem Wert,
Eh' er sie abgeformt im Beifall sieht,
Der sie auffaßt, und einer Wölbung gleich
Rückwirft die Stimme, oder wie ein Tor
Von Stahl die Sonn' empfängt und wiedergibt
Ihr Bild und ihre Glut. – Ich war vertieft
In dem Gedanken; alsbald fiel mir ein
Ajax so unbeachtet.
O Himmel, welch ein Mann! Ein wahres Pferd,
Das hat, es weiß nicht was. Natur, wie manches
Wird schlecht geschätzt, und ist, genutzt, so teuer!
Wie steht ein andres in erhabnem Ansehn,
Das arm an Wert ist! Morgen sehn wir nun
Durch Tat, die ihm das Los nur zugeworfen,
Ajax berühmt. Himmel, was mancher tut,

Indessen andre alles Tun verschmähn!
Wie *der* zum Saal der launigen Fortuna kriecht,
Weil *der* vor ihren Augen spielt den Narrn!
Wie *der* sich in den Ruhm einschwelgt des andern,
Weil Stolz von seinem Übermute zehrt!
Seht unsre Griechenfürsten! Wie sie schon
Dem Tölpel Ajax auf die Schulter klopfen,
Als stemmt' er seinen Fuß auf Hektors Brust
Und Troja zitterte!

Achilles. Ich glaub' es wohl; sie gingen mir vorüber,
Wie Geiz'ge Bettlern, gönnten mir auch nicht
Wort oder Blick. So ward ich schon vergessen?

Ulysses. Die Zeit trägt einen Ranzen auf dem Rücken,
Worin sie Brocken wirft für das Vergessen,
Dies große Scheusal von Undankbarkeit;
Die Krumen sind vergangne Großtat, aufgezehrt
So schleunig als vollbracht; so bald vergessen
Als ausgeführt. Beharrlichkeit, mein Fürst,
Hält Ehr' im Glanz. Was man getan hat, hängt
Ganz aus der Mode wie ein rost'ger Harnisch,
Als armes Monument dem Spott verfallen.
Verfolge ja den Pfad, der vor dir liegt;
Denn Ehre wandelt in so engem Hohlweg,
Daß einer Platz nur hat. Drum bleib im Gleise!
Denn tausend Söhne hat die Ruhmbegier,
Und einer drängt den andern: gibst du Raum,
Lenkst du zur Seit' und weichst vom gradsten Weg,
Gleich eingetretner Flut stürzt alles vor,
Und läßt dich weit zurück –
Oder du fällst, ein edles Roß, im Vorkampf,
Und liegst als Damm für den verworfnen Troß,
Zerstampft und überrannt. Was diese jetzt tun,
Wird Größres, das du tatest, überragen,
Denn Zeit ist wie ein Wirt nach heut'ger Mode,
Der lau dem Gast, der scheidet, drückt die Hand,
Doch ausgestreckten Arms, als wollt' er fliegen,
Umschlingt den, welcher eintritt.
Stets lächelt Willkomm', Lebewohl geht seufzend;
Nie hoffe Wert für das, was war, den Lohn;
Denn Schönheit, Witz,
Geburt, Verdienst im Kriege, Kraft der Sehnen,
Lieb', Freundschaft, Wohltat, alle sind die Knechte
Der neidischen, verleumdungssücht'gen Zeit.

Natur macht hierin alle Menschen gleich,
Einstimmig preist man neugebornen Tand,
Ward er auch aus Vergangnem nur geformt,
Und schätzt den Staub, ein wenig übergoldet,
Weit mehr als Gold, ein wenig überstäubt.
Die Gegenwart rühmt Gegenwärt'ges nur;
Drum staune nicht, o du vollkommner Held,
Daß alle Griechen jetzt auf Ajax schaun,
Denn die Bewegung fesselt mehr den Blick
Als Ruhendes. Sonst jauchzte alles dir
Und tät' es noch, und wird es wieder tun,
Wenn du dich lebend selber nicht begrübst
Und deinen Ruhm einhegtest in dein Zelt;
Du, dessen glorreich Tun noch jüngst im Feld
Die neid'schen Götter einzugreifen zwang,
Daß Mars Partei ergriff.

Achilles. Für mein Entziehn
War starker Grund.

Ulysses. Doch wider dein Entziehn
Sind heldenwürd'ger noch die Gründ' und mächt'ger.
Es ist bekannt, Achill, Ihr seid verliebt
In eine Tochter Priams.

Achilles. Ha! bekannt?

Ulysses.
Ist das ein Wunder?
Die Weisheit einer klug wachsamen Staatskunst
Kennt jedes Korn beinah von Plutus' Gold;
Ergründet unerforschte Tiefen; sitzt
Zu Rat mit dem Gedanken, ja wie Götter fast
Schaut sie in seiner stummen Wieg' ihn schleierlos.
Ein tief Geheimnis wohnt – dem die Geschichte
Stets fremd geblieben – in des Staates Seele,
Des Wirksamkeit so göttlicher Natur,
Daß Sprache nicht noch Feder kann sie deuten.
All der Verkehr, den Ihr mit Troja pflogt,
Ist unser so vollkommen, Fürst, wie Euer,
Und besser ziemte wohl sich's für Achill,
Hektorn bezwingen als Polyxena,
Denn zürnen muß daheim der junge Pyrrhus,
Wenn durch die Inseln Famas Tuba schallt,
Und unsre griech'schen Mädchen hüpfend singen:
„Des Hektor Schwester konnt' Achill besiegen
Doch Hektor selbst mußt' Ajax unterliegen."

    Lebt wohl, ich sprach als Freund. Der Tor kann gleiten
Nun übers Eis, weil Ihr's nicht bracht beizeiten.   (Ulysses geht ab.)
Patroklus.   Wie oft ermahnt' ich Euch zu gleichem Zweck!
Ein Weib, das so unverschämt und männlich ward,
Ist nicht so niedrig als ein weib'scher Mann,
Wenn's Taten gilt. Ich werde drum gescholten!
Man glaubt, mein schwacher Eifer für den Krieg
Und Eure Gunst zu mir lähmt Euern Arm,
Drum, Liebster, auf! Des zarten Weichlings Amor
Verliebt Umarmen streift von Eurem Nacken,
Und wie Tautropfen von des Löwen Mähne
Sei er zu lust'gem Nichts zerschüttelt.
Achilles.   Soll
Ajax mit Hektorn kämpfen?
Patroklus.   Ja, und vielleicht viel Ehr' an ihm gewinnen.
Achilles.   Ich seh' es wohl, mein Ruhm steht auf dem Spiel;
Mein Ruf ist schwer verwundet.
Patroklus.   O dann wahrt Euch! –
Denn selbstgeschlagne Wunden heilen schwer!
In Ohnmacht unterlassen das Notwend'ge,
Heißt eine Vollmacht zeichnen der Gefahr,
Und heimlich faßt Gefahr uns wie ein Fieber,
Selbst wenn wir müßig in der Sonne sitzen.
Achilles.   Geh, ruf mir den Thersites, süßer Freund;
Den Narrn send' ich zum Ajax und ersuch' ihn,
Die Troerfürsten zu mir einzuladen,
Uns friedlich nach dem Kampfe hier zu sehn.
Mich treibt ein kranker Wunsch, ein Fraungelüst,
Im Hauskleid hier zu sehn den großen Hektor,
Mit ihm zu reden, sein Gesicht zu schaun
Nach Herzenslust. Da sieh, ersparte Müh'!

Thersites tritt auf.

  Thersites.   Ein Wunder!
  Achilles.   Was?
  Thersites. Ajax geht das Feld auf und ab und sucht nach sich selbst.
  Achilles.   Wieso?
  Thersites.   Morgen soll er seinen Zweikampf mit Hektor bestehen und ist so prophetisch stolz auf ein heroenmäßiges Abprügeln, daß er ohne ein Wort zu reden, rast.
  Achilles.   Wie das?
  Thersites.   Ei nun, er stolziert auf und ab wie ein Pfau; ein Schritt und dann ein Halt; sinniert wie eine Wirtin, die keine Rechenkunst hat als ihren Kopf, um ihre Zeche richtig zu machen;

beißt sich in die Lippe mit einem staatsklugen Blick, als wollte er sagen: in diesem Haupt steckt Witz, wenn er nur heraus könnte; und es ist auch vielleicht welcher da, aber er liegt so kalt in ihm wie Feuer im Kiesel, das nicht zum Vorschein kommt, eh' er geschlagen wird. Der Mann ist auf ewig geliefert; denn wenn ihm Hektor nicht im Kampf den Hals bricht, so bricht er ihn sich selbst durch seinen Dünkel. Mich kennt er nicht mehr; ich sagte ihm: *Guten Morgen, Ajax!* und er antwortete: *Großen Dank, Agamemnon.* Was meint Ihr von einem Menschen, der mich für den Feldherrn ansieht? Er ist ein wahrer Landfisch geworden, sprachlos, ein Ungeheuer. Hol' der Henker die Einbildung! Es kann sie einer auf beiden Seiten tragen wie ein ledernes Wams.

Achilles. Du sollst mein Gesandter an ihn sein, Thersites.

Thersites. Wer, ich? Ei, er gibt niemand Antwort; Antworten sind seine Sache nicht; reden schickt sich für Bettler; er trägt die Zunge im Arm. Ich will ihn Euch vorstellen; laßt Patroklus Fragen an mich richten, Ihr sollt ein Schauspiel vom Ajax sehen.

Achilles. Mach dich an ihn, Patroklus. Sag ihm, ich lasse den tapferen Ajax in Demut ersuchen, er wolle den heldenmütigen Hektor einladen, unbewaffnet in meinem Zelt zu erscheinen, und ihm ein sicheres Geleit verschaffen bei dem höchst mannhaften und durchlauchtigen, sechs- oder siebenmal preiswürdigen Feldhauptmann des Griechenheers, Agamemnon, – nun, fang an!

Patroklus. Heil dem großen Ajax!

Thersites. Hum!

Patroklus. Ich komme von dem edeln Achilles –

Thersites. Ha!

Patroklus. Der Euch in aller Demut ersucht, Hektor in sein Zelt einzuladen –

Thersites. Hum!

Patroklus. – um ihm sicheres Geleit vom Agamemnon zu verschaffen –

Thersites. Agamemnon?

Patroklus. Ja, mein Fürst.

Thersites. Ha!

Patroklus. Was meint Ihr dazu?

Thersites. Gott sei mit Euch, ganz der Eurige.

Patroklus. Eure Antwort, Herr!

Thersites. Wenn's morgen ein schöner Tag ist – um elf Uhr – da wird sich's finden auf eine oder die andere Art; aber wie's auch wird, er soll für mich zahlen, ehe er mich bekommt.

Patroklus. Eure Antwort, Herr!

Thersites. Lebt wohl, ganz der Eurige.

Achilles. Und ist er wirklich in solcher Stimmung? Sag!
Thersites. Nein, in eben solcher Verstimmung! Wieviel Musik in ihm nachbleibt, wenn Hektor ihm den Schädel eingeschlagen hat, das weiß ich nicht, aber ich denke gar keine; Fiedler Apollo müßte denn seine Sehnen nehmen und sich Saiten daraus machen.
Achilles. Komm, du sollst ihm jetzt diesen Brief bringen.
Thersites. Gebt mir noch einen für sein Pferd, denn das ist doch von beiden die klügste Bestie.
Achilles.   Mein Geist ist trüb wie ein gestörter Quell,
Ich selber kann ihm auf den Grund nicht schau'n.

(Achilles und Patroklus gehen ab.)

Thersites. Ich wollte, der Born Eures Geistes wäre wieder klar, daß ich einen Esel daraus tränken könnte. Wäre ich doch lieber eine Laus in Schafwolle, als solche tapfere Dummheit!   (Er geht ab.)

Vierter Aufzug

1. Szene
Straße

Es treten auf *Aeneas* und ein *Diener* mit einer Fackel, von der einen Seite; von der andern *Paris, Antenor, Deiphobus* und *Diomedes* nebst Gefolge und Fackeln.

Paris. Heda, wer kommt hier?
Deiphobus.   Fürst Aeneas, Herr.
Aeneas. Wie, Paris, seid Ihr's wirklich?
   Hätt' ich so schönen Anlaß, lang zu schlafen,
   Als Ihr, mein Prinz, nur heil'ge Pflichten hielten
   Von meiner Bettgenossin mich entfernt.
Diomedes. So denk' ich auch. Guten Morgen, Fürst Aeneas.
Paris.   Ein tapfrer Griech', Aeneas; reicht die Hand ihm;
   Erinnert Euch, wie oft Ihr uns erzählt,
   Daß Diomed Euch eine ganze Woche
   Täglich im Kampf gesucht.
Aeneas.   Ich biet' Euch Gruß,
   Solang die Waffenruh' Verkehr gestattet;
   Doch treff' ich Euch im Feld, so finstern Trotz,
   Wie nur das Herz ihn denkt, ausführt der Mut!
Diomedes.   Freundschaft wie Kampf erwidert Diomed;
   Nun wallt das Blut uns kühl, drum Gruß und Heil!
   Doch trifft Gelegenheit und Schlacht zusammen,

Beim Zeus, dann mach' ich auf dein Leben Jagd,
Mit aller Kraft und List den Sieg erstrebend.
Aeneas. Und jagen sollst du einen Leun, der flieht
Mit rückgewandtem Haupt. Jetzt sei gegrüßt
In Freundlichkeit. Ja, bei Anchises' Leben,
Herzlich willkommen. Bei Venus' Hand beteur' ich,
Kein Mann auf Erden kann in solcher Weise
Den Feind mehr lieben, den er wünscht zu töten!
Diomedes. Wir fühlen gleich. Zeus laß Aeneas leben,
Wenn meinem Schwert sein Tod nicht Ruhm erkauft,
Bis tausend Sonnenläufe sich erfüllen;
Doch mir zu Preis und Ehre laß ihn sterben,
Verwundet jedes Glied, und morgen schon!
Aeneas. Wir kennen uns einander gut.
Diomedes. Und wünschen auch im Bösen uns zu kennen.
Paris. Das ist so schmähend trotz'ger Freundschaftsgruß,
So edler Liebeshaß, als je geboten. –
Warum so früh geschäftig, Fürst?
Aeneas. Der König
Hat mich verlangt, doch weiß ich nicht warum.
Paris. Ich kann's Euch melden. Diesen Griechen führt
In Kalchas' Haus: dort für Antenors Freiheit
Sollt Ihr die schöne Kressida erstatten.
Laßt uns zusammen gehn; sonst, wenn Ihr wollt,
Eilt jetzt vor uns zu ihm. Ich glaube sicher –
Vielmehr mein Glaub' ist ein bestimmtes Wissen –
Dort weilt mein Bruder Troilus zu Nacht.
Weckt ihn, und meldet ihm, daß wir uns nahn,
Und Kunde gebt, weshalb; ich fürchte sehr,
Wir sind ihm nicht willkommen.
Aeneas. Nein, gewiß! –
Eh' wünscht er Troja hin nach Griechenland
Als Kressida aus Troja.
Paris. Wer kann's ändern?
Der Zeit gebietrische Notwendigkeit
Verlangt es so; geht, Fürst, wir folgen Euch.
Aeneas. Guten Morgen allerseits. (Er geht ab.)
Paris. Nun sagt mir, edler Diomed, sagt frei,
Im echten Geist aufricht'ger Brüderschaft –
Wer würd'ger sei der schönen Helena,
Ich oder Menelaus?
Diomedes. Beide gleich! –
Wert ist er, sie zu haben, der sie sucht,

>Für gar nichts achtend ihrer Ehre Fleck,
>Mit solcher Höllenpein und Welt von Aufwand; –
>Du wert, sie zu behalten, der sie schützt,
>Des stumpfer Gaum nicht ihre Schande schmeckt,
>Mit solchem teuern Preis von Gut und Freunden.
>Er, ein schwachmüt'ger Hahnrei, tränke willig
>Die Neig' und Hefe abgestandnen Weins;
>Dich Liederlichen freut's, aus Hurenleib
>Dir deine künft'gen Erben zu erzeugen.
>Drum wiegt ihr gleich, wie man die Pfunde setze,
>Hat einer mehr Gewicht, ist's um 'ne Metze.

Paris. Zu herbe seid Ihr Eurer Landsmännin.
Diomedes. Herb' ist sie ihrem Lande. Hört mich, Paris;
>Für jeden Tropfen ihres geilen Bluts
>Zahlt' eines Griechen Leben; jeder Skrupel
>Von ihres pestbefleckten Leibs Gewicht
>Erschlug 'nen Troer. Seit sie stammeln konnte,
>Sprach sie der guten Worte nicht so viel,
>Als griechisch Volk und troisch für sie fiel.

Paris. Freund Diomed, Ihr macht's wie kluge Käufer,
>Und schmäht das Gut, das Ihr zu markten wünscht; –
>Doch wir sind Euch voraus und schweigen still.
>Man rühmt nicht, was man nicht verkaufen will.
>Hier geht der Weg. – (Sie gehen ab.)

2. Szene
Garten

Troilus und *Kressida*.

Troilus. Mein Liebchen, müh dich nicht; die Luft ist kalt.
Kressida. Dann, Liebster, ruf' ich mir den Ohm herab,
>Er soll das Tor aufschließen.

Troilus.   Stör ihn nicht.
>Zu Bett, zu Bett, schlaft süß, ihr holden Augen,
>Und linde Ruh' umschmiege deine Sinnen
>Wie Kindern, aller Sorgen frei.

Kressida.   Guten Morgen denn!
 Troilus. Ich bitt' dich, nun zu Bett! –
Kressida. So seid Ihr mein schon müde?
Troilus. O Kressida! Nur daß der rege Tag
>Geweckt vom Lerchenton aufscheucht die Krähe
>Und Nacht nicht länger unsre Freuden birgt,
>Sonst schied' ich nicht.

Kressida.   Die Nacht war allzukurz!

Troilus. Der Giftbrut weilt die widerwärt'ge Hexe,
  Wie Hölle marternd; doch der Liebe Kosen
  Flieht sie, mit Schwingen schneller als Gedanken.
  Erkälten wirst du dich und auf mich zürnen.
Kressida. O bleib noch! Männer wollen niemals warten.
  Ich Törin! Hätt' ich nein zu dir gesagt,
  Dann würdst du wohl noch warten. Horch! wer kommt?
Pandarus (draußen).   Was? alle Türen offen?
Troilus.   's ist dein Oheim.
Pandarus kommt.

Kressida. Der Unerträgliche! Nun wird er spotten,
  Das wird ein Leiden sein –
  Pandarus. Nun, wie geht's, wie geht's? Was gilt die Jungferschaft? Hört, Ihr, Jungfer: wo ist meine Nichte Kressida! –
Kressida. Fort, fort mit Euch, Ihr böser, spött'scher Ohm!
  Erst treibt Ihr mich dazu, dann höhnt Ihr mich!
  Pandarus. Wozu? Wozu? Nun sag doch einmal, wozu? Wozu habe ich dich gebracht?
Kressida. Pfui, schlimmer Ohm! Ihr selbst tut nimmer gut,
  Noch leidet Ihr's von andern.
  Pandarus. Ha, ha, ha! Ach du armes Ding! Das liebe Närrchen! Hast du diese Nacht nicht geschlafen? Wollte er dich nicht schlafen lassen, der garstige Mann? Hole ihn der Popanz! –
(Es wird an der Tür geklopft.)
Kressida. Sagt' ich's nicht? Klopft doch lieber seinen Kopf!
  Wer pocht so? Geh doch, lieber Oheim, seht!
  Ihr, Liebster, kommt zurück in meine Kammer: –
  Ihr winkt und lächelt, als meint' ich etwas Arges –
Troilus. Ha, ha!
Kressida. Ihr irrt Euch; nein, an so was denk' ich nicht.
(Man klopft wieder.)
  Wie stark man klopft! Ich bitt' Euch, geht hinein;
  Halb Troja nähm' ich nicht, daß man Euch fände. (Sie gehen ab.)
  Pandarus. Wer ist denn da? Was gibt's? Wollt ihr die Tür einschlagen? Was ist? Was gibt's? –
Aeneas tritt auf.

Aeneas. Guten Morgen, Herr, guten Morgen.
  Pandarus. Wer ist's? Fürst Aeneas? Auf meine Ehre, ich kannte Euch nicht; was bringt Ihr so früh Neues?
Aeneas. Ist nicht Prinz Troilus hier?
Pandarus.   Hier? Was sollte er wohl hier machen?
Aeneas.   Ei, er ist hier; verleugnet ihn nur nicht!
  Es liegt ihm viel daran, mit mir zu reden.

Pandarus. Er ist hier, sagt Ihr? Das ist mehr als ich weiß, des schwöre ich Euch. Was mich betrifft, so kam ich spät heim – was sollte er hier zu tun haben?
Aeneas. Wer? Nun, wahrhaftig –
Geht, geht; Ihr tut ihm Schaden, eh' Ihr's denkt;
Ihr wollt ihm treu sein und verratet ihn; –
Wißt immer nichts von ihm, nur holt ihn her.
Geht! –

Während *Pandarus* abgeht, kommt *Troilus*.

Troilus. Nun, was gibt es hier?
Aeneas. Kaum bleibt mir Zeit, Euch zu begrüßen, Prinz,
So drängt mich mein Geschäft. Ganz nah schon sind
Eu'r Bruder Paris und Deiphobus,
Der Grieche Diomed und, neu befreit,
Unser Antenor, und für diesen soll'n wir
Noch diese Stunde, vor dem Morgenopfer,
In Diomedes' Hand als Preis erstatten
Das Fräulein Kressida.
Troilus. Ist das beschlossen?
Aeneas. Von Priamus und Trojas ganzem Rat.
Sie nahn und sind bereit, es zu vollziehn.
Troilus. Wie spottet mein nun der errungne Preis! –
– Ich geh' sie zu empfahn, und Ihr, Aeneas,
Traft mich durch Zufall, fandet mich nicht hier.
Aeneas. Recht wohl, mein Prinz. Naturgeheimnisse
Sind nicht mit größrer Schweigsamkeit begabt. –

(Troilus und Aeneas gehen ab.)

Pandarus. Ist's möglich? Wie gewonnen, so zerronnen! Hole der Teufel diesen Antenor! Der junge Prinz wird den Verstand verlieren. Zum Henker mit diesem Antenor! Ich wollte, sie hätten ihm den Hals gebrochen! –

Kressida kommt.

Kressida. Wie nun? Was gibt es hier? Wer kam vorhin?
Pandarus. Ach, ach! –
Kressida. Was seufzt Ihr so? Wo ist mein Liebster? Fort?
Sagt, lieber Ohm, was ist geschehn?
Pandarus. Ich wollte, ich wäre so tief unter der Erde, als ich darüber bin! –
Kressida. O Götter! Nun, was ist geschehn? –
Pandarus. Ach, geh nur hinein. Wärst du doch nie geboren! Ich wußte es wohl, du würdest sein Tod sein. O der arme junge Mann! Verdammter Antenor!

Kressida. Mein bester Ohm, auf meinen Knien beschwör' ich,
Ich fleh' Euch, sagt, was ist geschehn? –

Pandarus. Du mußt fort, Kind, du sollst fort; du bist für den Antenor ausgewechselt; zu deinem Vater sollst du und den Troilus verlassen. Das wird sein Tod sein; das überlebt er nicht; das bringt ihn um! –

Kressida. O Ihr Unsterblichen! Ich gehe nicht! –

Pandarus. Du mußt!

Kressida. Ich will nicht, Ohm. Was frag' ich nach dem Vater?
Was ist Verwandtschaft mir? Nein, keine Seele,
Nicht Sippschaft, Lieb' und Blut sind mir so nah
Als du, herzliebster Troilus. O Götter!
Laßt Kressida der Falschheit Gipfel heißen,
Wenn sie dich je verläßt! Zeit, Not und Tod,
Tut diesem Leben euer Äußerstes;
Doch meiner Liebe starker Bau und Grund
Ist gleich der Erde Mittelpunkt und zieht
Alles an sich. Ich will hinein und weinen –

Pandarus. Das tu! –

Kressida.   Zerraufen will ich
Mein glänzend Haar, und die gepries'nen Wangen
Zerkratzen; heiser schluchzen meine Stimme
Und „Troilus" rufen, bis mein Herze bricht.
Ich will nicht fort von Troja! – (Sie gehen ab.)

3. Szene

Straße

Es treten auf *Paris, Troilus, Aeneas, Diomedes* und Gefolge.

Paris. Es ist schon heller Morgen, und die Stunde,
Sie abzuliefern diesem tapfern Griechen,
Rückt schnell heran. Mein bester Troilus,
Sag du der Dame, was ihr noch bevorsteht,
Und heiß' sie eilen.

Troilus.   Geht ins Haus hinein;
Ich sende sie dem Griechen ungesäumt, –
Und seine Hand, wenn ich sie überliefre,
Ist der Altar, dein Bruder Troilus
Der Priester, der sein eignes Herz dort opfert. (Troilus ab.)

Paris. Ich weiß, was Lieben heißt, und wünsche nur,
Ich könnte dir, wie Mitleid, Hilfe bieten. –
Beliebt's, ihr Herrn, so geht hinein. (Sie gehen ab.)

4. Szene
Garten

Pandarus und *Kressida* treten auf.

Pandarus. Sei mäßig, Kind, sei mäßig!
Kressida. Was sprecht Ihr mir von Mäßigung? Der Schmerz,
 Den ich empfind', ist innig, tief, erschöpfend
 Und ganz so groß und heftig wie die Ursach',
 Die ihn erzeugt: wie kann ich ihn da mäß'gen?
 Wenn meine Liebe mit sich handeln ließe,
 Daß sie dem kältern, schwächern Sinn genügte,
 So könnt' ich ebenso den Schmerz auch kühlen:
 Wie meine Liebe, unversetzt und rein,
 Soll auch der Schmerz ob dem Verluste sein.

Troilus kommt.

Pandarus. Hier, hier, hier kommt er. Ach, die lieben Täubchen!
Kressida. O Troilus! Troilus!
Pandarus. Welch ein Schauspiel! das arme Paar! Laßt mich euch auch umarmen – O *Herz* – wie's im alten Liede steht –
> O Herz, o volles Herz,
> Was seufzest du und brichst nicht?

Und er antwortet hernach:
> Weil du nicht lindern kannst den Schmerz,
> Drum wendst du dich und sprichst nicht.

Nie gab's einen so wahren Reim. Man muß nichts wegwerfen; denn wir können's alle erleben, solchen Vers nötig zu haben; wir sehen es, wir sehen es. Nun, meine Lämmchen? –
Troilus. Ich liebe dich mit solcher seltnen Reinheit,
 Daß sel'ge Götter, meiner Liebe zürnend –
 Die heißer, als Gebet von kalten Lippen
 Der Gottheit dargebracht – dich mir entreißen!
Kressida. Sind Götter neidisch?
Pandarus. Ja, ja! da sieht man's deutlich!
Kressida. Und ist es wahr? Muß ich von Troja scheiden?
Troilus. Verhaßte Wahrheit!
Kressida.   Auch von Troilus?
Troilus. Von Troja wie von Troilus!
Kressida.   Unmöglich!
Troilus. Und augenblicks, so daß des Schicksals Hohn
 Das Lebewohl zurückweist; jede Muße

Grausam versagt; arglistig unsern Lippen
Alle Vereinigung wehrt; gewaltsam hemmt
Der Lieb' Umarmung, und den Schwur erstickt
Im Kreisen und Geburtsschmerz unsres Atems.
Wir beide, die wir uns mit tausend Seufzern
Gewonnen, müssen ärmlich uns verkaufen
Für eines Einz'gen abgebrochnen Hauch.
Der rohe Augenblick, mit Diebes Hast,
Zwängt ein den reichen Raub fast unbesehn.
So manch Lebwohl als Stern' am Himmel, jedes
Mit eignem Kuß und Abschiedswort besiegelt,
Huscht er zusammen in *ein* kalt Ade
Und speist uns ab mit einem dürft'gen Kuß,
Verbittert mit dem Salz verhaltner Tränen.

Aeneas (draußen).   Prinz! Ist das Fräulein nun bereit?
Troilus.   Sie rufen dich! So ruft der Todesengel
Sein *Komm*! dem Mann, der plötzlich sterben soll! –
Heißt jene warten, sie wird gleich erscheinen.

Pandarus.   Wo sind meine Tränen? Regnet, damit dieser Sturm sich lege, sonst reißt es mein Herz mit allen Wurzeln aus.

(Pandarus geht.)

Kressida.   So muß ich zu den Griechen?
Troilus.   's ist kein Mittel!
Kressida.   Ein trauernd Mädchen bei den lust'gen Griechen?
Wann werden wir uns wiedersehn?
Troilus.   Hör' mich, Geliebte, bleibe du nur treu –
Kressida.   Ich treu? Wie das? Welch schmählicher Verdacht!
Troilus.   Nein, laß uns freundlich schlichten diesen Streit,
Er scheidet gleich von uns.
Ich sage nicht aus Argwohn: *Sei mir treu*,
Denn selbst dem Tod werf' ich den Handschuh hin,
Daß ohne Fleck und Makel sei dein Herz:
Dies „*Sei mir treu*" war nur um einzuleiten
Die folgende Beteurung: Sei mir treu,
Und bald seh' ich dich wieder.
Kressida.   O dann, mein Prinz, wagt Ihr Euch in Gefahren,
Zahllos und furchtbar. Doch ich bleib' Euch treu!
Troilus.   Dann lockt Gefahr mich. Tragt die Ärmelkrause.
Kressida.   Und Ihr den Handschuh. Wann seh' ich Euch wieder?
Troilus.   Erkaufen werd' ich mir die griech'schen Wachen
Und dann dich nachts besuchen. Doch sei treu!
Kressida.   O Himmel! Wieder dies: Sei treu!

Troilus. Hör an,
 Geliebteste, weshalb ich dir's gesagt.
 Die griech'schen Jünglinge sind reich begabt;
 Ihr Lieben schmücken sie mit Körperschönheit
 Und Überfluß an ritterlichen Künsten.
 Wie Neuheit rühren mag und Wohlgestalt,
 Ach! läßt mich eine fromme Eifersucht –
 Ich bitt' dich, nenn' es tugendhafte Sünde –
 Zu sehr befürchten.
Kressida. O, Ihr liebt mich nimmer! –
Troilus. Dann mag ich sterben als ein Bösewicht!
 Nicht deine Treu' und Liebe macht mich zweifeln
 So sehr als mein Verdienst. Ich kann nicht dichten,
 Nicht springen wie ein Tänzer, künstlich kosen,
 Noch seine Spiele spielen: lauter Gaben,
 Worin die Griechen meisterlich gewandt.
 Allein ich weiß, in jeder dieser Zierden
 Lauert ein heimlich, stummberedter Teufel,
 Der schlau versucht. O, laß dich nicht versuchen! –
Kressida. Glaubst du, ich werd' es?
Troilus. Nein!
 Doch oft geschieht uns, was wir nicht gewollt,
 Und oftmals sind wir unsre eignen Teufel,
 Wenn wir des Willens Schwäche selbst versuchen,
 Zu stolz auf unsre wandelbare Kraft.
Aeneas (draußen). Nun, werter Prinz –
Troilus. Noch einen Kuß zum Abschied!
Paris (draußen). Auf, Bruder Troilus!
Troilus. Paris, komm herein,
 Und bring Aeneas mit und Diomedes.
Kressida. Ihr bleibt doch treu, mein Prinz?
Troilus. Wer, ich! Das ist mein Fehl ja, meine Schwäche!
 Wenn andre schlau nach hoher Meinung angeln,
 Euch' ich mit Treu' nur schlichter Einfalt Lob.
 Wenn andre listig ihre Kupferdreier
 Vergolden, trag' ich meine ehrlich, wie sie sind.
 Sorg' nicht um meine Treu'; denn all mein Sinnen
 Ist ehrlich, treu; mehr will ich nicht gewinnen.

Aeneas, Paris und *Diomedes* treten auf.

Willkommen, Diomed! Hier ist die Dame,
Die für Antenor wir Euch überliefern.
Am Tor, Herr, geb' ich sie in deine Hand

Und schildre unterwegs dir, was sie ist.
Begegn' ihr gut und dann, beim Himmel, Grieche,
Fällst du jemals in meines Schwerts Gewalt
Und nennst mir Kressida, dann sollst du frei sein
Wie Priamus in Ilium.
Diomedes. Schöne Dame,
Ihr spart den Dank mir, den der Prinz erwartet.
Eu'r glänzend Aug', der Himmel dieser Wangen,
Heischt gut Begegnen. Diomedes nennt
Euch seine Herrin, ist Euch ganz gewidmet.
Troilus. Grieche, nicht höflich gegen mich verfährst du,
Das Siegel meiner Bitte nicht zu achten
Durch solchen Preis. Ich sag' dir, griech'scher Fürst,
Sie überstrahlt so hoch dein Lob, als du
Unwürdig bist, dich ihrem Dienst zu weihn.
Ich heiß' dir, halt sie gut, weil ich's dir heiße:
Denn, beim furchtbaren Pluto, tust du's nicht,
Wär' auch dein Schutz Achilles' ries'ge Wucht,
Du hast gelebt.
Diomedes. O nicht so hitzig, Prinz!
Laßt mir das Vorrecht meiner Sendung, daß
Ich frei hier sprechen darf. Bin ich erst fort,
Dann folg' ich meiner Willkür, und vernimm,
Ich tu' nichts auf Geheiß; nach ihrem Wert
Wird sie geschätzt; doch sprichst du: *So soll's sein*,
Werd' ich nach Mut und Ehr' erwidern: *Nein!*
Troilus. So komm zum Tor! – und wisse, Diomed,
Daß wer hier trotzt, dereinst um Gnade fleht.
Gebt, Fräulein, mir die Hand, und mag im Wandeln
Ein leises Wort des Herzens Wunsch verhandeln.

(Troilus und Kressida gehen ab. Trompeten.)

Paris. Horch! Hektors Herold! –
Aeneas. Wie der Morgen schwand!
Der Prinz muß träge mich und säumig schelten,
Da ich versprach, vor ihm im Feld zu sein.
Paris. Die Schuld trägt Troilus; kommt, ins Feld mit ihm!
Diomedes. Nun laßt uns eilig sein!
Aeneas. Ja, mit des Bräut'gams muntrer Freudigkeit
Woll'n wir dem Hektor folgen auf dem Fuß.
Heut ficht für unsres Troja Heil und Ruhm
Sein Arm allein und edles Rittertum! –

(Sie gehen ab.)

5. Szene

Das griechische Lager

Es treten auf *Ajax* in voller Rüstung; *Agamemnon, Achilles, Patroklus, Menelaus, Ulysses, Nestor* und Gefolge.

Agamemnon.   Hier stehst du, kampfgerüstet frisch und kühn,
Der Zeit voreilend mit frühregem Mut.
Laß die Drommete laut dich Troja künden,
Furchtbarer Ajax, daß die Luft entsetzt
Des großen Kämpen Ohr durchbohre scharf
Und stürm' ihn her.
Ajax.   Trompeter, nimm dies Gold!
Nun spreng die Lung' und brich dein erznes Rohr:
Blas, Kerl, bis deine aufgeschwellte Wange
Noch straffer sei, als Pausback Aquilo;
Dehn aus die Brust, dem Aug' entspritze Blut,
Du schmetterst Hektorn mir heran.
Ulysses.   Kein Erz gibt Antwort! –
Achilles.   's ist noch früh am Tag.
Agamemnon.   Kommt dort nicht Diomed mit Kalchas' Tochter?
Ulysses.   Jawohl, ich kenn' ihn an der Art des Gangs:
Er hebt sich auf den Zeh'n; hochatmend strebt
Sein Geist von dieser Erd' empor.

Diomedes und *Kressida* treten auf.

Agamemnon.   Ist dies das Fräulein Kressida?
Diomedes.   Sie ist's.
Agamemnon.   Sei hold gegrüßt den Griechen, schönes Fräulein!
Nestor.   Mit einem Kuß begrüßt Euch der Feldhauptmann.
Ulysses.   Wer möchte nicht solch reizend Feld behaupten?
Wir folgen Haupt für Haupt dem Mann ins Feld.
Nestor.   Ein trefflich art'ger Vorschlag! Ich beginne: –
So viel für Nestor.
Achilles.   Ich will das Eis von Euern Lippen küssen:
Achill heißt Euch willkommen, schönes Kind.
Menelaus.   Zum Küssen hatt' ich hübschen Anlaß sonst –
Patroklus.   Doch ist das Anlaß nicht zum Küssen jetzt; –
Denn so wie ich drang Paris Euch ins Haus,
Und mit dem hübschen Anlaß war es aus.
Ulysses.   O bittre Schmach! All unsres Spottes Born!
Mit unsrem Lebensblut färbt er sein Horn!
Patroklus.   *Der* Kuß für Menelaus, *der* für mich;
Patroklus küßt Euch.
Menelaus.   Ei, so abzuziehn!

Patroklus. Paris und ich, wir küssen stets für ihn.
Menelaus. Erlaubt mir: meinen Kuß will ich nicht missen.
Kressida. So sagt, empfangt Ihr oder nehmt im Küssen?
Menelaus. Ich nehm' und geb' im Kuß.
Kressida. Mein Leben drauf,
Der, den Ihr gebt, wiegt, den Ihr nehmt, nicht auf.
Drum keinen Kuß.
Menelaus. Ich zahl' Euch Aufgeld, geb' Euch drei für *einen*!
Kressida. Von einem halben Manne nehm' ich keinen.
Menelaus. Ein halber? Und wo wär' die andre Hälfte?
Kressida. Die hat Prinz Paris längst sich eingefangen,
Als er mit Eurer Frau davongegangen.
Menelaus. Ihr schnippt mir an die Stirn!
Kressida. O nein, fürwahr!
Ulysses. Wie brächt' Eu'r Händchen seinem Horn Gefahr?
Darf ich um einen Kuß Euch bitten, Schöne?
Kressida. Ihr dürft!
Ulysses. Gern hätt' ich einen!
Kressida. Nun, so bittet.
Ulysses. Um Venus, werde mir ein Kuß von dir,
Wenn Helena als Jungfrau lebt und hier!
Kressida. Sobald die Schuld verfallen, zahl' ich sie.
Ulysses. Dann hat es gute Zeit, Ihr küßt mich nie.
Diomedes. Fräulein, ein Wort; ich bring' Euch Eurem Vater.
(Er geht mit Kressida ab.)
Nestor. Sie hat behenden Witz.
Ulysses. Pfui über sie!
An ihr spricht alles, Auge, Wang' und Lippe,
Ja selbst ihr Fuß: der Geist der Lüsternheit
Blickt vor aus jedem Glied und Schritt und Tritt.
O dies' Entgegenkommer, zungenschnell,
Die jede Annäh'rung zuvor begrüßen!
Und weit aufschlagen ihres Denkens Buch
Für jeden üpp'gen Leser' Merkt sie euch
Als niedre Beute der Gelegenheit
Und Töchter schnöder Lust. (Trompetenstoß.)
Alle. Trojas Trompete!
Agamemnon. Seht, es naht der Zug! –
Es treten auf *Hektor, Aeneas, Troilus* und Gefolge.
Aeneas. Heil, Griechenfürsten! Was wird dem zu teil,
Der obsiegt? Oder ist es eure Absicht,
Daß einer Sieger sei? Sollen die Ritter
Aus aller Kraft sich bis aufs äußerste

Bekämpfen? Oder wird der Streit geschieden
Durch irgend ein Gebot und Kampfgericht?
So fragt euch Hektor.
Agamemnon. Was ist Hektors Wunsch?
Aeneas. Ihm gilt es gleich, er fügt sich der Bestimmung.
Achilles. Ganz Hektorn ähnlich, doch sehr zuversichtlich;
Ein wenig stolz und überaus mißachtend
Den Gegner.
Aeneas. Wenn Achilles nicht, mein Fürst,
Wer seid Ihr?
Achilles. Wenn Achilles nicht, dann nichts.
Aeneas. Achilles also. Doch wer sonst, vernehmt! –
In beiden Äußersten von Groß und Klein,
Sind Stolz und Mut in Hektor unerreicht;
Der eine fast so endlos wie das All,
Der andre leer wie nichts. Erwägt ihn recht,
Und was Euch stolz scheint, ist nur Höflichkeit:
Held Ajax ist von Hektors Blute halb:
Zuliebe dem bleibt Hektor halb zu Hause:
Halb Herz, halb Hand, halb Hektor, naht er, wo er
Den Bastardhelden sucht, halb Griech', halb Troer.
Achilles. Ein Scheingefecht also! Ha, ich versteh' Euch! –

Diomedes tritt auf.

Agamemnon. Hier kommt Fürst Diomed. Auf, edler Ritter
Stellt Euch zu unserm Ajax: so wie Ihr
Und Lord Aeneas ordnen dies Gefecht,
So sei es: ob ein Anlauf, ob ein Gang
Auf Tod und Leben. Weil die zwei verwandt,
Ist halb der Kampf erloschen, eh' entbrannt.
Ulysses. Sie stehn sich gegenüber.
Agamemnon. Wer ist der Troer, der so finster schaut?
Ulysses. Des Priam jüngster Sohn: ein echter Ritter,
Kaum reif, schon unvergleichbar; fest von Wort,
Beredt in Tat und tatlos in der Rede;
Nicht bald gereizt, doch dann nicht bald besänftigt.
Sein Herz und Hand gleich offen, beide frei:
Sonst gibt er, was er hat, spricht, was er denkt;
Doch gibt er nur, lenkt Urteil seine Güte.
Nie adelt er durch Wort unwürd'ges Denken;
Mannhaft wie Hektor, doch gefährlicher;
Denn Hektor in des Zornes Glut verschont,
Was mitleidwert; weil dieser, kampfbegeistert,
Blutdürst'ger trifft als eifersücht'ge Liebe.

Man nennt ihn Troilus und baut auf ihn
Die zweite Hoffnung, stark wie Hektor selbst;
So spricht Aeneas, der den Jüngling kennt
Ganz durch und durch und in Geheimgespräch
Im großen Ilion mir ihn so geschildert.
        (Trompeten. Hektor und Ajax kämpfen.)
Agamemnon.   Der Kampf beginnt.
Nestor.   Nun, Ajax, halt dich brav.
Troilus.   Hektor, du schläfst, erwache!
Agamemnon.   Er führt den Degen trefflich: recht so, Ajax!
        (Die Trompeten hören auf zu blasen.)
Diomedes.   Ihr dürft nicht weiter –
Aeneas.   Prinzen, 's ist genug.
Ajax.   Ich bin kaum warm, tun wir noch einen Gang.
Diomedes.   Wie's Hektor wünscht!
Hektor.   Nun gut: ich will nicht weiter.
Du, Fürst, bist meines Vaters Schwestersohn,
Leiblicher Vetter Priams großem Stamm,
Und der Verwandtschaft Heiligkeit verbietet,
Daß sich der Kampf des Ruhms mit Blut entscheide.
Wär' Gräcien dir und Troja so gemischt,
Daß du könntst sagen: *diese Hand ist griechisch*
Und troisch jene; dieses Schenkels Bau
Griechisch, der troisch; meiner Mutter Blut
Rinnt in der rechten Wange, das des Vaters
In jener linken: beim allmächt'gen Zeus!
Hinweg von mir trügst du kein griechisch Glied,
Dem nicht mein Schwert hätt' eingeprägt ein Mal
Des bösen Streits. Doch hindern das die Götter,
Daß nur ein Tropfen deines Mutterbluts,
Geheiligt mir, von meinem Todesstahl
Vergossen sei. Laß dich umarmen, Ajax!
Bei dem, der donnert, du hast tücht'ge Arme!
Gern läßt sich Hektor so von ihnen fassen:
Dir, Vetter, aller Ruhm!
Ajax.   Ich dank' dir, Hektor!
Du bist ein Mann, zu frei und hochgesinnt;
Dich töten wollt' ich, Vetter, und an Ehre
Durch deinen Fall mir reichen Zuwachs ernten.
Hektor.   *Selbst Neoptolemus der Wunderheld,*
Von dessen Helm lauttönend Fama ruft,
Das ist er selbst! hegt nicht den Wahngedanken,
Daß Ruhm, Hektorn entrissen, seinen mehrte.

Aeneas. Von beiden Seiten fragt Erwartung jetzt,
Was ferner Ihr beginnt?
Hektor.   Dies unsre Antwort:
Der Ausgang ist Umarmung. – Ajax, leb wohl! –
Ajax. Wenn ich Erfolg der Bitte könnt' erwarten,
Der selten mir zu teil wird – lüd' ich Euch,
Ruhmvoller Vetter, zu den griech'schen Zelten.
Diomedes. 's ist Agamemnons Wunsch: auch Held Achilles
Möcht' ohne Wehr den tapfern Hektor sehn.
Hektor. Ruf meinen Bruder Troilus, Aeneas,
Und melde diesen friedlichen Besuch
Der Troer Schar, die meiner Rückkunft harrt; –
Sie soll'n heimkehren. – Gib die Hand mir, Vetter;
Ich speis' in deinem Zelt mit Euern Rittern.
Ajax. Der Herrscher Agamemnon naht sich uns. –
Hektor. Sag mir die Namen aller Würdigsten:
Nur den Achilles laß mein spähend Aug'
An seiner Hochgestalt und Wucht erkennen.
Agamemnon. Streitbarer Held! Willkommen mir, wie *einem*,
Der solches Feindes gern entledigt wär'.
Doch das ist kein Willkomm; drum red' ich klarer.
Vergangnes und Zukünftiges verdeckt
Formloser Schutt und Trümmer des Vergessens;
Doch in der gegenwärt'gen Stund' entbeut
Dir Treu' und Glaub' in frommster Lauterkeit,
Abwendig aller schiefen Nebenrichtung,
O großer Mann, herzinnige Begrüßung.
Hektor. Ich dank' dir, hocherhabner Agamemnon.
Agamemnon. Erlauchter Troilus, nicht mindres Euch.
Menelaus. Ich grüß' Euch, wie mein königlicher Bruder:
Du kriegrisch Brüderpaar, sei uns willkommen.
Hektor. Wer spricht zu uns?
Aeneas.   Der edle Menelaus.
Hektor. O, Feldherr, Dank, bei Mavors Eisenhandschuh!
Verargt mir nicht den seltsamlichen Schwur:
Eu'r weiland Weib schwört stets bei Venus' Handschuh:
Wohl ist sie – doch sie schickt Euch keinen Gruß.
Menelaus. Nennt sie nicht, Prinz; sie mahnt an tödlich Weh!
Hektor. Verzeihung! Ich vergaß! –
Nestor. Ich sah dich oft, du weidlicher Trojaner,
Wenn du, in Arbeit für den Tod, dir Bahn
Durch unsre Jugend wütig brachst; ich sah dich
Wie Perseus heiß dein phrygisch Schlachtroß spornend,

Viel Todesschuld und Kampfespreis verschmähn.
Vordringend schwangst du hoch ums Haupt dein Schwert,
Und nicht auf den Gefallnen durft' es fallen,
So daß ich sprach zu meinen Schlachtgenossen:
Seht Jupiter, wie er dort Leben spendet!
Dann sah ich dich verschnaufend Atem schöpfen,
Wenn dich ein Kreis von Griechen rings umschloß,
Wie ein olymp'scher Ringer: solches sah ich;
Doch dies dein Antlitz, stets in Stahl verriegelt,
Schau' ich erst heut. Mit deinem Ältervater
Focht ich einmal; er war ein guter Streiter,
Allein beim Kriegsgott, unser aller Haupt,
Dir nimmer gleich. Nimm eines Greisen Kuß,
Und unserm Zelt sei, tapfrer Fürst, willkommen.

Aeneas. Er ist der alte Nestor.

Hektor. Laß dich umarmen, gute alte Chronik,
Die mit der Zeit so lang schritt Hand in Hand:
Ehrwürd'ger Nestor, froh umschließ' ich dich.

Nestor. O daß mein Arm dir's gleichtun könnt' im Kampf,
Wie er nun kämpft mit dir in Freundlichkeit!

Hektor. Ich wünscht' er gleichfalls.

Nestor. Ha,
Bei diesem weißen Bart, ich föchte mit dir morgen.
Willkommen, dann, willkomm! Ich sah die Zeit –

Ulysses. Mich wundert nur, wie jene Stadt noch steht,
Da wir jetzt ihren Grund und Pfeiler haben!

Hektor. Wohl kenn' ich Eure Züge, Fürst Ulyß! –
O Herr, schon mancher Griech' und Troer fiel,
Seit ich zuerst Euch sah mit Diomed
In Ilion als Gesandte Griechenlands.

Ulysses. Da sagt' ich Euch vorher, was folgen würde;
Noch weilt auf halbem Weg die Prophezeiung;
Denn jene Mauern, keck die Stadt umschirmend,
Die Zinnen, die mit Wolken üppig buhlen,
Sie küssen noch den eignen Fuß.

Hektor. Nicht glaub' ich's!
Da stehn sie noch; bescheiden mein' ich auch,
Uns zahlt für jedes phryg'schen Steines Fall
Ein Tropfen Griechenblut. Das Ende krönt's,
Und jener alte, ew'ge Richter Zeit,
Wird einst es enden.

Ulysses. Lassen wir es ihm.
Höchst edler, tapferer Hektor, sei willkommen!

Nach unserm Feldherrn bitt' ich dich zunächst
Mein Gast zu sein und mich im Zelt zu sehn.
Achilles. Dawider muß ich Einspruch tun, Ulysses!
Nun, Hektor, hast du meinen Blick gesättigt.
Mit scharfem Aug' durchforscht' ich dich, o Hektor,
Und prüfte Glied vor Glied.
Hektor. Ist dies Achilles? –
Achilles. Ich bin Achilles.
Hektor. Ich bitte, stell dich so, daß ich dich schaue.
Achilles. Sieh dich nur satt!
Hektor. Nein, ich bin fertig schon.
Achilles. Du bist zu eilig. Ich durchmustre dich
Noch einmal Glied für Glied, als wär's zum Kauf.
Hektor. So wie ein Scherzbuch blätterst du mich durch?
Doch mehr wohl liegt in mir, als du verstehst!
Was will mich so dein Auge niederdrücken? –
Achilles. Ihr Götter sagt, an welchem Teil des Körpers
Vernicht' ich ihn? Ist's hier, dort oder da?
Daß ich genau den Sitz der Wunde nennen
Und scharf das Tor bezeichnen mag, wodurch
Sein großer Geist entflieht. Antwort, ihr Götter!
Hektor. Mißziemen würd' es heil'gen Göttern, Stolzer,
Antwort zu geben solcher Frage. Sprich!
Glaubst du mein Leben so im Scherz zu fahn,
Daß du vorzeichnen willst so bis aufs Haar,
Wo treffen soll der Tod? –
Achilles. Ja, sag' ich dir.
Hektor. Und wärst du, solches kündend, ein Orakel,
Nicht glaubt' ich dir. Hinfort sei auf der Hut!
Denn nicht hier töt' ich dich, noch dort, noch da,
Nein, bei dem Hammer, der Mars' Helm geformt,
Dich töt' ich, wo's auch sei, ja über und über.
Verzeiht ihr weisen Griechen meinem Prahlen,
Sein Hochmut zwingt mich, Törichtes zu reden.
Doch streb' ich so zu tun, wie ich gesprochen,
Sonst mög' ich nie –
Ajax. Kommt nicht in Eifer, Vetter.
Und Ihr, Achilles, laßt dies Drohen bleiben,
Bis Zufall oder Vorsatz wahr es macht.
Genug könnt Ihr von Hektor täglich haben,
Wenn es Euch hungert; doch ganz Griechenland
Bringt Euch wohl kaum mit ihm in Hader, fürcht' ich.
Hektor. Ich bitt' Euch, laßt im Feld uns Euch begegnen:

Es gab nur kleinen Krieg, seit Ihr verließt
Die griech'schen Fahnen.
Achilles. Du verlangst nach mir?
Dir nah' ich morgen, furchtbar wie der Tod. –
Heut abend sei'n wir Freunde.
Hektor. Wohl, schlag ein!
Agamemnon. Vorerst, ihr griech'schen Herrn, kommt in mein Zelt,
Dort woll'n wir Tafel halten, und hernach
Wie Hektors Muß' und Eure Gastlichkeit
Zusammentrifft, bewirtet ihn dann einzeln.
Nun laßt die Pauken, laßt Trompeten schallen,
Willkommen bleibt der Troerfürst uns allen.
Sie gehen ab. Es bleiben *Troilus* und *Ulysses*.

Troilus. Ich bitt' Euch, Fürst Ulysses, gebt mir Kunde,
In welchem Teil des Lagers Kalchas weilt.
Ulysses. In Menelaus' Zelt, mein edler Prinz:
Dort speiset Diomed mit ihm zu Nacht,
Der nicht an Erde mehr noch Himmel denkt,
Und ganz von Lieb entflammt nur Augen hat
Für Fräulein Kressida.
Troilus. Erzeigt Ihr mir die Huld, mein werter Fürst,
Wann wir verlassen Agamemnons Zelt,
Mich hinzuführen?
Ulysses. Schaltet über mich.
Gleich freundlich sagt, mein Prinz, in welchem Ruf
Hielt Troja diese Schöne? Weint ihr dort
Kein Liebster nach? –
Troilus. O Fürst, wer rühmend prahlt mit seinen Wunden,
Verdienet Spott. Sehn wir zusammen, Herr?
Sie liebt' und ward geliebt, und wird's noch heute,
Doch neid'schem Glück ward Liebe stets zur Beute. (Er geht ab.)

Fünfter Aufzug

1. Szene
Zelt des Achilles

Es treten auf *Achilles* und *Patroklus*.

Achilles. Mit griech'schem Wein durchglüh' ich heut sein Blut,
Und mit dem Schwerte kühl' ich's morgen ab.
Patroklus, laß uns weidlich mit ihm bechern!
Patroklus. Hier kommt Thersites.

Thersites tritt auf.

Achilles. Nun, du tück'sche Schwäre? Du krustiges Naturgebäck, was gibt's?

Thersites. Nun, du Bildnis dessen, was du scheinst, du Abgott der Dummheitanbeter, hier ist ein Brief für dich.

Achilles. Von woher, du Brocken? –

Thersites. Nun, du volle Schüssel Narrheit, aus Troja.

Patroklus. Wer blieb in den Zelten?

Thersites. Soll ich von euern Zeltern und Mäulern Rechenschaft geben, Esel?

Patroklus. Nicht übel, Scheelsucht: nun, was soll die Bosheit?

Thersites. Ich bitte dich, Knabe, schweig still; ich lerne nichts aus deinem Geschwätz. Man hält dich für Achills Mannsbuben.

Patroklus. Mannsbuben, du Schurke? Was soll das heißen?

Thersites. Ei nun, seine männliche Hure. Mögen doch alle faulen Seuchen des Südwinds, Bauchgrimmen, Brüche, Flüsse, Stein- und Rückenschmerzen, Schlafsucht, Lähmung, Augenentzündung, Leberfäulnis, Lungensucht, Eiterbeulen, Hüftweh, verkalkte Finger, unheilbarer Knochenfraß und das unveräußerliche Ehrengeschenk der schäbigsten Krätze fallen und nochmals fallen auf so widernatürliche Entdeckungen! –

Patroklus. Was, du teuflische Giftbüchse du, was willst du mit allen diesen Flüchen?

Thersites. Fluch' ich dir?

Patroklus. Nein, du wurmstichiges Faß, du verruchter gemeiner Köter, das nicht.

Thersites. Nicht? Worüber ereiferst du dich denn, du lose fasrige Seidenflocke, du grünflorner Schirm für ein böses Auge, du Quast an eines Verschwenders Geldbeutel du? Ach wie die arme Welt verpestet wird von solchen Wasserfliegen, solchem Wegwurf der Natur! –

Patroklus. Fort, Galle!

Thersites. Finkenei!

Achilles. Liebster Patroklus, ganz durchkreuzt der Brief
Mein großes Wollen für den nächsten Morgen.
Es sendet ihn die Kön'gin Hekuba
Und ihre Tochter, meine schöne Buhlin.
Sie beide tadeln und beschwören mich,
Zu halten meinen Eid. Ich brech' ihn nicht.
Fallt, Griechen, welke Ruhm, werd' Ehre Spreu,
Mein erst Gelübd' ist hier, dem bleib' ich treu.
Thersites geh' und ordne mir das Mahl,
Die Nacht durchjubeln wir beim Festpokal.
Komm, mein Patroklus. (Sie gehen ab.)

Thersites. Bei zu viel Blut und zu wenig Hirn können die beiden noch toll werden; wenn sie's aber bei zu viel Hirn und zu wenig Blut werden, so will ich selbst Narren kurieren. Da ist Agamemnon; eine gute ehrliche Haut und Liebhaber von jungen Schnepfen; aber Gehirn hat er nicht so viel als Ohrenschmalz. Und nun vollends diese unvergleichliche noble Metamorphose des Jupiter, sein Bruder, der Stier – dieses uranfängliche Prototyp und Musterbild der Hahnreie – dieser gefällige Stiefelknecht für seines Bruders Bein – in welche andere Gestalt als seine eigene könnte Bosheit mit Witz gespickt und Witz mit Bosheit gefüllt den umschaffen? In einen Esel? Das wäre nichts; er ist beides, Ochs und Esel. In einen Ochsen? Das wäre nichts; er ist beides, Esel und Ochs. Müßt' ich ein Hund sein, ein Maultier, ein Kater, ein Iltis, eine Kröte, eine Eidechse, eine Eule, ein Fischrabe oder ein Hering ohne Rogen, das sollte mir nichts machen; aber ein Menelaus sein. Da würde ich gegen das Fatum rebellieren. Fragt mich nicht, was ich sein möchte, wenn ich nicht Thersites wäre; denn mir wär's gleichviel, die Laus eines Aussätzigen zu werden, müßt' ich nur nicht Menelaus sein. – Heida! Geister und Feuer! –

Es kommen Hektor, Troilus, Ajax, Agamemnon, Ulysses, Nestor *und* Diomedes *mit Fackeln.*

Agamemnon. Wir gehn fehl, wir gehn fehl!
Ajax. O nein, dort ist's,
Wo Ihr die Lichter seht! –
Hektor. Ich werd' Euch lästig.
Ajax. O nicht doch! –
Ulysses. Seht, er kommt Euch selbst entgegen.

Achilles tritt auf.

Achilles. Held Hektor und ihr Fürsten, seid willkommen.
Agamemnon. Nun gute Nacht, mein edler Prinz von Troja;
Ajax besorgt Euch sichre Ehrenwache.
Hektor. Dank und gut' Nacht dem Feldherrn Griechenlands!
Menelaus. Gut' Nacht!
Hektor. Gut' Nacht, geliebter Menelaus! –
Thersites. Geliebter Abtritt! Geliebter – so! – Geliebter Kloak, geliebter Rinnstein!
Achilles. Gut' Nacht und Willkomm allen, die da gehn
Und bleiben!
Agamemnon. Gute Nacht! (Agamemnon und Menelaus ab.)
Achilles. Bleibt, Vater Nestor; Ihr auch, Diomed;
Verweilt mit Hektorn hier auf ein paar Stunden.

Diomedes. Ich kann nicht, Prinz; mich ruft ein wichtiges Geschäft, das dringend mahnt. Gut' Nacht, Held Hektor.
Hektor. Gebt mir die Hand.
Ulysses (zu Troilus). Er geht zu Kalchas' Zelt, folgt seiner Fackel; Ich geb' Euch das Geleit.
Troilus. Viel Ehre, Herr!
Hektor. Nun dann, gut' Nacht!
Achilles. Kommt, tretet in mein Zelt.
(Sie gehen nach verschiedenen Seiten ab.)

Thersites. Der Diomed da ist ein falscher Schurke, eine recht tückische Bestie. Ich traue ihm so wenig, wenn er von der Seite schielt, als einer Schlange, wenn sie zischt; er hat ein so weites freigebiges Maul für Versprechungen wie ein kläffender Hund; aber wenn er sie erfüllt, prophezeien die Sterndeuter daraus; es ist ein Wunderzeichen, das eine Umwälzung ankündigt; die Sonne borgt vom Monde, wenn Diomed Wort hält. Ich will lieber den Hektor nicht sehen, als diesem nicht nachspüren; man sagt, er hält sich eine trojanische Metze, und der Verräter Kalchas leiht ihm sein Zelt; ich will ihm nach. Nichts als Unzucht! lauter liederliche Spitzbuben! (Geht ab.)

2. Szene
Kalchas' Zelt

Diomedes tritt auf.

Diomedes. Heida! seid Ihr noch wach hier? Holla! sprecht!
Kalchas. Wer ruft hier?
Diomedes. Diomed.
's ist Kalchas, denk' ich. Wo ist Eure Tochter?
Kalchas. Sie kommt zu Euch.

Troilus und *Ulysses* kommen und stellen sich in den Hintergrund des Zelts; nach ihnen *Thersites*.

Ulysses. Bleibt stehn, daß uns die Fackel nicht verrate.

Kressida tritt auf.

Troilus. Was, Kressida, die ihm zukommt?
Diomedes. Wie geht's, mein Mündel?
Kressida. Lieber Vormund, hört –
Ein Wort mit Euch. (Sie spricht leise mit Diomedes.)
Troilus. Und so vertraulich?
Ulysses. Sie spielt Euch jedem auf beim ersten Anblick.
Thersites. Und jeder spielt sie vom Blatt, wenn er den Schlüssel weiß; sie ist notiert.
Diomedes. Willst du dran denken?

Kressida.   Dran denken? Ja!
Diomedes.   Nun gut, vergiß es nicht
 Und laß die Tat zu deinen Worten stimmen.
Troilus.   Was soll sie nicht vergessen?
Ulysses.   Lauscht!
Kressida.   Nicht weiter
 Verlocke mich zur Torheit, süßer Grieche!
Thersites.   O ihr Gesindel!
Diomedes.   Nun dann –
Kressida.   Hör mich an.
Diomedes.   Nichts, nichts da; Kinderei! Du hältst nicht Wort.
Kressida.   Wirklich, es geht nicht. Was verlangst du denn?
Thersites.   'nen Diebesdietrich für geheime Fächer.
Diomedes.   Was hast du zugesagt? Was schwurst du mir?
Kressida.   Ich bitte dich, besteh nicht auf den Schwur;
 Nur das begehre nicht, mein süßer Grieche!
Diomedes.   Gut' Nacht!
Troilus.   O Wut!
Ulysses.   Still, Troer!
Kressida.   Diomed –
Diomedes.   Nein, nicht gut' Nacht; ich bin dein Narr nicht länger.
Troilus.   Dein Beßrer muß es sein!
Kressida.   Ein Wort ins Ohr –
  Troilus.   O Tod und Wahnsinn!
Ulysses.   Ihr seid bewegt, Prinz; laßt uns fort, ich bitt' Euch,
 Daß Eu'r Verdruß sich nicht entladen möge
 Zu wüt'gem Wort. Der Ort hier ist gefährlich,
 Die Zeit todbringend; ich beschwör' Euch, kommt.
Troilus.   Seht nur, o seht!
Ulysses.   Entfernt Euch, werter Prinz.
 Ihr seid dem Wahnsinn nah; kommt, lieber Herr.
Troilus.   Ich bitt' dich, bleib.
Ulysses.   Ihr habt nicht Fassung, kommt.
Troilus.   Ich bitt' Euch, bleibt. Bei Höll' und Höllenqual,
 Ich rede nicht ein Wort.
Diomedes.   Nun dann, gut' Nacht!
Kressida.   Du gehst doch nicht in Zorn?
Troilus.   Das kümmert dich? –
 Verwelkte Treu!
Ulysses.   Still, Prinz!
Troilus.   Beim Jupiter,
 Ich schweige.
Kressida.   Mein Beschützer – lieber Grieche –

Diomedes. Pah! pah! lebt wohl! Ihr habt mich nur zum besten!
Kressida. Nein, ganz gewiß nicht. Kommt noch einmal her.
Ulysses. Ihr bebt vor Zorne, Prinz; wollt Ihr nun gehn?
 Ihr brecht noch los!
Troilus. Sie streicht die Wang' ihm!
Ulysses. Kommt!
Troilus. Nein, bleibt. Beim Zeus, ich rede nicht ein Wort!
 Geduld hält Wache zwischen meinem Willen
 Und aller Kränkung. Bleibt nur noch ein wenig.
 Thersites. Wie der Unzuchtteufel mit dem feisten Arsch und dem Kartoffelfinger die zwei zusammenkitzelt! Siede, Liederlichkeit, siede!
Diomedes. So willst du wirklich?
Kressida. Nun ja, ich will, sonst trau' mir niemals wieder.
Diomedes. Gib mir zur Sicherheit ein Unterpfand.
Kressida. Ich hole dir's. (Kressida geht ab.)
Ulysses. Ihr schwurt Geduld!
Troilus. Seid unbesorgt! Ich will
 Ich selbst nicht sein; will mir bewußt nicht werden,
 Was ich empfinde; ich bin ganz Geduld.

Kressida kommt zurück.

Thersites. Nun kommt das Pfand; jetzt, jetzt, jetzt!
Kressida. Hier, Diomedes, trag die Ärmelkrause.
Troilus. O Schönheit! Wo ist deine Treu'?
Ulysses. Mein Prinz . . .
Troilus. Ich will ja ruhig sein; von außen will ich's.
Kressida. Ihr seht die Kraus' Euch an; beschaut sie wohl.
 Er liebte mich! O falsches Mädchen! Gebt sie wieder.
Diomedes. Wes war sie?
Kressida. Gleichviel wes! Ich hab' sie wieder.
 Ich werd' Euch nicht erwarten morgen nacht;
 Ich bitt' dich, Diomed, besuch' mich nicht.
Thersites. Nun wetzt sie; recht so, Schleifstein!
Diomedes. Ich muß sie haben.
Kressida. Was?
Diomedes. Nun, diese da.
Kressida. O Götter! O du liebes, liebes Pfand!
 Dein Herz liegt jetzt im Bett und denkt gewiß
 An dich und mich und seufzt, nimmt meinen Handschuh,
 Und gibt ihm manchen süßen Kuß gedenksam,
 So wie ich dir. Nein, reiß sie mir nicht weg;
 Wer diese nimmt, muß auch mein Herz mit nehmen.

Diomedes. Dein Herz war mein schon; dieses folgt ihm nach.
Troilus. Ich schwur Geduld!
Kressida. Dies kriegst du nicht, nein wahrlich, Diomed;
Ich geb' dir etwas anders.
Diomedes. Ich will dies Pfand; wes war's?
Kressida. Das gilt ja gleich.
Diomedes. Komm, sag, von wem dir's kam?
Kressida. Von einem, der mich mehr geliebt als du;
Doch nun es dein, behalt es.
Diomedes. Wessen war's?
Kressida. Bei Diana selbst und ihren Nymphen dort,
Das werd' ich dir nicht sagen.
Diomedes. Ich trag' es morgen früh an meinem Helm
Und kränk' ihn, der nicht wagt zurückzufordern.
Troilus. Wärst du der Teufel, der es trüg' am Horn,
Gefordert soll es werden.
Kressida. Nun gut, 's ist aus, vorbei! Nein! doch nicht aus;
Ich will mein Wort nicht halten!
Diomedes. Leb denn wohl;
Du neckst den Diomed zum letztenmal.
Kressida. So bleibe doch! Sagt man auch nur ein Wort,
Gleich fährst du auf!
Diomedes. Ich hasse solche Possen.
Thersites. Ich auch, beim Pluto; doch was dir mißfällt,
Behagt mir just am besten.
Diomedes. Nun, soll ich kommen? Wann?
Kressida. Ja, komm. O Zeus,
Komm nur. Schlimm wird mir's gehn!
Diomedes. Leb wohl so lange. (Geht ab.)
Kressida. Gut' Nacht. – Ich bitt' dich, komm! – Ach, Troilus,
Noch blickt mein eines Auge nach dir hin,
Das andre wandte sich so wie mein Sinn.
Wir armen Frau'n, wir dürfen's nicht verhehlen,
Des Augs Verirrung lenkt zugleich die Seelen;
Was Irrtum führt, muß irr'n, so folgt denn, ach! –
Vom Blick betört, verfällt die Seel' in Schmach. (Ab.)
Thersites. Das sind untrüglich folgerechte Sätze;
Noch richt'ger: meine Seele ward zur Metze.
Ulysses. So wär's denn aus!
Troilus. Ja aus!
Ulysses. Wozu noch bleiben?
Troilus. Um mir's im Geist recht tief noch einzuprägen,
Silbe für Silbe, was ich hier gehört. –

Doch sag' ich, wie die beiden hier gehandelt,
Werd' ich das Wahre kündend dann nicht lügen?
Denn immer noch wohnt mir ein Glaub' im Herzen,
Ein Hoffen allzu fest und unverwüstlich,
Das leugnet, was mir Aug' und Ohr bezeugt,
Als wär's der Sinne Amt, Blendwerk zu üben,
Der Sinne, zur Verleumdung nur erschaffen.
War's Kressida?

Ulysses. Denkst du, ich banne Geister?

Troilus. Gewiß, sie war's nicht!

Ulysses. Ja, gewiß, sie war's.

Troilus. Nun, mein Verleugnen schmecke doch nicht nach Tollheit?

Ulysses. Auch mein's nicht. Kressida war eben hier.

Troilus. Um aller Frauen Ehre, glaubt es nicht!
Denkt, daß wir Mütter hatten, gebt nicht recht
Verstockten Lästrern, die auch ohne Grund
Die Frau'n erniedern – jedes Weib zu messen
Nach Kressida; eh'r denkt, sie war es nicht!

Ulysses. Was tat sie, Fürst, was unsre Mütter träfe?

Troilus. Nichts, gar nichts, wenn dies Kressida nicht war.

Thersites. Will er seinen Augen einen blauen Dunst vormachen?

Troilus. Dies wäre sie?
Nein, dies ist Diomedes' Kressida!
Hat Schönheit Seele, dann war sie es nicht.
Wenn Seele folgt dem Eid, wenn Eide heilig,
Wenn Heiligkeit den Göttern Wonne ist,
Wenn feste Regel in der Einheit waltet,
Dann war sie's nicht. O Tollheit einer Prüfung,
Die Gründe für und gegen sich erfindet,
Zwiefält'ge Überzeugung, wo Vernunft sich
Empören darf ohn' Einbuß, und Verlust
Sich der Vernunft bemächt'gen ohn' Empörung! –
So war dies Kressida, und war es nicht!
In meiner Seele hebt ein Kämpfen an
Seltsamster Art, das unteilbar Wesen
Mehr voneinander reißt, als Erd' und Himmel! –
Und doch gewährt die weitgespaltne Kluft
Um einzudringen nicht den kleinsten Zugang
Für einen Punkt, fein wie Arachnes Faden.
Beweis, Beweis so fest wie Plutos Pforte:
Ein Himmelsband schließt mich an Kressida; –
Beweis, Beweis, fest wie der Himmel selbst;
Das Himmelsband ist mürb, erschlafft und los;

Ein andrer Knoten, den fünf Finger knüpften,
Schlingt jetzt die Trümmer ihrer Lieb' und Treu',
Den Abhub, Nachlaß, Rest und ekle Brocken
Ihrer zerfreßnen Treu' um Diomed.

Ulysses. Und kann den würd'gen Troilus nur halb
Ergreifen, was sein Zürnen aus ihm spricht?

Troilus. Ja, Griech', und offenkündig soll's erscheinen,
In Lettern, purpurrot wie Mavors Herz
Entflammt von Venus! Nimmer liebt' ein Jüngling
Mit so unendlich ewig fester Treu'!
Horch, Grieche; wie ich Kressida geliebt,
Ganz so unendlich hass' ich Diomed.
Die Kraus' ist mein, die er am Helm will tragen,
Und wäre sein Visier ein Werk Vulkans,
Mein Schwert zerschnitt' es; nicht der grause Schwall
Des Meers, den Schiffer Hurricano nennen,
Durch den allmächt'gen Sol zum Berg verdichtet,
Betäubt mit mehr Gekrach das Ohr Neptuns
Im Niedersturz, als meines Schwertes Wucht
Einschmettern soll auf Diomed.

Thersites. Er wird ihn kitzeln für seine Fleischeslust!

Troilus. O falsche Kressida! O falsch, falsch, falsch!
Zu deinem schnöden Namen hingestellt
Glänzt alle Untreu' rein!

Ulysses. Bezähmt Euch, Prinz!
Eu'r Sturm zieht Ohren her!

Aeneas tritt auf.

Aeneas. Seit einer Stunde such' ich Euch, mein Prinz;
Hektor legt schon die Waffen an daheim,
Und Ajax, Eu'r Geleitsmann, harrt auf Euch.

Troilus. Ich steh' zu Dienst. Mein güt'ger Fürst, lebt wohl.
Fahr wohl, du Falsche, und du, Diomed,
Du fällst, wenn nicht ein Turm dein Haupt umfäht.

Ulysses. Ich bring' euch bis ans Tor.

Troilus. Empfangt verwirrten Dank.

(Troilus, Aeneas und Ulysses ab.)

Thersites. Käme mir nur der Schurke Diomed in den Wurf, ich wollte krächzen wie ein Rabe; – dem wollte ich prophezeien, dem wollte ich prophezeien! Patroklus gibt mir, was ich will, wenn ich ihm von dieser Hure sage: kein Papagei tut mehr für eine Mandel, als er für eine willige Metze. Unzucht, Unzucht; lauter Krieg und Liederlichkeit; die bleiben immer in der Mode. Daß ein Teufel aus dem Flammenpfuhl sie holte! (Er geht ab.)

3. Szene
Troja. Im Palast

Hektor und *Andromache* treten auf.

Andromache. Wann war mein Gatte je so schlimm gelaunt,
Sein Ohr zu schließen einer Warnungsstimme?
Entwaffn', entwaffne dich, ficht heute nicht.
Hektor. Du zwingst mich, hart zu sein; geh du hinein!
Bei allen ew'gen Göttern, ich will kämpfen.
Andromache. Mein Traum weissagt ein Unglück diesem Tag!
Hektor. Nichts weiter, sag' ich!

Kassandra kommt.

Kassandra.   Wo ist mein Bruder Hektor?
Andromache. Bewaffnet, Schwester, und auf Blut gestellt.
Stimm' ein mit mir in lautem, heft'gem Flehn!
Beschwören wir ihn knieend! Denn mir träumte
Von blut'gem Wirrwar, und die ganze Nacht
War nichts als Bild und Schatten nur von Mord.
Kassandra. O, das trifft ein!
Hektor.   Laß die Trompete schallen!
Kassandra. Kein Ton zum Angriff; Gott verhüt' es, Bruder!
Hektor. Hinweg, die Götter hörten meinen Schwur.
Kassandra. Taub sind die Götter raschen, tör'gen Eiden;
Das sind entweihte Spenden, mehr verhaßt
Als fleck'ge Lebern eines Opfertiers!
Andromache. O, laß dir raten! Acht' es nicht für heilig!
Der gute Vorsatz leiht dem Eid die Kraft,
Nicht Eid auf jeden Vorsatz darf uns binden.
Entwaffne dich, mein Hektor!
Hektor.   Laßt mich, Frau'n;
Denn meine Ehre trotzt des Schicksals Sturm.
Das Leben gilt uns teu'r; doch teurer Mut
Hält Ehr' um vieles teurer als das Leben.

Troilus kommt.

Nun, junger Mann, denkst du zu fechten heut?
Andromache. Kassandra, ruft den Vater, ihm zu raten!

(Kassandra geht ab.)

Hektor. Nein, junger Troilus, leg' die Rüstung ab.
Heut hab ich hohen Mut zur Ritterschaft! –
Laß wachsen erst die Sehnen stark und fest.
Und noch versuche nicht den Sturm der Schlacht!

Entwaffne dich, mein Knab', und glaub's dem Starken,
Heut schirmt er dich, sich selbst und Trojas Marken.
Troilus.   Bruder, in deiner Großmut wohnt ein Fehl,
Der mehr dem Löwen ziemet als dem Mann.
Hektor.   Was für ein Fehl, mein Troilus? Schilt mich drum.
Troilus.   Oft, wenn gefangne Griechen stürzten hin,
Schon vor dem Weh'n und Sausen deines Schwerts,
Riefst du: steht auf und lebt!
Hektor.   So spielen Helden!
Troilus.   So spielen Narr'n, beim Zeus!
Hektor.   Wie das? Wie das?
Troilus.   Um aller Götter willen,
Dies Klausner-Mitleid laß bei unsern Müttern,
Und haben wir den Panzer umgeschnallt,
Dann schweb' auf unsern Schwertern gift'ge Rache,
Das Mitleid zügelnd und zum Leid sie spornend.
Hektor.   Pfui, Wilder, pfui!
Troilus.   Hektor, dann ist es Krieg!
Hektor.   Heut wünscht' ich, Troilus, du bliebest heim!
Troilus.   Wer hielte mich zurück?
Nicht Schicksal, nicht Gehorsam, selbst nicht Mars
Mit feur'gem Stab gebietend meinem Rückzug;
Nicht Hekuba noch Priam auf den Knien,
Mit Augen rot von bittrer Tränen Salz –
Noch du, mein Bruder, mir mit tapferm Schwert
Entgegendrohend, sperrtest mir den Weg
Als durch den Tod.

Kassandra kommt zurück mit Priamus.

Kassandra.   Leg' Hand an ihn, o Priam, halt ihn fest:
Es ist dein Stab, verlierst du deine Stütze –
Auf ihn gelehnt, und Trojas Volk auf dich,
Sinkt alles hin mit eins.
Priamus.   Bleib, Hektor, bleib!
Dein Weib sah Träume! deine Mutter Zeichen,
Kassandra weissagt Unglück, und ich selbst,
Wie ein Prophet in plötzlicher Verzückung,
Verkünde dir, der Tag ist vorbedeutend.
Drum kehr' zurück.
Hektor.   Aeneas harrt im Feld,
Und manchem Griechen hab' ich's zugesagt
Bei meiner Heldenehre, diesen Morgen
Mich ihm zu stellen.
Priamus.   Dennoch sollst du bleiben.

Hektor.   Ich darf mein Wort nicht brechen.
   Ihr kennt mich pflichtgedenk; drum teurer Herr,
   Laßt mich die Ehrfurcht nicht verletzen; laßt
   Auf Eu'r Geheiß und Wort dem Lauf mich folgen,
   Den Ihr mir jetzt verweigert, hoher Fürst.
Kassandra.   O Priam, gib nicht nach.
Andromache.   Tu's nicht, mein Vater.
Hektor.   Andromache, ich bin erzürnt auf dich.
   Bei deiner Liebe fordr' ich's, geh hinein. (Andromache ab.)
Troilus.   Die abergläub'sche, tolle Träumerin
   Sinnt all dies Weh!
Kassandra.   Leb wohl, mein teurer Hektor!
   Sieh, wie du stirbst! Sieh, wie dein Aug' erbleicht!
   Sieh, wie dein Blut aus vielen Wunden strömt!
   Horch Trojas Wehruf, Hekubas Geheul,
   Den lauten Jammerschrei Andromaches!
   O sieh Verzweiflung, Wahnsinn, wild Entsetzen
   Gleich tollen Larven durcheinander rennen
   Und rufen: Hektor! Hektor fiel! o Hektor!
Troilus.   Hinweg! hinweg!
Kassandra.   Leb wohl! doch still! Nie sehen wir uns wieder;
   Du täuschest dich und stürzest Troja nieder! (Sie geht ab.)
Hektor.   Du starrst, o Herr, ob ihrem Weheruf!
   Geh, sprich dem Volk Mut ein, wir woll'n zur Schlacht
   Und tapfre Tat dir künden noch vor Nacht.
Priamus.   Leb wohl! Die Götter leihn dir ihren Schutz!
              (Priamus und Hektor ab. Kriegslärm.)
Troilus.   Die Schlacht beginnt. Auf, Diomed, zum Reigen!
   Und gält's den Arm, der Ärmel wird mein eigen!
                  Pandarus kommt.
Pandarus.   Hör doch, mein bester Prinz, o hört doch!
Troilus.   Was gibt's?
Pandarus.   Hier ist ein Brief von dem armen Kinde.
Troilus.   Laß sehn!

   Pandarus.   Ein verwettertes Asthma, ein verwettertes niederträchtiges Asthma setzt mir so zu und obendrein das närrische Schicksal der Dirne, und bald das eine und bald das andere, daß ich Euch nächster Tage draufgehn werde. Und außerdem einen Fluß auf dem Auge und solch ein Reißen im Gebein, daß mich wer behext haben muß, oder ich weiß nicht, was ich davon denken soll. – Was schreibt sie denn?
Troilus.   Nur Wort' und Worte, aus dem Herzen nichts;
   Die wahre Meinung geht ganz andern Weg. (Zerreißt den Brief.)

Geh Wind zum Wind; da dreht und wirbelt fort!
Mein Lieben speist sie ab mit Worten, Lügen,
Um mit der Tat den andern zu vergnügen. (Sie gehen ab.)

4. Szene
Vor Troja

Schlachtlärm. *Thersites* tritt auf.

Thersites. Nun hämmern sie aufeinander los, und ich will mir's ansehn. – Der heuchlerische, boshafte Bube Diomed hat jenes lumpigen, verliebten, dummen, trojanischen, jungen Gelbschnabels Ärmelkrause an seinen Helm gesteckt; ich wollte, sie gerieten aneinander, und daß unser junger Esel aus Troja, der die Metze dort liebt, den schurkischen griechischen Dirnenjäger mit seiner Krause zu der heuchlerischen, üppigen Hure zurückschickte und ihn einmal recht kraus auszackte. Und nun auf der andern Seite, die Staatsweisheit dieser ränkevollen, hochbeteuernden Schurken – des alten abgestandenen, mauszerfreßnen, dürren Käse Nestor und des Schelmenfuchses Ulysses ist nun, wie sich's ausweist, keine Heidelbeere wert. Da hetzen sie in ihrer Staatskunst den Blendlings-Bullenbeißer Ajax gegen den ebenso schlechten Köter Achilles auf, und nun ist Köter Ajax stolzer als Köter Achilles und will heut nicht ins Feld, so daß die Griechen anfangen, es mit der Barbarei zu halten und die Staatsweisheit in Verruf kommt. Still! hier sehe ich Ärmel und den andern.

Diomedes und *Troilus* treten auf.

Troilus. Flieh nicht! Denn schwämmst du selbst über den Styx,
Ich schwämme nach!

Diomedes. Rückzug ist keine Flucht;
Die günstige Gelegenheit erspähend
Entzog ich mich der überlegnen Zahl.
Nun sieh dich vor! (Sie gehen fechtend ab.)

Thersites. Wehr' dich für deine Metze, Grieche! Ficht für deine Metze, Trojaner! Nun gilt's die Krause! Nun gilt's die Krause!

Hektor tritt auf.

Hektor. Wer bist du, Grieche? Bist du Hektors würdig?
Von echtem Blut und Ehre?

Thersites. Nein, nein, ich bin ein Schuft, ein schäbichter, schmähsüchtiger Bube, ein recht armseliger Lump.

Hektor. Ich glaube dir, drum lebe! (Hektor geht ab.)

Thersites. Gott Lob und Dank, daß du mir glauben willst; aber die Pest breche dir den Hals, daß du mich so erschreckt hast. – Was ist aus den liederlichen Bengeln geworden? Ich denke, sie haben sich einander aufgefressen; über das Wunder wollt' ich mich totlachen.

Und doch frißt sich auf gewisse Weise die Liederlichkeit selbst auf.
Ich will sie suchen. (Er geht ab.)

5. Szene
Ebendaselbst

Diomedes und ein Diener treten auf.

Diomedes. Geh, Knappe, nimm das Pferd des Troilus
Und bring das gute Roß an Kressida;
Entbiete meinen Ritterdienst der Schönen,
Sag, der verliebte Troer sei gezüchtigt
Und ich ihr treubewährter Held.
Diener.   Ich gehe. (Ab.)
Agamemnon tritt auf.
Agamemnon. Drauf, drauf! Der wütige Polydamas
Erschlug den Menon; Bastard Margarelon
Siegt über Doreus;
Steht als Koloß und schwenkt den Weberbaum
Hoch übern hingestreckten wunden Leib
Der Fürsten Cedius und Epistrophus,
Polyxenes ist tot; Amphimachus
Und Thoas schwer verwundet; tot Patroklus,
Wenn nicht gefangen; Ritter Palamedes
Tödlich verletzt; der grimme Bogenschütz
Schreckt unsre Reihn. Eilt, Diomed, wir holen
Verstärkung, sonst erliegt das ganze Heer.
Nestor kommt.
Nestor. Geht, tragt Patroklus' Leiche zum Achill!
Der träge Ajax waffne sich aus Scham. –
Ein Tausend Hektors schalten heut im Feld. –
Nun kämpft er hier vom Rosse Galathee,
Und alles stürzt; gleich ist er hier zu Fuß,
Und alles weicht ihm oder stirbt wie Fischbrut
Im Rachen eines Hais; dann kehrt er wieder,
Und die gedrängten Griechen, reif der Sichel,
Sie fallen vor ihm, wie des Mähers Schwad.
Hier, dort und allwärts schneidet er und rafft,
Und so gehorcht Gewandtheit seiner Lust,
Daß, was er will, er tut und tut so viel,
Daß solch Gelingen scheint Unmöglichkeit.
Ulysses tritt auf.
Ulysses. Mut, Mut gefaßt, ihr Fürsten! Held Achill
Greift zu den Waffen, weint, flucht, dürstet Rache.
Patroklus' Fall erregt sein schläfrig Blut

Und sein verstümmelt Myrmidonenvolk,
Das hand- und nasenlos, zerhackt, zu ihm kommt,
Hektorn verklagend. – Ajax verlor den Freund
Und schäumt vor Wut, und naht in Waffen schon,
Brüllend nach Troilus, der wie im Wahnsinn
Unglaublich, übermenschlich heut gemordet;
Einstürzend in den Drang, sich draus befreiend
Mit so sorgloser Kraft und schwacher Sorgfalt,
Als ob ein solch Gelingen recht zum Trotz
Der Klugheit alles ihn gewinnen hieße.

Ajax kommt.

Ajax. Troilus! du Memme, Troilus! (Ab.)
Diomedes. Dort! dort!
Nestor. Nun zieht's mit allen Strängen! (Sie gehen ab.)

Achilles kommt.

Achilles. Wo ist Hektor?
Komm, Knabenwürger, zeig mir dein Gesicht.
Sieh, was es heißt, Achilles' Zorn begegnen!
Hektor! Wo ist Hektor? Ich will einzig Hektor! (Geht ab.)

6. Szene
Ebendaselbst

Ajax tritt auf.

Ajax. Troilus! du Memme, Troilus, laß dich sehn!

Diomedes kommt.

Diomedes. Troilus, dich ruf' ich: wo ist Troilus?
Ajax. Was willst du?
   Diomedes. Zücht'gen will ich ihn.
Ajax. Wär' ich der Feldherr, meine Würd' empfingst du
   Eh'r als dies Zuchtamt. Troilus sag' ich, Troilus!

Troilus kommt.

Troilus. O, falscher Diomed! Hierher, Verräter,
   Und büß' mit deinem Leben für mein Roß!
Diomedes. Ha, bist du da?
   Ajax. Ich kämpf' allein mit ihm; weg, Diomed!
   Diomedes. Er ist mein Kampfpreis, müßig bleib ich nicht.
Troilus. Kommt beid', ihr falschen Griechen, steht mir beide!
   (Sie gehen kämpfend ab.)

Hektor kommt.

Hektor. 's ist Troilus; o recht brav, mein jüngster Bruder!

Achilles kommt.

Achilles. Nun seh' ich dich; so komm und steh mir, Hektor! (Sie fechten.)

Hektor.   Verschnaufe, wenn du willst!
Achilles (fechtend).   Hohn deiner Höflichkeit, du stolzer Troer!
  Sei froh, daß meine Waffen außer Übung; –
  Mein Ruhn und Lässigsein kommt dir zu gut;
  Doch alsobald vernimmst du mehr von mir.
  Bis dahin geh auf gutes Glück!   (Ab.)
Hektor.   Leb wohl!
  Ich wär' zum Kampf ein frischrer Mann gewesen,
  Hätt' ich auf dich gewartet. – Nun, mein Bruder?
         Troilus kommt zurück.
Troilus.   Ajax fing den Aeneas; – dulden wir's?
  Nein, bei dem Lichtglanz des erhabnen Himmels,
  Er darf ihn nicht behalten, ich errett' ihn,
  Und sollt' ich fallen. Schicksal, hör' mein Wort,
  Mich kümmert's nicht, raffst du mich heute fort.
       Ein Grieche in einer sehr schönen Rüstung tritt auf.
Hektor.   Steh, Grieche, steh, du bist ein weidlich Ziel,
  Nicht? – willst du nicht? – Dein Panzer dünkt mich schön;
  Ich klopf' ihn dir und brech' ihm alle Nieten,
  Bis er mein eigen. – Läufst du Tier so schnell?
  Flieh immerhin! Ich jage nur dein Fell.   (Geht ab.)

7. Szene
Ebendaselbst

Achilles tritt auf mit einem Gefolge von Myrmidonen.

Achilles.   Kommt um mich her, ihr, meine Myrmidonen,
  Vernehmt mein Wort: folgt mir, wohin ich schweife,
  Tut keinen Streich, erhaltet frisch die Kraft,
  Und wenn der blut'ge Hektor uns erscheint,
  Dann rings mit euern Lanzen pfählt ihn ein,
  Und ohn' Erbarmen braucht mir eure Waffen.
  Folgt, Knappen, schaut mir nach, wohin ich leite,
  Held Hektor sei des Todes sichre Beute!   (Sie gehen ab.)

8. Szene
Ebendaselbst

Thersites, Menelaus und Paris treten auf.

Thersites.   Der Hahnrei und der Hanreimacher sind aneinander: nun drauf los, Stier! drauf los, Köter! Faß ihn, Paris, faß! – Frisch, du Spatz mit der zweimännigen Henne; faß, Paris, faß! – Der Stier hat den Vorteil; nimm dich vor den Hörnern in acht, ho!   (Paris und Menelaus ab.)

Margarelon tritt auf.

Margarelon. Komm, Sklav, und ficht.
Thersites. Wer bist du?
Margarelon. Ein Bastardsohn des Priamus.
Thersites. Ich bin auch ein Bastard; ich liebe die Bastarde; ich bin ein eingefleischter Bastard, ein ausgelernter Bastard, ein Bastard an Geist, Bastard an Herz, in allen Dingen illegitim. Eine Krähe hackt der andern die Augen nicht aus, warum sollt's ein Bastard? Sieh dich vor; der Kampf wäre für uns gegen alle Religion; wenn der Sohn eine Hure für eine Hure ficht, so ist kein Menschenverstand drin. Leb wohl, Bastard!
Margarelon. Hol dich der Teufel, Feighard! (Gehen ab.)

9. Szene
Ebendaselbst

Hektor tritt auf.

Hektor. Du ganz verfaulter Kern, so schön von außen,
Dein schmucker Panzer brachte dir den Tod. –
Mein Tagwerk ist getan, gekühlt mein Mut,
Ruh jetzt, mein Schwert, du schwelgtest heut in Blut.
(Er legt Helm und Schild ab.)

Achilles kommt mit seinen Myrmidonen.

Achilles. Sieh, Hektor, wie die Sonne sinkt herab,
Und schwarze Nacht auf ihren Spuren keucht,
Und wenn die Sonn' im Dunkel niederschwebt,
Erlischt der Tag, und Hektor hat gelebt.
Hektor. Den Waffenlosen morden, wär' verrucht!
Achilles. Nieder mit ihm! Er ist's, den ich gesucht! (Hektor fällt.)
So, Ilion, fall' auch du! Troja stürz' ein!
Hier liegt dein Herz, dein Nerv und dein Gebein. –
Auf, Myrmidonen, ruft aus aller Macht:
Achilles hat den Hektor umgebracht! –
Horch! Rückzug wird geblasen von den Griechen!
Myrmidon. Im Troerfeld ertönt der gleiche Schall.
Achilles. Die Nacht mit Drachenflügeln deckt die Flur
Und trennt die Scharen mit dem Heroldstab.
Schlaf nun vergnügt, mein halb gesättigt Schwert,
Das gern noch mehr so leckern Fang verzehrt.
Kommt, knüpft den Leib an meines Rosses Schweife,
Daß ich ihn so um Trojas Mauern schleife.
(Sie gehen ab. Es wird zum Rückzug geblasen.)

10. Szene
Ebendaselbst

Es treten auf Agamemnon, Ajax, Nestor, Menelaus, Diomedes und andere im Marsch. Draußen Freudengeschrei.

Agamemnon. Horch, welch ein Freudenruf?
Nestor. Still, Trommeln, still!
Soldat (hinter der Szene). Achilles hoch! Fürst Hektor fiel! Achilles!
Diomedes. Sie rufen: Hektor fiel und durch Achilles!
Ajax. Und wenn's auch ist, so prahlet nicht so sehr,
  Held Hektor war nicht minder wert als er.
Agamemnon. Zieht still vorbei. Entbietet dem Achill,
  Daß ich in meinem Zelt ihn sprechen will.
  Da uns sein Sieg den größten Feind gebändigt,
  Fällt Troja bald, und unser Feldzug endigt. (Sie marschieren weiter.)

11. Szene
Ebendaselbst

Aeneas und Trojaner treten auf.

Aeneas. Halt! Weicht nur nicht! Noch ist das Schlachtfeld unser,
  Wir halten stand; erwarten hier den Tag.
Troilus tritt auf.
Troilus. Hektor ist tot.
Alle. Hektor! Verhüt' es Zeus!
Troilus. Ja, tot; und an dem Roßschweif seines Mörders
  Unmenschlich durchs entehrte Feld geschleift.
  Zürnt, Götter! Eure Rache treff' uns schnell;
  Hohnlächelnd schaut von eurem Thron herab,
  So gnädig seid, den Jammer zu verkürzen,
  Und zögert nicht mit sicherm Untergang.
Aeneas. Mein Prinz, das ganze Heer entmutigt Ihr!
Troilus. Ihr faßt nicht meinen Sinn, wenn Ihr so sprecht.
  Ich rede nicht von Furcht, von Flucht, noch Tod;
  Trotz biet' ich allem Grau'n, womit uns Götter
  Und Menschen noch bedrohn. – Hektor dahin! –
  Wer sagt es Priam! Wer der Hekuba?
  Wer ewig Unglückseule will genannt sein,
  Der geh' und künd' in Troja: Hektor fiel!
  Solch Wort verwandelt Priamus in Stein,
  In Quell'n und Niobes Jungfrau'n und Weiber,
  Jüngling' in Marmorbilder und entsetzt
  Troja zum Wahnsinn. Auf denn, Freunde, fort!
  Hektor ist hin! das ist das Todeswort.

Doch halt! Ihr schnöden, gottverhaßten Zelte,
So stolz gereiht auf unsrer phryg'schen Flur –
Erhebe Titan sich so früh er mag,
Ich stürm' euch durch! Und du, feigherz'ger Riese,
Kein Erdenraum soll trennen unsern Haß;
Dir jag' ich, wie dein bös Gewissen nach,
Das Larven scheußlich weckt wie Fieberwahnsinn. –
Schlagt rasch den Marsch zur Heimkehr; faßt euch Herz,
Der Rache Wunsch betäubt den innern Schmerz.

(Aeneas mit den Troern ab.)

Pandarus kommt.

Pandarus. Hört doch, mein Prinz! hört mich!
Troilus. Fort, kupplerischer Pandar! dein Gedächtnis
Sei ew'ge Schmach und Schande dein Vermächtnis. (Troilus geht.)

Pandarus. Seine schöne Arznei für meine Gliederschmerzen! O Welt, Welt, Welt! So wird dein armer Unterhändler verhöhnt! O ihr Verführer und Kuppler, wie eifrig nimmt man eure guten Dienste in Anspruch, und wie schlecht lohnt man euch! Warum sind unsere Bemühungen so geliebt und unser Ausgang so betrübt? Welchen Denkreim gibt's dafür? Welch Gleichnis? Laßt sehn:

Recht lustiglich summt euch das Bienchen vor,
Solang es Waff' und Honig nicht verlor;
Doch ist sein scharfer Stachel erst heraus,
Ist's mit dem süßen Ton und süßen Honig aus.

Ihr, die ihr euch des schwachen Fleisches annehmt, setzt dies in eure gemalten Tapeten.

Soviel hier von der Zunft des Pandar sind,
Halb blind schon, weint bei seinem Fall euch blind,
Und stöhnt, wenn euch die Träne ward versagt,
Wenn nicht um mich, doch weil die Gicht euch plagt.
Hört, wer zum Kupplerorden sich bekennt,
Auf nächsten Herbst mach' ich mein Testament.
Ich tät' es jetzt, doch trat die Furcht dazwischen,
Aus Winchester ein Gänschen möchte zischen.
Drum laßt mir Zeit, mich schwitzend neu zu fiedern,
Und all mein Kreuz vermach' ich euren Gliedern.

Ende gut, alles gut

Übersetzt von

Ludwig Tieck

Personen

Der *König* von Frankreich.
Der *Herzog* von Florenz.
Bertram, Graf von Roussillon.
Lafeu, ein alter Edelmann.
Parolles, Gesellschafter des Grafen.
Mehrere junge französische *Edelleute*.
Haushofmeister, } in Diensten der Gräfin von Roussillon.
Narr,
Ein *Page*.
Die *Gräfin* von Roussillon.
Helena, ihre Pflegetochter.
Eine *Witwe*.
Diana, deren Tochter.
Vieolenta, } Dianens Freundinnen.
Marianne,

Herren vom Hofe; Offiziere; französische und florentinische *Soldaten*.

(Die Szene teils in Frankreich, teils in Toscana.)

Erster Aufzug

1. Szene

Roussillon. Zimmer im Palast der Gräfin.

Es treten auf *Bertram*, die *Gräfin*, *Helena* und *Lafeu*, alle in Trauer.

Gräfin. Indem ich meinen Sohn in die Welt schicke, begrabe ich einen zweiten Gemahl.

Bertram. Und ich, indem ich gehe, teure Mutter, beweine meines Vaters Tod aufs neue; aber ich muß dem Befehl des Königs gehorchen, unter dessen Botmäßigkeit ich jetzt als Mündel und immerdar als Untertan stehe.

Lafeu. Ihr, gnädige Frau, werdet an dem Könige einen Gemahl finden; Ihr, Graf, einen Vater. Er, der so unbedingt zu allen Zeiten gut ist, muß notwendig auch gegen Euch seinen edlen Charakter bewähren, gegen Euch, dessen Wert seine Tugend erwecken würde, wo sie fehlte; und sollte sie Euch jetzt entstehen, da er sie im Überfluß besitzt?

Gräfin. Was für Hoffnung hat man für die Besserung Seiner Majestät?

Lafeu. Er hat seine Ärzte verabschiedet, gnädige Frau, unter deren Behandlung er die Zeit mit Hoffnung verschwendet, ohne in ihrem Verlauf etwas anderes zu gewinnen, als daß er mit der Zeit auch die Hoffnung verlor.

Gräfin. Dieses junge Mädchen hatte einen Vater, – o, dies *hatte*! – welcher traurige Gedanke liegt darin! – dessen Talent fast so groß war wie seine Rechtschaffenheit. Wäre es ihr ganz gleich gekommen, es hätte die Natur unsterblich gemacht, und der Tod, aus Mangel an Arbeit, hätte sich dem Spiel ergeben. Ich wünschte, um des Königs willen, er lebte noch; ich glaube, das würde für des Königs Krankheit der Tod sein.

Lafeu. Wie hieß der Arzt, von dem Ihr redet, gnädige Frau?

Gräfin. Er war in seiner Kunst hochberühmt, und zwar mit größtem Recht; Gerhard von Narbonne.

Lafeu. Allerdings war er ein vortrefflicher Mann, gnädige Frau: der König sprach noch neulich von ihm mit Bewunderung und Bedauern. Er war geschickt genug, um immer zu leben, wenn Wissenschaft gegen Sterblichkeit in die Schranken treten könnte.

Bertram. Und woran leidet der König, mein teurer Herr?

Lafeu. An einer Fistel, Herr Graf.

Bertram. Diese Krankheit ist mir unbekannt.

Lafeu. Ich wollte, man wüßte nichts davon! – War dies junge Mädchen die Tochter Gerhards von Narbonne?

Gräfin. Sein einziges Kind, Herr Ritter, und meiner Aufsicht anvertraut. Ich hoffe, sie wird durch ihre Güte erfüllen, was ihre Erziehung verspricht; ihre Anlagen sind ihr angeerbt, und dadurch werden schöne Gaben noch schöner; denn wenn ein unlauteres Gemüt herrliche Fähigkeiten besitzt, so lobt man, indem man bedauert, es sind Vorzüge und zugleich Verräter; in ihr aber stehen sie um so höher wegen ihrer Reinheit. Ihre Tugend hat sie geerbt, ihre Güte hat sie sich erworben.

Lafeu. Eure Lobsprüche, gnädige Frau, entlocken ihr Tränen!

Gräfin. Das beste Salz, womit ein Mädchen ihr Lob würzen kann. Das Gedächtnis ihres Vaters kommt nie in ihr Herz, daß nicht die Tyrannei ihres Kummers alle Farbe des Lebens von ihrer Wange nimmt. Nicht mehr so, meine Helena! Nicht so! damit man nicht glaube, du pflegst traurig zu scheinen, ohne es zu sein!

Helena. Allerdings pflege ich meine Trauer, aber ich empfinde sie auch.

Lafeu. Gemäßigte Klage ist das Recht des Toten, übertriebener Gram der Feind des Lebens.

Gräfin. Wenn der Lebende dem Gram nur feind ist, wird diesem das Übermaß bald tödlich werden.

Bertram. Teure Mutter, ich bitte um Euer Gebet für mich.

Lafeu (indem er Helena ansieht). Wie verstehen wir das?

Gräfin. Dich segn' ich, Bertram! Gleiche deinem Vater
Im Sinn wie in Gestalt; Blut, sowie Tugend
Regieren dich gleichmäßig; deine Güte
Entspreche deinem Stamm. Lieb alle, wen'gen traue;
Beleid'ge keinen; sei dem Feinde furchtbar
Durch Kraft mehr als Gebrauch; den Freund bewahre
So, wie dein Herz. Laß dich um Schweigen tadeln,
Doch nie um Reden schelten. Was der Himmel
Dir sonst an Segen spenden und mein Beten
Erflehn mag, fall auf dieses Haupt! Leb wohl.
Mein Herr, noch nicht gereift zum Hofmann ist er;
Beratet ihn!

Lafeu. Es kann nicht fehlen, daß
Die besten sich um seine Huld bewerben.

Gräfin. Der Himmel segne dich! Bertram, leb wohl. (Ab.)

Bertram (zu Helena). Die besten Wünsche, die in der Werkstatt Eurer Gedanken reifen können, mögen Euch dienstbar sein! Seid der Trost meiner Mutter, Eurer Gebieterin, und haltet sie wert!

Lafeu. Lebt wohl, schönes Kind; Ihr müßt den Ruhm Eures Vaters aufrecht erhalten. (Bertram und Lafeu gehen ab.)

Helena. Ach, wär's nur das! Des Vaters denk' ich kaum;
Und jener Großen Träne ehrt ihn mehr,
Als seiner Tochter Gram. Wie sah er aus?
Vergessen hab' ich ihn; kein andres Bild
Wohnt mehr in meiner Phantasie als Bertram.
Ich bin verloren! Alles Leben schwindet
Dahin, wenn Bertram geht. Gleichviel ja wär's,
Liebt' ich am Himmel einen hellen Stern,
Und wünscht' ihn zum Gemahl; er steht so hoch!
An seinem hellen Glanz und lichten Strahl
Darf ich mich freun; in seiner Sphäre nie!
So straft sich selbst der Ehrgeiz meiner Liebe;
Die Hindin, die den Löwen wünscht zum Gatten,

Muß liebend sterben. O, der süßen Qual,
Ihn stündlich anzusehn! Ich saß und malte
Die hohen Brau'n, sein Faltenaug', die Locken
In meines Herzens Tafel, allzu offen
Für jeden Zug des süßen Angesichts!
Nun ist er fort, und mein abgöttisch Lieben
Bewahrt und heiligt seine Spur. – Wer kommt?
Parolles tritt auf.
Sein Reisefreund. Ich lieb' ihn seinethalb,
Und kenn' ihn doch als ausgemachten Lügner,
Als großen Narr'n und auserles'ne Memme.
Doch kleiden ihn die angeborenen Laster,
Behaupten sich, indes stahlherz'ge Tugend
Im Frost erstarrt. Dem Reichtum, noch so schlecht,
Dient oft die Weisheit arm und nackt als Knecht.

Parolles. Gott schütz' Euch, meine Königin.

Helena. Und Euch, mein Sultan.

Parolles. Der? Nein!

Helena. Und ich auch nicht.

Parolles. Denkt Ihr über das Wesen des Jungfrauentums nach?

Helena. Ja, eben. Ihr seid so ein Stück von Soldaten; laßt mich Euch eine Frage tun. Die Männer sind dem Jungfrauentum feind; wie können wir's vor ihnen verschanzen?

Parolles. Weist sie zurück.

Helena. Aber sie belagern uns, und unser Jungfrauentum, wenn auch in der Verteidigung tapfer, ist dennoch schwach; lernt uns einen kunstgerechten Widerstand.

Parolles. Alles vergeblich; die Männer, sich vor Euch lagernd, unterminieren euch und sprengen euch in die Luft.

Helena. Der Himmel bewahre unser armes Jungfrauentum vor Minierern und Luftsprengern! Gibt's keine Kriegspolitik, wie Jungfrauen die Männer in die Luft sprengen könnten?

Parolles. Läßt sich denn ein vernünftiger Grund im Naturrecht nachweisen, das Jungfrauentum zu bewahren? Verlust des Jungfrauentums ist vielmehr verständige Zunahme, und noch nie ward eine Jungfrau geboren, daß nicht vorher ein Jungfrauentum verloren war. Das, woraus Ihr besteht, ist Stoff, um Jungfrauen hervorzubringen. Euer Jungfrauentum, einmal verloren, kann zehnmal wieder ersetzt werden; wollt Ihr's immer erhalten, so geht's auf ewig verloren. Es ist ein zu frostiger Gefährte; weg damit!

Helena. Ich will's doch noch ein wenig behaupten, und sollte ich darüber als Mädchen sterben.

Parolles. Dafür läßt sich wenig sagen; es ist gegen die Ordnung der Natur. Die Partei des Jungfrauentums nehmen, heißt seine Mutter anklagen, welches offenbare Empörung wäre. Einer, der sich aufhängt, ist wie solch eine Jungfrau. Das Jungfrauentum gleicht einem Selbstmörder, und sollte an der Heerstraße begraben werden, fern von aller geweihten Erde, wie ein tollkühner Frevler gegen die Natur. Das Jungfrauentum brütet Grillen, wie ein Käse Maden, zehrt sich ab bis auf die Rinde und stirbt, indem sich's von seinem eigenen Eingeweide nährt. Überdem ist das Jungfrauentum wunderlich stolz, untätig, aus Selbstliebe zusammengesetzt, welches die verpönteste Sünde in Gottes Gebot ist. Behaltet's nicht; Ihr könnt gar nicht anders als dabei verlieren. Leiht es aus; im Laufe eines Jahres habt Ihr zwei für eins; das ist hübscher Zins, und das Kapital hat nicht sehr dadurch abgenommen. Fort damit!

Helena. Was aber tun, um es anzubringen nach eigenem Wohlgefallen?

Parolles. Laßt sehen; ei nun, leiden vielmehr, um dem wohlzugefallen, dem es doch nie gefällt. Es ist eine Ware, die durchs Liegen allen Glanz verliert; je länger aufbewahrt, je weniger wert; fort damit, solange es noch verkäuflich ist. Nutzt die Zeit der Nachfrage! Das Jungfrauentum, wie eine welke Hofdame, trägt eine altmodische Haube, ein Hofkleid, dem keiner mehr den Hof macht; wie die Schleife am Hut, und der Zahnstocher, die jetzt veraltet sind.

Helena. Nun warten tausend Liebsten deines Herrn,
 Eine Mutter, eine Freundin, eine Braut,
 Ein Phönix, eine Feindin, Feldherrin,
 Göttin und Führerin und Königin,
 Ratgeberin, Verräterin und Liebchen,
 Demüt'ger Ehrgeiz und ehrgeiz'ge Demut,
 Harmon'sche Dissonanz, verstimmter Einklang
 Und Treu' und süßer Unstern, und wie sonst
 Die holden Kosenamen lauten mögen,
 Die Amor als Taufpat' ihm eingibt. Nun wird er –
 Ich weiß nicht, was er wird – Gott send' ihm Heil;
 Es lernt sich viel am Hof; und er ist einer –

Parolles. Nun, was für einer?

Helena. Mit dem ich's gut gemeint; und schade ist's –

Parolles. Um was?

Helena. Daß unserm Wunsch kein Körper ward verliehn,
 Der fühlbar sei; damit wir Ärmeren,
 Beschränkt von unserm neid'schen Stern auf Wünsche,
 Mit ihrer Wirkung folgten dem Geliebten;
 Und er empfände, was uns jetzt, da wir's
 Nur denken können, nicht gedankt wird.

Ein *Page* tritt auf.

Page. Monsieur Parolles, der Graf läßt Euch rufen. (Ab.)

Parolles. Kleines Helenchen, leb wohl. Wenn ich mich auf dich befinden kann, will ich deiner am Hofe denken.

Helena. Monsieur Parolles, Ihr seid unter einem liebreichen Stern geboren.

Parolles. Unterm Mars.

Helena. Das habe ich immer gedacht, *unterm* Mars.

Parolles. Warum *unterm* Mars?

Helena. Der Krieg hat Euch immer so heruntergebracht, daß Ihr notwendig unterm Mars müßt geboren sein.

Parolles. Als er am Himmel dominierte.

Helena. Sagt lieber, als er am Himmel retrogradierte.

Parolles. Warum glaubt Ihr das?

Helena. Ihr geht immer so sehr rückwärts, wenn ihr fechtet!

Parolles. Das geschieht um meines Vorteils willen.

Helena. So ist's auch mit dem Weglaufen, wenn Furcht die Sicherheit empfiehlt. Aber die Mischung, die Eure Tapferkeit und Eure Furcht in Euch hervorbringen, ist eine schönbeflügelte Tugend, die Euch wohl ansteht.

Parolles. Ich bin so voller Geschäfte, daß ich dir nicht gleich spitzig antworten kann. Ich kehre zurück als ein vollkommener Hofmann; dann soll mein Unterricht dich hier naturalisieren, wenn du anders für eines Hofmanns Geheimnis empfänglich bist und begreifen willst, was weiser Rat dir mitteilt; wo nicht, so stirb dann in deiner Undankbarkeit, und deine Unwissenheit raffe dich hinweg. Lebe wohl. Wenn du Zeit hast, sprich dein Gebet; wenn du keine hast, denk an deine Freunde. Schaff dir einen guten Mann, und halte ihn, wie er dich hält; und so leb wohl. (Ab.)

Helena. Oft ist's der eigne Geist, der Rettung schafft,
Die wir beim Himmel suchen. Unsrer Kraft
Verleiht er freien Raum, und nur dem Trägen,
Dem Willenlosen stellt er sich entgegen.
Mein Liebesmut die höchste Höh' ersteigt
Und läßt mich sehn, was sich dem Aug' nicht zeigt.
Des Glückes weitsten Raum vereint Natur,
Das sich das Fernste küßt, wie Gleiches nur.
Wer klügelnd abwägt und dem Ziel entsagt,
Weil er an dem, was schon geschehen, verzagt,
Erreicht das Größte nie. Wann rang nach Liebe
Ein volles Herz und fand nicht Gegenliebe?
Des Königs Krankheit – täuscht mich nicht, Gedanken;
Ich halte fest und folg' euch ohne Wanken. (Ab.)

2. Szene
Paris. Zimmer im Palast des Königs

Trompeten und Zinken. Der König *von Frankreich, Briefe in der Hand, und mehrere* Lords *treten auf.*

König. Florenz und Siena sind schon handgemein;
Die Schlacht bleibt unentschieden, und der Krieg
Wird eifrig fortgesetzt.
Erster Lord.   So wird erzählt.
König. So weiß man's schon gewiß. Hier meldet uns
Die sichre Nachricht unser Vetter Östreich
Und fügt hinzu, wie uns um schnellen Beistand
Florenz ersuchen wird: es warnt zugleich
Mein teurer Freund uns im voraus und hofft,
Wir schlagen's ab.
Erster Lord.   Sein Rat und seine Treu',
So oft erprobt von Eurer Majestät,
Verdienen volles Zutraun.
König.   Er bestimmt uns;
Florenz ist abgewiesen, eh' es wirbt.
Doch unsern Rittern, die sich schon gerüstet
Zum Feldzug in Toscana, stell' ich frei,
Nach ihrer Wahl hier oder dort zu fechten.
Erster Lord. Erwünschte Schule unsrer edeln Jugend,
Die sich im Krieg zu tummeln brennt.
König.   Wer kommt?

Bertram, Lafeu *und* Parolles *treten auf.*

Erster Lord. Graf Roussillon, mein Fürst, der junge Bertram.
König. Jüngling, du trägst die Züge deines Vaters.
Die gütige Natur hat wohlbedacht,
Nicht übereilt, dich schön geformt; sei drum
Auch deiner väterlichen Tugend Erbe!
Willkommen in Paris.
Bertram. Mein Dienst und Dank sind Eurer Majestät.
König. O hätt' ich jetzt die Fülle der Gesundheit,
Als da dein Vater und ich selbst in Freundschaft
Zuerst als Krieger uns versucht! Den Dienst
Der Zeit hatt' er wohl studiert, und war
Der Bravsten Schüler. Lange hielt er aus;
Doch welkes Alter überschlich uns beide
Und nahm uns aus der Bahn. Ja, es erquickt mich,
Des Edeln zu gedenken. In der Jugend

Erster Aufzug. 2. Szene

>Hatt' er den Witz, den ich wohl auch bermerkt
An unsern jetz'gen Herrn; nur scherzen *die*,
Bis stumpf der Hohn zu ihnen wiederkehrt,
Eh' sie den leichten Sinn in Ehre kleiden.
Hofmann so echt, daß Bitterkeit noch Hochmut
Nie färbten seine Streng' und seinen Stolz:
Geschah's, so war's nur gegen seinesgleichen;
Und seine Ehre zeigt' als treue Uhr
Genau den Punkt, wo Zeit ihn reden hieß;
Und wie ihr Zeiger wies, sprach seine Zunge.
Geringre
Behandelt' er als Wesen andrer Art;
Beugt' ihrer Niedrigkeit den hohen Wipfel,
Daß sie sich stolz durch seine Demut fühlten,
Wie er herabstieg in ihr armes Lob.
Solch Vorbild mangelt diesen jüngern Zeiten;
Es treu befolgend würden sie erkennen,
Wie sehr sie rückwärts gehn.

Bertram.   In Eurem Geist
>Strahlt heller als auf seinem Grab sein Nachruhm;
So rühmlich preist ihn nicht sein Epitaph,
Wie Euer königliches Wort.

König.   O, daß ich mit ihm wär'! Er sagte stets –
>Mich dünkt, ich hör' ihn noch; sein goldnes Wort
Steut' er nicht in das Ohr, er pflanzt' es tief,
Damit es keim' und reife: – *„ich mag nicht leben,"*–
– So sagt' er oft in liebenswertem Ernst
Im letzten Akt und Schluß des Zeitvertreibs,
Wenn man sich trennte, – *„ich mag nicht leben,"* sprach er,
*„Wenn's meiner Flamm' an Öl gebricht, als Schnuppe
Der jungen Welt, die mit leichtfert'gem Sinn
Nichts als das Neue liebt; die ihren Ernst
Allein auf Moden lenkt; bei der die Treue
Mit ihren Trachten wechselt."* Also wünscht' er.
Ich, scheidend, wünsche wie der Abgeschiedne,
Weil ich nicht Wachs noch Honig bringe heim,
Recht bald erlöst zu sein aus meinem Stock,
Raum gönnend Jüngern.

Zweiter Lord.   Sire, Euch liebt das Volk;
>Wer Euch verkennt, wird Euch am meisten missen.

König.   Ich füll' 'nen Platz, ich weiß. – Wie lang' ist's, Graf,
>Seit Eures Vaters Arzt gestorben ist?
Man rühmt' ihn sehr.

Bertram. Sechs Monat sind's, mein Fürst.
König. Lebt' er noch, hätt' ich's doch mit ihm versucht –
Gebt mir den Arm! – die andern schwächten mich
Durch manch Verfahren. Mögen's jetzt Natur
Und Krankheit unter sich abmachen. – Willkommen, Graf,
Seid wie ein Sohn willkommen.
Bertram. Dank, Majestät!
(Trompetenstoß. Alle gehen ab.)

3. Szene
Roussillon

Es treten auf die *Gräfin*, der *Haushofmeister* und der *Narr*.

Gräfin. Ich bin jetzt bereit zu hören; was sagt Ihr von dem jungen Fräulein?

Haushofmeister. Gnädige Gräfin, ich wünschte, die Sorgfalt, die ich angewandt, Euer Verlangen zu befriedigen, möchte in den Kalender meiner früheren Bemühungen eingetragen werden; denn wenn wir selbst sie bekannt machen, verwunden wir unsere Bescheidenheit und trüben die helle Reinheit unserer Verdienste.

Gräfin. Was will der Schelm hier? Fort mit Euch, Freund! Ich will nicht allen Beschwerden glauben, die ich von Euch gehört habe; es ist meine Trägheit, daß ich's nicht tue; denn ich weiß, es fehlt Euch nicht an Torheit, solche Schelmenstücke zu unternehmen, und Ihr seid geschickt genug, sie auszuführen.

Narr. Es ist Euch nicht unbekannt, gnädige Frau, daß ich ein armer Teufel bin.

Gräfin. Nun gut!

Narr. Nein, gnädige Frau, das eben ist nicht gut, daß ich arm bin – obschon viele von den Reichen zur Hölle fahren – aber wenn ich es nur bei Euer Gnaden erreiche, daß wir ein Paar werden dürfen, so wollen wir schon sehen, Elsbeth und ich, wie wir als Mann und Frau zusammen fortkommen.

Gräfin. Willst du denn mit Gewalt ein Bettler werden?

Narr. Ich bettle nur um Eure gnädige Einwilligung in diese Sache.

Gräfin. In welche Sache?

Narr. In Elsbeths Sache und meine eigene. Dienst ist keine Erbschaft, und ich denke, ich gelange nicht zu Gottes Segen, bis ich Nachkommenschaft sehe; denn, wie die Leute sagen, Kinder sind ein Segen Gottes.

Gräfin. Sag mir den Grund, warum du heiraten willst.

Narr. Mein armes Naturell, gnädige Frau, verlangt es. Mich treibt mein Fleisch dazu, und wen der Teufel treibt, der muß wohl gehen.

Gräfin. Und das ist alle Ursach', die Eu'r Gnaden hat?

Narr. Die Wahrheit zu sagen, ich habe noch andere heilige Ursachen, wie sie nun auch sind.

Gräfin. Darf die Welt sie wissen?

Narr. Ich bin eine sündige Kreatur gewesen, gnädige Frau, gerade wie Ihr und wie alles Fleisch und Blut; und mit einem Wort, ich will heiraten, damit ich bereuen könne.

Gräfin. Deine Heirat eher als deine Sündhaftigkeit!

Narr. Es fehlt mir an Freunden, gnädige Frau, und ich hoffe um meiner Frau willen Freunde zu finden.

Gräfin. Solche Freunde sind deine Feinde, Bursch!

Narr. Das versteht Ihr nicht, gnädige Frau; meine besten Freunde. Denn die Schelme werden das für mich tun, was mir zu viel wird. Wer mein Land ackert, spart mir mein Gespann und läßt mich trotzdem die Frucht unter Dach bringen; wenn ich sein Hahnrei bin, ist er mein Knecht. Wer mein Weib tröstet, sorgt für mein Fleisch und Blut; wer für mein Fleisch und Blut sorgt, liebt mein Fleisch und Blut; wer mein Fleisch und Blut liebt, ist mein Freund; also, wer meine Frau küßt, ist mein Freund. Wären die Leute nur zufrieden, das zu sein, was sie einmal sind, so gäbe es keine Skrupel in der Ehe; denn Charbon, der junge Puritaner, und Meister Poysam, der alte Papist, wie verschieden ihre Herzen auch in der Religion sind, läuft's doch mit ihren Köpfen auf eins hinaus; sie können sich mit ihren Hörnern knuffen, so gut wie irgend ein Bock in der Herde.

Gräfin. Willst du immer ein frecher, verleumderischer Schelm bleiben?

Narr. Ein Prophet, gnädige Frau; ich rede die Wahrheit ohne Umschweif:

> Gedenkt nur an das alte Lied,
> Es gilt noch heut wie gestern:
> Was einmal sein soll, das geschieht,
> Der Kuckuck sucht nach Nestern.

Gräfin. Geht nur, Freund; ich will die Sache ein andermal mit Euch verhandeln.

Haushofmeister. Wär' es Euer Gnaden nicht gefällig, daß er Helena zu Euch riefe; ich wollte von ihr reden.

Gräfin. Freund, geh und sag dem jungen Fräulein, ich wolle sie sprechen; ich meine Helena.

Narr (singt). Verdient die Schöne, sprach sie dann,
> Daß Troja ward zerstört?
> O Narretei, o Narretei,

Herr Priam ward betört!
Worauf sie seufzt und weinen tut,
Worauf sie seufzt und weinen tut
Und spricht: da könnt ihr sehn,
Ist auf neun Schlimme eine gut,
Ist auf neun Schlimme eine gut,
Ist's eine doch von zehn.

Gräfin. Was? Eine gut von zehn? Du verdrehst ja das Lied, Bursch.

Narr. Eine gute Frau unter zehnen, Gräfin, so heißt die verbesserte Lesart der Ballade. Wollte Gott nur alle Jahre so viel tun, so hätte ich über die Weiberzehnten nicht zu klagen, wenn ich der Pfarrer wäre. Eine unter zehnen? Das glaube ich! Wenn uns nur jeder Komet eine gute Frau brächte, oder jedes Erdbeben, so stünde es schon ein gut Teil besser um die Lotterie; jetzt kann sich einer das Herz aus dem Leibe ziehn, ehe er eine trifft.

Gräfin. Werdet Ihr bald gehen, Herr Taugenichts, und tun, was ich Euch befahl?

Narr. Daß ein Mann einer Evastochter gehorchen muß, und dennoch soll sie diesmal kein Ärgernis geben und den weißen Chorrock der Demut über dem schwarzen Priesterkleide ihres unmutigen Herzens tragen. Nun wohl, ich gehe, und Helena soll herkommen. (Ab.)

Gräfin. Nun also?

Haushofmeister. Ich weiß, gnädige Frau, Ihr liebt Euer Fräulein von Herzen.

Gräfin. Allerdings; ihr Vater hinterließ sie mir, und sie selbst kann, abgesehen von ihren Vorzügen, mit allem Recht auf so viel Liebe Anspruch machen, als sie bei mir findet. Ich bin ihr mehr schuldig, als ich ihr zahle, und werde ihr mehr zahlen, als sie fordern wird.

Haushofmeister. Gnädige Frau, ich war ihr neulich näher, als sie vermutlich wünschen mochte; sie war allein und sprach mit sich selbst, ihr eigenes Wort ihrem eigenen Ohr; sie glaubte – das darf ich wohl beschwören – es werde von keinem Fremden vernommen. Der Inhalt war, sie liebe Euern Sohn. Fortuna, sagte sie, sei keine Göttin, weil sie eine so weite Kluft zwischen ihren Verhältnissen gesetzt habe; Amor kein Gott, weil er seine Macht nicht weiter ausdehne, als auf gleichen Stand; Diana keine Königin der Jungfrauen, weil sie zugebe, daß ihr armer Ritter überrascht worden, ohne Entsatz bei dem ersten Angriff, oder Lösegeld im weiteren Verlauf. Dies klagt sie mit dem Ausdruck des bittersten Schmerzes, in dem ich je ein Mädchen habe weinen hören; ich hielt es für meine Pflicht, Euch eiligst davon zu unterrichten; sintemal, wenn hieraus ein Unglück entstehen sollte, es Euch gewissermaßen wichtig ist, vorher davon zu erfahren.

Gräfin. Ihr habt dies mit Redlichkeit ausgerichtet, behaltet's nun für Euch. Schon vorher hatten mich manche Vermutungen hierauf geführt; sie hingen aber so schwankend in der Wagschale, daß ich weder glauben noch zweifeln konnte. Ich bitte Euch, verlaßt mich nun. Verschließt dies in Eurer Brust, und ich danke Euch für Eure redliche Sorgfalt; ich will hernach weiter mit Euch darüber sprechen.

(Haushofmeister ab.)

So mußt' ich's, als ich jung war, auch erleben,
    Natur verlangt ihr Recht; der scharfe Dorn
Ward gleich der Jugendrose mitgegeben,
    Die Leidenschaft quillt aus des Blutes Born,
Natur bewährt am treusten ihre Kraft,
Wo Jugend glüht in starker Leidenschaft;
Auch wir einst fehlten so, wenn unsre Jugend
Ich recht bedenk'; doch hielten wir's für Tugend.
Es macht ihr Auge krank, ich seh' es wohl.

Helena tritt auf.

Helena. Was wünscht Ihr, gnäd'ge Frau?
Gräfin. Du weißt, mein Kind, ich bin dir eine Mutter.
Helena. Meine verehrte Herrin!
Gräfin.   Eine Mutter.

Warum nicht Mutter? bei dem Worte: *Mutter*
Schien's, eine Schlange sähst du; wie erschreckt dich
Der Name Mutter? Ich sage, deine Mutter;
Und trage dich in das Verzeichnis derer,
Die ich gebar. Wetteifern sehn wir oft
Pflegkindschaft mit Natur, und wundersam
Eint sich der fremde Zweig dem eignen Stamm.
Mich quält nie um dich der Mutter Ächzen,
Und dennoch widm' ich Muttersorge dir.
Ums Himmels willen, Kind! Erstarrt dein Blut,
Weil ich dich grüß' als Mutter? Sag, wie kommt's,
Daß dir die kranke Heroldin des Meinens,
Die mannigfarb'ge Iris, kränzt das Auge?
Weil du mir Tochter bist?

Helena.   Das bin icht nicht!
Gräfin. Bin ich nicht deine Mutter?
Helena.   Ach, verzeiht!

Graf Roussillon kann nie mein Bruder sein;
Ich bin von niederm, er vom höchsten Blut;

Mein Stamm gering, der seine weitberühmt.
Er ist mein Herr und Fürst; mein ganzes Leben
Hab' ich als Dienerin ihm treu ergeben.
Nicht Bruder ist er mir;

Gräfin. Und ich nicht Mutter?

Helena. Ja, meine Mutter seid Ihr; wärt Ihr doch –
Müßt' Euer Sohn nur nicht mein Bruder sein –
Ganz meine Mutter; wärt uns beiden Mutter;
Das wünscht' ich, wie ich mir den Himmel wünsche.
Nur ich nicht seine Schwester! Ist's nur dann vergönnt,
Wenn *er* mir Bruder wird, daß Ihr mich Tochter nennt?

Gräfin. Doch, Helena;
Du könntest meine Schwiegertochter sein.
Hilf Gott! du denkst es wohl? Mutter und Tochter
Stürmt so auf deinen Puls; nun wieder bleich?
Mein Argwohn hat dein Herz durchschaut; nun ahn' ich
Das Rätsel deiner Einsamkeit, die Quelle
Der bittern Tränen; mit Händen greife ich's.
Du liebst ihn, meinen Sohn; Verstellung schämt sich,
Dem lautern Ruf der Leidenschaft entgegen,
Mir nein zu sagen; darum sprich die Wahrheit.
Sag mir, so ist's; denn deine Wangen, Kind,
Bekennen es einander, deine Augen
Sehn es so klar in deinem Tun geschrieben,
Daß ihre Sprache es verrät; die Zunge
Nur fesseln Sünd' und höllischer Eigensinn,
Die Wahrheit noch zu hehlen. Ist's nicht so?
Wenn's ist, so schürztest du 'nen wackern Knoten!
Ist's nicht, so schwöre, nein; doch wie's auch sei,
Wie Gott mir helfen mag, dir beizustehn,
Ich fordre, daß du Wahrheit sagst.

Helena. Verzeihung!

Gräfin. Sprich! Liebst du Bertram?

Helena. Teure Frau, verzeiht!

Gräfin. Liebst du ihn?

Helena. Gnäd'ge Frau, liebt Ihr ihn nicht?

Gräfin. Bleib bei der Sache. Ich habe Pflicht und Grund
Vor aller Welt für mein Gefühl. Nun wohl!
Entdecke mir dein Herz; denn allzu laut
Verklagt dich deine Unruh'.

Helena. So bekenn' ich
Hier auf den Knieen vor Euch und Gott, dem Herrn,
Daß ich vor Euch, und nächst dem Herrn des Himmels

Ihn einzig liebe. Arm, doch tugendhaft
War mein Geschlecht; so ist mein Lieben auch.
Seid nicht erzürnt, es bringt ihm keine Kränkung,
Von mir geliebt zu sein; nie offenbart' ich
Ein Zeichen ihm zudringlicher Bewerbung;
Ich wünsch' ihn nicht, eh' ich ihn mir verdient,
Und ahnte nicht, wie ich ihn je verdiente!
Ich weiß, ich lieb' umsonst, streb' ohne Hoffnung;
Und doch, in dieses gier'ge, lockre Sieb
Gieß' ich beständig meiner Liebe Flut,
Die nimmer doch erschöpft wird; gleich dem Indier,
Gläubig in frommem Wahne flehend, ruf' ich
Die Sonne an, die auf den Beter schaut,
Ohne von ihm zu wissen. Teure Herrin,
Laßt Euern Haß nicht meine Liebe treffen,
Weil sie dasselbe liebt wie Ihr. Nein, habt Ihr –
Eu'r würdig Alter birgt die lautre Jugend –
Jemals in solcher reinen Glut der Neigung
Freulich geliebt und keusch gehofft, daß Diana
Eins schien mit Eurer Lieb', o dann hegt Mitleid
Für sie, die ohne Wahl und Hoffnung liebt;
Alles verlierend stets von neuem gibt;
Nie sie zu besitzen hofft, wonach sie strebt,
Und rätselgleich in süßem Sterben lebt.

Gräfin. Warst du nicht neulich willens, nach Paris
Zu reisen? Sprich die Wahrheit.

Helena. Gnäd'ge Frau,
Das war ich.

Gräfin. Und in welcher Absicht? Sag mir's.

Helena. So hört, ich schwör's Euch bei der ew'gen Gnade:
Ihr wißt, mein Vater ließ Vorschriften mir
Von seltner Wunderkraft; wie seiner Forschung
Sichere Prüfung als untrüglich sie
Bewährt erfand; die hat er mir vererbt,
Sie in geheimster Obhut zu bewahren
Als *Schätze*, deren Kern und innrer Wert
Weit über alle *Schätzung*. Unter diesen
Ist ein Arkan verzeichnet, vielerprobt,
Als Gegenmittel jener Todeskrankheit,
An der der König hinsiecht.

Gräfin. Dies bestimmt
Dich, nach Paris zu gehn?

Helena. Der junge Graf ließ mich daran gedenken,

>   Sonst hätten wohl Paris, Arznei und König
>   In meiner Seele Werkstatt keinen Eingang
>   Gefunden.
>
> **Gräfin.** Glaubst du wirklich, Helena,
>   Wenn du ihm dein vermeintes Mittel bötest,
>   Er werd' es nehmen? Er und seine Ärzte
>   Sind *eines* Sinns: er, keiner könn' ihm helfen,
>   Sie, keine Hilfe geb' es. Wie vertraut' man
>   'nem armen Mädchen, wenn die Schule selbst,
>   Zu Rand mit ihrer Weisheit, die Gefahr
>   Sich selber überläßt?
>
> **Helena.** Mich treibt ein Glaube
>   Mehr noch als meines Vaters Kunst – der größten
>   In seinem Fach – daß sein vortrefflich Mittel,
>   Auf mich vererbt, von glücklichen Gestirnen
>   Geheiligt werden soll; und will Eu'r Gnaden
>   Mir den Versuch gestatten, setz' ich gern
>   Mein Haupt zum Unterpfand für unsres Herrn
>   Genesung zur bestimmten Zeit.
>
> **Gräfin.** Das glaubst du?
>
> **Helena.** Ja, gnäd'ge Frau, gewißlich.
>
> **Gräfin.** Wohlan! so geb' ich gern dir die Erlaubnis
>   Und Geld und Dienerschaft und Liebesgruß
>   An meine Freund' am Hof; indes ich hier
>   Um Gottes Segen flehe für dein Werk.
>   Auf morgen geh, und glaub mit Zuversicht,
>   Wo ich's vermag, fehlt dir mein Beistand nicht. (Beide gehen ab.)

Zweiter Aufzug

1. Szene

Paris. Zimmer im Palast des Königs

Es treten auf der *König* von Frankreich, mehrere junge *Edelleute*, *Bertram* und und *Parolles*. Trompeten und Zinken.

> **König.** Lebt wohl, Herrn; diese kriegrische Gesinnung
>   Haltet mir fest; auch ihr, Herrn, lebet wohl.
>   Teilt unter euch den Rat; nimmt jeder alles,
>   Dehnt sich die Gabe den Empfängern aus,
>   Und reicht für beide hin.

Zweiter Aufzug. 1. Szene

Erster Edelmann. Wir hoffen, Herr,
Als wohlversuchte Krieger heimzukehren
Und Eure Majestät gesund zu sehn.
König. Nein, nein, das kann nicht sein; doch will mein Herz
Sich nicht gestehn, daß es die Krankheit hegt,
Die meinem Leben droht. Geht, junge Ritter;
Leb' ich nun, oder sterbe, seid die Söhne
Würd'ger Franzosen; zeigt dem obern Welschland,
Den Ausgearteten, die nur den Fall
Der letzten Monarchie geerbt, ihr kamt nicht
Der Ehre bloß den Hof zu machen; nein,
Sie heimzuführen kamet ihr. Und wo
Der kühnste Werber zagt, erringt das Ziel,
Daß Fama laut euch ausruft. So lebt wohl.
Zweiter Edelmann. Heil Euch, mein König! ganz nach Eurem Wunsch!
König. Die welschen Mädchen – seid auf eurer Hut!
Der Franke, sagt man, kann, was sie verlangen
Nicht weigern; werdet nicht Gefangene,
Bevor ihr dientet.
Beide. Dank für Eure Warnung!
König. Lebt wohl. – Kommt her zu mir.
(Der König legt sich auf ein Ruhebett.)
Erster Edelmann. O lieber Graf! Daß Ihr nicht mit uns zieht!
Parolles. Es ist nicht seine Schuld!
Zweiter Edelmann. O edler Krieg!
Parolles. Höchst glorreich. Schon erlebt' ich solchen Krieg.
Bertram. Man hält mich fest; und stets das alte Lied:
Zu jung; und *künftig Jahr*; und *noch zu früh*!
Parolles. Treibt dich das Herz, Junker, so stiel dich kecklich davon.
Bertram. Man will, ich soll den Weiberknecht agieren,
Hier auf dem Estrich meine Schuh' vernutzend,
Bis Ehre weggekauft, kein Schwert getragen,
Als nur zum Tanz! Weiß Gott, ich stehl' mich weg!
Erster Edelmann. Der Diebstahl brächt' Euch Ruhm.
Parolles. Begeht ihn, Graf.
Zweiter Edelmann. Ich bin Eu'r Helfershelfer; so lebt wohl.
Bertram. Ich bin so sehr der Eure, daß unsere Trennung einem gefolterten Körper gleicht.
Erster Edelmann. Lebt wohl, Hauptmann.
Zweiter Edelmann. Teurer Monsieur Parolles!
Parolles. Edle Paladine, mein Schwert und das eure sind Blutsfreunde; treffliche Degen und junge Recken, ein Wort, meine Phönixe. Im Regiment der Spinii werdet ihr einen Hauptmann Spurio

finden, mit einer Narbe, einem Kriegsemblem, hier auf seiner linken Wange; diese gute Klinge grub sie ein; sagt ihm, ich lebe, und hört, was er von mir sagt.

Zweiter Edelmann. Das wollen wir, edler Hauptmann.

(Die beiden Edelleute gehen ab.)

Parolles. Mars verschwende seine Gunst an euch, seine Novizen! Nun, was wollt Ihr tun?

Bertram. Bleiben; der König ...

Parolles. Ihr solltet gegen diese edlen Kavaliere ein ausdrucksvolleres Zeremoniell beobachten; Ihr beschränktet Euch auf die Grenze eines allzu kaltsinnigen Abschiedes. Seid nicht so steif gegen sie! Denn sie schwimmen obenauf in der Strömung der Zeit; sie sind die vollkommenen Meister des echten Gehens, Essens und Redens, und bewegen sich unter dem Einfluß des anerkanntesten Gestirns; und wäre der Teufel ihr Vortänzer, man muß ihnen dennoch nachfolgen. Darum nach! und nehmt einen umständlicheren Abschied!

Bertram. Das will ich tun!

Parolles. Wackere Bursche, die ganz danach aussehen, daß sie einmal eine tüchtige Klinge führen werden. (Sie gehen ab.)

Lafeu tritt auf.

Lafeu (knieend). Verzeihn, mein Fürst, für mich und meine
   Botschaft!

König. Dein Aufstehn sie die Zahlung!

Lafeu. Wohl, hier steh' ich
   Und kaufte mir Verzeihn. Ich wünschte, Sire,
   Ihr hättet hier gekniet, um mich zu bitten,
   Und könntet aufstehn, wenn ich's Euch geheißen.

König. Ich gleichfalls! dann zerschlüg' ich dir den Kopf
   Und bät' dich um Verzeihung.

Lafeu. Kreuzweis' wohl gar? Doch, teurer Herr, erlaubt;
   Wünscht Ihr geheilt zu sein von Eurer Krankheit?

König. Nein.

Lafeu. Wollt Ihr nicht die reifen Trauben essen,
   Mein königlicher Fuchs; o ja, Ihr wollt;
   Wenn nur mein königlicher Fuchs die Trauben
   Erreichen könnt'! Ich hab' 'nen Arzt gesehn,
   Der hauchte wohl den Steinen Leben ein,
   Brächt' einen Fels in Gang, und lehrt' Euch selbst
   Gaillarden tanzen flink und leicht; berührt
   Von ihr, erstünde aus dem Grab Pipin,
   Carolus Magnus nähm' zur Hand die Feder
   Und schriebe Vers' an sie.

König. An welche *sie*?

Zweiter Aufzug. 1. Szene

Lafeu. Ei, eine Ärztin; Sire, sie ist schon hier,
Wenn Ihr sie sehen wollt. Auf Ehr' und Treu',
Wenn ich in diesem leichten Vortrag ernstlich
Berichten darf: ich sprach mit einem Mädchen,
Die mich durch Absicht, Jugend und Geschlecht,
Verstand und festen Sinn so sehr entzückt,
Ich schäme mich es zu gestehn. Doch seht
Sie selbst – das ist ihr Wunsch – hört, was sie bringt,
Dann lacht mich aus nach Lust.
König.   Nun, Freund Lafeu,
Zeig uns dies Wunder, daß wir ihm mit dir
Unser Erstaunen zollen, oder deins
Vermindern durch Erstaunen, wie dir's kam.
Lafeu. Nun, ich will Euch bedienen, und sogleich. (Lafeu geht.)
König. So hält er stets Prologe seinem Nichts.

Lafeu kommt zurück mit *Helena*.

Lafeu. Nun tretet vor!
König.   Die Eil' hat wahrlich Flügel!
Lafeu. Nein, tretet vor!
Hier Seine Majestät; sagt Euern Wunsch.
Eu'r Blick ist sehr verrät'risch, doch der König
Scheut selten solcherlei Verrat; ich bin
Cressidas Oheim, daß ich's wagen darf
Zwei so allein zu lassen. Lebt nun wohl. (Geht ab.)
König. Nun, schönes Kind, betrifft Eu'r Anliegen uns?
Helena. Ja, edler König.
Gerhard war von Narbonne mein Vater,
Ein Meister seiner Kunst.
König.   Ich kannt' ihn wohl.
Helena. So eh'r erspar' ich mir, ihn Euch zu rühmen;
Ihn kennen ist genug. Auf seinem Todbett
Gab er mir manch Arkan; vor allen eins,
Das als die höchste Blume seiner Forschung
Und vielerfahrenen Praxis liebstes Kleinod
Er mich verwahren hieß als drittes Auge,
Teurer als meine beiden. Also tat ich,
Und hörend, wie Eu'r Majestät dahinsiecht
An jener bösen Krankheit, die den Ruhm
Von meines Vaters Kunst zumeist bewährt,
Kam ich mit Wünschen und mit Demut Euch
Die Rettung anzubieten.
König.   Dank Euch, Jungfrau.

Doch glaub' ich nicht so leicht an Heilung mehr,
Wo so gelehrte Ärzt' uns aufgegeben
Und die vereinte Fakultät entschied,
Kunst könne nie aus unheilbarem Zustand
Natur erlösen. Drum soll unser Urteil
Nicht so abirr'n, noch Hoffnung uns verleiten,
Ein rettungsloses Übel preiszugeben,
Quacksalbern; unsre Majestät vergäb' sich,
Sinnlosem Beistand also nachzutrachten,
Wenn wir als Unsinn allen Beistand achten.

Helena. So zahlt die treue Pflicht mir mein Bemühn;
Nicht weiter sei mein Dienst Euch aufgedrängt;
Nur laßt mich, wenn ich gehe, denken dürfen,
Daß Ihr nicht niedrig von mir denkt, mein König.

König. Das ist das mindste, was ich muß gewähren;
Dein guter Will' ist meines Dankes wert,
Weil du vom Tod zu helfen mir begehrt.
Doch was du ganz verkennst; durchschau' ich klar:
Wie fern dein Trost, wie nah' mir die Gefahr.

Helena. Unschädlich wär's, wenn den Versuch Ihr wagt,
Weil Ihr der Heilung, wie dem Trost entsagt.
Er, der die größten Taten läßt vollbringen,
Legt oft in schwache Hände das Gelingen;
So zeigt die Schrift in Kindern weisen Mut,
Wo Richter kindisch waren; große Flut
Enspringt aus kleinem Quell, und Meere schwinden,
Ob Weise auch die Wunder nicht ergründen.
Oft schlägt Erwartung fehl, und dann zumeist,
Wo sie gewissen Beistand uns verheißt,
Und wird erfüllt, wo Hoffnung längst erkaltet,
Der Glaube schwand, und die Verzweiflung waltet.

König. Es kann nicht sein, du Gute, drum zieh hin,
Dir selber Schuldnerin für dein zwecklos Mühn;
Doch Dank nimm für den Dienst, den ich nicht brauche.

Helena. So weicht, was Gott mir eingab, einem Hauche?
Er ist nicht so, der alles mag durchschaun,
Wie wir, die stets dem leeren Schein vertraun;
Und stozer Hochmut wär's, der Gottheit Trachten
Und Himmelswort für Menschenwerk zu achten.
O teurer Fürst, gebt meinen Wünschen nach,
Denkt nicht, daß ich, nein, daß der Himmel sprach.
Ich treibe nicht mit Euch ein trüglich Spiel,
Noch berg' ich meiner Worte wahres Ziel.

Ich glaub' es, Herr, und glaub' auf festem Grunde,
Noch siegt die Kunst, nah' ist der Rettung Stunde.
König. Das hoffst du so gewiß? in wieviel Zeit?
Helena. Wenn mir die höchste Gnade Gnade leiht,
Eh' zweimal noch das Lichtgespann durchschreitet
Die Bahn, auf der sein Lenker Glanz verbreitet;
Eh' zweimal in den Tau der trüben Feuchte
Der Abendstern auslöscht die müde Leuchte;
Ja, eh' die Sanduhr vierundzwanzig Stunden
Dem Schiffer zeigt, die diebisch ihm entschwunden,
Seid Ihr genesen; Euer Schmerz entflieht,
Die Krankheit stirbt, und neue Kraft erblüht.
König. Auf so viel Selbstvertraun und Sicherheit,
Was wagst du?
Helena. Daß man mich der Frechheit zeiht,
Mich Metze schilt; der Pöbel mich verspottet,
Schimpflieder singt, und schmählich ausgerottet
Mein Jungfraunname sei; ja, daß mein Leben
Sich ende, schnöden Martern preisgegeben.
König. Mir schein, es spricht aus dir ein sel'ger Geist,
Der sich in schwachem Werkzeug stark erweist;
Und was die Sinne sonst unmöglich nennen,
Muß ich in höherm Sinn jetzt anerkennen.
Dein Leben ist dir wert, denn dich beglückt
Noch alles, was das Dasein je geschmückt:
Schönheit und Anmut, Weisheit, hoher Mut,
Und was nur Frühling hofft als Lebensgut.
So viel zu wagen, solch Vertraun zu zeigen,
Ist nur der Kunst, oder Tollkühnheit eigen;
Drum, lieber Arzt, versuch an mir dein Heil,
Und sterb' ich, wird dir selbst der Tod zu teil.
Helena. Fehl' ich die Zeit, mißlingt ein Wort von allen,
Die ich verhieß, sei ich dem Tod verfallen,
Wie ich's verdient! Helf' ich Euch nicht, so sterb' ich;
Doch wenn ich helfe, welchen Lohn erwerb' ich?
König. Fordre, mein Kind.
Helena. Und wollt Ihr's wirklich geben?
König. Bei meinem Zepter, ja, beim ew'gen Leben.
Helena. Gib zum Gemahl mit königlicher Hand,
Wen ich mir fordern darf in deinem Land.
Doch ferne sei von mir der Übermut,
Daß ich ihn wähl' aus Frankreichs Fürstenblut,
Und ein Geschlecht, unwürdig wie das meine,

Mit deines Stamms erhabnem Zweig sich eine;
Nein, solchen Untertan, den ich in Ehren
Von dir verlangen darf, du mir gewähren.
König.   Hier meine Hand. Kannst du dein Wort erfüllen,
So bürg' ich dir, ich tu' nach deinem Willen.
Nun wähl dir selbst die Zeit; es ziemt dem Kranken,
Des Arztes Wort zu folgen ohne Wanken.
Zwar möcht' ich viel noch fragen, viel noch hören –
Ob Zweifel auch den Glauben nimmer stören –
Woher du kamst, von wem; doch sei's gewagt;
Vertraun und Liebe biet' ich ungefragt.
He! Kommt und helft mir auf! Schaffst du mir Rat,
So lohnen meine Taten Tat.   (Sie gehen ab.)

2. Szene
Roussillon. Zimmer im Palast der Gräfin

Es treten auf die *Gräfin* von Roussillon und der *Narr*.

Gräfin.   Komm her, Freund; ich will einmal deine Ausbildung auf die höchste Probe stellen.

Narr.   Ihr werdet bald sehen, ich sei besser genährt als gelehrt. Ich weiß, ich passe nur für den Hof.

Gräfin.   Nur für den Hof! Nun, auf welche Stelle hast du's abgesehen, wenn du davon so verächtlich sprichst? Nur für den Hof!

Narr.   Wahrhaftig, gnädige Frau, wem Gott einige gute Manieren mitgegeben hat, der wird sie leicht am Hofe anbringen können. Wer keinen Kratzfuß machen, seine Mütze nicht abnehmen, seine Hand nicht küssen und nichts sagen kann, hat weder Fuß, Hand, Mund noch Mütze; und ein solcher Mensch, um präzis zu reden, paßt sich nicht für den Hof. Was aber mich betrifft, so habe ich eine Antwort, die für jedermann taugt.

Gräfin.   Nun, das ist eine ersprießliche Antwort, die zu allen Anreden paßt.

Narr.   Sie ist wie ein Barbierstuhl, der für alle Hintern paßt; für die schmalen, die runden, die derben, kurz für alle Hintern.

Gräfin.   Deine Antwort ist also für alle Anreden passend?

Narr.   So passend wie ein Taler für die Hand eines Advokaten; wie eine französische Krone für die Hand einer taftenen Dirne; wie Hansens Messer für Gretens Scheide; wie ein Pfannkuchen für die Fastnacht; wie ein Mohrentanz für den Meitag; wie der Nagel für sein Loch; wie der Hahnrei für sein Horn; wie ein keifendes Weibsbild für einen zänkischen Mann; wie die Lippe der Nonne für den Mund des Mönches; ja wie die Wurst für ihre Haut.

Gräfin. Habt Ihr, frage ich noch einmal, eine Antwort, die so auf alle Fragen paßt.

Narr. Herunter vom Herzog an bis unter den Konstabel hinab paßt sie auf alle Fragen.

Gräfin. Nun, das muß eine Antwort von ungeheurem Kaliber sein, die auf alles eine Auskunft weiß.

Narr. Im Gegenteil, beim Licht besehen nur eine Kleinigkeit, wenn die Gelehrten die Wahrheit davon sagen sollten. Hier ist sie mit allem Zubehör. Fragt mich einmal, ob ich ein Hofmann sei; es wird Euch nicht schaden, zu lernen.

Gräfin. Wieder jung zu werden, wenn's möglich wäre. Ich will so närrisch fragen, in der Hoffnung, desto weiser durch Eure Antwort zu werden. Sagt mir also, mein Herr, seid Ihr ein Hofkavalier?

Narr. Ach Gott, Herr! – Das war bald abgetan; nur immer weiter, noch hundert solche Fragen.

Gräfin. Herr, ich bin eine arme Freundin von Euch, die Euch gut ist.

Narr. Ach Gott, Herr! – Immer zu, schont mich nicht.

Gräfin. Ich glaube, mein Herr, Ihr werdet wohl nicht von solcher Hausmannskost essen?

Narr. Ach Gott, Herr! – Nein, nur drauf zu, ohne Umstände!

Gräfin. Ihr wurdet neulich gepeitscht, mein Herr, wenn mir recht ist?

Narr. Ach Gott, Herr! Schont mich nicht!

Gräfin. Ruft Ihr: *„Ach Gott, Herr,"* wenn Ihr gepeitscht werdet, und *„schont mich nicht"*? Euer *„Ach Gott, Herr"* paßt recht wohl zu Euern Schlägen; Ihr wäret der rechte Mann für eine Tracht Prügel, wenn's so weit käme.

Narr. So schlimm bin ich noch nie mit meinem *„Ach Gott, Herr!"* angekommen. Ich sehe, man kann etwas lange brauchen, aber nicht immer brauchen.

Gräfin. Ich spiele da recht vornehm mit der Zeit,
 Sie mit 'nem Narr'n so lustig zu vertreiben.

Narr. Ach Gott, Herr! – Seht, da paßte es nun wieder.

Gräfin. Genug für jetzt. – Gebt dies an Helena,
 Und treibt sie, eine Antwort gleich zu senden;
 Empfehlt mich meinem Sohn und meinen Vettern;
 Das ist nicht viel.

Narr. Nich viel Empfehlung, meint Ihr?

Gräfin. Nicht viel zu tun für Euch! Versteht Ihr mich?

Narr. Höchst deutlich; ich bin da vor meinen Füßen.

Gräfin. Kommt bald zurück. (Beide gehen ab.)

3. Szene
Paris. Zimmer im Palast des Königs

Bertram, Lafeu und *Parolles* treten auf.

Lafeu. Man sagt, es geschehen keine Wunder mehr, und unsere Philosophen sind dazu da, die übernatürlichen und unergründlichen Dinge alltäglich und trivial zu machen. Daher kommt es, daß wir mit Schrecknissen Scherz treiben und uns hinter unsere angebliche Wissenschaft verschanzen, wo wir uns einem unbekannten Grauen hingeben sollten.

Parolles. In der Tat, es ist die allerseltsamste Wunderschichte, die in unseren jüngsten Zeiten aufgetaucht ist.

Bertram. Das ist sie auch.

Lafeu. Aufgegeben von den Kunstverständigen –

Parolles. Ja, von Galenus und Paracelsus –

Lafeu. Von dem ganzen gelehrten und angesehenen Kollegium –

Parolles. Ganz recht!

Lafeu. Das ihn für unheilbar erklärte –

Parolles. Da liegt's; das sage ich auch.

Lafeu. Für hilflos –

Parolles. Recht; für einen, der gleichsam gefaßt sein müsse –

Lafeu. Auf ein ungewisses Leben und einen gewissen Tod.

Parolles. Richtig und wohl gesagt: das wollte ich auch sagen.

Lafeu. Ich darf wohl behaupten, es ist etwas Unerhörtes in der Welt.

Parolles. Das ist es auch, wenn's einer im Schauspiel geschrieben lesen wollte, müßte er's nachlesen in – Nun, wie heißt es doch?

Lafeu. „Ein Schauspiel von der Wirkung himmlischer Gnade in einem irdischen Gefäß."

Parolles. Recht so, das meinte ich; eben das.

Lafeu. Wahrhaftig, ein Delphin ist nicht munterer; mein Seel, ich rede mit aller Hochachtung –

Parolles. Nein, 's ist seltsam, sehr seltsam; das ist das Kurze und das Lange von der Sache; und der muß von höchst facinorosem Geist sein, der nicht gestehen will, es sei die –

Lafeu. Unverkennbare Hand des Himmels.

Parolles. Ja, so sage ich.

Lafeu. In einem sehr schwachen –

Parolles. Und hinfälligen Werkzeug, große Macht, große Energie, wovon allerdings noch anderweitiger Gebrauch stattfinden sollte, als nur zur Genesung des Königs; damit wir alle –

Lafeu. Dankbar sein möchten.

Der König, Helena und Gefolge treten auf.

Parolles. Das wollte ich auch sagen, Ihr sagt wohl. Hier kommt der König.

Lafeu. Lustick, wie der Holländer spricht. Ich will allen Mädchen dafür noch einmal so gut sein, solange ich noch einen Zahn im Kopfe habe. Wahrhaftig, er ist imstande und fordert sie zu einer Courante auf.

Parolles. *Mort du vinaigre!* Ist das nicht Helena?

Lafeu. Beim Himmel! das glaube ich auch.

König. Geht, ruft uns alle Ritter meines Hofs.
Du, sitz bei deinem Kranken, holder Arzt;
Und diese neu genes'ne Hand, durch dich
Begabt mit längst verbannter Kraft, bestät'ge
Nochmals dir jene zugesagte Gabe,
Dein, wie du sie nur nennst.

Einige Hofleute treten auf.

Nun, schönes Kind, schau um; dies muntre Volk
Von wackern Knaben steht mir zu Gebote,
Gehorsam meinem königlichen Spruch
Und Vaterwort; erküre dir denn einen;
Du darfst dir wählen, jene nicht verneinen.

Helena. Ein fromm und schönes Fäulein send' euch allen
Der Liebe Gunst – euch allen, bis auf einen.

Lafeu. Ich gäb' den braunen Bleß mitsamt dem Zeug,
Hätt' ich so frische Zähn' wie diese Knaben,
Und auch von Bart nicht mehr.

König.   Betrachte sie;
Nicht einer, der nicht stammt aus edlem Blut.

Helena. Ihr edlen Herrn,
Gott hat durch mich den König hergestellt.

Alle. Wir hörten's und wir danken Gott für Euch.

Helena. Ich in ein einfach Mädchen; all mein Reichtum
Ist, daß ich einfach mich ein Mädchen nenne.
Geruh Eur'Majestät, ich bin zu Ende;
Die Wangen, schamgerötet, flüstern mir:
„Wir glühen, daß du wählst; wirst du verworfen,
Wird bleicher Tod für immer auf uns thronen,
Nie kehrt das Rot zurück."

König.   Dein Wohlrecht übe:
Wer dich verschmäht, verschmäht auch meine Liebe.

Helena. So flieh' ich, Diana, deine Weihaltäre,
Und meine Seufzer richt' ich an die hehre,
Hochheil'ge Liebe. – Kennt Ihr mein Gesuch?

Erster Edelmann. Ja, und gewähr's.
Helena. Habt Dank! Damit genug.
    Lafeu. Ich möchte lieber hier zur Wahl stehen, als beide As für mein Leben werfen.
Helena. Der Stolz, der Euch im edlen Auge flammt,
  Hat mich, noch eh' ich sprach, zu streng verdammt;
  Mög' Lieb' Euch zehnfach höheres Glück verleihn,
  Als sie, die dieses für Euch wünscht, zu frein.
Zweiter Edelmann. Kein beßres wünsch' ich.
Helena. Mög' Euch nimmer fehlen
  Cupidos Gunst; so will ich mich empfehlen.
    Lafeu. Widerstreben ihr alle? Wenn das meine Söhne wären, ich ließe sie peitschen oder schickte sie zu den Türken, um Verschnittene draus zu machen.
Helena. Sorgt nicht, ich lasse Eure Hand schon fahren;
  Ich will Euch die Verlegenheit ersparen.
  Heil Eurer Wahl! Eu'r Lieben zu beglücken,
  Mög' eine schönre Braut Eu'r Lager schmücken.
    Lafeu. Das junge Volk ist von Eis, keiner will sie; ganz gewiß sind sie englische Bastarde; Franzosen haben sie nicht gezeugt.
Helena. Ihr seid zu jung, zu glücklich und zu gut;
  Ich wünsch' Euch keinen Sohn aus meinem Blut.
Vierter Edelmann. Schöne, so denk' ich nicht.
    Lafeu. Da ist noch eine Traube; ich weiß gewiß, dein Vater trank Wein; wenn du aber nicht ein Esel bist, so bin ich ein Junge von vierzehn. Ich kenne dich schon!
Helena (zu Bertram). Ich sage nicht, ich nehm' Euch; doch ich gebe
  Mich selbst und meine Pflicht, solang' ich lebe
  In Eure Hände. Dieser ist der Mann.
König. Nimm sie denn, junger Bertram, als Gemahlin.
Bertram. Gemahlin, gnäd'ger Herr? mein Fürst vergönnt,
  In solcherlei Geschäft laßt mich gebrauchen
  Die eignen Augen.
König. Bertram, weißt du nicht,
  Was sie für mich getan?
Bertram. Ja, edler König;
  Doch folgt daraus, daß ich mich ihr vermähle?
König. Du weißt, sie half mir auf vom Krankenbett.
Bertram. Und soll ich deshalb mich erniedrigen,
  Weil sie Euch aufgebracht? Ich kenne sie;
  Mein Vater ließ als Waise sie erziehn;
  Des armen Artzes Kind mein Weib! Eh'r soll
  Verachtung mich verzehren.

König. Den Stand allein verachtest du, den ich
 Erhöhn kann. Seltsam ist's, daß unser Blut –
 Vermischte man's – an Farbe, Wärm' und Schwere
 Den Unterschied verneint, und doch so mächtig
 Sich trennt durch Vorurteil. Ist jene wirklich
 Von reiner Tugend, und verschmähst du nur
 Des armen Artzes Kind, so schmähst du Tugend
 Um eines Namens willen. Das sei fern!
 Wo Tugend wohnt, und wär's am niedern Herd,
 Wird ihre Heimat durch ihr Tun verklärt.
 Erhabner Rang bei sündlichem Gemüte
 Gibt schwülstig hohle Ehre; wahre Güte
 Bleibt gut auch ohne Rang, das Schlechte schlecht;
 Nach innerm Kern und Wesen fragt das Recht,
 Nicht nach dem Stand. Jung, schön und ohne Tadel,
 Schenkt ihr Natur unmittelbaren Adel,
 Der Ehre zeugt; wie Ehre *den* verdammt,
 Der sich berühmt, er sei von ihr entstammt,
 Und nicht der Mutter gleicht. Der Ehre Saat
 Gedeiht weit minder durch der Ahnen Tat,
 Als eignen Wert; das Wort frönt wie ein Sklav'
 Jeglicher Gruft; auf jedem Epitaph
 Lügt es Trophä'n; oft schweigt's und dem Gedächtnis
 Ehrwürd'ger Namen läßt es als Vermächtnis
 Vergessenheit und Staub. Folg meinem Ruf!
 Liebst du dies Mädchen, wie Natur sie schuf,
 Das andre schaff' ich. Tugend bringt sie dir
 Als Mitgift; Rang und Reichtum geb' ich ihr.
Bertram. Sie lieb' ich nicht, und streb' auch nie danach.
König. Unglück dir selber, strebst du mir entgegen!
Helena. Mich freut, mein Fürst, daß Ihr genesen seid;
 Das andre laßt!
König. Zum Pfand steht meine Ehr'; das zu verhüten,
 Mag denn der König sprechen. Nimm sie hin,
 Hochmüt'ger Jüngling, unwert solchen Guts;
 Der du in schnöder Mißachtung verkennst
 So meine Gunst wie ihr Verdienst; nicht träumst,
 Daß wir, gelegt in ihre leichte Schale,
 Dich schnellen bis zum Balken; nicht begreifst,
 An mir sei's, deine Ehre da zu pflanzen,
 Wo uns ihr Wachsen freut. Brich deinen Trotz!
 Folg unserm Willen, der dein Wohl bezweckt!
 Mißtraue deinem Stolz, und augenblicks

Füg dich zu eignem Glück dem Lehnsgehorsam,
Den deine Pflicht und unsre Macht erheischt.
Sonst schleudr' ich dich aus meiner Gunst für immer
In den ratlosen Absturz und den Schwindel
Der Jugend und der Torheit; Haß und Rache
Im Namen der Gerechtigkeit entfesselnd,
Taub jeglichem Erbarmen. Sprich! Gib Antwort!

Bertram. Verzeiht mir, gnäd'ger Herr, denn meine Neigung
Soll Euerm Aug' sich fügen. Überleg' ich,
Welch große Schöpfung, welches Maß von Ehre
Folgt Euerm Wort; so find' ich sie, noch jüngst
Gering in meinem Stolze, jetzt gepriesen
Vom König selbst, und daß sie so geadelt,
Macht sie mir ebenbürtig.

König. Reich die Hand ihr,
Und nenne sie dein Weib; und ich verheiße
Vollwichtigen Ersatz, der deinen Reichtum
Noch überbieten soll.

Bertram. Gib mir die Hand.

König. Freundliches Glück und deines Königs Gunst
Lächeln dem Bund, der seine Weih' empfange
Nach schleun'ger Aufsetzung des Ehvertrags
Und noch vor Nacht vollzogen sei. Das Festmahl
Verschieben wir auf spätre Zeit, erwartend
Die fernen Freunde. Wenn dein Herz sie schätzt,
Wahrt's mir die Treue, die es sonst verletzt.

Alle gehen ab, bis auf Lafeu und Parolles.

Lafeu. Hört doch, Monsieur, ein Wort mit Euch!

Parolles. Was steht zu Dienst?

Lafeu. Euer Herr und Gebieter tat wohl, daß er sich zum Widerruf entschloß.

Parolles. Widerruf? Mein Herr, mein Gebieter?

Lafeu. Freilich! Ist das keine Sprache, die ich rede?

Parolles. Eine sehr herbe, und kaum verständlich ohne blutige Explikation. Mein Gebieter?

Lafeu. Seid Ihr nicht der Begleiter des Grafen Roussillon?

Parolles. Jedes Grafen; aller Grafen; aller Leute.

Lafeu. Aller Leute des Grafen; des Grafen, Herr, will schon mehr sagen.

Parolles. Ihr seid zu alt, Herr, laßt Euch genügen; Ihr seid zu alt!

Lafeu. Ich muß dir sagen, Bursch, ich heiße Mann; das ist ein Titel, zu dem das Alter dich nie bringen wird.

Parolles. Was ich allzu leicht wage, wage ich nicht.

Lafeu. Ich hielt dich nach zwei Mahlzeiten für einen leidlich vernünftigen Burschen. Du machtest erträglichen Wind von deinen Reisen; das mochte hingehen; aber die Wimpeln und Fähnchen an dir brachten mich doch mehr als einmal davon ab, dich für ein Schiff von zu großer Ladung zu achten. Ich habe dich nun gefunden; wenn ich dich wieder verliere, gilt mir's gleich; du bist doch des Aufhebens nicht wert.

Parolles. Trügst du nicht den Freibrief der Antiquität an dir ...

Lafeu. Stürze dich nicht kopfüber in Ärger, du möchtest sonst deine Prüfung beschleunigen; und wenn ... Gott schenke dir Gnade, du armes Huhn! Und so, mein gutes Gitterfenster, leb wohl; du brauchst mir deine Laden nicht zu öffnen, ich sehe dich durch und durch. Gib mir deine Hand.

Parolles. Gnädiger Herr, Ihr bietet mir sublimierte Beleidigung!

Lafeu. Ja, von ganzem Herzen, und du bist ihrer wert.

Parolles. Ich habe das nicht verdient, gnädiger Herr!

Lafeu. Ja, weiß Gott, jeden Gran davon, und ich erlasse dir keinen Skrupel.

Parolles. Gut, ich werde klüger sein.

Lafeu. Das tu, sobald du kannst; denn du schmeckst mir sehr nach dem Gegenteil. Wenn sie dich nächstens einmal mit deiner eigenen Schärpe binden und prügeln, so sollst du sehen, was es heißt auf seine Verbindungen stolz sein. Ich habe Lust, meine Bekanntschaft mit dir fortzusetzen, oder vielmehr meine Kenntnis von dir, damit ich im Notfall sagen könne, den Menschen kenne ich.

Parolles. Gnädiger Herr, Ihr molestiert mich auf eine höchst unerträgliche Art.

Lafeu. Ich wollte, ich könnte dir die ewige Höllenpein schaffen, obgleich die Zeit des Schaffens mir den Rücken wandte; und das will ich auch dir tun, so schnell es mein Alter erlaubt. (Lafeu geht ab.)

Parolles. Nun, du hast einen Sohn, der diesen Schimpf von mir abnehmen soll, schäbiger, alter, filziger, schäbiger Herr! Wohl, ich muß Geduld haben; Ansehen läßt sich nicht in Fesseln legen. Ich will ihn prügeln, bei meinem Leben, wenn ich ihm auf irgend eine passende Art begegnen kann, und wäre er doppelt und dreifach ein vornehmer Herr. Ich will nicht mehr Mitleid mit seinem Alter haben, als mit ... Ich will ihn prügeln, wenn ich ihm nur wieder begegnen kann.

Lafeu kommt zurück.

Lafeu. He, Freund! Euer Herr und Gebieter ist verheiratet, da habt Ihr etwas Neues für Euch; Ihr habt eine neue Gebieterin.

Parolles. Ich ersuche Euer Gnaden höchst unumwunden, mit

Euren Beleidigungen etwas an sich zu halten. Er ist mein guter Herr; der, dem ich dort oben diene, ist mein Gebieter.

Lafeu. Wer? Gott?

Parolles. Ja, Herr.

Lafeu. Der Satan ist's, der ist dein Gebieter. Was schürzest du deine Arme so auf? Sollen deine Ärmel Hosen vorstellen? Tun das andere Bediente? Du solltest lieber dein Unterteil dahin setzen, wo dir die Nase sitzt. Bei meiner Ehre, wäre ich nur zwei Stunden jünger, ich prügelte dich; mir scheint, du bist ein allgemeines Ärgernis, und jedermann sollte dich prügeln. Ich glaube, du wurdest geschaffen, damit man sich an dir eine Motion machen könne.

Parolles. Das ist ein rauhes und unverdientes Verfahren, gnädiger Herr!

Lafeu. Geht doch, Freund! Ihr wurdet in Italien geprügelt, weil Ihr einen Kern aus einem Granatapfel stahlt; Ihr seid ein Landstreicher, und kein echter Reisender. Ihr betragt Euch viel unverschämter mit Edelleuten und Vornehmen, als das Patent Eurer Geburt und Vorzüge Euch das Wappenrecht gibt. Ihr verdient kein Wort mehr, sonst nennte ich Euch noch Schurke. Ich verlasse Euch! (Er geht.)

Bertram tritt auf.

Parolles. Gut, sehr gut; mag's drum sein! Gut, sehr gut, es mag eine Zeitlang geheim bleiben!

Bertram. Verloren! Ew'gem Unmut preisgegeben!

Parolles. Was gibt es, lieber Schatz?

Bertram. Obgleich ich's feierlich dem Priester schwur,
Will ich die Ehe nicht vollziehn.

Parolles. Was gibt's, mein Kind?

Bertram. O, mein Parolles, sie haben mich vermählt!
Ins Feld nach Florenz! Nie mit ihr zu Bett!

Parolles. Ein Loch für Hund' ist Frankreich, und verdient nicht,
Daß Helden es beschreiten. Auf, ins Feld!

Bertram. Hier schreibt mir meine Mutter; was sie meldet,
Weiß ich noch nicht.

Parolles. Das zeigt sich schon. Ins Feld, mein Sohn, ins Feld!
Dem bleibt die Ehr' unsichtbar in der Tasche,
Der hier zu Haus sein Zuckerpüppchen herzt,
Und ihm im Arm sein männlich Mark vergeudet,
Das den Galopp und hohen Sprung von Mars'
Feurigem Roß aushalten soll. Hinaus!
In ferne Zonen! Frankreich ist ein Stall,
Und wir die Mähren drin; drum fort ins Feld!

Bertram. So soll's geschehn, ich sende sie nach Haus;

Der Mutter offenbar' ich meinen Abscheu,
Und was mich trieb von hier; dem König schreib' ich,
Was ich zu sagen fürchte. Seine Mitgift
Schafft mir die Mittel zum toscan'schen Krieg,
Wo Ritter kämpfen. Krieg wird Zeitvertreib
Gegen solch Hauskreuz und verhaßtes Weib.
Parolles. Bist du auch sicher, daß die Laune vorhält?
Bertram. Geh mit mir auf mein Zimmer, rate mir.
Sie soll sogleich hinweg; ich gehe morgen
Ins Feld; sie lass' ich einsam ihren Sorgen.
Parolles. Heisa, wie springt der Ball und lärmt! Dein Ehstand,
Mein armer Knabe, ward dir früh zum Wehstand!
Drum fort! Verlaß sie, männlich dich zu zeigen;
Der König kränkt dich – still! wir müssen schweigen. (Sie gehen ab.)

4. Szene

Ebendaselbst. Ein anderes Zimmer des Palastes

Helena und der Narr treten auf.

Helena. Meine Mutter grüßt mich freundlich, ist sie wohl?

Narr. Sie ist nicht wohl, und doch ist sie bei Gesundheit; sie ist recht munter, und doch ist sie nicht wohl; aber Gott sei Dank, sie ist sehr wohl, und ihr fehlt nichts auf der Welt; und doch ist sie nicht wohl.

Helena. Wenn sie sehr wohl ist, was fehlt ihr denn, daß sie nicht sehr wohl ist.

Narr. In Warheit, sie ist sehr wohl, ganz gewiß; bis auf zwei Dinge.

Helena. Was für zwei Dinge?

Narr. Einmal, daß sie nicht im Himmel ist, wohin Gott sie recht bald fördern wolle; zweitens, daß sie auf Erden ist, von wo Gott sie recht bald fördern wolle.

Parolles tritt auf.

Parolles. Gott segene Euch, meine höchstbeglückte Dame!

Helena. Ich hoffe, Herr, ich habe Eure Einwilligung zu meinem Glück?

Parolles. Ihr hattet mein Gebet, Euch dahin zu geleiten; und Euch dabei zu bewahren, sollt Ihr es behalten. – O, mein wackerer Schelm! Was macht unsere alte Gräfin?

Narr. Hättet Ihr nur ihre Runzeln, und ich ihr Geld, so möchte sie immer machen, was Ihr sagt.

Parolles. Ich sage ja nichts

Narr. Mein Seel! dann seid Ihr um so klüger; denn manches Dieners Zunge schwatzt nur seines Herrn Verderben herbei. Nichts sagen, nichts tun, nichts wissen und nichts haben, darin besteht ein großer Teil Eures Rechtes, das, die Wahrheit zu sagen, kaum um ein Tüttelchen mehr als nichts ist.

Parolles. Fort mit dir, du bist ein Schelm.

Narr. Ihr hättet sagen sollen, Herr, vor einem Schelm bist du ein Schelm, das heißt, vor mir bist du ein Schelm; so wär's die Wahrheit gewesen.

Parolles. Geh mir, du bist ein witziger Narr; ich habe dich gefunden!

Narr. Habt Ihr Euch in mir gefunden, Herr? Oder hat man Euch gelehrt, mich zu finden? Das Suchen, Herr, war von gutem Erfolg; und mögt Ihr doch noch recht viel Narr in Euch finden, zu aller Welt Ergätzen und Förderung des Lachens.

Parolles. Ein guter Schelm und trefflich aufgefüttert.
Gräfin, mein gnäd'ger Herr verreist heut nacht;
Höchst wichtige Geschäfte rufen ihn.
Den großen Anspruch und der Liebe Vorrecht,
Für das die Zeit jetzt reif, erkennt er an;
Doch muß er sie verschieben, notbedrängt.
Doch dieser Zwang, dies Zögern birgt Nektar;
Die Fastenzeit bereitet ihn als Trost,
Damit die Zukunft überfließ' in Wonne
Und überschäum' die Lust.

Helena. Was wünscht er sonst?

Parolles. Daß Ihr sogleich vom König Abschied nehmt,
Ihm diese Hast als Eure Wahl bezeichnet
Und unterstützt mit Gründen, daß sie glaublich
Und dringend scheine.

Helena. Was noch mehr befiehlt er?

Parolles. Daß, wenn Ihr dies erreicht, Ihr allsogleich
Erwartet, was er ferner von Euch wünscht.

Helena. In allen Stücken harr' ich seines Winks.

Parolles. Das werd' ich melden.

Helena. Darum bitt' ich Euch. (Parolles geht.)
Komm, Freund. (Helena und der Narr gehen ab.)

5. Szene
Ebendaselbst. Ein anderes Zimmer

Lafeu und *Bertram* treten auf.

Lafeu. Ich hoffe doch, Euer Gnaden hält ihn nicht für einen Soldaten?

Bertram. Ja, edler Herr, und von sehr bewährter Tapferkeit.
Lafeu. Ihr habt's aus seiner eigenen Überlieferung.
Bertram. Und von manchen andern verbürgten Zeugen.
Lafeu. So geht meine Sonnenuhr nicht richtig; ich hielt diese Lerche für einen Spatz.
Bertram. Ich versichre Euch, gnädiger Herr, er ist von tiefer Einsicht und ebensovieler Tapferkeit.
Lafeu. So habe ich denn gegen seine Erfahrung gesündigt, und mich gegen seine Tapferkeit vergangen; und mein Zustand erscheint um so gefährlicher, als ich noch zu keiner Reue in meinem Herzen gelangen kann. Hier kommt er; ich bitte Euch, versöhnt uns wieder; ich will diese Freundschaft kultivieren.

Parolles tritt auf.

Parolles (zu Bertram). Alles soll besorgt werden, Herr.
Lafeu. Ich bitte Euch, Herr; wer ist sein Schneider?
Parolles. Herr?
Lafeu. O, ich kenne ihn schon; ja Herr, er ist ein guter Nadelführer, ein sehr guter Schneider.
Bertram (beiseite). Ist sie zum König gegangen?
Parolles. Soeben.
Bertram. Geht sie heut abend fort?
Parolles. Wie Ihr's verlangt habt.
Bertram. Die Briefe sind bereit, mein Geld verpackt,
Die Pferde schon bestellt und diese Nacht,
Da ich Besitz sollt' nehmen von der Braut,
Sie ende, eh' ich noch begann.
Lafeu. Ein verständiger Reisender gilt etwas gegen das Ende der Mahlzeit; aber einen, der drei Dritteile lügt und eine bekannte Wahrheit als Paß für tausend Windbeuteleien braucht, sollte man einmal anhören und dreimal abprügeln. Gott behüte Euch, Hauptmann.
Bertram. Gibt es irgend eine Mißhelligkeit zwischen diesem edlen Herrn und Euch, Monsieur?
Parolles. Ich weiß nicht, womit ich's verdient habe, in Seiner Gnaden Ungnaden zu fallen.
Lafeu. Ihr seid Hals über Kopf, mit Stiefeln und Sporen hineingerannt, wie der Bursch, der in die Mehlpastete sprang; und Ihr werdet wohl eher wieder herauslaufen, als Rede stehen, warum Ihr drin verweilt.
Bertram. Ihr habt ihn wohl nicht recht gewürdigt, gnädiger Herr?
Lafeu. Das wird auch nie geschehen, selbst wenn ich ihn beim Hochwürdigsten träfe. Lebt wohl, Herr Graf, und glaubt mir, in dieser tauben Nuß kann kein Kern stecken; die Seele dieses Menschen

sitzt in seinen Kleidern. Traut ihm nicht in wichtigen Angelegenheiten; ich habe solches Volk im zahmen Zustand gehalten und kenne seine Art. Gott befohlen, Monsieur! Ich habe besser von Euch gesprochen, als Ihr's um mich verdient habt oder verdienen werdet; aber man soll Böses mit Gutem vergelten. (Ab.)

Parolles. Ein sehr müßiger Schwätzer, auf Ehre!
Bertram. Das scheint so.
Parolles. Wie, Ihr kennt ihn nicht?
Bertram. O ja, ich kenn' ihn wohl; und allgemein
Steht er in gutem Ruf. Da kommt mein Kreuz!

Helena tritt auf.

Helena. Ich habe, Herr, wie Ihr mir's anbefahlt,
Den König schon gesehn und seinen Urlaub
Erhalten, gleich zu reisen. Nur verlangt er
Ein Wort mit Euch allein.
Bertram.   Ich folge dem Gebot.
Nicht wundr' Euch dies Betragen, Helena,
Das nicht die Farbe trägt der Zeit, noch leistet,
Was mir nach Pflichtgefühl und Schuldigkeit
Zunächst obliegt. Ich war nicht vorbereitet
Auf diesen Fall; und darum trifft er mich
So ratlos an. Deshalb muß ich Euch bitten,
Daß Ihr alsbald nach Hause Euch begebt,
Und lieber sinnt, als fragt, warum ich's fordre.
Was mich bestimmt, ist besser, als es scheint,
Und mein Geschäft drängt mich mit ernsterm Zwang,
Als Euch beim ersten Blick bedünken mag,
Da Ihr's nicht überseht. – Dies meiner Mutter! (gibt ihr einen Brief.)
Zwei Tage noch, dann seh' ich Euch! Und so
Laß' ich Euch Eurer Klugheit.
Helena.   Ich kann nichts sagen, Herr,
Als daß ich Eure treuergebne Magd.
Bertram. O laßt! Nichts mehr davon!
Helena.   Und stets bemüht,
Mit treuer Sorglichkeit Euch zu ersetzen,
Was mir ein niedriges Gestirn versagt,
Um wert zu sein so großen Glücks.
Bertram.   Genug!
Denn meine Hast ist groß. Lebt wohl, und eilt.
Helena. O, lieber Herr! Verzeiht ...
Bertram.   Schon recht, was wollt Ihr?
Helena. Ich bin nicht wert des Reichtums, der mir ward,
Noch darf ich mein ihn nennen, und doch ist er's;

Doch wie ein scheuer Dieb möcht' ich mir stehlen,
Was mir nach Recht gehört.
Bertram. Was wünscht Ihr noch?
Helena. Etwas – und kaum so viel – im Grunde nichts –
Ungern nenn' ich den Wunsch; doch ja! So wißt,
Nur Fremd' und Feinde scheiden ungeküßt.
Bertram. Ich bitt' Euch, säumt nicht, setzt Euch rasch zu Pferd.
Helena. Ich füge dem Befehl mich, teurer Herr.
Bertram. Sind meine Leute da? – Leb wohl! (Helena ab.) Geh du
Nach Haus, wohin ich nimmermehr will kehren;
Solang ich fechten kann und Trommeln hören.
Nun fort, auf unsre Flucht!
Parolles. Bravo! Coraggio! (Sie gehen ab.)

Dritter Aufzug

1. Szene

Florenz. Zimmer im Palast des Herzogs

Trompetenstoß. Es treten auf der *Herzog* von Florenz, zwei französische *Edelleute* und Soldaten.

Herzog. So, daß ihr nun von Punkt zu Punkt vernahmt
Den wahren Grund und Anlaß dieses Kriegs,
Des große Lösung vieles Blut verströmt
Und dürstet stets nach mehr.
Erster Edelmann. Der Zwist scheint heilig
Auf Eurer Seite, Hoheit, schwarz und frevelnd
An Eurem Gegener.
Herzog. Drum wundert uns, daß unser Vetter Frankreich
In so gerechtem Streit sein Herz verschloß,
Als wir um Beistand warben.
Zweiter Edelmann. Gnäd'ger Fürst,
Die Gründe unsres Staats sind mir verhüllt
Als einem schlichten Mann, entfernt vom Hof,
Der nur nach seinen schwachen Kräften sich
Entwirft des Staatsrats großen Plan. Drum wag' ich
Kein Urteil; denn ich traf die Wahrheit nie
Und meine schwankende Vermutung irrte,
So oft ich riet.
Herzog. Er tue nach Gefallen!
Zweiter Edelmann. Doch sicher weiß ich, unsre muntre Jugend,

Von Frieden übersatt, wird Tag für Tag
Arznei hier suchen.
Herzog. Sei sie uns willkommen!
Und alle Ehren, die wir spenden mögen,
Erwarten sie. Auf euern Posten hin!
Wenn Höh're fallen, ist's für euch Gewinn.
Morgen ins Feld! (Sie gehen ab.)

2. Szene

Roussillon. Zimmer im Palast der Gräfin

Es treten auf die *Gräfin* und der *Narr.*

Gräfin. Alles hat sich zugetragen, wie ich's wünschte, nur daß er nicht mit ihr kommt.

Narr. Meiner Treu', ich denke, unser junger Herr ist ein sehr melancholischer Mann.

Gräfin. Und woran hast du das bemerkt?

Narr. Ei, er sieht auf seinen Stiefel und singt; zupft an der Krause und singt, tut Fragen und singt; stochert die Zähne und singt. Ich kannte einen, der solchen Ansatz von Melancholie hatte, und einen hübschen Meierhof für ein Liedchen verkaufte.

Gräfin. Laß mich sehen, was er schreibt, und wann er zu kommen denkt. (Sie öffnet einen Brief.)

Narr. Ich frage nichts mehr nach Elsbeth, seit ich am Hofe gewesen bin. Unser alter Stockfisch und unsere Elsbeths vom Lande sind doch nichts gegen den alten Stockfisch und die Elsbeths am Hofe. Mein Cupido läßt die Flügel hängen, und ich fange an zu lieben, wie ein alter Mann das Geld liebt, ohne Appetit!

Gräfin. Was sehe ich hier?

Narr. Gerade was Ihr seht. (Geht ab.)

Gräfin (liest). „Ich sende Euch eine Schwiegertochter; sie hat den König hergestellt und mich zu Grunde gerichtet. Ich habe sie geheiratet, aber nicht die Vermählung vollzogen, und geschworen, dieses *Nicht* ewig zu machen. Ihr werdet hören, ich sei davongegangen; erfahrt es durch mich, ehe der Ruf es Euch meldet. Wenn die Welt breit genug ist, werde ich mich in weiter Entfernung halten. Mit kindlicher Hochachtung Euer unglücklicher Sohn *Bertram.*"

Das ist nicht recht, unbänd'ger, rascher Knabe!
Die Gunst zu meiden solches guten Herrn
Und auf dein Haupt zu sammeln seinen Zorn,
Die Braut verstoßend, die so edel ist,
Daß Kaiser selbst sie nicht verschmähten!

Der Narr kommt zurück.

Narr. O, gnädige Frau, draußen gibt's betrübte Neuigkeiten zwischen zwei Soldaten und der jungen Gräfin.
Gräfin. Was ist?
Narr. Freilich, etwas Trost ist in den Neuigkeiten, etwas Trost; Euer Sohn wird nicht so bald umkommen, als ich dachte.
Gräfin. Woran sollte er denn umkommen?
Narr. Das denke ich auch, gnädige Frau, wenn er davonläuft, wie ich höre, daß er tut; die Gefahr ist im Zusammenbleiben; denn dadurch gehen Kinder auf und Männer drauf. Hier kommen welche, die Euch mehr sagen werden; ich meinesteils weiß nur, daß der junge Graf davongegangen ist. (Ab.)

Helena und zwei *Edelleute* treten auf.

Erster Edelmann. Gott grüß' Euch, edle Gräfin.
Helena. Verloren, ewig mir verloren, Gräfin!
Zweiter Edelmann. Sagt das nicht!
Gräfin. Sei nur gefaßt! – Ich bitt' euch, edle Herrn,
  Mich traf so mancher Schlag von Freud' und Gram,
  Daß beider plötzlich schreckende Erscheinung
  Mich kaum entmutigt. Sagt, wo ist mein Sohn?
Zweiter Edelmann. Er ging zum Dienst des Herzogs von Florenz;
  Wir trafen ihn hinreisend, als wir kamen
  Von dort; und ist am Hof unser Geschäft
  Erledigt, kehren wir dorthin zurück.
Helena. Seht diesen Brief! Das ist mein Reisepaß!
  „Wenn du den Ring an meinem Finger erhalten kannst, der niemals davon kommen soll, und mir ein Kind zeigen, aus deinem Schoß geboren, zu dem ich Vater bin, dann nenne mich Gemahl; aber dieses *Dann* ist so viel wie *nie*."
  Das ist ein harter Spruch!
Gräfin. Habt ihr den Brief gebracht, ihr Herrn?
Erster Edelmann.   Ja, Gräfin;
  Um solchen Inhalt reut uns unsre Müh'.
Gräfin. Ich bitt' dich, Liebe, fasse bessern Mut.
  Leg nicht Beschlag auf alles Leid für dich,
  Sonst raubst du meine Hälfte. Er war mein Sohn;
  Allein ich wasch' ihn weg aus meinem Blut
  Und nenne dich mein einzig Kind. Nach Florenz
  Ist er gegangen?
Zweiter Edelmann. Ja.
Gräfin.   Im Feld zu dienen?
Zweiter Edelmann. Das ist sein edler Vorsatz; und gewiß,

Der Herzog wird ihm alle Ehr' erweisen,
Die ihm gebührt.
Gräfin. Kehrt Ihr dahin zurück?
Erster Edelmann. Ja, Gräfin, mit der Eile schnellstem Flug.
Helena. „Bis ich kein Weib hab', hab' ich nichts in Frankreich!"
's ist bitter!
Gräfin. Schreibt er das?
Helena. Ja, gnäd'ge Frau.
Erster Edelmann. Vielleicht 'ne Kühnheit nur der Hand, von der sein Herz nichts weiß.
Gräfin. Bis er kein Weib hat, hat er nichts in Frankreich?
Ich weiß in Frankreich nichts zu gut für ihn,
Als sie allein; und ihr gebührt ein Mann,
Dem zehn so rohe Knaben dienen sollten,
Sie stündlich Herrin nennend. Wer war mit ihm?
Erster Edelmann. Nur ein Bedienter und ein Kavalier,
Der mir nicht unbekannt.
Gräfin. Ist's nicht Parolles?
Erster Edelmann. Ja, gnäd'ge Frau.
Gräfin. Ein sehr verrufner Bursch, und voller Bosheit;
Mein Sohn verdirbt sein gut geartet Herz
Durch seinen schlimmen Einfluß.
Erster Edelmann. So ist's Gräfin.
Der Bursch hat viel zu viel von dem, was macht,
Daß man viel von ihm hält.
Gräfin. Seid mir willkommen,
Ihr Herrn! Ich bitt' euch, sagt doch meinem Sohn,
Es könn' ihm nie sein Schwert die Ehr' erringen,
Die er verliert; noch weitres bitt' ich euch
Ihm schriftlich mitzubringen.
Zweiter Edelmann. Zählt auf uns,
Euch hierin wie im Wichtigsten zu dienen.
Gräfin. Nicht dienen: Dienst um Gegendienst nur tauschen.
Wollt ihr nicht näher treten?
(Die Gräfin und die beiden Edelleute gehen ab.)
Helena. „Bis ich kein Weib hab', hab' ich nichts in Frankreich."
Er hat in Frankreich nichts, bis er kein Weib hat!
Du sollst keins haben, Bertram, keins in Frankreich,
Dann hast du wieder alles. Armer Graf!
Bin ich's, die dich aus deiner Heimat jagd,
Der Glieder zarten Bau dem Zufall preisgibt
Des schonungslosen Kriegs? bin ich's, die dich
Vertreibt vom lust'gen Hof, wo schöne Augen

Nach dir gezielt, um jetzt im Schuß zu stehn
Dampfender Feuerschlünd'? O blei'rne Boten,
Die auf des Blitzes jäher Hast ihr reitet,
Fehlt euer Ziel; teilt die gleichgült'ge Luft,
Die singt, wenn ihr sie trefft! Nicht ihn berührt!
Wer nach ihm schießt, den hab' ich hingestellt;
Wer anlegt auf sein heldenmütig Herz,
Den hab' ich Meuchelmörderin gedungen;
Und töt' ich ihn nicht selbst, war ich doch Ursach',
Daß solcher Tod ihn traf. Viel besser wär's,
Den Löwen träf' ich, wenn er schweifend brüllt
Im scharfen Drang des Hungers; besser wär's,
Daß alles Elend, das Natur umfaßt,
Mein würd' auf eins. Kehr wieder, Roussillon,
Von dort, wo Ehr' aus der Gefahr sich meist
Nur Narben holt und alles oft verliert.
Ich geh'; mein Bleiben hält von hier dich fern,
Und dazu blieb' ich? Nimmermehr! Ob auch
Des Paradieses Luft dies Haus umwehte,
Und seine Diener lauter Engel. Ich will gehn;
Meld ihm, Gerücht, mitleidig, daß ich floh,
Und tröst ihn. Komm, o Nacht! Mit Tags Entweichen
Will ich, ein armer Dieb, von hier mich schleichen. (Ab.)

3. Szene
Florenz. Vor dem Palast des Herzogs

Trompetenstoß. Es treten auf der *Herzog* von Florenz, *Bertram*, *Parolles*,
Edelleute, Offiziere, Soldaten mit Trommeln und kriegerischer Musik.

Herzog. Sei du Anführer unsrer Reiter; wir
An Hoffnung reich, vertraun mit gläub'ger Liebe
Auf dein verheißend Glück.

Bertram.   Mein Fürst, es ist
'ne Last, zu schwer für meine Kraft; doch streb' ich
Für Eure würd'ge Sache sie zu tragen
Bis an der Kühnheit letzte Grenze.

Herzog.   Geh,
Und Glück umflattre deinen Siegerhelm
Als schützende Gebieterin!

Bertram.   Großer Mars!
Noch heut tret' ich in deine Kriegerreih'n;
Laß stark mich werden wie mein Sinn; dann faß' ich
Das Schlachtschwert liebend, und die Liebe haß' ich. (Alle gehen ab.)

4. Szene
Roussillon. Zimmer im Palast der Gräfin

Es treten auf die Gräfin und der Haushofmeister.

Gräfin. Ach! wie nur nahmst du diesen Brief von ihr?
Dachtst du nicht, daß sie täte, was sie tat,
Weil sie den Brief mir schickte? Lies noch einmal!
Haushofmeister (liest). „Sankt Jakobs Pilgrim beut Euch heil'gen
Gruß!
Weil Lieb' und Ehrgeiz wild mein Herz zerrissen,
Wandr' ich auf hartem Grund mit nacktem Fuß,
Ein fromm Gelübd' erleichtre mein Gewissen.
Schreibt Eurem Sohn, schreibt meinem liebsten Herrn,
Daß er aus blut'ger Schlacht zur Heimat kehre;
Ihn segne Frieden hier, indes ich fern
Mit heißer Andacht seinen Namen ehre.
Er mag verzeihn die Müh'n, die ich ihm schuf;
Ich, seine strenge Juno, sandt' ihn aus
Von Lust und Scherzen hin zum Kriegsberuf,
Wo auf den Tapfern lauert Todesgraus.
Zu schön für mich, zu gut, zu schön zu sterben,
Sei Tod mein Los, ihm Freiheit zu erwerben."
Gräfin. Wie scharfe Stacheln in so mildem Wort!
Reinhold, so unbedachtsam konntst du sein,
Daß du sie reisen ließest? Sprach ich sie,
Ich hätte wohl sie anders noch gelenkt;
Nun kam sie uns zuvor.
Haushofmeister. Verzeiht, Gebiet'rin!
Gab ich den Brief noch diese Nacht, vielleicht
War sie noch einzuholen; und doch schreibt sie,
Nachspüren sei vergeblich.
Gräfin. Welch ein Engel
Wird den unwürd'gen Gatten schützen? Keiner,
Wenn ihr Gebet, das gern der Himmel hört
Und gern gewährt, ihn nicht vom Zorn erlöst
Des höchsten Richters. Schreib, o schreib, mein Reinhold,
An diesen Mann, der solcher Frau nicht würdig,
Gib ihrem Wert Gewicht durch jedes Wort,
Denn viel zu leicht erwog er ihn; mein Leid,
Des Größ' er nicht empfindet, schärf ihm ein;
Send ihm den sichersten, bewährtsten Boten;
Vielleicht, wenn er vernimmt, sie sei entflohn,

Kommt er zurück, und wenn sie solches hört,
Dann, hoff' ich, lenkt auch sie den Fuß zur Heimkehr,
Geführt von reiner Liebe. Wer von beiden
Mir jetzt der liebste sei, vermag ich kaum
Zu unterscheiden. Sorge für den Boten.
Mich beugen Gram und meines Alters Schwächen;
Mein Schmerz will Tränen, Kummer heißt mich sprechen.

(Sie gehen ab.)

5. Szene
Vor den Mauern von Florenz

Feldmusik in der Ferne. Es treten auf eine alte *Witwe* aus Florenz, *Diana*, *Violenta*, *Marianne*, Bürger.

Witwe. Kommt nur mit; denn wenn sie näher an die Stadt rücken, verlieren wir sie aus dem Gesicht.

Diana. Man sagt, der französische Graf habe sich sehr rühmlich gehalten.

Witwe. Es heißt, er habe ihren ersten Feldherrn gefangen genommen und mit eigener Hand des Herzogs Bruder getötet. Unsere Mühe ist vergeblich gewesen; sie haben einen andern Weg genommen. Horch! Ihr könnt es an ihren Trompeten hören.

Marianne. Kommt, kehren wir wieder zurück und begnügen uns an der Erzählung. Hüte dich nur vor dem französischen Grafen, Diana; die Ehre eines Mädchens ist ihr Ruf, und kein Vermächtnis ist so reich wie Ehrbarkeit.

Witwe. Ich habe meiner Nachbarin erzählt, wie Ihr von einem seiner Kavaliere verfolgt worden seid.

Marianne. Ich kenne den Schurken, der Henker hole ihn! Es ist ein gewisser Parolles, ein nichtswürdiger Helfershelfer des jungen Grafen für solche Verführungen. Nimm dich vor ihnen in acht, Diana; ihre Versprechungen, Lockungen, Schwüre, Liebeszeichen und alle diese Werkzeuge der bösen Lust sind das nicht, wofür sie sich ausgeben; schon manche Jungfrau ist durch sie verleitet worden; und leider vermag das Beispiel, das uns verlorene Unschuld so furchtbar aufzuweisen hat, dennoch nicht von der Nachfolge abzuschrecken, sondern sie kleben an der Leimrute an, die ihnen droht. Ich hoffe, ich brauche dich nicht weiter zu warnen; deine Tugend, hoffe ich, wird dich erhalten, wo du stehst, wäre auch keine weitere Gefahr dabei sichtbar, als der Verlust deines guten Rufs.

Diana. Ihr solltet nicht Ursache haben, meinetwegen in Furcht zu sein.

Helena tritt auf, als Pilgerin verkleidet.

Witwe.   Das hoffe ich. Seht, da kommt eine Pilgerin. Ich weiß, sie wird in meinem Hause herbergen wollen; dahin weisen sie sich einer den andern. Ich will sie fragen.
Gott grüß' Euch, Pilgerin; wohin der Weg?
Helena.   Zum ältern Sankt Jakobus.
Wo finden Pilger Wohnung? Sagt mir an!
Witwe.   Beim Franziskanerkloster, hier am Tor.
Helena.   Ist dies der Weg?
Witwe.   Jawohl, das ist er. – Horcht!
(Man hört in der Ferne marschieren.)
Sie kommen hier vorbei. Wollt Ihr verziehn,
Bis daß der Zug vorüber,
So zeig' ich Euch den Weg in Eu'r Quartier.
Denn Eure Wirtin, müßt Ihr wissen, kenn' ich
Ganz wie mich selbt.
Helena.   Ihr selber seid die Wirtin?
Witwe.   Zu dienen, heil'ge Pilgerin.
Helena.   Ich dank' Euch,
Und warte hier, so lang' es Euch beliebt.
Witwe.   Ihr kommt aus Frankreich, denk' ich?
Helena.   Ja, von dort.
Witwe.   Ihr werdet hier 'nen tapfern Landsmann sehn,
Der sich viel Ruhm erwarb.
Helena.   Sein Nam', ich bitt' Euch?
Diana.   Der Graf von Roussillon; kennt Ihr ihn schon?
Helena.   Von Hörensagen, und man rühmt ihn sehr;
Gesehn hab' ich ihn nie.
Diana.   Wie er auch sei,
Hier zeichnet' er sich aus. Er floh aus Frankreich,
Erzählt man, weil der König ihn vermählt
Entgegen seiner Neigung. Ist das wahr?
Helena.   Ja, wohl ist's wahr! Ich kenne sein Gemahl.
Diana.   Hier ist ein Edelmann in seinem Dienst,
Der spricht gering von ihr.
Helena.   Wie heißt der Mann?
Diana.   Monsieur Parolles.
Helena.   Nun, ich geb' ihm recht;
Für Lob – und erst verglichen mit dem Wert
Des hohen Grafen selbst – ist sie zu niedrig,
Um oft genannt zu sein. All ihr Verdienst
Ist strenge Sittsamkeit, und diese hört' ich
Noch nie in Zweifel ziehn.

Diana.   Die arme Dame!
Das ist ein hartes Joch, vermählt zu sein
Dem Mann, der uns verabscheut!
Witwe.   Gewiß! Das liebe Kind! Wo sie auch sei
Sie muß viel dulden. Seht, dies Mädchen könnt' ihr
Gefährlich werden, wollte sie's.
Helena.   Wie meint Ihr?
Stellt der verliebte Graf vielleicht ihr nach
In unerlaubter Absicht?
Witwe.   Ja, das tut er
Und lockt mit allem, was in solcher Werbung
Der zarten Ehre eines Mädchens droht.
Doch trifft er sie gerüstet; sichre Hut
Gewährt ihr keusches Widerstreben.

Bertram, Parolles, Soldaten marschieren über die Bühne mit Trommeln und Fahnen.

Marianne.   Gott verhüt'
Daß es je anders sei!
Witwe.   Sie kommen jetzt.
Dies ist Anton, des Herzogs ältster Prinz;
Dies Escalus.
Helena.   Und der Franzose?
Diana.   Dieser;
Der mit der Feder; 's ist ein feiner Mann;
Ich wollt', er liebte seine Frau; weit hübscher
Fänd' ich ihn, wär' er treu. Ist er nicht artig?
Helena.   Ich mag ihn wohl!
Diana.   Schade, daß er nicht treu! – Da, seht den Schurken,
Der ihn verführt; ja, wär' ich seine Frau,
Dem Buben gäb' ich Gift.
Helena.   Wer ist es denn?

Diana. Der Geck mit all den Bändern. Warum ist er wohl melancholisch?

Helena. Er ward vielleicht in der Schlacht verwundet.

Parolles. Die Trommel zu verlieren! Gut.

Marianne. Er scheint gewaltig verdrießlich. Seht, er hat uns erspäht.

Witwe. Wäre er doch am Galgen!

Marianne. Und alle seine Liebenswürdigkeit! Solch ein Gelegenheitsmacher!

Bertram, Parolles und *Soldaten* ziehen vorüber.

Witwe.   Der Zug ist nun vorbei. Kommt, Pilgerin,
Ich bring' Euch unter Dach; vier oder fünf

Bußfert'ge Waller nach Sankt Jakobs Grab
Sind schon in meinem Haus.
Helena. Ich dank' Euch bestens.
Will diese Frau und dieses art'ge Mädchen
Mit uns zu Abend speisen? Dank und Kosten
Nähm' ich auf mich und gäb' als weitern Lohn
Noch ein'ge Lehren dieser Jungfrau mit,
Die wohl des Merkens wert.
Beide. Wir danken freundlich.
(Alle gehen ab.)

6. Szene
Lager vor Florenz

Bertram und die beiden französischen *Edelleute* treten auf.

Erster Edelmann. Ja, lieber Graf, er soll's nur versuchen, laßt ihm einmal seinen Willen.

Zweiter Edelmann. Wenn Ihr nicht findet, er sei ein Lump, gnädiger Herr, so versagt mir auf immer Eure Achtung.

Erster Edelmann. So wahr ich lebe, gnädiger Herr, eine Schaumblase.

Bertram. Meint Ihr, ich hätt mich so ganz in ihm getäuscht?

Erster Edelmann. Glaubt mir's, Graf, nach allem, was ich unmittelbar von ihm weiß – ohne irgend Bosheit, und indem ich nur von ihm rede, wie ich von meinem Vetter tun würde –, er ist ein ausgemachter Hasenfuß, ein unendlicher und grenzenloser Lügner, ein stündlicher Wortbrecher und im Besitz keiner eigenen Eigenschaft, die es verdiente, daß Euer Edlen sich seiner annimmt.

Zweiter Edelmann. Es wäre gut, Ihr durchschautet ihn, damit Ihr Euch nicht bei zu viel Vertrauen auf seine Tapferkeit, die er nicht hat, in einer großen und erheblichen Sache, wo es gelten möchte, von ihm getäuscht seht.

Bertram. Ich wollte, ich wüßte, womit ich ihn am besten auf die Probe stellen könnte.

Zweiter Edelmann. Am besten, Ihr laßt ihn seine Trommel wieder holen, wozu er sich, wie Ihr hört, so zuversichtlich anheischig macht.

Erster Edelmann. Ich, mit einem Trupp Florentiner, werde ihn plötzlich überfallen; ich will solche auswählen, die er gewiß nicht vom Feinde unterscheidet. Wir wollen ihn dergestalt fesseln und ihm die Augen verbinden, daß er nicht anders denken soll, als er sei ins Lager der Feinde geführt, wenn wir ihn in unsere eigenen Zelte bringen. Seid Ihr nun, mein gnädiger Herr, bei seinem Verhör zugegen; wenn er nicht, um seinen Pardon zu erhalten, und in der äußersten Beklemmung einer schädlichen Furcht, sich erbietet Euch zu verraten, und alles, was er irgend weiß, gegen Euch auszusagen, ja, und obendrein das ewige Heil seiner Seele darauf verschwört, so sollt Ihr nie wieder meinem Urteil in irgend etwas trauen.

Zweiter Edelmann. O, laßt ihn Lachens halber seine Trommel holen. Er sagt, er hat eine Kriegslist dazu. Wenn Ihr alsdann, mein gnädiger Herr, seinem Erfolg auf den Grund seht, und in welche Schlacken dieser aufgehäufte Klumpen Erz einschmelzen wird, und Ihr traktiert ihn hernach nicht wie einen, der eine Tracht Schläge verdient, so ist Eure Zuneigung nicht auszurotten. Da kommt er.

Erster Edelmann. O, gönnt ihm, Lachens halber, den Spaß dieses Anschalgs; laßt ihn auf jeden Fall seine Trommel holen.

Parolles tritt auf.

Bertram. Wie geht's, Monsieur? Diese Trommel scheint Euch schwer auf dem Herzen zu liegen.

Zweiter Edelmann. Hole sie der Henker! laßt sie doch, es ist ja nur eine Trommel.

Parolles. Nur eine Trommel? Nur eine Trommel, sagt Ihr? Eine Trommel so zu verlieren! Das war mir ein herrliches Kommando! Mit der Reiterei in unseren eigenen Flügel einzuhauen und unsere eigenen Leute zu werfen!

Erster Edelmann. Das war nicht die Schuld des Kommandos; es war ein Kriegsunglück, das Cäsar selbst nicht hätte hindern können, wenn er uns kommandiert hätte.

Bertram. Nun, wir haben nicht so sehr über unser Schicksal zu klagen; etwas Unehre bringt uns freilich der Verlust dieser Trommel, aber die ist einmal nicht wieder zu bekommen.

Parolles. Man konnte sie wieder bekommen!

Bertram. Man konnte! Aber das ist jetzt vorbei.

Parolles. Man kann sie noch wieder bekommen. Wenn nur das Verdienst im Felde nicht so selten dem wahren und eigentlichen Erwerber zugerechnet würde; sonst schaffte ich diese Trommel wieder, oder eine andere, oder hic jacet ...

Bertram. Nun, wenn Ihr so großes Gelüst danach habt, Monsieur, wenn Ihr glaubt, Eure geheime Wissenschaft von Kriegslisten könne dies Instrument der Ehre wieder in sein heimisches Quartier bringen, so zeigt Euch großherzig in der Unternehmung und geht ans Werk. Ich will den Versuch als eine glorreiche Tat mit Ruhm erheben; wenn sie Euch gelingt, soll der Herzog nicht nur davon sprechen, sondern Euch bis zur kleinsten Silbe Eures Verdienstes so bedenken, wie sich's für seine Größe geziemen wird.

Parolles. Bei der Hand eines Soldaten! Ich will's unternehmen.

Bertram. Ihr müßt aber die Sache nicht schlummern lassen.

Parolles. Noch diesen Abend will ich dran; gleich jetzt will ich meinen Operationsplan aufs Papier werfen, mich in meiner Zuversicht ermutigen, mein militärisches Testament aufsetzen, und um Mitternacht mögt Ihr weiter nach mir fragen.

Bertram. Darf ich im voraus den Herzog davon benachrichtigen, daß Ihr Euch an das Unternehmen macht?

Parolles. Ich weiß nicht, wie der Erfolg sein wird, gnädiger Herr, aber den Versuch gelobe ich.

Bertram. Ich weiß, du bist tapfer, und für das Äußerste, was dein Soldatencharakter nur möglich machen kann, will ich mich für dich verbürgen. So gehe denn!

Parolles. Ich bin kein Freund von vielen Worten. (Geht ab.)

Erster Edelmann. So wenig wie ein Fisch vom Wasser. – Ist das nicht ein wunderlicher Kauz, gnädiger Herr, der so zuversichtlich diese Sache zu unternehmen scheint, von der er weiß, sie sei nicht durchzuführen? Der sich dazu verdammt, sie zu tun, und lieber verdammt wäre, ehe er sie täte?

Zweiter Edelmann. Ihr kennt ihn nicht, gnädiger Herr, wie wir. Wahr ist's, daß er sich wohl in jemandes Gunst zu stehlen weiß und eine Woche lang allen möglichen Entdeckungen auzuweichen versteht; aber durchschaut ihn einmal, so kennt Ihr ihn dann für immer.

Bertram. Wie! meint Ihr denn, es wird gar nicht zu der Tat kommen, zu der er sich doch so ernstlich rüstet?

Erster Edelmann. Nicht im geringsten; mit einer Erfindung wird er wiederkommen, und Euch zwei oder drei wahrscheinliche Lügen auftischen. Aber wir haben ihn schon fast müde gehetzt, und Ihr sollt ihn diese Nacht fallen sehen; denn in der Tat, er verdient Euer Gnaden Achtung nicht.

Zweiter Edelmann. Wir wollen Euch erst noch eine kleine Jagd mit dem Fuchs halten, ehe wir ihn abstreifen. Der alte Herr Lafeu hat ihn zuerst ausgewittert; wenn er seine Maske einmal abgelegt, sollt Ihr sehen, was für einen Zeisig Ihr an ihm habt, und noch diesen Abend werdet Ihr's erleben.

Erster Edelmann. Die Leimrut' stell' ich auf, um ihn zu fangen.

Bertram. Doch Euer Bruder da soll mit mir gehn.

Erster Edelmann. Wie's Euch gefällt; ich will mich Euch
          empfehlen. (Ab.)

Bertram. Nun führ' ich Euch zum Haus', Ihr seht das Mädchen,
Von der ich sprach.
Zweiter Edelmann. Doch sagt Ihr, sie sei keusch?
Bertram. Das ist ihr Fehl; ich sprach sie einmal nur,
Und fand sie seltsam kalt. Doch schickt' ich ihr
Durch jenen Narren, dem wir auf der Fährte,
Geschenk' und Briefe, die zurück sie sandte.
So steht es nun. Sie ist ein reizend Kind.
Wollt Ihr sie sehn?
Erster Edelmann. Sehr gern, mein gnädiger Herr. (Sie gehen ab.)

7. Szene
Florenz. Ein Zimmer im Hause der Witwe

Helena und die *Witwe* treten auf.

Helena. Wenn Ihr's bezweifelt, ich sei Helena,
Kann ich Euch nicht noch mehr Beweise geben,
Will ich nicht meinen Boden untergraben.
Witwe. Obgleich verarmt, bin ich aus gutem Haus;
Ich wußte nie von solcherlei Geschäft,
Und möcht' auch jetzt nicht meinen Namen leihn
Zweideut'gem Tun.
Helena.   Das war auch nie mein Wunsch.
Vornehmlich glaubt, der Graf sei mein Gemahl,
Und was ich insgeheim Euch anvertraut,
Sei wahr, von Wort zu Wort; dann irrt Ihr nicht,
Wenn Ihr mir, so wie ich gebeten, helft,
Und bleibt von Tadel frei.
Witwe.   Ich sollt' Euch glauben;
Denn was Ihr mir geboten, macht es klar,
Ihr seid sehr reich!
Helena.   Nehmt diese Börse Gold,
Und laßt mich Euren güt'gen Dienst erkaufen,
Den ich noch einmal, zweimal will bezahlen,
Wenn's mir gelang. Der Graf bestürmt Eu'r Kind,
Sein üpp'ger Sinn belagert ihre Schönheit,
Und strebt nach Sieg: sie geb' ihm endlich nach;
Wir zeigen ihr, wie sich's am besten fügt.
Sein ungestümes Blut wird ihr nichts weigern,
Was sie begehrt. Der Graf trägt einen Ring,
Seit alter Zeit vererbt in seinem Stamm
Von Sohn zu Sohn, vier, fünf Geschlechter durch,
Seit ihn der erste trug. Er hält dies Kleinod

    In höchstem Preis; doch in der blinden Glut
Nach seinem Ziele scheint's ihm wohl nicht teuer,
Bereut er's auch hernach.
Witwe.   Nun seh' ich auf
Den Grund schon Eurem Plan.
Helena.   Ihr seht, er ist erlaubt. Es ist nicht mehr,
Als daß Eu'r Kind, eh' sie gewonnen scheint,
Den Ring verlangt, ihm eine Zeit bestimmt,
Und endlich ihren Platz mir überläßt;
Sie selbst in zücht'ger Ferne. Dann versprech' ich
Zum Brautschatz, außer dem was ich getan,
Dreitausend Kronen noch.
Witwe.   Ich bin gewonnen.
Lehrt meine Tochter, wie sie sich verhalte,
Daß Zeit und Stunde dem erlaubten Trug
Behilflich sei. Er kommt an jedem Abend
Mit aller Art Musik und Liebesliedern
Auf ihren Unwert; und es hilft uns nichts,
Ihn fortzuschelten; denn er bleibt beharrlich,
Als gält' es ihm sein Leben.
Helena.   Wohl, heut nacht
Beginnen wir das Spiel, das, wenn's gelingt,
Trotz böser Absicht frommen Zweck erringt;
Erlaubte Absicht in erlaubter Tat,
Schuldlosen Wandel auf des Lasters Pfad.
Kommt denn, es auszuführen.   (Sie gehen ab.)

Vierter Aufzug

1. Szene

Vor dem florentinischen Lager

Ein französischer *Edelmann* tritt auf. Fünf oder sechs *Soldaten* im Hinterhalt.

    Edelmann. Er muß an dieser Zaunecke vorbeikommen. Wenn ihr auf ihn losstürzt, sprecht irgend eine fürchterliche Sprache, welche ihr wollt; wenn ihr sie auch selbst nicht versteht, gleichviel; denn wir müssen nicht tun, als verständen wir ihn, außer einem von uns, den wir für unseren Dolmetsch ausgeben müssen.

    Soldat. Lieber Hauptmann, laßt mich den Dolmetsch sein.

    Edelmann. Bist du nicht mit ihm bekannt? Kennt er deine Stimme nicht?

Soldat. Nein, Herr, gewiß nicht.

Edelmann. Aber was für Kauderwelsch willst du uns erwidern?

Soldat. Eben solches, wie Ihr mir sagen werdet.

Edelmann. Er muß uns für einen Haufen Fremder halten, die in feindlichem Solde stehen. Nun hat er von allen benachbarten Sprachen etwas aufgeschnappt, darum muß jeder so sprechen, wie es ihm in den Mund kommt, und nicht darauf achten, was einer dem andern sagt; wenn wir nur tun, als ob wir einander verstünden, so verstehen wir schon, was wir vorhaben; töricht Gewäsch und Rotwelsch genug ist gut genug. Ihr, Dolmetsch, müßt recht politisch tun. Aber duckt euch; hier kommt er, um zwei Stunden verschlafen, und dann zurückzukommen und auf die Lügen zu schwören, die er schmiedet.

Parolles tritt auf.

Parolles. Zehn Uhr? Nach drei Stunden wird's zeitig genug sein, nach Hause zu gehen. Was soll ich sagen, das ich getan habe? Ich muß schon etwas recht Glaubliches erfinden, wenn mir's durchhelfen soll. Sie fangen an, mir in die Karten zu sehen, und die Schande klopft seit kurzem zu oft an meine Tür. Ich finde, meine Zunge wird zu tolldreist; aber mein Herz hat die Furcht des Mars und seiner Kreaturen vor Augen und wagt nicht, was meine Zunge prahlt.

Edelmann (beiseite). Das ist die erste Wahrheit, deren sich deine Zunge je schuldig gemacht!

Parolles. Was ins Teufels Namen hat mich nur dazu gebracht, die Wiedereroberung dieser Trommel zu unternehmen, da ich doch klar einsehe, wie unmöglich es ist, und weiß, daß ich niemals solche Absicht hatte? Ich muß mir einige Wunden beibringen und sagen, ich erhielt sie in der Aktion; aber leichte Wunden werden's nicht tun; sie werden sagen: Kamst du mit so wenigem davon? Und große mag ich mir nicht geben. Warum tat ich's auch nur? Was trieb mich dazu? Zunge, ich muß dich in eines Butterweibes Mund stecken, und eine andere von Bajazets Maultiere kaufen, wenn du mich in solche Gefahren plauderst!

Edelmann (beiseite). Ist's möglich, daß er weiß, wer er ist, und dennoch der ist, der er ist?

Parolles. Ich wollte, ich käme damit davon, meine Montur zu zerschneiden oder meine spanische Klinge zu zerbrechen!

Edelmann (beiseite). So leichten Kaufs können wir dich nicht loslassen.

Parolles. Oder mir den Bart zu scheren und zu sagen, es sei eine Kriegslist gewesen.

Edelmann (beiseite). Das würde dir nichts helfen.

Parolles. Oder meine Kleider ins Wasser zu werfen und zu sagen, man habe mich ausgezogen!

Edelmann (beiseite). Hilft schwerlich.

Parolles. Wollte ich etwa schwören, ich wäre aus dem Fenster der Citadelle gesprungen – – –

Edelmann (beiseite). Wie tief?

Parolles. Dreißig Klafter tief.

Edelmann (beiseite). Das würden drei große Schwüre nicht glauben machen.

Parolles. Hätte ich nur eine feindliche Trommel; ich wollte schwören, ich habe sie erobert.

Edelmann (beiseite). Gleich sollst du eine hören!

(Trommeln und Geschrei hinter der Szene.)

Parolles. Eine feindliche Trommel!

Edelmann. Throca movousus, cargo! cargo! cargo!

Alle. Cargo, cargo, villianda par corbo cargo.

(Sie greifen ihn und verbinden ihm die Augen.)

Parolles. Nehmt, was ihr wollt; nur laßt die Augen frei!

Dolmetsch. Barcos thromuldo boscos.

Parolles. Ich weiß, ihr seid von Muscos Regiment;
Und 's ist mein Tod, daß mir die Sprache fremd.
Ist hier kein Deutscher, Niederländer, Däne,
Franzose, Italiener? Laßt ihn sprechen,
So offenbar' ich, was dem Florentiner
Verderben bringen wird.

Dolmetsch. Boscos vauvado;
Ich rede deine Sprache und versteh' dich.
Kerelybonto – Freund,
Schließ deine Rechnung ab, denn siebzehn Dolche
Stehn auf der Brust dir.

Parolles. O!

Dolmetsch. O, bete, bete,
Mancha revania dulche.

Edelmann. Oscorbi dulchos volivorco.

Dolmetsch. Der Feldherr willigt ein, dich zu verschonen,
Doch bleibst du blind, bis zur Genüge er
Dich ausgefragt; vielleicht berichtest du,
Was dir das Leben rettet.

Parolles. Laßt mich leben!
So sag' ich, was ich nur vom Heere weiß;
Der Truppenzahl, den Kriegsplan; ja, ich meld' euch,
Was euch verwundern soll.

Dolmetsch. Und ohne Falsch?

Parolles.   Ja, sonst will ich verdammt sein.
Dolmetsch.   Acordo linta.
  Komm denn, man gönnt dir Aufschub.   (Dolmetsch und Parolles ab.)
Edelmann (zu einem der Soldaten).   Geh, sag Graf Roussillon und
                                        meinem Bruder,
  Der Gimpel sei im Garn und fest vermummt,
  Bis sie Bescheid gesendet.
Soldat.   Gleich, Herr Hauptmann.
Edelmann.   Und sag den Herrn, er woll' uns allzumal
  Uns selbst verraten.
Soldat.   Wohl!
Edelmann.   Doch bis dahin
  Soll er im Finstern sitzen, wohl verwahrt.   (Alle gehen ab.)

2. Szene
Florenz. Zimmer im Hause der Witwe

Bertram und *Diana* treten auf.

Bertram.   Man sagte mir, Ihr heißet Fontibella?
Diana.   Nein, Diana, gnäd'ger Herr.
Bertram.   Erhabne Göttin!
  Und wert noch mehr als dies! Doch, schönstes Wesen,
  Blieb deiner Huldgestalt die Liebe fremd?
  Belebt nicht Jugendfeuer dein Gemüt,
  Bist du kein Mädchen, nein, ein Marmorbild.
  Nach deinem Tod erst solltest du das sein,
  Was du jetzt bist, so kalt und streng; doch jetzt
  Solltest du sein, wie deine Mutter war,
  Als sie dein süßes Bild erschuf.
Diana.   Da war sie tugendhaft.
Bertram.   Sei du's auch!
Diana.   Nein;
  Sie tat nach ihrer Pflicht, wie Euer Weib
  Von Euch sie fordert, Graf.
Bertram.   Still davon nichts!
  Nicht sprich dafür, wogegen ich geschworen.
  Sie ward mir aufgedrungen; doch dich lieb' ich
  Durch süßen Liebeszwang, und weih' auf ewig
  Dir meinen treuen Dienst.
Diana.   So dient ihr uns,
  Bis wir euch dienen. Bracht ihr unsre Rose,
  Laßt ihr uns nur die Dornen, uns zu stechen,
  Und spottet unserer Nacktheit.

Bertram. Wie oft schwur ich!
Diana. Nicht ihre Zahl verbürgt der Eide Treue,
Nein, nur ein einz'ger Schwur, wahrhaft gelobt.
Was ist wohl Heil'ges nicht, bei dem wir schwören,
Das uns der Höchste nicht bezeugen soll?
Doch nun sag selbst, ich bitt' Euch, schwür' ich auch
Bei Jovis' großen Attributen Euch,
Ich liebt' Euch herzlich, glaubtet Ihr dem Eid,
Liebt' ich, um Euch zu schaden? Wär's nicht sinnlos,
Ihm, dem ich Liebe hoch beteure, schwören:
Ich sänn' auf sein Verderben? Euer Eid
Ist drum nur Wort und Schein, schwach, ohne Siegel;
Mind'stens nach meinem Sinn.
Bertram. O, ändr' ihn, ändr' ihn!
Sei nicht so heilig grausam! Lieb' ist heilig;
Und meine Lauterkeit kennt nicht die List,
Deren du die Männer zeihst. Nicht Ausflucht mehr!
Nein, gib dich meiner kranken Sehnsucht hin,
Daß ich gesunde. Sage, du seist mein,
Und so wie heut soll stets mein Lieben sein.
Diana. Ich seh', Ihr schlingt ein Seil zur steilsten Klippe,
Uns zu gefährden. Gebt mir diesen Ring.
Bertram. Ich leih' ihn, Teure, dir; ihn zu verschenken,
Steht nicht bei mir.
Diana. Ihr wollt nicht, gnäd'ger Herr?
Bertram. Es ist ein Ehrenkleinod unsres Hauses,
Von langer Ahnenreih' auf mich vererbt,
Und mir der größte Makel auf der Welt,
Verlör' ich's.
Diana. Meine Ehr' ist solch' ein Ring;
Die Keuschheit ist das Kleinod unsres Hauses,
Von langer Ahnenreih' auf mich vererbt,
Und mir der größte Makel auf der Welt,
Verlör' ich sie. So führt mir Eure Weisheit
Den Kämpfer Ehre her zu meinem Schirm
Vor Eurem nicht'gen Angriff.
Bertram. Nimm den Ring;
Stamm, Ehre, ja mein Leben selbst sei dein,
Und ich dein Sklave.
Diana. Um Mitternacht klopft an mein Kammerfenster.
Ich sorge, daß die Mutter Euch nicht hört;
Jedoch versprecht mir, wie Ihr wahrhaft seid:
Wenn Ihr mein noch jungfräulich Bett erobert,

Bleibt eine Stunde nur und sprecht kein Wort;
Ich hab trift'gen Grund und sag' ihn Euch,
Wenn Ihr den Ring dereinst zurückerhaltet.
Und einen andern Ring steck' ich heut nacht
An Euren Finger, der zukünft'gen Tagen
Ein Pfand sei, was mit uns sich zugetragen.
Lebt wohl, und bleibt nicht aus; denn so erwerbe
Ein Weib ich Euch, ob auch mein Hoffen sterbe.
Bertram. Des Himmels Glück auf Erden dank' ich dir! (Geht ab.)
Diana. Lebt lang! Und dankt's dem Himmel einst und mir!
Vielleicht geschieht's dereinst.
Ganz schilderte sein Werben mir die Mutter,
Als säß' sie ihm im Herzen. Gleiche Eide
Hat, sprach sie, jeder Mann. Ist tot sein Weib,
So schwur er, mich zu frein; drum bin ich tot,
Sei er mein Mann. Wenn so Franzosen werben,
Mag sein wer will, ich werd' als Mädchen sterben.
Doch dünkt mich keine Sünde, den betrügen,
Der als ein falscher Spieler hofft zu siegen. (Geht ab.)

3. Szene
Das florentinische Lager

Die beiden französischen *Edelleute* und einige *Soldaten* treten auf.

Erster Edelmann. Ihr habt ihm den Brief seiner Mutter noch nicht gegeben?

Zweiter Edelmann. Ich gab ihn ihm vor einer Stunde; es muß etwas darin stehen, das ihn schmerzlich trifft; denn als er ihn las, ward er fast in ein anderes Wesen verwandelt.

Erster Edelmann. Er hat sich verdienten Tadel zugezogen, daß er eine so würdige Gemahlin und holde Dame verstoßen hat.

Zweiter Edelmann. Besonders hat er des Königs Gnade für ewige Zeiten verscherzt, der eben seine Huld dazu bestimmt hatte, ihm Glück zu singen. Ich will Euch etwas sagen, aber es muß in tiefem Dunkel bei Euch verborgen bleiben.

Erster Edelmann. Wenn Ihr's ausgesprochen habt, ist es tot und ich sein Grab.

Zweiter Edelmann. Er hat hier in Florenz ein junges Fräulein vom sittsamsten Ruf verführt, und diese Nacht sättigt er seine Lust mit dem Raube ihrer Ehre. Er hat ihr seinen Familienring geschenkt und hält sich für überglücklich in diesem unkeuschen Handel.

Erster Edelmann. Nun, Gott schütze uns vor Abfall! Was sind wir für Geschöpfe, wenn wir unseren eigenen Weg gehen!

Zweiter Edelmann. Nur unsere eigenen Verräter. Und wie, nach dem gewöhnlichen Verlauf aller Verrätereien, sie sich immer selbst aufdecken, ehe sie ihr ruchloses Ziel erreicht haben, so wird auch er, der in dieser Tat seinen inneren Adel herabsetzt, zugleich der Herold seiner eigenen Schande.
Erster Edelmann. Ist es denn nicht eine höchst strafwürdige Gesinnung, selbst die Verkünder unserer verbotenen Absichten zu sein? Wir werden ihn also nicht heute abend in unserer Gesellschaft sehen?
Zweiter Edelmann. Nicht bis nach Mitternacht; denn bis zu der Stunde muß er fasten.
Erster Edelmann. Die ist nicht mehr fern. Ich möchte gern, daß er seinen Freund anatomiert sähe, damit er sein eigenes Urteil würdigen lerne, in welches er diesen falschen Diamanten so künstlich eingefaßt hatte.
Zweiter Edelmann. Wir wollen uns mit jenem nicht abgeben, bis der Graf kommt; wenn er erst da ist, soll der eine die Strafe des andern sein.
Erster Edelmann. Inzwischen sagt mir, was hört Ihr von diesem Krieg?
Zweiter Edelmann. Ich höre, man spricht von Friedensunterhandlungen.
Erster Edelmann. Nein, ich versichere Euch, der Friede ist schon geschlossen.
Zweiter Edelmann. Was wird Graf Roussillon dann beginnen? Wird er weiter reisen oder nach Frankreich zurückkehren?
Erster Edelmann. Ich schließe aus diesen Fragen, daß Ihr nicht ganz in sein Geheimnis eingeweiht seid.
Zweiter Edelmann. Dafür behüte mich Gott, Herr! Dann hätte ich auch großen Teil an seinem Tun.
Erster Edelmann. Seine Gemahlin, Herr, entfloh vor zwei Monaten aus seinem Hause, zum Vorwand nahm sie eine Pilgerfahrt zu Sankt Jakob dem Älteren, und vollbrachte dies heilige Unternehmen mit der strengsten Frömmigkeit. Während sie dort noch verweilte, ward die Zartheit ihrer Natur ihrem Kummer zur Beute; so seufzte sie endlich ihren letzten Atem aus und betet jetzt im Himmel.
Zweiter Edelmann. Wie weiß man das mit Gewißheit?
Erster Edelmann. Größtenteils aus ihren eigenen Briefen; diese bestätigen ihre Geschichte bis zum Augenblick ihres Todes. Ihr Tod selbst, den sie nicht berichten konnte, ward zuverlässig durch den Pfarrer des Ortes beglaubigt.
Zweiter Edelmann. Ist das alles dem Grafen zugekommen?

Erster Edelmann. Ja, und die besonderen Belege, Punkt für Punkt, zur völligen Bekräftigung der Wahrheit.

Zweiter Edelmann. Es tut mir herzlich leid, daß er darüber froh sein wird.

Erster Edelmann. Wie wunderbar finden wir oft einen Trost in unserem Verlust!

Zweiter Edelmann. Und wie wunderbar benetzen wir oft unseren Gewinn mit Tränen! Die große Auszeichnung, die seine Tapferkeit ihm hier erworben, wird in seinem Vaterlande einer ebenso tiefen Schande begegnen.

Erster Edelmann. Das Gewebe unseres Lebens besteht aus gemischtem Garn, gut und schlecht durcheinander. Unsere Tugenden würden stolz sein, wenn unsere Fehler sie nicht geißelten; und unsere Laster würden verzweifeln, wenn sie nicht von unseren Tugenden ermuntert würden.

Ein Diener tritt auf.

Nun, wo ist dein Herr?

Diener. Er begegnete dem Herzog auf der Straße, Herr, und beurlaubte sich feierlich bei ihm. Seine Gnaden wollen morgen nach Frankreich; der Herzog hat ihm Empfehlungsschreiben an den König angeboten.

Zweiter Edelmann. Die werden ihm dort mehr als nötig sein, sagten sie auch mehr zu seinem Lobe, als sie können.

Bertram tritt auf.

Erster Edelmann. Sie können nicht süß genug für des Königs herbe Stimmung sein. – Da kommt der Graf. Nun, gnädiger Herr, ist's nicht schon nach Mitternacht?

Bertram. Ich habe diesen Abend sechzehn Geschäfte abgetan, jedes allein einen Monat lang, so erfolgreich habe ich mich kurz zu fassen verstanden. Ich habe vom Herzog Abschied genommen, mich seiner Umgebung empfohlen, ein Weib begraben, sie betrauert, meiner Frau Mutter geschrieben, ich käme zurück, meine Reisebegleitung gemietet, und außer diesen Hauptobliegenheiten noch allerlei kleine Dinge erledigt. Das letzte war das wichtigste; aber mit dem bin ich noch nicht zu Ende.

Zweiter Edelmann. Wenn die Sache einige Schwierigkeit hat und Ihr diesen Morgen abreisen wollt, muß Euer Gnaden sich beeilen.

Bertram. Ich meine, die Sache ist nicht zu Ende, weil ich fürchte, noch in der Folge davon zu hören. – Aber wollen wir nicht die Szene zwischen dem Narren und den Soldaten aufführen lassen? Kommt, bringt uns dies falsche Muster her; er hat mich betrogen, wie ein doppelzüngiger Prophet. (Soldaten ab.)

Zweiter Edelmann. Führt ihn her; er hat die ganze Nacht im Block gesessen, der arme tapfere Wicht.

Bertram. Tut nichts; seine Fersen haben's verdient, weil sie sich so lange der Sporen angemaßt. Wie ist denn seine Fassung?

Erster Edelmann. Wie ich Euer Gnaden sagte, seine Fassung ist der Block. Aber um Euch zu antworten, wie Ihr verstanden sein wollt, er weint wie eine Dirne, die ihre Milch verschüttet hat. Er hat dem Morgan gebeichtet, den er für einen Mönch hält, von der Zeit seiner frühesten Erinnerung an bis zu diesem gegenwärtigen Unglück seines Blocksitzens; und was meint Ihr wohl, was er gebeichtet hat?

Bertram. Nichts von mir, hoffe ich?

Zweiter Edelmann. Seine Beichte ist zu Protokoll gebracht und soll in seiner Gegenwart abgelesen werden. Wenn Euer Gnaden darin vorkommen, wie ich fast glaube, so müßt Ihr die Geduld haben, es anzuhören.

Die *Soldaten* kommen zurück mit *Parolles*

Bertram. Hole ihn der Henker! Mit verbundenen Augen? Er kann nichts von mir sagen. Still! Still!

Erster Edelmann. Da kommt die Blindekuh! Porto Tartarossa.

Dolmetsch. Er ruft nach der Tortur; wollt Ihr nicht ohne das bekennen?

Parolles. Ich will ohne Zwang sagen, was ich weiß; wenn Ihr mich kerbt wie einen Pastetendeckel, ich kann nicht mehr sagen.

Dolmetsch. Bosco chimurcho.

Zweiter Edelmann. Boblibindo chicurmurco.

Dolmetsch. Ihr seid ein barmherziger General. Unser General befiehlt Euch auf die Fragen zu antworten, die ich von meinem Zettel vorlesen werde.

Parolles. Und so wahrhaft, als ich zu leben hoffe.

Dolmetsch. *„Zuerst fragt ihn, wie stark des Herzogs Reiterei ist."* Was sagt Ihr dazu?

Parolles. Fünf- bis sechstausend; aber sehr schwach und schlecht exerziert. Die Truppen sind überall verstreut, und die Hauptleute arme Teufel; auf meine Ehre und Reputation, so wahr ich zu leben hoffe.

Dolmetsch. Soll ich Eure Antwort so niederschreiben?

Parolles. Tut das; ich will das Sakrament darauf nehmen, wie und wo Ihr wollt.

Bertram. *Dem* ist alles eins; der Schurke ist ohne Gnade verloren!

Erster Edelmann. Ihr irrt Euch, gnädiger Herr; es ist Monsieur Parolles, der ausbündige Günstling des Mars, – das war seine eigene Phrase – der die ganze Theorie der Kriegskunst in dem Knoten seiner Schärpe trägt und die Praxis im Gehenk seines Seitengewehres.

Zweiter Edelmann. Ich will nie wieder jemand trauen, weil er seine Klinge blank hält, noch glauben, daß er der höchste der Menschen sei, weil sein Anzug sauber ist.

Dolmetsch. Gut, das ist niedergeschrieben.

Parolles. Fünf- oder sechstausend Pferde, sagte ich, – ich will aufrichtig sein – oder so ungefähr, schreibt hin; denn ich will die Wahrheit sagen.

Erster Edelmann. Hierin ist er der Wahrheit sehr nahe.

Bertram. Aber ich weiß ihm keinen Dank für die Art und Weise, wie er sie aussagt.

Parolles. Arme Teufel, das schreibt doch ja!

Dolmetsch. Gut, da steht's.

Parolles. Untertänigsten Dank, Herr; wahr bleibt wahr; es sind recht miserable Teufel.

Dolmetsch. *„Fragt ihn, wie stark ihr Fußvolk ist."* Was sagt Ihr dazu?

Parolles. Auf meine Ehre, Herr, hätte ich nur noch diese Stunde zu leben, ich will die Wahrheit sagen. Laßt sehen: Spurio einhundertfünfzig; Sebastian, ebensoviel; Corambus, ebensoviel; Jaques, ebensoviel; Guiltian, Cosmo, Lodovico und Grazii, jeder zweihundertundfünfzig; meine eigene Kompanie, Christopher, Vaumond, Benzii, jeder zweihundertfünfzig; so daß die Musterrolle, Gesunde und Invalide, sich bei meiner Ehre nicht auf fünfzehntausend Köpfe beläuft; und von denen wagt die Hälfte nicht den Schnee von ihren Wämsern abzuschütteln, damit sie nicht auseinander fallen.

Bertram. Was soll man mit ihm anfangen?

Erster Edelmann. Nichts, als sich bei ihm bedanken. – Fragt ihn doch nach meiner Tüchtigkeit, und wie ich beim Herzog angeschrieben bin.

Dolmetsch. Gut, das steht geschrieben. *„Ihr sollt ihn fragen, ob ein gewisser Hauptmann Dumain im Lager ist, ein Franzose; wie er beim Herzog angeschrieben steht; wie es mit seiner Tapferkeit, Rechtschaffenheit und Kriegskenntnis beschaffen ist; und ob er's nicht für möglich hält, ihn mit einer gewichtigen Summe zur Desertion zu bestechen."* Was sagt Ihr dazu? Wißt Ihr etwas davon?

Parolles. Bitte Euch, laßt mich diese Fragstücke einzeln beantworten; fragt jedes besonders.

Dolmetsch. Kennt Ihr diesen Hauptmann Dumain?

Parolles. Ich kenne ihn! Er war bei einem Kleiderflicker in Paris in der Lehre; von dort wurde er weggepeitscht, weil er des Landrichters blödsinnige Magd geschwängert hatte; ein einfältiges stummes Ding, das nicht nein sagen konnte.

(Dumain hebt im Zorn seine Hand auf.)

Bertram. Nein, ich bitte Euch, laßt Eure Hand in Ruhe; sein Schädel gehört dem ersten Ziegel, der vom Dach fällt.

Dolmetsch. Nun, und ist dieser Hauptmann im Lager des Herzogs von Florenz?

Parolles. Soviel ich weiß, steckt er da, der Lausekerl.

Erster Edelmann. O, seht mich nicht so an, gnädiger Herr; nun wird gleich die Reihe an Euch kommen.

Dolmetsch. Wie steht er beim Herzog angeschrieben?

Parolles. Der Herzog kennt ihn nur als einen armen Offizier von meiner Kompanie und schrieb mir vor ein paar Tagen, ich solle ihn fortjagen. Ich glaube, ich habe seinen Brief noch in der Tasche.

Dolmetsch. Kommt, wir wollen nachsuchen.

Parolles. In vollem Ernst, ich weiß doch nicht; entweder ist er da, oder er hängt mit des Herzogs andern Briefen auf dem Faden in meinem Zelte.

Dolmetsch. Hier ist er; hier ist ein Papier. Soll ich's Euch vorlesen?

Parolles. Ich weiß nicht, ob er's ist oder nicht.

Bertram. Unser Dolmetscher macht seine Sache gut.

Erster Edelmann. Vortrefflich.

Dolmetsch (liest). „Ein reicher Narr ist unser Graf, Diana –"

Parolles. Das ist nicht des Herzogs Brief, Herr; das ist eine Warnung für ein artiges Mädchen in Florenz, eine gewisse Diana, sich vor den Lockungen eines gewissen Grafen von Roussillon in acht zu nehmen, eines albernen, müßigen, jungen Menschen, der aber bei alledem sehr geil ist. Ich bitte Euch, Herr, steckt ihn wieder ein.

Dolmetsch. Nein, ich will ihn erst lesen, wenn Ihr erlaubt.

Parolles. Meine Absicht dabei war wahrhaftig sehr redlich, was das Mädchen betraf; denn ich kannte diesen jungen Grafen als einen gefährlichen und leichtsinnigen Burschen, einen rechten Walfisch aller Jungfernschaft, der alle Fische verschlingt, die ihm in den Wurf kommen.

Bertram. Verdammter Kerl! achselträgerischer Schurke!

Dolmetsch (liest). „Schwört er, so fordre Gold und halt es klüglich;
  Sonst zahlt er nie die Zeche nach dem Zechen.
  Wer halb gewinnt, kauft gut; drum sag' ich füglich,

Weil er nicht nachzahlt, laß vorher ihn blechen.
Sag, ein Soldat tat dieses Dir zu wissen:
Mit Männern halt's, nicht Knaben laß dich küssen.
Dem Braven treu, dem Grafen nimmermehr;
Zahlt er voraus nicht, prellt er hinterher.
Der Deine, wie er Dir ins Ohr gelobt.
Parolles."

Bertram. Er soll durchs ganze Lager gepeitscht werden, mit diesen Reimen an seiner Stirn.

Zweiter Edelmann. Das ist Euer treuergebener Freund, Herr, der vielbewanderte Sprachkenner und waffenkundige Soldat.

Bertram. Ich habe von jeher alles ertragen können, nur keine Katze, und nun ist er eine Katze für mich.

Dolmetsch. Ich schließe aus des Feldherrn Blicken, Freund, daß wir wohl nicht werden umhin können, Euch aufzuhängen.

Parolles. O, Herr, nur mein Leben, auf jeden Fall! Nicht, daß ich mich vor dem Tode fürchte, sondern weil meiner Sünden so viel sind, daß ich den Rest meines natürlichen Lebens in Buße verbringen möchte. Laßt mich leben, Herr, in einem Kerker, im Block, wo es auch sei; wenn ich nur lebe.

Dolmetsch. Wir wollen sehen, was sich tun läßt, wenn Ihr aufrichtig bekennt. Also – um nochmals auf diesen Hauptmann Dumain zu kommen – über sein Ansehen beim Herzog und über seine Tapferkeit habt Ihr geantwortet. Wie steht's um seine Rechtschaffenheit?

Parolles. Er stiehlt Euch ein Ei aus einem Kloster; an Gewalttätigkeit und Entführungen kommt er dem Nessus gleich. Er gibt sich nie damit ab, seine Eide zu halten; sie zu brechen, darin ist er stärker als Herkules. Lügen kann er mit solcher Geläufigkeit, daß Ihr die Wahrheit für eine Närrin halten solltet; Trunkenheit ist seine beste Tugend, denn er säuft Euch wie ein Vieh, und in seinem Schlaf tut er niemand was zuleide, als seinen Bettüchern; aber man kennt seine Unarten schon und legt ihn auf Stroh. Sonst weiß ich nicht viel mehr von seiner Rechtschaffenheit zu sagen, Herr; er hat alles, was ein rechtschaffener Mann nicht haben sollte; und was ein rechtschaffener Mann haben sollte, davon hat er nichts.

Erster Edelmann. Ich fange an, ihm dafür gut zu werden.

Bertram. Für diese Beschreibung deiner Rechtschaffenheit? Ich meinesteils wünsche ihn zum Henker; er wird mir immer mehr und mehr zur Katze.

Dolmetsch. Was sagt Ihr von seiner Kriegskenntnis?

Parolles. Meiner Treu, er hat die Trommel vor den englischen Komödianten her geschlagen; die Unwahrheit möchte ich eben nicht über ihn sagen, und mehr weiß ich nicht von seiner Soldatenschaft, außer daß er in England die Ehre hatte, Offiziersdienste an einem Orte zu tun, den sie dort Mile-End nennen; und da hat er die Leute exerziert, zwei Mann hoch zu stehen. Ich möchte dem Menschen gern alle mögliche Ehre antun, aber ganz gewiß bin ich dessen denn doch nicht.

Erster Edelmann. Dieser Schurke läßt alle Schurkerei so weit hinter sich, daß die Seltenheit ihn freispricht.

Bertram. Zum Henker mit ihm! Er bleibt immer eine Katze.

Dolmetsch. Da seine Eigenschaften so wenig wert sind, so brauche ich wohl nicht erst zu fragen, ob Gold ihn zur Desertion verführen könnte?

Parolles. Für einen Quart d'Ecu verkauft er Euch das Freilehen seiner Seligkeit, sein Erbrecht dran, und prellt alle seine Agnaten um ihre Anwartschaft und Succession auf ewige Zeiten.

Dolmetsch. Was sagt Ihr denn von seinem Bruder, dem andern Hauptmann Dumain?

Zweiter Edelmann. Warum fragt er ihn nach mir?

Dolmetsch. Wie ist's mit dem?

Parolles. Auch eine Krähe aus demselben Nest; nicht ganz so groß wie der Älteste im Guten, aber ein großes Teil größer im Bösen. Er übertrifft seinen Bruder als Memme, und doch gilt sein Bruder für eine der ausgemachtesten in der Welt. Auf der Flucht tut er's jedem Lakaien zuvor, und wenn's zum Angriff geht, hat er den Krampf.

Dolmetsch. Wenn Euch das Leben geschenkt wird, wollt Ihr dann versprechen, den Florentiner zu verraten?

Parolles. Ja, und den Anführer seiner Reiterei, den Grafen Roussillon, obendrein.

Dolmetsch. Ich will heimlich mit dem General reden und hören, was sein Wille ist.

Parolles (beiseite). Ich habe das Trommeln satt; hole die Pest alle Trommeln! Nur um den Schein des Verdienstes zu haben und den Argwohn dieses liederlichen jungen Grafen zu hintergehen, habe ich mich in solche Gefahr begeben. Wer hätte aber auch einen Hinterhalt vermutet, wo ich gefangen ward?

Dolmetsch. Es ist keine Hilfe, Freund, Ihr müßt sterben. Der General sagt, wer so verräterisch die Geheimnisse seines Heeres entdeckt und so giftige Berichte über höchst ehrenwerte Männer aussagt, könne der Welt nicht redlich nützen; darum müßt Ihr sterben. Kommt, Scharfrichter; herunter mit seinem Kopf!

Parolles. O Gott, Herr, laßt mich leben, oder laßt mich meinen Tod sehen!

Dolmetsch. Das sollt Ihr, und Abschied nehmen von allen Euren Freunden. (Er nimmt ihm die Binde ab.)
So, seht Euch um; kennt Ihr hier irgendwen?
Bertram. Guten Morgen, edler Hauptmann!
Zweiter Edelmann. Gott segne Euch, Hauptmann Parolles!
Erster Edelmann. Gott schütze Euch, edler Hauptmann!
Zweiter Edelmann. Hauptmann, habt Ihr einen Gruß für Herrn Lafeu? Ich will nach Frankreich.
Erster Edelmann. Lieber Hauptmann, wollt Ihr mir nicht eine Abschrift von dem Sonett geben, das Ihr an Diana geschickt, um ihr den Grafen von Roussillon zu empfehlen? Wenn ich nicht eine Erzmemme wäre, so zwänge ich sie Euch ab; aber so lebt wohl.
(Bertram und die Edelleute gehen ab.)
Dolmetsch. Ihr seid verloren, Hauptmann, ganz ausgelöst; nur Eure Schärpe ist es nicht, die hat noch einen Knoten.
Parolles. Wem machte wohl nicht ein solches Komplott den Garaus?
Dolmetsch. Könntet Ihr ein Land auffinden, wo die Weiber nicht mehr Scham hätten als Ihr, Ihr würdet dort ein recht unverschämtes Volk stiften. Gehabt Euch wohl. Ich will auch nach Frankreich; wir werden dort von Euch erzählen. (Geht ab.)
Parolles. Doch bin ich dankbar. Wäre groß mein Herz,
Jetzt bräch' es! Mit der Hauptmannschaft ist's aus;
Doch soll mir Speis' und Trank und Schlaf gedeihen,
Als wär' ich Hauptmann; nähren muß mich nun
Mein nacktes Selbst. Wer sich erkennt als Prahler,
Der nehm' ein Beispiel dran; es kann nicht fehlen,
Kein Großmaul weiß sein Eselsohr zu hehlen.
Verroste, Schwert, und Scham fahr hin! Glück auf;
Beginn als Narr den neuen Lebenslauf,
Denn noch sind Platz und Unterhalt zu Kauf.
Ich geh' mit ihnen. (Er geht ab.)

4. Szene
Florenz. Zimmer im Hause der Witwe

Helena, die *Witwe* und *Diana* treten auf.

Helena. Damit Ihr klar erkennt, ich täuscht' Euch nicht,
Sei meine Bürgschaft einer von den größten
Der Christenheit, vor dessen Thron notwendig
Ich knien muß, eh' ich meinen Zweck erreicht.
Vor Zeiten tat ich ihm erwünschten Dienst,
Kostbar, wie fast sein Leben; solche Wohltat,

> Daß selbst des harten Skythen Herz den Dank
> Nicht schuldig bliebe. Sichre Kunde ward mir,
> Daß in Marseille der König sei; dorthin
> Reis' ich mit schicklichem Geleit. Denn wißt,
> Man glaubt mich tot; der Graf, nachdem das Heer
> Sich aufgelöst, wird nach der Heimat ziehn;
> Doch mit des Königs Gunst, des Himmels Hilfe
> Treff' ich dort ein, eh' man mich noch erwartet.

Witwe. Ihr hattet nimmer eine Dienerin,
> Verehrte Frau, der Eu'r Geschick so nah
> Am Herzen lag.

Helena. Noch eine Freundin Ihr,
> Die mit so treuem Eifer Eurer Güte
> Zu lohnen strebte. Zweifelt nicht, der Himmel
> Schickt mich, Eu'r junges Fräulein auszustatten,
> Wie er zur Mittlerin sie erkor, den Gatten
> Mir zuzuwenden. Sonderbare Männer!
> So süß könnt ihr behandeln, was ihr haßt,
> Wenn der betrognen Sinne lüstern Wähnen
> Die schwarze Nacht beschämt. So spielt die Lust
> Mit dem, was sie verabscheut, unbewußt.
> Doch mehr hiervon ein andermal. Ihr, Diana,
> Müßt unter meiner armen Leitung manches
> Für mich noch dulden.

Diana. Folgt auch Tod in Ehren
> Mit dem, was Ihr mir auflegt, ich bin Euer,
> Und trage, was Ihr fordert.

Helena. Nur Geduld!
> Eh' wir uns umsehn, bringt die Zeit den Sommer,
> Dann trägt die Rose Blüten so wie Dornen,
> So süß als scharf. Wir müssen jetzt von hier,
> Der Wagen steht bereit, die Zukunft winkt.
> *Ende gut, alles gut;* das Ziel beut Kronen.
> Wie auch der Lauf, das Ende wird ihn lohnen. (Sie gehen ab.)

5. Szene
Roussillon. Zimmer im Palast der Gräfin

Die Gräfin, Lafeu *und der* Narr *treten auf.*

Lafeu. Nein, nein, nein, Euer Sohn ward von dem verdammten taftgeschnitzten Kerl dort verführt, dessen niederträchtiger Safran wohl die ganze ungebackene und teigichte Jugend einer Nation hätte färben können. Eure Schwiegertochter lebte sonst noch diese Stunde,

Euer Sohn wäre hier in Frankreich, und der König hätte ihn weiter gefördert als jene rotgeschwänzte Hummel, von der ich rede.

Gräfin. Ich wollte, ich hätte ihn nie gekannt; er war der Tod des tugendhaftesten Mädchens, mit dessen Schöpfung sich die Natur jemals Ehre erwarb. Wäre sie aus meinem Blut und kostete mir die tiefsten Seufzer einer Mutter, meine Liebe zu ihr könnte nicht tiefer gewurzelt sein.

Lafeu. Es war ein gutes Mädchen, ein gutes Mädchen. Wir können tausendmal Salat pflücken, ehe wir wieder solch ein Kraut antreffen.

Narr. Ja wahrhaftig, sie war das Tausendschönchen im Salat, oder vielmehr der echte Ehrenpreis.

Lafeu. Das sind ja keine Salatkräuter, du Schelm, das sind ja Gartenblumen.

Narr. Ich bin kein großer Nebukadnezar, Herr, ich verstehe mich nicht sonderlich auf Kräuter.

Lafeu. Für was gibst du dich eigentlich aus, für einen Schelm, oder einen Narren?

Narr. Für einen Narren, Herr, im Dienste einer Frau, und für einen Schelm im Dienste eines Mannes.

Lafeu. Wie das?

Narr. Den Mann würde ich um seine Frau prellen und seinen Dienst tun.

Lafeu. Dann wärst du freilich ein Schelm in seinem Dienst.

Narr. Und seiner Frau stellte ich mich mit meiner Pritsche zu Diensten.

Lafeu. Ich will für dich gut sagen, daß du beides, ein Schelm und ein Narr bist.

Narr. Zu Eurem Dienst.

Lafeu. Nein, nein, nein!

Narr. Nun, Herr, wenn ich Euch nicht dienen kann, so nehme ich Dienste bei einem Prinzen, der ein ebenso großer Herr ist wie Ihr.

Lafeu. Bei wem denn? Einem Franzosen?

Narr. Mein Seel, er hat einen englischen Namen, aber seine Physiognomie hat mehr Feuer in Frankreich als in England.

Lafeu. Welchen Prinzen meinst du?

Narr. Den schwarzen Prinzen, alias den Fürsten der Finsternis, alias den Teufel.

Lafeu. Nimm, da ist meine Börse. Ich gebe dir das nicht, um dich deinem Herrn, von dem du sprichst, abspenstig zu machen; diene ihm nur immerfort.

Narr. Ich bin aus einem Holzlande, Herr, und war von jeher ein

Liebhaber von großem Feuer; und die Herrschaft, von der ich spreche, hat immer ein gutes Feuer gehalten. Aber da er einmal der Fürst dieser Welt ist, mag sein Adel an seinem Hof bleiben; ich bin für das Haus mit der engen Pforte, die wohl zu klein für die Magnaten ist; wer sich eben bücken will, kommt wohl durch; aber die meisten werden zu frostig und zu verwöhnt sein und wandeln auf dem blumigen Pfad, der zur breiten Pforte und zum großen Feuer führt.

Lafeu. Geh deiner Wege; ich fange an dich satt zu haben, und ich sage dir's beizeiten; denn ich möchte nicht, daß wir in Unfrieden gerieten. Geh deiner Wege, laß nach meinen Pferden sehen; aber ohne Schelmstreiche.

Narr. Wenn ich ihnen mit Streichen komme, Herr, so sollen's Peitschenstreiche sein, die gebühren ihnen nach dem Gesetz der Natur.

(Geht ab.)

Lafeu. Ein durchtriebener, boshafter Schelm!

Gräfin. Das ist er. Mein seliger Graf machte sich vielen Spaß mit ihm. Nach seinem Willen darf er hier bleiben, und das hält er für einen Freibrief für seine Unverschämtheiten; und in der Tat, er bleibt nie auf der Bahn und rennt, wohin es ihm gefällt.

Lafeu. Ich habe ihn gern; der Bursch ist nicht uneben. Ich war vorhin im Begriff, Euch zu sagen, daß ich, als ich den Tod der armen jungen Gräfin vernommen, und weil Euer Sohn auf der Heimreise ist, den König meinen Herrn ersucht habe, sich für meine Tochter zu verwenden, ein Vorschlag, den Seine Majestät, als beide noch Kinder waren, aus eigenem Allerhöchsten Antriebe zuerst getan. Seine Hoheit hat mir's zugesagt; und es gibt kein besseres Mittel, die Ungnade abzuwenden, die er gegen Euren Sohn gefaßt hat. Was sagt Ihr dazu, gnädige Frau?

Gräfin. Ich bin ganz mit Euch einverstanden, mein Herr, und wünsche Euch glücklichen Erfolg.

Lafeu. Seine Hoheit kommt in Eile von Marseille, so frisch und rüstig, als zählte er dreißig; er wird morgen hier sein, oder ein Freund, der in solchen Dingen gewöhnlich gut unterrichtet ist, müßte mich getäuscht haben.

Gräfin. Es freut mich, daß ich hoffen darf, ihn vor meinem Ende wiederzusehen. Ich habe Briefe, daß mein Sohn heute abend hier sein wird, und bitte Euch, gnädiger Herr, bei mir zu verweilen, bis sie hier zusammentreffen.

Lafeu. Eben überlegte ich mir, gnädige Frau, auf welche Weise ich am besten Zutritt erhalten könnte.

Gräfin. Ihr braucht nur das ehrenwerte Vorrecht Eures Namens geltend zu machen.

Lafeu. Das habe ich nur allzuoft als zuverlässiges Geleit benutzt; doch dem Himmel sei Dank, noch gilt es wohl.

Der Narr kommt zurück.

Narr. O gnädige Frau, draußen ist der junge Graf, Euer Sohn, mit einem Sammetpflaster auf dem Gesicht. Ob eine Schmarre drunter ist oder nicht, mag der Sammet wissen; aber es ist ein stattliches Sammetpflaster. Sein linker Backen ist Sammet; aber sein rechter Backen ist nur Flaum.

Gräfin. Eine rühmlich erhaltene Schmarre oder eine rühmliche Schmarre ist ein edles Zeichen der Ehre; das wird auch diese wohl sein.

Narr. Aber sein Gesicht sieht aus wie eine Karbonade.

Lafeu. Laßt uns Eurem Sohn entgegengehen, ich bitte Euch; ich sehne mich, den edlen jungen Krieger zu sprechen.

Narr. Meiner Treu, draußen steht ein ganzes Dutzend mit allerliebsten feinen Hüten und überaus höflichen Federn, die sich verneigen und jedermann zunicken.   (Alle gehen ab.)

Fünfter Aufzug

1. Szene

Straße in Marseille

Helena, die Witwe und Diana treten auf mit zwei Begleitern.

Helena.   Doch dies unmäß'ge Reisen, Tag und Nacht,
Muß Euch erschöpfen; ändern kann ich's nicht;
Doch weil Ihr Nacht und Tag zu eins gemacht,
Daß mir zulieb' Ihr kränkt den zarten Leib,
So wißt, Ihr wachst in meiner Schuld so fest,
Daß nichts Euch kann entwurzeln. – Wie gerufen!

Ein Edelmann tritt auf.

Der Mann kann mir Gehör beim König schaffen,
Wenn er sein Ansehn brauchen will. Gott grüß Euch!

Edelmann.   Und Euch.

Helena.   Mir scheint, ich sah Euch schon an Frankreichs Hof.

Edelmann.   Ich war zuzeiten dort.

Helena.   Ich hoffe, Herr, Ihr macht dem Rufe Ehre,
Den Eure Herzensgüte Euch erwarb;
Darum, gespornt vom Drange meiner Not,

Der strengen Form nicht achtend, wend' ich mich
An Eure Tugend, deren ich mit Dank
Fortan gedenken will.

Edelmann. Was ist Eu'r Wunsch?

Helena. Daß Ihr geruhen mögt,
Dies arme Blatt dem König einzuhänd'gen
Und mir mit Eurem Einfluß beizustehn,
Daß er mich hören wolle.

Edelmann. Der König ist nicht hier.

Helena. Nicht hier, Herr?

Edelmann. Nein,
Er reiste gestern nacht von hier, und schneller,
Als er sonst pflegt.

Witwe. Gott, welch vergeblich Müh'n!

Helena. *Ende gut, alles gut!* bleibt doch mein Trost,
Ob auch die Zeit uns feindlich, schwach die Kraft.
Ich bitt' Euch, sagt, wohin er abgereist!

Edelmann. Nun, wenn ich recht verstand, nach Roussillon,
Wohin ich selber hin gehn will.

Helena. Ich ersuch' Euch,
Da Ihr den König eh'r wohl seht als ich,
Legt dies Papier in seine gnäd'ge Hand;
Ich hoff', es zieht Euch keinen Tadel zu;
Viel eher wißt Ihr Eurer Mühe Dank.
Ich werd' Euch folgen mit so schneller Eil',
Als unsre Lag' erlaubt.

Edelmann. Das soll geschehn.

Helena. Und Eurer wartet einst der beste Dank,
Was auch geschehen mag. Jetzt zu Pferde wieder;
Geht, richtet's aus. (Sie gehen ab.)

2. Szene

Roussillon. Der innere Hof des Palastes der Gräfin

Der *Narr* und *Parolles* treten auf.

Parolles. Lieber Monsieur Lavache, gebt dem gnädigen Herrn Lafeu diesen Brief. Ich war Euch eher wohl besser bekannt, Herr, als ich noch mit frischeren Kleidern in vertrauterem Umgang lebte; aber nun, Herr, bin ich in Fortunens Morast muddig geworden und rieche etwas streng nach ihrer strengen Ungnade.

Narr. Mein Seel, Fortunens Ungnade muß recht garstig sein, wenn sie so strenge riecht, wie du sagst. Ich werde künftig keinen

Fisch aus Fortunens Bratpfanne mehr essen; bitte dich, geh aus dem Wind.

Parolles. Nicht doch, Freund, Ihr braucht Euch die Nase drum nicht zuzuhalten; ich redete nur in einer Metapher.

Narr. Ja, mein Bester, wenn Eure Metapher stinkt, so werde ich meine Nase zuhalten, und das bei jedermanns Metapher. Bitte dich, geh weiter weg.

Parolles. Habt die Gewogenheit, mein Freund, und besorgt mir dies Papier.

Narr. Puh! Tritt zur Seite. Ein Papier aus Fortunes Nachtstuhl einem Edelmann geben? Sieh, da kommt er selbst.

Lafeu tritt auf.

Hier ist ein Schnurrer von Fortuna, Herr, oder von Fortunas Katze – aber keine Bisamkatze –, welche in den unsauberen Fischteich ihrer Ungnade gefallen und, wie sie sagt, muddig geworden ist. Ich bitte Euch, Herr, verfahrt mit diesem Karpfen, wie Ihr Lust habt; denn er sieht aus, wie ein armer, schäbiger, kniffiger närrischer Halunke von einem Taugenichts. Ich bemitleide seinen Unstern, weil mir das Glück lächelt, und lasse ihn Euer Gnaden. (Geht ab.)

Parolles. Gnädiger Herr, ich bin ein Mann, den Fortuna jämmerlich zerkratzt hat.

Lafeu. Und was kann ich dabei tun? Jetzt ist's zu spät, ihr die Nägel zu schneiden. Was habt Ihr der Fortuna für Schelmenstreiche gespielt, daß sie Euch kratzte? An sich ist sie doch eine gute Dame, die nur nicht leiden kann, daß es den Schelmen zu lange unter ihrem Schutz wohl gehe. Da habt Ihr einen Quart d'Ecu; laßt Euch die Richter wieder mit ihr aussöhnen; ich habe mehr zu tun.

Parolles. Ich ersuche Euer Gnaden, hört mich nur auf ein einziges Wort.

Lafeu. Ihr bittet um einen einzigen Pfennig mehr; gut Ihr sollt ihn haben; spart Euer Wort.

Parolles. Mein Name, gnädiger Herr, ist Parolles.

Lafeu. So bittet Ihr mich um mehr als ein Wort. Potz Element! Gebt mir Eure Hand; was macht Eure Trommel?

Parolles. O, mein gnädiger Herr, Ihr wart der erste, der mich ausfand.

Lafeu. War ich's, wirklich? Und ich war auch der erste, der dich liegen ließ.

Parolles. Nun steht's bei Euch, gnädiger Herr, mich wieder in einige Gnade zu bringen; denn Ihr brachtet mich heraus.

Lafeu. Pfui, schäme dich, Kerl! Schiebst du mir zugleich das Amt Gottes und des Teufels zu? Der eine bringt dich in die Gnade hinein, der andere bringt dich aus ihr heraus. (Trompetenstoß.) Der König kommt, ich höre es an seinen Trompeten. Frag ein andermal wieder nach mir, Bursch; ich sprach noch gestern abend von dir. Obgleich du ein Narr und ein Schelm dazu bist, sollst du doch nicht verhungern; komm nur mit.

Parolles. Ich preise Gott für Euch! (Sie gehen ab.)

3. Szene

Ebendaselbst. Zimmer im Palast der Gräfin

Trompetenstoß. Der *König*, die *Gräfin* von Roussillon, *Lafeu*, *Edelleute* und *Gefolge* treten auf.

König. Ein Kleinod haben wir an ihr verloren,
Ein unschätzbares; aber Euer Sohn,
In seinem tollen Wahn, hatt' kein Gefühl
Für ihren vollen Wert.
Gräfin. Nun ist's geschehn;
Und ich ersuch' Eu'r Hoheit, seht es an
Als einen Aufruhr jugendlicher Glut;
Wenn Öl und Feu'r zu stark für die Vernunft,
In Flammen überwallt.
König. Verehrte Dame,
Vergeben hab' ich alles und vergessen;
Obgleich mein Zorn sich stark auf ihn gespannt
Und fertig war zum Schuß.
Lafeu. Dies muß ich sagen –
Doch bitt' ich erst Vergunst – der junge Graf
Verging sich schwer an seiner Majestät,
An seiner Mutter und an seiner Gattin,
Am meisten doch an sich. Ihm starb ein Weib,
Des Schönheit auch das reichste Aug' geblendet,
Des Rede jeglich Ohr gefangen nahm,
Des hoher Wert auch überstolze Herzen
Zum Dienen zwang.
König. Verlornes Gut zu preisen,
Erhöht den Wert in der Erinnerung.
Ruft ihn denn her.
Wir sind versöhnt; der erste Anblick töte
Jede Erwähnung. Nicht um Gnade bitt' er;
Der Grund ward seiner Schuld hinweggeräumt,
Und tiefer als Vergessen sei begraben
Des Brandes Zunder. Komm' er denn zu uns

Als Fremder, nicht als Schuld'ger, und erklärt ihm,
Was unser Wille sei.
Edelmann. Sogleich, mein König. (Ab.)
König. Spracht Ihr mit ihm von Eurer Tochter, Herr?
Lafeu. Er fügt sich ganz in Eurer Hoheit Willen.
König. So gibt's 'ne Hochzeit. Ich erhielt ein Schreiben,
Das rühmlich sein gedenkt.

Bertram tritt auf.

Lafeu. Er ist's zufrieden.
König. Ich bin kein Tag, unwandelbar verfinstert;
Denn Sonnenschein und Hagel stehn zugleich
Auf meiner Stirn; doch weicht den hellsten Strahlen
Zerrissenes Gewölk. Darum tritt näher;
Der Himmel hellt sich auf.
Bertram. Die tiefbereute Schuld
Verzeiht, mein teurer Lehensherr!
König. Alles gut!
Kein Wort nunmehr von der vergangnen Zeit!
Um Stirnhaar laß den Augenblick uns fassen,
Denn wir sind alt, und unsre schnellsten Pläne
Beschleicht der unhörbare leise Fuß
Der Zeit, eh' sie vollzogen sind. Gedenkt Ihr
Der Tochter dieses Herrn?
Bertram. Und mit Bewundrung stets, mein Fürst. Zuerst
Fiel meine Wahl auf sie, eh' noch mein Herz
Die Zung' erkor als allzudreisten Herold.
Dann, als ihr Bild geprägt in mein Gemüt,
Lieh mir sein höhnend Glas der spröde Stolz,
Das jedes fremden Angesicht Züg' entstellte,
Der Wangen Rot verschmäht', als sei's erborgt,
Und alle Formen einzog oder dehnte
Zu widerwärt'ger Häßlichkeit. So kam's,
Daß *sie*, die alle priesen, die ich selbst
Geliebt, seit sie mir starb, in meinem Auge
Der Staub war, der's beleidigt.
König. Gut entschuldigt!
Daß du sie liebst, tilgt große Summen weg
Von deiner Schuld. Doch allzu spätes Lieben
Klagt wie Begnad'gung, zögernd überbracht,
Den großen Richter an mit bitterm Vorwurf,
Und ruft: gut ist, was tot. Der hast'ge Irrtum
Verschmäht als niedrig unser bestes Gut

Und schätzt es nicht, bis es im Grabe ruht.
Abneigung oft, zu eignem Ungemach,
Zerstört den Freund, und weint dem Toten nach.
Erwacht die Liebe, klagt sie, reubewegt,
Weil roher Haß zum Schlaf sich niederlegt.
Dies sei der süßen Helena Geläut;
Und nun vergeßt sie. Sendet einen Ring
Als Brautgeschenk der schönen Magdalis;
Denn sie ist Eu'r. Wir wollen hier verweilen
Und unsres Witwers zweites Brautfest teilen.
Gräfin. Und beßres Glück, o Himmel, wolltst du geben;
Sonst, o Natur, nimm mich aus diesem Leben!
Lafeu. Komm her, mein Sohn, der meines Stamms Gedächtnis
Forterben soll, gib mir ein Liebespfand,
Des Funkeln meiner Tochter Geist errege
Zu schneller Eil. Bei meinem greisen Bart,
Und jedem Haar drin, unsere Helena
War hold und reizend; solchen Ring wie den,
Als sie das letzte Mal erschien am Hof,
Trug sie an ihrem Finger.
Bertram.   Diesen nicht!
König. Ich bitt' Euch, laßt mich sehn; denn schon vorhin
Hat, als ich sprach, mein Aug' auf ihm geruht.
Der Ring war mein; ich gab ihn Helena
Und schwur, wenn sie des Beistands je bedürfe,
Dies sei ein Pfand, daß ich ihr helfen wolle.
Wie nur vermochtst du, des sie zu berauben,
Was ihr am meisten frommen sollte?
Bertram.   Herr,
Obgleich es Euch gefällt, es so zu nehmen,
Der Ring gehört' ihr nie.
Gräfin.   Sohn, ja! beim Himmel,
Ich sah, wie sie ihn trug; sie hielt ihn wert,
Mehr als ihr Leben.
Lafeu.   Ja, gewiß, sie trug ihn.
Bertram. Ihr irrt Euch, gnäd'ger Herr, sie sah ihn nie.
In Florenz ward er mir aus einem Fenster
Geworfen, in Papier gewickelt, das
Die Geberin mir nannte. Sie war adlig,
Und hielt mich noch für frei; doch da mein Schicksal
Gebunden war und ich ihr klar gezeigt,
Ich könne ihr Entgegenkommen nicht
So ehrenhaft, wie sie's gemeint, erwidern,

Fünfter Aufzug. 3. Szene

Gab sie sich schwermutsvoll zufrieden; doch
Den Ring nahm sie nicht wieder.
König. Plutus selbst,
Erfahren in Tinktur und Alchimie,
Kennt der Natur Geheimnis nicht vertrauter,
Als ich den Ring. Von mir erhielt sie ihn,
Gleichviel, wer ihn Euch gab. Drum, wenn Ihr wißt,
Daß Ihr Euch selber kennt, dann gesteht:
Der Ring war ihrer, und welch rauher Zwang
Ihn Euch gewann. Sie schwur bei allen Heil'gen,
Sie woll' ihn nie von ihrem Finger lassen,
Wenn sie ihn Euch nicht gäb' in ihrem Brautbett –
Wohin Ihr nie gekommen – oder mir
In harter Not ihn schickte.
Bertram. Sie sah ihn nie.
König. Das sprichst du falsch, so wahr mir Ehre lieb;
Und weckst argwöhnische Besorgnis mir,
Der gern ich wehrte. Wenn es sich erwiese,
Du seist so hart – es wird sich nicht erweisen –
Und dennoch ahndet mir – dein Haß war tödlich,
Und sie ist tot. Nichts konnte, daß sie starb,
Mich überreden, außer wenn ich selbst
Das Aug' ihr schloß, so sehr wie dieser Ring!
Führt ihn hinweg. (Die Wache ergreift Bertram.) Wie auch der Fall
    sich wende,
Nicht ohne Grund geb' ich dem Zweifel Raum,
Der ohne Grund zu viel ich traute. – Fort
Wir forschen weiter nach.
Bertram. Beweist Ihr erst,
Der Ring gehört ihr je, dann leicht beweist Ihr,
Daß ich in Florenz ihr genaht als Gatte,
Wo sie doch niemals war. (Bertram wird weggeführt.)
König. Ein düstrer Argwohn quält mich.
    Ein *Edelmann* tritt auf.
Edelmann. Gnäd'ger Fürst!
Ich weiß nicht, ob ich unrecht tat, ob nicht.
Dies gab mir eine Florentinerin,
Weil sie um vier, fünf Posten Euch verfehlt,
Es selbst zu überreichen. Ich versprach's,
Bewogen durch die Anmut und die Rede
Der armen Bittenden, die jetzt, so hör' ich,
Hier wartet. Wichtig scheint mir ihr Gesuch
Nach ihrer Miene, und betrifft – so sprach sie

Mit wenig holden Worten – Eure Hoheit
Nicht minder, als sie selbst.

König (liest). „Auf seine vielen Beteuerungen, mich zu heiraten, wenn seine Gattin tot wäre – ich erröte, es zu sagen – gewann er mich. Jetzt ist der Graf Roussillon ein Witwer, seine Gelübde sind mir verfallen, und ich habe ihm meine Ehre bezahlt. Er verließ Florenz heimlich, ohne Abschied zu nehmen, und ich folge ihm in sein Vaterland, um Recht zu finden. Gewährt es mir, o König, es steht zumeist bei Euch; sonst triumphiert ein Verführer, und ein armes Mädchen ist verloren. *Diana Capulet."*

Lafeu. Ich will mir einen Schwiegersohn auf dem Jahrmarkt kaufen und verzollen, den hier mag ich nicht.

König. Der Himmel meint es gut mit dir, Lafeu,
Der dir's enthüllte. Schafft mir jene Frau'n,
Geht, eilt, und führt den Grafen wieder her.
    (Der Edelmann geht mit einigen Dienern.)
Ich fürchte, Gräfin, Helena kam schändlich
Ums Leben!

Gräfin. Dann Gerechtigkeit den Tätern!
    Bertram mit Wache tritt auf.

König. Mich wundert, Graf, wenn Ihr die Frau'n so haßt
Und flieht, sobald Ihr ihnen Treue schwurt,
Wie Ihr an Heirat denkt. Wer ist dies Mädchen!
    Der *Edelmann* führt die *Witwe* und *Diana* herein.

Diana. Ich Arme bin aus Florenz, gnäd'ger König,
Entsprossen von den alten Capulet.
Was mich hierherführt, hör' ich, wißt Ihr schon,
Und wißt, wie weit ich zu beklagen bin.

Witwe. Sie ist mein Kind, Herr; ihrer Mutter Ehre
Und Alter kränkt die Klage, die wir bringen.
Und beide gehn zu Grunde, helft Ihr nicht.

König. Graf, tretet näher. Kennt Ihr diese Frau'n?

Bertram. Mein Fürst, ich kann und will Euch nicht verbergen,
Daß ich sie kenne. Wes zeihn sie mich sonst?

Diana. Warum blickt Ihr so fremd auf Euer Weib?

Bertram. Das ist sie nicht, Herr!

Diana.   Wollt Ihr Euch vermählen,
So gebt Ihr weg die Hand, und sie ist mein;
So gebt Ihr weg den Schwur, und er ist mein;
So gebt Ihr weg mich selbst, und ich bin mein.
So unzertrennlich bin ich Euch vereint,
Daß wer sich Euch vermählt, sich mir vermählt,
Uns beiden oder keinem.

Lafeu (zu Bertram). Euer Ruf fängt an zu schlecht für meine
Tochter zu werden; Ihr seid kein Mann für sie.
Bertram. Herr, eine tolle Törin ist die Dirne,
  Mit der ich einst gescherzt; heg' Eure Hoheit
  Von meiner Ehre beßre Meinung doch,
  Als daß Ihr sie so tief gesunken achtet.
König. Graf, meine Meinung ist Euch schlecht befreundet,
  Bis Ihr sie neu verdient; Eu'r Leumund muß
  Weit heller strahlen, als er jetzt erscheint.
Diana. Mein güt'ger Fürst,
  Fragt nicht auf seinen Eid, ob er nicht glaubt,
  Er hab' als Jungfrau mich gewonnen.
König.   Sprich,
  Was sagst du drauf?
Bertram.   Herr, sie ist unverschämt;
  Im Lager war sie jedem leichte Beute.
Diana. Er tut mir unrecht, König. War ich das,
  Dann um ganz leichten Preis wohl kauft' er mich;
  Glaubt seinen Worten nicht. O, seht den Ring,
  Des hoher Wert und reiche Kostbarkeit
  Nicht seinesgleichen findet, und trotzdem
  Gab er ihn an die leichte Lagerdirne,
  Wenn ich es bin.
Gräfin.   Rot wird er; 's ist der Ring;
  Sechs seiner Ahnherrn haben dies Juwel
  Im Testament vererbt dem nächsten Sproß,
  Und jeder trug und schätzt' es; 's ist sein Weib,
  Der Ring zeugt tausendfach.
König.   Mir scheint, Ihr sagtet,
  Ihr kenntet einen Zeugen hier am Hof?
Diana. Das tat ich, Herr; doch ein Gewährsmann ist's,
  Den ich mit Scham Euch nenn': er heißt Parolles.
Lafeu. Ich sah den Mann noch heut', wenn der ein Mann ist.
König. Sucht ihn und bringt ihn her. (Einer vom Gefolge geht ab.)
Bertram.   Was soll er hier?
  Er ist bekannt als ein treuloser Schuft,
  Mit allen Makeln dieser Welt beschmutzt,
  Dem's von Natur schon widert, wahr zu reden.
  Und sollt' ich sein, wie er mich schildern wird,
  Der aussagt, was man fordert?
König.   Euren Ring
  Besitzt sie doch.
Bertram.   Ich glaube, ja; sie hat ihn.

's ist wahr, sie reizte mich, und nach dem Brauch
Verliebter Jugend macht' ich mich an sie;
Sie hielt sich fern und angelte nach mir,
Und schürte meine Glut durch Sprödigkeit –
Wie jede Hemmung in der Liebe Bahn
Die Liebe nur entflammt – und so, zuletzt,
Als List sich ihrem mäß'gen Reiz vereint,
Erzwang sie ihren Preis; sie nahm den Ring,
Und ich erhielt, was jeder Untergebne
Wohl um den Marktpreis hätt' erkauft.

Diana. Ich schweige.
Ihr, der schon einst so edles Weib verstieß,
Mögt jetzt auch mich kurz halten; doch ich bitt' Euch –
Wie Ihr der Tugend, will ich Euch entsagen –
Schickt nach dem Ring; Ihr sollt ihn wieder haben,
Und gebt den meinen mir.

Bertram. Ich hab' ihn nicht.

König. Was war das für ein Ring?

Diana. Mein Fürst, er glich
Ganz dem an Eurem Finger.

König. Kennt Ihr den Ring? noch eben war er sein.

Diana. Und dieser war's, den ich ihm gab im Bett.

König. So war's ein Märchen, daß Ihr ihn dem Grafen
Aus einem Fenster zuwarft?

Diana. Wahrhaft sprach ich.

Parolles tritt auf mit einem aus dem Gefolge.

Bertram. Den Ring, ich will's gestehn, besaß sie einst.

König. Ihr schwankt verzweifelt; jede Feder schreckt Euch.
Ist dies der Mann, von dem du sprachst?

Diana. Ja, Herr.

König. Erzähl mir, Freund, doch sprich die reine Wahrheit,
Und fürchte nicht die Ungunst deines Herrn,
Die, bist du redlich, ich abwehren werde,
Was trug sich zu mit ihm und diesem Mädchen?

Parolles. Mit Eurer Majestät Vergunst, mein Herr war jederzeit ein ehrenwerter Kavalier. Auf tolle Streiche verstand er sich freilich, wie alle jungen Kavaliere.

König. Fort, fort, zur Sache; liebt' er dieses Mädchen?

Parolles. In der Tat, Herr, er liebte sie; aber wie?

König. Wie denn also?

Parolles. Er liebte sie, Herr, wie ein Kavalier ein Mädchen liebt.

König. Und das ist?

Parolles. Er liebte sie, Herr, und liebte sie nicht.

König. Wie du ein Schelm bist, und kein Schelm. Was für ein doppelzüngiger Gesell das ist!

Parolles. Ich bin ein armer Tropf und zu Euer Majestät Befehl.

Lafeu. Er ist ein guter Trommler, mein König, aber ein nichtsnutziger Redner.

Diana. Wißt Ihr, daß er mir die Ehe versprach?

Parolles. Mein Seel, ich weiß mehr, als ich sagen werde.

König. Willst du nicht alles sagen, was du weißt?

Parolles. Ja, zu Euer Majestät Befehl. Ich war ihr Zwischenträger, wie gesagt; aber überdem liebte er sie, denn wahrhaftig, er war ganz toll auf sie aus und sprach vom Satan, und vom Fegefeuer, und von den Furien, und was weiß ich noch alles; aber ich war damals so gut bei ihnen angeschrieben, daß ich wußte, wie sie miteinander zu Bett gingen, und von andern Dingen, als zum Beispiel, daß er ihr die Ehe versprach; und sonst noch manches, was mir schlecht vergolten werden würde, wenn ich davon spräche; darum will ich nicht sagen, was ich weiß.

König. Du hast schon alles gesagt, wenn du nicht etwa noch melden kannst, daß sie verheiratet sind. Aber du bist zu schlau in deiner Aussage; darum tritt beiseite.
Der Ring, sagt Ihr, war Euer?

Diana. Ja, mein Fürst.

König. Und wer verkaufte oder schenkt' ihn dir?

Diana. Er ward mir nicht geschenkt, noch kauft' ich ihn.

König. Wer lieh ihn dir?

Diana. Ich lieh ihn auch von niemand.

König. So sag, wo fandst du ihn?

Diana. Ich fand ihn nicht.

König. Wenn du ihn denn auf keine Art erwarbst,
Wie gabst du ihm den Ring?

Diana. Ich gab ihn nicht.

Lafeu. Dies Mädchen ist ein williger Handschuh, mein Fürst, sie geht an und aus, wie man's verlangt.

König. Der Ring war mein, ich gab ihn seiner Frau.

Diana. Mein'thalb der Eure, oder auch der ihre.

König. Führt sie in Haft, ich will nichts von ihr wissen.
Geht, schafft sie fort und führt auch ihn hinweg.
Gestehst du nicht, wie du den Ring erhieltst,
So stirbst du heut noch.

Diana. Nimmer sag' ich's Euch.

König. Fort, sag' ich!

Diana. Einen Bürgen stell' ich Euch.

König. Jetzt glaub' ich's auch; du bist nur eine Dirne.

Diana. Bei Gott, wußt' ich von einem Mann, seid Ihr's.
König. Weshalb hast du bis jetzt ihn denn verklagt?
Diana.   Herr, weil er schuldig ist, und doch nicht schuldig.
Er glaubt, ich sei nicht Jungfrau, wird's beschwören;
Ich weiß, ich bin noch Jungfrau, und in Ehren.
Nichts wahrlich kann als niedrig mich beweisen;
Bin ich nicht Jungfrau, bin ich Weib des Greisen. (Auf Lafeu zeigend.)
König.   Sie täuscht uns nur; drum ins Gefängnis, fort!
Diana.   Geht, liebe Mutter, holt den Bürgen mir.
Gemach, o König!   (Die Witwe geht.)
Sie ruft den Juwelier, des Ringes Eigner,
Der leistet Sicherheit. Doch diesen Herrn,
Der mich entehrt hat, wie er selber weiß –
Obschon er mir kein Leid tat –, sprech' ich frei.
Er war in meinem Bett, so muß er denken;
Doch wird sein Weib ihm einen Erben schenken.
Zwar tot, fühlt sie der Liebe Frucht sich heben;
Das ist mein Rätsel! die Gestorbnen leben.
Hier seht die Lösung.

Helena wird von der Witwe hereingeführt.

König.   Ist's kein Zauberer,
Der meiner Augen treuen Dienst berückt?
Ist's wirklich, was ich seh'?
Helena.   Nein, teurer Fürst;
Ihr seht hier nur den Schatten einer Frau,
Den Namen, nicht das Wesen.
Bertram.   Beide, beide!
O kannst du mir verzeihn!
Helena.   O, lieber Herr,
Als ich noch diesem Mädchen ähnlich war,
Fand ich Euch wunderzärtlich! Dies der Ring;
Und seht, hier ist Eu'r Brief. So schriebt Ihr damals:
„Wenn Ihr den Ring gewinnt von meinem Finger,
Und tragt ein Kind von mir," – dies ist gelungen;
Seid Ihr nun mein, so zwiefach mir errungen?
Bertram.   Kann sie, mein König, dies beweisen klar,
Lieb' ich sie herzlich, jetzt und immerdar.
Helena.   Du sollst es wahr und zweifellos erkennen;
Sonst möge Scheidung uns vernichtend trennen.
O teure Mutter, find' ich Euch am Leben!
   Lafeu.   Meine Augen riechen Zwiebeln, ich werde gleich weinen. (Zu Parolles.) Lieber Trommelhans, leih mir dein Schnupftuch.

So, ich danke dir, du kannst mich nach Hause begleiten. Ich will meinen Spaß mit dir haben; laß deine Bücklinge, sie sind kläglich.
König. Ihr sollt mir's noch von Punkt zu Punkt erklären,
Entzückt werd' ich die ganze Wahrheit hören.
(Zu Diana.)   Bist du noch unentweihte Mädchenblüte,
Wähl dir den Mann, und zähl' auf meine Güte.
Ich merke, dein Bemühn und züchtig Walten
Hat sie als Frau, als Mädchen dich erhalten.
Das weitre und des Herzogs ganze Kunde
Erforsch ich näher zu gelegner Stunde.
Gut scheint jetzt alles; mög' es glücklich enden,
Und bittres Leid in süße Lust sich wenden.   (Alle gehen ab.)

Epilog

(vom König gesprochen)

Der König wird zum Bettler nach dem Spiel;
Doch ist das Ende gut und führt zum Ziel,
Wenn's euch gefällt; wofür euch Tag für Tag
Der Bühne treulich Streben zahlen mag.
Schenkt ihr Geduld; wir schenken unsre Kunst;
Euch unser Herz, uns eurer Hände Gunst.

Othello

Übersetzt von

Ludwig Tieck

Personen

Herzog von Venedig.
Brabantio, Senator.
Mehrere *Senatoren*.
Gratiano, Bruder des Brabantio.
Lodovico, Verwandter des Brabantio.
Othello, Feldherr; Mohr.
Cassio, sein Lieutenant.
Jago, sein Fähnrich.

Rodrigo, ein junger Venetianer.
Montano, Statthalter von Zypern.
Ein *Diener* des Othello.
Ein *Herold*.

Desdemona, Brabantios Tochter.
Emilie, Jagos Frau.
Bianca, Courtisane.

(Offiziere, Edelleute, Boten, Musikanten, Matrosen, Gefolge usw.)

(Szene im ersten Aufzug in Venedig; hernach in Zypern.)

Erster Aufzug

1. Szene

Venedig. Eine Straße

Es treten auf Rodrigo und Jago.

Rodrigo. Sag mir nur nichts, denn ich verarg's dir sehr,
Daß Jago, du, der meine Börse führte,
Als wär' sie dein, – die Sache schon gewußt.
Jago. Ihr hört ja nicht! –
Hab' ich mir je davon was träumen lassen,
So mögt Ihr mich verabscheu'n.
Rodrigo. Du hast mir stets gesagt, du hassest ihn!
Jago. Verachtet mich, wenn's nicht so ist.
Drei Mächtige aus dieser Stadt, persönlich
Bemüht zu seinem Lieutenant mich zu machen,
Hofierten ihm; und auf Soldatenwort,
Ich kenne meinen Preis; das kommt mir zu.

Doch er, verliebt in seinen Stolz und Dünkel,
Weicht ihnen aus, mit Schwulst, weit hergeholt,
Den er staffiert mit grausen Kriegssentenzen,
Und kurz und gut,
Schlägt's meinen Gönnern ab; denn traun, so spricht er,
Ernannt schon hab' ich meinen Offizier.
Und wer ist dieser?
Seht mir! ein gar ausbünd'ger Rechenmeister,
Ein Michael Cassio, ein Florentiner,
Ein Wicht, zum schmucken Weibe fast versündigt,
Der niemals eine Schar ins Feld geführt,
Noch von der Heeresordnung mehr versteht,
Als jedes Spinnweib, Büchertheorie,
Von der ein zungenfert'ger Ratsherr wohl
So weislich spricht als er: all seine Kriegskunst
Geschwätz, nicht Praxis: *der* nun wird erwählt;
Und ich, von dem sein Auge Proben sah
Zu Rhodus, Zypern und auf anderm Boden,
Christlich und heidnisch, komm' um Wind und Flut
Durch solchen Rechenknecht, solch Einmaleins;
Der, wohl bekomm's ihm, muß sein Lieutenant sein,
Und ich, Gott besser's! seiner Mohrschaft Fähnrich.
Rodrigo. Bei Gott! sein Henker würd' ich lieber sein! –
Jago. Da hilft nichts für; das ist der Fluch des Dienstes.
Beförd'rung geht Euch nach Empfehl' und Gunst,
Nicht nach Dienstalters Rang, wo jeder zweite
Den Platz des Vormanns erbt. Urteilt nun selbst,
Ob mich wohl irgend Recht und Dank verpflichtet,
Zu lieben diesen Mohren.
Rodrigo. So dient' ich ihm auch nicht.
Jago. O, seid ganz ruhig.
Ich dien' ihm, um mir's einzubringen: ei, wir können
Nicht alle Herrn sein; nicht kann jeder Herr
Getreue Diener haben. Seht Ihr doch
So manchen pflicht'gen, kniegebeugten Knecht,
Der ganz verliebt in seine Sklavenfessel,
Ausharrt, recht wie die Esel seines Herrn,
Ums Heu, und wird im Alter fortgejagt. –
Peitscht mir ein solch redlich Volk! Dann gibt es andre,
Die, ausstaffiert mit Blick und Form des Eifers,
Ein Herz bewahren, das nur sich bedenkt;
Und nur Scheindienste liefernd ihren Obern,
Durch sie gedeihn, und wann ihr Pelz gefüttert,

Sich selbst Gebieter sind. Die Burschen haben Witz,
Und dieser Zunft gehör' ich selber an.
Denn, Freund,
's ist so gewiß als Ihr Rodrigo heißt,
Wär' ich der Mohr, nicht möcht' ich Jago sein.
Wenn ich ihm diene, dien' ich nur mir selbst;
Der Himmel weiß es! nicht aus Lieb' und Pflicht,
Nein, nur zum Schein für meinen eignen Zweck.
Denn wenn mein äußres Tun je offenbart
Des Herzens angebornes Bild und Streben
In Haltung und Gebärde, dann alsbald
Will ich mein Herz an meinem Ärmel tragen
Als Fraß für Krähen. Ich bin nicht, was ich bin! –

Rodrigo. Welch reiches Glück fällt dem Dicklipp'gen zu,
Wenn ihm der Streich gelingt! –

Jago. Ruft auf den Vater;
Hetzt den ihm nach; vergiftet seine Lust,
Schreit's durch die Stadt, macht ihre Vettern wild,
Und ob er unterm milden Himmel wohnt;
Plagt ihn mit Fliegen: ist die Freud' ihm Freude,
Versetzt sie dennoch ihm mit so viel Pein,
Daß sie etwas erbleiche.

Rodrigo. Hier ist des Vaters Haus; ich ruf' ihn laut.

Jago. Das tut: mit gleichem Angstruf und Geheul,
Als wenn bei Nacht und Lässigkeit ein Feuer
Erspäht wird in volkreichen Gassen.

Rodrigo. Hallo, Brabantio! Signor Brabantio, ho! –

Jago. Erwacht; hallo! Brabantio! Diebe! Diebe! –
Nehmt Euer Haus in acht, Eu'r Kind, Eu'r Geld! –
He, Diebe! Diebe! –

Brabantio oben am Fenster.

Brabantio. Was ist die Ursache dieses wilden Rufens?
Was gibt es hier? –

Rodrigo. Ist alles, was Euch angehört, im Hause?

Jago. Die Türen zu?

Brabantio. Nun, warum fragt Ihr das? –

Jago. Ihr seid beraubt; schämt Euch, schlüpft ins Gewand!
Eu'r Herz zerbrach, halb Eure Seel' ist hin;
Jetzt, eben jetzt bezwingt ein alter schwarzer
Schafbock Eu'r weißes Lämmchen: auf! heraus!
Weckt die schlaftrunknen Bürger mit der Glocke.
Sonst macht der Teufel Euch zum Großpapa.
Auf, sag' ich auf! –

Brabantio. Was, seid Ihr von Verstand?
Rodrigo. Ehrwürd'ger Herr, kennt Ihr mich an der Stimmme?
Brabantio. Ich nicht! Wer bist du?
Rodrigo. Rodrigo heiß' ich.
Brabantio. Mir um so verhaßter!
Befohlen hab' ich dir, mein Haus zu meiden;
Ganz unverhohlen hörtest du mich sagen,
Mein Kind sei nicht für dich: und nun, wie rasend,
Vom Mahle voll und törendem Getränk,
Kommst, auf ein boshaft Schelmenstück versessen,
Du meine Ruh' zu stören?
Rodrigo. Herr, Herr, Herr!
Brabantio. Doch wissen sollst du dies:
In meinem Geist und Amt hab' ich die Kraft,
Dir's zu vergällen.
Rodrigo. Ruhig, werter Herr!
Brabantio. Was sprichst du mir von Raub? Dies ist Venedig,
Mein Palast keine Scheune.
Rodrigo. Sehr würd'ger Herr,
In arglos reiner Absicht komm' ich her.
Jago. Herr, Ihr seid von denen, die Gott nicht dienen wollen, wenn's ihnen der Teufel befiehlt. Weil wir kommen, Euch einen Dienst zu tun und Ihr denkt, wir sind Raufbolde, wollt Ihr einen Berberhengst über Eure Tochter kommen lassen; Ihr wollt Enkel, die Euch anwiehern, wollt Pferde zu Vettern, und Zelter zu Brüdern haben? –
Brabantio. Was für ein lästerlicher Wicht bist du?
Jago. Ich bin einer, Herr, der Euch zu melden kommt, daß Eure Tochter und der Mohr jetzt dabei sind, das Tier mit zwei Rücken zu machen.
Brabantio. Du bist ein Schurke!
Jago. Ihr seid – ein Senator.
Brabantio. Du sollst dies büßen; dich kenne ich, Rodrigo.
Rodrigo. Ich will für alles einstehn; doch ich bitt' Euch,
Ist's Euer Wunsch und weises Einverständnis –
Wie's fast mir scheint –, daß Eure schöne Tochter
In dieser späten Stunde dumpfer Nacht
Wird ausgeliefert, besser nicht, noch schlechter
Bewacht als durch 'nen feilen Gondolier.
Den rohen Küssen eines üpp'gen Mohren; –
Wenn Ihr das wißt, und einverstanden seid, –
So taten wir Euch groben, frechen Schimpf.
Doch wißt Ihr's nicht, dann sagt mit Sitt' und Anstand,
Ihr scheltet uns mit Unrecht. Nimmer glaubt,

Daß allem Sinn für Höflichkeit entfremdet,
Ich so zum Scherz mit eurer Würde spielte.
Eu'r Kind, wenn Ihr ihm nicht Erlaubnis gabt,
Ich sag's noch einmal, hat sich schwer vergangen,
Da Pflicht und Schönheit, Geist und Schicksal sie
An den unsteten Abenteurer band
Von hier und überall. Gleich überzeugt euch, Herr;
Ist sie im Schlafgemach, ja nur zu Hause,
Laßt auf mich los der Republik Gesetze,
Weil ich Euch so genärrt.

Brabantio. Schlagt Feuer! Ho!
Gebt mir 'ne Kerze! Weckt all meine Leute! –
Der Vorfall sieht nicht ungleich meinem Traum;
Der Glaube dran will schon mich niederdrücken.
Licht, sag' ich! Licht! – (Geht ab.)

Jago. Lebt wohl, ich muß Euch lassen,
Es scheint nicht gut, noch tauglich meiner Stellung,
Führt man mich vor, – und bleib' ich, so geschieht's, –
Gegen den Mohren; denn ich weiß, der Staat,
Trägt dies gleich kränkenden Verweis ihm ein,
Kann ihn nicht fallen lassen, denn es fordert
So trift'ger Grund ihn für den Zyperkrieg,
Der jetzt bevorsteht, daß um keinen Preis
Ein andrer von der Fähigkeit sich fände
Als Führer dieses Zugs; und diese Rücksicht,
Obgleich ich ihn wie Höllenqualen hasse,
Und dann die Not des Augenblicks zwingt mich,
Der Liebe Flagg' und Zeichen aufzuziehn,
Freilich als Zeichen nur. Daß Ihr ihn sicher findet,
Führt jene Suchenden zum Schützen hin:
Dort werd' ich bei ihm sein; und so lebt wohl.   (Jago geht ab.)

Brabantio tritt auf mit Dienern und Fackeln.

Brabantio. Zu wahr nur ist dies Unglück! Sie ist fort,
Und was mir nachbleibt vom verhaßten Leben,
Ist nichts als Bitterkeit. Nun sag, Rodrigo,
Wo hast du sie gesehen? – O, Unglückskind! –
Der Mohr, sagst du? Wer möchte Vater sein!
Wie weißt du, daß sie's war? O unerhört
Betrogst du mich! Was sprach sie? – Holt mehr Kerzen!
Ruft alle meine Vettern! Sind sie wohl
Vermählt, was glaubst du? –

Rodrigo. Nun, ich glaube ja.

Brabantio. O Gott! Wie kam sie fort? O Blutsverrat! –

Väter, hinfort traut Euern Töchtern nie
Nach äußerlichem Tun! Gibt es nicht Zauber,
Wodurch der Jugend reine Mädchenkeuschheit
Berückt wird! Last Ihr nie von solchen Dingen,
Rodrigo?
Rodrigo.   Ja, Signor; ich las es wohl.
Brabantio.   Ruft meinen Bruder. – Wär' sie Euer doch!
Die hier, und jene forthin! Habt Ihr Kundschaft,
Wo wir sie finden mögen mit dem Mohren?
Rodrigo.   Ich hoff' ihn auszuspähn, wenn's Euch gefällt,
Mit mir zu gehn, Bewaffnete zu rufen.
Brabantio.   Wohl, führt den Zug. Vor jedem Hause ruf' ich;
Wenn's gilt, kann ich befehlen. Waffen her!
Und holt ein paar Hauptleute von der Wache;
Voran, Rodrigo: Eure Müh' vergelt' ich.   (Sie gehen ab.)

2. Szene
Straße

Es treten auf *Othello, Jago* und Gefolge

Jago.   Im Kriegshandwerk schlug ich manchen tot;
Doch halt' ich's für Gewissenssache, *nie*
Mit Vorsatz morden; traun, mir fehlt's an Bosheit,
Und oft zu meinem Schaden. Zehnmal schon
Dacht' ich, ihm mit 'nem Rippenstoß zu dienen!
Othello.   's ist besser so.
Jago.   Doch schwatzt' er solches Zeug,
Und sprach so schnöde und so lästerlich
Von Euer Gnaden,
Daß all mein bißchen Frömmigkeit mich kaum
Im Zügel hielt. Doch sagt mir werter Herr,
Seid Ihr auch recht vermählt? Denn glaubt mir nur,
Gar sehr beliebt ist der Magnifico,
Und hat was durchzusetzen kräft'ge Stimme,
Vollwichtig wie der Fürst. Er wird Euch scheiden;
Zum mindsten häuft er Hemmung und Verdruß,
Wie nur das Recht, durch seine Macht geschärft,
Ihm Spielraum gibt.
Othello.   Er mag sein Ärgstes tun:
Der Dienst, den ich geleistet dem Senat,
Schreit seine Klage nieder. Kund soll werden, –
Was, wenn mir kund, daß Prahlen Ehre bringt,
Ich offenbaren will – daß ich entsproß

Aus königlichem Stamm: und mein Verdienst
Darf ohne Scheu so stolzes Glück ansprechen
Als dies, das ich erreicht. denn wisse, Jago,
Liebt' ich die holde Desdemona nicht,
Nie zwängt' ich meinen ledig freien Stand
In Band' und Schranken ein, nicht um die Schätze
Der tiefen See. Doch sieh! Welch Licht kommt dort?

Cassio kommt mit Gefolge.

Jago. Der Vater, den man weckte, mit den Freunden: –
Geht doch hinein!
Othello. Ich nicht! Man soll mich finden.
Mein Stand und Rang, und meine reine Seele
Laut soll'n sie für mich zeugen! Sind es jene?
Jago. Beim Janus, nein! –
Othello. Des Herzogs Diener sind es, und mein Leutnant. –
– Sei Euch die Nacht gedeihlich, meine Freunde!
Was gibt's? –
Cassio. Der Herzog grüßt Euch, General,
Und fordert, daß Ihr schnell, blitzschnell erscheint,
Im Augenblick.
Othello. Was, meint Ihr, ist im Werk? –
Cassio. Etwas aus Zypern, wenn ich recht vermute;
's ist ein Geschäft von heißer Eil'; die Flotte
Verschickt' ein Dutzend Boten nacheinander,
In dieser Nacht, die auf dem Fuß sich folgten.
Viel Herrn vom Rat, geweckt, und schon versammelt,
Sind jetzt beim Herzog: eifrig sucht man Euch,
Und da man Euch verfehlt in eurer Wohnung,
Hat der Senat drei Haufen ausgesandt,
Euch zu erspähn.
Othello. 's ist gut, daß Ihr mich fandet.
Ein Wort nur laß ich hier zurück im Hause,
Und folg' euch nach. (Geht ab.)
Cassio. Fähnrich, was schafft Er hier? –
Jago. Ein Kauffahrteischiff entert' er zu Nacht;
Er macht sein Glück, wenn's gute Prise wird.
Cassio. Wie meint Ihr das? –
Jago. Er ist vermählt.
Cassio. Mit wem? –

Othello kommt zurück.

Jago. Ei nun, mit – – kommt Ihr, mein General?
Othello. Ich bin bereit.
Cassio. Hier naht ein andrer Trupp, Euch aufzusuchen.

Brabantio, Rodrigo und Bewaffnete treten auf.

Jago. Es ist Brabantio. Seid auf Eurer Hut! –
Er sinnt auf Böses!
Othello. Holla! Stellt Euch hier! –
Rodrigo. Es ist der Mohr, Herr!
Brabantio. Nieder mit dem Dieb! –
(Von beiden Seiten werden die Schwerter gezogen.)
Jago. Rodrigo, Ihr? Kommt Herr! Ich bin bereit.
Othello. Die blanken Schwerter fort! Sie möchten rosten. –
Mit Eurem Alter, guter Herr, erreicht
Ihr mehr als mit dem Degen.
Brabantio. O schnöder Dieb! Was ward aus meiner Tochter?
Du hast, verdammter Frevler, sie bezaubert:
Denn alles, was Vernunft hegt, will ich fragen:
Wenn nicht ein magisch Band sie hält gefangen,
Ob eine Jungfrau, zart und schön und glücklich,
So abhold der Vermählung, daß sie floh
Die reichen, lock'gen Lieblinge des Volks
Ob sie, ein allgemein Gespött zu werden,
Des Hauses Hut entfloh an solches Unholds
Pechschwarze Brust, die Graun, nicht Lust erregt?
Die Welt soll richten, ob's nicht sonnenklar,
Daß du mit Höllenkunst auf sie gewirkt;
Mit Gift und Trank berückt ihr zartes Alter,
Den Sinn zu schwächen: – untersuchen soll man's;
Denn glaubhaft ist's, handgreiflich dem Gedanken.
Drum nehm' ich dich in Haft, und zeihe dich
Als einen Weltverführer, einen Zaubrer,
Der unerlaubte böse Künste treibt. –
Legt Hand an ihn, und setzt er sich zur Wehr,
Zwingt ihn, und gält's sein Leben.
Othello. Haltet Friede,
Ihr, die für mich Partei nehmt, und ihr andern! –
War Fechten meine Rolle, nun, die wußt' ich
Auch ohne Stichwort. – Wohin soll ich folgen
Und Eurer Klage stehn?
Brabantio. In Haft; bis dich die Zeit
Im Lauf des regelmäßigen Verfahrens
Ruft zum Verhör.
Othello. Wie nun, wenn ich gehorchte? –
Wie wäre das der Herzog wohl zufrieden,
Des Boten hier an meiner Seite stehn,

Mich wegen dringenden Geschäfts im Staat
Vor ihn zu führen?
Gerichtsdiener. So ist's, ehrwürd'ger Herr,
Der Herzog sitzt zu Rat, und Euer Gnaden
Ward sicher auch bestellt.
Brabantio. Im Rat der Herzog? –
Jetzt um die Stund? – Führt ihn hin; es ist
Nicht müßig mein Gesuch. Der Herzog selbst,
Und jeglicher von meinen Amtsgenossen,
Muß fühlen meine Kränkung wie sein eigen:
Denn läßt man solche Untat straflos schalten,
Wird Heid' und Sklav' bei uns als Herrscher walten.
(Sie gehen ab.)

3. Szene
Saal im herzoglichen Palast

Der *Herzog* und die *Senatoren* an einer Tafel sitzend.

Herzog. In diesen Briefen fehlt Zusammenhang,
Der sie beglaubigt.
Erster Senator. Jawohl, sie weichen voneinander ab;
Mein Schreiben nennt mir hundertsieben Galeeren.
Herzog. Und meines hundertvierzig.
Zweiter Senator. Mein's zweihundert;
Doch stimmt die Zahl auch nicht genau zusammen, –
Wie insgemein, wenn nur Vermutung meldet,
Abweichung herrscht – erwähnen sie doch alle,
Der türk'schen Flotte, die gen Zypern segelt.
Herzog. Gewiß, erwägen wir's, so scheint es glaublich;
Ich will mich nicht im Irrtum sicher schätzen,
Vielmehr den Hauptartikel halt' ich wahr
In schlimmem Sinne.
Matrose (draußen). Ho! Hallo! Hallo! –

Ein *Beamter* tritt auf, dem ein *Matrose* folgt.

Beamter. Botschaft von den Galeeren!
Herzog. Nun! Was gibt's? –
Matrose. Der Türken Flottenrüstung geht auf Rhodus;
So ward mir Auftrag, dem Senat zu melden
Vom Signor Angelo.
Herzog. Wie dünkt der Wechsel euch? –
Erster Senator. So kann's nicht sein,
Nach keinem Grund und Fug; es ist ein Scheinzug,

Den Blick uns fehl zu leiten: Denken wir,
Wie wichtig Zypern für den Türken sei,
Und wiederum, verstehen wir nur recht,
Daß wie's dem Türken näh'r angeht als Rhodus,
Er auch mit leichtrer Mühe sich's erobert,
Dieweil es nicht so kriegsgerüstet steht,
Und aller Wehr und Möglichkeit entbehrt,
Mit der sich Rhodus schirmt; wer dies erwägt,
Der wird den Türken nicht so töricht achten,
Das nächstgelegne bis zuletzt zu sparen;
Und leichte Müh' und lohnende versäumend,
Nutzlos Gefahr zu wecken sich zum Kampf.

Herzog. Ja, seid gewiß, er zieht auf Rhodus nicht.
Beamter. Seht! Neue Botschaft! –

Ein Bote tritt auf.

Bote. Die Ottomanen, weise gnäd'ge Herrn,
In gradem Lauf zur Insel Rhodus steuernd,
Vereinten dort sich mit der Nebenflotte.
Erster Senator. Nun ja, so dacht' ich mir's; – wie stark glaubt Ihr?
Bote. An dreißig Segel: und jetzt wenden sie
Rücklenkend ihren Lauf, und ohne Hehl
Gilt ihre Absicht Zypern. Herr Montano,
Eu'r sehr getreuer und beherzter Diener,
Entbeut, mit seiner Pflicht, Euch diese Nachricht,
Und hofft, Ihr schenkt ihm Glauben.
Herzog. Nach Zypern dann gewiß.
Marcus Lucchese, ist er in Venedig? –
Erster Senator. Er reiste nach Florenz.
Herzog. Schreibt ihm von uns; schnell, windschnell eilet Euch.
Erster Senator. Hier kommt Brabantio und der tapfre Mohr.

Brabantio, Othello, Jago, Rodrigo und Gerichtsdiener treten auf.

Herzog. Tapfrer Othello, Ihr müßt gleich ins Feld
Wider den allgemeinen Feind, den Türken. –
(Zu Brabantio.) Ich sah Euch nicht; willkommen, edler Herr;
Uns fehlt' Eu'r Rat und Beistand diese Nacht.
Brabantio. Und Eurer mir mein güt'ger Fürst, verzeiht mir.
Nicht Amtsberuf noch Nachricht von Geschäften
Trieb mich vom Bett: nicht allgemeine Sorge
Erfüllt mich jetzt, denn mein besondrer Gram
Gleich einer Springflut strömt so wild dahin,
Daß er verschluckt und einschlingt jede Sorge,
Und stets derselbe bleibt.

Herzog. Nun, was geschah?
Brabantio. O meine Tochter!
Erster Senator. Starb sie? –
Brabantio. Ja, für mich;
Sie ist beschimpft, entführt mir, und entehrt
Durch Hexenkünste und Quacksalbertränke;
Denn daß Natur so widersinnig irre,
Da sie nicht stumpf, noch blind, noch blöden Sinns,
Geschah nicht ohne Zauberkraft.
Herzog. Wer es auch sei, der auf so schnödem Wege,
So Eure Tochter um sich selbst betrog,
Und Euch um sie, – das blut'ge Buch des Rechts,
Ihr sollt es selbst in herbster Strenge deuten,
Nach eignem Sinn; und wär' es unser Sohn,
Den Eure Klage trifft.
Brabantio. Ich dank' in Demut.
Hier dieser ist's, der Mohr, den jetzt, so scheint's,
Eu'r dringendes Gebot im Dienst des Staats
Hierher berief.
Alle. Das tut uns herzlich leid.
Herzog (zu Othello). Was, Eurerseits, vermögt Ihr zu erwidern? –
Brabantio. Nichts, als daß dies die Wahrheit.
Othello. Ehrwürd'ger, mächt'ger und erlauchter Rat,
Sehr edle, wohlbewährte gute Herrn –
Daß ich dem alten Mann die Tochter nahm,
Ist völlig wahr; wahr, sie ist mir vermählt.
Der Tatbestand und Umfang meiner Schuld
Reicht dahin, weiter nicht. Ich bin von rauhem Wort,
Und schlecht begabt mit milder Friedensrede:
Seit siebenjähr'ge Kraft mein Arm gewann,
Bis vor neun Monden etwa, übt' er stets
Die beste Kraft im Felde wie im Lager;
Und wenig lernt' ich von dem Lauf der Welt,
Als was zum Streit gehört und Werk der Schlacht;
Drum wenig Schmuck wohl leih' ich meiner Sache,
Red' ich für mich. Dennoch, mit Eurer Gunst,
Erzähl' ich schlicht und ungefärbt den Hergang
Von meiner Liebe, was für Tränk' und Künste,
Was für Beschwörung, welches Zaubers Kraft –
Denn solcher Mittel steh' ich angeklagt –
Die Jungfrau mir gewann.
Brabantio. Ein Mädchen, schüchtern,
Vom Geist so still und sanft, daß jede Regung

Errötend schwieg, – die sollte, trotz Natur
Und Jugend, Vaterland und Ruf, und allem,
Das lieben, was ihr Grauen schuf zu sehn? –
Ein krankes Urteil wär's, ein unvollkommnes,
Das wähnt', es irre so Vollkommenheit,
Ganz der Natur entgegen: Nichts bleibt übrig,
Als daß des Teufels Kunst und List dies alles
Zu tun vermocht. Noch einmal denn behaupt' ich,
Daß er mit Tränken, ihrem Blut verderblich,
Und Zaubersaft, geweiht zu solchem Zweck,
Auf sie gewirkt.

Herzog. Behauptung, nicht Beweis:
Wenn Euch kein offner, klarer Zeugnis ward,
Als solch unhaltbar Meinen, solch armsel'ger,
Geringer Anschein ihn beschuld'gen kann.

Erster Senator. Doch sagt, Othello, –
Habt Ihr auf krummen Wegen, unnatürlich
Der Jungfrau Sinn erobert und vergiftet? –
Sagt, war's durch Antrag und erlaubtes Werben,
Wie Herz an Herz sich wendet? –

Othello. Ich ersuch' Euch,
Zum Schützen sendet, ruft das Fräulein her,
Und vor dem Vater mag sie von mir zeugen.
Und werd' ich schlecht erfunden auf ihr Wort,
Nicht nur Vertraun und Amt, daß Ihr mir gabt,
Mögt Ihr mir nehmen, ja es treff' Eu'r Spruch
Mein Leben selbst.

Herzog. Holt Desdemona her.
(Einige vom Gefolge gehen hinaus.)

Othello. Fähnrich, geht mit, Ihr wißt den Ort am besten. (Jago ab.)
Und bis sie kommt, so wahr wie ich dem Himmel
Bekenne meines Blutes sünd'ge Fehle,
So treulich meld' ich Euerm ernsten Ohr,
Wie ich gewann der schönen Jungfrau Herz,
Und sie das meine.

Herzog. Sprecht, Othello.

Othello. Ihr Vater liebte mich, lud oft mich ein,
Erforschte fleißig meines Lebens Lauf,
Von Jahr zu Jahr, die Schlachten, Stürme, Schicksal',
So ich erlebt.
Ich ging es durch, vom Knabenalter an,
Bis auf den Augenblick, wo er gefragt.
So sprach ich denn von manchem Mißgeschick,

Von rührender Gefahr zu See und Land;
Wie ich ums Haar tödlicher Bresch' entkam;
Wie mich der stolze Feind gefangen nahm,
Und mich als Sklav' verkauft; wie ich erlöst,
Und wie mich hielt auf einer Wunderfahrt:
Wobei von weiten Höhlen, wüsten Steppen,
Steinbrüchen, Felsen, himmelhohen Bergen
Zu melden war im Fortgang der Geschichte;
Von Kannibalen, die einander fressen,
Anthropophagen, Völkern, deren Kopf
Wächst unter ihrer Schulter: Das zu hören
War Desdemona eifrig stets geneigt:
Oft aber rief ein Hausgeschäft sie ab;
Und immer, wenn sie eilig dies vollbracht,
Gleich kam sie wieder, und mit dürst'gem Ohr
Verschlang sie meine Rede. Dies bemerkend,
Ersah ich einst die günst'ge Stund', und gab
Ihr Anlaß, daß sie mich recht herzlich bat,
Die ganze Pilgerschaft ihr zu erzählen,
Von der sie stückweis' einzelnes gehört,
Doch nur mit halbem Ohr. Ich willigt' ein;
Und oftmals hatt' ich Tränen ihr entlockt,
Wenn ich ein leidvoll Abenteu'r berichtet
Aus meiner Jugend. Als ich nun geendigt,
Gab sie zum Lohn mir eine Welt von Seufzern:
Sie schwur, – in Wahrheit, seltsam! Wunderseltsam!
Und rührend war's! unendlich rührend war's! –
Sie wünschte, daß sie's nicht gehört; doch wünschte sie,
Der Himmel hätte sie als solchen Mann
Geschaffen, und sie dankte mir und bat mich,
Wenn je ein Freund von mir sie lieben sollte,
Ich mög' ihn die Geschicht' erzählen lehren,
Das würde sie gewinnen. Auf den Wink
Erklärt' ich mich:
Sie liebte mich, weil ich Gefahr bestand;
Ich liebte sie um ihres Mitleids willen.
Das ist der ganze Zauber, den ich brauchte;
Hier kommt das Fräulein, laßt sie es bezeugen.

Desdemona, Jago und Gefolge treten auf.

Herzog. Nun, die Geschichte hätt' auch meine Tochter
Gewonnen. Würdiger Brabantio,
Nehmt, was versehn ward, von der besten Seite:

Man ficht doch lieber mit zerbrochnem Schwert,
Als mit der bloßen Hand.

Brabantio. Hört sie, ich bitt' Euch;
Bekennt sie, daß sie halb ihm kam entgegen,
Fluch auf mein Haupt, wenn dann mein bittrer Tadel
Den Mann noch trifft. – Tritt hierher, junge Dame,
Wen siehst du hier in diesem edlen Kreis,
Dem du zumeist Gehorsam schuldig bist?

Desdemona. Mein edler Vater,
Ich sehe hier zwiefach geteilte Pflicht;
Euch muß ich Leben danken und Erziehung;
Und Leben und Erziehung lehren mich
Euch ehren; Ihr seid Herrscher meiner Pflicht,
Wie ich Euch Tochter. Doch hier steht mein Gatte;
Und so viel Pflicht als meine Mutter Euch
Gezeigt, da sie Euch vorzog ihrem Vater,
So viel muß ich auch meinem Gatten zeigen,
Dem Mohren, meinem Herrn.

Brabantio. Gott sei mit dir!
Ich bin zu Ende: –
Geliebt's Eu'r Hoheit, jetzt zu Staatsgeschäften:
Lieber ein Kind annehmen, als es zeugen! –
Tritt näher, Mohr; –
Hier geb' ich dir von ganzem Herzen hin,
Was, hättst du's nicht, ich dir von ganzem Herzen
Verweigerte. – – Um deinetwillen, Kleinod,
Erfreut's mich, daß kein zweites Kind mir ward;
Durch deine Flucht wär' ich tyrannisch worden,
Und legt' ihm Ketten an. – Ich bin zu Ende.

Herzog. Ich red' an Eurer Statt; hört meinen Spruch,
Der einer Staffel gleich den Liebenden
Behilflich Eure Gunst sei zu erringen.
Wem nichts mehr hilft, der gebe sich zufrieden;
Das Schlimmste ist geschehn; es ist entschieden.
Unheil beklagen, das nicht mehr zu kehren,
Heißt neues Unheil nur heraufbeschwören.
Was nicht zu retten, laß dem falschen Glück,
Und gib Geduld für Kränkung ihm zurück.
Zum Raube lächeln, heißt den Dieb bestehlen;
Doch selbst beraubst du dich durch nutzlos Quälen.

Brabantio. So mögt Ihr Zypern nur den Türken gönnen;
Wir haben's noch, solang wir lächeln können.
Leicht trägt den Spruch, wen andre Last nicht drückt,

Und wen der selbstgefundne Trost erquickt:
Doch fühlt er sein Gewicht bei wahren Sorgen,
Wenn's gilt, von der Geduld die Zahlung borgen.
Bitter und süß sind all derlei Sentenzen,
Die *so* gebraucht, an Recht und Unrecht grenzen,
Doch Wort bleibt Wort: noch hab' ich nie gelesen,
Daß durch das Ohr ein krankes Herz genesen. –
Ich bitt' Euch inständig, gehn wir an die Staatsgeschäfte.

Herzog. Der Türke segelt mit gewaltiger Kriegsrüstung gegen Zypern. Othello, Euch ist die Festigkeit des Orts am besten bekannt: und obgleich wir dort einen Statthalter von unbestrittener Fähigkeit besitzen, so stimmt doch die öffentliche Meinung, jene unbeschränkte Gebieterin des Erfolgs, zuversichtlicher für Euch. Ihr müßt Euch deshalb gefallen lassen, den Glanz Eures neuen Glückes durch diese rauhe und stürmische Unternehmung zu verdunkeln.

Othello. Die eiserne Gewohnheit, edle Herrn,
Schuf mir des Krieges Stahl- und Felsenbett
Zum allerweichsten Flaum: Ich rühme mich
Natürlicher und rascher Munterkeit,
Im schwersten Ungemach; und bin entschlossen
Zum jetz'gen Feldzug mit dem Muselmann.
In Demut drum mich neigend dem Senat,
Bitt' für mein Weib ich Anstalt Euch zu treffen,
Ihr Wohnung anzuweisen, Unterhalt,
Die ihrer würdig, solche Einrichtung,
Als ihrem Stand geziemt.

Herzog. So bleibe sie
Bei ihrem Vater.

Brabantio. Nimmer geb' ich's zu.

Othello. Noch ich.

Desdemona. Noch ich; nicht gern verweilt' ich dort,
Und reizte meines Vaters Ungeduld,
Wär' ich ihm stets vor Augen. – Güt'ger Fürst,
Leiht meinem Vortrag ein geneigtes Ohr:
Und laßt mir Eure Stimm' als Freibrief gelten,
Mein schüchtern Wort zu kräft'gen.

Herzog. Was wünscht Ihr, Desdemona?

Desdemona. Daß ich den Mohren liebt', um ihm zu leben,
Mag meines Glücks gewaltsam jäher Sturm
Der Welt zurufen: ja, mein Herz ergab sich
Ganz unbedingt an meines Herrn Beruf:
Ich sah in seinem Geist Othellos Antlitz;
Und seinem Ruhm, und seinem Heldensinn,

Hab' mein Gemüt ich, mein Geschick geweiht.
Drum würd'ge Herrn, läßt man mich hier zurück,
Ein Friedensmücklein, weil er zieht ins Feld,
So raubt man mir der Liebe teure Übung,
Und läßt mir eine schwere Zwischenzeit,
Dem Liebsten fern: drum laßt mich mit ihm ziehn.

Othello. Stimmt bei, ihr Herrn: ich bitt' euch drum, gewährt
Ihr freie Willkür.
Der Himmel zeuge mir's, dies bitt' ich nicht,
Dem Gaum zu schmeicheln meiner Sinnenlust;
Noch heißem Blut zuliebe, – jungen Trieben
Solch eigennütz'ger Lust, die jetzt muß schweigen; –
Nur ihrem Wunsch willfährig hold zu sein:
Und Gott verhüt', Eu'r Edeln möchten wähnen,
Ich werd' Eu'r ernst und groß Geschäft versäumen,
Weil sie mir folgt: Nein, wenn der lust'ge Tand
Des flücht'gen Amor mir mit üpp'ger Trägheit
Des Geistes und der Tatkraft Schärfe stumpft,
Und mich Genuß entnervt, und schwächt mein Wirken,
Mach' eine Hausfrau meinen Helm zum Kessel,
Und jedes niedre, schnöde Ungemach
Erstehe wider mich und meinen Ruhm! –

Herzog. Es sei, wie Ihr es unter euch bestimmt.
Sie folg' Euch, oder bleibe: das Geschäft
Heischt Eil' und Hast tut not.

Erster Senator. Zu Nacht noch müßt Ihr fort.

Desdemona. Heut nacht, mein Fürst?

Herzog. Heut nacht.

Othello. Von ganzem Herzen.

Herzog. Um neun Uhr früh versammeln wir uns wieder.
Othello, laßt 'nen Offizier zurück,
Der Eure Vollmacht Euch kann überbringen;
Und was noch sonst Eu'r Amt und Eure Würde
Betrifft.

Othello. Gefällt's Eu'r Hoheit, hier mein Fähnrich;
Er ist ein Mann von Ehr' und zuverlässig:
Und seiner Führung laß ich meine Frau,
Und was Eu'r Hoheit sonst für nötig achtet,
Mir nachzusenden.

Herzog. So mag es sein. – Gut' Nacht jetzt insgesamt.
Und würd'ger Herr,
(Zu Brabantio.) Wenn man die Tugend muß als schön erkennen,
Dürft Ihr nicht häßlich Euern Eidam nennen.

Erster Senator.   Lebt wohl, Mohr! Liebt und ehret Desdemona.
Brabantio.   Sei wachsam, Mohr! Hast Augen du zu sehn,
Den Vater trog sie, so mag's dir geschehn. (Herzog und Senator ab.)
Othello.   Mein Kopf für ihre Treu'. Hör, wackrer Jago,
Ich muß dir meine Desdemona lassen;
Ich bitt' dich, gib dein Weib ihr zur Gesellschaft:
Und bringe sie mir nach so gut du kannst. –
Komm, Desdemona: nur ein Stündchen bleibt
Der Lieb' und unserm häuslichen Geschäft
Mit dir zu weihn: laß uns der Zeit gehorchen.

(Othello und Desdemona ab.)

Rodrigo.   Jago, –
Jago.   Was sagst du, edles Herz? –
Rodrigo.   Was werde ich jetzt tun, meinst du?
Jago.   Nun, zu Bette gehen und schlafen.
Rodrigo.   Auf der Stelle ersäufen werde ich mich.
Jago.   Nun, wenn du das tust, so ist's mit meiner Freundschaft auf ewig aus. Ei du alberner junger Herr!
Rodrigo.   Es ist Albernheit zu leben, wenn das Leben eine Qual wird: und wir haben die Vorschrift zu sterben, wenn Tod unser Arzt wird.
Jago.   O über die Erbärmlichkeit! Ich habe der Welt an die viermal sieben Jahre zugesehn: und seit ich einen Unterschied zu finden wußte zwischen Wohltat und Beleidigung, bin ich noch keinem begegnet, der's verstanden hätte, sich selbst zu lieben. Ehe ich sagte, ich wollte mich einem Puthühnchen zuliebe ersäufen, ehe tauschte ich meine Menschheit mit einem Pavian.
Rodrigo.   Was soll ich tun? Ich gestehe, es macht mir Schande, verliebt zu sein; aber meine Tugend reicht nicht hin, dem abzuhelfen.
Jago.   Tugend! Auch etwas Rechts! In uns selber liegt's, ob wir so sind oder anders. Unser Körper ist ein Garten, und unser Wille der Gärtner; so daß, ob wir Nesseln drin pflanzen wollen oder Salat bauen; Ysop aufziehen, oder Thymian ausjäten; ihn dürftig mit einerlei Kraut besetzen, oder unter mancherlei Gewächs teilen; ihn müßig verwildern lassen, oder fleißig in Zucht halten; nun das Vermögen dazu und die bessernde Macht liegt durchaus in unserem freien Willen. Hätte der Wagbalken unseres Lebens nicht eine Schale von Vernunft, und eine andere von Sinnlichkeit aufzuwiegen, so würde unser Blut und die Bösartigkeit unserer Triebe uns zu den ausschweifendsten Streichen führen: aber wir haben die Vernunft, um die tobenden Leidenschaften, die fleischlichen Triebe, die zügellosen

Lüste zu kühlen; und davon ist, nach meinem Dafürhalten, was du Liebe nennst, ein Pfropfreis, ein Ableger.

Rodrigo. Das kann nicht sein.

Jago. Es ist nur ein Gelüst des Blutes, eine Nachgiebigkeit des Willens. Auf! Sei ein Mann! Dich ersäufen? Ersäufe Katzen und junge Hunde! Ich nenne mich deinen Freund und erkläre mich an dein Verdienst geknüpft mit dem Ankertau der ausdauerndsten Festigkeit; nie konnte ich dir besser nützen als jetzt. Tu Geld in deinen Beutel; zieh mit in diesen Krieg; verstelle dein Gesicht durch einen falschen Bart; ich sage dir, tu Geld in deinen Beutel. Es ist undenkbar, daß Desdemona den Mohren auf Dauer lieben sollte, – tu Geld in deinen Beutel! – noch der Mohr sie: es fing gewaltsam an, und du wirst sehen, die Katastrophe wird eine ähnliche sein. Tu nur Geld in deinen Beutel: – so ein Mohr ist veränderlich in seinen Neigungen; fülle deinen Beutel mit Geld; – die Speise, die ihm jetzt so würzig schmeckt als Süßholz, wird ihm bald bitterer dünken als Koloquinten. Sie muß sich ändern, denn sie braucht einen Jüngeren; und hat sie ihn erst satt, so wird sie den Irrtum ihrer Wahl einsehen. Sie muß Abwechslung haben, das muß sie; darum tu Geld in deinen Beutel. Wenn du durchaus zum Teufel fahren willst, so tu es auf angenehmerem Wege als durch Ersäufen. Schaff dir Geld, so viel du kannst! Wenn des Priesters Segen und ein hohles Gelübde zwischen einem abenteuernden Barbaren und einer überlistigen Venetianerin für meinen Witz und die ganze Sippschaft der Hölle nicht zu hart sind, so sollst du sie besitzen; darum schaff dir Geld. Zum Henker mit dem Ersäufen! Das liegt weit ab von deinem Wege. Denk du lieber drauf, zu hängen, indem du deine Lust büßest, als dich zu ersäufen und sie fahren zu lassen.

Rodrigo. Soll ich meine Hoffnung auf dich bauen, wenn ich's darauf wage? –

Jago. Auf mich kannst du zählen; geh, schaffe dir Geld; – ich habe dir's oft gesagt, und wiederhole es aber und abermals, ich hasse den Mohren; mein Grund kommt von Herzen, der deinige liegt ebenso tief: Laß uns fest in unserer Rache zusammenhalten: Kannst du ihm Hörner aufsetzen, so machst du dir eine Lust und mir einen Spaß. Es ruht noch manches im Schoß der Zeit, das ans Licht will. Gerade durch! – Fort! Treib dir Geld auf. Wir wollen es morgen weiter verhandeln. Lebe wohl! –

Rodrigo. Wo treffen wir uns morgen früh?

Jago. In meiner Wohnung.

Rodrigo. Ich werde zeitig dort sein.

Jago. Gut, lebe wohl. – Höre doch, Rodrigo!

Rodrigo. Was sagst du? –

Jago. Nichts von Ersäufen! Hörst du?

Rodrigo. Ich denke jetzt anders. Ich will alle meine Güter verkaufen.

Jago. Nur zu; tu nur Geld genug in deinen Beutel. (Rodrigo ab.)
So muß mein Narr mir stets zum Säckel werden:
Mein reifes Urteil würd' ich ja entweihn,
Vertändelt' ich den Tag mit solchem Gimpel,
Mir ohne Nutz und Spaß. – Den Mohren hass' ich;
Die Rede geht, er hab' in meinem Bett
Mein Amt verwaltet: möglich, daß es falsch;
Doch ich, auf bloßen Argwohn solcher Art,
Will tun, als wär's gewiß. Er hält auf mich;
Um so viel besser wirkt mein Plan auf ihn.
Der Cassio ist ein hübscher Mann: – laßt sehn!
Sein Amt erhaschen, mein Gelüste büßen, –
Ein doppelt Schelmstück! Wie nur? Laßt mich sehn –
Nach ein'ger Zeit Othellos Ohr betören,
Er sei mit seinem Weibe zu vertraut: –
Der Bursch ist wohlgebaut, von schmeid'ger Art,
Recht für den Argwohn; recht den Frau'n gefährlich.
Der Mohr nun hat ein Grad und frei Gemüt,
Das ehrlich jeden hält, scheint er nur so;
Und läßt sich sänftlich an der Nase führen,
Wie Esel tun.
Ich hab's, es ist erzeugt; aus Höll' und Nacht
Sei diese Untat an das Licht gebracht.   (Er geht ab.)

Zweiter Aufzug

1. Szene
Hauptstadt in Zypern. Platz am Hafen

Montano und zwei *Edelleute* treten auf.

Montano. Was unterscheidet man vom Kap zur See? –

Erster Edelmann. Nichts, weit und breit: 's ist hochgeschwellte Flut;
Und nirgend zwischen Meer und Himmel kann ich
Ein Schiff entdecken.

Montano. Mir scheint, der Wind blies überlaut zu Land;
Nie traf so voller Sturm noch unsre Zinne:

Wenn's eben so rumort hat auf der See,
Welch eichner Bug, wenn Berge niederfluten,
Bleibt festgefügt? Was werden wir noch hören?
Zweiter Edelmann. Zerstreuung wohl des türkischen Geschwaders:
Denn, stellt Euch nur an den beschäumten Strand,
Die scheltende Woge wirft sich an die Wolken;
Die sturmgepeitschte Flut, mit mächt'ger Mähne,
Scheint Schaum zu schleudern auf den glühnden Bären,
Des ewig festen Poles Macht zu löschen:
Nie sah ich so verderblichen Tumult
Des zorn'gen Meers.
Montano. Wenn nicht die Türkenflotte
Sich barg in Bucht und Hafen, so versank sie;
Es ist unmöglich, daß sie's überstand.
Ein dritter *Edelmann* tritt auf.
Dritter Edelmann. Botschaft, ihr Herrn! Der Krieg ist aus,
Der wüt'ge Sturm nahm so die Türken mit,
Daß ihre Landung hinkt: Ein Kriegsschiff von Venedig
War Zeuge grauser Not und Haverei
Des Hauptteils ihrer Flotte.
Montano. Wie? Ist das wahr? –
Dritter Edelmann. Das Schiff hat angelegt;
Ein Veroneser, Michael Cassio,
Lieutenant des kriegerischen Mohrs Othello,
Stieg hier ans Land; der Mohr ist auf der See,
Mit höchster Vollmacht unterwegs nach Zypern.
Montano. Mich freut's; er ist ein würd'ger Gouverneur.
Dritter Edelmann. Doch dieser Cassio, – spricht er gleich so tröstlich
Vom türkischen Verlust, – scheint sehr besorgt,
Und betet für den Mohren; denn es trennte
Ein grauser, schwerer Sturm sie.
Montano. Schütz' ihn Gott!
Ich diente unter ihm; der Mann ist ganz
Soldat und Feldherr. Kommt zum Strande, ho!
Sowohl das eingelaufne Schiff zu sehn,
Als nach dem tapfern Mohren auszuschaun,
Bis wo die Meerflut und des Äthers Blau
In eins verschmilzt.
Dritter Edelmann. Das laßt uns tun;
Denn jeder Augenblick ist jetzt Erwartung
Von neuer Ankunft.
Cassio tritt auf.
Cassio. Dank allen Tapfern dieses mut'gen Eilands,

Die so den Mohren lieben; möcht' ihn doch
Der Himmel schützen vor dem Element,
Denn ich verlor ihn auf der schlimmsten See!
Montano. Hat er ein gutes Fahrzeug?
Cassio. Sein Schiff ist stark gebaut, und sein Pilot
Gilt allgemein als wohlbewährt und kundig;
Drum harrt mein Hoffen, noch nicht tödlich krank,
Kühn auf Genesung.
(Mehrere Stimmen draußen.) Ein Schiff! Ein Schiff! Ein Schiff! –
Cassio. Was rufen sie? –
Erster Edelmann. Die Stadt ist leer; am Seegestade steht
Gedrängt das Volk, man ruft: Ein Schiff! Ein Schiff!
Cassio. Mein Hoffen wähnt, es sei der Gouverneur. (Man hört Schiffe.)
Zweiter Edelmann. Mit Freudenschüssen salutieren sie;
Zum mind'sten Freunde sind's.
Cassio. Ich bitt' Euch, Herr,
Geht, bringt uns sichre Nachricht, wer gelandet.
Zweiter Edelmann. Sogleich. (Geht ab.)
Montano. Sagt, Lieutenant, ist der General vermählt?
Cassio. Ja, äußerst glücklich. Er gewann ein Fräulein,
Desgleichen nicht die kühnste Sage kennt;
Der Federn Schmeichelkünste überbeut sie,
Und prangt mit echten Gaben der Natur;
Davor die Kunst verstummen muß. – Nun, wer legt' an?
Der *Edelmann* kommt zurück.
Zweiter Edelmann. Ein Jago ist es, Fähnrich unsres Feldherrn.
Cassio. Der hat höchst schnelle, günst'ge Fahrt gehabt:
Die Stürme selbst, die Strömung, wilde Wetter,
Gezackte Klippen, aufgehäufter Sand –
Verräter, flutumhüllt, den Kiel gefährdend,
Als hätten sie für Schönheit Sinn, vergaßen
Ihr tödlich Wesen, ließen ungekränkt
Die göttliche Desdemona durch.
Montano. Wer ist sie? –
    Cassio. Die ich genannt, die Herrin unsres Herrn,
Der Führung anvertraut des kühnen Jago;
Des Landung unserm Hoffen vorgeeilt
Um eine Woche. – O Zeus! beschütz Othello,
Sein Segel schwelle dein allmächt'ger Hauch,
Daß bald sein wackres Schiff den Hafen segne;
Dann lieg' er liebeatmend ihr im Arm,
Entflamme glühend unsern lauen Mut,
Und bringe Zypern Tröstung! – Seht, o seht! –

Zweiter Aufzug. 1. Szene

Desdemona, Jago, Rodrigo und *Emilie* treten auf.

Des Schiffes Reichtum ist ans Land gekommen! –
Ihr, Zyperns Edle, neigt euch huldigend:
Heil dir, o Herrin! und des Himmels Gnade
Begleite dich auf allen Seiten stets,
Dich rings umschließend.
Desdemona. Dank Euch, wackrer Cassio.
Was wißt Ihr mir von meinem Herrn zu sagen?
Cassio. Noch kam er nicht; noch weiß ich irgend mehr,
Als daß er wohl, und bald hier landen muß.
Desdemona. Ich fürchte nur, – wie habt Ihr ihn verloren?
Cassio. Der große Kampf des Himmels und des Meers
Trennt' unsern Lauf: doch horch! Ich hör' ein Schiff!
(Draußen.) Ein Schiff! Ein Schiff!
Zweiter Edelmann. Der Zitadelle bringt es seinen Gruß,
Auch dies sind Freunde.
Cassio. Geht und schafft uns Nachricht.

(Der zweite Edelmann ab.)

Willkommen, Fähnrich: werte Frau, willkommen.
Nicht reiz' es Euern Unmut, guter Jago,
Daß ich die Sitte übe; meine Heimat
Erlaubt so kühnen Brauch der Höflichkeit. (Er küßt Emilie.)
Jago. Herr, gäben ihre Lippen Euch so viel,
Als sie mir oft beschert mit ihrer Zunge,
Ihr hättet genug.
Desdemona. Die Arme spricht ja kaum!
Jago. Ei, viel zu viel!
Das merk' ich immer, wenn ich schlafen möchte;
Vor Euer Gnaden freilich, glaub' ich's wohl,
Legt sie die Zung' ein wenig in ihr Herz,
Und keift nur in Gedanken.
Emilie. Du hast zu solcher Rede wenig Grund!
Jago. Geht, geht! Ihr seid Gemälde außerm Haus,
Glocken im Zimmer, Drachen in der Küche,
Verletzt ihr, Heil'ge; Teufel, kränkt man euch:
Spielt mit dem Haushalt, haltet Haus im Bett,
Desdemona. O schäme dich, Verleumder!
Jago. Ich bin kein Christ, ist's nicht, wie ich gesagt:
Ihr spielt bei Tag und arbeitet bei Nacht.
Emilie. Ihr sollt mein Lob nicht schreiben.
Jago. Will's auch nicht.
Desdemona. Was schriebst du wohl von mir, sollt'st du mich loben?

Jago. O, gnäd'ge Frau, nicht fordert so mich auf;
Denn ich bin nichts, wenn ich nicht lästern darf.
Desdemona. So fang nur an. – Ging einer hin zum Hafen?
Jago. Ja, edle Frau.
Desdemona. Ich bin nicht fröhlich; doch verhüll' ich gern
Den innern Zustand durch erborgten Schein. –
Nun sag, wie lobst du mich?
Jago. Ich sinne schon: doch leider mein Erfinden
Geht mir vom Kopf wie Vogelleim vom Fries,
Reißt Hirn und alles mit. Doch kreißt die Muse,
Und wird also entbunden:
Gelt' ich für schön und klug, – weiß von Gesicht, und witzig –
Die Schönheit nützt den andern, durch Witz die Schönheit nütz' ich.
Desdemona. Gut gelobt! Wenn sie nun aber braun und witzig ist? –
Jago. Nun, bin ich braun und sonst nur leidlich witzig,
Fing' ich den weißen Freund, und was mir fehlt, besitz' ich.
Desdemona. Schlimm und schlimmer! –
Emilie. Wenn aber eine hübsch weiß und rot, und dumm ist?
Jago. Hat sie ein weiß Gesicht, so ist sie dumm mit nichten;
Denn auf ein Kind weiß sich die Dümmste selbst zu richten.
Desdemona. Das sind abgeschmackte alte Reime, um die Narren im Bierhause zum Lachen zu bringen. Was für ein erbärmliches Lob hast du denn für eine, die häßlich und dumm ist? –
Jago. Kein Mädchen ist so dumm und häßlich noch zugleich,
Trotz Hübschen und Gescheiten macht sie 'nen dummen Streich.
Desdemona. O grober Unverstand! Du preisest die Schlechtste am besten. Aber welches Lob bleibt dir für eine wirklich verdienstvolle Frau; für eine, die in dem Adel ihres Wertes mit Recht den Ausspruch der Bosheit selbst herausfordern darf? –
Jago. Die immer schön, doch nicht dem Stolz vertraut,
Von Zunge flink, doch niemals sprach zu laut;
Nicht arm an Gold, nie bunten Schmuck sich gönnte,
Den Wunsch erstickt, und dennoch weiß: ich *könnte*!
Die selbst im Zorn, wenn Rache nah' zur Hand,
Die Kränkung trägt, und ihren Groll verbannt:
Die nie, weil's ihr an Mutterwitz gebrach,
Den Sperling ließ, und jagt' der Taube nach;
Die denkt, doch nie verrät, was sie sich denkt,
Und keinem Freier je 'nen Blick geschenkt;
Die nennt' ich gut, – wär' sie nur aufzutreiben, –
Desdemona. Nun, sag, wozu?
Jago. Zu säugen Narrn, und Dünnbier anzuschreiben.
Desdemona. O über solchen lahmen, hinkenden Schluß! –

Lerne nichts von ihm, Emilie, wenn er gleich dein Mann ist. – Was meint Ihr, Cassio? Ist er nicht ein recht heilloser ausgelassener Schwätzer?

Cassio. Er redet derb, gnädige Frau; der Soldat wird Euch besser an ihm gefallen, als der Gelehrte.

Jago (beiseite). Er faßt sie bei der Hand: so recht! Flüstert nur! Mit solchem kleinen Gewebe will ich eine so große Fliege umgarnen als Cassio. – Ja, lächle du sie an! Nur zu! Deine eigenen Scharrfüße sollen dir Beinschellen werden. – Ganz recht! In der Tat, so ist's! – Wenn solche Manieren dich um deine Lieutenantschaft bringen, so wär's besser gewesen, du hättest deine drei Finger nicht so oft geküßt, mit denen du jetzt wieder so stattlich den Kavalier spielst. – Sehr gut! Wohl geküßt! Eine herrliche Verbeugung! Ja, so ist's! – Schon wieder die Finger an den Mund? So wollte ich doch, es wären Klystierspritzen um deinetwillen! – (Trompetenstoß.) Der Mohr! Ich kenne sein Signal! –

Cassio. Er ist's.
Desdemona. Wir wollen ihm entgegengehn, ihn empfangen.
Cassio. Da kommt er schon.

Othello kommt mit Gefolge.

Othello. O meine holde Krieg'rin!
Desdemona. Mein Othello!
Othello. Ein Wunder dünkt mich's, groß wie meine Freude,
Dich hier zu sehn vor mir. O mein Entzücken!
Wenn jedem Sturm so heitre Stille folgt,
Dann blast, Orkane, bis den Tod ihr weckt!
Dann klimme, müdes Schiff, die Wogenberge,
Hoch wie Olymp, und taucht hinunter tief
Zum Grund der Hölle! Gält' es jetzt zu sterben,
Jetzt wär' mir's höchste Wonne; denn ich fürchte,
So volles Maß der Freude füllt mein Herz,
Daß nie ein andres Glück mir diesem gleich
Im Schoß der Zukunft harrt.
Desdemona. Verhüte Gott,
Daß unsre Lieb' und Glück nicht sollten wachsen
Wie unsrer Tage Zahl!
Othello. Amen, ihr holden Mächte! –
Ich kann sie nicht aussprechen, diese Wonne,
Hier stockt es; o es ist zu viel der Freude: (er umarmt sie)
Und dies, und dies, der größte Mißklang sei's,
Den unser Herz je tönt.
Jago (beiseite). Noch seid ihr wohlgestimmt,

Doch dieses Einklangs Wirbel spann' ich ab,
So wahr ich ehrlich bin.
Othello. Gehn wir aufs Schloß. –
Wißt ihr's? Der Krieg ist aus, der Türk' ertrank.
Wie geht's den alten Freunden hier auf Zypern? –
Liebchen, du wirst hier wohlgelitten sein;
Ich fand hier große Lieb'. O süßes Herz,
Ich schwatze außer Rand und Band, und schwärme
In meinem Glück. – Ich bitt' dich, guter Jago,
Geh nach der Bucht, und schaff ans Land die Kisten:
Bring auch den Schiffsherrn mir zur Zitadelle;
Es ist ein wackrer Seemann, des Verdienst
Auf Achtung Anspruch hat. Komm, Desdemona,
Nochmals begrüßt in Zypern! (Othello, Desdemona und Gefolge ab.)

Jago (zu einem Diener). Geh du sogleich zum Hafen, und erwarte mich dort. (Zu Rodrigo.) Komm näher. Wenn du ein Mann bist, – denn man sagt, daß auch Feige, wenn sie verliebt sind, sich zu höherer Gesinnung erheben, als ihnen angeboren war, – so höre mich an. Der Lieutenant hat diese Nacht die Wache auf dem Wachthof: – Vorerst aber muß ich dir sagen, – Desdemona ist richtig in ihn verliebt.

Rodrigo. In ihn? Unmöglich.

Jago. Leg deinen Finger hierher, und laß dich belehren, Freund: besinne dich nur, wie heftig sie zuerst den Mohren liebte, nur weil er prahlte, und ihr unmögliche Lügen auftischte. Wird sie ihn immer für sein Schwatzen lieben? Das kann deine verständige Seele nicht glauben wollen. Ihr Auge verlangt Nahrung, und welches Wohlgefallen kann ihr's gewähren, den Teufel anzusehn? Wenn das Blut durch den Genuß abgekühlt ist, dann bedarf es, – um sich aufs neue zu entflammen und der Sättigung neue Begier zu wecken, – Anmut der Gestalt; Übereinstimmung in Jahren, Sitten und Schönheit; und an dem allen fehlt's dem Mohren. Nun, durch den Mangel aller dieser wünschenswerten Annehmlichkeiten wird ihr zartes Gefühl sich verletzt fühlen; sie wird des Mohren erst satt, dann überdrüssig werden, und endlich ihn verabscheuen; die Natur selbst wird sie dazu anleiten, und sie zu einer neuen Wahl treiben. Nun, Freund, dieses eingeräumt – wie es denn ein ganz in die Augen springende und ungezwungene Voraussetzung ist – wer steht wohl so gewiß auf der Stufe dieses Glücks, als Cassio? Der Bube ist sehr gewandt: gewissenhaft nur so weit, als er die äußere Form eines sittsamen und gebildeten Betragens annimmt, um seine lockeren, geheimen, üppigen Neigungen um so leichter zu befriedigen. – Nun, keiner, keiner! Ein glatter, geschmeidiger Bube; ein Gelegenheitshascher, dessen

Blick Vorteile prägt und falschmünzt, wenn selbst kein wirklicher Vorteil sich ihm darbietet: ein Teufelsbube! Überdem ist der Bube hübsch, jung, und hat alle die Erfordernisse, wonach Torheit und grüner Verstand hinschielen: ein verdammter, ausgemachter Bube! Und sie hat ihn schon erkannt.

Rodrigo. Das kann ich von ihr nicht glauben; sie ist von höchst sittsamer Gesinnung.

Jago. Sittsam! Hat sich was! Der Wein, den sie trinkt, ist aus Trauben gemacht: wäre sie so sittsam, dann hätte sie nie den Mohren geliebt! Sittsam hin und her! Sahst du nicht, wie sie mit seiner flachen Hand tätschelte? Hast du das nicht bemerkt? –

Rodrigo. O ja; aber das war nur Höflichkeit.

Jago. Verbuhltheit, bei dieser Hand! – Ein Inhaltsblatt und dunkler Prologus zum Schauspiel der Lust und der schnöden Gedanken. Sie kamen sich so nahe mit ihren Lippen, daß ihr Hauch sich liebkoste. Bübische Gedanken, Rodrigo! Wenn dieser Austausch von Vertraulichkeiten so den Weg bahnt, so kommt gleich hinterdrein der Zweck und die Hauptsache, der fleischliche Beschluß. Pah! – Aber Freund, laß dir raten: Ich habe dich von Venedig hergeführt. Steh heute nacht mit Wache; ich nehme es auf mich, dir deinen Posten anzuweisen: Cassio kennt dich nicht; – ich werde nicht weit sein: finde nur eine Gelegenheit, Cassio zum Zorn zu reizen, sei's durch lautes Reden, oder durch Spott über seine militärische Tüchtigkeit; oder welchen andern Anlaß du sonst wahrnimmst, den die günstige Zeit dir eben darbietet.

Rodrigo. Gut.

Jago. Er ist heftig, und sehr jähzornig, und schlägt vielleicht nach dir: reize ihn nur, daß er's tue, denn das reicht mir schon hin, die Zyprier zum Aufruhr zu bringen, der nicht wieder beschwichtigt werden kann, als durch Cassios Absetzung. So findest du einen kürzeren Weg zu deinem Ziel, durch die Mittel, die ich dann habe, dir Vorschub zu tun; und wir schaffen das Hindernis auf die beste Art aus dem Wege, ohne dessen Besiegung kein Erfolg erwartet werden darf.

Rodrigo. Das will ich tun, wenn du mir Gelegenheit gibst.

Jago. Dafür stehe ich dir. Komm nur sogleich auf die Zitadelle, ich muß jetzt sein Gepäck ans Land Schaffen. Lebe wohl!

Rodrigo. Gott befohlen! (Ab.)

Jago. Daß Cassio sie liebt, das glaub' ich wohl!
Daß sie ihn liebt, ist denkbar und natürlich:
Der Mohr – obschon ich ihm von Herzen gram, –
Ist liebevoller, treuer, edler Art;
Und wird für Desdemona, denk' ich sicher,

Ein liebster Eh'mann. Nun lieb' ich sie auch;
Nicht zwar aus Lüsternheit, – wiewohl vielleicht
Nicht kleinre Sünde mir zu schulden kommt, –
Nein, mehr um meine Rach' an ihm zu weiden.
Weil ich vermute, daß der üpp'ge Mohr
Mir ins Gehege kam: und der Gedanke
Nagt wie ein fressend Gift an meinem Innern;
Nichts kann und soll mein Herz beruh'gen bis
Ich quitt mit ihm geworden, Weib um Weib;
Oder, schlägt dies mir fehl, bring' ich den Mohren
In Eifersucht so wilder Art, daß nie
Vernunft sie heilen kann. Dies zu vollbringen –
Hält nur mein Köter von Venedig stand,
Den ich mir ködre zu der schnellen Jagd,
Pack' ich den Michael Cassio bei der Hüfte,
Verschwärz' ihn dann dem Mohren als verbuhlt; –
Denn Cassio fürcht' ich auch für mein Gespons.
So dankt Othello mir's, liebt mich, belohnt mich,
Daß ich so stattlich ihn zum Esel machte,
Und seinen ruh'gen Frieden untergrub,
Zum Wahnsinn. – Ja hier liegt's, noch nicht entfaltet;
Die Bosheit wird durch Tat erst ganz gestaltet. (Ab.)

2. Szene
Straße

Ein Herold tritt auf. Eine Volksmenge hinter ihm

Herold. Es ist Othellos, unseres edlen und tapferen Generals Wunsch, daß auf die zuverlässige, jetzt eingegangene Nachricht von der gänzlichen Vernichtung der türkischen Flotte, jedermann seine Freude kund tue; sei es durch Tanz oder Luftfeuer, oder wie ihn sonst seine Neigung zu Spiel und Kurzweil treibt! Denn außer jenem erfreulichen Ereignis feiert er heute seine Hochzeit: solches wird auf seinen Befehl ausgerufen. Alle Vorratskammern des Palastes sind geöffnet; und volle Freiheit zu Schmaus und Fest von jetzt fünf Uhr an, bis die elfte Stunde geschlagen. Der Himmel segne die Insel Zypern und unseren edlen General Othello. (Ab.)

3. Szene
Schloß

Othello, Desdemona, Cassio und Gefolge treten auf

Othello. Mein lieber Michael,
Halt ja genaue Wache diese Nacht.

Wir müssen selbst auf ehrbar Maß bedacht sein,
Daß nicht die Luft unbändig werde.
Cassio. Jago ward schon befehligt, was zu tun;
Doch außerdem noch soll mein eignes Auge
Auf alles sehn.
Othello. Jago ist treu bewährt.
Gut Nacht: auf morgen mit dem frühesten
Hab' ich mit dir zu reden. – Komm, Geliebte:
Dem wird die Frucht, der erst den Handel schloß;
Wir teilen sie, mein holder Mitgenoß.
Gut Nacht. (Othello und Desdemona ab.)

Jago tritt auf.

Cassio. Willkommen, Jago: wir müssen auf die Wache.

Jago. Jetzt noch nicht, Lieutenant, es ist noch nicht zehn Uhr. Unser General schickt uns so früh fort aus Liebe zu seiner Desdemona, und wir dürfen ihn darum nicht tadeln; es ist seine erste glückliche Nacht, und sie ist Jupiters würdig.

Cassio. Sie ist eine unvergleichliche Frau.

Jago. Und dafür stehe ich, sie hat Feuer.

Cassio. Gewiß, sie ist ein blühendes, süßes Geschöpf.

Jago. Welch ein Auge! Mir scheint, es ist wie ein Aufruf zur Verführung.

Cassio. Ein einladendes Auge; und doch, wie mir scheint, ein höchst sittsames.

Jago. Und wenn sie spricht, ist's nicht eine Herausforderung zur Liebe?

Cassio. Sie ist in der Tat die Vollkommenheit selbst.

Jago. Nun, Heil ihrem Bette! Komm, Lieutenant, ich habe ein Stübchen Wein, und hier draußen sind ein paar muntere Jungen aus Zypern, die gern eine Flasche auf die Gesundheit des schwarzen Othello ausstechen möchten.

Cassio. Nicht heute abend, lieber Jago: ich habe einen sehr schwachen unglücklichen Kopf zum Trinken. Mir wär's lieb, wenn die Höflichkeit eine andere Sitte der Bewirtung erfände.

Jago. O es sind gute Freunde; nur einen Becher; ich will für dich trinken.

Cassio. Ich habe heut abend nur *einen* Becher getrunken, der noch dazu weislich mit Wasser gemischt war; und sieh nur, welche Revolution er hier hervorgebracht hat. Ich habe leider diese Schwachheit und darf meinen Kräften nicht mehr zumuten.

Jago. Ei, Lieber, es ist ja Fastnacht heute. Die jungen Leute wünschen es.

Cassio. Wo sind sie?
Jago. Hier vor der Tür: ich bitte dich, ruf sie herein.
Cassio. Ich will's tun, aber es geschieht ungern. (Geht ab.)
Jago. Wenn ich ihm nur *ein* Glas aufdrängen kann.
Zu dem, was er an diesem Abend trank,
Wird er so voller Zank und Ärger sein,
Als einer Dame Schoßhund. – Rodrigo nun, mein Gimpel,
Den Liebe wie 'nen Handschuh umgewendet,
Hat Desdemonen manchen tiefen Humpen
Heut jubelnd schon geleert, und muß zur Wache.
Drei jungen Zyprern, edel, hochgemut,
Die ihrer Ehre nicht zu nah tun lassen.
Dem wahren Ausbund dieser Kriegerinsel,
Hab' ich mit vollen Flaschen zugesetzt;
Die wachen auch. – Nun, in der trunknen Schar
Reiz' ich Herrn Cassio wohl zu solcher Tat,
Die alles hier empört. – Doch still, sie kommen. –
Hat nur Erfolg, was jetzt mein Kopf ersinnt,
Dann fährt mein Schiff mit vollem Strom und Wind.

Es kommen *Cassio, Montano* und mehrere *Edelleute*.

Cassio. Auf Ehre, haben sie mir nicht schon einen Hieb beigebracht?

Montano. Ei, der wäre klein! Kaum eine Flasche, so wahr ich ein Soldat bin!

Jago. Wein her!
(Singt.) Stoßt an mit dem Gläselein, klingt! Klingt! –
Stoßt an mit dem Gläselein, klingt!
Der Soldat ist ein Mann,
Das Leben ein' Spann',
Drum lustig, Soldaten, und trinkt.
Wein her, Burschen! –

Cassio. Auf Ehre, ein allerliebstes Lied.

Jago. Ich hab's in England gelernt, wo sie, das muß man sagen, sich gewaltig auf das Bechern verstehn. So'n Däne, so'n Deutscher, so'n dickbäuchiger Holländer, – zu trinken, he! – sind alle nichts gegen den Engländer.

Cassio. Ist denn der Engländer so sehr ausbündig im Trinken?

Jago. Ei wohl! Den Dänen trinkt er Euch mit Gemächlichkeit untern Tisch; es wird ihn wenig angreifen, den Deutschen kaputt zu machen; und den Holländer zwingt er zur Übergabe, ehe der nächste Humpen gefüllt werden kann.

Cassio. Auf unseres Gouverneurs Gesundheit!

Montano. Da trinke ich mit, Lieutenant, und will Euch Bescheid tun.

Jago. O das liebe England! –

(Singt.) König Stephan war ein wackrer Held,
    Einen Gulden kostet ihm sein Rock:
    Das fand er um sechs Grot geprellt,
    Und schalt den Schneider einen Bock.

    Und war ein Fürst von großer Macht,
    Und du bist solch geringer Mann:
    Stolz hat manch Haus zu Fall gebracht,
    Drum zieh den alten Kittel an.

Wein her, sage ich! –

Cassio. Ei, das Lied ist noch viel herrlicher als das erste.

Jago. Wollt Ihr's nochmals hören?

Cassio. Nein, denn ich glaube, der ist seiner Stelle unwürdig, der so was tut. – Wie gesagt, der Himmel ist über uns allen; – und es sind Seelen, die müssen selig werden, – und andere, die müssen nicht selig werden.

Jago. Sehr wahr, lieber Lieutenant.

Cassio. Ich meinesteils, ohne dem General oder sonst einer hohen Person vorzugreifen, – ich hoffe selig zu werden.

Jago. Und ich auch, Lieutenant.

Cassio. Aber mit Eurer Erlaubnis, nicht vor mir; – der Lieutenant muß vor dem Fähnrich selig werden. Nun genug hiervon; wir wollen auf unsere Posten. – Vergib uns unsere Sünden! – Meine Herren, wir wollen nach unserem Dienst sehen. Ihr müßt nicht glauben, meine Herren, daß ich betrunken sei: – Dies ist mein Fähnrich, – dies ist meine rechte Hand, – dies meine linke Hand: – ich bin also nicht betrunken; ich stehe noch ziemlich gut und spreche noch ziemlich gut.

Alle. Außerordentlich gut.

Jago. Nun, recht gut also; ihr müßt also nicht meinen, daß ich betrunken sei. (Er geht ab.)

Montano. Jetzt zur Terrasse; laßt die Wachen stellen.

Jago. Da seht den jungen Mann, der eben ging!
Ein Krieger, wert beim Cäsar selbst zu stehn,
Und zu befehlen: doch ihr seht sein Laster;
Es ist die Schattenseite seiner Tugend,
Wenn Tag und Nacht sich gleich sind. Schad' um ihn!
Das Zutrau'n, fürcht' ich, daß der Mohr ihm schenkt,
Bringt Zypern Unglück, trifft die Schwachheit ihn
Zu ungelegner Stunde.

Montano. Ist er oft so?
Jago. So ist er immer vor dem Schlafengehn!
Er wacht des Zeigers Umkreis zweimal durch,
Wiegt ihn der Trunk nicht ein.
Montano. Dann wär' es gut,
Man machte aufmerksam den General:
Vielleicht, daß er's nicht sieht: vielleicht auch schätzt
Sein gutes Herz die Tugend nur am Cassio,
Und ihm entgehn die Fehler; ist's nicht so? –
Rodrigo tritt auf.
Jago. Was soll's, Rodrigo?
Ich bitt' Euch, folgt dem Lieutenant nach: so geht! (Rodrigo ab.)
Montano. Und wahrlich schade, daß der edle Mohr
So wicht'gen Platz als seine Stellvertretung
Dem Mann vertraut, dem Schwachheit eingeimpft ist.
Der tät' ein gutes Werk, wer dies dem Mohren
Entdeckte.
Jago. Ich nimmermehr; nicht für ganz Zypern.
Ich liebe Cassio sehr, und gäbe viel,
Könnt' ich ihn heilen. Horch! Was für ein Lärm?
(Man ruft hinter der Szene. Hilfe! Hilfe!)
Cassio kommt zurück und verfolgt den Rodrigo.

Cassio. Du Schelm! Du Tölpel!
Montano. Nun, was ist Euch, Lieutenant?
Cassio. Der Schurke! Pflicht mich lehren? Wart', in eine Korbflasche prügl' ich ihn hinein, den Wicht!
Rodrigo. Mich prügeln?
Cassio. Muckst du, Kerl?
Montano. Halt, lieber Lieutenant!
(Er hält den Cassio zurück.)
Ich bitt' Euch, haltet ein!
Cassio. Herr, laßt mich gehn,
Sonst zeichn' ich Eure Fratze, –
Montano. Geht, Ihr seid trunken!
Cassio. Trunken? (Sie fechten.)
Jago. Fort, sag' ich! (Leise zu Rodrigo.) Eil' und rufe: Meuterei!
(Rodrigo ab.)
Halt ein! Herr Lieutenant! Um Gottes willen, Herr!
He, Hilfe! Lieutenant, – Herr, – Montano, – Herr! –
Helft, Nachbarn! – Nun, das ist 'ne saubre Wache!
Wer zieht die Glocke denn? O, Diavolo!
Die Stadt wird wach: pfui, pfui doch, Lieutenant! Halt!
Ihr macht Euch ew'ge Schande.

Othello kommt mit Gefolge.

Othello. Was gibt es hier?
Montano. Ich blute! Er traf mich tödlich! Sterben soll er!
Othello. Bei Eurem Leben halt!
Jago. Halt Lieutenant! Herr! Montano, – liebe Herrn, –
  Vergaßt ihr, – wo ihr seid, und was ihr seid?
  Halt! Hört den General! O schämt euch! Halt!
Othello. Was gibt es hier? Wo entspann sich dies?
  Sind wir denn Türken? Tun uns selber das,
  Was den Ungläubigen der Himmel wehrt?
  Schämt euch als Christen! Laßt eu'r heidnisch Raufen;
  Wer sich noch rührt und zäumt nicht seine Wut,
  Der wagt sein Leben dran; ein Schritt ist Tod.
  Still mit dem Sturmgeläut! Es schreckt die Insel
  Aus ihrer Fassung. Was geschah, ihr Herrn?
  Ehrlicher Jago, du siehst bleich vor Gram,
  Sprich, wer hub an? Bei deiner Lieb', ich will's.
Jago. Ich weiß nicht. Freunde jetzt noch, jetzt im Nu,
  Liebreich und gut wie Bräutigam und Braut,
  Wenn sie zu Bette gehn: und drauf im Nu –
  Als ob sie plötzlich ein Planet verwirrt –
  Das Schwert heraus, und aufeinander stechend
  Im blut'gen Widerstreit. Ich kann nicht sagen,
  Wie dieser wunderliche Kampf begann;
  Und hätt' in guter Schlacht die Beine lieber
  Verloren, die dazu hierher mich trugen.
Othello. Wie, Cassio, kam's, daß du dich so vergaßest?
Cassio. Ich bitt' Euch, Herr, verzeiht, ich kann nicht reden.
Othello. Würd'ger Montan, Ihr schient mir sonst gesittet;
  Die Ruh' und edle Haltung Eurer Jugend
  Pries alle Welt; und Euer Nam' ist groß
  Im Munde weisen Urteils. Wie denn kömmt's,
  Daß Euren guten Ruf Ihr so entwürdigt,
  Und Eures Leumunds Reichtum für den Namen
  Des nächt'gen Raufers hinwerft? Gebt mir Antwort!
Montano. Würd'ger Othello, ich bin schwer verwundet;
  Eu'r Fähnrich Jago kann Euch Meldung –
  Mir fällt das Reden schwer, ich spart' es gern –
  Von allem, was ich weiß; – doch wüßt' ich nicht,
  Worin ich mich in Wort und Tat vergangen:
  Wenn Selbsterhaltung nicht ein Frevel ist;
  Und unser Leben schützen ein Vergehn,
  Wann uns Gewalt bedrohet.

Othello. Nun, beim Himmel,
Mein Blut beginnt zu meistern die Vernunft;
Und Leidenschaft, mein bessres Urteil trübend,
Maßt sich der Führung an: Reg' ich mich erst,
Erheb' ich nur den Arm, dann soll der Beste
Von meiner Zücht'gung fallen. Tut mir kund,
Wie kam der schnöde Zank? Wer bracht' ihn auf?
Und wer von euch der Schuld wird überführt,
Wär' er mein mitgeborner Zwillingsbruder,
Verliert mich. – ... Was! In der Festung selbst –
Das Volk voll Unruh' und von Angst betäubt, –
Privatgezänk und Händel anzustiften,
Bei Nacht, und bei dem Schutze selbst des Wachthofs,
's ist ungeheuer? – Jago, wer begann?

Montano.
Wer hier parteiisch oder dienstbefreundet
Mehr oder minder die Wahrheit spricht,
Ist kein Soldat.

Jago. Ha, leg mir's nicht so nah! –
Ich büßte ja die Zunge lieber ein,
Als daß sie gegen Michael Cassio zeugte;
Doch glaub' ich fest, die Wahrheit reden bringt
Ihm keinen Nachteil. – So geschah's, mein Feldherr:
Ich und Montano waren im Gespräch,
Da kommt ein Mensch, der laut um Hilfe schreit;
Und Cassio folgt ihm mit gezücktem Schwert,
Ihn zu bestrafen: drauf trat dieser Herr
Cassio entgegen, bat ihn, still zu sein;
Und ich derweil verfolgte jenen Schreier,
Damit sein Ruf nicht, – wie es doch geschah –
Die Stadt erschrecke: jener, leicht zu Fuß,
Entlief mir; und ich kehrte um so schneller,
Weil ich Geklirr und Waffenlärm vernahm,
Und Cassios lautes Fluchen; was bis heut
Ich nie von ihm gehört. Als ich zurückkam, –
Und dies was gleich, – fand ich sie hart zusammen,
Auf Hieb und Stoß; ganz wie das zweite Mal,
Als Ihr sie selber trenntet.
Mehr von dem Vorfall ist mir nicht bekannt; –
Doch Mensch ist Mensch; der beste fehlt einmal;
Und ob ihm Cassio gleich zu nah getan –
Wie man in Wut den besten Freund ja schlägt, –
Doch denk' ich, ward von dem, der floh, an Cassio

So große Kränkung wohlgeübt, als nicht
Geduld konnt' hingehn lassen.
Othello. Ich weiß, Jago,
Aus treuer Lieb' beschönigst du die Sache,
Und milderst sie für Cassio. – Cassio, ich liebe dich;
Allein mein Lieutenant bist du länger nicht. –

Desdemona kommt mit Gefolge.

Seht, ward mein liebes Weib nicht auch geweckt! –
Du sollst ein Beispiel sein. –
Desdemona. Was ging hier vor, mein Teurer?
Othello. 's ist alles gut schon, Liebchen: – komm zu Bett.
Ich selbst will Arzt sein, Herr, für Eure Wunden. –
Führt ihn nach Haus. (Montano wird weggeführt.)
Du, Jago, sieh mit Sorgfalt auf die Stadt,
Und schwicht'ge, wen der schnöde Lärm geängstet.
Komm, Desdemona; oft im Kriegerleben
Wird süßer Schlaf der Störung preisgegeben.

Alle ab, außer Jago und Cassio.

Jago. Seid Ihr verwundet, Lieutenant?
Cassio. O ja, so daß kein Arzt mir hilft! –
Jago. Ei, das verhüte der Himmel!
Cassio. Guter Name! Guter Name! Guter Name! O ich habe meinen guten Namen verloren! Ich habe das unsterbliche Teil von mir selbst verloren, was übrig bleibt, ist tierisch. – Mein guter Name, Jago, mein guter Name!

Jago. So wahr ich ein ehrlicher Mann bin, ich dachte, du hättest eine körperliche Wunde empfangen, und das ist empfindlicher als der gute Name. Der gute Name ist eine nichtige und höchst trügliche Einbildung; oft ohne Verdienst erlangt und ohne Schuld verloren. Du hast überall gar keinen guten Namen verloren, wenn du nicht an diesen Verlust glaubst. Mut, Freund! Es gibt ja Mittel, den General wieder zu gewinnen: du bist jetzt nur in seiner Heftigkeit kassiert; er straft mehr aus Klugheit als aus böser Absicht; just als wenn einer seinen harmlosen Hund schlüge, um einen gewaltigen Löwen zu schrecken: Gib ihm wieder ein gutes Wort und er ist dein.

Cassio. Lieber will ich ein gutes Wort einlegen, daß er mich ganz verachte, als einen so guten Feldherrn noch länger hintergehen mit einem so nichtsnutzigen, trunkenen, unbesonnenen Offizier. Trunken sein? Und wie ein Papagei plappern? Und renommieren und toben, fluchen und Bombast schwatzen mit unserem eigenen

Schatten? O du unsichtbarer Geist des Weins, wenn du noch keinen Namen hast, an dem man dich kennt, so heiße Teufel!

Jago. Wer war's den du mit dem Degen verfolgtest? Was hatte er dir getan?

Cassio. Ich weiß nicht.

Jago. Ist's möglich?

Cassio. Ich besinne mich auf einen Haufen Dinge, aber auf nichts deutlich; auf einen Zank, aber nicht weswegen. – O, daß wir einen bösen Feind in den Mund nehmen, damit er unser Gehirn stehle! – Daß wir durch Freude, Schwärmen, Vergnügen und Zurufe uns in Vieh verwandeln!

Jago. Nun, aber du scheinst mir jetzt recht wohl: Wie hast du dich so schnell erholt?

Cassio. Es hat dem Teufel *Trunkenheit* gefallen, dem Teufel *Zorn* Platz zu machen. Eine Schwachheit erzeugt mir die andere, damit ich mich recht von Herzen verachten möge.

Jago. Geh, du bist ein zu strenger Moralist. Wie Zeit, Art und die Umstände des Landes beschaffen sind, wünschte ich von Herzen, dies wäre nicht geschehen; da es aber nun einmal so ist, so kehre es zu deinem Besten.

Cassio. Ich will wieder um meine Stelle bei ihm nachsuchen; er wird mir antworten, ich sei ein Trunkenbold! Hätte ich so viel Mäuler als die Hydra, solch eine Antwort würde sie alle stopfen. Jetzt ein vernünftiges Wesen sein, bald drauf ein Narr und im nächsten Augenblick ein Vieh, – o furchtbar! – Jedes Glas zu viel ist verflucht, und sein Inhalt ist ein Teufel!

Jago. Geh, geh; guter Wein ist ein gutes geselliges Ding, wenn man mit ihm umzugehen weiß. Scheltet mir nicht mehr auf ihn; und, lieber Lieutenant, ich denke, du denkst, ich liebe dich.

Cassio. Ich habe Beweise davon Freund. – Ich betrunken!

Jago. Du, oder jeder andere Erdensohn kann sich wohl einmal betrinken, Freund. Ich will dir sagen, was du zu tun hast. Unseres Generals Frau ist jetzt General, – das darf ich insofern sagen, als er sich ganz dem Anschauen, der Bewunderung und Auffassung ihrer Reize und Vollkommenheiten hingegeben und geweiht hat. Nun, beichte ihr alles frei heraus, bestürme sie; sie wird dir schon wieder zu deinem Amt verhelfen. Sie ist von so offener, gütiger, zugänglicher und gnadenreicher Gesinnung, daß sie's für einen Flecken in ihrer Güte halten würde, nicht noch mehr zu tun, als um was sie gebeten wird. Dies zerbrochene Glied zwischen dir und ihrem Manne bitte sie zu schienen; und, mein Vermögen gegen irgend einen nennenswerten Einsatz, dieser Freundschaftsbruch wird die Liebe fester machen als zuvor.

Cassio. Du rätst mir gut.

Jago. Ich beteure es, mit aufrichtiger Liebe und redlichem Wohlwollen.

Cassio. Das glaube ich zuversichtlich; und gleich morgen früh will ich die tugendhafte Desdemona ersuchen, sich für mich zu verwenden. Ich zweifle an meinem Glück, wenn's mich hier zurückstößt.

Jago. Sehr wahr. Gute Nacht, Lieutenant, ich muß auf die Wache.

Cassio. Gute Nacht, ehrlicher Jago.   (Er geht ab.)

Jago. Und wer ist nun, der sagt, ich sei ein Schurke?
Da dieser Rat aufrichtig ist und redlich,
Einleuchtend dem Verstand, und ganz der Weg
Den Mohren umzustimmen? Denn sehr leicht
Wird Desdemonas weiches Herz bewegt
Für eine gute Sache; sie ist milde
Wie Luft und Licht; und ihr, wie leicht alsdann
Den Mohren zu gewinnen; – gölt's der Taufe
Und der Erlösung Siegel zu entsagen.
Sein Herz ist so verstrickt von ihrer Liebe,
Daß sie ihn formt, umformt, tut, was sie will,
Wie's ihr gelüsten mag, den Gott zu spielen
Mit seiner Schwachheit. Bin ich denn ein Schurke?
Weil ich dem Cassio guten Rat erteile
Zu seinem Glück? – Theologie der Hölle!
Wenn Teufel ärgste Sünde fördern wollen,
So locken sie zuerst durch Himmelsschein,
Wie ich anjetzt. Denn weil der gute Tropf
In Desdemona dringt, ihm beizustehn,
Und sie beim Mohren eifrig sich verwendet,
Träuf' ich den Gifttrank in Othellos Ohr –
Daß sie zu eigner Lust zurück ihn ruft;
Und um so mehr sie strebt ihm wohlzutun,
Vernichtet sie beim Mohren ihr Vertraun.
So wandl' ich ihre Tugend selbst in Pech;
Und strick' ein Netz aus ihrer eignen Güte,
Das alle soll umgarnen. – Nun, Rodrigo?

Rodrigo kommt.

Rodrigo. Ich folge hier der Meute, nicht wie ein Hund, der jagt, sondern wie einer, der nur mitläuft. Mein Geld ist fast vertan; ich bin heut nacht tüchtig durchgeprügelt, und ich denke, das Ende wird sein, daß ich für meine Mühe doch etwas Erfahrung gewinne und so, ganz ohne Geld, und mit etwas mehr Verstand, nach Venedig heimkehre.

Jago. Wie arm sind die, die nicht Geduld besitzen!
Wie heilten Wunden, als nur nach und nach?
Du weißt, man wirkt durch Witz, und nicht durch Zauber;
Und Witz hängt ab von Zeit und von Verzug.
Geht's denn nicht gut? Cassio hat dich geschlagen,
Und du, für wenig Schmerz, kassierst den Cassio:
Wächst und gedeiht auch andres an der Sonne,
Von Früchten reift zuerst, die erst geblüht: –
Beruh'ge dich. – Beim Kreuz! Der Morgen graut,
Vergnügen und Geschäft verkürzt die Zeit. –
Entferne dich; geh jetzt in dein Quartier:
Fort, sag' ich; du erfährst in kurzem mehr. –
Nein, geh doch nur! (Rodrigo ab.)
                    Zwei Dinge sind zu tun:
Mein Weib muß ihre Frau für Cassio stimmen,
Ich treib' sie an;
Ich nehm' indes den Mohren auf die Seite,
Und führ' ihn just hinein, wenn Cassio dringend
Sein Weib ersucht. So fang' ich's richtig an!
Verzug und Lauheit stumpfe nicht den Plan. (Er geht ab.)

Dritter Aufzug

1. Szene

Vor dem Schlosse

Cassio tritt auf mit Musikanten.

Cassio. Ihr Herren, spielt auf, ich zahl' euch eure Müh'!
Macht's kurz; den Morgengruß dem General.
               (Musik.) Der *Narr* tritt auf.

Narr. Nun, ihr Herren? Sind eure Pfeifen in Neapel gewesen, daß sie so durch die Nase schnarren? – Aber hier ist Geld für euch, ihr Herren, und dem General gefällt eure Musik so ausnehmend, daß er euch um alles in der Welt bitten läßt, keinen Lärm mehr damit zu machen.

Musiker. 's ist gut, Herr, das wollen wir auch nicht.

Narr. Wenn ihr eine Musik habt, die gar nicht zu hören ist, in Gottes Namen; aber was man sagt, Musik *hören*, danach fragt der General nicht viel.

Musiker. Solche haben wir nicht, Herr!

Narr. Dann steckt eure Pfeifen wieder in den Sack, denn ich will fort. Geht! – Verschwindet in die Lüfte! Husch! (Die Musik geht ab.)

Cassio. Hörst du, mein ehrliches Gemüt?

Narr. Nein, Eu'r ehrliches Gemüt hör' ich nicht; ich höre Euch.

Cassio. Ich bitt' dich, laß deine Witze. Hier hast du ein kleines Goldstückchen: wenn die Gesellschaftsdame deiner Gebieterin schon munter ist, sag ihr, hier sei ein gewisser Cassio, der sie um die Vergünstigung eines kurzen Gesprächs bitte. Willst du das tun?

Narr. Munter ist sie, Herr; wenn sie sich hierher ermuntern will, so werd' ich's ihr insinuieren. (Narr ab.)

Jago tritt auf.

Cassio. Tu's, lieber Freund. Ei, Jago, grade recht!

Jago. So gingt Ihr nicht zu Bett?

Cassio. Ich? Nein, der Morgen graute,
Eh wir uns trennten. Eben jetzt, mein Jago,
Schickt' ich zu deiner Frau und ließ sie bitten,
Sie wolle bei der edlen Desdemona
Mir Zutritt schaffen.

Jago. Ich will gleich sie rufen;
Und auf ein Mittel sinn' ich, wie der Mohr
Entfernt wird, daß Ihr um so freier Euch
Besprechen mögt. (Ab.)

Cassio. Von Herzen dank' ich dir's. – Ich kannte nie
'nen Florentiner, der so brav und freundlich.

Emilie tritt auf.

Emilie. Guten Morgen, Lieutenant. Eure Ungnade
Betrübt mich sehr, doch wird noch alles gut.
Der General und seine Frau besprechen's,
Und warm vertritt sie Euch; er wendet ein,
Der junge Mann sei hochgeschätzt in Zypern,
Von großem Anhang; und nach bester Einsicht
Könn' er Euch nicht mehr halten. Doch er liebt Euch.
Und keines Fürworts braucht's, als seine Freundschaft,
Sobald ein günst'ger Anlaß sich ihm beut,
Euch wieder einzusetzen.

Cassio. Dennoch bitt' ich, –
Wenn Ihr's für ratsam haltet, oder tunlich,
Schafft mir die Wohltat einer Unterredung
Allein mit Desdemona.

Emilie. Kommt mit mir.
Ich führ' Euch hin, wo Ihr in günst'ger Muße
Euch frei erklären mögt.

Cassio. Wie dank' ich Euch! (Sie gehen ab.)

2. Szene

Ein Zimmer im Schloß

Othello, Jago und *Edelleute* treten auf

Othello. Die Briefe, Jago, gib dem Schiffspatron;
Und meinen Gruß entbiet' er dem Senat;
Ich will hernach die Außenwerke sehn,
Dort triffst du mich.
Jago. Sehr wohl, mein General!
Othello. Beliebt's, ihr Herrn, zur Festung mir zu folgen?
Edelleute. Wir sind bereit, mein gnäd'ger Herr.   (Sie gehen ab.)

3. Szene

Der Schloßgarten

Desdemona, Cassio und *Emilie* treten auf.

Desdemona. Nein zweifle nicht, mein guter Cassio, alles
Was mir nur möglich, biet' ich für dich auf.
Emilie. Tut's edle Frau; ich weiß, mein Mann betrübt sich,
Als wär' es seine Sache.
Desdemona. Er ist ein ehrlich Herz. Sei ruhig, Cassio;
Ich mache meinen Herrn und dich aufs neue
Zu Freunden, wie ihr wart.
Cassio. O, güt'ge Frau,
Was auch aus Michael Cassio werden mag,
Auf immer bleibt er Eurem Dienst ergeben.
Desdemona. Ich dank' Euch, Cassio. – Ihr liebt ja meinen Herrn;
Ihr kennt ihn lange schon: drum seid gewiß,
Er wendet sich nicht ferner von Euch ab,
Als ihn die Klugheit zwingt.
Cassio. Doch, gnäd'ge Frau,
Die Klugheit währt vielleicht so lange Zeit,
Lebt von so magrer, wässeriger Kost,
Erneut vielleicht sich aus dem Zufall so,
Daß, wenn ich fern bin und mein Amt besetzt,
Der Feldherr Dienst und Liebe mir vergißt.
Desdemona. Das fürcht' ich nimmer; vor Emilien hier
Verbürg' ich dir dein Amt; und sei gewiß,
Versprach ich jemand Freundschaftsdienst, den leist' ich
Bis auf den letzten Punkt. Ich lass' ihm keine Ruh';
Ich mach' ihn zahm, schwätz' ihn aus der Geduld;
Sein Tisch und Bett soll Beicht' und Schule sein,

In alles, was er vornimmt, meng' ich ihm
Cassios Gesuch: deshalb sei fröhlich, Cassio,
Denn deine Mittlerin wird lieber sterben,
Als dich aufgeben.

Othello und *Jago* treten in einiger Entfernung auf.

Emilie. Gnäd'ge Frau, hier kommt
Der General.
Cassio. Ich nehme meinen Abschied.
Desdemona. Ei bleibt und hört mich reden!
Cassio. Gnäd'ge Frau,
Jetzt nicht, ich bin nicht unbefangen, wenig
Geschickt für meine Absicht.
Desdemona. Meinethalb,
Tut nach Belieben. (Cassio geht.)
Jago. Ha! – Das gefällt mir nicht!
Othello. Was sagst du da?
Jago. Nichts, gnäd'ger Herr; doch wenn, – – – ich weiß nicht, was.
Othello. War das nicht Cassio, der mein Weib verließ?
Jago. Cassio, Gen'ral? Gewiß, ich dächt' es nicht,
Daß er, wie schuldbewußt, wegschleichen würde,
Da er Euch kommen sieht.
Othello. Ich glaub', er war's.
Desdemona. Ei sieh, mein lieber Herr! –
Soeben sprach ein Bittender mit mir,
Der schmachten muß in deiner Ungnade.
Othello. Wer ist's, den du meinst?
Desdemona. Nun, deinen Lieutenant Cassio. Teurer Freund,
Hat meine Liebe Kraft, dich zu bewegen,
Dann augenblicks versöhne dich mit ihm: –
Ist er nicht einer, der dich wahrhaft liebt,
Unwissentlich und nicht aus Vorsatz fehlt',
Versteh' ich schlecht mich auf ein ehrlich Antlitz; –
Bitt' dich, ruf ihn zurück.
Othello. Ging er jetzt fort?
Desdemona. Ja wahrlich; so gebeugt,
Daß er ein Teil von seinem Gram mir ließ,
Mit ihm zu leiden. Liebster, ruf ihn wieder.
Othello. Jetzt nicht, geliebtes Herz; ein andermal.
Desdemona. Doch bald.
Othello. Sobald als möglich, deinethalb.
Desdemona. Zum Abendessen denn?
Othello. Nein, heute nicht.
Desdemona. Dann morgen mittag?

Othello. Ich speise nicht zu Haus:
Die Offiziere luden mich zur Festung.
Desdemona. Nun morgen abend? oder Dienstag morgen,
 Zu Mittag oder Abend; – Mittwoch früh? –
 O nenne mir die Zeit, doch laß es höchstens
 Drei Tage sein; gewiß, es reut ihn sehr;
 Und sein Vergehn, nach unsrer schlichten Einsicht, –
 Wiewohl der Krieg ein Beispiel fordert, sagt man,
 Am besten selbst, – ist kaum ein Fehl, geeignet
 Für heimlichen Beweis. – Wann darf er kommen?
 Sprich doch, Othello; ich begreife nicht,
 Was ich dir weigerte, das du verlangtest
 Oder so zaudernd schwieg. Ei, Michael Cassio,
 Der für dich warb, und manches liebe Mal,
 Wenn ich von dir nicht immer günstig sprach,
 Dich treu verfocht, den kostet's so viel Müh',
 Dir zu versöhnen? Traun, ich täte viel – –
Othello. Ich bitt' dich, laß; er komme, wann er will;
 Ich will dir nichts versagen;
Desdemona. Es ist ja nicht für mich:
 Es ist, als bät' ich dich, Handschuh' zu tragen,
 Dich warm zu halten, kräft'ge Kost zu nehmen,
 Als riet ich dir die eigene Person
 Recht gut zu halten: Nein, hab' ich zu bitten,
 Was deine Liebe recht erproben soll,
 Dann muß es schwierig sein und voll Gewicht,
 Und mißlich die Gewährung.
Othello. Ich will dir nichts versagen;
 Dagegen bitt' ich dich, gewähr' mir dies –
 Laß mich ein wenig nur mit mir allein.
Desdemona. Soll ich's versagen? Nein, leb wohl, mein Gatte.
Othello. Leb wohl, mein Herz; ich folge gleich dir nach.
Desdemona. Emilie, komm.
 (Zu Othello.) Tu, wie dich Laune treibt;
 Was es auch sei, gehorsam bin ich dir.
 (Geht ab mit Emilie.)
Othello. Holdselig Ding! Verdammnis meiner Seele,
 Lieb' ich dich nicht! Und wenn ich dich nicht liebe,
 Dann kehrt das Chaos wieder.
Jago. Mein edler General –
Othello. Was sagst du Jago?
Jago. Hat Cassio, als Ihr warbt um Eure Gattin,
 Gewußt um Eure Liebe?

Othello. Vom Anfang bis zu Ende; warum fragst du?
Jago. Nur um zu wissen, ob ich richtig dachte.
Nichts Arges sonst.
Othello.   Was dachtest du, Jago?
Jago. Ich dachte nicht, er habe sie gekannt.
Othello. O ja, er ging von einem oft zum andern.
Jago. Wirklich?
Othello. Wirklich! ja wirklich! – Findst du was darin?
Ist er nicht ehrlich?
Jago.   Ehrlich, gnäd'ger Herr?
Othello. Ehrlich, ja ehrlich.
Jago.   Soviel ich weiß, Gen'ral!
Othello. Was denkst du, Jago?
Jago.   Denken, gnäd'ger Herr?
Othello. Denken, gnädiger Herr! Bei Gott, mein Echo!
Als läg' ein Ungeheures ihm im Sinn,
Zu gräßlich es zu zeigen, – etwas meinst du;
Jetzt eben riefst du: *das gefällt mir nicht*! –
Als Cassio fortging. *Was* gefällt dir nicht? –
Und als ich sagt', ihm hab' ich mich vertraut
Bei meiner ganzen Werbung, riefst du: *wirklich*?
Und zogst und faltetest die Stirn zusammen,
Als hieltst du einen greulichen Gedanken
Verschlossen im Gehirn: – Wenn du mich liebst,
Sprich, was du denkst.
Jago. Ihr wißt, ich lieb' Euch, Herr!
Othello.   Das denk' ich, tust du;
Und weil ich weiß, du bist mein Freund und redlich,
Und wägst das Wort, eh du ihm Atem leihst,
So ängstet mich dies Stocken um so mehr: –
Denn derlei ist bei falsch treulosen Buben
Alltäglich Spiel! Doch bei dem Biedermann
Heimlicher Wink, der aus dem Herzen dringt,
Im Zorn des Edelmuts.
Jago.   Nun, Michael Cassio –
Ich darf wohl schwören, ehrlich halt' ich ihn.
Othello. Ich auch.
Jago.   Man sollte sein das, was man scheint;
Und die es nicht sind, sollten's auch nicht scheinen.
Othello. Ganz recht, man sollte sein das, was man scheint.
Jago. Nun wohl, so halt' ich Cassio dann für ehrlich.
Othello. Nein, damit meinst du mehr:
Sprich! bitte, wie zu eigenen Gedanken,

So wie du sinnst; und gib dem schlimmsten Denken
Das schlimmste Wort.

Jago. Mein General verzeiht;
Obgleich zu jeder Dienstpflicht Euch verbunden,
Nicht bin ich's da, wo Sklaven frei sich fühlen.-
Aussprechen die Gedanken!
Gesetzt, sie wären niedrig und verkehrt, –
Wo ist der Palast, wo nicht auch einmal
Schändliches eindringt? Wessen Herz so rein,
Daß der und jener schmutzige Zweifel nicht
Einmal zu Rat sitzt und Gerichtstag hält
Zugleich mit rechtlichen Gedanken.

Othello. Du übst Verrat an deinem Freunde, Jago!
Glaubst du, man känk' ihn, und verhehlst ihm doch,
Was du nur irgend denken magst.

Jago. Ich bitt' Euch,
Wenn auch vielleicht schlecht ist, was ich vermute, –
Wie's, ich bekenn' es, mein unsel'ger Hang ist,
Fehltritten nachzugehn; oft auch mein Argwohn
Aus Nichts die Sünde schafft, – daß Eure Weisheit,
Auf einen, der so unvollkommen urteilt,
Nicht hören mag; noch Unruh' Euch erbaun
Aus seiner ungewiß zerstreuten Meinung; –
Nicht kann's bestehn mit Eurer Ruh' und Wohlfahrt,
Noch meiner Mannheit, Redlichkeit und Vorsicht,
Sagt' ich Euch, was ich denke.

Othello. Sprich! was meinst du?

Jago. Der gute Name ist bei Mann und Frau,
Mein bester Herr,
Das eigentliche Kleinod ihrer Seelen.
Wer meinen Beutel stiehlt, nimmt Tand; 's ist etwas
Und nichts; mein war es, ward das Seine nun,
Und ist der Sklav' von Tausenden gewesen.
Doch, wer den guten Namen mir entwendet,
Der raubt mir das, was ihn nicht reicher macht,
Mich aber bettelarm.

Othello. Beim Himmel! Ich will wissen, was du denkst.

Jago. Ihr könnt's nicht, läg' in Eurer Hand mein Herz,
Noch sollt Ihr's, weil es meine Brust verschließt.

Othello. Ha!

Jago. O, hütet, Herr, Euch vor der Eifersucht,
dem grüngeaugten Scheusal, das besudelt
Die Speise, die es nährt: Heil dem Betrognen,

Der, seiner Schmach bewußt, die Falsche haßt;
Doch welche Qualminuten zählt der Mann,
Der liebt, verzweifelt, argwohnt und vergöttert!

Othello. O Jammer!

Jago. Arm und vergnügt ist reich und überreich;
Doch Krösus' Reichtum ist so arm als Winter
Für den, der immer fürchtet, er verarme: –
O Himmel, schütz all meiner Sippen Herz
Vor Eifersucht!

Othello.   Wie? Was ist das? Denkst du,
Mein Leben soll aus Eifersucht bestehn?
Und wechseln, wie der Mond, in ew'gem Schwanken,
Mit neuer Furcht? Nein, einmal zweifeln macht
Mit eins entschlossen. Vertausch mich für 'ne Geiß,
Wenn ich das Wirken meiner Seele richte
Auf solch verblas'nes, hohles Hirngespinst,
Wie's du andeutest da. Nicht weckt mir's Eifersucht,
Sagt man, mein Weib ist schön, gedeiht, spricht gern,
Sie liebt Gesellschaft, singt, spielt, tanzt mit Reiz;
Wo Tugend ist, macht das noch tugendhafter: –
Noch schöpf' ich je aus meinen eignen Mängeln
Die kleinste Furcht, noch Zweifel ihres Abfalls;
Sie war nicht blind und wählte mich. Nein Jago,
Sehn will ich, eh ich zweifle; zweifl' ich, prüfen;
Und ist's geprüft, so bleibt nichts anders übrig,
Als fort auf eins, mit Lieb' und Eifersucht.

Jago. Das freut mich, denn nun hab' ich guten Grund,
Euch meine Lieb' und Pflicht zu offenbaren,
Mit freierm Herzen. Drum, wie's meine Pflicht,
Hört so viel nur: noch schweig' ich von Beweisen. –
Beachtet Eure Frau, wenn sie mit Cassio;
Eu'r Auge so, nicht blind, nicht eifersüchtig;
Wie traurig würd' Eu'r freies edles Herz
Getäuscht durch eigne Güte; drum gebt acht!
Venedigs Art und Sitte kenn' ich wohl:
Dort lassen sie den Himmel Ding sehn,
Die sie dem Mann verbergen: gut Gewissen
Heißt dort nicht: unterlaß! Nein: halt geheim!

Othello. Meinst du? –

Jago. Den Vater trog sie, da sie Euch geehlicht –
Als sie vor Eurem Blick zu beben schien,
War sie in ihn verliebt.

Othello.   Jawohl!

Jago.   Nun folglich;
  Sie, die so jung sich so verstellen konnte,
  Daß sie des Vaters Blick mit Nacht umhüllte,
  Daß er's für Zauber hielt – doch scheltet mich; –
  In Demut bitt' ich Euch, Ihr wollt verzeihn,
  Wenn ich zu sehr Euch liebe.
Othello.   Ich bin dir ewig dankbar.
Jago. Ich seh', dies bracht' Euch etwas aus der Fassung.
Othello. O gar nicht! Gar nicht!
Jago.   Traun, ich fürcht' es doch.
  Ich hoff', Ihr wollt bedenken, was ich sprach,
  Geschah aus Liebe. – Doch Ihr seid bewegt; –
  Ich bitt' Euch, Herr! Dehnt meine Wort nicht
  Zu größrer Folg'rung, weiterem Belang,
  Als auf Verdacht nur.
Othello.   Nein.
Jago.   Denn tätet Ihr's,
  Mein Warnen möchte schlimmre Folgen haben,
  Als ich jemals gedacht. Sehr lieb' ich Cassio –
  Ich seh', Ihr seid bewegt.
Jago.   O nein! Nicht sehr! –
  Ich glaube, Desdemona ist mir treu.
Jago. Lang' bleibe sie's! Und lange mögt Ihr's glauben!
Othello. Und dennoch – ob Natur, wenn sie verirrt –
Jago. Ja, darin liegt's: Als – um es dreist zu sagen –
  So manchem Heiratsantrag widerstehn,
  Von gleicher Heimat, Hautfarbe und Rang,
  Wonach, wir sehn's Natur doch immer strebt:
  Hm, darin spürt man Triebe, allzu lüstern,
  Maßlose Sucht, Gedanken unnatürlich.
  Jedoch verzeiht: ich hab' nicht geradezu,
  Nicht sie bestimmt gemeint, obschon ich fürchte,
  Ihr Trieb, zurückgekehrt zu besserm Urteil,
  Vergleicht Euch einst mit ihrem Landsgenossen,
  Und dann vielleicht bereut sie.
Othello.   Leb wohl! Leb wohl!
  Wenn du mehr wahrnimmst, laß mich mehr erfahren;
  Dein Weib geb' auf sie acht! – Verlaß mich, Jago.
Jago. Lebt wohl, mein gnäd'ger Herr!   (Abgehend.)
Othello. Warum vermählt' ich mich? – Der brave Mensch
  Sieht und weiß mehr, weit mehr, als er enthüllt!
Jago (zurückkehrend). Mein General, ich möcht' Euch herzlich bitten.
  Nicht weiter grübelt; überlaßt's der Zeit:

Und rat' ich gleich, Cassio sein Amt zu geben, –
Denn allerdings, er steht ihm trefflich vor, –
Doch, wenn's Euch gut dünkt, haltet ihn noch hin;
Dadurch verrät er sich und seine Mittel.
Habt acht, ob Eure Gattin seine Rückkehr
Mit dringend heft'gem Ungestüm begehrt;
Daraus ergibt sich manches. Unterdes
Denkt nur, ich war zu emsig in der Furcht, –
Und wirklich muß ich fürchten, daß ich's war –
Und haltet sie für treu, mein edler Feldherr!

Othello. Sorg nicht um meine Fassung.

Jago. Noch einmal nehm' ich Abschied. (Ab.)

Othello. Das ist ein Mensch von höchster Redlichkeit,
Und kennt mit wohlerfahrnem Sinn das Treiben
Des Weltlaufs. Find' ich dich verwildert, Falk,
Und sei dein Fußriem mir ums Herz geschlungen,
Los geb' ich dich, fleug hin in alle Lüfte,
Auf gutes Glück! – Vielleicht wohl, weil ich schwarz bin,
Und mir des leichten Umgangs Gabe fehlt,
Der Stutzer ziert; auch weil sich meine Jahre
Schon abwärts senken; – doch das heißt nicht viel: –
Sie ist dahin! – Ich bin getäuscht! – Mein Trost
Sei bittrer Abscheu. Fluch des Ehestandes,
Daß diese zarten Wesen unser eigen,
Und nicht ihr Trieb! Lieber 'ne Kröte sein
Und von den Dünsten eines Kerkers leben,
Als daß ein Winkel im geliebten Wesen
Für andre sei. – Das ist der Großen Qual,
Sie haben minder Vorrecht, als der Niedre:
's ist Geschick, unwendbar wie der Tod;
Schon im Entstehn schwebt der gehörnte Fluch
Auf unsrer Scheitel. Siehe da, sie kommt:

Desdemona und *Emilie* treten auf.

Ist diese falsch, so spottet sein der Himmel! –
Ich will's nicht glauben!

Desdemona. Nun, mein teurer Herr?
Dein Gastmahl und die edlen Insulaner,
Die du geladen, warten schon auf dich.

Othello. Ich bin zu tadeln.

Desdemona. War redest du so matt? Ist dir nicht wohl?

Othello. Ich fühle Schmerz an meiner Stirne hier.

Desdemona. Ei ja, das kommt vom Wachen, es vergeht;

Ich will sie fest dir binden, in 'ner Stunde
Ist's wieder gut.
Othello. Dein Schnupftuch ist zu klein.
(Sie läßt ihr Schnupftuch fallen.)
Laß nur: Komm mit, ich geh' hinein mit dir.
Desdemona. Es quält mich sehr, daß du dich unwohl fühlst.
(Desdemona und Othello ab.)
Emilie. Mich freut, daß ich das Tuch hier finde;
Dies war des Mohren erstes Liebespfand.
Mein wunderlicher Mann hieß mich schon zehnmal
Das Tuch entwenden: doch sie liebt's so sehr –
Denn er beschwor sie's sorglich stets zu hüten, –
Daß sie's beständig bei sich trägt, es küßt,
Und spricht damit. Das Stickwerk zeichn' ich nach,
Und geb' es Jago:
Wozu er's will, der Himmel weiß; gleichviel,
Ich füge mich in seiner Launen Spiel.

Jago tritt auf.

Jago. Was gibt's? Was machst du hier allein?
Emilie. Nun zank' nur nicht, ich habe was für dich.
Jago. Hast was für mich? Das ist nun wohl nichts Neues!
Emilie. Ei! Seht mir doch!
Jago. Ein närrisch Weib zu haben.
Emilie. So! Weiter nichts! – Nun, sprich! Was gibst du mir
Für dieses Taschentuch?
Jago. Welch Taschentuch? –
Emilie. Welch Taschentuch?
Ei nun, des Mohren erstes Brautgeschenk,
Das du so oft mir zu entwenden hießest.
Jago. Hast du's gestohlen?
Emilie. Das nicht, sie ließ es fallen aus Versehn;
Und ich zum Glück stand nah' und hob es auf.
Sie da, hier ist's.
Jago. Ein braves Weib! Gib her! –
Emilie. Was soll dir's, daß du mich so eifrig drängtest,
Ihr's wegzumausen? –
Jago (reißt es ihr weg). Ei! Was geht's dich an! –
Emilie. Hat's keinen wicht'gen Zweck, so gib mir's wieder:
Die arme Frau! - Sie wird von Sinnen kommen,
Wenn sie's vermißt.
Jago. Tu du, als weißt du nichts: ich brauch's zu was.
Geh, laß mich. (Emilie ab.)

Ich will bei Cassio dieses Tuch verlieren,
Da soll er's finden; leicht wie Luft,
Sind für die Eifersucht Beweis, so stark
Wie Bibelsprüche. Dies kann Wirkung tun.
Der Mohr spürt schon die Wirkung meines Gifts –
Gefährliche Gedanken sind gleich Giften,
Die kaum zu Anfang den Geschmack beleid'gen,
Allein in kurzer Wirkung auf das Blut
Gleich Schwefelminen glühn. Ich sagt' es wohl! –
Othello tritt auf.
Da kommt er. Nicht Mandragora noch Mohn,
Noch alle Schlummersäfte der Natur
Verhelfen je dir zu dem süßen Schlaf,
Der gestern dein noch war.

Othello. Ha, Ha! Mir treulos! Mir! –

Jago. Nun, faßt Euch, General! Nichts mehr davon.

Othello. Fort! Heb dich weg! Du warfst mich auf die Folter: –
Ich schwör', 's ist besser, sehr betrogen sein,
Als nur ein wenig wissen.

Jago.   Wie, Genr'al?

Othello. Was ahnet' ich ihre verstohlnen Lüste? –
Ich sah's nicht, dacht' es nicht, war ohne Harm;
Schlief wohl die nächste Nacht, aß gut, war frei und froh;
Ich fand nicht Cassios Küss' auf ihren Lippen:
Wenn der Beraubte nicht vermißt den Raub,
Sagt ihr's ihm nicht, so ist er nicht beraubt.

Jago. Es schmerzt mich, dies zu hören.

Othello. Noch wär' ich glücklich, wenn das ganze Lager,
Troßbub' und alles ihren süßen Leib genoß,
Und ich erfuhr es nicht. O nun, auf immer
Fahr wohl, des Herzens Ruh'! Fahr wohl, mein Friede!
Du helmbuschwall'nde Schar, du stolzer Krieg,
Der Ehrgeiz macht zur Tugend! O fahr wohl!
Fahr wohl, mein wiehernd Roß und schmetternd Erz,
Mutschwellende Trommel, muntrer Pfeifenklang,
Du königlich Panier, und aller Glanz,
Pracht, Pomp und Rüstung des glorreichen Kriegs! –
Und o du Mordgeschoß, des rauher Schlund
Des ew'gen Jovis Donner widerhallt,
Fahr wohl! Othellos Tagwerk ist getan! –

Jago. Ist's möglich? – Gnäd'ger Herr –

Othello. Beweise, Schurk, mir, daß mein Weib verbuhlt,
Tu's ja, schaff mir den sichtlichen Beweis;

Sonst, bei dem Leben meiner ew'gen Seele,
Besser wär' dir's, ein Hund geboren sein,
Als meinem Grimm dich stellen.
Jago.   Dahin kam's?
Othello.   Laß mich es sehn; wo nicht, gib solche Probe,
An der kein Häkchen sei, den kleinsten Zweifel
Zu hängen dran, sonst wehe deiner Seele! –
Jago.   Mein edler Herr! –
Othello.   Wenn du sie frech verleumd'st und folterst mich,
Dann bete nie mehr; töte jede Regung;
Auf höchsten Greuel häufe neuen Greul;
Mach, daß der Himmel weint, die Erde schaudert;
Denn nichts zum ew'gen Fluche kannst du fügen,
Das größer sei.
Jago.   O! Gnad'! O Himmel! Schützt mich!
Seid Ihr ein Mann? Habt Ihr Vernunft und Sinn?
Fahrt wohl denn! Nehmt mein Amt. – Ich blöder Tor,
Den Redlichkeit nun zum Verbrecher macht!
O! Schnöde Welt! Merk' auf, o Welt!
Aufrichtig sein und redlich bringt Gefahr.
Dank für die Warnung; keinen Freund von jetzt
Lieb' ich hinfort, da Liebe so verletzt.
Othello.   Nein, bleib, du solltest doch wohl redlich sein.
Jago.   Nein, klug, denn Redlichkeit ist eine Törin,
Die das verfehlt, wonach sie strebt.
Othello.   Bei Gott!
Ich denk', mein Weib ist treu und ist es nicht;
Ich denke, du bist brav und bist es nicht;
Ich will Beweis. Ihr Name, einst so klar
Wie Dianas Stirn, ist nun besudelt, schwarz
Wie mein Gesicht. – Wenn's Messer gibt und Stricke,
Gift, Feuer oder Ströme zum Ersäufen,
Ich duld' es nicht. – O hätte ich Gewißheit. –
Jago.   Ich sehe, wie Euch Leidenschaft verzehrt.
Mich reut, daß ich Euch davon sprach: Ihr möchtet
Gewißheit haben?
Othello.   Möchte? Nein, ich will's.
Jago.   Und könnt. Doch wie? Gewißheit, wie, o Herr?
Wollt Ihr mit offnem Blick Zuschauer sein?
Sie sehn gepaart?
Othello.   Ha, Tod und Teufel! O! –
Jago.   Ein schwierig Unternehmen, denk' ich mir,
Sie so zur Schau zu bringen: 's wär' zu toll,

Wenn mehr noch als vier Augen Zutritt fänden
Zu ihrem Lustpfühl! Was denn also? Wie?
Was soll ich tun? Wo Euch Gewißheit finden?
Unmöglich ist es, dies mit anzusehn,
Und wären sie wie Geiß' und Affen geil,
Hitzig, wie brünst' ge Wölfe, töricht, sinnlos
Wie trunkne Dummheit. Dennoch sag' ich Euch,
Wenn ein Verdacht, der auf Tatsachen fußt,
Die gradhin führen zu der Wahrheit Tor,
Gewißheit Euch verschaffen kann, den hätt' ich.

Othello. Gib sprechende Beweise, daß sie falsch.

Jago. Ich hasse dies Geschäft:
Doch weil ich hierin schon so weit gegangen –
Gespornt durch Lieb' und dumme Redlichkeit –
So fahr' ich fort. – Ich schlief mit Cassio jüngst,
Und da ein arger Schmerz im Zahn mich quälte,
Konnt' ich nicht ruhn.
Nun gibt es Menschen von so schlaffem Geist,
Daß sie im Traum ausschwatzen, was sie tun;
Und Cassio ist der Art.
Im Schlafe seufzt' er: Süße Desdemona! –
Sei achtsam, unsre Liebe halt geheim! –
Und dann ergriff und drückt' er meine Hand,
Rief: Süßes Kind! – und küßte mich mit Inbrunst
Als wollt' er Küsse mit der Wurzel reißen
Aus meinen Lippen, legte dann das Bein
Auf meines, seufzt' und küßte mich und rief:
Verwünschtes Los, das dich dem Mohren gab! –

Othello. O greulich! greulich!

Jago. Nun, dies war nur Traum.

Othello. Doch er bewies vorhergegangne Tat.
Ein schlimm Bedenken ist's, sei's auch nur Traum.

Jago. Und dient vielleicht zur Stütze andrer Proben,
Die schwach beweisen.

Othello. In Stücke reiß' ich sie.

Jago. Nein, mäßigt Euch; noch sehn wir nichts getan;
Noch kann sie schuldlos sein. Doch sagt dies eine, –
Saht Ihr nicht sonst in Eures Weibes Hand
Ein feines Tuch mit Erdbeer'n bunt gestickt?

Othello. So eines gab ich ihr, mein erst Geschenk.

Jago. Das wußt' ich nicht; allein mit solchem Tuch
– Gewiß war es das ihre, – sah ich heut
Cassio den Bart sich wischen.

Othello. Wär' es *das*, –
Jago. Das, oder sonst eins, kam's von ihr, so zeugt
 Es gegen sie nebst jenen andern Zeichen.
Othello. O, daß der Sklav' zehntausend Leben hätte!
 Eins ist zu arm, zu schwach für meine Rache!
 Nun seh' ich, es ist wahr. Blick her, so blase
 Mein töricht Lieben ich in alle Winde.
 Hin ist es.
 Auf, schwarze Rach'! Aus deiner tiefen Hölle!
 Gib, Liebe, deine Kron' und Herzensthron
 Tyrannischem Haß! Schwill an von deiner Last,
 O Busen, angefüllt mit Natterzungen!
Jago. Ich bitt' Euch, seid gefaßt.
Othello. Blut, Blut, o Jago!
Jago. Geduld, vielleicht noch ändert Ihr den Sinn.
 Othello. Nie, Jago, nie. So wie des Pontus Meer,
Des eis'ger Strom und vorgeschriebner Lauf
Nie rückwärts ebben mag, nein, unaufhaltsam
In den Propontis rollt und Hellespont,
So soll mein blut'ger Sinn in wüt'gem Gang
Nie umschaun, noch zur sanften Liebe ebben,
Bis eine vollgenügend weite Rache
Sie ganz verschlang.   (Er kniet nieder.)
 Nun, beim kristallnen Äther,
Mit schuld'ger Ehrfurcht vor dem heil'gen Eid,
Verpfänd' ich hier mein Wort.
Jago (kniet auch). Steht noch nicht auf. –
 Bezeugt's, ihr ewig glüh'nden Lichter dort!
 Ihr Elemente, die uns rings umschließt!
 Bezeugt, daß Jago hier sich weiht mit allem,
 Was sein Verstand, was Herz und Hand vermag,
 Othellos Schmach zu ahnden! Er gebiete,
 Und sei Gehorsam mir Gewissenspflicht,
 Wie blutig auch die Tat. – –
Othello. Ich grüße deine Liebe
 Mit leerem Wort nicht, nein, mit reichem Dank,
 Und augenblicklich führ' ich dich ans Werk:
 Laß in drei Tagen mich von dir vernehmen,
 Daß Cassio nicht mehr lebt.
Jago. Mein Freund ist tot; Ihr wollt's, es ist geschehn:
 Sie aber schont.
Othello. Verdammt, verdammt, sei sie, die feile Dirne!
 Komm, folge abseits mir, denn ich will fort,

Ein schnelles Todesmittel mir zu schaffen
Für diesen schönen Teufel – Nun bist du mein Lieutenant.
Jago. Ich in auf ewig Euer. (Sie gehen ab.)

4. Szene
Ebendaselbst

Desdemona, Emilie, der *Narr*

Desdemona. Weißt du, mein Freund! in welcher Gegend Lieutenant Cassio liegt?

Narr. Ich möchte nicht sagen, daß er irgendwo lüge.

Desdemona. Warum?

Narr. Er ist ein Soldat, und wollte ich sagen, daß ein Soldat lüge, das ginge an Hals und Kragen.

Desdemona. Geh doch, wo wohnt er?

Narr. Euch sagen, wo er wohnt, hieße Euch sagen, wo ich lüge.

Desdemona. Ist daraus wohl klug zu werden? –

Narr. Ich weiß nicht, wo er wohnt, und sollte ich eine Wohnung aus der Luft ergreifen und sagen, er liegt hier, oder da, – das hieße in meinen Hals hineinlügen.

Desdemona. Kannst du ihn wohl ausfragen und dich an dem Bescheid erbauen?

Narr. Ich will die Welt katechisieren, das heißt Fragen stellen und dementsprechend antworten.

Desdemona. Such ihn auf, und schicke ihn her; sage ihm, ich habe bei meinem Gemahl für ihn gesprochen, ich hoffe, alles werde noch gut.

Narr. Dies auszurichten, reicht nicht über das Vermögen des menschlichen Geistes; und darum will ich das Abenteuer bestehen. (Ab.)

Desdemona. Wo hab' ich nur das Tuch verlegt, Emilie?

Emilie. Ich weiß nicht, gnäd'ge Frau.

Desdemona. Glaub mir, viel lieber mißt' ich meine Börse,
Voll von Crusados. Wär' mein edler Mohr
Nicht großgesinnt und frei vom niedern Stoff
Der Eifersucht, dies könnt' auf schlimme Meinung
Ihn führen.

Emilie. Weiß er nichts von Eifersucht?

Desdemona. Wer? Er? – Die Sonn' in seinem Lande, glaub' ich,
Sog alle solche Dünst' ihm aus.

Emilie. Da kommt er.

Desdemona. Ich will ihn jetzt nicht lassen, bis er Cassio
Zurückberief. Wie geht dir's, mein Othello? –

Othello tritt auf

Othello. Wohl, teure Frau!
              (Beiseite.) O Qual, sich zu verstellen!
(Laut.) Wie geht dir's, Desdemona?
Desdemona.   Gut, mein Teurer!
Othello. Gib deine Hand mir. – Diese Hand ist feucht.
Desdemona. Sie hat auch Alter nicht, noch Gram gefühlt.
Othello. Das zeigt Freigebigkeit und üpp'gen Sinn; –
  Heiß, heiß, und feucht! Solch einer Hand geziemt
  Abtötung von der Welt, Gebet und Fasten,
  Viel Selbstkasteiung, fromme Übungen;
  Denn jung und brennend wohnt ein Teufel hier,
  Der leicht sich auflehnt. 's ist 'ne milde Hand,
  Die gern verschenkt.
Desdemona.   Du kannst sie wohl so nennen;
  Denn diese Hand war's, die mein Herz dir gab.
Othello. Eine offne Hand: sonst gab das Herz die Hand;
  Die neue Wappenkund' ist Hand, nicht Herz.
Desdemona. Davon versteh' ich nichts. Nun, dein Versprechen!
Othello. Welch ein Versprechen, Kind? –
  Desdemona. Ich ließ den Cassio rufen, dich zu sprechen.
Othello. Mich plagt ein scharfer, widerwärt'ger Schnupfen,
  Leih' mir dein Taschentuch.
Desdemona.   Hier, mein Gemahl!
Othello. Das, welches ich dir gab.
Desdemona.   Ich hab's nicht bei mir.
Othello. Nicht?
Desdemona.   Wirklich nicht, mein Teurer.
Othello. Das muß ich tadeln; dieses Tuch
  Gab meiner Mutter ein Zigeunerweib:
  'ne Zauberin war's, die in den Herzen las.
  Solange sie's bewahrte, sprach das Weib,
  Würd' es ihr Reiz verleihn, und meinen Vater
  An ihre Liebe fesseln; doch verlöre
  Oder verschenkte sie's, so würd' voll Ekel
  Sein Blick sich von ihr wenden, und er jagte
  Nach neuen Reizen. Sterbend gab sie's mir
  Und hieß mir's, wenn mein Schicksal mich vermählte,
  Der Gattin geben. Dies geschah: nun hüt' es,
  Mit zarter Liebe, gleich dem Augenstern.
  Verlörst du's, oder gäbst es fort, es wäre
  Ein Unheil ohne Maß.
Desdemona.   Wie, ist es möglich?

Othello. Jawohl; in dem Gewebe steckt Magie;
Eine Sibylle, die den Sonnenlauf
Zweihundertmal die Bahn vollenden sah,
Hat im prophet'schen Wahnsinn es gewebt.
Geweihte Würmer spannen ihr die Seide,
Sie färbt's in Mumiensaft, den sie mit Kunst
Aus Jungfraunherzen zog.
Desdemona. Wirklich? Ist's wahr?
Othello. Höchst zuverlässig; drum bewahr' es wohl.
Desdemona. Dann wollte Gott, ich hätt' es nie gesehn.
Othello. Ha! Und weshalb?
Desdemona. Was sprichst du so auffahrend und so schnell?
Othello. Ist's fort? Verloren? Sprich! Ist's nicht vorhanden?
Desdemona. Gott helfe mir!
Othello. Nun?
Desdemona. 's ist nicht verloren; wenn's nun aber wäre?
Othello. Ha! –
Desdemona. Ich sag', es ist noch da.
Othello. Dann hol' es, zeig' mir's.
Desdemona. Das könnt' ich, Herr, allein ich will es nicht.
Mit solchem Kunstgriff weichst du mir nicht aus –
Ich bitt' dich, nimm den Cassio wieder an.
Othello. Hol mir das Taschentuch; mir ahnet Schlimmes.
Desdemona. Sei gut;
Du findst nicht wieder solchen tücht'gen Mann.
Othello. Das Taschentuch –
Desdemona. Ich bitte, sprich von Cassio.
Othello. Das Taschentuch –
Desdemona. Ein Mann, der all sein Glück
Von je auf deine Freundschaft hat gebaut;
Gefahren mit dir teilte –
Othello. Das Taschentuch –
Desdemona. Fürwahr, du tust nicht recht! –
Othello. Hinweg! (Ab.)
Emilie. Ist der nicht eifersüchtig?
Desdemona. So sah ich ihn noch nie! –
Gewiß, ein Zauber steckt in jenem Tuch:
Ein wahres Unglück, daß ich es verlor.
Emilie.
Man lernt den Mann nicht aus in *einem* Jahr;
Sie alle sind nur Magen, wir nur Kost;
Sie schlingen uns hinab, und sind sie satt,
Spei'n sie uns aus. Seht! Cassio und mein Mann.

Jago und *Cassio* treten auf.

Jago. Da ist kein andrer Weg; sie muß es tun;
Und sieh, wie glücklich! Geh, bestürme sie.
Desdemona. Nun, lieber Cassio! Sagt, wie geht es Euch?
Cassio. Mein alt Gesuch. Ich bitt' Euch, gnäd'ge Frau,
Laßt mich durch Euer kräftig Fürwort wieder
Erstehn und teil an seiner Freundschaft finden,
Den ich mit ganzer Liebe meines Herzens
Treulich verehre: – Nicht verzögre sich's:
Ist mein Vergehn so tödlich schwerer Art,
Daß weder vor'ger Dienst, noch jetz'ge Reu,
Noch Vorsatz, künftig edlen Dienst zu tun,
Mir seine Neigung wieder kann gewinnen,
So wird mir's Wohltat sein, es nur zu wissen;
Dann borg' ich mir erzwungne Freudigkeit
Und such' auf einer neuen Lebensbahn
Des Glücks Almosen.
Desdemona. Ach, mein edler Cassio,
Diesmal hat meine Anwaltschaft nicht Klang.
Mein Herr ist nicht mein Herr; ich kennt' ihn nicht,
Wär' er im Antlitz wie im Geist verwandelt. –
So mag mir jeder fromme Engel helfen,
Wie ich für Euch nach besten Kräften sprach,
Und seinem Zorne mich zum Ziele bot,
Durch dreistes Wort! Ihr müßt Euch noch gedulden:
Was ich vermag, das tu' ich; tu' noch mehr,
Als ich für mich je wagte; dies genüg' Euch.
Jago. Ist er erzürnt?
Emilie. Er ging nur eben fort,
Und wirklich ungewöhnlich aufgeregt.
Jago. Kann er in Zorn sein? Die Kanone sah ich
Ihm seine Schlachtreihn sprengen in die Luft;
Und wie ein Teufel ihm den eignen Bruder
Von seiner Seite raffen; – er im Zorn? –
Dann mußt' es Großes sein; – ich geh' und such' ihn –
Gewiß; das hat was auf sich, wenn er zürnt. (Ab.)
Desdemona. Ich bitt' dich, tu's. – Vielleicht ein Staatsgeschäft –
Sei's von Venedig, sei's geheime Bosheit,
Der er in Zypern auf die Spur geraten –
Trübt seinen heitern Geist; in solchem Fall
Zankt auch der Mann wohl um geringre Dinge,
Sind größre auch der Grund. So ist es immer;
Denn schmerzt uns nur der Finger, teilt er mit

Den übrigen gesunden Gliedern etwas
Vom Wehgefühl. Nein, Männer sind nicht Götter:
Wir müssen nicht des Bräut'gams zarte Rücksicht
Von ihnen fordern. Schilt mich nur, Emilie;
Ich klagte schon, unholde Kriegerin,
Vor meinem Herzen ihn der Rauheit an.
Den Zeugen, find' ich, stiftet' selbst ich an,
Und er ist falsch verklagt.

Emilie. Gott geb' es sei'n Staatssachen, wie Ihr glaubt;
Und nicht ein Wahn, noch eifersücht'ge Grille,
Die Euch betrifft.

Desdemona. O liebe Zeit! – Ich gab ihm niemals Anlaß.

Emilie. Das ist dem Eifersücht'gen einerlei,
Sie sind nicht stets aus Anlaß eifersüchtig,
Sie eifern, weil sie eifern; 's ist ein Scheusal,
Erzeugt von selbst, geboren aus sich selbst.

Desdemona. Gott schütz' Othello vor dem Scheusal!

Emilie. Amen.

Desdemona. Ich will ihn suchen; Cassio, bleibt hier nah; –
Ist er gestimmt, betreib' ich Eu'r Gesuch,
Und streb's nach besten Kräften durchzusetzen.

Cassio. Ich dank' in Demut, gnäd'ge Frau! (Desdemona und Emilie ab.)

Bianca tritt auf.

Bianca. Gott grüß' dich, Cassio!

Cassio. Wie kommst du hierher?
Was treibst du, meine allerschönste Bianca?
Just wollt' ich zu dir kommen, liebes Herz.

Bianca. Und ich war eben unterwegs zu dir.
Was? Eine Woche konntst du außenbleiben?
Sieben Tag' und Nächte? – Achtmal zwanzig Stunden,
Und acht noch? Stunden, da der Liebste fern,
Langweil'ger, als der Zeiger, hundertmal?
O läst'ge Rechnung!

Cassio. Zürne nicht, mein Kind;
Mich drückte blei'rne Sorg' in all den Tagen;
Doch werd' ich dir zu ungestörter Zeit
Die lange Rechnung tilgen. – Liebste Bianca,
(Er gibt ihr Desdemonas Tuch.) Zeichne dies Muster ab.

Bianca. Ei, woher kam dies?
Das ist ein Pfand von einer neuen Freundin.
Die Trennung fühlt' ich, nun fühl' ich den Grund.
Kam es so weit? Nun gut, schon gut!

Cassio. Geh, Mädchen,
  Wirf den Verdacht dem Teufel ins Gesicht,
  Von dem er kam. Nun, bist du eifersüchtig,
  Dies sei von einer Liebsten mir geschenkt?
  Nein, glaub mir's, Bianca!
Bianca. Nun, und woher kam's?
Cassio. Ich weiß nicht, Kind; ich fand's auf meinem Zimmer,
  Die Stickerei gefällt mir: eh' man's fordert –
  Was bald geschehn kann – wünscht' ich's nachgezeichnet:
  Da nimm's, und tu's, und laß mich jetzt allein.
Bianca. Allein dich lassen? Und warum?
Cassio. Ich muß hier warten auf den General;
  Und nicht empfehlend wär' mir's, noch erwünscht,
  Fänd' er mich so begleitet.
Bianca. Und warum nicht?
Cassio. Nicht, daß ich dich nicht liebte.
Bianca. Nur, daß du mich nicht liebst.
  Ich bitt' dich, bring mich etwas auf den Weg;
  Und sag mir, kommst du wohl heut abend zeitig?
Cassio. Ich kann ein kurzes Stück nur mit dir gehn,
  Weil ich hier warte: doch ich seh' dich bald.
Bianca. Schon gut; man muß sich fügen in die Zeit. (Sie gehen ab.)

Vierter Aufzug

1. Szene

Zimmer auf dem Schlosse

Othello und *Jago* treten auf

Jago. Wie dünkt Euch das?
Othello. Was soll mich dünken?
Jago. Was?
  Sich heimlich küssen?
Othello. Ein verbotner Kuß! –
Jago. Oder nackt im Bett mit ihrem Freunde sein,
Wohl stundenlang und mehr, in aller Unschuld?
Othello. Im Bette nackt, und doch in aller Unschuld?
  Das hieße Heuchler spielen mit dem Teufel!
  Wer keusch sein will und solches tut, des Tugend
  Versucht der Teufel, und er selbst den Himmel.

Jago. Wenn sie nichts taten, war der Fehl nicht groß;
Doch, wenn ich meiner Frau ein Tuch verehrt –
Othello. Nun dann?
Jago. Nun, dann gehört's ihr, gnäd'ger Herr: und folglich
Darf sie's verschenken, mein' ich, wem sie will.
Othello. Sie ist die Schützerin auch ihrer Ehre;
Darf sie die auch verschenken?
Jago. Die Ehr' ist nur ein unsichtbares Wesen,
Und oft besitzt sie der, der sie nicht hat;
Allein das Tuch –
Othello. Bei Gott – Mit Freuden hätt' ich das vergessen:
Du sagtest – o es schwebt um mein Gedächtnis,
So wie der Rab' um sein verpestet Haus,
Verderben dräu'nd –, er habe jenes Tuch.
Jago. Nun, was denn?
Othello. Das ist doch nicht gut, gewiß!
Jago. Sagt' ich nun gar, ich sah ihn Euch beschimpfen,
Oder hört' ihn sagen, – wie's denn Schurken gibt,
Die, wenn sie durch ihr ungestümes Werben,
Oder Entgegenkommen eines Weibes
Sie zwangen und genossen – nimmer ruhn,
Bis sie geschwatzt, –
Othello. Hat er so was gesagt?
Jago. Das hat er gnäd'ger Herr! Doch seid versichert,
Nicht mehr, als er abschwören wird.
Othello. Was sagt' er?
Jago. Daß er bei ihr – ich weiß nicht, wie er sagte, –
Othello. Was? Was? –
Jago. Gelegen –
Othello. Bei ihr?
Jago. Bei ihr, auf ihr, wie Ihr wollt.

Othello. Bei ihr gelegen! Auf ihr! Das Tuch – diese Geständnisse – das Tuch – eingestehen, und dann für die Mühe gehenkt werden; zuerst gehenkt, dann eingestehen. – Ich zittre davor! – Natur würde sich nicht in so verfinsternde Qualen verhüllen, wäre es nicht Vorbedeutung. Es sind nicht Worte, die mich so erschüttern! – Hu! Nasen, Ohren und Lippen: ist es möglich? Eingestehen – Tuch – o Teufel! – (Er fällt in Ohnmacht.)
Jago. Sei wirksam, Gift,
Sei wirksam! So fängt man leichtgläub'ge Narren;
Manch wackre keusche Frau kommt grade so
Ganz schuldlos ins Geschrei. – Auf, gnäd'ger Herr! –
Othello! – Gnäd'ger Herr! – Was wollt Ihr, Cassio?

Cassio tritt auf.

Cassio. Was gibt's?

Jago. Der Feldherr stürzte jetzt in Krämpfen hin;
Dies ist seit gestern schon sein zweiter Anfall.

Cassio. So reibt ihn um die Schläfe!

Jago. Nein, laß ab:
Laß seiner Starrsucht ruhigen Verlauf;
Sonst schäumt er vor dem Mund und rast alsbald
In wilder Tobsucht. Sieh, er rührt sich wieder;
Entferne dich auf einen Augenblick,
Er wird sich schnell erholen; wenn er fort ist,
Hätt' ich mit dir ein wichtig Wort zu reden.   (Cassio ab.)
Wie ist Euch? Habt Ihr nicht den Kopf verletzt?

Othello. Sprichst du mir Hohn?

Jago. Euch höhnen! Nein, bei Gott!
Ich wollt', Ihr trügt Euer Schicksal, wie ein Mann.

Othello. Gehörnter Mann ist nur ein Vieh, ein Untier.

Jago. So gibt es manches Vieh in großen Städten,
Manch wohlgesittet Untier.

Othello. Gestand er's ein?

Jago. Mein Feldherr! Seid ein Mann;
Denkt, jeder bärt'ge Mensch, ins Joch gespannt,
Zieht neben Euch. Millionen leben rings,
Die nächtlich ruhn auf preisgegebnem Lager,
Das sie ihr eigen wähnen: Ihr steht besser.
O, das ist Satanshohn, Erzspaß der Hölle,
Ein üppig Weib im sichern Eh'bett küssen
Und keusch sie glauben! Nein, Gewißheit will ich:
Und hab' ich die, weiß ich, sie ist verloren.

Othello. Du sprichst verständig! Ja gewiß!

Jago. Geht auf die Seite, Herr:
Begebt Euch in die Schranken der Geduld.
Indes Ihr ganz von Eurem Gram bewältigt –
Ein Ausbruch, wenig ziemend solchem Mann –
Kam Cassio her; ich wußt' ihn wegzuschaffen,
Und Euren Anfall triftig zu entschuld'gen;
Dann lud ich ihn zurück auf ein Gespräch;
Was er verhieß. Nun legt Euch auf die Lauer,
Und merkt den Hohn, den Spott, die Schadenfreude
In jeder Miene seines Angesichts;
Denn beichten soll er mir aufs neu den Hergang,
Wo, wie, wie oft, wie lange schon und wann

Er Euer Weib geherzt und herzen wird;
Merkt, sag' ich, sein Gebärdenspiel. O still doch! –
Sonst denk' ich, Ihr seid ganz und gar nur Wut,
Und nichts von einem Manne.
Othello. Hörst du's, Jago?
Ich will höchst schlau jetzt den Geduld'gen spielen,
Doch hörst du es, höchst blutig.
Jago. So ist's recht –
Jedes zu seiner Zeit. – Nun tretet seitwärts. (Othello tritt beiseite.)
Jetzt will ich Cassio nach Bianca fragen,
Ein gutes Ding, das, ihre Gunst verkaufend,
Sich Brot und Kleider schafft: dies arme Tier
Läuft Cassio nach; es ist der Dirnen Fluch,
Nachdem sie zehn getäuscht, täuscht einer sie:
Er, wenn er von ihr hört, erwehrt sich kaum,
Laut aufzulachen. Sieh, da kommt er her: –
Cassio tritt auf.
Und wie er lächelt, soll Othello wüten;
Und seine ungelehr'ge Eifersucht
Wird Cassios Lächeln, Mienen, leichtes Wesen
Ganz ins Verkehrte deuten. – Nun, wie geht es dir, Lieutenant?
Cassio. So schlimmer, weil du mir den Titel gibst,
Dessen Verlust mich tötet.
Jago. Setz Desdemona zu, so kann's nicht fehlen.
(Beiseite.) Ja, läge dies Gesuch in Biancas Macht,
Wie schnell wärst du am Ziel!
Cassio. Das arme Ding!
Othello (beiseite). Seht nur, wie er schon lacht!
Jago. Nie hab' ich so verliebt ein Weib gesehn.
Cassio. Das gute Närrchen! Ich glaub', sie liebt mich wirklich.
Othello (beiseite). Jetzt leugnet er's nur schwach und lacht's hinweg!
Jago. Hör einmal, Cassio, –
Othello (beiseite). Jetzt bestürmt er ihn,
Es zu gestehn; nur zu; – so recht, so recht!
Jago. Sie spricht davon, du nimmst sie bald zur Frau;
Ist das dein Ernst?
Cassio. Ha, ha, ha, ha!
Othello (beiseite). Triumphierst du, Römer? Triumphierst du?
Cassio. Ich sie zur Frau nehmen? – Was! Eine Buhlschwester?
Ich bitte dich, habe doch etwas Mitleid mit meinem Verstand; halt ihn
doch nicht für so ganz ungesund. Ha, ha, ha!
Othello (beiseite). So, so, so; wer zuletzt lacht, lacht am besten.
Jago. Die Rede geht, du nimmst sie bald zur Frau.

Cassio. Nein, sag mir die Wahrheit.

Jago. Ich will ein Schelm sein!

Othello (beiseite). Mit mir hast du also schon abgerechnet. – Gut.

Cassio. Das hat der Affe selbst unter die Leute gebracht. Aus Liebe und Eitelkeit hat sie sich's in den Kopf gesetzt, ich werde sie heiraten; nicht weil ich's versprochen habe.

Othello (beiseite). Jago winkt mir, nun fängt er die Geschichte an.

Cassio. Eben war sie hier; sie verfolgt mich überall. Neulich stand ich am Strande und sprach mit einigen Venetianern, da kommt wahrhaftig der Grasaffe hin, und so wahr ich lebe, fällt mir so um den Hals –

Othello (beiseite). Und ruft: o lieber Cassio! oder etwas Ähnliches; denn das deutet seine Gebärde.

Cassio. Und hängt und drängt sich an mich, und weint an mir, und zerrt und zupft mich. Ha, ha, ha!

Othello (beiseite). Jetzt erzählt er, wie sie ihn in meine Kammer zog: O, ich sehe deine Nase, aber noch nicht den Hund, dem ich sie vorwerfen will.

Cassio. In der Tat, ich muß sie aufgeben.

Jago. Mein Seel! – Sieh, da kommt sie.

Bianca tritt auf.

Cassio. Der reine Iltis, aber ein parfümierter! Was willst du nur, daß du mir so nachläufst?

Bianca. Mag der Teufel und seine Großmutter dir nachlaufen! – Was hast du mit dem Taschentuch vor, das du mir jetzt eben gabst? Ich war eine rechte Närrin, daß ich's nahm. Ich soll das Stück abzeichnen? Ein schönes Stück, daß du's in deinem Zimmer sollst gefunden haben, und nicht wissen, wer's da ließ. 's ist das Geschenk irgend eines Schätzchens, und ich soll die Arbeit abzeichnen? Da, gib's deinem Steckenpferde: woher du's auch hast, ich werde die Stickerei nicht abzeichnen.

Cassio. Gemach, meine süße Bianca! Gemach!

Othello (beiseite). Beim Himmel, ist das nicht mein Taschentuch?

Bianca. Willst du heut abend zum Essen kommen, so tu's, willst du nicht, so komm ein andermal, wenn du Lust hast.   (Ab.)

Jago. Geh ihr nach, geh ihr nach!

Cassio. Das muß ich wohl, sonst zankt sie noch in der Straße.

Jago. Willst du zu Abend bei ihr essen?

Cassio. Ich denke ja!

Jago. Vielleicht treff' ich dich dort, denn ich hätte in der Tat notwendig mit dir zu reden.

Cassio. Bitt' dich, komm! Willst du?

Jago. Schon recht, kein Wort mehr.   (Cassio ab.)

Othello. Wie mord' ich ihn? Jago!

Jago. Bemerktet Ihr's, wie er zu seiner Schandtat lachte?

Othello. O, Jago!

Jago. Und sah't Ihr das Tuch?

Othello. War's meines?

Jago. Eures, bei dieser Hand! Und seht nur, wie er das törichte Weib, Eure Gattin, achtet! Sie schenkte es ihm und er schenkte es seiner Dirne.

Othello. O, daß ich neun Jahre an ihm morden könnte! Ein hübsches Weib, ein schönes Weib, ein süßes Weib!

Jago. Das müßt Ihr jetzt vergessen.

Othello. Mag sie verfaulen und verderben und zur Hölle fahren zu Nacht; denn sie soll nicht leben. Nein, mein Herz ist zu Stein geworden; ich schlage daran, und die Hand schmerzt mich. O, die Welt besitzt kein süßeres Geschöpf; sie hätte an eines Kaisers Seite ruhen und Sklavendienste von ihm fordern dürfen.

Jago. Nein, daran müßt Ihr nicht denken.

Othello. Sei sie verdammt! Ich sage nur, was sie ist: – So geschickt mit ihrer Nadel! – Eine wunderwürdige Tonkünstlerin! – O! Sie würde die Wildheit eines Bären zahm singen! – Von so feinem, herrlichem Witz, so geistreich! –

Jago. Und deshalb so schlimmer.

Othello. O tausend tausendmal! – Und dann von so liebenswürdiger Gemütsart.

Jago. Freilich zu liebenswürdig!

Othello. Ja, ganz gewiß: aber, wie schade dennoch, Jago! – O, Jago! Wie schade, Jago! –

Jago. Wenn Ihr verliebt in ihre Sünden seid, so gebt ihr einen Freibrief, zu freveln; denn wenn's Euch nicht rührt, geht es keinen etwas an.

Othello. Ich will sie in Stücke hacken. Mir Hörner aufsetzen!

Jago. O, es ist schändlich von ihr.

Othello. Mit meinem Lieutenant!

Jago. Das ist noch schändlicher.

Othello. Schaff mir Gift, Jago, diese Nacht: – Ich will sie nicht zur Rede stellen, damit ihre Gestalt und Schönheit meinen Zorn nicht wieder entwaffnen: – – Diese Nacht, Jago!

Jago. Tut es nicht mit Gift; erdrosselt sie in ihrem Bett, demselben Bett, das sie entehrt hat.

Othello. Gut! Die Gerechtigkeit darin gefällt mir; sehr gut.

Jago. Und Cassio, – den übernehm' ich selbst,
Um Mitternacht erfahrt Ihr mehr. (Man hört eine Trompete.)

Othello. Vortrefflich! – Horch, was meldet die Trompete?

Jago. Nachricht wohl von Venedig; 's ist Lodovico,
Gesandt vom Herzog, mit ihm kommt Eu'r Weib.
Lodovico, Desdemona und *Gefolge* treten auf.
Lodovico. Heil, würd'ger General!
Othello. Willkommen, Herr!
Lodovico. Euch grüßt Venedigs Herzog und Senat.

(Er übergibt ihm einen Brief.)

Othello. Ich küsse seines Willens Dokument. (Öffnet und liest den Brief.)
Desdemona. Was bringt ihr Neues, Vetter Lodovico?
Jago. Es freut mich höchlich, Euch zu sehn, Signor!
Willkommen hier in Zypern.
Lodovico. Ich dank' Euch. Was macht Lieutenant Cassio, Herr?
Jago. Er lebt, Signor.
Desdemona. Mein Vetter, er ist schlimm mit meinem Gatten
Zerfallen; doch Ihr werdet sie versöhnen.
Othello. Seid Ihr des so gewiß?
Desdemona. Wie, Herr?
Othello (liest). Dies zu vollbringen säumt nicht, wenn Ihr wollt –
Lodovico. Er meint' dich nicht; der Brief beschäftigt ihn.
Ist eine Feindschaft zwischen ihm und Cassio?
Desdemona. Ja! recht betrübte. Ich gäbe viel darum,
Sie auszusöhnen, denn ich liebe Cassio.
Othello. Feuer und Schwefel!
Desdemona. Herr!
Othello. Bist du bei Sinnen?
Desdemona. Er zürnt!
Lodovico. 's ist wohl der Brief, der ihn gereizt;
Denn, wie ich glaube, ruft man ihn zurück,
Und Cassio wird statt seiner Gouverneur.
Desdemona. Fürwahr! Das freut mich.
Othello. In der Tat?
Desdemona. Wie, Herr?
Othello. Mich freut's, dich toll zu sehn.
Desdemona. O, mein Othello! –
Othello. Teufel! (Schlägt sie.)
Desdemona. Das hab' ich nicht verdient.
Lodovico. Herr General,
Das würde keiner in Venedig glauben,
Und schwür' ich auch, ich sah's. Das geht zu weit.
Bittet ihr's ab, sie weint.
Othello. O, Teufel! Könnte
Die Erde sich von Weibertränen schwängern,

Aus jedem Tropfen wüchs' ein Krokodil; –
Mir aus den Augen!
Desdemona. Ich geh', Euch nicht zu ärgern.
(Will abgehen.)
Lodovico. In Wahrheit, ein gehorsam Weib! –
Ich bitt' Euch, gnäd'ger Herr! ruft sie zurück.
Othello. Frau – –
Desdemona. Mein Gemahl?
Othello. Was wollt Ihr mit ihr, Herr?
Lodovico. Wer? ich, Herr?
Othello. Ihr wünschtet ja, daß ich sie kehren hieße:
Umkehren kann sie, und doch vorwärts gehn,
Und wieder kehren; und weinen kann sie, weinen, –
Und ist gehorsam, wie Ihr sagt – gehorsam,
Ja, sehr gehorsam. Immer fort geweint! –
Was dies betrifft – o wohl erheuchelt Leid! –
Ich bin zurückberufen. – Geh du fort:
Ich schicke gleich nach dir. – Herr, dem Befehl gehorch' ich,
Und kehre nach Venedig; – fort! – hinaus –
(Desdemona geht ab.)
Cassio bekommt mein Amt. Und Herr, heut abend
Ersuch' ich Euch, mit mir zu Nacht zu speisen.
Willkommen hier in Zypern. – Ziegen und Affen! – (Ab.)
Lodovico. Ist dies der edle Mohr, den der Senat
Sein Ein und Alles nennt? Der edle Geist,
Den Leidenschaft nicht regt? Des feste Tugend
Kein Pfeil des Zufalls, kein Geschoß des Glücks
Durchbohrt noch streift? –
Jago. Er hat sich sehr geändert.
Lodovico. Ist er nicht wohl? Hat sein Verstand gelitten?
Jago. Er ist so, wie er ist; ich will nicht reden.
Gott geb', er wäre, was er könnte sein;
Jetzt ist er's nicht.
Lodovico. Was? Seine Frau zu schlagen!
Jago. Gewiß, das war nicht fein; doch wünscht' ich, wär'
Der Schlag sein ärgstes Tun.
Lodovico. Ist er oft so?
Sagt, oder hat der Brief sein Blut erhitzt,
Und neu gezeitigt diesen Fehltritt?
Jago. Ach!
Nicht wär's gewissenhaft von mir, erzählt' ich,
Was ich erfuhr und sah. Habt acht auf ihn;
Sein eigner Wandel wird ihn so Euch zeichnen,

Daß ich mein Wort kann sparen. Folgt ihm nur,
gebt Obacht, wie er's weiter treibt.
Lodovico. Es schmerzt mich, daß ich mich in ihm getäuscht.
(Sie gehen ab.)

2. Szene
Ein anderes Zimmer auf dem Schlosse

Othello und *Emilie* treten auf

Othello. So habt Ihr nichts gesehn?
Emilie. Auch nie gehört, noch Argwohn je geschöpft.
Othello. Ja, du sahst Cassio und sie beisammen.
Emilie. Doch sah ich dann kein Unrecht, und dann hört' ich
Jedwede Silbe, die gewechselt ward.
Othello. Was? Flüsterten sie nie?
Emilie. Nie, gnäd'ger Herr!
Othello. Und schickten nie dich fort?
Emilie. Nein, gnäd'ger Herr!
Othello. Um Fächer, Maske, Handschuh' ihr zu holen?
Emilie. Nie, gnäd'ger Herr!
Othello. 's ist seltsam.
Emilie. Ich wollt' auf ihre Tugend meine Seele
Zum Pfande setzen; wenn Ihr anders denkt,
Gebt nicht dem Argwohn Raum, der Euch betört.
Wenn dies ein Schelm Euch in den Kopf gesetzt,
Dem lohnt's der Himmel mit dem Fluch der Schlange! –
Denn, ist nicht diese redlich, keusch und treu,
Ist kein Mann glücklich; ist die reinste Frau
Schwarz wie Verleumdung.
Othello. Laß sie kommen; geh! – (Emilie geht.)
Sie sagt genug; doch jede Kupplerin
Erzählt dasselbe. Schlau ist diese Metze,
Ein Schloß vor dem Gelaß geheimer Sünden:
Doch kniet und betet sie; ich sah es selbst! –

Emilie und *Desdemona* treten auf.

Desdemona. Was wollt Ihr, mein Gemahl?
Othello. Komm, Täubchen, komm!
Desdemona. Was ist Eu'r Wunsch?
Othello. Laß dir ins Auge sehn;
Schau ins Gesicht mir!
Desdemona. Welch fürchterlicher Einfall.
Othello. Nun tu, was deines Amtes, Kupplerin;

Laß Buhlschaft nun allein und schließ die Tür;
Hust' oder rufe hem! wenn jemand kommt:
Dein Handwerk, an dein Handwerk! Mach dich fort! –
Desdemona. Ich flehe kniend, sag mir, was du meinst?
Dein Wort versteh' ich nicht! Doch aus dem Wort
Tönt wilde Furie.
Othello. Ha, wer bist du?
Desdemona. Dein Weib, mein Gatte,
Dein pflichtgetreues Weib.
Othello. Komm, schwör's, verdamm' dich selbst, daß nicht die Teufel,
Geschreckt von deiner Engelbildung, zittern,
Dich zu ergreifen: drum verdamm' dich doppelt,
Schwör, du seist treu.
Desdemona. Der Himmel weiß, ich bin's.
Othello. Der Himmel weiß, falsch bist du, wie die Hölle.
Desdemona. Wem, mein Gemahl? Mit wem? Wie bin ich falsch?
Othello. O Desdemona! Hinweg, hinweg, hinweg!
Desdemona. O Tag des Jammers! – Wehe! Warum weinst du?
Bin ich, mein Gatte Ursach' dieser Tränen?
Hast du vielleicht den Vater in Verdacht,
Er sei das Werkzeug deiner Heimberufung,
Gib mir die Schuld nicht. Hast du ihn verloren,
Nun, ich verlor ihn auch.
Othello. Gefiel es Gott,
Durch Trübsal mich zu prüfen; goß er Schmach
Und jede Kränkung auf mein nacktes Haupt;
Versenkt' in Armut mich bis an die Lippen;
Schlug samt der letzten Hoffnung mich in Fesseln;
Doch fänd' ich wohl in einem Herzenswinkel
Ein Tröpfchen von Geduld. Doch mich zu machen
Zum festen Bilde für die Zeit des Hohns,
Mit langsam drehndem Finger drauf zu weisen, –
O! o! –
Auch dieses könnt' ich tragen, sehr, sehr wohl:
Doch da, wo ich mein Herz als Schatz verwahrt, –
Wo ich muß leben oder gar nicht leben;
Der Quell, daraus mein Strom entspringen muß,
Sonst ganz versiegen – da vertrieben sein,
Oder ihn schaun als Sumpf für ekler Kröten
Begehn und Brüten, – da verfinstre dich,
Geduld, du junger rosenwangiger Cherub!
Ja, schau so düster als die Hölle!
Desdemona. Ich hoffe, mein Gemahl hält mich für treu.

Othello. O ja, wie Sommerfliegen auf der Fleischbank,
Die im Entstehn schon buhlen. O du Unkraut,
So reizend lieblich und von Duft so süß,
Daß du den Sinn betäubst – O wär'st du nie geboren! –
Desdemona. Welch unbewußten Fehl konnt' ich begehen?
Othello. Dies reine Blatt, dies schöne Buch nur dazu,
Um Metze drauf zu schreiben? Was Begehn?
Begehn! O du gemeine Buhlerin! –
Schmelzöfen müßt' ich machen aus den Wangen,
Und meine Sittsamkeit zu Asche brennen,
Nennt' ich nur deine Taten. Was begehn?
Dem Himmel ekelt's und der Mond verbirgt sich:
Der Buhler Wind, der küßt, was ihm begegnet,
Versteckt sich in den Höhlungen der Erde,
Und will nichts davon hören: Was Begehn?
Schamlose Metze! –
Desdemona. Bei Gott, Ihr tut mir unrecht!
Othello. Du keine Metze?
Desdemona. Nein, so wahr ich Christin:
Wenn meinem Herrn bewahren dies Gefäß
Vor jeder schnöden, sträflichen Berührung,
Heißt keine Metze sein, so bin ich keine.
Othello. Du keine Hure?
Desdemona. Nein, so helfe Gott mir!
Othello. Ist's möglich?
Desdemona. O Himmel, sei mir gnädig!
Othello. Dann verzeiht mir!
Ich nahm Euch für die Dirne von Venedig,
Die den Othello freite. –

Emilie kommt zurück.

Und du, Weib,
Die von Sankt Peter just das Gegenteil,
Der Hölle Pforten sperrt: du, du, ja du! –
Wir sind zu Ende: nimm! Da ist dein Geld!
Nun schließ die Tür und halte reinen Mund! (Ab.)
Emilie. O Gott! Was mag sich dieser Herr nur denken?
Wie geht's Euch, teure Frau? Wie geht's Euch, Herrin?
Desdemona. Mir ist, als träumt' ich.
Emilie. Sagt, werte Frau! Was fehlt dem gnäd'gen Herrn?
Desdemona. Wem?
Emilie. Meinem gnäd'gen Herrn.
Desdemona. Wer ist dein Herr?
Emilie. Der auch der Eure, liebste gnäd'ge Frau.

Desdemona.   Ich habe keinen. Sag mir nichts, Emilie!
  Ich kann nicht weinen; hab' auch keine Antwort,
  Die nicht zu Wasser würde. Bitt' dich, diese Nacht
  Leg' auf mein Bett mein Brauttuch – denke dran
  Und ruf mir deinen Mann.
Emilie.   Wie hat sich's hier geändert!   (Ab.)
Desdemona.   's ist billig, daß mir so begegnet wird! Sehr billig!
  Wie war ich nur, daß auch sein kleinster Argwohn
  Mein mindestes Versehn mißdeuten konnte?

Jago und *Emilie* treten auf.

Jago.   Was wünscht Ihr, gnäd'ge Frau, wie geht es Euch?
Desdemona.   Ich weiß es nicht. Wer Kinder unterrichtet,
  Gibt ihnen freundlich leichte Arbeit auf;
  So konnt' er mich ja schmälen, denn fürwahr
  Ich bin ein Kind fürs Schmälen.
Jago.   Was ist denn, gnäd'ge Frau?
Emilie.   Ach Jago! Metze schimpfte sie der Herr.
  Wie schändlich und verachtend er sie nannte,
  Das trägt kein treues Herz.
Desdemona.   Jago, bin ich das Wort?
Jago.   Welch Wort, Verehrte?
Desdemona.   Das, wie sie sagt, mein Herr mir hat gegeben?
Emilie.   Er schalt sie Metze; nein, kein Bettler könnte
  Im Rausch solch Wort von seiner Dirne brauchen.
Jago.   Warum denn das?
Desdemona.   Ich weiß es nicht; gewiß, ich bin es nicht.
Jago.   O weint nicht; weint nur nicht; du liebe Zeit!
Emilie.   Wies sie so manchen edlen Antrag ab,
  Verließ den Vater, Freunde, Vaterland,
  Daß man sie Metze schimpfe? Ist's nicht zum Weinen?
Desdemona.   Das ist mein traurig Schicksal.
Jago.   Nun, Gott beßr' ihn!
  Wie kommt ihm solcher Einfall?
Desdemona.   Weiß der Himmel!
Emilie.   Nein, hängt mich, wenn ein Erzverleumder nicht,
  Irgend ein schmeichelnder, geschäft'ger Schuft,
  Ein glatter Schurk', um sich ein Amt zu fischen,
  Die Lügen ausgedacht; ja, darauf sterb' ich.
Jago.   Pfui, solchen Menschen gibt's nicht; 's ist unmöglich.
Desdemona.   Und gibt es einen, so vergeb' ihm Gott!
Emilie.   Ein Strick vergeb' ihm! Nag' an ihm die Hölle!
  Sie Metze schimpfen! – Wer pflegt mit ihr Umgang? –

Wo? Wann? Und wie? – Wo ist auch nur ein Schein?
Ein recht ausbünd'ger Schurk' belog den Mohren,
Ein niederträcht'ger Schurk', ein schäb'ger Bube.
O Himmel! Möchtst du solch Gezücht entlarven
Und jeder wackren Hand 'ne Geißel geben,
Den Schurken nackt durch alle Welt zu peitschen,
Vom Ost zum fernen West!

Jago. Schrei doch nicht so!

Emilie. Pfui über ihn! – Solch ein Geselle war's,
Der ehmals dir auch den Verstand verwirrte,
Mich mit dem Mohren im Verdacht zu haben!

Jago. Du bist nicht klug, sei still!

Desdemona. O guter Jago!
Was soll ich tun, ihn wieder zu gewinnen? –
Geh zu ihm, Freund, denn, bei der Sonne Licht,
Ich weiß nicht, wie ich ihn verlor.– Hier knie ich: –
Wenn je mein Herz sich seiner Lieb' empört,
In Worten, in Gedanken oder Tat;
Wenn je mein Aug', mein Ohr und sonst ein Sinn
An andrer Wohlgestalt Gefallen fand;
Wenn ich nicht jetzt ihn lieb', ihn stets geliebt,
Ihn immerdar, – auch wenn er mich verstieße
Als Bettlerin – von Herzen lieben werde, –
Dann, Trost, verlaß mich! – Kaltsinn bringt es weit;
Und rauben kann sein Kaltsinn mir das Leben,
Doch nie die Liebe mindern. Ich kann nicht sagen: Metze,
Mir schaudert schon, da ich das Wort gesprochen;
Doch tun, was die Beschimpfung nach sich zieht, –
Nicht um die ganze Eitelkeit der Welt!

Jago. Ich bitte, faßt Euch, 's ist nur seine Laune.
Die Staatsgeschäfte machten ihm Verdruß;
Da zankt' er nun mit Euch.

Desdemona. Wär' es nur das –

Jago. Glaubt mir, es ist nichts anders. (Man hört Trompeten.)
Horcht, die Trompete ruft zur Abendtafel!
Und die Gesandtschaft von Venedig wartet;
Geht hin und weint nicht, alles wird noch gut.

(Desdemona und Emilie ab.)

Rodrigo tritt auf.

Was gibt's Rodrigo?

Rodrigo. Ich finde nicht, daß du es redlich mit mir meinst.

Jago. Und warum das Gegenteil?

Rodrigo. Jeden Tag fertigst du mich mit einer Ausrede ab, Jago, und hältst mich vielmehr – wie mir's vorkommt – von aller guten Gelegenheit fern, als daß du meiner Hoffnung den geringsten Vorteil verschaffst. Ich ertrage das wahrhaftig nicht länger; und du sollst mich nicht dazu bringen, ruhig einzustecken, was ich bisher, wie ein Tor, mir habe gefallen lassen.

Jago. Wollt Ihr mich anhören, Rodrigo?

Rodrigo. Auf Ehre, ich habe schon zu viel gehört; denn Euer Versprechen und Tun halten nicht gleichen Schritt miteinander.

Jago. Ihr beschuldigt mich höchst ungerecht! –

Rodrigo. 's ist lauter Wahrheit. Ich habe mein ganzes Vermögen zugesetzt. Die Juwelen, die Ihr von mir empfingt, um sie Desdemona einzuhändigen – die Hälfte hätte eine Nonne verführt. Ihr sagtet mir, sie habe sie angenommen, und gabt mir Hoffnung und Vertröstung auf baldige Gunst und nähern Verkehr; aber dabei bleibt's.

Jago. Gut; nur weiter; recht gut!

Rodrigo. Recht gut, weiter! Ich kann nicht weiter, Freund! Und hier ist nichts recht gut. Bei dieser Hand, ich sage, es ist recht spitzbübisch, und ich fange an zu merken, daß man mich foppt.

Jago. Recht gut!

Rodrigo. Ich sage dir, es ist nicht recht gut. Ich will mich Desdemona selbst entdecken; gibt sie mir meine Juwelen wieder zurück, so laß ich ab von meiner Bewerbung und bereue mein unerlaubtes Zumuten; wo nicht, seid gewiß, daß ich Genugtuung von Euch fordern werde.

Jago. Habt Ihr jetzt gesprochen?

Rodrigo. Ja, und habe nichts gesprochen, als was ich ernstlich zu tun gesonnen bin.

Jago. Schön! Nun sehe ich doch, daß du Haare auf den Zähnen hast, und seit diesem Moment fasse ich eine bessere Meinung von dir, als je zuvor. Gib mir deine Hand, Rodrigo, du hast sehr gegründete Einwendungen gegen mich vorgebracht, und dennoch, schwöre ich dir, bin ich in deiner Sache sehr gerade zu Werke gegangen.

Rodrigo. Das hat sich wenig gezeigt.

Jago. Ich gebe zu, daß sich's nicht gezeigt hat; und dein Argwohn ist nicht ohne Verstand und Scharfsinn. Aber, Rodrigo, wenn das wirklich in dir steckt, was ich dir jetzt mehr zutraue, als je – ich meine Willenskraft, Mut und Herz – so zeige es diese Nacht. Wenn du in der nächsten Nacht nicht zu Desdemonas Besitz gelangst, so schaff mich hinterlistig aus der Welt und stelle meinem Leben Fallstricke.

Rodrigo. Gut; was ist's? Liegt's im Gebiet der Vernunft und der Möglichkeit? –

Jago. Freund, es ist ein ausdrücklicher Befehl von Venedig da, daß Cassio in Othellos Stelle treten soll.

Rodrigo. Ist das wahr? Nun so gehen Othello und Desdemona nach Venedig zurück.

Jago. O nein, er geht ins Mohrenland, und nimmt die schöne Desdemona mit sich, wenn nicht sein Aufenthalt hier durch einen Zufall verlängert wird; und darin kann nichts so entscheidend sein, als wenn Cassio beiseite geschafft wird.

Rodrigo. Wie meinst du das – ihn beiseite schaffen?

Jago. Nun, ihn für Othellos Amt untauglich machen, ihm den Schädel einschlagen.

Rodrigo. Und das, meinst du, soll ich tun?

Jago. Ja, wenn du das Herz hast, dir Vorteil und Recht zu verschaffen. Er ist heute zum Abendessen bei einer Dirne, und dort will ich ihn treffen; noch weiß er nichts von seiner ehrenvollen Beförderung. Wenn du nun auf sein Weggehen lauern willst – und ich werde es einrichten, daß dies zwischen Zwölf und Eins geschehe – so kannst du nach deiner Bequemlichkeit über ihn herfallen; ich will in der Nähe sein, um deinen Angriff zu unterstützen, und wir beide wollen schon mit ihm fertig werden. Komm, steh nicht so verwundert, sondern folge mir; ich will dich so von der Notwendigkeit seines Todes überzeugen, daß du's für Pflicht halten sollst, ihn aus der Welt zu schaffen. Es ist hohe Zeit zum Abendessen und die Nacht geht hin. Frisch daran.

Rodrigo. Ich muß noch mehr Gründe hören.

Jago. Das sollst du zur Genüge.   (Sie gehen ab.)

3. Szene

Vorsaal im Schlosse

Othello, Lodovico, Desdemona, Emilie und Gefolge treten auf

Lodovico. Ich bitt' Euch Herr, bemüht Euch nun nicht weiter.

Othello. O nein, erlaubt, das Ausgehn tut mir wohl.

Lodovico. Schlaft wohl, ich dank' Euch herzlich, gnäd'ge Frau.

Desdemona. Ihr war't uns sehr willkommen, Herr!

Othello. Wollen wir gehen, Signor! – O Desdemona!

Desdemona. Mein Gemahl?

Othello. Geh sogleich zu Bett, ich werde augenblicklich wieder da sein. Entlaß deine Gesellschafterin, tu, wie ich dir sage.   (Ab.)

Desdemona. Das werd' ich, mein Gemahl.

Emilie. Wie geht's nun? Er schient milder als zuvor.

Desdemona. Er sagt, er werde hier sein ungesäumt;

Er gab mir den Befehl, zu Bett zu gehen,
Und hieß mir, dich entlassen.
Emilie. Mich entlassen?
Desdemona. Er will es also; darum, gutes Kind,
Gib mir mein Nachtgewand und lebe wohl!
Wir dürfen jetzt ihn nicht erzürnen.
Emilie. Hättet Ihr ihn doch nie gesehn!
Desdemona. Das wollt' ich nicht; mein Herz hängt so an ihm,
Daß selbst sein Zorn, sein Tadel, seine Härte –
Komm, steck mich los – mir lieb und reizend dünkt.
Emilie. Die Tücher legt' ich auf, wie Ihr's befahlt.
Desdemona. 's ist alles eins. – Ach! was wir töricht sind! –
Sterb' ich vor dir, so bitt' dich, kleide mich
In eins von diesen Tüchern.
Emilie. Kommt, Ihr schwatzt!
Desdemona. Meine Mutter hatt' ein Mädchen – Bärbel hieß sie –
Die war verliebt in einen wilden Gesellen,
Der sie verließ. Sie hatt' ein Lied von Weide,
Ein altes Ding, doch paßt' es für ihr Los;
Sie starb, indem sie's sang. Das Lied, heut nacht,
Kommt mir nicht aus dem Sinn; ich hab' zu schaffen,
Daß ich nicht auch den Kopf so häng' und singe
Wie's arme Bärbel. Bitt' dich, mach geschwind.
Emilie. Soll ich Eu'r Nachtkleid holen?
Desdemona. Nein, steck mich hier nur los. –
Der Lodovico ist ein feiner Mann.
Emilie. Ein recht hübscher Mann.
Desdemona. Er spricht gut.
Emilie. Ich weiß eine Dame in Venedig, die wäre barfuß nach Palästina gewandert um einen Druck seiner Unterlippe.
Desdemona (singt). Das Mägdlein saß singend am Feigenbaum früh,
Singt Weide, grüne Weide!
Die Hand auf dem Busen, das Haupt auf dem Knie,
Singt Weide, Weide, Weide!
Das Bächlein, es murmelt und stimmt mit ein;
Singt Weide, grüne Weide!
Heiß rollt ihr die Trän' und erweicht das Gestein;
Leg dies beiseite –
Singt Weide, Weide, Weide!
Bitt' dich, mach schnell, er kommt sogleich –
Von Weiden all flecht' ich mir nun den Kranz –
Nein, schelte ihn niemand, weil er mich verschmäht, –
Nein, das kommt später – horch! Wer klopfte da?

Emilie. Es ist der Wind.
Desdemona. Ich nannt' ihn du Falscher! was sagt' er dazu?
  Singt Weide, grüne Weide!
Seh' ich nach den Mädeln, nach den Buben siehst du.
So geh nun, geh; gut' Nacht. Mein Auge juckt,
Bedeutet das wohl Tränen?
Emilie.   Ei, mit nichten!
Desdemona. Ich hört' es so. – Die Männer, o die Männer!
  Glaubst du, auf dein Gewissen, sprich, Emilie,
  Daß wirklich Weiber sind, die ihre Männer
  So gröblich täuschen?
Emilie.   Solche gibt's, kein Zweifel.
Desdemona. Tätst du dergleichen um die ganze Welt?
Emilie. Nun, tätet Ihr's nicht?
Desdemona.   Nein, beim Licht des Himmels!
Emilie. Ich tät es auch nicht bei des Himmels Licht:
  Ich könnt's so gut im Dunkeln.
Desdemona. Tätst du dergleichen um die ganze Welt?
Emilie. Die Welt ist mächtig weit; der Lohn wär' groß,
  Klein der Verstoß.
Desdemona.   Gewiß, du tätst es nicht!

  Emilie. Gewiß, ich täte es, und machte es wieder ungetan, wenn ich's getan hätte. Nun freilich täte ich so etwas nicht für einen Fingerring, noch für einige Ellen Batist, noch für Mäntel, Röcke und Hauben, oder um geringen Sold; aber für die ganze Welt – ei, wer hätte da nicht Lust, dem Manne Hörner aufzusetzen und ihn zum Weltkaiser zu machen? Dafür wagte ich das Fegefeuer! –

Desdemona. Behüt' mich Gott, daß ich solch Unrecht täte,
  Nicht um die ganze Welt.

  Emilie. Ei nun, das Unrecht ist doch nur ein Unrecht in der Welt; und wenn Euch die Welt für Eure Mühe zu teil wird, so ist's ein Unrecht in Eurer eignen Welt. Ihr könntet es geschwind zu Recht machen.

  Desdemona. Ich glaube doch, es gibt kein solches Weib.
Emilie. Ei, zehn für eins, und noch so viel in Kauf,
  Die Welt, um die sie spielten, gleich zu füllen.
  Allein, mich dünkt, es ist der Männer Schuld,
  Daß Weiber fallen. Wenn sie pflichtvergessen
  In fremden Schoß vergeuden unsern Schatz;
  Wenn sie, verkehrt in laun'scher Eifersucht,
  Uns Zwang auflegen; wenn sie gar uns schlagen,
  Zum Trotz uns unser Nadelgeld verkürzen,
  Dann schwillt auch uns die Galle; wir sind fromm,

Doch nicht von Rachsucht frei. Sie sollen's wissen,
Wir haben Sinne auch, wir sehn und riechen,
Und haben einen Gaum, für süß und herbe,
Wie unsre Männer. Was bezwecken sie,
Wenn sie uns andre vorziehn! Ist es Lust?
Ich denke ja; treibt sie die Leidenschaft?
Ich denke ja; ist's Schwachheit, sie so irrt? –
Gewiß; und haben wir nicht Leidenschaft?
Nicht Hang zur Lust? Und Schwachheit gleich den Männern?
Drum, wenn der Mann sich treulos von uns kehrte,
War's seine Bosheit, die uns Böses lehrte.

Desdemona. Gut' Nacht! – Und laß mich, Herr, in fremden Sünden
Nicht eigne Sünde, laß mich Beßrung finden! (Sie gehen ab.)

Fünfter Aufzug
1. Szene
Straße

Jago und *Rodrigo* treten auf

Jago. Steh hinterm Vorsprung, gleich wird Cassio kommen,
Halt deine Klinge blank und führ sie gut.
Frisch, sei getrost; ich steh' dir nah zur Hand;
Dies hebt uns oder stürzt uns, daran denke,
Und bleibe fest und standhaft beim Entschluß.

Rodrigo. So steh hier nah, es könnte mir mißlingen.

Jago. Hier neben dir; sei kühn, nimm deinen Stand.

Rodrigo. Ich bin nicht sehr im Eifer für die Tat,
Und doch sind's trift'ge Gründe, die er gab.
Ein Mann – was liegt dran? Komm, mein Schwert! Er sterbe!
(Tritt beiseite.)

Jago. Ich rieb die junge Beule, bis sie brennt,
Nun macht er Ernst. Jetzt, ob er Cassio mordet,
Ob Cassio ihn – ob sie sich beide morden,
Mir ist das gleich gelegen. Lebt Rodrigo,
So dringt er auf den völligen Ersatz
Des Gelds und Schmucks, um die ich ihn geprellt
Als Angebind' für Desdemona;
Das darf nicht sein. Wenn Cassio übrig bleibt,
So zeigt sein Leben täglich eine Schönheit,
Die mich verhäßlicht; und der Mohr auch möchte
Mich ihm verraten; das wär' sehr bedenklich.
Nein, nein, er sterbe. – Still, ich hör' ihn kommen.

Cassio tritt auf.

Rodrigo. Es ist sein Gang, er kommt. – So stirb, du Schurk'!
(Er läuft auf Cassio zu und verwundet ihn.)
Cassio. Der Degenstoß war feindlich mit gemeint,
Doch ist mein Rock stichfester als du glaubst;
Nun prüf' ich deinen.
Rodrigo. Weh! ich bin des Todes.
(Sie fechten; Cassio verwundet den Rodrigo, Jago sticht den Cassio von hinten ins Bein und geht ab.)
Cassio. Gelähmt auf immer! Hilfe! Mörder! Mörder!
Othello zeigt sich oben.
Othello. 's ist Cassios Stimme; Jago hält sein Wort!
Rodrigo. O ich Verruchter!
Othello. Horch! – Jawohl, so ist's.
Cassio. O Hilfe! Licht! Ein Wundarzt!
Othello. Er ist's! O wackrer Jago, brav und treu!
Der du so edel fühlst des Freundes Schmach!
Du lehrst mich: – Püppchen, dein Geliebter fiel,
Dein schlimmes Ende naht. Ich komme, Dirne!
Ich riß dein Bild aus meines Herzens Stätte;
Dein sündig Blut färbt jetzt dein sündig Bette. (Er geht ab.)
Lodovico und *Gratiano* treten in einiger Entfernung auf
Cassio. Kein Wächter da? Kommt niemand? Hilfe! Mord!
Gratiano. Ein Unglück ganz gewiß; der Schrei war furchtbar.
Cassio. O, Hilfe!
Lodovico. Horch!
Rodrigo. O, niederträcht'ger Bube!
Lodovico. Zwei-, dreimal hört' ich ächzen. Düstre Nacht!
Das kann Verstellung sein; ich halt's nicht sicher,
Dem Schrei zu folgen, eh uns Beistand wird.
Rodrigo. Kommt niemand, so muß ich zu Tode bluten.
Jago kommt mit einem Lichte.
Lodovico. Ein Mann hier ohne Wams mit Licht und Degen.
Jago. Wer da? Was für ein Lärm? Wer rief hier Mord?
Lodovico. Wir wissen's nicht.
Jago. Habt ihr nicht schrei'n gehört?
Cassio. Hier, hier; um Gottes willen helft!
Jago. Was gibt's?
Gratiano. Das ist Othellos Fähnrich, wie ich glaube.
Lodovico. Ganz recht, er ist's; ein sehr beherzter Mann.
Jago. Wer seid Ihr da, der so erbärmlich ruft?
Cassio. Jago, von Schurken jämmerlich gelähmt,
Ach, schaff mir Hilfe!

Jago. Um Gott! Sagt, Lieutenant, welche Buben taten's?
Cassio. Der eine, denk' ich, liegt hier in der Nähe,
Und kann nicht fort.
Jago.   O die arglist'gen Schurken!
(Zu Lodovico und Gratiano.) Wer seid ihr da? Kommt doch heran
                                                    und helft!
Rodrigo. O helft mir hier!
Cassio. Der war dabei.
Jago.   O Schurk! O Meuchelmörder!
(Jago ersticht den Rodrigo.)
Rodrigo. Verdammter Jago! Bluthund! O! o! o!
Jago. Im Dunkeln morden? Wo sind die blut'gen Schelme?
Wie still sind diese Straßen! Mord! Mord! Mord!
Wer seid denn ihr? Schlimm' oder Gute?
Lodovico. Schätzt uns, wie Ihr uns findet.
Jago. Signor Lodovico?
Lodovico. Ja, Herr!
Jago. Verzeihung; hier liegt Cassio, schwer verwundet
Von Schurken.
Gratiano.   Cassio?
Jago.   Sag, wie geht dir's Bruder?
Cassio. Ich bin durchs Bein gestochen.
Jago.   Gott verhüt' es!
Bringt Licht, Herrn! Mit dem Hemd' will ich's verbinden.
Bianca tritt auf.
Bianca. Was ist geschehn? Wer war es, der so schrie?
Jago. Wer war's, der schrie?
Bianca. O liebster Cassio! O mein süßer Cassio!
O Cassio! Cassio! Cassio!
Jago. O du ausbünd'ge Metze! Cassio, wißt Ihr,
Wer jene waren, die Euch so gelähmt?
Cassio. Nein.
Gratiano. Mich schmerzt, Euch so zu sehn, ich sucht' Euch eben.
Jago. Leiht mir ein Knieband. So. – O, eine Sänfte,
Ihn leise hinzutragen!
Bianca. Er fällt ihn Ohnmacht. Cassio! Cassio! Cassio!
Jago. Ihr Herrn, mir ahnet's, hier dieses Geschöpf
Hat ihren Teil an dieser Greueltat. –
Geduld ein wenig, lieber Cassio! Kommt,
Ein Licht her; – kenn' ich den da, oder nicht? –
Ach Gott! ist das mein Freund und werter Landsmann,
Rodrigo? – Nein; und doch: – O Gott! Rodrigo!
Gratiano. Rodrigo von Venedig?

Jago. Derselbe; kennt Ihr ihn?
Gratiano. Ja, allerdings!
Jago. Signor Gratiano. Um Vergebung, Herr.
  Der blut'ge Fall entschuld'ge meine Rauheit,
  Die Euch versäumt.
Gratiano. Es freut mich, Euch zu sehen.
Jago. Cassio, wie geht's? Die Sänfte! He, die Sänfte!
Gratiano. Rodrigo!
Jago. Ja, ja, er ist's. – O schön, da kommt die Sänfte!
  Tragt ihn mit Sorgfalt heim, ihr guten Leute;
  Ich hol' Othellos Wundarzt.
            (Zu Bianca) Ihr da, Jungfer,
  Spart Eure Müh'. – Cassio, der hier gefallen,
  Ist sehr mein Freund; was hattet ihr für Streit?
Cassio. Nichts in der Welt, ich kenn ihn nicht einmal.
Jago (zu Bianca). Wie, seht Ihr blaß? – O, tragt ihn aus der Luft.

  (Cassio und Rodrigo werden weggetragen.)

  Bleibt, werte Herrn! Ihr, Jungfer, seht so blaß?
  Bemerkt ihr, wie verstört ihr Auge starrt? –
  Seht Ihr so stier, erfahren wir wohl mehr: –
  Betrachtet sie, ich bitt' euch, seht sie an;
  Nicht wahr, ihr Herrn? Ihr schlecht Gewissen spricht,
  Wenn auch die Zungen gar nicht reden können.

Emilie tritt auf.

Emilie. Was ist geschehen? Ach, Mann, was ist geschehen?
Jago. Cassio ward hier im Dunkeln angefallen
  Von Rodrigo und andern, die entflohn;
  Er ist halb tot und Roderigo starb.
Emilie. Ach Gott, der arme Herr! Ach, guter Cassio!
Jago. Das ist der Unzucht Strafe. – Hör, Emilie,
  Frag doch den Cassio, wo er nachts gespeist;
  (zu Bianca.) Was? Zittert Ihr davor?
Bianca. Er aß bei mir. Doch davor zittr' ich nicht.
Jago. Ha, tat er das? Kommt, sag' ich, folgt mir nach!
Emilie. Pfui, Dirne Ihr!
Bianca. Ich bin nicht eine Dirne, bin so ehrlich
  Als Ihr, die so mich schimpft.
Emilie. Als ich? O pfui!
Jago. Kommt, Herrn, zu sehn, wie Cassio wird verbunden;
  Ihr, Jungfer, kommt, man wird den Mund Euch öffnen.
  Emilie, lauf zur Zitadell', und melde
  Dem Herrn und seiner Frau, was hier geschah, –

Ich bitte, geht voran.
>   (Für sich.) Dies ist die Nacht,
Die mich vernichtet oder glücklich macht.   (Sie gehen ab.)

2. Szene
Schlafzimmer

Desdemona schlafend im Bett. Ein Licht brennt neben ihr. *Othello* tritt herein

Othello.   Die Sache will's, die Sache will's, mein Herz!
Laßt sie mich euch nicht nennen, keusche Sterne!
Die Sache will's. – Doch nicht ihr Blut vergieß ich;
Noch ritz' ich diese Haut, weißer als Schnee,
Und sanft, wie eines Denkmals Alabaster. – (Er legt seinen Degen ab.)
Doch sterben muß sie, sonst betrügt sie andre.
Tu aus das Licht, und dann – Tu aus das Licht; –
Ja, lösch' ich dich, du flammenheller Diener –
Kann ich dein vorig Licht dir wiedergeben,
Sollt' ich's bereu'n; – doch *dein* Licht ausgetan,
Du kunstreich Muster herrlichster Natur,
Nie find' ich den Prometheus-Funken wieder,
Dein Licht zu zünden. Pflückt' ich deine Rose,
Nie kann ich ihr den Lebenswuchs erneu'n,
Sie muß, muß welken; dufte mir vom Stamm!   (Küßt sie.)
O würz'ger Hauch, der fast Gerechtigkeit
Ihr Schwert zu brechen zwingt! – Noch einen! einen!
Sei wann du tot bist so, dann töt' ich dich
Und lieb dich nachher – noch einen und den letzten!
So süß war nie so tödlich. Ich muß weinen.
Doch sind's grausame Tränen; dieser Schmerz
Ist wie des Himmels, strafend, wo er liebt. –
Sie wacht. –
Desdemona.   Wer da? Othello?
Othello.   Ja, Desdemona.
Desdemona.   Wollt Ihr zu Bett' gehn, mein Gemahl?
Othello.   Hast du zu Nacht gebetet, Desdemona?
Desdemona.   Ja; mein Gemahl!
Othello.   Kannst du dich einer Sünde noch erinnern,
Nicht ausgesöhnt dem Himmel und der Gnade,
So flehe jetzt als bald.
Desdemona.   Ach, mein Gemahl! Was willst du damit sagen?
Othello.   Wohl, tu es und sei kurz; ich geh' beiseite;
Nicht möcht' ich unbußfertig deinen Geist,
Nein, Gott verhüt's! nicht deine Seele töten.

Desdemona.   Sprichst du vom Töten?
Othello.   Ja!
Desdemona.   Dann, güt'ger Himmel,
   Erbarm dich mein!
Othello.   Amen, von ganzem Herzen!
Desdemona.   Wenn du so sprichst, dann wirst du mich nicht töten!
Othello.   Hum! –
Desdemona.   Und dennoch fürcht' ich dich; denn du bist schreck-
   lich,
   Wenn so dein Auge rollt.
   Warum ich fürchten sollte, weiß ich nicht,
   Da ich von Schuld nichts weiß; doch fühl' ich, daß ich fürchte.
Othello.   Denk deiner Sünde.
Desdemona.   Das ist zu dir die Herzensliebe.
Othello.   Und dafür stirbst du.
Desdemona.   Grausamer Tod, der nur um Liebe tötet! –
   Und warum nagst du so die Unterlippe?
   Dein ganzer Bau erbebt in blut'ger Wut.
   Das sind Vorzeichen; doch ich hoff', ich hoffe,
   Sie deuten nicht auf mich.
Othello.   Schweig und sei still!
Desdemona.   Ich schweige; was begehrst du? –
Othello.   Das Tuch, das ich so wert hielt und dir schenkte,
   Du gabst es Cassio.
Desdemona.   Nein, bei Seel' und Leben!
   Ruf ihn herbei und frag ihn.
Othello.   Behüte, Kinde, behüte dich vor Meineid,
   Du liegst auf deinem Sterbebette.
Desdemona.   Ja; doch noch nicht zu sterben.
Othello.   Ja, alsbald.
   Darum bekenn' aufrichtig deine Sünde;
   Denn jeden Punkt mit einem Eid verleugnen,
   Entfernt nicht, tilgt die Überzeugung nicht,
   Die ich mit Stöhnen trage. Du mußt sterben.
Desdemona.   Dann, Gott, erbarm dich mein!
Othello.   Ich sage Amen!
Desdemona.   Auch du erbarm dich mein! Nie hab' ich dich
   Jemals beleidigt; Cassio nie geliebt,
   Als mit der Liebe, die der Himmel selbst
   Gestattet; niemals gab ich ihm ein Pfand.
Othello.   Bei Gott, ich sah mein Tuch in seinen Händen;
   Meineidig Weib! Ha! du versteinst mein Herz,
   Und machst zum Mord, was ich beginnen will,

Was ich als Opfer meinte.
Ich sah das Tuch.

Desdemona. So hat er's denn gefunden;
Nie hab' ich's ihm gegeben; ruf ihn her,
Daß er bekennt, wie's ist.

Othello. Er hat bekannt.

Desdemona. Was, teurer Herr?

Othello. Daß Umgang ihr gepflogen –

Desdemona. Wie? Unerlaubt?

Othello. Ja!

Desdemona. Das kann er nicht sagen.

Othello. O nein, sein Mund ist stumm;
Der treue Jago hat dafür gesorgt.

Desdemona. O! meine Furcht erklärt mir's. Wie? Er tot?

Othello. Ob jedes Haar ein Leben war, mein Grimm
Verschlang sie alle.

Desdemona. O Gott! Er ist verraten, ich verloren!

Othello. Ha, Metze! Weinst um ihn vor meinen Augen?

Desdemona. Verstoße mich! O töte mich nur nicht. –

Othello. Nieder mit dir, Metze!

Desdemona. Töte mich morgen, laß mich heut noch leben!

Othello. Kein Sträuben!

Desdemona. Nur ein Stündchen.

Othello. Ist's getan,
Braucht's kein Bedenken.

Desdemona. Nur bis ich noch gebetet!

Othello. 's ist zu spät. (Er ersticht sie.)

Emilie (draußen). Mein gnäd'ger Herr! He! Holla! Gnäd'ger Herr!

Othello. Was für ein Lärm? Nicht tot? Noch nicht ganz tot?
Ich bin zwar grausam, aber doch barmherzig;
Nicht möcht' ich dir verlängern deine Qual. –
(Ersticht sie mit dem Dolch.) So, so!

Emilie. He, holla! Gnäd'ger Herr!

Othello. Wer da?

Emilie. O bester Herr, nur auf ein Wort mit Euch.

Othello. Ja; 's ist Emilie. Gleich! – Jetzt ist sie tot. –
Gewiß, sie kommt und meldet Cassios Tod;
Der Lärm war groß. – Ha! Regst du dich nicht mehr?
Still, wie das Grab. – Darf sie herein? – Wär's gut?
Mir deucht, sie rührt sich. – Nein. – Was ist das Beste?
Kommt sie, so spricht sie sicher an mein Weib. –
Mein Weib! Mein Weib! – Welch Weib? Ich hab' kein Weib.
O, unerträglich! O, furchtbare Stunde!

Nun, dächt' ich, müßt' ein groß Verfinstern sein
An Sonn' und Mond, und die entsetzte Erde
Zu neuer Bildung auseinander klaffen.
Emilie. Ich bitt' Euch dringend, gönnt mir nur ein Wort,
O bester Herr!
Othello. O! ich vergaß dich. – Komm herein, Emilie!
Sacht, – gleich! Sogleich! – Ich zieh' den Vorhang zu.
Wo kommst du her? Was hast du mir zu sagen.

Er schließt die Tür auf, *Emilie* tritt herein.

Emilie. O, lieber Herr! Ein schnöder Mord geschah.
Othello. Wie, jetzt?
Emilie.   Jetzt eben, Herr!
Othello. Das hat wahrhaftig nur der Mond verschuldet;
Er kommt der Erde näher, als er pflegt,
Und macht die Menschen rasend.
Emilie.   Cassio, Herr,
Bracht' einen jungen Venetianer um,
Genannt Rodrigo.
Othello.   Was! Rodrigo tot?
Und Cassio tot?
Emilie.   Nein, Cassio ist nicht tot.
Othello. Cassio nicht tot? Dann klingt der Mord verstimmt.
Und rauh die süße Rache.
Desdemona. O ungerechter Mord! –
Emilie. Gott! Welch ein Schrei war das?
Othello. Das? Was?
Emilie. O heil'ger Gott! Die Stimme meiner Frau!
Helft, helft, o helft! O Teure, sprecht noch einmal!
O Desdemona! Süße Herrin, sprecht! –
Desdemona. Ich sterbe schuldlos.
Emilie.   Wer hat die Tat vollbracht?
Desdemona. Niemand – ich selbst, – leb wohl!
Empfiehl mich meinem güt'gen Herrn, – leb wohl! –
Othello. Wie wär' sie denn ermordet?
Emilie.   Gott! Wer weiß es?
Othello. Du hört'st es von ihr selbst, ich tat es nicht.
Emilie. So sagte sie, so muß ich's treu berichten.
Othello. Sie fuhr als Lügnerin zur Flammenhölle;
Ich war ihr Mörder.
Emilie.   So mehr Engel sie,
Und du so schwärzrer Teufel!
Othello. Sie gab der Lust sich hin, und war 'ne Hure.

Emilie. Nein, du verleumdest sie und bist ein Teufel.
Othello. Sie war wie Wasser falsch.
Emilie. Und du bist wild wie Feuer, wenn du sie
Der Falschheit zeihst; o sie war himmlischtreu! –
Othello. Cassio genoß sie: frag sonst deinen Mann:
Verdammt wär' ich zum tiefsten Höllenabgrund,
Wenn ich nicht vorschritt auf gerechtem Grund
Zu diesem Äußersten. – Dein Mann weiß alles.
Emilie. Mein Mann?
Othello.   Dein Mann.
Emilie.   Daß sie die Ehe brach?
Othello. Ja doch, mit Cassio. Wär' sie treu gewesen, –
Und schuf mir eine zweite Welt der Himmel
Aus einem fehllos reinen Chrysolith,
Ich gab sie nicht dafür.
Emilie.   Mein Mann!
Othello. Jawohl; er war's, der mich zuerst gewarnt,
Er ist ein Ehrenmann und haßt den Schlamm
Unsaubren Tuns.
Emilie.   Mein Mann?
Othello. Wozu die Wiederholung, Weib?
Ich sage dir, dein Mann.
Emilie. O Herrin; Bosheit trieb ihr Spiel mit Liebe!
Mein Mann soll sagen, daß sie falsch ist?
Othello.   Weib!
Ich sage dir, dein Mann. Verstehst das Wort?
Mein Freund, dein Mann, der wackre, wackre Jago.
Emilie. Sagt er's, mag ihm die gift'ge Seele täglich
Verfaulen um 'nen Gran! Er lügt als Schelm;
Sie liebte nur zu sehr den schmutz'gen Kauf.
Othello. Ha!
Emilie.   Tu dein Ärgstes;
So wert ist diese deine Tat des Himmels,
Als ihrer du.
Othello. Ich rate, Weib, dir, schweig.
Emilie. Du hast nicht halb die Kraft, mir weh zu tun,
Als ich's zu tragen. Dummkopf! Blöder Tor! –
Hirnlos, wie Kot: die Tat, die du getan –
Was kümmert mich dein Schwert! Ich mach' es kund,
Und gält' es zwanzig Leben. Helft, helft, helft!
Der Mohr hat meine Frau erwürgt: Mord! Mord!
            Montano, Gratiano und Jago treten auf.
Montano. Was geht hier vor? Was gibt es, General?

Emilie. O kommst du, Jago! – Ei, du machst es schön,
Daß andre ihre Mordtat auf dich schieben.
Gratiano. Was geht hier vor?
Emilie. Straf diesen Bös'wicht Lügen, wenn du Mann bist.
Er spricht: du sagtest ihm, sein Weib sei falsch,
Ich weiß, das tatst du nicht, du bist kein Schelm: –
Sprich, denn mein Herz ist voll.
Jago. Ich sagt' ihm, was ich dachte: sagt' auch nichts,
Als was er selbst glaubwürdig fand und wahr.
Emilie. So hast du je gesagt, sie sei nicht treu?
Jago. Ich tat's.
Emilie. Das war 'ne Lüge; schnöde, höllische Lüge:
Bei Gott 'ne Lüge, recht verdammte Lüge:
Sie falsch mit Cassio? Sagtest du mit Cassio?
Jago. Mit Cassio, Weib: still! Bänd'ge deine Zunge.
Emilie. Die Zunge bänd'gen? Reden muß ich, reden!
In ihrem Bett liegt meine Frau ermordet.
Alle. O Gott verhüt es!
Emilie. Und dein Verhetzen stiftete den Mord.
Othello. Nein, starrt nicht so, ihr Herrn, 's ist wirklich wahr.
Gratiano. Unsel'ge Wahrheit!
Montano. Ungeheure Tat!
Emilie. O Büberei, verruchte Büberei!
Ich denke dran, – ich denk' – ich wittre's – Büberei!
Ich dacht' es gleich – vor Gram möcht' ich mich töten!
O Büberei!
Jago. Was, bist du toll? Geh gleich nach Haus, befehl' ich.
Emilie. Ihr edlen Herrn! Vergönnt mir, daß ich rede,
Ihm zu gehorchen ziemt mir, doch nicht jetzt.
Vielleicht geh' ich nie mehr nach Hause, Jago.
Othello (blickt auf Desdemona). O, o, o, o!
Emilie. Ja, wirf dich hin und brülle,
Weil du gemordet hast die holdste Unschuld,
Die je den Blick erhob.
Othello. O, sie war schlecht –
Ich kannte kaum Euch, Ohm; ja, ja da liegt sie,
Der diese Hände jüngst den Odem raubten,
Ich weiß, die Tat sieht greulich aus und schwarz.
Gratiano.
Du armes Kind! – Gut, daß dein Vater starb;
Dein Bündnis ward ihm tödlich; – Gram allein
Zerschnitt den alten Faden; lebt' er jetzt,
Der Anblick würd' ihn zur Verzweiflung treiben,

Daß er den guten Engel von sich fluchte,
Sein Seelenheil gefährdend.
Othello.   Ja, es ist jammervoll! Doch Jago weiß,
Daß sie die schnöde Tat mit diesem Cassio
Wohl tausendmal beging: Cassio gestand's,
Und sie vergalt ihm seine Buhlertat
Mit dem Gedächtnispfand, dem Pfand der Liebe,
Das ich ihr gab: ich sah's in seiner Hand;
Es war ein Tuch, ein altes Angedenken,
Das einst mein Vater meiner Mutter gab.
Emilie.   O all ihr Himmelsmächte!
Jago.   Willst du schweigen?
Emilie.   Es muß heraus, heraus! Jetzt schweigen? Nein,
Nein, ich will reden, ungehemmt wie Nordwind.
Laß Himmel, Menschen, Teufel, alle, alle,
Schmach rufen über mich, ich rede doch!
Jago.   Sei klug und geh nach Haus.
Emilie.   Ich will nicht.
(Jago macht Miene, sie zu erstechen.)
Gratiano.   Pfui!
Den Degen auf ein Weib?
Emilie.   O blöder Mohr! Das Tuch, von dem du sagst,
Fand ich durch Zufall und gab's meinem Manne;
Denn oft mit feierlichem Ernst und Nachdruck –
Mehr als für solche Kleinigkeit sich ziemte –
Hieß er's mich stehlen.
Jago.   Du verdammte Metze!
Emilie.   Sie gab es Cassio? – Nein, ach nein! Ich fand's
Und gab es meinem Manne.
Jago.   Kot, du lügst.
Emilie.   Bei Gott, ich log nicht, nein, Ihr edlen Herrn!
Blütdürst'ger Narr! Was sollt' auch dieser Tropf
Mit solcher guten Frau?   (Jago ersticht seine Frau und läuft davon.)
Othello.   Gibt's keinen Keil im Himmel
Als nur zum Donner. – Ausbünd'ger Schurke!
Gratiano.   Sie sinkt, wahrhaftig, er erstach sein Weib!
Emilie.   Ja, ja, o legt mich neben meine Herrin!
Gratiano.   Er lief davon, doch seine Frau ist hin.
Montano.   's ist ein Erzbösewicht. – Bewahrt dies Schwert,
Das ich jetzt hier dem Mohren weggenommen.
Besetzt die äußre Tür, laßt ihn nicht durch,
Ersticht ihn eh': – Ich will dem Buben nach,
Denn er ist ein verdammter Hund.

Othello. Ich bin auch nicht mehr tapfer,
   Nein, jeder winz'ge Knab' entführt mein Schwert.
   Was soll auch Ehre Tugend überleben?
   Fahr' alles hin.
Emilie. Was deutet dein Lied?
   Hörst du mich noch? Ich will dem Schwane gleich
   In Wohllaut sterben. Weide, Weide, Weide! –
   Mohr, sie war keusch; sie liebte dich, Barbar!
   So werde Heil mir, als ich Wahrheit zeuge;
   Und redend wie ich denke, sterb' ich – sterb' ich.   (Sie stirbt.)
Othello. Ich hab' noch einen Degen hier im Zimmer,
   Es ist ein spanisch Schwert, in Eis gehärtet.
   Aha, hier ist's: Oheim, ich muß hinaus.
Gratiano (draußen).
   Wenn du's versuchst, wirst du es teuer büßen,
   Du bist wehrlos und mußt dich unterwerfen.
Othello. So komm denn hier herein und sprich mit mir,
   Sonst mit der nackten Faust fall' ich dich an.
Gratiano (im Hereintreten). Was willst du mir?
Othello.   Sieh her, ich hab' ein Schwert!
   Ein beßres hat noch nie geschmückt die Hüfte
   Eines Soldaten. Wohl war einst der Tag,
   Wo mir der kleine Arm, dies gute Schwert
   Den Ausgang schaffte durch mehr Hindernis,
   Als zwanzigmal dein Zwang. Doch eitles Prahlen!
   Wer lenkt sein Schicksal? Das ist jetzt vorbei. –
   Seid nicht erschreckt, ob ihr bewehrt mich seht;
   Hier ist mein Reiseziel, mein Ankerplatz,
   Die fernste Seemark meiner letzten Fahrt.
   Trittst du zurück in Furcht? Du bangest umsonst;
   Zück' nur ein Schilfrohr auf Othellos Brust,
   Er weicht ihm. Wohin sollt' Othello gehn? –
   Ach, wie siehst du nun aus, o Kind des Jammers,
   Bleich wie dein Hemd! Wenn wir am Thron erscheinen,
   Wird dies dein Bild mich fort vom Himmel schleudern,
   Wo Furien mich ergreifen. Kalt, mein Mädchen?
   Wie deine Keuschheit!
   O du verfluchter Sklav! Peitscht mich, ihr Teufel,
   Weg von dem Anblick dieser Himmelsschönheit!
   Stürmt mich in Wirbeln! Röstet mich in Schwefel,
   Wascht mich in tiefen Schlünden flüss'ger Glut!
   O Desdemona, Desdemona, tot?
   Tot? O! o! o!

Lodovico, Cassio, der geführt wird, *Montano, Jago* als Gefangener und Offiziere

Lodovico. Wo ist der rasche, höchst unsel'ge Mann?
Othello. Hier steht, der einst Othello war; hier bin ich.
Lodovico. Wo ist die Natter? Führt den Buben vor.
Othello. Ich seh' ihm auf den Fuß; doch das ist Fabel: –
Bist du ein Teufel, kann ich dich nicht töten. (Othello verwundet den Jago.)
Lodovico. Entringt sein Schwert ihm!
Jago. Ich blute, doch ich lebe.
Othello. Sonst tät' es mir auch leid. Du sollst noch leben;
Denn wie ich fühl', ist Tod Glückseligkeit.
Lodovico. O du, Othello! Sonst so groß und gut,
Umgarnt von Schlingen eines Bösewichts!
Was soll man von dir sagen?
Othello. Was man will;
Daß ich ein ehrenvoller Mörder sei;
Denn nichts tat ich aus Haß, für Ehre alles.
Lodovico. Halb hat der Sklav sein Bubenstück bekannt.
Habt Ihr mit ihm Cassios Tod geplant?
Othello. Ja.
Cassio. Teurer Herr, ich gab Euch niemals Grund.
Othello. Ich glaub' es, und ich bitt' um dein Verzeihn.
Wollt Ihr von diesem Teufel wohl erfragen,
Warum er Seel' und Leib mir so verstrickt?
Jago. Fragt mich um nichts mehr, was ihr wißt, das wißt ihr.
Von dieser Stunde red' ich nicht ein Wort.
Lodovico. Was? Nicht zum Beten?
Gratiano. Folter wird's dich lehren.
Othello. Gut, du tust so am besten.
Lodovico. Ihr sollt erfahren, Herrn, was sich begab,
Noch glaub' ich, wißt Ihr's nicht: hier ist ein Brief,
Der sich in Roderigos Tasche fand,
Und hier ein zweiter. Jener dort enthält,
Daß Roderigo auf sich nehmen sollte,
Cassio zu töten.
Othello. Nichtswürdiger!
Cassio. Höchst heidnisch, höchst verrucht!
Lodovico. Ein andrer Brief, mißmutig, voller Zweifel,
Gefunden auch bei ihm; und diesen, scheint's,
Wollte Rodrigo an den Schurken senden,
Doch kam indes wohl Jago selbst zu ihm,
Ihn zu beruhigen.
Othello. Verruchter Schelm. –

Wie kamst du, Cassio, denn zu jenem Tuch
Von meiner Frau? –
Cassio. Ich fand's auf meinem Zimmer:
Und er gestand in diesem Augenblick,
Er ließ es fallen zu bestimmtem Zweck
Und wie er's wünschte, kam's.
Othello. O Tor! O Tor!
Cassio. Dann ferner steht in Roderigos Brief
Der Vorwurf, wie ihn Jago aufgehetzt,
Mir auf der Wache zu trotzen, – was bewirkte,
Daß ich entsetzt ward – und noch sagt' er eben
Nach langem Scheintod, daß ihn Jago reizte,
Mich anzufallen, und ihn dann erstach.
Lodovico. Ihr müßt jetzt mit uns dieses Haus verlassen,
Gewalt und Vollmacht sind Euch abgenommen,
Cassio befiehlt in Zypern. Dieser Bube –
Gibt's irgend eine recht geschärfte Marter,
Die lang ihn hinhält und erfindrisch quält,
Die sei für ihn: Ihr bleibt in strenger Haft,
Bis über Eu'r Vergehen dem Senat
Venedigs ward berichtet. Führt ihn weg.
Othello. Gemach! – Nur noch zwei Worte, eh' Ihr geht.
Ich tat Venedig manchen Dienst; man weiß es,
Nichts mehr davon! – In euren Briefen, bitt' ich,
Wenn Ihr von diesem Unheil Kunde gebt,
Sprecht von mir, wie ich bin: verkleinert nichts,
Doch ohne Bosheit. Dann müßt Ihr berichten
Von einem, der nicht klug, doch zu sehr liebte,
Nicht leicht argwöhnte, doch einmal erregt,
Unendlich raste: einem, dessen Hand,
Niedern Indianern gleich, die Perle wegwarf,
Mehr wert, als all sein Volk: des überwundnes Auge
Sonst nicht gewöhnt zu schmelzen, sich ergeußt
In Tränen, wie Arabiens Bäume tau'n
Von heilungskräft'gem Balsam: – Schreibt das alles;
Und fügt hinzu, daß in Aleppo einst,
Wo ein boshafter türk'scher Muselmann
'nen Venetianer schlug und den Senat schalt,
Ich den beschnittnen Hund am Hals ergriff
und traf ihn – so: (Er ersticht sich.)
Lodovico. O blut'ges Ende!
Gratiano. Umsonst nun unser Wort.
Othello. Ich küßte dich,

Fünfter Aufzug. 2. Szene

Eh' ich dir Tod gab: nun sei dies der Schluß,
Mich selber tötend sterb' ich so im Kuß.
Cassio.   Dies fürchtet' ich, doch glaubt' ihn ohne Waffen:
Denn er war hochgesinnt.
Lodovico.   Spartan'scher Hund,
Verderblicher als Hunger, Pest und Meer!
Schau dort die trag'sche Bürde dieses Betts,
Das ist dein Werk. Das Aug' erliegt dem Anblick:
Verhüllt ihn. Ihr, Gratiano, bleibt im Schloß,
Und nehmt des Mohren Güter in Beschlag;
Denn Ihr beerbt ihn.
          (Zu Cassio.) Euch, Herr Gouverneur,
Liegt ob das Urteil dieses höll'schen Buben;
Die Zeit, der Ort, die Marter, – schärft, o schärft sie ihm! –
Ich will sogleich an Bord und dem Senat
Mit schwerem Herzen künden schwere Tat.   (Alle gehen ab.)

Cymbeline

Übersetzt von

Dorothea Tieck

Personen

Cymbeline, König von Britannien.
Cloten, Sohn der Königin von ihrem ersten Gemahl.
Leonatus Posthumus, ein Edelmann, Imogens Gemahl.
Bellarius, ein verbannter Lord, unter dem Namen Morgan.
Guiderius, ⎱ Cymbelins Söhne, unter den Namen Polydor und
Arviragus, ⎰ Cadwall, für Bellarius' Söhne gehalten.
Philario, Posthumus' Freund.
Jachimo, Philarios Freund.
Ein französischer *Edelmann*, Philarios Freund.
Cajus Lucius, römischer Feldherr.
Ein römischer Hauptmann, zwei britische Hauptleute.
Pisanio, Posthumus' Diener.
Cornelius, ein Arzt.
Zwei *Edelleute*.
Zwei *Kerkermeister*.

Die *Königin*, Cymbelins Gemahlin.
Imogen, Cymbelins Tochter, von der vorigen Königin.
Helene, Imogens Kammerfrau.

Lords, Hofdamen, römische Senatoren, Tribunen, Geister, ein Wahrsager, ein Holländer, ein Spanier, Musiker, Anführer, Soldaten, Boten, Gefolge.

(Szene abwechselnd in Britannien und Rom.)

Erster Aufzug

1. Szene

Britannien. Garten bei Cymbelins Palast

Zwei Edelleute treten auf

Erster Edelmann. Ja, hier schaut jeder finster: unser Blut
Gehorcht nicht mehr dem Himmel, als der Höfling
Stets wie der König scheinen will.

Zweiter Edelmann. Der Grund?
Erster Edelmann. Die Erbin dieses Reiches, seine Tochter,
Bestimmt' er seiner Frauen einz'gem Sohn;
Vor kurzem Witwe noch, jetzt Königin.
Die Tochter wählte nun den Gatten selbst,
Der arm, doch edel ist. Sie sind vermählt;
Der Mann verbannt, verhaftet sie, und alles
Ist äußrer Schmerz; obwohl der König, mein' ich,
Wahrhaft bekümmert ist.
Zweiter Edelmann. Der König nur?
Erster Edelmann. Auch er, der sie verlor, die Kön'gin gleichfalls,
Die jenes Bündnis wünschte. Doch kein Höfling –
Wenn alle auch ihr Antlitz stimmten nach
Des Königs Blick – des Herz sich nicht erfreut
Ob dem, worauf sie grollen.
Zweiter Edelmann. Und weshalb?
Erster Edelmann. Dem die Prinzeß entging, ist ein Geschöpf,
Zu schlecht, ihn schlecht zu nennen, der sie hat –
Das heißt, dem sie vermählt – der Ärmste – der
Deshalb verbannt – ist solch vollendet Wesen,
Daß, wenn man auch den Erdkreis rings durchsuchte
Nach einem so wie er, stets blieb' ein Mangel
Dem, der sich ihm vergleicht. Ich glaube nicht,
Mit so viel innerm Wert und äußrer Schönheit
Sei jemand sonst begabt.
Zweiter Edelmann. Ihr übertreibt.
Erster Edelmann. Ich mess' ihn nur weit unter seiner Größe;
Drück' ihn zusammen, statt ihn zu entfalten
In vollem Maß.
Zweiter Edelmann. Wie ist sein Nam' und Stamm?
Erster Edelmann. Des Wurzels ist mir nicht enthüllt. Sicilius,
So hieß sein Vater, kämpft' einst ruhmbekränzt
Gegen die Römer mit Cassibelan;
Doch vom Tenantius hatt' er seine Würden,
Dem er mit Glanz und seltnem Glück gedient,
So ward er Leonatus zubenannt.
Er hatte, außer jenem edeln Sohn,
Zwei andre noch, die, in dem Kriege damals,
Das Schwert in Händen, fielen, was den Vater,
Den söhnefrohen Greis, so niederbeugte,
Daß er vom Leben schied; sein edles Weib,
Schwanger mit dem, von dem wir sprechen, starb
Bei der Geburt. Da nimmt das Kind der König

In seinen Schutz und nennt ihn Posthumus Leonatus;
Läßt ihn erziehn, macht ihn zu seinem Pagen
Und gibt zu jeder Wissenschaft ihm Zutritt,
Für die sein Alter reif; das sog er sein,
Wie wir die Luft, so schnell wie man's ihm bot;
Sein Frühling ward schon Herbst; er lebt' am Hofe –
Was möglich kaum – in Lieb' und Lob der Erste;
Dem Jüngsten Musterbild, dem Reiferen
Ein Spiegel für des Schmucks Vollendung und
Ein Kind den Ernstern, die zu Toren wurden,
Um führen sich zu lassen; seiner Gattin,
Für die er jetzt verbannt – ihr eigner Wert
Zeigt, wie sie ihn und seine Tugend schätzte;
In ihrer Wahl könnt Ihr am besten lesen,
Was für ein Mann er ist.

Zweiter Edelmann.   Ich ehr' ihn schon
In Eurer Schildrung. Doch, ich bitt' Euch, sagt mir,
Ist sie des Königs einz'ges Kind?

Erster Edelmann.   Sein einz'ges.
Zwei Söhne hatt' er – dünkt's Euch merkenswert,
So hört mir zu: – der älteste drei Jahr,
Der andr' in Windeln, wurden sie gestohlen
Aus ihrer Ammenstub', und niemand ahnet,
Bis diese Stunde, was aus ihnen ward.

Zweiter Edelmann. Wann fiel das vor?

Erster Edelmann.   Vor etwa zwanzig Jahren.

Zweiter Edelmann. Daß Königskinder so entwendet wurden!
So schlecht bewacht, so schläfrig aufgesucht,
Daß keine Spur sich fand!

Erster Edelmann.   Mag's seltsam sein
Und fast zum Lachen solche Lässigkeit,
So ist es dennoch wahr.

Zweiter Edelmann.   Ich glaub' es Euch.

Erster Edelmann. Wir müssen uns zurückziehn; denn hier kommt
Der edle Herr, die Kön'gin und Prinzessin.   (Sie gehen ab.)

2. Szene
Ebendaselbst

Es treten auf die Königin, Imogen und Posthumus

Königin. Nein, Tochter, sei gewiß, nie findst du mich,
Nach der Stiefmütter allgemeinem Ruf,
Scheeläugig gegen dich; zwar als Gefangne

Bewahr' ich dich, doch gibt dein Wächter selbst
Den Kerkerschlüssel dir. Und, Posthumus,
Sobald ich kann den grimmen König sänft'gen,
Sollt Ihr in mir den Anwalt sehn; doch jetzt
Entflammt ihn noch der Zorn, drum ist es besser,
Ihr neigt Euch seinem Spruch, und so geduldig,
Wie Euch die eigne Weisheit lehrt.
Posthumus. Ja, Hoheit,
Ich reise heut.
Königin. Wohl kennt Ihr die Gefahr: –
Nur durch den Garten geh' ich, denn mich jammert
Die Qual gehemmter Lieb'; obwohl der König
Befahl, Ihr sollt nicht miteinander sprechen. (Sie geht ab.)
Imogen. O heuchlerische Huld! Wie schmeichelnd kitzelt
Die Schlange, wo sie sticht! – Geliebter Mann,
Wohl fürcht' ich etwas meines Vaters Zorn,
Doch nicht – mein heilig Bündnis ausgenommen –
Was seine Wut mir tun kann, du mußt fort;
Ich bleibe hier zurück, ein stündlich Ziel
Erzürnten Blicks; nichts tröstet mich im Leben,
Als daß die Welt das Kleinod noch bewahrt,
Es wieder einst zu sehn.
Posthumus. O meine Kön'gin!
Herrin, Geliebte, weint nicht mehr; daß mich
Verdacht nicht treffe weichrer Zärtlichkeit,
Als sie dem Manne ziemt! Ich bleib' auf ewig
Der treuste Gatte, der je Treu' gelobte.
In Rom nun wohn' ich, bei Philario dort,
Der meines Vaters Freund war, doch mit mir
Durch Briefe nur verbunden; dorthin schreibe,
Und mit den Augen trink' ich deine Worte,
Ist Galle gleich die Tinte.

Die Königin kommt zurück.

Königin. Eilt, ich bitte!
Denn wenn der König kommt, so fällt auf mich
Wer weiß wie viel von seinem Zorn. (Beiseite.) Doch führ' ich
Ihn dieses Weges. Kränk' ich ihn auch stets,
Erkauft er sich mein Unrecht doch zum Freund,
Zahlt mein Versünd'gen schwer. (Geht ab.)
Posthumus. Nähmen wir den Abschied
So lange Zeit, als wir noch leben sollen,
Der Schmerz der Trennung wüchse stets; leb wohl!

Imogen. O, nicht so rasch;
   Rittst du nur aus, um frische Luft zu schöpfen,
   Zu kurz wär' solch ein Abschied. Sieh, Geliebter,
   Der Demant ist von meiner Mutter: nimm ihn;
   Bewahr' ihn, bis ein andres Weib du freist,
   Ist Imogen gestorben.
Posthumus. Wie, ein andres?
   Ihr Götter, laßt mir die nur, die ich habe,
   Und wehrt mir die Umarmung einer andern
   Mit Todesbanden! – Bleib, o bleibe hier,
   Solang hier Leben wohnt! (Er steckt den Ring an.) Und, Süße, Holde,
   Wie ich mein armes Selbst für dich vertauschte,
   Zu deinem schlimmsten Nachteil; so gewinn' ich
   Sogar bei diesem Tand. Dies trag von mir,
   's ist eine Liebesfessel, die ich um
   Die holdeste Gefangne lege. (Er legt ihr ein Armband an.)
Imogen. Götter!
   Ach! wann sehn wir uns wieder?
       Cymbeline tritt auf mit Gefolge.
Posthumus. Weh! der König!
Cymbeline. Hinweg! Elender du, mir aus den Augen!
   Belästigst du den Hof nach diesem Wort
   Mit deinem Unwert noch, so stirbst du; geh!
   Gift bis du meinem Blut.
Posthumus. Die Götter schützen Euch!
   Und segnen alle Guten, die hier bleiben!
   Ich gehe. (Er geht ab.)
Imogen. Keine Marter hat der Tod
   So scharf wie diese.
Cymbeline. Pflichtvergeßnes Ding,
   Du solltst die Jugend mir erneu'n und häufst
   Mir nur der Jahre Last.
Imogen. Ich bitt' Eu'r Hoheit,
   Kränkt Euch nicht selbst mit Eurem Gram; ich bin
   Gefühllos Eurem Zorn; ein tiefres Leid
   Tilgt Furcht und Angst.
Cymbeline. So ohne Gnad' und Sitte?
Imogen. Ja, ohne Hoffnung; so weit ohne Gnade.
Cymbeline. Den einz'gen Sohn der Kön'gin auszuschlagen!
Imogen. O! wohl mir, daß ich's tat! Den Adler wählt' ich
   Und warf den Raben fort.
Cymbeline. Den Bettler nahmst du; hättest meinen Thron
   Zum Sitz der Niedrigkeit gemacht.

Imogen. O nein;
Ich gab ihm neuen Glanz.
Cymbeline. Verworfne!
Imogen. Vater,
Nur Ihr seid schuld, lieb' ich den Posthumus:
Ihr zogt ihn auf als meinen Spielgefährten;
Er ist ein Mann, wert jeder Frau und der
Fast um den ganzen Preis mich überzahlt.
Cymbeline. Was! – Bist du toll?
Imogen. Beinah; der Himmel steh' mir bei! – O, wär' ich
Doch eines Schäfers Tochter! Mein Leonatus
Des Nachbarhirten Sohn!

Die Königin tritt auf.

Cymbeline. Du töricht Mädchen!
Beisammen waren wieder sie. Ihr tatet
Nicht, wie wir Euch befahlen. Fort mit ihr
Und schließt sie ein.
Königin. Ich bitt' Euch, ruhig – still,
Prinzessin Tochter, still – geliebter Herr,
Laßt uns allein und sucht Euch zu erheitern,
Wie Ihr's am besten könnt.
Cymbeline. Mag sie verschmachten
Täglich um einen Tropfen Bluts und alt
In dieser Torheit sterben! (Er geht ab.)

Pisanio tritt auf.

Königin. Pfui! – gebt nach,
Hier ist Eu'r Diener. – Nun, was bringst du Neues?
Pisanio. Der Prinz, Euer Sohn, zog gegen meinen Herrn.
Königin. Kein Leid doch ist geschehen?
Pisanio. Es konnte treffen,
Nur spielte mehr mein Herr, anstatt zu fechten,
Und Zorn stand ihm zur Seite nicht; es trennten
Sie ein'ge Herren in der Näh'.
Königin. Das freut mich.
Imogen. Ja, meines Vaters Freund ist Euer Sohn;
Er nimmt sich seiner an. –
Auf den Verbannten ziehn! – O tapfrer Held! –
Ich wünschte sie in Afrika beisammen
Und mich mit Nadeln dort, um den zu stechen,
Der rückwärts geht. – Was ließest du den Herrn?
Pisanio. Weil er's befahl; zum Hafen ihn zu bringen,
Erlaubt' er nicht. Er gab mir dies Verzeichnis

Von Diensten, die ich Euch zu leisten hätte,
Gefiel's Euch, mich zu brauchen.

Königin. Dieser war
Dein treuer Diener stets; mein Wort verpfänd' ich,
Daß er's auch bleiben wird.

Pisanio. Ich dank' Eu'r Hoheit.

Königin. Komm, laß uns etwas gehn.

Imogen. Frag bei mir an
In einer halben Stunde; meinen Herrn
Mußt du an Bord noch sehn; für jetzt verlaß mich. (Alle ab.)

3. Szene
Freier Platz

Cloten tritt auf mit zwei *Edelleuten*.

Erster Edelmann. Prinz, ich möchte Euch doch raten, das Hemde zu wechseln; die Heftigkeit der Bewegung macht, daß Ihr wie ein Opfer raucht; wo Luft ausströmt, zieht auch Luft ein, und keine äußere Luft ist so gesund, als die Ihr ausströmt.

Cloten. Wenn mein Hemd blutig wäre, dann sollt's gewechselt – Hab' ich ihn verwundet?

Zweiter Edelmann (für sich). Nein, wahrhaftig; nicht einmal seine Geduld.

Erster Edelmann. Ihn verwundet? Sein Körper ist ein durchdringliches Beingerippe, wenn er nicht verwundet ist; er ist eine Durchfahrt für Stahl, wenn er nicht verwundet ist.

Zweiter Edelmann (für sich). Sein Degen hatte Schulden und versteckte sich hinterwärts.

Cloten. Der Schurke wollte mir nicht stehen.

Zweiter Edelmann (für sich). Nein; er floh immer vorwärts, auf dein Gesicht zu.

Erster Edelmann. Euch stehn! Ihr habt selbst schon Land genug, aber er vergrößerte Euren Besitz; er gab Euch noch etwas Boden zu.

Zweiter Edelmann (für sich). Ja, so viel Zoll als du Weltmeere hast; ihr Laffen!

Cloten. Ich wollte, sie wären nicht zwischen uns getreten.

Zweiter Edelmann (für sich). Das wollte ich auch, bis du gemessen hättest, wie lang ein Narr ist, wenn er auf der Erde liegt.

Cloten. Und daß sie diesen Kerl lieben muß und mich abweisen!

Zweiter Edelmann (für sich). Wenn es Sünde ist, eine richtige Wahl zu treffen, so ist sie verdammt.

Erster Edelmann. Prinz, ich sagte es Euch immer, ihre Schönheit und ihr Verstand halten nicht gleichen Schritt; sie ist ein treffliches Gemälde, aber ich habe wenige Reflexe ihres Geistes gesehen.

Zweiter Edelmann (für sich). Sie scheint nicht auf Narren, der Reflex möchte ihr schaden.

Cloten. Kommt auf mein Zimmer; ich wollte, es wäre irgend ein Unglück geschehen.

Zweiter Edelmann (für sich). Das wollte ich nicht; es wäre denn der Fall eines Esels, was kein großes Unglück ist.

Cloten. Wollt Ihr mit uns gehen?

Erster Edelmann. Ich folge Euch, gnädiger Herr.

Cloten. Nein, kommt, gehen wir zusammen.

Zweiter Edelmann. Wohl, mein Prinz. (Alle ab.)

4. Szene
Zimmer im Palast

Imogen und *Pisanio* treten auf.

Imogen. Ich wollt', am Hafen ständst du eingewurzelt
Und fragtest jedes Schiff. Wenn er mir schriebe,
Und ich bekäm's nicht, solch ein Brief verloren,
Ist wie Verlust des Heils. Was war das Letzte,
Was er dir sagte?

Pisanio. Es war: *O meine Kön'gin!*

Imogen. Dann winkt' er mit dem Tuch?

Pisanio. Und küßt' es, Fräulein.

Imogen. Fühllose Leinwand, glücklicher als ich!
Und das war alles?

Pisanio. Nein, Prinzessin; denn
Solang er machen konnte, daß ihn Auge
Und Ohr von andern unterschied, blieb er
Auf dem Verdeck, mit Handschuh, Tuch und Hut
Stets winkend wie der Sturm und Drang der Seele
Ausdrücken konnt' am besten, wie so langsam
Sein Herz von hinnen zieh', wie schnell sein Schiff.

Imogen. Er mußte klein wie eine Kräh' dir werden
Und kleiner, eh du aufgabst, nachzuschaun.

Pisanio. Das tat ich, gnäd'ge Frau.

Imogen. Zerrissen hätt' ich mir die Augennerven,
Nur um nach ihm zu sehn, bis die Verkleinrung
Des Raums ihn zugespitzt wie meine Nadel;
Ihm schaut' ich nach, bis er verschmolzen wäre
Von Kleinheit einer Mück' in Luft, und dann

Hätt' ich mich abgewendet und geweint. –
Pisanio, sprich, wann hören wir von ihm?
Pisanio. Gewiß mit nächster Schiffsgelegenheit.
Imogen. Wir nahmen Abschied nicht, und noch viel Hübsches
Wollt' ich ihm sagen; zu erzählen wünscht' ich,
Wie ich sein dächt' in der und jener Stunde,
Gedenkend dies und das, und schwören sollt' er,
Italiens Liebchen möchten nicht verlocken
Mein Recht und seine Ehr'; ich wollt' ihn nöt'gen,
Um sechs Uhr morgens, Mitternacht und Mittag
Mir betend zu begegnen, weil ich dann
Für ihn im Himmel bin; ich wollt' ihm geben
Den Abschiedskuß, den in zwei Zauberworte
Ich eingeschlossen; – da tritt ein mein Vater,
Und wie der grimme Hauch des Nordens schüttelt
Er unsre Knospen ab, eh sie erblüht.

Eine *Hofdame* tritt auf.

Hofdame. Die Kön'gin wünscht Eu'r Hoheit Gegenwart.
Imogen. Was ich dir aufgetragen, das besorge. –
Der Kön'gin wart' ich auf.
Pisanio. Wie Ihr befehlt. (Alle ab.)

5. Szene
Rom. In Philarios Hause

Es treten auf *Philario, Jachimo,* ein *Franzose,* ein *Holländer* und ein *Spanier.*

Jachimo. Glaubt mir, Herr, ich kannte ihn in Britannien, sein Ansehn war damals im Wachsen, und man erwartete die Vortrefflichkeit von ihm, die ihm später auch dem Namen nach zugestanden wurde; aber ich hätte ihn damals ohne die Nachhilfe der Bewunderung ansehen können, wenn auch das Verzeichnis aller seiner Gaben neben ihm aufgestellt gewesen wäre, und ich ihn so artikelweise durchgelesen hätte.

Philario. Ihr sprecht von einer Zeit, da er noch weniger ausgestattet war, als er jetzt ist, mit allen den Gaben, die ihn geistig und leiblich so vorzüglich machen.

Franzose. Ich sah ihn in Frankreich, und dort hatten wir viele, die mit ebenso festem Auge, als er, in die Sonne blicken konnten.

Jachimo. Der Umstand, daß er seines Königs Tochter geheiratet hat – wobei er mehr nach ihrem als nach seinem eigenen Werte gewogen werden muß – ist gewiß ein Hauptgrund, daß man ihn weit über die Wahrheit hinaus preist.

Franzose. Und dann seine Verbannung.

Jachimo. Ja, und die Billigung derer, die diese klägliche Scheidung beweinen und der Fürstin zugetan sind; alle diese erheben ihn wunderbar über sein Maß; geschähe es auch nur, um der Prinzessin Urteil mehr zu befestigen, welches außerdem ein schwaches Geschütz niederschmettern würde, wenn sie einen Bettler genommen hätte ohne jedes Verdienst. Aber wie kommt es, daß er bei Euch wohnen wird? Woher schreibt sich diese Bekanntschaft?

Philario. Sein Vater und ich waren Kriegskameraden, und ich hatte diesem oft nichts Geringeres als mein Leben zu danken.

Posthumus tritt auf.

Hier kommt der Brite; laßt seine Aufnahme unter euch so sein, wie sie Männern von eurem Verstand gegen einen Fremden von seinen Verdiensten ziemt. – Ich bitte euch alle, macht euch näher mit diesem Herrn bekannt, den ich euch als meinen edlen Freund empfehle; seine Vortrefflichkeit möge sich in Zukunft lieber selbst kundgeben, als von mir vor seinem Ohr gepriesen werden.

Franzose. Herr, wir kannten uns in Orleans.

Posthumus. Seitdem war ich Euer Schuldner für Artigkeiten, an denen ich stets abzuzahlen habe und doch in Eurer Schuld bleiben werde.

Franzose. Herr, Ihr überschätzt meine geringen Freundschaftsdienste. Es war mir lieb, daß ich Euch und meinen Landsmann versöhnen konnte; es wäre schade gewesen, wäret Ihr mit so tödlichen Vorsätzen zusammengekommen, wie Ihr sie damals beide hattet, und wegen einer Sache von so leichter, unbedeutender Art.

Posthumus. Verzeiht mir, ich war damals ein junger Reisender; etwas störrisch, dem, was ich hörte, beizustimmen, und wenig geneigt, mich in jeglicher Handlung durch die Erfahrung anderer leiten zu lassen; aber auch nach meinem reiferen Urteil – wenn ich nicht prahle, es reifer zu nennen – war mein Zwist von damals doch nicht so ganz unbedeutend.

Franzose. Wahrhaftig doch zu unbedeutend, um der Entscheidung der Waffen unterworfen zu werden, und von zwei solchen Männern, wo, höchstwahrscheinlich, einer vom andern vernichtet oder beide gefallen wären.

Jachimo. Darf man, ohne Unbescheidenheit, fragen, was der Streit war?

Franzose. Warum nicht? Es wurde öffentlich verhandelt und mag drum ohne Anstoß wieder erzählt werden. Es betraf einen Punkt, dem ähnlich, über den wir gestern abend stritten, wo jeder von uns sich im Lob der Damen seines Landes ergoß. Dieser Herr beteuerte damals – und zwar auf die Gewähr, es mit seinem Blute zu beweisen – die seine sei schöner, tugendhafter, weiser, keuscher, standhafter und unverführbarer als irgend eine unserer auserlesensten Damen in Frankreich.

Jachimo. Diese Dame lebt nicht mehr, oder der Glaube dieses Herrn ist, was den Punkt betrifft, schwächer geworden.

Posthumus. Sie behauptet noch ihre Tugend und ich meine Meinung.

Jachimo. Ihr dürft sie nicht so sehr über unsere Italienerinnen erheben.

Posthumus. Wenn ich so gereizt würde wie damals in Frankreich, so würde ich sie ebensowenig beeinträchtigen lassen; müßte ich mich auch ihren Anbeter nennen, nicht ihren Geliebten.

Jachimo. Ebensoschön und ebensogut – eine Art Taschenspielervergleichung – wäre etwas zu schön oder zu gut für irgend eine Dame in Britannien gewesen. Wenn sie andere, die ich gekannt habe, so sehr übertrifft, wie dieser Euer Diamant manchen, den ich sah, überstrahlt, so muß ich wohl glauben, daß sie unter vielen die Vorzüglichste ist; doch unter allen Kleinodien, die es gibt, sah ich wohl nicht das Köstlichste, noch Ihr die Höchste unter den Weibern.

Posthumus. Ich pries sie, wie ich sie schätze, und so auch meinen Stein.

Jachimo. Wie hoch achtet Ihr ihn?

Posthumus. Höher als alles, dessen die Welt sich rühmt.

Jachimo. Entweder ist Eure unvergleichliche Geliebte tot, oder sie wird von einer Kleinigkeit überboten.

Posthumus. Ihr seid im Irrtum; das eine mag verkauft oder verschenkt werden, wenn Reichtum genug für die Zahlung oder Verdienst genug für die Gabe da wäre; das andere ist nicht feil und nur einzig Gabe der Götter.

Jachimo. Welche die Götter Euch gegeben haben?

Posthumus. Welche, durch ihre Gnade, mein bleiben wird.

Jachimo. Ihr mögt sie, dem Namen nach als die Eurige haben; aber, Ihr wißt, fremde Vögel lassen sich auf den Teich des Nachbars nieder. Euer Ring kann Euch ebenfalls gestohlen werden. So ist von Euren beiden unschätzbaren Gütern das eine nur schwach und das andere zufällig; ein listiger Dieb oder ein in dem Punkt vollendeter Hofmann würden es unternehmen, Euch das eine und das andere abzugewinnen.

Posthumus. Euer Italien besitzt keinen so vollendeten Höfling, daß er die Ehre meiner Geliebten in Gefahr bringen könnte; wenn Ihr sie im Bewahren oder Verlust derselben schwach nennen wollt. Ich zweifle nicht im mindesten, daß Ihr einen Überfluß von Dieben habt, demungeachtet fürchte ich nichts für meinen Ring.

Philario. Laßt uns hier abbrechen, meine Freunde.

Posthumus. Von Herzen gern. Dieser würdige Signor, ich danke ihm dafür, behandelt mich nicht als Fremden; wir sind gleich bei erster Bekanntschaft Vertraute.

Jachimo. Mit fünfmal so viel Gespräch würde ich mir bei Eurer schönen Gebieterin Bahn machen, sie rückwärts treiben, ja, zum Wanken bringen, hätte ich Zutritt und Gelegenheit zu Freunden.

Posthumus. Nein, nein.

Jachimo. Ich wage es, darauf die Hälfte meines Vermögens gegen Euren Ring zu verpfänden, die, nach meiner Schätzung, noch etwas mehr wert ist; aber ich unternehme meine Wette vielmehr gegen Eure Zuversicht als ihre Ehre, und, um hierin auch jede Beleidigung Eurer auszuschließen, ich wage den Versuch gegen jede Dame in der Welt.

Posthumus. Ihr seid außerordentlich getäuscht in dieser zu dreisten Überzeugung, und ich zweifle nicht, Euch wird das, was Ihr durch solcherlei Versuch verdient.

Jachimo. Und das wäre?

Posthumus. Eine Abweisung; obwohl Euer Versuch, wie Ihr es nennt, mehr verdient; Züchtigung auch.

Philario. Ihr Herren, genug davon, das kam zu plötzlich; laßt es sterben, wie es geboren ward, und, ich bitte, lernt Euch besser kennen.

Jachimo. Ich wollte, ich hätte mein und meines Nachbars Vermögen auf die Beweisführung dessen gesetzt, was ich behauptete.

Posthumus. Welche Dame wähltet Ihr zu Eurem Angriff?

Jachimo. Die Eure, deren Festigkeit Ihr für so unerschütterlich haltet. Ich setze zehntausend Dukaten gegen Euren Ring, ausbedungen, Ihr empfehlt mich an den Hof, wo Eure Dame lebt, ohne mehr Begünstigung als die Gelegenheit eines zweiten Gesprächs, und ich bringe von dort diese ihre Ehre mit, die Ihr so sicher bewahrt glaubt.

Posthumus. Ich will Gold wetten gegen Euer Gold. Meinen Ring achte ich so teuer als meinen Finger; er ist ein Teil von ihm.

Jachimo. Ihr seid der Geliebte und deshalb um so vorsichtiger. Wenn Ihr Frauenfleisch auch das Quentchen für eine Million kauft, so könnt Ihr es doch nicht vor Ansteckung bewahren; aber ich sehe, es ist etwas Gewissen in Euch, daß Ihr furchtsam seid.

Posthumus. Dies ist nur eine Gewohnheit Eurer Zunge. Ich hoffe, Ihr denkt ehrbarer.

Jachimo. Ich bin Herr und Meister meiner Reden und würde unternehmen, was ich sprach, das beschwör' ich.

Posthumus. Würdet Ihr? – Ich werde Euch meinen Diamant bis zu Eurer Rückkehr nur leihen; – mag ein Vertrag zwischen uns aufgesetzt werden. Meine Geliebte übertrifft in Tugend die Unermeßlichkeit Eurer unwürdigen Denkart. Ich fordere Euch zu dieser Wette auf; hier ist mein Ring.

Philario.   Es soll keine Wette sein.

Jachimo.   Bei den Göttern, sie ist es; – wenn ich Euch nicht hinlängliche Beweise bringe, daß ich das teuerste Kleinod Eurer Geliebten genoß, so sind meine zehntausend Dukaten Euer und Euer Diamant dazu. Wenn ich abgewiesen werde und sie die Ehre bewahrt, auf welche Ihr so fest vertraut, so ist sie, Euer Juwel, dies Euer Juwel und mein Gold Euer; – doch bedungen, ich habe Eure Empfehlung, um ungehinderten Zutritt zu bekommen.

Posthumus.   Ich nehme diese Bedingungen an; laßt die Artikel unter uns aufsetzen, – und, nur insofern sollt Ihr verantwortlich sein. Wenn Ihr Eure Unternehmung gegen sie richtet und mir deutlich zu erkennen gebt, daß Ihr gesiegt habt, so bin ich nicht ferner Euer Feind, sie war unseres Streites nicht wert; wenn sie aber unverführt bleibt und Ihr das Gegenteil nicht beweisen könnt, so sollt Ihr, wegen Eurer schlechten Aufführung und für den Angriff auf ihre Keuschheit mir mit dem Schwerte Rede stehen.

Jachimo.   Eure Hand, es gilt. Wir wollen diesen Vertrag gerichtlich festsetzen, dann fort nach Britannien; daß diese Unternehmung sich nicht erkälte und absterbe. Ich will mein Gold holen und unsere gegenseitige Wette niederschreiben lassen.

Posthumus.   Einverstanden.   (Posthumus und Jachimo gehen ab.)

Franzose.   Glaubt Ihr, daß es dabei bleibt?

Philario.   Signor Jachimo wird nicht davon abstehen. Kommt, laßt uns ihnen folgen.   (Alle ab.)

6. Szene
Britannien. In Cymbelins Palast

Es treten auf die *Königin*, *Hofdamen* und *Cornelius*.

Königin.   Solang der Tau am Boden, pflückt die Blumen;
Rasch; wer hat das Verzeichnis?
Erste Hofdame.   Ich?
Königin.   So geht.
(Die Hofdamen gehen ab.)
Nun, Doktor, brachtst du mir die Spezereien?
Cornelius (ihr ein Büchschen reichend).
Wie Eure Hoheit mir befahl; hier sind sie;
Doch ich ersuch' Eu'r Gnaden – zürnt mir nicht,
Denn mein Gewissen dringt auf diese Frage –
Weshalb verlangtet Ihr die gift'gen Mittel,

Erster Aufzug. 6. Szene

    Die angewandt, hinschmachtend Sterben stiften,
    Langsam, doch tödlich sind?
Königin.   Mich wundert, Doktor,
    Daß du mich also fragst. War ich nicht lange
    Schon deine Schülerin? Lehrtst du mich nicht
    Einmachen, destillieren, Weihrauch mischen?
    Daß unser großer König selbst mich oft
    Um meine Tränke bat? So vorgeschritten –
    Hältst du mich nicht für teuflisch – ist's ein Wunder,
    Wenn ich mein Wissen zu erweitern trachte
    Durch andre Proben? So will ich die Kräfte
    Der Kunst an solchen Kreaturen prüfen,
    Die nicht des Henkens wert – an Menschen nicht –
    Um ihre Wirkung zu erproben, wende
    Dann Gegenmittel an, und so erforsch' ich
    Den mannigfachen Einfluß.
Cornelius.   Solche Übung
    Muß, hohe Fürstin, Euer Herz verhärten;
    Auch ist der Anblick dieser Wirkung schädlich
    Sowohl als ekelhaft.
Königin.   O, sei ganz ruhig.

                Pisanio tritt auf.

(Für sich.)   Hier kommt ein schmeichlerischer Bub'. An ihm
    Prüf' ich's zuerst; er ist für seinen Herren
    Und meinem Sohn entgegen. – Ei, Pisanio,
    Doktor, für jetzt bedarf ich dein nicht mehr,
    Du magst nun gehn.
Cornelius (für sich).   Ich trau' Euch nicht; doch, Kön'gin
    Ihr sollt kein Unheil stiften.
Königin (zu Pisanio).   Hör ein Wort.
Cornelius (für sich).   Verdächtig ist sie mir. Sie glaubt, sie habe
    Ein zehrend Gift; doch kenn' ich ihren Sinn
    Und würde keinem, der ihr gleicht an Tücke,
    So höll'schen Trank vertraun. Das, was sie hat,
    Betäubt und stumpft den Sinn auf kurze Zeit.
    Vielleicht versucht sie's erst an Hunden, Katzen;
    Dann immer höher auf; doch in dem Schein
    Des Todes, den dies gibt, ist nicht Gefahr;
    Es fesselt nur auf kurze Zeit den Geist,
    Der um so frischer dann erwacht. Getört
    Wird sie durch falschen Schein; ich, falsch an ihr,
    Bin um so treuer.

Königin. Doktor, du magst gehen,
Bis wir dich rufen lassen.
Cornelius. Ich gehorche. (Er geht ab.)
Königin. Du sagst, sie weint noch immer? Glaubst du nicht,
Daß mit der Zeit sie ruh'ger wird und Rat
Einläßt, wo Torheit herrscht? Tu, was du kannst,
Sagst du mir einst, sie liebe meinen Sohn,
Dann, glaube mir, stehst du im Augenblick
Hoch wie dein Herr und höher; denn sein Gut
Liegt sprachlos da, sein Name selbst schöpft bald
Den letzten Hauch; heimkehren kann er nicht,
Noch bleiben, wo er ist; sein Leben ändern,
Heißt nur ein Elend mit dem andern tauschen,
Und jeder neue Tag zerstört ihm nur
Des vor'gen Tages Werk; was kannst du hoffen,
Lehnst du dich an ein Ding, daß im Verfall
Und neu gebaut nicht werden kann? Er hat
Nicht Freund', um ihn zu stützen.
(Die Königin läßt das Büchschen fallen, Pisanio hebt es auf.)
Du nimmst auf
Und weißt nicht was; doch nimm's für deine Müh',
Ich macht' es selbst, und fünfmal hat's den König
Vom Tod gerettet; keine beßre Stärkung
Ist mir bekannt. – Behalt's, ich bitte dich;
Es sei das Handgeld eines größern Lohns,
Den ich dir zugedacht. Sag deiner Herrin,
Wie ihre Sache steht; tu's, wie von selbst.
Bedenk, wie sich dein Glücksstand ändert; denk nur:
Die Fürstin bleibt dir, meinen Sohn gewinnst du,
Der dich auszeichnen wird; den König stimm' ich
Zu jeder Art Befördrung, wie du nur
Sie wünschen magst; zumeist bin ich verpflichtet,
Die dies Verdienst dich zu erwerben treibt,
Die Mühe glänzend zu belohnen. Sende
Mir meine Frau'n und denke meiner Worte.
(Pisanio geht ab.)
Ein standhaft, tück'scher Schelm; nicht zu erschüttern;
Der Anwalt seines Herrn und ihr ein Mahner,
Die Treue ihrem Gatten zu bewahren.
Ich gab ihm etwas, wenn er es genießt,
So hat sie keinen mehr, der Botschaft läuft
Zu ihrem Schatz, und beugt sie nicht den Sinn,
Soll sie es wahrlich auch bald kosten müssen.

So, so; – recht gut, recht gut;
Die Veilchen, Schlüsselblumen und die Primeln
Bringt in mein Schlafgemach. Leb wohl, Pisanio;
Gedenke meines Worts.   (Die Königin und Hofdamen gehen ab.)

Pisanio.   Das werd' ich tun;
Doch sollt' ich meine Treu' am Herren brechen,
Würg' ich mich selbst; mehr will ich nicht versprechen. (Er geht ab.)

7. Szene
Ein anderes Zimmer im Palast

Imogen tritt auf.

Imogen.   Ein Vater hart, falsch eine Stiefmutter;
Ein tör'ger Freier der vermählten Frau,
Und deren Mann verbannt! – O, dieser Mann!
Der Gipfel meines Leids! Um ihn die Drangsal,
Die ewig neue! – Wär' ich auch geraubt,
Wie meine Brüder, wohl mir! Doch höchst elend
Ist Sehnsucht auf dem Thron. Gesegnet, wem,
Wie niedrig auch, ehrbarer Wunsch erfüllt wird,
Zur Daseinswürze. – Wer denn quält mich wieder?

Pisanio und *Jachimo* treten auf.

Pisanio.   Fürstin, dies ist ein edler Herr aus Rom,
Mit Briefen meines Herrn.
Jachimo.   Erblaßt Ihr, Fürstin?
Der würd'ge Leonatus ist ganz wohl
Und grüßt Eu'r Hoheit herzlich.   (Er gibt ihr einen Brief.)
Imogen.   Herr, ich dank' Euch;
Ihr seid willkommen sehr.
Jachimo (für sich).   Alles an ihr, was äußerlich, wie reich!
Ist ihr Gemüt so herrlich ausgestattet,
Ist einzig sie Arabiens Phönix, und
Verloren hab' ich. Kühnheit, sei mein Freund!
Frechheit, bewaffne mich von Kopf zu Fuß!
Sonst muß ich, wie der Parther, fliehend fechten!
Ja, geradezu entfliehn.

   Imogen (liest).   „Er ist ein Mann von der edelsten Auszeichnung, dessen Freundschaft mich ihm unendlich verpflichtet hat. Beachte ihn in dem Maße, wie dir deine Pflicht teuer ist.   Leonatus."
   Nur so weit les' ich laut;

Doch meines Herzens Innres wird durchglüht
Vom übrigen und nimmt es dankbar an.
Den Willkomm habt Ihr, edler Herr, den ich
Mit Worten geben kann, und sollt ihn finden,
In allem, was mein Tun vermag.
Jachimo. Dank, schönste Frau. –
Ha! Wie? Sind Menschen toll? Gab die Natur
Das Aug', um anzuschaun des Himmels Bogen
Und diesen reichen Schatz von See und Land?
Das trennend unterscheidet Stern von Stern
Und Stein von Stein am kieselreichen Strand
Und kann solch köstliches Organ nicht sondern
Häßlich von schön?
Imogen. Was macht Euch so erstaunen?
Jachimo. Im Auge kann's nicht sein; denn Aff' und Pavian
Wird, bei zwei solchen Weibchen, dahin plappern,
Und der Gesichter ziehn. Auch nicht im Urteil;
Der Blödsinn wird als weiser Richter Schönheit
Wohl unterscheiden, noch in Lüsternheit;
Schmutz, solchem reinen Glanz entgegen, zwänge
Den leeren Magen der Begier zum Brechen,
Nicht lockt' er ihn zur Speise.
Imogen. Herr, was ist Euch?
Jachimo. Der überfüllte Wille die Begier,
Satt und doch ungesättigt; dieses Faß,
Voll und doch leck, frißt erst das Lamm, und lüstert
Dann noch nach dem Gedärm.
Imogen. Was, teurer Herr,
Reißt Euch so hin? Seid Ihr nicht wohl?
Jachimo. Dank, Fürstin; mir ist wohl. – Ich bitt Euch, Freund,
Sucht meinen Diener auf, wo ich ihn ließ;
Er ist hier fremd und blöde.
Pisanio. Soeben wollt' ich gehn, ihn zu begrüßen. (Er geht ab.)
Imogen. Freut sich mein Gatte guten Wohlseins? Bitt' Euch?
Jachimo. Prinzessin, er ist wohl.
Imogen. Und ist er frohen Muts? Ich hoff', er ist es.
Jachimo. Ausnehmend aufgeweckt; kein Fremder dort
Ist so voll Scherz und Heiterkeit; man nennt ihn
Den ausgelaßnen Briten.
Imogen. Als er noch hier war,
Neigt' er sich oft zur Schwermut; wußt' er gleich
Selbst nicht warum.
Jachimo. Ich sah ihn niemals ernst.

Dort ist sei Kam'rad' ein Franzos', ein sehr
Ausbünd'ger Herr, der, scheint es, ist verliebt
In ein französisch Kind zu Hauf'; er dampft
Die schwersten Seufzer aus; der lust'ge Brite,
Eu'r Gatte, lacht aus voller Brust, und ruft:
O! meine Saiten springen, denk' ich, daß
Ein Mann, der durch Geschichte weiß und eigne Prüfung,
Was Frauen sind, ja, was sie müssen sein,
In seinen freien Stunden schmachten kann
Nach sichrer Knechtschaft.
Imogen.   So spricht mein Gemahl?
Jachimo. Ja, und die Augen tränen ihm vor Lachen.
Es ist ein wahres Labsal, ihn zu hören,
Wie er den Franzmann höhnt. Doch, weiß der Himmel,
Mancher ist sehr zu tadeln.
Imogen.   Er nicht, hoff' ich.
Jachimo. Er nicht, doch hätte wohl des Himmels Huld
Mehr Dank verdient. – In ihm schon unbegreiflich;
In Euch, die sein ist über alle Schätze, –
Wie ich erstaunen muß, so muß ich auch
Tief Mitleid fühlen.
Imogen.   Und mit wem, mein Herr?
Jachimo. Mit zweien Wesen.
Imogen.   Und bin ich das eine?
Ihr blickt mich an; was ist an mir zerstört,
Das Euer Mitleid heischt?
Jachimo.   O, welch ein Jammer!
Dem Glanz der Sonn' entfliehn und Tröstung suchen
Im Kerker bei der Schnuppe Dampf?
Imogen.   Ich bitt' Euch,
Laßt Eure Antwort offen das erklären,
Was ich gefragt. Weshalb beklagt Ihr mich?
Jachimo.   Daß von andern,
Fast wollt' ich sagen, Euch geraubt wird. – Doch
Es ist der Götter Amt, dies zu bestrafen,
Nicht meins, davon zu sprechen.
Imogen.   Scheint Ihr doch
Zu wissen, was mich nah betrifft; ich bitte –
Da Ahnung eines Übels oft mehr quält
Als Überzeugung, denn gewisses Unglück
Ist ohne Rettung; oder, früh erkannt,
Dadurch geheilt – entdeckt mir, was zugleich
Ihr spornt und zügelt.

Jachimo. Hätt' ich diese Wange,
Die Lippe drauf zu baden; diese Hand,
Die, nur berührt, des Fühlers Seele zwingt
Zum Eid der Treu'; dies Angesicht, das fesselt
Das wilde Schweifen meines Auges, einzig
Es hierher bannend: würd' ich Speichel tauschen
Mit Lippen – Schmach – gemein, so wie die Stufen
Zum Kapitol, und Hände drücken, hart.
Durch stete Falschheit – Falschheit ihre Arbeit –
Dann in ein Auge blinzeln, niederträchtig
Und glanzlos wie das qualm'ge Licht, das sich
Von ranz'gem Talge nährt? Gerechte Strafe,
Wenn aller Höllenfluch auf solchen Abfall
Zugleich sich stürzte.
Imogen. Mein Gemahl, ich fürchte,
Vergaß Britannien.
Jachimo. Und sich selbst. Nicht gern
Gab ich aus freier Neigung diese Kunde
Von seinem Bettlertausch; nur Euer Reiz
Beschwor, aus stummstem Herz, auf meine Zunge
Das herbe Wort.
Imogen. Laßt mich kein zweites Hören.
Jachimo. O göttlich Wesen! Eure Schmach erschüttert
Krankhaft mein Herz. Ein Frauenbild, so schön,
Und Erbin eines Kaisertums, erhöhend
Zu Doppelkraft den größten König! Dirnen
Nun zugesellt, bezahlt vom Jahrsgehalt,
Das Ihr ihm schenkt! Mit angesteckten Läufern,
Die um Gewinn mit jeder Krankheit spielen,
Durch die Natur verwest! Stoff, so zerfressen,
Daß er das Gift vergiften könnte! Rächt Euch;
Sonst war, die Euch gebar, nicht Königin,
Und Ihr entartet Eurem großen Stamm.
Imogen. Mich rächen!
Wie könnt' ich wohl mich rächen? Ist dies wahr –
Doch hab' ich solch ein Herz, das meine Ohren
So schnell nicht täuschen sollen – ist es wahr,
Wie könnt' ich wohl mich rächen?
Jachimo. Er ließe mich
Im kalten Bett wie Dianens Priestrin leben?
Indes er taumelt in den frechsten Lüsten,
Zur Kränkung Euch, von Eurem Golde? Rächt es.
Ich weihe selbst mich Euren süßen Freuden,

Weit edler als der Flüchtling Eures Lagers,
Und werde fest an Eurer Liebe halten,
So sicher wie geheim.
Imogen. Heda, Pisanio!
Jachimo. Laßt Euren Lippen meinen Dienst verpfänden.
Imogen. Hinweg! – Fluch meinen Ohren, die so lange
Dich angehört. – Wärst du ein Mann von Ehre,
Du hättst um Tugend dies erzählt und nicht
Für einen Zweck so niedrig als befremdend.
Du schmähst 'nen edlen Mann, der so entfernt
Von deiner Schildrung ist wie du von Ehre,
Und buhlst um eine Frau, die dich verabscheut,
Dich und den Teufel gleich. – Pisanio, he!
Dem König, meinem Vater, wird gemeldet
Dein Angriff, und wenn er es schicklich findet,
Daß hier am Hof ein frecher Fremdling marktet
Wie im Bordell in Rom und viehisch darlegt
Den schnöden Sinn, so hat er einen Hof,
Für den er wenig sorgt, und eine Tochter,
Die er für gar nichts achtet. – He, Pisanio!
Jachimo.
O sel'ger Leonatus! So nun sprech' ich;
Der feste Glaube deiner edeln Gattin
Verdient wohl deine Treu' und deiner Tugend
Vollendung ihren Glauben! – Lange lebt beglückt!
O Weib des Edelsten, den je ein Land
Den Seinen nannte, und Ihr, seine Herrin,
Die nur der Edelste verdient! Verzeiht,
Ich sprach dies, prüfend nur, ob Euer Vertraun
Tief Wurzel schlug; so wird nun Euer Gatte,
Das was er ist, erneut, und er ist einer
Von treusten Sitten; solch ein hohes Wesen,
Daß Zauber die Gefährten an ihn bindet,
Der Herzen Hälft' ist sein.
Imogen. Ihr söhnt mich aus.
Jachimo. Verehrt, ein Gott sitzt er im Kreis der Menschen;
Die Huld'gung, die ihm wird, hebt ihn empor
Vor allen Sterblichen. Seid nicht erzürnt,
Erhabne Fürstin, daß ich es gewagt,
Durch Lüge Euch zu prüfen; Eure Weisheit
Ward so aufs neue ehrenvoll bestätigt
Durch Eure Wahl des einzig edeln Mannes,
Die truglos ist; zu ihm die Herzensliebe

Gab mir die Sichtung ein; doch, allen ungleich,
Schuf Euch der Himmel spreulos. Drum vergebt.

Imogen. Jetzt ist es gut, mein Herr,
Was ich am Hof vermag, steht Euch zu Dienst.

Jachimo. Ich dank' in Demut. Fast hätt' ich vergessen,
Um Eure Huld zu flehn in kleiner Sache,
Und wichtig doch, denn Euren Herrn betrifft es;
Ich selbst und ein'ge Freunde nehmen teil
An dem Geschäft.

Imogen. So sagt mir, was es ist.

Jachimo. Ein Dutzend von uns Römern und Eu'r Gatte,
Die schönste Feder unsrer Schwinge, kauften
Gemeinsam für den Kaiser ein Geschenk.
Ich, der Agent der andern, tat's in Frankreich;
's ist Silberzeug von seltner Arbeit, Steine
Mit reicher, edler Fassung, großen Werts,
Und etwas ängstlich bin ich hier, als Fremder,
Sie sicher zu verwahren; nähmet Ihr
Sie wohl in güt'ge Obhut?

Imogen. Herzlich gern;
Für ihre Sicherheit bürgt Euch mein Wort,
Und da mein Gatte teil dran hat, bewahrt sie
Mein Schlafgemach.

Jachimo. Sie sind in einer Kiste
Bei meinen Leuten, und ich bin so kühn,
Sie Euch zu senden, nur für diese Nacht;
Ich muß an Bord schon morgen.

Imogen. O, nein, nein.

Jachimo. Verzeiht, ich muß; sonst kommt mein Wort zu kurz,
Verlängr' ich meine Reise. Von Gallien
Kreuzt' ich die See, mein Wunsch war's und Versprechen,
Zu sehn Eu'r Hoheit.

Imogen. Dank für Eure Müh';
Doch morgen reist Ihr nicht.

Jachimo. Ich muß, Prinzessin;
Drum bitt' ich sehr, wenn Ihr noch Euren Herrn
Durch Briefe grüßen wollt, so tut's heut abend,
Ich blieb zu lange schon, und wichtig ist
Die Überreichung des Geschenks.

Imogen. Ich schreibe.
Schickt Eure Kiste; sie wird gut verwahrt
Und sicher Euch zurückgestellt. Lebt wohl.   (Sie gehen ab.)

Zweiter Aufzug

1. Szene

Britannien. Ein Hof vor dem Palast

Cloten tritt auf mit zwei Edelleuten

Cloten. Hatte je ein Mensch solch' Unglück! Wenn meine Kugel schon die andere berührte, weggestoßen zu werden! Ich hatte hundert Pfund darauf gesetzt, und dann muß solch ein verwünschter Maulaffe mir noch mein Fluchen vorwerfen, als wenn ich meine Flüche von ihm borgte und sie nicht nach Gefallen ausgeben könnte.

Erster Edelmann. Was hat es ihm geholfen? Ihr habt ihm mit Eurer Kugel den Kopf zerschlagen.

Zweiter Edelmann (für sich). Wenn sein Verstand dem Verwundenden gleich wäre, so wäre er alle ausgelaufen.

Cloten. Wenn ein vornehmer Herr Lust hat zu fluchen, so schickt sich's nicht für irgend jemand, der dabei ist, ihm seine Flüche verschneiden zu wollen.

Zweiter Edelmann. Nein, mein Prinz. (Für sich.) Oder ihnen die Ohren zu stutzen.

Cloten. Verwünschter Hund! – Ich ihm Genugtuung geben? Ich wollte, er wäre von meinem Range!

Zweiter Edelmann (für sich). Um auch solch ein Range zu sein wie du?

Cloten. Nichts auf der Welt kann mich so ärgern – der Henker hol's! Ich möchte lieber nicht so vornehm sein, als ich bin. Sie getrauen sich nicht mit mir zu fechten wegen der Königin, meiner Mutter. Jeder Hausnarr schlägt sich die Haut voll, und ich muß auf und ab gehen wie ein Hahn, an den sich keiner traut.

Zweiter Edelmann (für sich). Und doch ist euch die Dummheit angetraut.

Cloten. Was sagst du?

Erster Edelmann. Es schickt sich nicht für Euer Gnaden, sich mit jedem Gesellen herumzuschlagen, den Ihr beleidigt.

Cloten. Ja, das weiß ich wohl; aber es schickt sich für mich, die zu beleidigen, die weniger sind als ich.

Zweiter Edelmann. Ja, das schickt sich nur für Euer Gnaden allein.

Cloten. Nun, das mein' ich.

Erster Edelmann. Habt Ihr von einem Ausländer gehört, der heut abend an den Hof gekommen ist?

Cloten. Ein Ausländer, und ich weiß nichts davon?

Zweiter Edelmann (für sich). Er ist selbst ein ausländisch Tier und weiß es nicht.

Erster Edelmann. Ein Italiener ist angekommen, und, wie man sagt, ein Freund des Leonatus.

Cloten. Leonatus? Der verbannte Schuft, und dieser ist auch einer, er mag sein, wer er will. Wer sagte Euch von diesem Ausländer?

Erster Edelmann. Einer von Euer Gnaden Pagen.

Cloten. Schickt es sich, daß ich gehe und ihn ansehe? Ist das keine Erniedrigung für mich?

Erster Edelmann. Ihr könnt Euch gar nicht erniedrigen, Prinz.

Cloten. Nicht so leicht, das glaube ich auch.

Zweiter Edelmann (für sich). Ihr seid ein ausgemachter Narr und dadurch so erniedrigt, daß nichts, was Ihr tut, Euch noch mehr erniedrigen kann.

Cloten. Kommt, ich will diesen Italiener ansehen; was ich im Kugelspiel verloren habe, will ich heut abend von ihm wieder gewinnen. Kommt, gehen wir.

Zweiter Edelmann. Zu Euer Gnaden Befehl.

(Cloten und der erste Edelmann gehen ab.)

Daß ein so list'ger Teufel, wie die Mutter,
Der Welt den Esel gab! Ein Weib, das alles
Mit ihrem Geist erdrückt, und er, ihr Sohn,
Kann, für sein Leben, nicht von zwanzig zwei
Abziehn, daß achtzehn bleiben. Arme Fürstin,
O edle Imogen, was mußt du dulden!
Der Vater hier, den die Stiefmutter lenkt;
Die Mutter dort, die stündlich Ränke spinnt;
Ein Freier, hassenswürd'ger als der Bann
Des teuren Gatten und der grause Akt
Der Scheidung, die sein Ziel! Fest halte Gott
Die Mauer deiner Ehr' und unerschüttert
Den Tempel, dein Gemüt; die Treu' belohne
Rückkehr des Gatten und die Herrscherkrone! (Er geht ab.)

2. Szene

Schlafzimmer. In einer Ecke steht die Kiste

Imogen im Bett, lesend, eine *Kammerfrau.*

Imogen. Ist jemand da? Wie, Helena?

Kammerfrau. Hier bin ich.

Imogen. Was ist die Uhr?

Zweiter Aufzug. 2. Szene

Kammerfrau. Fast Mitternacht, Prinzessin.
Imogen. Drei Stunden las ich denn, mein Aug' ist matt,
Schlag hier das Blatt ein, wo ich blieb; zu Bett,
Nimm nicht die Kerze weg, nein, laß sie brennen,
Und könntest du um vier Uhr munter werden,
So bitte, weck mich. Schlaf umfängt mich ganz.
(Die Kammerfrau geht ab.)
Ihr Götter, Eurem Schutz befehl' ich mich!
Vor Elfen und den nächtlichen Versuchern
Schirmt mich, ich flehe!

Sie schläft ein. *Jachimo* steigt aus der Kiste.

Jachimo. Die Heimchen schrill'n, der Mensch, von Arbeit matt,
Gewinnt sich Kraft im Ruhn. So leis auf Binsen
Schlich einst Tarquin, eh' er die Keuschheit weckte,
Die er verwundete. – O Cytherea,
Wie hold schmückst du dein Bett! Du frische Lilie!
Und weißer als das Linnen! Dürft' ich rühren!
Nur küssen; *einen* Kuß! – Rubin' ohn'gleichen,
Wie zart sie küssen! – Ihre Atemzüge
Durchwürzen so den Raum. Das Licht der Kerze
Beugt sich ihr zu und möchte lauschen unter
Das Augenlid, zu sehn verhüllte Sterne,
Jetzt von den Fenstergattern zugedeckt;
Weiß und Azur, gestreift mit Himmelsdunkel.
Allein mein Vorsatz?
Das Zimmer merken. – Alles schreib' ich nieder; –
Gemälde, die und die – das Fenster dort –
Des Bettes Umhang so; – Teppich, Figuren,
Sind so – dies der Geschichte Stoff; – doch o!
Nur ein natürlich Merkmal ihres Leibes,
Mehr als zehntausend niedre Dinge würd' es
Bezeugen, mein Verzeichnis zu bekräft'gen.
Schlaf, Todesaffe, liege schwer auf ihr!
Und ihr Gefühl sei wie ein steinern Bild,
Das in der Kirche ruht! – Komm, komm herab.
(Er nimmt ihr das Armband ab.)
So schlüpfrig wie der gord'sche Knoten fest!
Mein ist's und ist nunmehr ein äußrer Zeuge,
So kräftig wie Bewußtsein innerlich,
Zur Raserei den Mann zu treiben. Auf
Der linken Brust ein Mal, fünfsprenklich wie
Die roten Tropfen in dem Schoß der Primel.

Beweis, hier gült'ger als Gerichtsausspruch;
Dies Zeichen zwingt ihn, daß er glaubt, ich löste
Das Schloß und raubte ihrer Ehre Schatz.
Genug. – Was soll's?
Wozu noch schreiben, was geschmiedet mir,
Geschroben ins Gedächtnis? Sie las eben
Vom Tereus noch; das Blatt ist eingelegt,
Wo Philomele sich ergab. – Genug,
Zurück zum Schrein, die Feder springe zu.
Schnell, Drachenzug der Nacht! – Daß Dämmrung öffne
Des Raben Auge. Furcht umschließt die Stelle;
Ruht hier ein Engel gleich, ist dies doch Hölle.   (Die Uhr schlägt.)
Eins, zwei, drei. – Nun ist es Zeit!   (Er geht wieder in die Kiste.)

3. Szene
Vor Imogens Gemach

Cloten tritt auf und die *Edelleute*.

Erster Edelmann.   Euer Gnaden sind der geduldigste Mann beim Verlust, der kaltblütigste, der je ein As aufschlug.

Cloten.   Es muß jeden Menschen kalt machen, wenn er verliert.

Erster Edelmann.   Aber nicht jeden so geduldig, wie Eure edle Gemütsart ist, mein Prinz. Ihr seid nur hitzig und wütig, wenn Ihr gewinnt.

Cloten.   Gewinn macht den Menschen lebhaft. Könnte ich nur diese alberne Imogen erlangen, so hätte ich Gold genug; nicht wahr, es ist fast Morgen?

Erster Edelmann.   Schon Tag, gnädiger Herr.

Cloten.   So wollte ich, daß die Musik käme; sie haben mir geraten, ihr des Morgens Musik zu bringen; sie sagen, das würde durchdringen.

Die *Musiker* kommen.

Na, kommt; stimmt. Wenn ihr mit eurer Fingerei bei ihr durchdringen könnt, gut, dann wollen wir es auch mit der Zunge versuchen; wenn nichts hilft, so mag sie laufen; doch aufgeben will ich es nicht. Erst ein vortreffliches, gut gespieltes Ding; nachher ein wunderbar süßer Gesang, mit erstaunlichen, übermäßigen Worten dazu. – Dann mag sie sich's überlegen.

Lied.
Horch! Lerch' am Himmelstor singt hell,
   Und Phöbus steigt herauf,
Sein Roßgespann trinkt süßen Quell
   Von Blumenkelchen auf.

　　　　　Die Ringelblum' erwacht aus Traum,
　　　　　　Tut güldne Äuglein auf;
　　　　　Lacht jede Blüt' im grünen Raum,
　　　　　　Drum, holdes Kind, steh auf.
　　　　　　　Steh auf, steh auf.

Cloten. So, nun fort; wenn dies durchdringt, werde ich eure Musik um so besser beobachten, wo nicht, so ist es ein Fehler an ihren Ohren, den Roßhaare, Darmsaiten und die Stimmen von Hämlingen noch dazu nicht bessern können.　(Die Musiker gehen ab.)

　　　　　Cymbeline und die *Königin* treten auf.

Zweiter Edelmann.　Hier kommt der König.

Cloten.　Es ist mir lieb, daß ich so spät noch auf war, denn das ist die Ursache, daß ich so früh schon wieder auf bin. Er muß diese Liebeswerbung väterlich aufnehmen. Ich wünsche Eurer Majestät und meiner gnädigen Mutter einen guten Morgen.

Cymbeline.　Ihr harrt vor unsrer strengen Tochter Tür?
　Und kommt sie nicht?

Cloten.　Ich habe sie mit Musik bestürmt, aber sie geruht nicht, darauf zu achten.

Cymbeline.　Zu neu ist die Verbannung ihres Lieblings;
　Noch denkt sie sein, und eine längre Zeit
　Muß erst sein Bild in ihrer Seele löschen,
　Dann ist sie dein.

Königin.　　　　　　Viel Huld zeigt dir der König:
　Er nutzt jedweden Anlaß, der dich fördert
　Bei seiner Tochter. Denke du nun auch
　Auf förmliche Bewerbung; sei befreundet
　Mit Zeit und Stunde; durch Verweigerung
　Vermehre sich dein Eifer, daß es scheine,
　Begeistrung treibe dich zu allen Diensten,
　Die du ihr weißt; daß du ihr stets gehorchst,
　Nur wenn sie dir befiehlt, dich zu entfernen,
　Dann sei wie sinnlos.

Cloten.　　　　　　Sinnlos? Das fehlte noch!

　　　　　　　Ein *Bote* tritt auf.

Bote.　Gesandte sind von Rom da, hoher Herr;
　Der ein' ist Cajus Lucius.

Cymbeline.　　　　　　Ein wackrer Mann,
　Kommt er auch jetzt auf bösen Anlaß. Doch
　Nicht schuld ist er; wir müssen ihn empfangen
　Gemäß der Ehre dessen, der ihn sendet,

Und daß er einst uns Freundesdienste tat,
Sei frisch in der Erinnrung. – Teurer Sohn,
Sobald Ihr Eure Herrin habt begrüßt,
Folgt uns und Eurer Mutter; Ihr seid nötig
In Gegenwart des Römers. – Kommt, Gemahlin.

(Cymbeline, Königin, Bote und Edelleute gehen ab.)

Cloten. Ist sie schon auf, so will ich mit ihr sprechen.
Wo nicht, so schlaf' und träume sie. – Heda!   (Er klopft an.)
Stets hat sie ihre Frau'n um sich. Wie wär's,
Salbt' ich die Hand der einen? Gold ist's ja,
Das Zutritt kauft, sehr oft; ja, es besticht
Dianens Förster, daß sie selbst das Wild
Dem Dieb entgegentreiben, Gold ist's ja,
Was Brave mordet und den Räuber schützt;
Ja, manchmal Dieb und Redlich bringt zum Galgen.
Was kann's nicht schaffen und vernichten? Mir
Soll's eine ihrer Frau'n zum Anwalt machen;
Ich selbst versteh' das Ding noch nicht so recht.
Ist niemand da?   (Er klopft.)

Eine *Kammerfrau* tritt auf.

Kammerfrau.   Wer klopft?
Cloten.   Ein Edelmann.
Kammerfrau.   Nichts mehr?
Cloten.   Ja, einer Edeldame Sohn.
Kammerfrau.   Und das ist mehr, als mancher rühmen kann,
Des Schneider ihm so hoch kommt als der Eure;
Was ist denn meinem gnäd'gen Herrn gefällig?
Cloten.   Eu'r gnäd'ges Fräulein da. Ist sie bereit?
Kammerfrau.   O ja, aus ihrem Zimmer nicht zu gehn.
Cloten.   Da habt Ihr Gold, verkauft mir Eure Liebe.
Kammerfrau.   Wie! Euch zu lieben, oder andern nur
Mit Liebe von Euch sprechen? – Die Prinzeß –

Imogen tritt auf.

Cloten.   Guten Morgen, schönste Schwester. – Eure Hand.
Imogen.   Guten Morgen, Prinz! Ihr kauft mit zu viel Mühe
Euch Unruh' nur; der Dank, den ich Euch gebe,
Ist das Geständnis, daß ich arm an Dank, ihn
Nicht missen kann.
Cloten.   Stets, schwör' ich, lieb' ich Euch.
Imogen.   Sagt Ihr es bloß, so gilt's mir minder nicht,
Doch schwört Ihr stets, bleibt Euer Lohn doch stets,
Daß ich's nicht achte.

Cloten. Das ist keine Antwort.
Imogen. Nur daß mein Schweigen nicht Nachgeben scheine,
Sonst spräch' ich nichts. Ich bitte, laßt mir Ruhe.
Glaubt, Eure beste Zärtlichkeit erweckt
Mißhöflichkeit wie jetzt; ein Mann so weise
Lernt doch wohl, einen Vorsatz aufzugeben.
Cloten. Euch in der Tollheit lassen? Sünde wär's.
Ich tu' es nimmer.
Imogen. Narren sind nicht toll.
Cloten. Nennt Ihr mich Narr?
Imogen. Ich tu' es, da ich toll bin.
Seid Ihr vernünftig, bin ich nicht mehr toll;
Das heilt uns beide? Es tut mir leid, mein Prinz,
Ihr zwingt mich, Frauensitte zu vergessen
Und gradezu zu sein; hört ein für all'mal,
Ich, die mein Herz geprüft, beteure hier
Bei dessen Treu', ich frage nichts nach Euch
Und bin fast so der Nächstenlieb' entfremdet –
Ich klage selbst mich an – daß ich Euch hasse,
Fühltet Ihr's lieber, braucht' ich mich nicht dessen
Zu rühmen.
Cloten. Am Gehorsam sündigt Ihr,
Den Euer Vater fordern darf. Denn Ehe,
Die Ihr vorschützt mit diesem niedern Wicht –
Den Almos, kalte Schüsseln aufgefüttert,
Abfall des Hofes – ist nicht Ehe, nein.
Und wenn man niedern Ständen auch vergönnt –
Doch wer ist niedriger? – ihr Herz zu binden –
Bei ihnen wird nichts mehr erzielt als Bälge
Und Bettelpack – in selbstgeschürzten Knoten;
Hält Euch vor solchem Unfug doch gezügelt
Das Anrecht auf den Thron; des Kostbarkeit
Dürft Ihr nicht schmähn mit einem niedern Sklaven
'nem Mietling für Livree und Herrentuch,
Brotschneider, noch zu schlecht für solche Würden.
Imogen. Verworfner Mensch!
Wärst du der Sohn des Zeus und sonst so wie
Du jetzt bist, wärst du doch zu niederträchtig,
Sein Knecht zu sein; hoch wärest du geehrt,
Selbst um den Neid zu wecken, würdest du,
Vergleicht man dein und sein Verdienst, ernannt
In seinem Reich zum Unterbüttel und
Gehaßt für unverdiente Gunst.

Cloten. Treff' ihn die Pest!
Imogen. Kein größer Unheil kann ihn treffen, als
Von dir genannt zu sein. Das schlechtste Kleid,
Das je nur seinen Leib umschloß, ist teurer
Für mich, als alle Haar' auf deinem Kopf,
Wär' jedes solch ein Mann. – Heda, Pisanio!

Pisanio tritt auf.

Cloten. Sein Kleid? Der Teufel hol's –
Imogen. Geh schnell zu Dorothee, der Kammerfrau –
Cloten. Sein Kleid?
Imogen. Ein Narr verfolgt mich wie ein Spuk;
Macht Schreck und noch mehr Ärger. – Heiß das Mädchen
Nach einem Kleinod suchen, unversehns
Glitt mir's vom Arm; es war von meinem Gatten.
Wahrlich, nicht für den Schatz des größten Königs
In ganz Europa möcht' ich's missen. Heut
Am Morgen, dünkt mich, sah ich's noch, doch sicher
War's gestern abend noch an meinem Arm;
Da küßt ich es, nicht, hoff' ich, ist's entwichen,
Ihm sagen, daß ich außer ihm was küßte.
Pisanio. Wohl findet sich's.
Imogen. Das hoff' ich; geh und such. (Pisanio geht ab.)
Cloten. Ihr habt mich schwer gekränkt. – Sein schlechtstes Kleid?
Imogen. Jawohl; das war mein Wort
Wenn Ihr mich drum verklagen wollt, ruft Zeugen.
Cloten. Eu'r Vater hört es.
Imogen. Eure Mutter auch.
Sie ist mir hold gesinnt und wird das Schlimmste
Gern von mir denken. So empfehl' ich Euch
Dem schlimmsten Unmut.   (Imogen geht ab.)
Cloten. Rache muß ich haben –
Sein schlechtstes Kleid? – Schon gut.   (Ab.)

4. Szene

Rom. In Philarios Hause

Posthumus und *Philario* treten auf

Posthumus. Freund, fürchtet nichts; wär' ich so sicher nur,
Den König zu gewinnen, wie ich weiß,
Daß ihre Ehre sicher ist.
Philario. Welch Mittel
Gebraucht Ihr, ihn zu sühnen?

Posthumus. Keins; ich warte
Der Zeiten Wechsel ab und zittre jetzt
Beim Winterfrost in Hoffnung wärmrer Tage.
So kränkelnd kann ich nichts als Dank Euch bieten;
Schlägt Hoffen fehl, so sterb' ich Euer Schuldner.
Philario. Schon Eure Freundschaft, Euer edler Umgang,
Zahlt übervoll, was ich getan. Eu'r König
Hat jetzt Augustus' Botschaft: Cajus Lucius
Wird streng, mit Nachdruck sprechen. Jener, denk' ich,
Bewilligt den Tribut und zahlt den Rückstand,
Sonst schaut er unsre Römer, die noch frisch
Im Angedenken sind im Leid der Briten.
Posthumus. Ich glaube –
Bin ich kein Staatsmann gleich und wünsch' es nicht –
Dies bringt uns Krieg, und Ihr vernehmt wohl eher,
Daß die Legionen, die in Gallien stehn,
Gelandet in Britannien, das nichts fürchtet,
Als daß man *einen* Deut zahlt. Kriegsgeübter
Ist unser Volk als einst, da Julius Cäsar,
Ihr Ungeschick belächelnd, ihren Mut
Doch finstrer Blicke wert fand. Ihre Kriegszucht,
Nunmehr von Mut beschwingt, wird es beweisen
Dem, der sie prüft, sie seien wohl ein Volk,
Das fortschritt mit der Zeit.

Jachimo tritt auf.

Philario. Seht! Jachimo!
Posthumus. Die schnellsten Hirsche zogen Euch zu Lande,
Und alle Winde küßten Eure Segel,
Um Euer Schiff zu treiben.
Philario. Seid willkommen!
Posthumus. Die kurze Abfert'gung, die Ihr erhieltet,
Bracht' Euch so schnell zurück, nicht?
Jachimo. Eure Frau,
Sie ist die schönste, die ich je gesehn.
Posthumus. Dazu die beste; sonst mag ihre Schönheit
Durchs Fenster schaun und falsche Herzen locken
Und falsch mit ihnen sein.
Jachimo. Da habt Ihr Briefe.
Posthumus. Ihr Inhalt ist doch gut?
Jachimo. Das glaub' ich wohl.
Philario. War Cajus Lucius an dem brit'schen Hof,
Bei Eurer Ankunft dort?

Jachimo.   Er wurd' erwartet,
  Doch war noch nicht gelandet.
Posthumus.   Alles gut. –
  Glänzt dieser Stein wie früher? Oder ist er
  Zu schlecht für Eure Hand?
Jachimo.   Verlor ich ihn,
  So hätt' ich seinen Wert an Gold verloren.
  Gern macht' ich einen Weg; noch mal so weit,
  Für eine zweite Nacht so süß und kurz,
  Als mir Britannien gab; mein ist der Ring.
Posthumus. Zu schwer ist es, dem Steine beizukommen.
Jachimo. Nicht, da sich Eure Frau so leicht erfand.
Posthumus.
  Macht nicht zum Spaß so den Verlust. Ich hoffe,
  Ihr wißt, daß wir nicht Freunde bleiben dürfen.
Jachimo. Doch, guter Herr, wenn den Vertrag Ihr haltet;
  Hätt' ich nicht die Ergebung Eurer Frau
  Mit mir gebracht, dann gäb' es freilich Kampf;
  Nun nenn' ich mich Gewinner ihrer Ehre
  Und Eures Rings dazu, und nicht Beleid'ger
  Von ihr noch Euch, da ich nach beider Willen
  Getan.
Posthumus. Könnt Ihr beweisen, daß Ihr sie
  Im Bett umarmt, ist Euer Hand und Ring,
  Wo nicht, so muß dafür, daß Ihr so schändlich
  Von ihr gedacht, mein oder Euer Schwert
  Verloren sein; vielleicht daß herrenlos
  Sie beide liegen für den nächsten Finder.
Jachimo. Was ich aussagen kann, ist fast Beweis,
  Durch jeden Umstand, daß Ihr glauben werdet;
  Doch will ich alles noch durch Eid erhärten,
  Was Ihr mir, zweifl' ich nicht, erlassen werdet,
  Wenn es Euch selber überflüssig scheint.
Posthumus. Fahrt fort.
Jachimo.   So hört denn: Erst, ihr Schlafgemach –
  Wo ich nicht schlief, gesteh' ich, doch bekenne,
  Erhielt, was Wachens wert – ist rund umhangen
  Mit Teppichen von Seid' und Silber; schildernd
  Kleopatra, die ihren Römer trifft,
  Der Cydnus, über seine Ufer schwellend,
  Aus Drang der Fahrzeug' oder Stolz. Ein Werk,
  So reich, so schön gewebt, daß Kunst und Pracht
  Ihr Äußerstes getan; mich macht' es staunen,

Daß in so feiner, ausgeführter Arbeit
So treues Leben sein kann.
Posthumus. Dies ist wahr;
Doch hörtet Ihr's vielleicht von mir, wo nicht
Von andern.
Jachimo. Manch besondrer Umstand noch
Muß den Beweis verstärken.
Posthumus. Ja, das muß er,
Sonst kränkt Ihr Eure Ehre.
Jachimo. Der Kamin
Ist südwärts im Gemach, und das Kaminstück
Die keusche Dian' im Bad; nie sah ich Bilder
So durch sich selbst erklärt, der Künstler schuf
Stumm wie Natur und übertraf sie, ließ
Nur Atem und Bewegung aus.
Posthumus. Dies alles
Habt Ihr wohl durch Erzählung Euch gesammelt,
Da man viel drüber spricht.
Jachimo. Des Zimmers Decke
Ist ausgelegt mit goldnen Cherubim.
Die Feuerböcke – ich vergaß – von Silber,
Zwei schlummernde Cupidos, jeder stehend
Auf einem Fuß, zart auf die Fackeln stützend.
Posthumus. Und dies ist ihre Ehre!
Mag sein, Ihr saht dies alles – und ich lobe
Eu'r gut Gedächtnis – die Beschreibung dessen,
Was ihr Gemach enthält, gewinnt noch lange
Die Wette nicht.
Jachimo. Dann, wenn Ihr könnt, erbleicht:
(Er zieht das Armband hervor.)
Erlaubt das Kleinod nur zu lüften: Seht! –
Nun ist es wieder fort. Mit Eurem Ring
Vermählt sich dies, und mein sind beide.
Posthumus. Zeus!
Laßt mich's noch einmal sehn. Ist es dasselbe,
Was ich ihr gab?
Jachimo. Ja, Dank sei ihr, dasselbe.
Sie streift's von ihrem Arm; ich seh' sie noch;
Ihr lieblich Tun war mehr noch als die Gabe,
Und machte doch sie reich. Sie gab mir's, sagend,
Sie schätzt' es einst.
Posthumus. Kann sein, sie nahm es ab,
Um mir's zu senden.

Jachimo. Schreibt sie so? Seht nach.
Posthumus. O, nein, nein, nein; 's ist wahr. Hier nehmt das auch;

(er gibt ihm den Ring)

Er ist jetzt meinem Aug' ein Basilisk
Und tötet mich im Anschaun. – Keine Ehre,
Wo Schönheit; keine Treu', wo Schein, noch Liebe,
Wo je ein andrer Mann. Der Frauen Schwur
Hält fester nicht an dem, dem er geweiht,
Als Frau'n an ihrer Tugend; das ist – gar nicht –
O ungeheure Falschheit.
Philario. Faßt Euch, Freund,
Nehmt Euren Ring zurück; noch ist er Euer;
Kann sein, daß sie's verlor; wer weiß, ob nicht
Ein' ihrer Frauen, die bestochen ward,
Es ihr entwendet hat.
Posthumus. Gewiß,
Und so denk' ich, erlangt' er's. – Her den Ring!
Nennt mir an ihr ein körperliches Zeichen,
Von mehr Gewicht als dies, dies ward gestohlen.
Jachimo. Beim Jupiter, von ihrem Arm bekam ich's.
Posthumus. O hört, er schwört; er schwört beim Jupiter.
Wahr ist's; – hier, nehmt den Ring – wahr ist's: O sicher,
Sie konnt' es nicht verlieren; ihre Diener
Sind treu, beeidigt all'. – Verführt zum Stehlen?
Und durch 'nen Fremden? – Nein; sie war die Seine:
Dies ist das Wappen ihrer frechen Lust –
So teuer kaufte sie den Namen Hure.
Nimm deine Zahlung, da, und Höll' und Teufel
Mag unter Euch sich teilen!
Philario. Freund, seid ruhig;
Denn dies genügt zur Überzeugung nicht,
Da Ihr des Glaubens –
Posthumus. Ha! verliert kein Wort mehr,
Denn sein Buhle war sie.
Jachimo. Wenn Ihr fordert
Noch stärkre Proben, unter ihrer Brust –
So wert des Druckes – ist ein Mal, recht stolz
Auf diesen süßen Platz. Bei meinem Leben,
Ich küßt' es, und es gab mir neuen Hunger
Zu frischem Mahl, nach dem Genuß. Erinnert
Ihr Euch des Mals?
Posthumus. Und Zeuge ist's des Brandmals,

So ungeheuer wie der Raum der Hölle,
Umschlöss' er nichts als diesen Greul.
Jachimo. Hört nicht mehr.
Posthumus. Spart Eure Rechnung; zählt nicht auf die Sünden,
Einmal und 'ne Million!
Jachimo. Ich schwöre –
Posthumus. Schwört nicht.
Schwört Ihr, daß Ihr's nicht habt getan, so lügt Ihr,
Und ich ermorde dich, wenn du es leugnest,
Daß du mich hast beschimpft.
Jachimo. Ich leugne nichts.
Posthumus. Hätt' ich sie hier, sie stückweis' zu zerreißen!
Ja, ich geh' hin und tu's; am Hofe, vor
Des Vaters Augen. – Etwas will ich tun. –(Er geht ab.)
Philario. Der Fassung ganz beraubt! – Ihr habt gewonnen,
Laßt uns ihm nach, die rasche Wut zu wenden,
Die auf sich selbst er kehrt.
Jachimo. Von ganzem Herzen. (Sie gehen ab.)

5. Szene
Ebendaselbst

Posthumus tritt auf

Posthumus. Kann denn kein Mensch entstehn, wenn nicht das Weib
Zur Hälfte wirkt? Bastarde sind wir alle.
Und jener höchst ehrwürd'ge Mann, den ich stets Vater
Genannt, war, weiß der Himmel wo, als ich
Geformt ward; eines Münzers Werkzeug prägte
Als falsches Goldstück mich. Doch meine Mutter
Galt für die Diana ihrer Zeit; so steht
Mein Weib in dieser gleichlos. – Rache, Rache!
Rechtmäß'ges Glück verweigerte sie mir
Und bat mich oft um Mäß'gung; tat es mit
So ros'ger Sittsamkeit; dies süße Bild
Hätt' auch Saturn erwärmt. Mir schien sie rein
Wie ungesonnter Schnee. – O, all ihr Teufel!
Der gelbe Jachimo, in einer Stunde –
Nicht wahr? – Nein, schneller, – gleich; er sprach wohl kaum!
Wie ein gemäst'ter deutscher Eber schrie er
Nur oh! und tat's, fand solch Entgegnen nur,
Daß, was ihn hemmen sollte, sie ihm schnell
Als Sieger gab. O, fänd' ich doch nur aus
Des Weibes Teil in mir! Denn keine Regung,

Die sich zum Laster neigt im Mann, ich schwör' es,
Die nicht des Weibes Teil: sei's Lügen, merkt,
Es ist des Weibes; Schmeicheln, ihr's; Trug, ihr's;
Wollüst'ger Sinn, ihr's, ihr's; die Rachsucht, ihr's;
Geiz, Ehrsucht, Hohn, Hoffart im steten Wechsel,
Verleumdung, seltsam Lüsten, Wankelmut,
Was Laster heißt, was nur die Hölle kennt,
Ist ihr's, zum Teil, wenn ganz nicht; ja, doch ganz:
Denn selbst im Laster
Sind sie nicht fest, nein, tauschen immer Laster,
Das nur Minuten alt, mit einem andern
Nur halb so alt. Ich schreibe gegen sie,
Verfluche sie. – Nein, Rache mehr zu stillen,
Bet' ich aus Haß, es geh' nach ihrem Willen:
Mehr quälen kann sie nicht der schlimmste Teufel. (Er geht ab.)

Dritter Aufzug

1. Szene

Britannien. Im Palast

Es treten auf von der einen Seite Cymbeline, die Königin, Cloten und Gefolge; von der andern Seite Cajus Lucius und seine Begleiter

Cymbeline.   Nun sprich, was uns Augustus Cäsar will?
Lucius.   Als Julius Cäsar – des Gedächtnis noch
Lebt in der Menschen Blick, für Ohr und Zunge
Ein ew'ger Gegenstand – im Reich hier war
Und es besiegt, Cassibelan, dein Ohm –
Berühmt durch Cäsars Lob, nicht minder als
Sein Tun verdiente – gab für sich und sein
Geschlecht Tribut an Rom, dreitausend Pfund
Jedwedes Jahr; seit kurzem hast du diesen
Nicht eingeliefert.
Königin.   Und nie wird's geschehn,
Das Staunen gleich zu töten.
Cloten.   's gibt viel Cäsars,
Eh' solch ein Julius kommt. Britannien ist
'ne Welt für sich, und wir bezahlen nichts
Für unsre eignen Nasen.
Königin.   Zeit und Glück,
Die ihnen günstig waren, uns zu nehmen,

Stehn jetzt uns bei, zu weigern. – Denkt, mein Herrscher,
Der Kön'ge, Eurer Ahnen, und zugleich,
Wie die Natur umbollwerkt unsre Insel;
Sie steht, ein Park Neptuns, umpfählt, verzäunt
Mit unersteigbar'n Felsen, brüll'nden Fluten;
Mit Seichten, die kein feindlich Fahrzeug tragen,
Nein, es verschlucken bis zum Wimpel.
Wohl ward hier Cäsarn eine Art Erobrung;
Doch ward ihm hier sein Prahlen nicht erfüllt,
Von *kam und sah und siegte*: nein, mit Schmach –
Der ersten, die ihn je berührte – floh
Zweimal geschlagen er von unserm Strand,
Sein Schiffgezeug, arm, unbehilflich Spielwerk
Auf unsrer Schreckenssee, wie Eierschalen
Hob es die Brandung und zerschellt' es leicht
An unsern Klippen. Freudig des Erfolgs,
Cassibelan ruhmreich, einst Meister fast –
O ungetreues Glück! – von Cäsars Schwert,
Erleuchtete Luds Stadt mit Freudenfeuern,
Und jeder Brit' erhob sich siegesstolz.

Cloten. Was da! Es wird kein Tribut mehr gezahlt; unser Reich ist jetzt stärker als damals, und, wie gesagt, es gibt nicht solche Cäsars mehr. Manche mögen noch krumme Nasen haben; aber so stämmige Arme hat keiner.

Cymbeline. Sohn, laß die Mutter reden.

Cloten. Wir haben noch manchen unter uns, der ebenso tüchtig zugreifen kann wie Cassibelan. Ich will nicht sagen, daß ich einer bin; aber eine Faust hab' ich auch. – Warum Tribut? Warum sollen wir Tribut bezahlen? Wenn Cäsar uns die Sonne mit einem Laken zudecken kann oder den Mond in die Tasche stecken, so wollen wir ihm für das Licht Tribut zahlen; sonst, Herr, kein Tribut mehr, seid so gut.

Cymbeline. Erinnert Euch,
Bis Rom anmaßend den Tribut uns abzwang,
War frei dies Volk. Der Ehrgeiz dieses Cäsar –
So angeschwollen, daß er faßt zersprengte
Den Bau der Welt – warf ohne Schein und Vorwand
Dies Joch auf uns; es wieder abzuschütteln
Ziemt einem tapfern Volk, wie wir zu sein
Uns rühmen. Also sprechen wir zu Cäsar:
Mulmutius, unser Ahnherr, war's, der unser
Gesetz uns schuf – des Kraft der Degen Cäsars
Zu sehr verstümmelt hat; es herzustellen

Und zu befrei'n durch uns verliehne Macht,
Sei unsre Tugend, wenn auch Rom drum zürnt; –
Mulmutius schuf unser Gesetz, der erste
Der Briten, der mit einer goldnen Krone
Die Stirn umgab und selbst sich König nannte.

Lucius. So muß ich denn mit Kummer, Cymbeline,
Verkünden öffentlich Augustus Cäsar –
Cäsar, dem Kön'ge mehr als Diener folgen,
Als Hausbediente dir – als deinen Feind;
So hör' es denn von mir: Krieg und Zerstörung
Ruf' ich in Cäsars Namen aus, dich trifft
Sein Zorn vernichtend. – So herausgefordert,
Nimm Dank, was mich betrifft.

Cymbeline. Du bist willkommen, Cajus.
Dein Cäsar schlug zum Ritter mich, und unter ihm
Tat ich als Jüngling viel; er schuf mir Ehre.
Jetzt will er sie mir rauben, und ich muß
Auf Tod nun kämpfen; auch weiß ich gewiß,
Daß die Pannonier und Dalmatier wacker
Für ihre Freiheit rüsten; uns ein Vorgang,
Der, nicht erkannt, den Briten furchtsam zeigte;
So wird ihn Cäsar nimmer finden.

Lucius. Die Tat entscheide.

Cloten. Seine Majestät heißt Euch willkommen. Tut Euch hier gütlich mit uns einen Tag oder zwei oder länger. Wenn Ihr uns nachher auf andere Art sucht, so werdet Ihr uns in unserem Gürtel von Salzwasser finden; wenn Ihr uns herausschlagen könnt, so ist es Euer; wenn Ihr in der Unternehmung umkommt, so finden die Krähen an Euch um so bessere Mahlzeit, und damit gut.

Lucius. Ja, Prinz.

Cymbeline. Ich weiß den Willen Eures Herrn, er meinen. Für alles übrige seid mir willkommen. (Alle ab.)

2. Szene
Ein anderes Zimmer im Palast

Pisanio tritt auf mit Briefen

Pisanio. Wie! Ehebruch? Weshalb denn schreibst du nicht,
Welch Scheusal sie beschuldigt? – Leonatus!
O, Herr! Was für ein fremder Pesthauch goß
Sich in dein Ohr? Welch falscher Italiener –
Mit Zung' und Hand vergiften sie – besiegte
Den allzuleichten Sinn dir? – Treulos? Nein,

Für ihre Treu' wird sie gestraft und duldet,
Mehr einer Göttin gleich als einer Frau,
Andrang, dem wohl der meisten Kraft erläge.
O, mein Herr!
So tief steht dein Gemüt jetzt unter ihr
Als sonst dein Glück stand! – Wie! Ich sie ermorden?
Bei Lieb' und Treu' und Pflicht, die deinem Dienst
Ich angelobt? – Ich, sie? – Ihr Blut vergießen?
Nennst du dies guten Dienst, nie heiße man
Mich guten Diener. Wie denn seh' ich aus,
Daß ich so bar von Menschlichkeit erscheine,
So sehr, wie diese Tat es fordert? (Er liest.) „Tu es,
Gelegenheit wird ihr Befehl dir geben
Auf meinen Brief an sie." Verdammtes Blatt!
Schwarz wie die Tint' auf dir! Fühlloser Fetzen,
Bist Mitverschworner dieser Tat und scheinst
So jungfräulich von außen? Sieh! sie kommt.

Imogen tritt auf.

Ach, ich versteh' mich nicht auf solch Geheiß.
Imogen. Was gibt's, Pisanio?
Pisanio. Hier ist ein Brief von meinem Herrn, Prinzessin.
Imogen. Wer? Dein Herr? Das ist mein Herr? Leonatus?
O, sehr gelehrt wär' wohl der Astronom,
Der so die Stern', wie ich die Schrift erkennte;
Die Zukunft deckt' er auf. – Ihr güt'gen Götter,
Laßt, was dies Blatt enthält, von Liebe sprechen,
Vom Wohlsein, der Zufriedenheit des Gatten,
Doch nicht um unsrer Trennung, nein, die schmerz' ihn;
Denn mancher Schmerz ist heilsam, so ist dieser,
Er stärkt die Liebe; drum Zufriedenheit, –
Nur damit nicht! – Erlaube, liebes Wachs. –
Gesegnet seid, ihr Bienen, die ihr knetet
Der Heimlichkeiten Schloß! Der Liebende
Und Schuldbedrängte betet sehr verschieden;
Den Ausgeklagten werft ihr ins Gefängnis,
Hold riegelt ihr das Wort Cupidos ein! –
Gebt gute Nachricht, Götter!

(Sie liest). Die Gerechtigkeit, und der Zorn deines Vaters, wenn er mich auf seinem Gebiet ergriffe, könnten nicht so grausam gegen mich sein, daß dein Blick, Geliebteste, mich nicht ins Leben zurückriefe. Wisse, daß ich in Cambria, in Milford Hafen bin. Was deine Liebe dir auf diese Nachricht raten wird, dem folge. Hiermit

wünscht dir alles Glück, der seinem Eide getreu und der Deinige
bleibt in stets wachsender Liebe,   Leonatus Posthumus.
   O, ein geflügelt Roß! – Hörst du, Pisanio?
Er ist in Milford-Hafen; lies und sprich,
Wie weit dahin. Quält mancher sich um Richt'ges
In einer Woche hin, könnt' ich denn nicht
In einem Tag hingleiten? – Drum, du Treuer –
Der, so wie ich, sich sehnt, den Herrn zu schaun;
Sich sehnt – doch minder – nicht? nicht so wie ich:
Dennoch sich sehnt – doch schwächer – nicht wie ich;
Denn meins ist endlos, endlos – sprich und schnell –
Amors Vertrauter müßte des Gehörs
Eingänge rasch, bis zur Betäubung, füllen –
Wie weit es ist, dies hochbeglückte Milford,
Und nebenher, wie Wales so glücklich wurde,
Solch einen Hafen zu besitzen. Doch, vor allem,
Wie stehlen wir uns weg, und wie den Riß
Der Zeit, von unserm Fortgehn bis zur Rückkehr,
Entschuldigen? – Doch erst, wie komm' ich fort?
Warum vor dem Erzeugen schon gebären
Entschuldigung? Das sprechen wir nachher.
O, bitte, sprich,
Wie vielmal zwanzig Meilen reiten wir
In einer Stunde?

Pisanio.   Zwanzig an einem Tag
  Ist Euch genug, Prinzeß, und viel zu viel.

Imogen.
  Ei, der zum Richtplatz ritte, Freund, er könnte
So säumen nicht. Von Pferdewetten hört' ich,
Wo Rosse schneller liefen als der Sand
Im Stundenglas. – Doch dies ist Kinderei. –
Geh, meine Kammerfrau soll krank sich stellen
Und heim zu ihrem Vater wollen; du
Schaff mir ein Reitkleid, besser nicht als ziemlich
Der Pächterfrau.

Pisanio.   Fürstin, bedenkt doch lieber –

Imogen.
  Nur vorwärts blick' ich, weder rechts noch links
Noch rückwärts; dort ist Nebel überall,
Den ich durchschaun nicht kann. Ich bitte, fort;
Tu, was ich heiße. Nichts bleibt mehr zu sagen,
Nach Milford nur den Weg gilt's einzuschlagen.
                    (Sie gehen ab.)

3. Szene
Wales. Eine waldige Berggegend mit einer Höhle

Es treten auf *Bellarius, Guiderius* und *Arviragus*

Bellarius. Ein heitrer Tag, nicht drin zu sitzen, wenn man
So niedres Dach wie wir hat! Neigt euch, Knaben,
Dies Tor lehrt euch, wie man zum Himmel betet;
Es beugt euch zu des Morgens heil'gem Dienst:
Der Kön'ge Tore find so hoch gewölbt,
Daß Riesen durchstolzieren können, ohne
Zu lüften ihren freveln Turban, um
Den Morgen zu begrüßen. – Heil, du schöner Himmel!
Wir Felsbewohner sind dir wen'ger hart
Als Stolzbegüterte.
Guiderius. Heil, Himmel!
Arviragus. Himmel, Heil!
Bellarius. Nun an die Bergjagd; ihr zum Hügel auf,
Jung ist eu'r Fuß; ich bleib' im Tal. Betrachtet,
Wenn ihr von dort mich klein als Krähe seht,
Daß nur der Platz verkleinert und vergrößert,
Und so durchdenkt, was ich euch viel erzählte,
Von Höfen, Fürsten und des Krieges Tücken;
Der Dienst ist Dienst nicht, weil man ihn getan,
Nur wenn er so erkannt. Solch Überlegen
Zieht Vorteil uns aus allem, was wir sehn,
Und oft, zu unserm Troste, finden wir
In beßrer Hut den hartbeschalten Käfer
Als hochbeschwingten Adler. O, dies Leben
Ist edler als aufwarten und geschmäht sein,
Reicher als nichts tun und Bestechung nehmen,
Stolzer als rauschen in geborgter Seide;
Solchen begrüßt zwar der, der ihn so putzte,
Doch wird dadurch die Rechnung nicht bezahlt.
Kein Leben gleicht dem unsern.
Guiderius. Aus Erfahrung
Sprecht Ihr; wir unbefiedert Armen schwangen
Uns nie noch weit vom Nest und wissen nicht,
Was draußen weht für Luft. Dies Leben mag
Das beste sein, ist Ruh' das beste Leben;
Süßer für Euch, weil Ihr ein schärfres kanntet,
Für Euer steifes Alter passend; uns
Ist's der Unwissenheit Gefängnis nur,
Reisen im Bette, Haft wie eines Schuldners,
Der nicht den Freiraum überschreiten darf.

Arviragus.   Was sprechen wir, sind wir in Eurem Alter?
Wenn draußen Wind und Regen schlägt den dunkeln
Dezember, wie, geklemmt in unsre Höhle,
Verschwatzen wir alsdann die frost'gen Stunden?
Wir sahen nichts, wir sind nur wie das Vieh:
Schlau wie der Fuchs um Beute, grad so kriegrisch
Wie Wölf' um unsre Atzung. Unsre Kühnheit
Ist, jagen das, was fliehet; unser Käfig
Wird uns zum Chor wie dem gefangnen Vogel,
Und singen laut von Ketten.
Bellarius.   Wie ihr sprecht!
Kenntet ihr nur die Wucherei der Städte
Und hättet sie gefühlt; des Hofes Kunst,
Gleich schwer zu wahren als zu lassen; wo
Den Gipfel zu erklimmen sichrer Fall ist
Oder so glatt, daß Furcht so schlimm wie Fall ist.
Des Kriegs Beschwer –
Ein Müh'n, das nur Gefahr zu suchen scheint
Um Glanz und Ruhm, der dann im Suchen stirbt,
Und das ein schmachvoll Epitaph so oft
Statt edler Tat Gedächtnis lohnt, ja, selbst
Durch wackres Tun verhaßt wird, und noch schlimmer,
Sich beugen muß der Schmähsucht. – O, ihr Kinder,
Dergleichen mag die Welt an mir erkennen.
Gezeichnet ist mein Leib von Römerschwertern;
Mein Ruf stand einst den Besten obenan,
Mich liebte Cymbeline; kam auf Soldaten
Die Rede, war mein Nam' in jedes Mund.
Damals glich ich dem Baum, der seine Äste
Fruchtschwer herabsenkt; doch in einer Nacht
Ward, wie ihr's nennt, durch Sturm, durch Räuberei
Mein reifes Obst, ja Laub selbst, abgeschüttelt,
Und kahl blieb ich dem Forst.
Guiderius.   Unsichre Gunst!
Bellarius.   Mein Fehl war nichts – wie ich euch oft erzählte –
Als daß zwei Buben, deren Meineid mehr
Als meine Ehre galt, dem König schwuren,
Ich sei verbunden mit den Römern; so
Ward ich verbannt. Und diese zwanzig Jahr
War dieser Fels, die Waldung meine Welt;
In edler Freiheit lebt' ich hier und zahlte
Mehr fromme Schuld dem Himmel als vorher
Die ganze Lebenszeit. – Doch, auf zum Berg!

Dies ist nicht Jägersprache. – Wer zuerst
Ein Wild erlegt, der sei der Herr des Festes,
Die beiden andern sollen ihn bedienen,
Und wir besorgen nichts von Gift, das lauert
In Räumen pracht'gern Glanzes. Hier im Tal
Treff' ich euch wieder.   (Guiderius und Arviragus gehen ab.)
Wie schwer, die Funken der Natur zu bergen!
Den Kindern träumt nicht, daß sie Königssöhne,
Und Cymbeline denkt nicht, daß sie noch leben.
Sie glauben, daß sie mein, und, wie auch niedrig
Erwachsen in der engen Höhle, reicht
Ihr Sinn doch an die Dächer der Paläste,
Und die Natur lehrt sie, bei schlechten Dingen
Ein fürstlich Tun, weit mehr als andrer Art.
Der Polydor – Britanniens Erb' und Cymbelines,
Guiderius genannt von seinem Vater – Zeus!
Wenn auf dreibein'gem Stuhl ich sitz', erzählend
Von Kriegertat, durch mich vollbracht, fliegt seine
Begeistrung in mein Reden. Sprech' ich:
So fiel mein Feind, so setzt' ich meinen Fuß
Auf seinen Nacken; alsbald steigt dann
Sein Fürstenblut ihm in die Wang', er schwitzt
Und spannt die jungen Muskeln in der Stellung,
Die meine Schildrung malt. Der jüngre, Cadwal –
Arviragus sonst – gleich heftig in Gebärden,
Schlägt Leben in mein Wort, mehr selbst erregt
Als hörend. Horch! Das Wild ist aufgescheucht!
O Cymbeline! Gott weiß und mein Gewissen,
Wie ungerecht du mich verbanntest; damals
Stahl ich, zwei und drei Jahr alt, diese Kinder;
Nachkommen wollt' ich dir entziehn, wie du
Die Güter mir geraubt. Du säugtest sie,
Curyphile; sie hielten dich für Mutter,
Und täglich ehren sie dein Grab. Mich selbst,
Bellarius, Morgan jetzt geheißen, halten
Für ihren Vater sie. Die Jagd beginnt.   (Er geht ab.)

4. Szene
In der Nähe von Milford-Hafen

Imogen und *Pisanio* treten auf

Imogen.   Als wir vom Pferde stiegen, sagtest du,
Wir wären gleich zur Stelle. – Niemals sehnte

Sich meine Mutter so nach mir, als ich jetzt –
Pisanio! Mann! Wo ist nun Posthumus?
Was ist dir im Gemüt, daß du so starrst?
Warum aus deiner innern Brust dies Ächzen?
Ein Mensch, so nur gemalt, ihn kennte jeder
Als Bildnis des Entsetzens, spräch' er nichts;
Zeig dich in minder schrecklicher Gestalt,
Eh' Wahnwitz meinen festern Sinn bewältigt.
Was gibt' es? Warum reichst du mir dies Blatt,
Mit diesem wilden Blick? Ist's Frühlingskunde,
So lächle erst; ist's winterlich, so paßt
Die Miene gut dazu. – Des Gatten Hand!
Dies gift'g' Italien hat ihn überlistet,
Er ist in schwerer Drangsal. – Sprich; dein Mund
Mildert vielleicht das Grausen, das gelesen
Mir tödlich werden kann.

Pisanio. Ich bitte, lest;
Dann seht Ihr, daß mich armen Mann das Schicksal
Den schwersten Groll läßt fühlen.

Imogen (liest). „Deine Gebieterin, Pisanio, hat als Metze mein Bett entehrt; die Beweise davon liegen blutend in mir. Ich spreche nicht aus schwacher Voraussetzung, sondern aus einem Zeugnis so stark wie mein Gram, und so gewiß, wie ich Rache erwarte. Diese Rolle, Pisanio, mußt du an meiner Statt spielen, wenn deine Treue nicht durch den Bruch der ihrigen befleckt ist. Mit eigener Hand nimm ihr das Leben; ich verschaffe dir Gelegenheit dazu bei Milford-Hafen; sie bekommt deshalb einen Brief von mir. Wenn du dich fürchtest, sie zu treffen und mir nicht gewisse Nachricht davon gibst, so bist du der Kuppler ihrer Schmach und im Verrat gegen mich verbunden."

Pisanio. Was brauch' ich noch mein Schwert zu ziehn? Der Brief
Durchstach ihr schon das Herz. – Nein, 's ist Verleumdung;
Sie schneidet schärfer als das Schwert; ihr Mund
Vergiftet mehr als alles Nilgewürm;
Ihr Spruch fährt auf dem Sturmwind und verleumdet
Jedweden Erdstrich: Kaiser, Königinnen,
Fürsten, Matronen, Jungfraun, ja, in Grabes
Geheimnis wühlt das Natterngift Verleumdung. –
Wie ist Euch, Fürstin?

Imogen. Falsch seinem Bett? Was heißt das, falsch ihm sein?
Wachend drin liegen und an ihn nur denken?
Weinen von Stund' zu Stund'? Erliegt Natur
Dem Schlaf, auffahren mit furchtbarem Traum

Von ihm, erwachen gleich in Schreckenstränen?
Heißt das nun falsch sein seinem Bette? Heißt es?
Pisanio. Ach, gute Fürstin!
Imogen. Ich falsch! Zeug' dein Gewissen – Jachimo,
Als du der Unenthaltsamkeit ihn ziehest,
Da glichst du einem Schuft; doch scheint mir jetzt
Dein Aussehn leidlich gut. – 'ne röm'sche Elster,
Die Tochter ihrer Schmink', hat ihn verführt;
Ich Ärmste bin unschmuck, ein Kleid, nicht modisch,
Und weil zu reich ich bin, im Schrank zu hängen,
Muß ich zerschnitten sein. – In Stücke mit mir! – O!
Der Männer Schwüre sind der Fraun Verräter!
Durch deinen Abfall, o Gemahl, gilt selbst
Der beste Schein für Bosheit; heimisch nicht,
Da wo er glänzt; nur angelegt als Köder
Für Fraun.
Pisanio. O, hört mich, teuerste Prinzessin,
Imogen. Des bravsten Manns Erzählung galt für falsch
In jener Zeit, weil falsch Äneas war;
Die frommsten Tränen schmähte Simons Weinen
Und raubt' Erbarmen selbst dem wahrsten Elend.
So wirst du, Posthumus,
Vergiften alle Männer schöner Bildung!
Edel und ritterlich scheint falsch, meineidig,
Seit deinem großen Fall. – Komm, sei du redlich,
Tu deines Herrn Geheiß. Wenn du ihn siehst,
Meinen Gehorsam rühm' ein wenig. Sieh!
Ich ziehe selbst das Schwert; nimm es und triff
Der Liebe schuldlos Wohnhaus, dieses Herz.
Nicht zage; alles wich dort, Gram nur blieb,
Dein Herr ist nicht mehr da; sonst war er freilich
Sein ganzer Reichtum. Tu, was er gebot;
Stoß zu! –
Du bist vielleicht bei besserm Anlaß tapfer;
Jetzt bist du feige nur.
Pisanio. Fort, schändlich Werkzeug!
Nicht werde meine Hand durch dich verflucht.
Imogen. Nun, sterben muß ich. Tut's nicht deine Hand,
So bist du nicht ein Diener deines Herrn;
Selbstmord verbeut so göttlich hehre Satzung,
Daß meine schwache Hand erbebt. Hier ist
Mein Herz. Was find' ich? – Still; nein, keine Schutzwehr –
Gehorsam wie die Scheide. – Was ist hier?

Die Schriften des rechtgläub'gen Leonatus,
All' Ketzerei geworden? Fort mit euch,
Verfälscher meines Glaubens! Nicht mehr sollt ihr
Mein Herz umgürten! So traut falschen Lehrern
Manch armes Kind. Fühlt die Betrogne auch
Den Stachel des Verrats, lebt der Verräter
Doch für noch schlimmres Weh.
Und Posthumus, der du zum Ungehorsam
Mich gegen meinen Vater hast verleitet,
Daß manch Gesuch von fürstlichen Bewerbern
Ich höhnisch abwies – dies erkennst du einst
Als ich Tat nicht von gemeiner Art,
Nein, hoher Seltenheit, und es betrübt mich,
Zu denken, wenn du ihrer satt nun bist,
Die deine Gier jetzt nährt, wie dein Gedächtnis
Durch mich gequält dann wird. – Sei schnell, ich bitte dich,
Das Lamm ermutiget den Schlächter. Wo
Hast du dein Messer? Allzuträge bist du
Des Herrn Geheiß, wenn ich es auch begehre.

Pisanio. O, gnäd'ge Frau, seit ich Befehl empfing,
Die Tat zu tun, schloß ich kein Auge mehr.

Imogen. So tu's und dann zu Bett.

Pisanio. Eh' soll vor Wachen
Die Sehkraft mir erblinden.

Imogen. Warum denn
Gingst du es ein und maßest so viel Meilen
Unnütz, mit diesem Vorwand? Kamst hierher?
Wozu dies Tun von dir und mir? Ermüdung
Der Rosse? Zeit, dir günstig? Angst am Hofe
Um meine Flucht; wohin ich nie zurück
Zu kehren denke. Was gingst du so weit
Und zielst jetzt nicht, da du den Stand genommen,
Vor dir das auserles'ne Wild?

Pisanio. Zeit wollt' ich
Gewinnen und dies böse Amt verlieren.
Indes ersann ich einen Plan; Prinzessin,
Hört mich geduldig.

Imogen. Rede; sprich dich müde.
Ich hört', ich sei 'ne Metze, das verletzte
Mein Ohr so tief, daß keine größere Wunde,
Daß keine Sonde es ergründen kann.
Doch sprich.

Pisanio. Nun denn, ich dacht', Ihr ginget nicht zurück.

Imogen. Natürlich; denn du brachtest mich hierher,
Um mich zu töten.
Pisanio. Nicht doch.
Wär' ich so klug als ehrlich, führte wohl
Zum Glück mein Vorschlag. Es kann nicht anders sein,
Mein Herr ist schändlich hintergangen worden;
Ein Schelm, ja, und ein Meister seiner Kunst,
Tat an euch beiden dies verdammte Werk.
Imogen. 'ne röm'sche Buhlin?
Pisanio. Nein, bei meinem Leben.
Ich geb' ihm Nachricht, Ihr seid tot und send' ihm
Davon ein blutig Zeichen; denn befohlen
Ward mir auch dies. Am Hof vermißt man Euch,
Und dadurch scheint's gewiß.
Imogen. Doch was, du Treuer,
Tu' ich indes? Wo berg' ich mich? Wie leb' ich?
Und was für Trost im Leben, bin ich tot
Für meinen Mann?
Pisanio. Wollt Ihr zurück zum Hof –
Imogen. Kein Hof, kein Vater, und nicht längre Qual
Mit jenem rohen, tör'gen Nichts von Adel,
Dem Cloten, dessen Liebeswerben furchtbar
Mir wie Belagerung war.
Pisanio. Wenn nicht nach Hofe,
So bleibt auch in Britannien nicht.
Imogen. Wo denn?
Hat nur Britannien Sonne? Tag und Nacht,
Sind sie nur hier? Im großen All der Welt
Scheint abseits nur Britannien Nebenwerk;
Im großen Teich ein Schwanennest. Auch außer
Britannien leben Menschen.
Pisanio. Mich erfreut's,
Daß Ihr auf andre Örter denkt. Der Römer
Lucius, der Abgesandte, kommt nach Milford
Schon morgen. Könnt Ihr Euren Sinn verfinstern,
Wie Euer Glück ist; wollt Ihr das verbergen,
Was, wenn's erschiene, immer nur Gefahr
Euch bringen würde – steht ein Weg Euch offen,
Erfreulich und voll Aussicht; ja, vielleicht
Führt er zu Posthumus; so nah ihm mindestens,
Daß, wenn Ihr auch sein Tun nicht sehn könnt, doch
Der Ruf es stündlich Eurem Ohr erzählt,
Der Wahrheit treu.

Imogen.   O, nenne mir dies Mittel!
    Verletzt es Sittsamkeit nur nicht zum Tode,
    So mag' ich's gern.
Pisanio.   Gut denn, dies ist die Sache.
    Ihr müßt die Frau vergessen und Befehl
    In Dienst verwandeln; Scheu und Zierlichkeit –
    Der Fraun Begleiterinnen, ja, vielmehr
    Der Frauen zartes Selbst – in kecken Mut;
    Gewandt im Spotten, trotzig, schnell von Zunge,
    Und zänkisch wie das Wiesel; ja, Ihr müßt
    Vergessen diese Kleinod' Eurer Wangen
    Und sie – o hartes Herz! doch muß es sein –
    Der gierigen Berührung Titans bieten,
    Der alles küßt; vergessen Euren schmucken,
    Kunstreichen Putz, wodurch Ihr selbst den Neid
    Der großen Juno wecktet.
Imogen.   Nun, sei kurz.
    Ich merke deinen Zweck und bin fast schon
    Zum Mann geworden.
Pisanio.   Schafft erst den Schein.
    Dies vorbedenkend, hab' ich schon bereit
    In meinem Mantelsack Wams, Hose, Hut
    Und allen Zubehör. So ausgestattet
    Und im erborgten Anstand eines Jünglings
    So zarten Alters stellt dem edlen Lucius
    Euch vor, daß er in Dienst Euch nehme, sagt ihm,
    Worin Ihr seid geschickt, das merkt er bald,
    Wenn für Musik er Sinn hat; ohne Zweifel
    Nimmt er Euch gern; er ist ein Mann von Ehre,
    Und, was noch mehr ist, fromm. Auswärts zu leben
    Gebraucht, was mein ist, und es fehlt Euch nicht
    Für jetzt und künftig.
Imogen. Du bist der letzte kleine Trost, den mir
    Die Götter gönnen. Bitte dich, hinweg.
    Noch mehr ist zu bedenken; schlichten wir's,
    Wie's uns die Zeit erlaubt, dem Unternehmen
    Werb' ich mich an und will es auch bestehn
    Mit Fürstenmut. Ich bitte dich, hinweg.
Pisanio. Prinzessin, laßt uns kurzen Abschied nehmen,
    Damit, werd' ich vermißt, man Eure Flucht
    Vom Hof mir nicht zur Last legt. Edle Fürstin,
    Dies Fläschchen nehmt; mir gab's die Königin.
    Was drin, ist kostbar; seid Ihr krank zur See,

Wohl auch zu Lande schwach, ein wenig hiervon
Vertreibt die Übelkeit. – Geht dort ins Dickicht
Und schafft Euch um zum Mann. Die Götter leiten
Zum Besten alles!
Imogen. Amen! Habe Dank. (Sie gehen ab.)

5. Szene
In Cymbelins Palast

Es treten auf *Cymbeline*, die *Königin, Cloten, Lucius* und Gefolge.

Cymbeline. So weit, und nun lebt wohl.
Lucius. Dank, großer König.
Mein Kaiser schrieb, und ich muß eilig fort
Und bin betrübt, daß ich Euch melden muß
Als meines Herren Feind.
Cymbeline. Es will mein Volk
Sein Joch nicht länger tragen, und ich selbst
Erschiene, zeigt' ich wen'ger Herrscherstolz,
Unköniglich.
Lucius. Herr, so vergönnt mir denn
Geleit nach Milford-Hafen, durch das Land.
Kön'gin, euch wünsch' ich alles Heil und Euch!
Cymbeline. Mylords, ihr seid zu diesem Dienst erlesen;
Versäumt die schuld'ge Ehr' in keinem Punkt.
Lebt, edler Lucius, wohl.
Lucius. Prinz, Eure Hand.
Cloten. Empfangt sie freundschaftlich; doch von jetzt an
Gebrauch' ich sie als Feind.
Lucius. Der Ausgang, Prinz,
Nennt erst des Siegers Namen. Lebt denn wohl.
Cymbeline. Laßt nicht den würd'gen Lucius, edle Herrn,
Bis er jenseits der Severn. – Glück mit euch!
(Lucius geht ab mit Gefolge.)
Königin. Im Zorne geht er fort; doch ehrt es uns,
Daß wir ihm Ursach' gaben.
Cloten. Um so besser;
Der tapfern Briten Wunsch wird nun erfüllt.
Cymbeline. Lucius hat seinem Kaiser schon geschrieben,
Wie es hier steht. Drum ist's die höchste Zeit,
Daß unsre Ross' und Wagen wir bereiten;
Die Truppen, die er schon in Gallien hat,
Sind schnell versammelt, von dort kommt sein Kriegsheer
Nach unserm Land.

Königin. Nicht fromme Saumseligkeit;
Mit Kraft und Schnelle müssen wir uns rüsten.
Cymbeline. Erwartung, daß dies kommen würde, lehrte
Uns Raschheit. Doch wo, meine teure Kön'gin,
Mag unsre Tochter sein? Nicht vor dem Römer
Erschien sie und versagt auch uns die Pflicht
Des Morgengrußes. Ein Geschöpf, mich dünkt,
Aus Bosheit mehr geschaffen als Gehorsam;
Wir merkten's wohl. – Ruft sie herbei; wir waren
Zu lässig im Erdulden.   (Ein Diener geht ab.)
Königin. Großer König,
Seit Posthumus' Verbannung führte sie
Ein einsam Leben; solcher Wunden Arzt
Ist nur die Zeit. Geruh' Eu'r Majestät
Nicht hart mir ihr zu reden; tief empfindet
Verweise sie, so daß ihr Worte Streiche
Und Streiche Tod sind.

Der *Diener* kommt zurück.

Cymbeline. Nun, wo bleibt sie? Was
Entschuldigt ihren Starrsinn?
Diener. Herr, vergebt,
Ihr Zimmer ist verschlossen, und es folgt
Auf unser lautestes Klopfen keine Antwort.
Königin. Sie bat mich, da ich sie zuletzt besuchte,
Bei Euch ihr einsam Leben zu entschuld'gen;
Ihr Kränkeln, sprach sie, nöt'ge sie dazu,
Daß sie so unbezahlt die Pflichten lasse,
Die sie Euch täglich schuldig, und sie bat mich,
Euch dies zu sagen; doch des Hofes Unruh'
Macht mein Gedächtnis tadelnswert.
Cymbeline. Verschlossen
Die Tür, sie unsichtbar? Der Himmel gebe,
Daß meine Ahnung falsch.   (Er geht ab.)
Königin. Sohn, folg dem König.
Cloten. Den alten Knecht, Pisanio, ihren Diener,
Sah ich zwei Tage nicht.
Königin. Geh, forsche nach.   (Cloten geht ab.)
Pisanio, du, des Posthumus Vertrauter!
Er hat Arznei von mir; käm' sein Verschwinden
Daher, daß er sie trank! Er glaubt, es sei
Ein kostbar Mittel. Doch, wo ist sie nur?
Vielleicht daß sie Verzweiflung hat ergriffen;
Vielleicht, beschwingt von Liebesandacht, floh sie

Zu ihrem teuren Posthumus. Fort ist sie,
In Tod, in Schmach gestürzt, und meinem Zweck
Kann beides dienen. Sie nicht mehr am Leben,
Hab' ich die Britenkrone zu vergeben.

Cloten kommt zurück.

Wie nun, mein Sohn?
Cloten. 's ist richtig, sie entfloh.
Geht, sprecht dem König zu; er wütet; keiner
Wagt ihm zu nahn.
Königin. So besser, daß der Schlag
Ihn schon entseelte vor dem nächsten Tag! (Die Königin geht ab.)
Cloten. Ich lieb' und hasse sie, sie ist schön und Fürstin;
Ausbünd'ger hat sie alle Zier des Hofes
Als eine Dam', als alle Damen, alle Fraun;
Von jeder hat sie 's Beste; so zusammen
Gesetzt aus allen, sticht sie alle aus,
Drum lieb' ich sie, doch mich verhöhnen, weg
An jenen Knecht sich werfen, das befleckt
Ihr Urteil so, daß alles, noch so herrlich,
Daran verdirbt, und dies in ihr beschließ' ich
Zu hassen, ja und mich an ihr zu rächen.
Denn wenn Dummköpfe so –

Pisanio tritt auf.

Wer ist da? Was!
Kabalen machst du, Kerl? Hierher gekommen!
Kostbarer Kuppler, du! Spitzbube, wo
Ist deine Fürstin? Schnell; sonst kommst du gleich
Zu allen Teufeln hin.
Pisanio. O, guter Lord!
Cloten. Wo ist die Fürstin? Sonst, beim Jupiter!
Ich frage nicht noch 'mal. Verschwiegner Schelm,
'raus dein Geheimnis aus dem Herzen, sonst
Spalt' ich's und such's. Ist sie bei Posthumus?
Aus dessen Zentner Niederträchtigkeit
Auch nicht ein Gran von Adel ist zu schmelzen?
Pisanio. Ach, gnäd'ger Herr, wie kann sie bei ihm sein?
Wann wurde sie vermißt? Er ist in Rom.
Cloten. Wo ist sie? 'raus damit; kein Stottern mehr;
Gib gründlichen Bescheid, was ward aus ihr?
Pisanio. Ach, mein sehr würd'ger Lord.
Cloten. Sehr würd'ger Schuft!
Sprich, wo ist deine Herrin? Gleich sprich's aus,

Mit einem Wort – nichts mehr von würd'gem Lord,
Sprich's aus, sonst ist dein Schweigen augenblicklich
Dein Todesurteil und dein Tod.

Pisanio. So nehmt
Dies Blatt, darauf steht alles, was ich weiß
Von ihrer Flucht. (Er gibt ihm einen Brief.)

Cloten. Laß sehn. Ich lauf' ihr nach,
Bis vor Augustus' Thron.

Pisanio (für sich). Ich muß, sonst sterb' ich.
Sie ist schon fern genug; was er da liest,
Bringt Mühe ihm, doch ihr Gefahr nicht.

Cloten. Ha!

Pisanio (für sich). Dem Herrn meld' ich sie tot. O, Fürstin, Glück
Geleite auf der Fahrt dich und zurück.

Cloten. Du, ist der Brief auch echt?

Pisanio. Soviel ich weiß.

Cloten. Es ist Posthumus' Hand; ich kenne sie. – Kerl, wenn du kein Spitzbube sein wolltest und mir treu dienen; die Geschäfte besorgen, zu denen ich Gelegenheit hätte dich zu brauchen; mit einem wahren Eifer – das heißt, jede Schurkerei, die ich dir zu tun befehle, ausführen, geradezu und gewissenhaft – so würde ich dich für einen ehrlichen Mann halten; da solltest du auf meine ganze Hilfe zu deinem Besten rechnen können und auf meine Stimme zu deiner Beförderung.

Pisanio. Gut, mein edler Prinz.

Cloten. Willst du mir dienen? Denn da du so geduldig und standhaft bei dem kahlen Glück des bettelhaften Posthumus ausgehalten hast, so mußt du nach den Regeln der Dankbarkeit auch mir ein getreuer Anhänger sein. Willst du mir dienen?

Pisanio. Ja, ich will.

Cloten. Gib mir deine Hand; hier hast du meinen Beutel. Hast du von deinem vorigen Herrn Kleider in deiner Verwahrung?

Pisanio. Ich habe eins in meiner Wohnung, Prinz, dasselbe Kleid, was er trug, als er von meiner Herrin und Gebieterin Abschied nahm.

Cloten. Der erste Dienst, den du mir tun sollst, ist, daß du mir das Kleid holst. Das soll dein erster Dienst sein. Geh.

Pisanio. Sogleich, Prinz. (Er geht ab.)

Cloten. Dich in Milford-Hafen treffen. – Ein Ding vergaß ich noch zu fragen; ich will gleich daran denken. – Gerade da, du Schurke Posthumus, will ich dich umbringen. Ich wollte, die Kleider wären erst da. Sie sagte 'mal – die Bitterkeit davon stößt mir noch immer im Herzen auf – daß sie das bloße Kleid des Posthumus höher achte als meine eigene, edle, natürliche Person mitsamt dem Schmuck meiner Eigenschaften. In demselben Kleide will ich ihr Gewalt antun. Erst ihn umbringen und vor ihren Augen; da soll sie meine Tapferkeit sehen, und das wird eine Marter für ihren Hochmut sein. Er auf dem Boden, meine Rede voll Trug auf seinem toten Leichnam beendigt – und wenn ich meine Lust gebüßt habe – was ich, wie ich sagte, sie zu quälen, alles in den Kleidern tun will, die sie lobte – will ich sie nach Hofe zurück schlagen, sie mit den Füßen wieder nach Hause stoßen. Es machte ihr eine rechte Freude, mich zu verhöhnen, nun will ich auch in meiner Rache ausgelassen sein.

Pisanio kommt mit den Kleidern.

Sind das die Kleider?

Pisanio. Ja, mein edler Herr.

Cloten. Wie lange ist's, daß sie nach Milford-Hafen ging?

Pisanio. Sie kann kaum dort sein.

Cloten. Trage diesen Anzug in mein Zimmer; das ist das zweite Ding, das ich dir befohlen habe; das dritte ist, daß du von Herzen gern von meiner Absicht schweigst. Sei nur dienstbeflissen, und hohe Beförderung wird dir selbst entgegenkommen. – Meine Rache ist jetzt zu Milford. Ich wollte, ich hätte Flügel, um sie zu verfolgen! Komm und sei treu.   (Cloten geht ab.)

Pisanio.   Du rätst mir schlecht; dir treu, das sei mir fern,
  Das wäre Falschheit an dem treusten Herrn.
  Nach Milford geh, doch wirst du nimmer schauen,
  Die du dort suchst. O möge niedertauen
  Auf sie des Himmels Segen! Diesen Toren
  Halt' Säumnis auf; sein Mühen sei verloren.   (Er geht ab.)

6. Szene

Vor Bellarius' Höhle

Imogen tritt auf in Mannskleidern.

Imogen.   Ich seh', als Mann zu leben ist beschwerlich,
  Ich bin ermattet; schon zwei Nächte war
  Mein Bett die Erde, und ich würde krank,
  Nur mein Entschluß hält mich noch aufrecht. – Milford,
  Als dich Pisanio mir vom Berge zeigte,
  Schienst du nicht fern. O Jupiter! ich glaube,
  Gebäude fliehn den Unglücksel'gen, solche,
  Wo er Erquickung sucht. Zwei Bettler sagten,
  Ich könne fehl nicht gehn. Lügt armes Volk,

Das Leiden trägt, und selber weiß, wie schwer
Als Züchtigung sie oder Prüfung lasten?
Kein Wunder, da kaum wahr der Reiche spricht;
Im Überfluß zu sündigen ist schlimmer
Als Lüg' aus Not, und Falschheit zeigt sich böser,
Im Kön'ge als im Bettler. – Teurer Gatte!
Du bist der Falschen einer. Dein gedenkend,
Vergeht der Hunger; eben wollt' ich noch
Verschmachtend niedersinken. – Was ist das?
Es führt ein Pfad hinein; welch Haus der Wildnis?
Am besten wohl nicht rufen; nein, ich wag's nicht,
Doch macht Verhungern tapfer die Natur,
Eh' es sie aufreibt ganz. Der Überfluß
Und Friede zeugen Memmen; Drangsal ist
Der Keckheit Mutter. – Heda! wer ist hier?
Bist ein gesittet Wesen, sprich; bist wild,
Nimm oder leih! – Ganz still? So tret' ich ein.
Doch zieh' ich erst mein Schwert, und wenn mein Feind
Das Schwert nur fürchtet so wie ich, dann wagt er's
Kaum anzusehn. O, solchen Feind, ihr Götter! (Sie geht in die Höhle.)

Bellarius, Guiderius und *Arviragus* treten auf.

Bellarius. Du warst der beste Weidmann, Polydor,
Und bist des Festes König; ich und Cadwal
Sind Koch und Diener; so ist unsre Ordnung;
Verderben würd' und sterben Fleiß und Kunst,
Wenn's nicht um ihren Zweck wär'. Kommt; der Hunger
Würzt die geringe Mahlzeit; Müdigkeit
Schnarcht auf dem Stein, und Trägheit findet hart
Das Daunenbett. – Heil dir, du armes Haus,
Das selbst sich hütet.
Guiderius. Ich bin tüchtig müde.
Arviragus. Ich schwach an Kräften, doch im Hunger stark.
Guiderius. Im Fels ist kalte Kost; wir nagen dran,
Bis unser Wildbret gar.
Bellarius (in die Höhle schauend). Halt; nicht hinein!
Äß' es von unsern Speisen nicht, so dächt' ich,
Eine Elfe wär's.
Guiderius. Was gibt es, teurer Vater?
Bellarius. Bei Jupiter, ein Engel! Wenn nicht das,
Ein irdisch Wunderbild! Seht, Gottheit selbst
In eines Knaben Alter.

Imogen kommt aus der Höhle.

Imogen. Ihr guten Herrn, o, tut mir nichts zuleide.

Eh' ich hineinging, rief ich, und ich dachte
Zu betteln oder kaufen, was ich nahm;
Weiß Gott, ich habe nichts gestohlen; tat's nicht,
Fand ich den Boden auch mit Gold bestreut.
Dies Geld hier für mein Essen. Legen wollt' ich's
Da auf den Tisch, sowie ich nur gesättigt;
Dann hätt' ich scheidend für den Wirt gebetet.

Guiderius. Geld, Kind?
Arviragus. Eh' werde alles Gold und Silber Kot,
Wie's denn auch ist, und dem nur kostbar scheint,
Der Kot als Gott verehrt.
Imogen. Ich seh', ihr zürnt!
Wißt, wenn ihr mich um mein Vergehen tötet,
Ich wäre auch gestorben, tat ich's nicht.
Bellarius. Wo willst du hin?
Imogen. Nach Milford.
Bellarius. Wie dein Name?
Imogen. Fidelio. Einen Anverwandten hab' ich,
Der sich in Milford einschifft nach Italien;
Ich reise zu ihm, fast vor Hunger tot,
Fiel ich in diese Sünde.
Bellarius. Schöner Jüngling,
Haltet uns für Wilde nicht; miß unsern Sinn
Nicht nach dem rauhen Wohnort. Sei willkommen!
Fast ist es Nacht; du sollst ein beßres Mahl
Erhalten, eh' du gehst, und Dank, wenn du
Verweilst und speisest. Grüßt ihn herzlich, Jungen.
Guiderius. Wärst du ein Mädchen, würb' ich stark um dich,
Doch ehrlich, dir zu dienen. – So viel biet' ich,
Als wollt' ich dich erkaufen.
Arviragus. Mir sei's Freude,
Daß er Mann ist; so lieb' ich ihn als Bruder,
Und wie nach langer Trennung man den Bruder
Begrüßt, so grüß' ich dich: – Herzlich willkommen!
Sei froh, du kamst zu Freunden.
Imogen. Ja, zu Freunden!
(Für sich.) Warum nicht Brüder? – Wär's doch so, dann hießen
Sie meines Vaters Söhn'! ich sänk' im Preis
Und wöge gleich mit dir, mein Posthumus.
Bellarius. Ihn drückt ein Kummer.
Guiderius. Könnt' ich ihm doch helfen.
Arviragus. Und ich; was es auch sei, und was es koste,
Gefahr und Müh', ihr Götter!

Bellarius. Hört, ihr Kinder.
(Sie sprechen heimlich.)
Imogen. Die höchsten Herrn,
Von einem Hof umgeben, räum'ger nicht
Als diese Höhle; die sich selbst bedienten,
Von solcher Tugend, die versiegelt wurde
Durch eigenes Gewissen, abgetan
Das Scheingeschenk der unbeständ'gen Menge,
Sie überstrahlten nicht die zwei. Ihr Götter!
Vertauschen möcht' ich mein Geschlecht, um ihr
Genoß zu sein, da Leonatus falsch ist.
Bellarius. So sei es denn, ihr Söhne,
Bereiten wir das Wild. – Herein, mein Knabe,
Es spricht sich hungrig schwer; wenn wir gespeist,
Befragen wir dich höflich um dein Leben,
Soviel du sagen willst.
Guiderius. O, komm herein.
Arviragus. Die Nacht ist nicht der Eul' und nicht der Morgen
Der Lerche so willkommen.
Imogen. Dank.
Arviragus. Tritt ein. (Alle ab.)

7. Szene

Rom

Es treten zwei Senatoren und Tribunen auf

Erster Senator. Dies ist der Inhalt von des Kaisers Schreiben:
Weil die Gemeinen jetzt im Felde stehn,
Pannonien und Dalmatien zu bekämpfen,
Und die Legionen, die in Gallien liegen,
Zu schwach sind, um den Krieg zu führen gegen
Die abgefallnen Briten, wird der Adel
Für diesen Feldzug aufgerufen. Lucius
Ernennt er zum Prokonsul. Euch, Tribunen,
Erteilt er unumschränkte Vollmacht, schleunig
Die Truppen auszuheben. Heil dem Cäsar!
Tribunen. Ist Lucius Führer dieses Zuges?
Zweiter Senator. Ja.
Tribunen. Ist er in Gallien noch?
Erster Senator. Mit den Legionen
Die ich genannt, die eure Aushebung
Ergänzen muß. Die Vollmacht nennt euch noch

Die Zahl, die euch bestimmt, sowie die Zeit
Des Aufbruchs.
Tribunen. Schnell sei unsre Pflicht erfüllt. (Alle ab.)

Vierter Aufzug

1. Szene
Der Wald bei der Höhle

Cloten tritt auf.

Cloten. Der Platz, wo sie sich treffen sollten, muß hier in der Nähe sein, wenn's Pisanio richtig verzeichnet hat! Wie gut mir seine Kleider passen. Warum sollte seine Geliebte, die von dem gemacht wurde, der den Schneider machte, mir nicht auch passen? Um so mehr, weil man – mit Vergunst – zu sagen pflegt, ein Weib kommt einem zu Passe, wenn man ihr aufzupassen weiß, und das ist jetzt meine Sache. Ich mag es mir selbst wohl gestehen – denn es ist keine Eitelkeit für einen Mann, mit seinem Spiegel zu Rate zu gehen; in seinem eigenen Zimmer, mein' ich – die Fugen meines Körpers sind so richtig wie die seinigen; ebenso jung bin ich, stärker, stehe nicht unter ihm im Glück und über ihm in allen Vorteilen der Welt, bin höher von Geburt, ebenso bewandert im allgemeinen Dienst und preiswürdiger im einzelnen Gefecht, und doch liebt ihn dies eigensinnige Ding mir zum Trotz. Was ist doch der sterbliche Mensch! Dein Kopf, Posthumus, der jetzt noch auf deinen Schultern steht, muß noch diese Stunde herunter; deiner Geliebten wird Gewalt getan; deine Kleider vor deinen Augen in Stücke gerissen, und wenn das vorbei ist, treib' ich sie mit Fauststößen zu ihrem Vater zurück, der vielleicht etwas böse über mein hartes Verfahren sein wird; aber meine Mutter, die seine wunderlichen Launen ganz beherrscht, wird alles zu meinem Lobe kehren. Mein Pferd hab' ich angebunden. Heraus, Schwert, zu deinem tödlichen Werk! Fortuna, gib sie in meine Hand! Dies muß gerade der Platz sein, wo sie sich treffen wollten, und der Kerl wagt wohl nicht, mich zu hintergehen. (Er geht ab.)

2. Szene
Vor der Höhle

Bellarius, Guiderius, Arviragus und *Imogen* kommen aus der Höhle.

Bellarius. Du bist nicht wohl; drum bleib hier in der Höhle.
Wir kommen zu dir nach der Jagd.

Arviragus. Bleib, Bruder;
Sind wir nicht Brüder?
Imogen. Das sollte Mensch dem Menschen immer sein;
Doch gibt sich Staub vor Staub der Hoheit Schein,
Ist beider Staub auch gleich. Ich bin recht krank.
Guiderius. Geht ihr zum Jagen, ich will bei ihm bleiben.
Imogen. Nein, so krank bin ich nicht! – und doch nicht wohl,
Doch solch verwöhnter Städter nicht, der glaubt
Zu sterben, eh' er krankt. Drum geht und laßt mich;
Folgt eurem Tagsgeschäft. Gewohnheit stören
Heißt alles stören. Ich bin krank; doch hilft mir
Eu'r Bleiben nicht. Gesellschaft ist kein Trost
Dem Ungesell'gen. Ich bin nicht sehr krank,
Ich kann noch drüber reden. Laßt das Haus
Mich hüten. Nur mich selbst werd' ich berauben,
Und wenn ich sterb', ist's nur ein kleiner Diebstahl.
Guiderius. Ich liebe dich, ich hab's gesagt, wie viel auch,
So innig, wie ich nur den Vater liebe.
Bellarius. Wie! Was ist das?
Arviragus. Ist's Sünde, das zu sagen, trag' ich auch
Des Bruders Schuld. Ich weiß es nicht, warum
Ich diesen Jüngling lieb'; Ihr sagtet einst,
Der Liebe Grund sei grundlos. Wenn die Bahre
Hier ständ' und einer müßte sterben, spräch' ich:
Mein Vater, nicht der Jüngling.
Bellarius (für sich). Hohes Streben!
O Adel der Natur und großer Ursprung!
Feig stammt von feig, niedrig von niedrig nur,
Mehl hat und Kleie, Huld und Schmach Natur.
Ich bin ihr Vater nicht; doch wundervoll,
Daß mehr als mich man diesen lieben soll.
Es ist des Morgens neunte Stunde.
Arviragus. Bruder,
Leb wohl.
Imogen. Euch Glück.
Arviragus. Dir Beßrung. – Woll'n wir gehn.
Imogen (für sich). Wie freundliche Geschöpfe! Gott, wie lügt man!
Der Hofmann sagt, was nicht am Hof, sei wild.
Erfahrung, ach, du zeigst ein andres Bild!
Das mächt'ge Meer zeigt Ungeheu'r, indessen
Das Bächlein süßen Fisch uns gibt zum Essen.
Ich bin wohl krank; recht herzensmatt. – Pisanio,
Dein Mittel kost' ich jetzt.

Guiderius. Nichts bracht' ich 'raus.
Er sprach, er sei von Adel, doch im Elend;
Unredlich zwar gekränkt, doch redlich selbst.
Arviragus. Die Antwort gab er mir, doch sagte dann,
Einst würd' ich mehr erfahren.
Bellarius. Fort, zum Wald. –
Wir lassen Euch indes; ruht in der Höhle.
Arviragus. Wir bleiben lang' nicht aus.
Bellarius. Und sei nicht krank,
Du bist ja unsre Hausfrau.
Imogen. Wohl und übel,
Euch stets verbunden.
Bellarius. Und das sollst du bleiben. (Imogen geht ab.)
Wie kummervoll der Knab' auch ist, so scheint er
Doch edeln Bluts.
Arviragus. Wie engelgleich er singt!
Guiderius. Und seine Kochkunst –
Wurzeln schnitzt er zierlich,
Und würzt die Brüh'n, als wäre Juno krank
Und er ihr Pfleger.
Arviragus. Und wie lieblich paart er
Ein Lächeln mit dem Seufzer, als wenn seufzte
Der Seufzer, daß er nicht solch Lächeln war;
Als spottete das Lächeln jenes Seufzers,
Der aus so holdem Tempel flieht, um sich
Mit Sturm zu mischen, den der Seemann schilt.
Guiderius. Ich seh' Geduld und Kummer so verwachsen,
Daß sie die Wurzeln ineinander schlingen.
Arviragus. O wachse du, Geduld!
Und mag der bittr' Holunder Gram entschlingen
Der Wurzel Gift, daß Rebe Frucht kann bringen.
Bellarius. 's ist hoch am Tage. Fort. – Doch wer kommt da?

Cloten tritt auf.

Cloten. Ich finde die Landstreicher nicht, gehöhnt
Hat mich der Schuft. – Nun bin ich matt.
Bellarius. Landstreicher!
Meint er nicht uns? Kenn' ich ihn nicht? – Es ist
Cloten, der Kön'gin Sohn. Verrat besorg' ich.
Ich sah ihn manches Jahr nicht und weiß doch,
Er ist's. – Wir sind nur vogelfrei; hinweg!
Guiderius. Es ist nur einer. Sucht ihr mit dem Bruder,
Was für Gesellen in der Nähe; geht
Mit ihm, laßt mich nur machen. (Bellarius und Arviragus ab.)

Cloten.   Halt! Wer seid ihr,
Die vor mir fliehn? Wohl Räuber aus den Bergen?
Man spricht von solchen. – Welch ein Schelm bist du?
Guiderius.   Nicht so sehr Schelm, als daß ich solchen Gruß
Erwidert' ohne Schlag.
Cloten.   Du bist ein Räuber,
Ein Spitzbub' und ein Schuft. Ergib dich, Dieb.
Guiderius.   Wem? Dir? Wer bist du? Ist mein Arm so stark
Wie deiner nicht? Mein Herz nicht ganz so stark?
In Worten bist du freilich stärker, denn
Ich trage nicht den Dolch im Mund. Wer bist du?
Weshalb mich dir ergeben?
Cloten.   Niedrer Schuft,
Kennst mich an meinen Kleidern nicht?
Guiderius.   Nein, Schelm,
Noch deinen Schneider, deinen Großvater;
Er machte dir das Kleid, das, wie es scheint,
Dich macht.
Cloten.   Wie, auserles'ner Schelm, mein Schneider
Hat's nicht gemacht.
Guiderius.   Fort denn und danke dem,
Der dir's gegeben hat. Du bist ein Narr;
Mich ekelt's, dich zu schlagen.
Cloten.   Frecher Bube,
Hör' meinen Namen nur und zittre.
Guiderius.   Nun?
Wie ist dein Name denn?
Cloten.   Cloten, du Schurke.
Guiderius.   Du Doppelschurke. Und wär' er auch Cloten,
Ich zittre nicht davor; wär's Kröte, Spinne,
Das rührte eh' mich.
Cloten.   Mehr dich noch zu schrecken,
Ja, völlig zu vernichten, sollst du wissen,
Ich bin der Kön'gin Sohn.
Guiderius.   Das tut mir leid
Du scheinst nicht edel wie dein Stamm.
Cloten.   Und noch
Fürchtst du dich nicht?
Guiderius.   Die ich verehre, fürcht' ich,
Die Klugen; über Narren lach' ich nur,
Die fürcht' ich nicht.
Cloten.   So stirb des Todes denn.
Wenn ich mit eignen Händen dich erschlagen,

So folg' ich jenen nach, die erst geflohn,
Und auf Luds Tore pflanz' ich eure Köpfe;
Ergib dich, wilder Räuber des Gebirges.

(Sie gehen fechtend ab.)

Bellarius und *Arviragus* treten auf.

Bellarius.   Kein Mensch ist weiter dort.
Arviragus.   Nichts in der Welt. Ihr irrtet Euch in ihm.
Bellarius.   Ich weiß nicht. Lang ist's her, seit ich ihn sah,
 Doch keinen Zug des Angesichts von damals
 Hat Zeit verwischt; dies Stottern seiner Stimme,
 Dies Sprudeln, wenn er spricht, ist sein's; ich bin
 Gewiß, es ist Cloten.
Arviragus.   Hier blieben sie;
 Wird nur mein Bruder nicht von ihm beschädigt;
 Ihr sagt, er ist so schlimm.
Bellarius.   Nur dürftig ausgebildet
 Zum Menschen, mein' ich, nahm er auch nicht wahr,
 Was Graus und Schrecken sei; denn oft ist Weisheit
 Die Ursache der Furcht. Doch sieh, dein Bruder.

Guiderius kommt mit Clotens Kopf.

Guiderius.   Der Cloten war ein Narr; ein leerer Beutel
 Und ohne Geld. Nicht Herkules konnt' ihm
 Das Hirn ausschlagen, denn er hatte keines.
 Hätt' ich dies nicht getan, so trug der Narr
 Jetzt meinen Kopf wie seinen ich.
Bellarius.   Was tatst du?
Guiderius.   Ich weiß es wohl; ich schlug ab Clotens Kopf,
 Der Kön'gin Sohn, wie er mir selbst gesagt,
 Der mich Verräter, Räuber nannt' und schwur,
 Daß er allein uns all' hier fangen wolle,
 Abnehmen unsre Köpfe, wo, gottlob!
 Sie stehn, und über Luds Stadt henken.
Bellarius.   Weh!
 Wir alle sind verloren.
Guiderius.   Würd'ger Vater,
 Was können wir verlieren, als was er
 Zu nehmen schwur, das Leben? Das Gesetz
 Beschützt uns nicht. Drum, weshalb schwächlich zagen,
 Wenn ein hochmüt'ger Fleischklotz uns bedroht,
 Der Richter spielt und Henker, alles selbst,
 Weil das Gesetz wir fürchten? Von Genossen,
 Wie viele saht ihr?

Bellarius. Keine Seele weiter
Kann man ersehn; doch muß, vernünft'gerweise,
Gefolge bei ihm sein. Gefiel sich auch
In stetem Wechsel seine Laun', und das
Vom Schlechten nur zum Schlimmern, konnte doch
Verrücktheit, Aberwitz so rasen nicht,
Allein hierher zu kommen. Möglich wohl,
Wie man am Hof gehört, daß unsersgleichen,
Felswohner jagen hier als vogelfrei
Und mit der Zeit zur Bande werden könnten;
Er hört' es wohl, brach auf – es sieht ihm gleich –
Und schwur uns einzufangen; doch nicht glaublich,
Daß er allein kam, weder wagt' er das,
Noch litten sie's; drum fürchten wir mit Grund,
Wenn wir den Schweif von diesem Haupt mehr furchtbar
Besorgen als das Haupt.
Arviragus. Die Fügung komme,
Wie sie die Götter senden; dennoch tat
Mein Bruder recht.
Bellarius. Ich hatte keine Lust
Zu jagen heut. Fidelios Krankheit ließ
Mich hier verziehn.
Guiderius. Mit seinem eignen Schwert,
Das gegen meinen Hals er zuckte, schlug ich
Den Kopf ihm ab; ich werf' ihn in die Bucht
An unserm Fels; er schwimm' ins Meer; den Fischen,
Er sei Cloten, der Kön'gin Sohn, erzähl' er.
Was kümmert's mich! (Er geht ab.)
Bellarius. Ich fürcht', es wird gerächt.
O, Polydor, hättst du's doch nicht getan!
Wie sehr dein Mut dich ziert! –
Arviragus. Tat ich es lieber,
Wenn mich allein die Rache träfe! – Polydor,
Dich lieb' ich brüderlich; doch neid' ich dir
Die Tat, die du mir nahmst. Vergeltung möchte,
Kann Menschenkraft ihr widerstehn, uns nur
Hier finden und zur Rede stell'n.
Bellarius. Geschehen ist's. –
Heut keine Jagd, laßt uns Gefahr nicht suchen,
Wo uns kein Vorteil winkt. Seht in den Fels;
Du und Fidelio sind die Köch'; ich warte
Hier auf den raschen Polydor und bring' ihn
Zur Mahlzeit gleich.

Arviragus. Du armer, kranker Knabe!
Gern geh' ich hin. Die Wangen ihm zu röten,
Ließ' ich ein ganzes Dorf voll Cloten bluten
Und rühmte mich der Menschlichkeit. (Er geht ab.)
Bellarius. O göttliche
Natur, wie herrlich du dich selbst verkündigst
In diesen Königskindern! Sie sind sanft
Wie Zephyr, deren Hauch das Veilchen küßt,
Sein süßes Haupt nicht schaukelnd; doch so rauh,
Wird heiß ihr Königsblut, wie grauser Sturm,
Der an dem Wipfel faßt die Bergestanne
Und sie zum Tal beugt. Es ist wundervoll,
Wie unsichtbar Instinkt in ihnen bildet
Königsgesinnung ohne Unterricht;
Ehr', ungelehrt; unabgesehen Anstand;
Mut, welcher wild in ihnen wächst und Ernte
Gewährt, als wär' er ausgesät! Doch seltsam,
Was Clotens Kommen uns bedeuten mag,
Und was sein Tod uns bringt.

Guiderius kommt zurück.

Guiderius. Wo ist mein Bruder?
Den Strom hinab mag Clotens Klotzkopf treiben
Als Bot' an seine Mutter; Geisel bleibt
Sein Leichnam bis zur Wiederkehr.

(Feierliche Musik in der Höhle.)

Bellarius. Mein kunstreich Instrument! Horch, Polydor,
Es tönt! Doch welchen Grund hat Cadwal jetzt,
Daß er es spielt? Horch!
Guiderius. Ist er drin?
Bellarius. Er ging erst jetzt hinein.
Guiderius. Was meint er? Seit der teuren Mutter Tode
Erklang es nicht. Nur feierlichem Anlaß
Entspricht ein feierliches Tun. Was deutet's?
Triumph um nichts und Klag' um Kleinigkeit
Ist Affenlust und eitler Knaben Leid.
Ist Cadwal toll?

Arviragus tritt auf und trägt Imogen wie tot in seinen Armen.

Bellarius. O sieh! da kommt er her
Und trägt der Klage bittern Grund im Arm,
Um die wir ihn geschmäht.
Arviragus. Tot ist das Vöglein,
Das wir so zärtlich pflegten. Lieber wollt' ich

Von sechzehn Jahr zu sechzig überspringen
Und kräft'gen Schritt mit matter Krücke tauschen,
Als dies erblicken.
Guiderius. O du süße Lilie,
Nicht halb so schön ruhst du in Bruders Arm
Als wie du selbst dich regtest.
Bellarius. O Melancholie.
Wer maß je deine Tiefe, fand den Boden,
Zu raten, welche Küst' am leichtesten
Für deinen trägen Nachen dient als Hafen? –
O du gesegnet Kind! Die Götter wissen,
Welch edler Mann du wurdest einst; doch ach!
Schwermut dem Tode früh die Pflanze brach! –
Wie fandst du ihn?
Arviragus. Starr tot wie jetzt; so lächelnd,
Als hätt' ihn eine Flieg' im Schlaf gekitzelt,
Nicht wie des Todes Pfeil, bei dem er lachte.
Die rechte Wang' auf einem Kissen ruhend.
Guiderius. Wo?
Arviragus. Auf dem Grund; die Arme so verschränkt.
Ich dacht', er schlief, und zog die Nägelschuh'
Mir ab, die schwer, zu laut die Tritte stampften.
Guiderius. Er schläft auch nur. Ist er verschieden, macht er
Sein Grab zum Bett; weibliche Elfen tanzen
Um seine Gruft, und Würmer nahn dir nicht.
Arviragus. Die schönsten Blumen,
Solange Sommer währt und ich hier lebe,
Streu' ich auf deine Gruft. Dir soll nicht fehlen
Die Blume, deinem Antlitz gleich, die blasse Primel;
Die Hyazinthe, blau wie deine Adern;
Noch Rosenblätter, die, ich darf es sagen,
Nicht süßer als dein Hauch. Rotkehlchen werden
Mit frommem Schnabel alles dies dir bringen –
O Schande jenem reich gewordnen Erben,
Der ohne Denkmal läßt des Vaters Grab! –
Auch weißes Moos, wenn Blumen nicht mehr sind,
Für deines Leichnams Winterschutz.
Guiderius. Hör' auf
Und spiele nicht in mädchenhaften Worten
Mit dem, was ernst ist. Laß uns ihn begraben
Und nicht verzögern mit Bewundern so,
Was unsre Pflicht. – Zum Grab.
Arviragus. Wo legen wir ihn hin?

Guiderius. Zur guten Mutter Euryphile.
Aviragus. Wohlan!
Und laß uns, Polydor, sind unsre Stimmen
Gleich männlich rauh schon, ihm das Grablied singen,
Wie einst der Mutter; gleiche Wort' und Weise,
Nur statt Euryphile Fidelio.
Guiderius. Cadwal!
Ich kann nicht singen; weinend sprech ich's mit;
Denn Töne, die durch Schmerz verstimmt, sind schlimmer
Als Priesterlug im Tempel.
Aviragus. Nun, so sprich es.
Bellarius. Ein großer Schmerz heilt kleinern; ihr vergeßt
Cloten. Er war doch einer Kön'gin Sohn.
Und kam er auch als unser Feind, bedenkt,
Er hat's gebüßt. Verwest gleich hoch und niedrig
Vereint, in selbem Staub, so trennt doch Ehrfurcht,
Der Engel dieser Welt, den Platz des Mächt'gen
Vom Niedern. Unser Feind war Prinz, und nahmt
Ihr ihm das Leben gleich als unserm Feind,
Bestattet ihn als Fürsten.
Guiderius. Holt ihn her.
Thersites' Leichnam ist so gut wie Ajax',
Sind beide tot.
Aviragus. Geht ihr und bringt ihn her,
So sprechen wir das Lied indes. – Fang an. (Bellarius geht ab.)
Guiderius. Nach Osten, Cadwal, muß sein Antlitz liegen;
Der Vater hat 'nen Grund dafür.
Aviragus. 's ist wahr.
Guiderius. Komm, hilf, hier leg ihn hin.
Aviragus. So, nun fang an.

Lied.

Guiderius. Fürchte nicht mehr Sonnenglut,
Noch des Winters grimmen Hohn!
Jetzt dein irdisch Treiben ruht,
Heim gehst, nahmst den Tageslohn.
Jüngling und Jungfrau, goldgehaart,
Zu Essenkehrers Staub geschart.
Aviragus. Fürstenzorn macht dir nicht Not,
Fürchte nicht Tyrannenstreich;
Sorge nicht um Kleid und Brot;
Eich' und Bins' ist dir nun gleich;
König, Arzt und Hochgelahrt,
All' in einem Staub gepaart.

Guiderius. Fürchte nicht mehr Flammenblitze,
Arviragus.   Zittre nicht vorm Donnerschlage;
Guiderius. Stumpf ist der Verleumdung Spitze;
Arviragus.   Dir verstummt jetzt Lust und Klage.
Beide. Jung Liebchen, Liebster, goldgehaart,
    Wird, so wie du, dem Staub' gepaart.
Guiderius. Kein Zauberspruch verstör' dich!
Arviragus.   Nicht Hexenkunst beschwör' dich!
Guiderius. Kein irr Gespenst umschwärm' dich!
Arviragus.   Und nie was Böses härm' dich!
Beide. Ruhiges Verwesen hier,
    Ehre, nach dem Tod, sei dir!

Bellarius kommt mit Clotens Leiche.

Guiderius.   Die Feier ist vollbracht. Legt den hier nieder.
Bellarius. Hier sind auch Blumen; mehr um Mitternacht.
Die Kräuter, die der kalte Nachttau feuchtet,
Sind bester Schmuck für Gräber. – Auf ihr Antlitz. –
Ihr war't wie Blumen, jetzt verwelkt; wie diese
Welkt dieses Kraut auch, jetzt entpflückt der Wiese. –
Kommt nun, und fern dort werft euch auf die Knie.
Die Erde, die sie gab, nahm sie zurück;
Hier ist ihr Leid geendet wie ihr Glück.

(Bellarius, Guiderius und Arviragus gehen ab.)

Imogen (indem sie erwacht). Ja, Herr, nach Milford-Hafen. Dies
                         der Weg? –
Ich dank' Euch. – Bei dem Busch? – Wie weit ist's noch? –
Ach je, ach je! – Kann's noch sechs Meilen sein? –
Nacht durch gegangen. – Ei! ich leg' mich schlafen wieder. –
Doch still! Kein Schlafkamrad? O, all ihr Götter!

(Sie sieht den Leichnam.)

Die Blumen sind wohl wie die Luft der Welt;
Der blut'ge Mann die Leiden drunter. – Immer
Noch Traum – das hoff' ich.
So war mir auch, ich sei ein Höhlenwächter
Und Koch für wackre Leute. Doch, 's ist nichts;
Es ist ein Pfeil von nichts auf nichts geschossen,
Den unser Hirn aus Dünsten formt. Selbst Augen
Sind manchmal, wie das Urteil, blind. Fürwahr,
Ich zittre noch aus Furcht. Doch blieb im Himmel
Ein kleiner Tropfen Mitleid, winzig wie
Ein Hänflingsaug'; ihr furchtbarn Götter, davon
Ein Teilchen mir! Der Traum bleibt immer noch

Selbst wachend ist er außer mir wie in mir;
Nicht vorgestellt, gefühlt. Hauptlos ein Mann! –
Das Kleid des Posthumus! O, ich erkenne
Des Beins Gestalt, und dies ist seine Hand;
Der Fuß Merkurs; des Kriegsgottes Schenkel;
Der Arm des Herkules; sein Zeusantlitz –
Im Himmel Mord? – Wie? – Dieses fehlt. – Pisanio,
Die Flüche all', die rasend Hekuba
Den Griechen schrie, zermalmen dich mit meinen!
Im Bund mit Cloten, dem unbänd'gen Teufel,
Erschlugst du meinen Mann! – Sei Schreiben, Lesen
Verrat fortan! – Du höllischer Pisanio!
Mit falschen Briefen – höllischer Pisanio!
Schlugst du vom schönsten Fahrzeug in der Welt
Den Hauptmast ab! – O Posthumus! weh' mir!
Wo ist dein Haupt? Wo ist es? ach! wo ist es?
Pisanio konnte ja dein Herz durchbohren,
Ließ er dir nur das Haupt! – Wie konnt's Pisanio?
Er und Cloten, Bosheit und Habsucht legten
Dies Weh hierher. O, zu, nur zu gewiß!
Der Trank, den er mir gab und köstlich nannte
Und herzerquickend, ward er mir nicht mördrisch,
Betäubend? Das bestätigt's noch;
Dies ist Pisanios Tat und Clotens. Ach! –
Mit deinem Blut schmink' mir die bleichen Wangen,
Daß wir so schrecklicher uns denen zeigen,
Die uns hier finden. O, Gemahl! Gemahl!

    Es treten auf *Lucius*, ein *Hauptmann*, mehrere *Anführer* und ein *Wahrsager*.

Hauptmann. Die gallischen Legionen kreuzten schon
Das Meer, wie Ihr befahlt, und harren Euer
In Milford-Hafen, wo die Schiffe liegen.
Sie sind bereit.
Lucius.   Was hören wir von Rom?
Hauptmann. Die Edelleute und die Grenzbewohner
Hat der Senat entboten; rasche Geister,
Die edeln Dienst verheißen, und sie kommen,
Der kühne Jachimo befehligt sie,
Siennas Bruder.
Lucius.   Doch wann landen sie?
Hauptmann. Mit nächstem günst'gem Wind.
Lucius.   Dies Eilen schafft
Uns schöne Hoffnung. Laßt die Truppen mustern,

Die hier sind; jeder Führer achte drauf. –
Nun, Freund, was träumtest du von diesem Krieg?
Wahrsager. Die Götter sandten mir die Nacht ein Zeichen;
Ich fastete, und betet' um Erleuchtung.
Roms Aar, der Vogel Jupiters, entschwebte
Vom feuchten Süd zu diesem Teil des West,
Wo er im Sonnenlicht verschwand; dies deutet,
Ist nicht durch Sündlichkeit mein Schau'n getrübt,
Den röm'schen Waffen Glück.
Lucius. Träum' immer so
Und nimmer falsch. – Still, welcher Stamm ist dies,
Beraubt des Gipfels? Die Trümmer sprechen,
Dies war ein edler Bau einst. – Seht, ein Page! –
Tot oder schlafend auf ihm? Doch wohl tot.
Denn die Natur ergraut vor solchem Bette,
Bei Abgeschiednen, auf des Todes Stätte. –
Laßt mich des Knaben Antlitz sehn.
Hauptmann. Er lebt.
Lucius. Dann gibt er Kunde von dem Leichnam. – Jüngling,
Erzähl dein Schicksal uns; denn, wie mich dünkt,
Ist es des Forschens wert. Wer ist's, den du
Zu deinem blut'gen Kissen machst? Wer war's,
Der, was Natur mit edler Hand gebildet,
Zerstören durfte? Wieviel ging dir unter
In diesem Schiffbruch? Wie geschah's? Wer ist dies?
Wer du?
Imogen. Ein Nichts bin ich, sonst wär' mir besser,
Ein Nichts zu sein. Mein Herr war dieser Mann,
Er war ein tapfrer Brit' und liebevoll,
Und ist durch Bergbewohner hier erschlagen. –
Ach! solchen Herrn gibt's nicht mehr; wandert' ich
Von Ost nach West und würbe laut um Dienst,
Fänd' manchen, alle gut und diente treu,
Nie träf' ich solchen Herrn.
Lucius. Ach, guter Jüngling!
Du rührst mich minder nicht durch deine Klagen
Als durch sein Blut dein Herr. Wie war sein Name?
Imogen.
Richard du Champ. (Für sich.) Lüg' ich und schade keinem,
Wenn's auch die Götter hören, hoff' ich doch,
Verzeihn sie's. – Wie?
Lucius. Dein Name?
Imogen. Herr, Fidelio.

Lucius. Wohl zeigst du dich als solcher wundersam;
So treu wie du, ziemt dieser Treu' der Nam'.
Willst du's mit mir versuchen? Findst du gleich
So guten Herrn nicht mehr; doch sicher einen,
Der dich nicht minder liebt. Ein Brief des Kaisers,
Vom Konsul mir gesandt, empföhle dich
Nicht besser als dein eigner Wert. Komm mit.
Imogen.
Ich folg' Euch, Herr. Doch erst, gefällt's den Göttern,
Berg' ich vor Fliegen meinen Herrn, so tief
Wie diese armen Schaufeln graben können.
Hab' ich mit Blum' und Laub die Gruft bestreut
Und hergesagt ein Hundert von Gebeten,
Zweimal, wie ich sie weiß, mit Seufzern, Tränen,
Verlass' ich seinen Dienst, um Euch zu folgen,
Wollt Ihr mich nehmen.
Lucius.   Ja, mein guter Knabe,
Und mehr dein Vater als Gebieter sein. –
Dies Kind, ihr Freunde, lehrt uns Männerpflicht.
Laßt uns den schönsten Rasenfleck erkiesen
Und ihm mit Lanz' und Spieß die Gruft bereiten.
Um deinethalb ist er mir lieb, o Knabe. –
Kommt, hebt ihn auf, bestattet ihn zum Grabe
Auf Kriegerart. – Erheitre deinen Blick;
Ein tiefer Fall führt oft zum höhern Glück.   (Alle ab.)

3. Szene

In Cymbelins Palast

Es treten auf *Cymbeline, Lords, Pisanio.*

Cymbeline.   Fort, bringt mir Nachricht, wie es mit ihr steht.
Ein Fieber um des Sohns Abwesenheit,
Ein Wahnsinn, der dem Leben droht. – O Himmel,
Wie hart schlägst du mich plötzlich! Imogen,
Mein größter Trost, dahin; die Königin
Liegt auf dem Todesbett; zu einer Zeit,
Da Krieg mir schrecklich droht; ihr Sohn verschwunden,
So unentbehrlich jetzt. Es trifft mich schwer
Und hoffnungslos. – Doch du, Gesell, der sicher
Um ihre Flucht gewußt und jetzt dich stellst
Wie einer, der nichts weiß, dir wird's erpreßt
Durch Folterqual.

Pisanio. Mein Leben, Herr, ist Euer;
Demütig leg' ich's Euch zu Füßen. Doch,
Wo meine Herrin ist, ich weiß es nicht,
Weshalb sie floh, noch wann sie wiederkehrt;
Ich bitt' Eu'r Hoheit, haltet mich für treu.
Erster Lord. Mein König,
Den Tag, als sie vermißt ward, war er hier.
Ich steh' für seine Treu' und weiß, er tut,
Was einem Untertan geziemt. Cloten,
Mit Fleiß und Eifer wird nach ihm gesucht,
Man findet ihn gewiß.
Cymbeline. Die Zeit ist stürmisch.
Für diesmal schlüpfe durch; doch schwebt der Argwohn
Noch über deinem Haupt.
Erster Lord. Eu'r Majestät,
Die römischen Legionen sind gelandet
Von Gallien aus und werden noch ergänzt
Durch röm'schen Adel, vom Senat gesandt.
Cymbeline.
O, jetzt den Rat der Kön'gin und des Sohnes!
Zu viel bricht auf mich ein.
Erster Lord. Mein edler Fürst,
Eu'r Herr ist minder stark nicht als der Feind.
Und kommt auch mehr, seid Ihr für mehr gerüstet.
Es fehlt nur noch, die Macht ins Feld zu stellen,
Die nichts als dies begehrt.
Cymbeline. Ich dank' Euch. Kommt;
Begegnen wir der Zeit, wie sie uns sucht.
Wir fürchten nicht, was von Italien dräut;
Uns kümmert nur, was hier geschah. Hinweg.

(Cymbeline und Lords ab.)

Pisanio. Kein Wort von meinem Herrn, seit ich ihm schrieb,
Daß Imogen erschlagen. Das ist seltsam.
Auch hör' ich nichts von ihr, die doch mir Nachricht
Versprach zu geben; kann auch nicht erfahren,
Was aus Cloten geworden. Über alles
Bleib' unklar ich. Die Götter mögen helfen.
Durch Falschheit bin ich ehrlich; treu durch Untreu'.
Im Krieg zeig' ich, wie ich Britannien liebe;
Erfahren soll's der König, oder ich falle.
Die andern Zweifel, scheuch' die Zeit sie fort;
Auch steuerlos gewinnt manch Schiff den Port.

4. Szene
Vor der Höhle

Bellarius, Guiderius und *Arviragus* treten auf.

Guiderius.   Der Lärm ist ringsum.
Bellarius.   Ziehn wir uns zurück.
Arviragus.   Wo ist des Lebens Lust, verschließen wir's
Vor Tat und vor Gefahr?
Guiderius.   Ja, welche Hoffnung
Bringt uns die Flucht? Die Römer morden doch
Als Briten uns; wo nicht, so nehmen sie
Uns auf als unnatürliche Rebellen,
Gebrauchen uns und morden uns nachher.
Bellarius.   Kommt höher aufs Gebirg; da sind wir sicher.
Wir dürfen nicht zum Königsheer; Clotens Tod,
Frisch im Gedächtnis, zieht die Unbekannten
Uneingereihten uns zur Rechenschaft,
Wo wir gelebt; so zwingt man denn von uns,
Was wir getan, und unsre Buße Tod,
Verlängt durch Qual.
Guiderius.   Dies, Vater, ist Befürchtung,
Die Euch in solchen Zeiten nicht geziemt,
Noch uns genügt.
Arviragus.   Es ist wohl nicht zu glauben,
Daß, hören sie die röm'schen Rosse wiehern,
Sehn ihre Lagerfeuer, Aug' und Ohr
Geblendet und betäubt durchs Wichtigste,
Daß ihnen Zeit noch bleibt, uns zu beachten,
Zu fragen, wer wir sind.
Bellarius.   Ich bin gekannt
Im Heer, von manchen dort; so manches Jahr,
War Cloten jung auch damals, löscht ihn nicht
Aus dem Gedächtnis mir. Auch ist der König
Nicht meines Diensts und eurer Liebe wert;
Mein Bann war schuld, daß euch Erziehung fehlte,
Daß ihr als Wilde lebtet; alle Gunst,
Die eure Wiege euch verhieß, verschwand,
Daß euch der heiße Sommer bräunt, als Sklaven
Ihr schaudern müßt dem Winter.
Guiderius.   Besser sterben
Als so zu leben. Bitte, kommt zum Heer;
Mich und den Bruder kennt kein Mensch. Ihr selbst

Seid so vergessen, seid so alt geworden,
Daß niemand nach Euch fragt.

Arviragus. Beim Licht der Sonne,
Ich muß dahin. Was ist's, daß ich noch nie
Sah sterben einen Mann? Kein Blut erblickte,
Als feiger Hasen, hitz'ger Gemsen, Hirsche?
Daß ich kein Roß bestieg als eins, das Reiter
Nur trug wie ich bin, solche, deren Ferse
Nie Sporn und Eisen ziert'? Ich schäme mich,
Die heil'ge Sonne anzuschaun, die Wohltat
Des sel'gen Strahls zu haben und zu bleiben
Ein armes Nichts.

Guiderius. Beim Himmel, ich will gehn.
Wollt Ihr mich segnen, freundlich mich entlassen,
Bin ich auf meiner Hut; doch wollt Ihr nicht,
So falle die Gefahr nur dreist auf mich,
Durch Römerschwerter!

Arviragus. So sag' ich; und Amen.

Bellarius. Da ihr so wenig euer Leben achtet,
Was soll mit größrer Sorg' ich mein verfallnes
Noch schonen? Söhne, auf; ich geh' mit euch,
Und opfert ihr fürs Vaterland das Leben,
So sei auch mir solch Todesbett gegeben. –
(Für sich). Die Zeit scheint lang. Zorn jagt ihr Blut in Flammen,
Bis es entströmt und zeugt, woher sie stammen.   (Alle ab.)

Fünfter Aufzug

1. Szene

Feld zwischen dem römischen und britischen Lager

Posthumus kommt mit einem blutigen Tuche.

Posthumus. Ja, blutig Tuch, dich heb' ich auf; denn so
Verlangt' ich dich gefärbt. Ihr Ehemänner,
Verführt ihr alle so, wie würde mancher
Ein Weib erschlagen, besser als er selbst,
Weil sie ein wenig fehlte! – O Pisanio!
Ein guter Diener tut nicht jeden Dienst;
Nur was gerecht, ist Pflicht. – Ihr Götter! straftet
Ihr meine Sünden so, dann lebt' ich nicht

Dies anzuregen, und es ward zur Reue
Rettung der edlen Imogen und mich
Verworfnen traf gerechte Rache. Doch
Um kleine Schuld entrafft ihr den, aus Liebe,
Daß er nicht tiefer falle. Jener darf
Auf Übles Übles tun und schlimmer stets,
Bis er sich selbst verabscheut, sich zum Heil.
Doch ihr nahmt Imogen. Sei's wie ihr's wollt,
Ich bet' in Demut an! – Ich kam hierher
Mit röm'scher Ritterschaft, um zu bekämpfen
Der Gattin Reich; doch ist's genug, Britannien,
Daß deine Fürstin dich erschlug; sei ruhig!
Dir geb' ich keine Wunde. Drum, ihr Götter,
Hört meinen Vorsatz gnädig an: Hier leg' ich
Italiens Kleider ab und hülle mich
In brit'sche Bauerntracht; so fecht' ich gegen
Das Volk, mit dem ich kam; so will ich sterben
Für dich, o Imogen, ist doch mein Leben,
Ja, jeder Atemzug ein Tod, so unbekannt,
Gehaßt nicht noch beklagt, weih' ich mich selbst
Dem Untergang. Erkenne kühnern Geist
Jedweder jetzt, als mein Gewand verheißt.
Schenkt, Götter, mir der Leonate Kraft!
Die Welt beschämend will ich jetzt beginnen
Den neuen Brauch: schlecht außen, kostbar innen.   (Geht ab.)

2. Szene
Ebendaselbst

Von einer Seite kommen *Lucius, Jachimo* und das römische Heer; von der andern das britische Heer, Leonatus *Posthumus* darunter als gemeiner Krieger. Sie marschieren vorüber und gehen ab. Kriegsgetümmel. Im Gefecht kommen Jachimo und Posthumus zurück; dieser besiegt und entwaffnet den Jachimo und geht dann ab.

Jachimo.   Die Schwere meiner Schuld in meiner Brust
Lähmt meine Mannheit; ich verleumdete
Die Fürstin dieses Reichs, und seine Luft
Raubt mir zur Strafe alle Kraft; wie konnte
Der Kerl, der Ackerknecht, mich sonst bezwingen
Im Ritterkampf? Geerbte Ehr' und Würde
Trag' ich nur als der Schmach und Schande Bürde.
Britannien, steht dein Adel diesem Lump
Voran, wie er uns Große macht zum Spott,
Sind wir kaum Männer, jeder hier ein Gott.   (Er geht ab.)

Die Schlacht dauert fort; die Briten fliehen; Cymbeline wird gefangen; Bellarius, Guiderius und Arviragus kommen ihm zu Hilfe.

Bellarius. Steht, steht! Des Bodens Vorteil haben wir;
Der Paß ist wohlbesetzt; nichts macht uns wanken
Als unsrer Feigheit Schmach.
Guiderius und **Arviragus.** Steht, steht und kämpft!

Posthumus kommt und hilft den Briten; sie befreien Cymbeline und gehen ab; dann kommen Lucius, Jachimo und Imogen.

Lucius. Fort, aus dem Haufen, Knab', und rette dich;
Denn Freund schlägt Freund, Verwirrung wächst, als wäre
Krieg blind und taub.
Jachimo.   Das macht die frische Hilfe.
Lucius. Das Glück hat seltsam sich gewandt; beizeiten
Laßt uns verstärken oder fliehn. (Alle ab.)

3. Szene

Ein anderer Teil des Schlachtfeldes

Posthumus tritt auf und ein britischer Lord.

Lord. Kommst du von dort, wo stand sie hielten?
Posthumus.   Ja.
Doch Ihr, so scheint's, kommt von den Flücht'gen.
Lord.   Ja.
Posthumus. Kein Tadel drum, denn alles war verloren;
Wenn nicht der Himmel focht: der König selbst,
Entblößt der Flügel, ganz sein Heer durchbrochen
Und nur der Briten Rücken sichtbar, alle
In Flucht durch engen Paß; der Feind voll Siegeslust,
Nach Blut die Zunge lechzend, mehr zur Schlachtung
In Vorrat, als er Messer hatte, fällte,
Die tödlich wund, die leicht berührt, sie stürzten
Aus bloßem Schreck; so ward der Paß gedämmt
Mit Toten, wund im Rücken, Feigen lebend,
Um mit verlängter Scham zu sterben.
Lord.   Wo
War dieser enge Paß?
Posthumus. Beim Schlachtfeld dicht, im aufgeworfnen Rasen,
Was sich zu nutz ein alter Krieger machte –
Ein Ehrenmann, das schwör' ich; wohl verdient
Er langes Leben und sein Silberhaar
Durch diese Tat fürs Vaterland; im Paß,
Er mit zwei Knaben – Kindern, mehr geeignet

Zum Wettlaufspiele als zu solchem Morden,
Mit Angesichtern wie für Larven, schöner gar,
Als die verhüllt Scham oder Reiz bewahren –
Schützt' er den Weg und rief den Flücht'gen zu:
„Der brit'sche Hirsch stirbt auf der Flucht, kein Krieger:
Zur Hölle rennt, ihr rückwärts Fliehnden! Steht;
Sonst macht ihr uns zu Römern, und wir schlachten
Wie Vieh euch, die ihr viehisch lauft; euch rettet
Ein zornig Rückwärtsschauen; steht, o steht!"
Die drei, drei Tausend durch Vertraun, und wahrlich,
Nicht minder waren sie durch Kraft und Tat –
Drei Helden sind das Heer, wenn alle andern
Ein Nichts sind – mit dem Worte: *„Steht, o steht!"*
Begünstigt durch den Platz, doch mehr noch zaubernd
Durch eignen Adel – der wohl wandeln konnte
Zum Speer die Kunkel – entflammten matte Blicke,
Halb Scham, halb muterneut, und manche, feige
Durchs Beispiel nur – o, eine Sünd' im Kriege,
Verdammt im ersten Sünder! – wandten um
Auf ihrem Weg und schäumten, Löwen gleich,
Dem Jägerspieß entgegen. Da entstand
Ein Anhalt der Verfolgung, Rückzug; schnell
Verwirrung, Niederlage; die als Adler
Dahergestürmt, entfliehn als Tauben; Sklaven,
Auf ihren Siegerspuren; unsre Memmen –
Wie Brocken auf bedrängter Seefahrt – wurden
Nun Lebensrettung in der Not; die Hintertür
Der unbewachten Herzen offen findend,
O Himmel! wie nun hieben sie auf schon
Erschlagne, Sterbende, auf Freunde, die
Die vor'ge Woge überwälzte! Zehn,
Die *einer* jahte, jeder ist nun jetzt
Von *zwanzigen* der Schlächter; die eh'r sterben,
Als kämpfen wollten, sind des Felds Entsetzen.
Lord. Wie sonderbar:
    Ein enger Paß, zwei Knaben und ein Greis!
Posthumus. Wundert Euch nicht; Euch ziemt wohl mehr zu staunen
    Ob Taten, die Ihr hört, als welche tun.
    Wollt Ihr's im Reim, als Spottgedicht? So klingt's:
    Zwei Knaben, ein Greis, zweimal so alt als beide,
    Ein Paß, ward uns zum Hort, dem Feind zum Leide.
Lord. Nun, seid nicht böse.
Posthumus.   So war's nicht gemeint.

Wer vor dem Feind nicht steht, dem bin ich Freund;
Denn, tut er seiner Art nach, sicherlich
Läßt er auch meine Freundschaft bald im Stich.
Ihr bringt ins Reimen mich.

Lord. Geht, Ihr seid böse. (Geht ab.)

Posthumus. Doch gehn? Das heißt ein Lord! O Jammerheld!
Fragt in der Schlacht, wie's um die Schlacht bestellt!
Wie mancher heut gab seine Ehre preis.
Den Leichnam nur zu retten, lief davon
Und starb doch! Ich, durch Schmerzen fest gemacht,
Fand nicht den Tod, wo ich ihn ächzen hörte;
Fühlt' ihn nicht, wo er schlug; ein Untier, scheußlich,
Seltsam! verbirgt er sich im lust'gen Becher,
Im sanften Bett und süßen Wort; hat mehr
Bedient' als uns, die seine Klingen zücken.
Sei's, dennoch find' ich ihn;
Denn, da er jetzt den Briten beigestanden,
Bin ich nicht Brite mehr und nehme wieder
Das Kleid, in dem ich kam. (Er wechselt die Kleider.) Nicht fecht' ich mehr,
Ich gebe mich dem schlecht'schen Bauer, der
Mich nur berührt. Groß ist der Mord, den hier
Der Römer angestellt; schwer muß sich rächen
Der Brite. Ich – mein Lösegeld sei Sterben;
Um Tod wollt' ich auf beiden Seiten werben,
Und länger soll er mir nicht widerstehn,
Und so vollend' ich's denn für Imogen.

Es kommen zwei britische *Hauptleute* und Soldaten.

Erster Hauptmann. Dank allen Göttern! Lucius ist gefangen;
Man hält die Knaben und den Greis für Engel.

Zweiter Hauptmann. Ein vierter Mann war noch, im schlichten Rock,
Der auch den Feind zurückschlug.

Erster Hauptmann. So erzählt man;
Doch alle sind verschwunden. – Halt! Wer bist du?

Posthumus. Ein Römer.
Der nicht hier schmachten müßte, hätte Hilfe
Ihm nicht entstanden.

Zweiter Hauptmann. Legt Hand an ihn; ein Hund!
Es soll kein Bein zurück nach Rom und sagen,
Wie hier die Kräh'n sie hackten. Er stolziert,
Als wär' er Großes; bringt ihn hin zum König!

Cymbeline tritt auf mit Gefolge; *Bellarius, Guiderius, Arviragus* und römische Gefangene. Die *Hauptleute* führen *Posthumus* vor *Cymbeline*, welcher ihn einem *Kerkermeister* übergibt; darauf gehen alle ab.

4. Szene
Gefängnis

Posthumus tritt auf mit zwei *Kerkermeistern*.

Erster Kerkermeister. Jetzt stiehlt Euch keiner, Ihr seid ange-
schlossen;
Grast, wenn Ihr Weide habt.
Zweiter Kerkermeister. Ja, oder Hunger.
(Sie gehen beide ab.)
Posthumus. O seid willkommen, Ketten! denn ihr führt,
Hoff' ich, zur Freiheit. Ich bin weit beglückter
Als einer, den die Gicht plagt, weil der lieber
Möcht' ewig seufzen, als geheilt sich sehn
Durch Tod, den sichern Arzt; er ist der Schlüssel,
Der diese Eisen löst. O, mein Gewissen!
Du bist gefesselt mehr als Fuß und Hand;
Schenkt, güt'ge Götter, mir der Büßung Mittel,
Den Riegel aufzutun, dann, ew'ge Freiheit!
Genügt's, daß es mir leid tut?
So sänft'gen Kinder wohl die ird'schen Väter;
Doch Götter sind barmherz'ger. Soll ich denn bereu'n?
Nicht besser kann's geschehen als in Ketten,
Erwünscht, nicht aufgezwängt. – Genug zu tun,
Ist das der Freiheit Hauptbeding? So schreibt
Nicht härtre Pfändung vor, nehmt mir mein Alles.
Ihr habt mehr Mild' als schnöde Menschen, weiß ich,
Die 'n Drittel vom bankrotten Schuldner nehmen,
Ein Sechstel, Zehntel, daß am Abzug wieder
Er sich erhole; das begehr' ich nicht:
Für's teure Leben Imogens nehmt meins,
Und gilt's auch nicht so viel, ist's doch ein Leben.
Ihr prägtet es; man wägt nicht jede Münze,
Man nimmt auch leichtes Stück des Bildes wegen;
Ihr um so eher mich als euren Stempel.
So, ihr urew'gen Mächte,
Nehmt ihr den Rechnungsschluß, so nehmt mein Leben
Und reißt entzwei den Schuldbrief. Imogen!
Ich spreche jetzt zu dir im Schweigen.

(Er schläft ein.)

Feierliche Musik. Als Geistererscheinung treten auf *Sicilius Leonatus*, der Vater
des Posthumus, ein Greis in kriegerischem Schmuck; er führt eine Matrone an

der Hand, seine Gattin, die *Mutter* des Posthumus. Ihnen folgen die jungen Leonate, des Posthumus *Brüder*, mit ihren Wunden, wie sie in der Schlacht fielen. Sie stellen sich rings um den schlafenden Posthumus.

Sicilius. Du Donnerschleudrer, kühle nicht
Am schwachen Wurm den Mut;
Den Mars bedräu' und Juno schilt,
Die eifersücht'ge Wut
Zur Rache treibt.
War nicht mein Sohn stets fromm und rein,
Des Blick mir nie gelacht?
Denn als ich starb, hatt' ihn Natur
Noch nicht ans Licht gebracht.
Als Vater – sagt man doch, du sollst
Der Waisen Vater sein –
Warum nicht schirmst und rettst du ihn
Von dieser ird'schen Pein?

Mutter. Lucina half mir nicht, ich starb
Schmerzvoll, noch im Gebären.
Mir Posthumus entschnitten ward;
Zu Feinden kam mit Zähren
Das arme Kind.

Sicilius. Ihn schuf Natur, den Ahnen gleich,
So männlich, stark und groß,
Und er erwarb den Preis der Welt
Als des Sicilius Sproß.

Erster Bruder. Und als er nun zum Mann gereift
Im mächt'gen Britenland,
War keiner ihm an Tugend gleich;
Weshalb er Gnade fand
Vor Imogen, die seinen Wert,
Sein edles Herz erkannt.

Mutter. Was ward durch Eh'glück er gehöhnt,
Verbannt zu sein mit Schmerz,
Geraubt ihm Leonatus' Gut
Und der Geliebten Herz,
Der süßen Imogen?

Sicilius. Was littst du, daß ihn Jachimo,
Italiens eitler Tor,
In eifersücht'gen Wahn verstrickt,
Daß er den Sinn verlor;
Daß fremdes Bubenstück ihm Hohn
Und Törung aufbeschwor?

Fünfter Aufzug. 4. Szene

Zweiter Bruder. Drum kommen Vater, Mutter aus
    Der sel'gen Heiligtum,
Und wir, die für das Vaterland
    Gefallen sind mit Ruhm,
Verfechtend des Tenantius Recht
    Im echten Rittertum.

Erster Bruder. Mit gleichem Mut zog Posthumus
    Für Cymbeline das Schwert;
Was hast du, Götterfürst, ihm nicht
    Verdienten Lohn gewährt?
Und was er würdiglich erwarb
    In Leid und Schmerz verkehrt?

Sicilius. Tu dein kristallnes Fenster auf,
    Schau her, hör unser Flehn:
Laß nicht so alten, edeln Stamm
    Durch deinen Grimm vergehn!

Mutter. O Jupiter, mein Sohn ist fromm,
    Drum lös' ihm diese Weh'n.

Sicilius. Schau aus dem Marmorhaus und hilf;
    Wir armen Geister schrei'n
Sonst gegen dich zum Götterrat,
    Daß sie uns Hilfe leihn.

Zweiter Bruder. Hilf; wir verklagen sonst dich selbst,
    Willst du gerecht nicht sein.

Jupiter steigt mit Donner und Blitz herab, auf einem Adler sitzend; er schleudert einen Blitzstrahl. Die Geister fallen auf die Kniee.

Jupiter. Schweigt, schwache Schatten ihr vom niedern Sitz,
Betäubt mein Ohr nicht, still! – Wie wagt ihr, Geister,
Den Donnrer zu verklagen, dessen Blitz,
Rebell'n zerschmetternd, kenntlich macht den Meister?
Elysiums leichte Schatten, fort, und ruht
Auf eurer nie verwelkten Blumenflur.
Kein irdisches Geschick trüb' euren Mut;
Ihr wißt, nicht eure Sorg' ist's, meine nur.
Den hemm' ich, den ich lieb'; es wird sein Lohn,
Verspätet, süßer nur. Traut meiner Macht;
Mein Arm hebt auf den tief gefallnen Sohn,
Sein Glück erblüht, die Prüfung ist vollbracht.
Mein Sternlicht schien, als er zur Welt geboren,
Mein Tempel sah den Eh'bund. – Auf und schwindet! –
Ihm ist nicht Fürstin Imogen verloren,
Und durch dies Lied wird mehr sein Glück begründet.
Dies Täflein legt auf seine Brust; aus Huld

Spricht hier sein Schicksal unser Wohlgefallen;
Und so hinweg, daß meine Ungeduld
Nicht aufwacht, hör' ich solche Klagen schallen. –
Auf, Aar, zu meinen kristallnen Hallen. (Er steigt wieder hinauf.)

Sicilius. Er kam im Donner, und sein Götterhauch
War Schwefeldampf; der heil'ge Adler stieg
Mit Dräu'n hernieder, doch sein Aufschwung ist
Süß wie Elysiums Flur; der Königsvogel
Spreizt seine ew'gen Schwingen, wetzt den Schnabel,
Als wär' sein Gott vergnügt.

Alle. Dank, Jupiter!

Sicilius. Die Marmorwölbung schließt sich, er erreicht
Sein strahlend Götterhaus. – Fort! Uns zum Heil
Vollbringt sein großes Machtgebot in Eil'! (Die Geister verschwinden.)

Posthumus erwacht.

Posthumus. O Schlaf, du warst mein Ahnherr und erzeugtest
Den Vater mir, auch meine Mutter schufst du,
Mein Brüderpaar; doch höhnend nur, verloren!
Schon abgeschieden, als sie kaum geboren,
So nun erwacht. – Armsel'ge, die sich stützen
Auf Gunst der Großen, träumen wie ich träumte;
Erwachen, finden nichts. – Doch, leerer Dunst!
Mancher hat nicht Verdienst noch Traumesgunst
Und wird bedeckt mit Lohn; so wird mir hie,
Ich finde goldnes Glück und weiß nicht wie.
Was hausen hier für Feen? Ein Buch? O, Kleinod!
Sei nicht wie unsre Stutzerwelt, ein Kleid.
Edler, als was es hüllt; laß deinen Inhalt
Auch golden sein, ganz ungleich jetz'gem Hofmann,
Halte, was du versprichst. (Er liest.)

„Wenn eines Löwen Junges, sich selbst unbekannt, ohne Suchen findet, und umarmt wird von einem Stück zarter Luft, und wenn von einer stattlichen Zeder Äste abgehauen sind, die nachdem sie manches Jahr tot gelegen haben, sich wieder neu beleben, mit dem alten Stamm vereinen und frisch emporwachsen: dann wird Posthumus Leiden geendigt, Britannien beglückt und in Frieden und Fülle blühend."

Noch immer Traum, wo nicht solch Zeug wie Tolle
Verstandslos plaudern: beides oder nichts.
Entweder sinnlos Reden oder solch Gerede,
Das Sinn nicht kann enträtseln. Sei's, was immer,
Dem Irrsal meines Lebens ist es gleich,
Der Sympathie halb will ich es bewahren.

Die *Kerkermeister* kommen zurück.

Kerkermeister. Kommt, Herr, seid Ihr für den Tod gar gemacht?

Posthumus. Beinah schon zu hart gebraten; gar schon lange.

Kerkermeister. Hängen ist die Losung; wenn Ihr dafür gar seid, so seid Ihr gut gekocht.

Posthumus. Wenn mich also die Zuschauer wohlschmeckend finden, so zahlt das Gericht die Zeche.

Kerkermeister. Eine schwere Rechnung für Euch, Herr; aber der Trost ist, Ihr werdet nun nicht mehr zu Zahlungen gefordert werden, keine Wirtshausrechnung mehr zu fürchten haben, die oft das Scheiden betrübt macht, wie sie erst die Lust erweckte. Ihr kommt schwach an, weil Ihr der Speise bedürft, und geht taumelnd fort, weil Ihr ein Glas zuviel getrunken habt; traurig, weil Ihr zuviel ausgegeben; traurig, weil Ihr zuviel eingenommen habt. Kopf und Beutel leer; der Kopf um so schwerer, weil er zu leicht ist, der Beutel um so leichter, weil ihm seine Schwere abgezapft ist. O! aller dieser Widersprüche werdet Ihr nun los. – O über die Menschenliebe eines Pfennigstricks! Tausende macht er in *einem* Augenblicke richtig; es gibt keinen besseren Rechnungsabschluß als ihn; er quittiert alles Vergangene, Jetzige und Zukünftige. – Euer Hals ist Feder, Buch und Rechenpfennig, und so folgt die völlige Abrechnung.

Posthumus. Ich bin freudiger zu sterben, als du zu leben.

Kerkermeister. Wahrhaftig, Herr, wer schläft, fühlt kein Zahnweh; aber einer, der Euren Schlaf schlafen sollte, wobei der Henker ihm ins Bett steigen hilft, ich denke, der tauschte gern seinen Platz mit seinem Helfershelfer: seht, Ihr wißt noch nicht, welches Weges Ihr gehen werdet.

Posthumus. O ja, Freund, ich weiß es wohl.

Kerkermeister. Nun, dann hat Euer Tod Augen im Kopf; so habe ich ihn noch nicht gemalt gesehen. Ihr müßt Euch entweder von denen führen lassen, die behaupten den Weg zu kennen, oder Ihr müßt Euer eigener Führer sein, da ich doch weiß, Ihr kennt den Weg nicht, oder Euch auf eigene Gefahr über alle diese Untersuchungen hinwegsetzen, und wie es Euch am Schluß gerät, – nun, ich denke, Ihr kehrt niemals zurück, um irgend einem das zu erzählen.

Posthumus. Ich sage dir, keinem fehlen die Augen, ihn auf dem Wege zu leiten, den ich jetzt gehen werde, als solchen, die die Augen zudrücken und sie nicht gebrauchen wollen.

Kerkermeister. Welch ein Tausend Spaß wäre das, daß ein Mensch den besten Gebrauch seiner Augen hätte, um den Weg der Blindheit zu sehen! Ich bin gewiß, Henken ist der Weg, die Augen zuzudrücken.

Ein Bote tritt auf.

Bote. Nehmt ihm die Fesseln ab und führt Euren Gefangenen zum König.

Posthumus. Du bringst gute Botschaft; – ich werde zur Freiheit gerufen.

Kerkermeister. Dann will ich mich henken lassen.

Posthumus. Dann wirst du freier sein als ein Schließer; für den Toten gibt es keine Riegel. (Posthumus geht mit dem Boten ab.)

Kerkermeister. Wenn einer einen Galgen heiraten wollte, um junge Kniegalgen zu erzeugen, könnte er nicht versessener darauf sein wie der. Doch, auf mein Gewissen, es gibt noch größere Schurken, die zu leben wünschen, mag dieser auch ein Römer sein, und unter ihnen gibt es auch welche, die gegen ihren Willen sterben, wie ich tun würde, wenn ich einer wäre. Ich wollte, wir wären alle einer Gesinnung und die eine Gesinnung wäre gut; o! dann würden alle Kerkermeister und Galgen aussterben! Ich spreche gegen meinen jetzigen Vorteil; aber mein Wunsch schließt deine Beförderung ein. (Er geht ab.)

5. Szene
In Cymbelines Zelt

Es treten auf Cymbeline, Bellarius, Guiderius, Arviragus, Pisanio, Lords, Krieger und Gefolge.

Cymbeline. Steht mir zur Seit', ihr, die die Götter sandten
 Als Stützen meines Throns. Es quält mein Herz,
 Daß jener Arme, der so herrlich focht,
 Des Kittel goldne Rüstungen beschämte,
 Des nackte Brust sich vordrang erznen Schilden,
 Nicht kann gefunden werden; der sei glücklich,
 Der ihn entdeckt, kann unsre Huld beglücken.

Bellarius. Nie sah ich solchen Heldenzorn in so
 Armsel'gem Bild; solch fürstlich Tun in einem,
 Der nur geboren schien für Bettlerelend.

Cymbeline. Und weiß man nichts von ihm?

Pisanio. Man sucht' ihn unter Lebenden und Toten,
 Doch fand man keine Spur.

Cymbeline.   Zu meinem Kummer
 Bin ich der Erbe seines Lohns, und füge
 Ihn Euch noch zu, Herz, Leber, Hirn Britanniens,
 Durch Euch ja lebt es nur; jetzt ist es Zeit
 Zu fragen, wo Ihr herstammt; – sprecht.

Bellarius.   Mein König,

Aus Cambria gebürtig sind wir, adlich.
Unschicklich wär' und unwahr, mehr zu rühmen!
Nur daß wie ehrlich, sag' ich noch.
Cymbeline. Kniet nieder,
Steht auf als meine Ritter von der Schlacht.
Ihr seid hiermit die Nächsten im Gefolge,
Und Würden geb' ich, eurem Stand geziemend.
    Cornelius kommt mit den *Hofdamen*.
Eil' spricht aus aller Blick. – Warum so traurig
Begrüßt ihr unsern Sieg? Ihr blickt gleich Römern,
Nicht wie vom brit'schen Hof.
Cornelius. Heil, großer König!
Dein Glück zu trüben, muß ich dir den Tod
Der Kön'gin melden.
Cymbeline. Wem steht solche Botschaft
Wohl schlechter als dem Arzt? Doch wissen wir,
Arznei verlängt das Leben wohl, doch rafft
Der Tod zuletzt den Arzt auch hin. – Wie starb sie?
Cornelius. Im Wahnsinn, schauderhaft, wie sie gelebt,
Grausam der Welt im Leben, starb sie auch
Grausamen Todes. Was sie hat bekannt,
Meld' ich, wenn Ihr befehlt, und diese Frauen,
Sie mögen, irr' ich, mich der Lüge zeihen;
Sie sahen, feuchten Blicks, ihr Ende.
Cymbeline. Sprich.
Cornelius. Zuerst bekannte sie, sie liebt' Euch nie;
Durch Euch erhöht sein, war ihr Ziel, nicht Ihr;
Nur Eurem Thron war sie vermählt als Gattin,
Euch selber hassend.
Cymbeline. Sie nur konnt' es wissen,
Und sprach sie's sterbend nicht, so glaubt' ich's nimmer,
Selbst ihren eignen Lippen. Fahre fort.
Cornelius. Und Eure Tochter, der sich trügerisch
So treue Liebe zeigte, sie bekannt' es,
War ein Skorpion im Aug' ihr, und sie wollte,
Nur daß die Flucht sie hinderte, mit Gift
Ihr Leben tilgen.
Cymbeline. O du list'ger Teufel!
Wer kann ein Weib durchschaun? – Weißt du noch mehr?
Cornelius. Und Schlimmres. Sie gestand, daß sie für Euch
Ein tödlich Mittel habe, das, genommen,
Minutenweis' am Leben zehrt und langsam
Euch zollweis' töten sollt'; indessen sie,

> Durch Wachen, Weinen, Pfleg' und Zärtlichkeit,
> Durch falschen Schein Euch täuschen, und kam die Zeit,
> Nachdem ihr Mittel auf Euch wirkte, Cloten
> Durch Adoption die Krone sichern wollte.
> Da nun ihr Zweck durch sein Verschwinden fehlschlug,
> Erfaßte sie schamlos Verzweifeln; Menschen
> Und Gott zum Trotz, gestand sie ihre Absicht;
> Bereute, daß das Unheil nicht gereift,
> Und starb in Wut.

Cymbeline. Ihr Frau'n vernahmt dies auch?
Hofdame. So ist es, hoher König.
Cymbeline. Meine Augen
> Sind ohne Schuld, denn sie war schön; mein Ohr,
> Das sie mit Schmeichelei erfüllt; mein Herz,
> Das ihrem falschen Schein getraut; nur Laster
> Konnt' Argwohn fassen; aber, o mein Kind!
> Daß ich ein Tor gewesen, darfst du sagen,
> Dein Unglück hat's bestätigt. Hilf uns, Himmel!

Es treten auf *Lucius, Jachimo,* der *Wahrsager* und mehrere römische Gefangene mit Wachen; *Posthumus* und *Imogen* zuletzt.

> Jetzt kommst du nicht, Tribut zu fordern, Cajus;
> Den hat Britannien ausgetilgt, wenn auch
> Durch manches Braven Tod; die Freunde dieser
> Verlangen Sühnung ihrer Geister durch
> Die Tötung der Gefangnen, was ich ihnen
> Bewilligt. So erwäge dein Geschick.

Lucius. Bedenk des Krieges Wechsel! Nur durch Zufall
> War dein der Sieg, und wär' er uns geworden,
> Bedräuten wir mit kaltem Blute nicht
> Die Kriegsgefangenen. Doch da die Götter
> Es also wollten, daß nur unser Leben
> Als Zahlung gilt, so mag es sein; man weiß,
> Ein Römer kann mit Römerherzen dulden.
> Augustus lebt und rächt es einst. Soviel,
> Was mich betrifft. Dies eine nur will ich
> Von Euch erbitten: Nehmet Lösung an
> Für meinen Knaben, dieses Landes Sohn.
> Kein Herr hatt' einen Pagen je, so sanft,
> So pflichtergeben, aufmerksam und fleißig,
> So allerwege treu, so weiblich pflegsam.
> Mag sein Verdienst mit meiner Bitte sprechen,
> Ihr könnt sie, edler König, nicht versagen;
> Er kränkte keinen Briten, war er Diener

Auch eines Römers; ihn verschont und spart
Kein Blut umsonst.
Cymbeline. Sicher hab' ich ihn gesehn;
Sein Anlitz ist mir wohlbekannt. – Mein Knabe,
Es hat dein Blick sich in mein Herz gesenkt,
Und du bist mein. – Mich treibt's, ich weiß nicht wie,
Zu sagen, lebe, dank' nicht deinem Herrn
Und fordre was du willst von Cymbeline,
Ziemt's meiner Güt' und deinem Stand, gewähr' ich's;
Ja, wenn du auch von den Gefangnen forderst
Den edelsten.
Imogen. In Demut dank' ich Euch.
Lucius. Nicht bitt' ich, daß du sollst mein Leben fordern;
Doch weiß ich, liebes Kind, du wirst.
Imogen. Nein, nein, ach nein.
Um ganz was andres handelt sich's; da seh' ich
Mir Schlimmres noch als Tod. Dein Leben, guter Herr,
Muß selbst sich umtun.
Lucius. Mich verschmäht der Knabe,
Verläßt, verspottet mich; wie schnell verschwindet
Ein Glück, das sich auf Knab' und Mädchen gründet. –
Was steht er so verwirrt?
Cymbeline. Was willst du, Knabe?
Mehr lieb' ich dich und mehr; denk' mehr und mehr,
Was du gern hättest. Kennst du, den du anschaust?
Willst du sein Leben? Ist's dein Freund, Verwandter?
Imogen. Er ist ein Römer; mir nicht mehr verwandt
Als ich Eu'r Hoheit; doch ich steh' Euch näher
Als Untertan.
Cymbeline. Was schaust du ihn so an?
Imogen. Ich sag's Euch im geheim, wenn Ihr geruht,
Mich anzuhören.
Cymbeline. Ja, von ganzem Herzen,
Und bin für dich ganz Ohr. Wie ist dein Name?
Imogen. Fidelio, Herr.
Cymbeline. Du bist mein wackrer Knabe,
Mein Page, ich dein Herr; komm und sprich frei.
(Cymbeline und Imogen sprechen heimlich.)
Bellarius. Ist er vom Tod erstanden, dieser Knabe?
Arviragus. Ein Sandkorn sieht dem andern nicht so gleich.
Das ros'ge Kind Fidelio, welches starb. –
Was meint Ihr?
Guiderius. Ganz dasselbe Wesen lebend.

Bellarius. Still! Er sieht uns nicht an. Seid ruhig, wartet.
Wohl gleichen Menschen sich, und wenn er's wäre,
So spräch' er auch mit uns.
Guiderius. Wir sahn ihn tot.
Bellarius. Schweigt; warten wir es ab.
Pisanio (für sich). 's ist meine Herrin.
Nun, da sie lebt, mag kommen, was da will,
Gut oder schlimm.
Cymbeline. Komm, stell' dich neben mich:
Tu deine Fragen laut. – Du da, tritt vor,
Gib Antwort diesem Knaben und sprich frei;
Sonst, bei der Majestät und ihrer Gnade,
Der wir uns rühmen, sollen schwere Foltern
Wahrheit und Lüge scheiden. – Sprich zu ihm.
Imogen. Ich bitte, daß der Edelmann uns sage,
Wer ihm den Ring gab.
Posthumus (für sich). Was kann ihn das kümmern?
Cymbeline. Der Diamant an deinem Finger, sprich,
Wie ward er dein?
Jachimo. Du wirst mich foltern, daß ich das nicht sage,
Was ausgesprochen selbst dich foltert.
Cymbeline. Mich?
Jachimo. Erwünscht ist mir der Zwang, das auszusprechen,
Was mich im Schweigen quält. Durch Schurkerei
Ward mir der Ring, einst Leonatus' Kleinod,
Den du verbanntest, und – dies pein'ge dich
Mehr als mich selbst – nie lebt' ein beßrer Mann
Auf weiter Erde. Willst du mehr noch hören?
Cymbeline. Das Nötige.
Jachimo. Der Engel, deine Tochter,
Um die mein Herz Blut weint, mein falsch Gemüt
Zu denken bebet. – Weh! ich sinke nieder. –
Cymbeline. Mein Kind! Was ist mit ihr? Ermanne dich.
Eh' sei dir Leben, bis Natur es endet,
Als daß du schweigend stirbst; frisch auf und rede.
Jachimo. Zu einer Zeit – unselig war die Glocke,
Die jene Stunde schlug! – in Rom – verflucht
Das Haus! – bei einem Fest, – o, waren Gift
Die Speisen, mindestens, die ich genoß! –
Der gute Posthumus – gut sag' ich? freilich,
Zu gut, mit bösen Menschen zu verkehren;
War er doch selbst bei Auserwählten, Höchsten,
Der Beste aller! – ernsthaft saß er, hörte,

Wie die Geliebten unsers Lands wir priesen,
Um Schönheit, die den höchsten Schwung erlahmte
Des, der am besten sprechen konnt', um Bildung,
Daß Venus und Minerva ward verdunkelt,
Deren Gestalt Natur doch überbietet;
Um Geistesadel; alle Wundergaben,
Um die man Weiber liebt; – der Reiz beiseit,
Des Herzens Angel, der die Augen trifft. –

Cymbeline. Es brennt der Boden mir; laß mich's erfahren.

Jachimo. Zu bald, wenn du nicht bald dir Kummer wünschest.
Er, Posthumus, in Liebe hochgesinnt,
Fürstlich geliebt, nahm den gebotnen Anlaß,
Und nicht mißpreisend, die wir priesen – darin
Wie Tugend fest – begann er seiner Herrin
Gemälde, das, wie seine Zung' es schuf,
Wär' Seele ihm verliehn, uns prahlen ließ
Von Küchenmägden, oder seine Schildrung
Zeigt' und als Blödsinn, ohnmächtig der Rede.

Cymbeline. Zur Sache; schnell!

Jachimo. Die Keuschheit Eurer Tochter – hier beginnt's –
Er sprach, als hätte Diana üpp'ge Träume,
Und sie allein sei kalt; worauf ich Bube
Sein Lob anzweifelt', mit ihm Wette spielte,
Goldsummen gegen das, was damals trug
Sein ehrenvoller Finger, durch Verführung
Und seine Schmach den Ring hier zu gewinnen
Durch Ehebruch mit ihr; er, treuer Ritter,
Der ihrer Ehre minder nicht vertraute,
Als ich sie wahrhaft fand, setzt' diesen Ring
Und hätt's getan, war's ein Karfunkel auch
An Phöbus' Rad, und konnt' es sicher, galt's
Den Wert ganz des Gespanns. Fort, nach Britannien
Eil' ich deshalb. Ihr mögt Euch wohl erinnern
Am Hofe mein, wo Eure keusche Tochter
Den großen Unterschied von Lieb' und Unzucht
Mir lehrte. So, im Hoffen, nicht im Wünschen
Erstickt, fing an mein welsches Hirn zu wirken
In Eurer schweren Luft, höchst niederträchtig,
Doch herrlich meinem Nutzen. Und, in Kürze:
Durchaus gelang mein Kunststück, daß ich kehrte
Mit Scheinbeweisen, g'nug, um toll zu machen
Den edeln Leonatus, schwer verwundend
Sein fest Vertraun in ihrer Tugend Ruhm,

Durch die und jene Zeichen. Ich beschrieb
Gemälde, Tepp'che, zeigt' ihr Armband ihm –
O List, die mir's gewann! – und nannt' ein heimlich
Merkmal an ihrem Leib. Er mußte glauben,
Vernichtet sei'n die Pflichten ihrer Keuschheit
Und ich Besitzergreifer. Nun, hierauf –
Mich dünkt, ich seh' ihn jetzt –

Posthumus (hervortretend). Ja, also ist's,
Du welscher Teufel! – Weh! weh mir leichtgläub'gen Toren!
Ausbünd'gem Mörder, Dieb, ja, alles, was
Nur Bösewichter schimpft der Vorzeit, Gegenwart
Und Zukunft! – Gebe ein gerechter Richter
Strick, Messer, Gift mir! König, sende fort
Nach ausgesuchten Foltern; ich bin der,
Der alles, was die Welt verabscheut, adelt,
Denn weit verworfner ich! Ich bin der Posthumus,
Der dir dein Kind erschlug! – O nein, ich lüge bübisch,
Der einem g'ringern Buben als ich selbst,
'nem kirchenräuberischen Dieb den Mord befahl. –
Der Tugend Tempel war sie; nein, die Tugend selbst.
Wirf Stein' und Kot auf mich und spei' mich an;
Laß hetzend auf mich los der Straßen Hunde;
Geschimpft sei jeder Bube Posthumus,
Und jede andre Büberei sei Ruhm!
O Imogen!
Mein Weib, mein Leben, meine Königin!
O Imogen! Imogen! Imogen!

Imogen. Still, Herr; hört –
Posthumus. Ist hier ein Schauspiel? Du vorwitz'ger Page,
Da liege deine Rolle.   (Er schlägt sie, sie fällt hin.)
Pisanio. Helft, ihr Herrn,
Helft mein' und eurer Fürstin. – Posthumus!
Erst jetzt erschlugt Ihr Imogen – helft, helft!
O teure Fürstin!
Cymbeline. Dreht die Welt sich um?
Posthumus. Wie kommt der Schwindel mir?
Pisanio. Erwacht, Prinzessin!
Cymbeline. Ist dies, so wollen mich die Götter töten
Mit Todesfreuden!
Pisanio. Wie geht es, Fürstin?
Imogen. Geh mir aus den Augen!
Du gabst mir Gift; fort, du heimtück'scher Mensch!
Und atme nicht, wo Fürsten sind.

Cymbeline. Es ist
Die Stimme Imogens.
Pisanio. Gebieterin,
Zerschmettern mich durch Schwefelsteine Götter,
Wenn ich das Büchschen nicht, das ich Euch gab,
Für heilsam hielt; mir gab's die Königin.
Cymbeline. Noch etwas Neues?
Imogen. Mir war's Gift.
Cornelius. O Himmel!
Eins, was die Kön'gin noch gestand, vergaß ich;
Das rettet deine Ehre. Gab Pisanio
Die Mischung seiner Herrin, sprach sie, die
Ich als Arznei ihm schenkt', ist sie bedient,
Wie Ratten man bedient.
Cymbeline. Wie nun, Cornelius?
Cornelius. Die Königin, mein Fürst, drang oft in mich,
Ihr Gift zu mischen; Trieb nach Wissenschaft
Gab sie stets vor und sprach, sie wolle töten
Nur niedrige Geschöpf', als Katzen, Hunde,
Die man nicht schont; ich, fürchtend, daß ihr Anschlag
Auf Schlimmres ziele, mischt' ihr einen Trank,
Der, eingenommen, augenblicklich hemmt
Die Lebensgeister; doch nach kurzer Zeit
Erwachen alle Kräfte der Natur
Zum vor'gen Dienst. – Habt Ihr davon genommen?
Imogen. Gewiß; denn ich war tot.
Bellarius. Seht, meine Söhne,
Daher der Irrtum.
Guiderius. Ja, es ist Fidelio.
Imogen. Wirfst du so weg dein angetrautes Weib?
Denk, daß du auf 'nem Felsen stehst und wirf
Mich wieder fort. (Sie umarmt Posthumus.)
Posthumus. Häng' hier als Frucht, mein Leben,
Bis der Baum stirbt.
Cymbeline. Wie nun, mein Fleisch, mein Kind,
Machst du zum Gaffer mich in diesem Spiel?
Hast du kein Wort für mich?
Imogen (vor ihm knieend.). Herr, Euren Segen!
Bellarius. Daß Ihr den Jüngling liebtet, tadl' ich nicht;
Ihr hattet Grund.
Cymbeline. Sei dieser Tränenguß
Geweihtes Wasser dir! O Imogen,
Deine Mutter starb.

Imogen.   Es tut mir weh, mein Vater.
Cymbeline.   O, sie war bös', und ihre Schuld allein
Ist's, daß wir uns so wiedersehn. Ihr Sohn
Ist fort, wir wissen nicht wohin.
Pisanio.   Mein König,
Jetzt, frei von Furcht, verhehl' ich nichts. Prinz Cloten
Kam, als die Fürstin man vermißt, zu mir
Mit bloßem Schwert und schäumt' aus Wut und schwur,
Entdeckt' ich ihm nicht gleich, wohin sie floh,
So wär's im Augenblick mein Tod. Durch Zufall
Hatt' ich 'nen falschen Brief von meinem Herrn
In meiner Tasche; dieser gab ihm an,
Bei Milford in den Bergen sie zu suchen.
Dahin, voll Wut, in meines Herren Kleidern,
Die er von mir erzwang, geht er in Eil',
Mit bösem Vorsatz; meiner Herrin Ehre,
Schwur er, zu rauben; was aus ihm geworden,
Erfuhr ich nicht.
Guiderius.   So schließ' ich die Erzählung:
Ich hab' ihn dort erschlagen.
Cymbeline.   Gott verhüt' es,
Daß deinen edlen Taten meine Zunge
Ein hartes Urteil sprechen soll; ich bitte,
Verleugn' es, tapfrer Jüngling.
Guiderius.   Ich sagt' es, und ich tat's.
Cymbeline.   Er war ein Prinz.
Guiderius.   Ein sehr unhöflicher. Wie er mich schmähte,
Das war nicht prinzlich; denn er reizte mich
Mit Worten; brüllte so das Meer mich an,
Ich böt' ihm Trotz. Den Kopf schlug ich ihm ab,
Und freue mich, daß er nicht hier kann stehn,
Von meinem dies erzählen.
Cymbeline.   Ich klag' um dich;
Dein eignes Wort verdammt dich, das Gesetz
Heißt Tod, du stirbst.
Imogen.   Den Leichnam ohne Haupt
Hielt ich für meinen Gatten.
Cymbeline.   Bindet ihn,
Führt den Verbrecher fort.
Bellarius.   Halt ein, Herr König,
Weit besser ist der Mann als der Erschlagne,
Er ist so viel als du; hat mehr um dich
Verdient, als wofür eine Bande Clotens

Sich Narben holten. Laßt die Arm' ihm frei,
Sie sind für Fesseln nicht.
Cymbeline. Ha, alter Krieger,
Willst du noch ungelohnt Verdienst dir rauben
Und unsern Zorn versuchen? So viel wär' er,
Als selber wir?
Arviragus. Darin ging er zu weit.
Cymbeline. Er stirbt dafür.
Bellarius. Wir sterben alle drei;
Doch zeig' ich's erst, zwei von uns sind so vornehm,
Wie ich gesagt. – Geliebte Söhn', ich muß
Ein Wort enträtseln, das gefährlich mir,
Doch glücklich ist für euch.
Arviragus. Was Euch gefährlich,
Ist's uns.
Guiderius. Und unseres, Euer Glück.
Bellarius. Wohlan! –
Du hattst, o König, einen Untertan,
Er hieß Bellarius.
Cymbeline. Was von ihm? Verbannt
Ward der Verräter.
Bellarius. Er ist's, der dies Alter
Erreicht hat. Freilich. Ein verbannter Mann;
Weshalb Verräter, weiß ich nicht.
Cymbeline. Fort mit ihm;
Die ganze Welt soll ihn nicht retten.
Bellarius. Nicht zu hitzig.
Erst zahle mir die Kost für deine Söhne;
Und alles sei verfallen gleich, wie ich's
Empfangen habe.
Cymbeline. Kost für meine Söhne?
Bellarius. Ich bin zu kühn und dreist. Hier knie' ich nieder
Und steh' nicht auf, eh ich die Söhn' erhoben;
Dann schone nicht den Alten. Großer König,
Die beiden edlen Knaben, die mich Vater
Genannt, sich meine Söhne, sind nicht mein;
Sie sind die Sprossen deines Stamms, mein Lehnsherr,
Und Blut von deinem Blut.
Cymbeline. Wie, mir entsprossen?
Bellarius. Wie deinem Vater du. Ich, alter Morgan,
Bin der Bellarius, den du einst verbannt.
Dein Will' allein war meine Sünd' und Strafe;
Dies mein Verrat; daß ich so dulden mußte,

War mein Verbrechen. Diese edlen Prinzen,
Sie sind es wahrlich, hab' ich auferzogen
Seit zwanzig Jahren, und ihr Wissen ist,
Wie ich es lehren konnte; meine Bildung
Kennt Ihr. Euryphile, die Wärterin,
Die für den Raub ich freite, stahl die Kinder
Nach meinem Bann; ich reizte sie dazu,
Da ich vorher die Straf' empfing für das,
Was ich nachher verübt. Für Treu' geschlagen,
Ward ich dadurch Verräter; ihr Verlust,
Je mehr von Euch gefühlt, entsprach so mehr
Der Absicht meines Raubs. Huldreicher Herr,
Nimm deine Söhne hier; verlier' ich auch
Die holdesten Gefährten von der Welt –
Des Himmels vollster Segen tau' herab
Auf ihre Häupter; denn sie sind es wert,
Den Himmel auszulegen mit Gestirnen.

Cymbeline. Du weinst und redest. Was ihr drei im Kriege
Vollbracht, ist Wunder mehr als dein Erzählen.
Geraubt sind meine Kinder; sind es diese,
Kann ich mir nicht zwei beßre Söhne wünschen.

Bellarius. Geduld ein Weilchen. –
Der Jüngling, den ich Polydor genannt,
Ist Prinz Guiderius, Euer edler Sohn;
Mein Cadwal, dieser Jüngling, Arviragus,
Eu'r jüngster Prinz; er war in einen Mantel
Gehüllt, künstlich gewebt von eigner Hand
Der Kön'gin, seiner Mutter, den als Merkmal
Ich leicht dir zeigen kann.

Cymbeline. Guiderius hatte
Ein Mal am Hals so wie ein blut'ger Stern;
Es war ein seltsam Zeichen.

Bellarius. Dieser trägt
Noch jenen Stempel der Natur an sich.
Sie gab ihm dies aus weiser Vorsicht mit,
Sein Zeugnis jetzt zu sein.

Cymbeline. Bin ich so Mutter
Von dreien Kindern? Nie war eine Mutter
So froh nach der Geburt. – O, seid gesegnet,
Daß, wie ihr seltsam eurem Kreis entwicht,
Ihr jetzt drin herrschen mögt! – O Imogen,
Dadurch hast du ein Königreich verloren.

Imogen. Mein Vater, nein; zwei Welten so gewonnen. –

O liebste Brüder, trafen wir uns so?
Sagt künftig nie, daß ich nicht wahrer spreche.
Ihr hießt mich Bruder, und ich war nur Schwester;
Ich nannt' euch Brüder, die ihr wirklich waret.
Cymbeline.   Habt ihr euch schon gesehen?
Arviragus.   Ja, teurer König.
Guiderius.   Und liebten uns beim ersten Blick; beharrten
Im Lieben, bis wir ihn gestorben wähnten.
Cornelius.   Vom Trank der Königin.
Cymbeline.   O Wunder des Instinkts!
Wann fass' ich's ganz? Die rasche Abkürzung
Ist so seltsam verzweigt, daß jedes einzeln
Wert auszuführen. Wie, wo lebtet ihr?
Und wie kamst in den Dienst des Römers du?
Wie fandst du, wie verließest du die Brüder?
Weshalb entflohst vom Hof du und wohin?
Auch was euch alle drei zur Schlacht getrieben
Und wie viel andres noch muß ich erfragen;
Die Nebensachen all', wie sich's begeben,
Glücklich und seltsam; doch nicht Zeit noch Ort
Paßt für so lange Fragartikel. Seht,
Es ankert Posthumus auf Imogen,
Und sie, wie Wetterleuchten, wirft ihr Auge
Auf ihn, die Brüder, mich und Lucius, schießend
Auf jeglichen den Freudenblitz; von jedem
Für sich erwidert. Gehn wir denn von hier,
Und fülle Weihrauchduft die Tempelhallen. –
Du bist mein Bruder; der sollst du mir bleiben,
Imogen.   Ihr seid mein Vater auch; erquicket mich,
Um dieses Heil zu sehn.
Cymbeline.   Es jauchzt nun alles,
Nur die in Ketten nicht; sie mögen auch
Sich freuen unsrer Milde.
Imogen.   Euch, Gebieter,
Will ich doch helfen noch.
Lucius.   Seid denn beglückt.
Cymbeline.   Der tapfre Krieger, den wir noch vermissen,
Er hätte diesen Kreis geziert, dann wäre
Die Dankbarkeit des Königs nicht verkürzt.
Posthumus.   Mein Fürst,
Der Krieger, der mit diesen dreien kämpfte,
In armer Tracht, wie sie der Absicht ziemte,
Die damals ich verfolgte – der bin ich.

Sprich, Jachimo; du lagst vor mir am Boden,
Erschlagen könnt' ich dich.
Jachimo (vor ihm knieend). Hier lieg' ich wieder,
Doch des Gewissens Druck beugt jetzt meine Knie
Wie damals deine Kraft. Nimm hin mein Leben,
Das ich so oft verwirkt; doch erst den Ring
Und hier das Armband der getreusten Fürstin,
Die jemals Liebe schwur.
Posthumus. Knie nicht vor mir.
Die Macht, die ich besitz', ist dich verschonen.
Und meine Rache, dir verzeihen; lebe,
Sei besser gegen andre.
Cymbeline. Edler Spruch!
Es soll uns Großmut unser Eidam lehren;
Verzeihung allen!
Arviragus. Herr, Ihr halfet uns,
Als wenn Ihr wirklich unser Bruder wäret;
Wir freun uns, daß Ihr's seid.
Posthumus. Eu'r Knecht, ihr Prinzen. – Edler Herr von Rom,
Ruft Euren Zeichendeuter. Als ich schlief,
Schien mir's, daß Jupiter auf seinem Adler
Sich mir genaht mit andern Geistgestalten
Von meinem Haus; als ich erwachte, fand ich
Dies Täfelchen auf meiner Brust. Die Schrift
Ist dunkeln Sinnes, so daß ich sie nicht
Mir deuten kann; laßt keine Kunst ihn zeigen.
Lucius. Philarmonus –
Wahrsager. Hier, Herr.
Lucius. Lies und erkläre.

Wahrsager (liest). Wenn eines Löwen Junges, sich selbst unbekannt, ohne Suchen findet, und umarmt wird von einem Stück zarter Luft, und wenn von einer stattlichen Zeder Äste abgehauen sind, die, nachdem sie manches Jahr tot gelegen haben, sich wieder neu beleben, mit dem alten Stamm vereinen und frisch emporwachsen, dann wird Posthumus' Leiden geendigt, Britannien beglückt und in Frieden und Fülle blühend.

Du, Leonatus, bist des Löwen Junges;
So wird dein Name treu und recht erklärt,
Da Leo-natus ganz daselbe deutet;
(Zu Cymbeline.) Das Stück der zarten Luft, dein edles Kind,
Wir nennen's mollis aer; mollis aer
Bedeutet mulier; mulier nun, erklär' ich,
Ist dies standhafte Weib, die eben jetzt,

Buchstäblich nach den Worten des Orakels
Euch unerkannt und ungesucht umschloß
Als zarte Luft.
Cymbeline.   Ein Schein, doch von Bedeutung.
Wahrsager.   Die Zeder, königlicher Cymbeline,
Bist du, und deine abgehau'nen Zweige
Sind deine Söhne, die Bellarius stahl;
Seit lange tot geglaubt, und neu belebt,
Vereint der mächt'gen Zeder, deren Zweige
Britannien Fried' und Überfluß verheißen.
Cymbeline.   Wohl!
Beginnen wir mit Frieden. – Cajus Lucius,
Zwar Sieger, unterwerfen wir uns Cäsarn
Sowie dem röm'schen Reiche und versprechen
Tribut zu zahlen wie bisher, wovon
Die böse Königin uns abgeraten;
Die Rache der gerechten Götter fiel
Mit schwerer Hand auf sie und ihren Sohn.
Wahrsager.   Der Himmelsmächte Finger stimmt die Saiten
Zur Harmonie des Friedens. Das Gesicht,
Was ich dem Lucius offenbart', eh noch
Die kaum erkühlte Schlacht begann, erfüllt
Sich diesen Augenblick. Der röm'sche Adler,
Der, hohen Flugs, von Süd nach Westen schwebte,
Ward kleiner stets, bis er im Sonnenstrahl
Verschwand; dies zeigt, daß unser Fürstenadler,
Der große Cäsar, sich in Liebe wieder
Mit Cymbeline, dem strahlenden, vereint,
Der hier im Westen glänzt.
Cymbeline.   Preis sei den Göttern!
Es wirble Rauch empor zu ihrem Sitz
Aus heil'gen Tempeln! Ruft den Frieden aus
All unsern Untertanen. Ziehn wir heim;
Ein römisch und ein britisch Banner wehe
Freundlich vereint, so gehn wir durch Luds Stadt
Und in dem Tempel Jupiters beschwören
Den Frieden wir, besiegeln ihn mit Festen;
Brecht auf! – Nie hatt' ein Krieg, eh noch die Hände
Vom Blut sich wuschen, solch ein schönes Ende.
        (Alle gehen mit Musik und in einem feierlichen Marsche ab.)

Macbeth

Übersetzt von

Dorothea Tieck

Personen

Duncan, König von Schottland.
Malcolm,
Donalbain, } seine Söhne.
Macbeth,
Banquo, } Anführer des königlichen Heeres.
Macduff,
Lenox,
Rosse, } Schottische Edelleute.
Menteth,
Angus,
Cathneß,
Fleance, Banquos Sohn.
Siward, Graf von Northumberland, Führer der englischen Truppen.
Der *junge Siward*, sein Sohn.
Seyton, ein Offizier in Macbeths Gefolge.
Macduffs kleiner Sohn.
Ein englischer *Arzt* und ein schottischer *Arzt*.
Ein *Krieger*, ein *Pförtner*, ein *alter Mann*.

Lady Macbeth.
Lady Macduff.
Eine *Kammerfrau* der Lady Macbeth.
Hekate und drei *Hexen*.

Lords; Edelleute, Anführer, Krieger, Mörder, Boten. Banquos Geist und andere Erscheinungen.

(Szene: Schottland. Ende des vierten Aufzugs in England.)

Erster Aufzug

1. Szene
Ein freier Platz. Donner und Blitz

Drei Hexen treten auf

Erste Hexe. Sagt, wann ich euch treffen muß,
In Donner, Blitz oder Regenguß?

Zweite Hexe.   Wann der Wirrwarr ist zerronnen,
Schlacht verloren und gewonnen.
Dritte Hexe.   Noch vor Untergang der Sonnen.
Erste Hexe.   Wo der Platz?
Zweite Hexe.   Der Heide Plan.
Dritte Hexe.   Da woll'n wir dem Macbeth nahn.
Erste Hexe.   Ich komme, Murner.
Alle.   Molch ruft auch; sogleich!
Schön ist wüst, und wüst ist schön.
Wirbelt durch Nebel und Wolkenhöhn!   (Sie verschwinden.)

2. Szene
Ein Lager bei Fores

Getümmel hinter der Szene. Der König *Duncan, Malcolm, Donalbain, Lenox*,
nebst Gefolge treten auf. Sie begegnen einem verwundeten Soldaten.

Duncan.   Wer ist der blut'ge Mann? Er kann berichten,
So scheint's nach seinem Aussehn, wie's zuletzt
Um die Empörung stand.
Malcolm.   Dies ist der Hauptmann,
Der, kühn und mannhaft, mich zu lösen focht
Aus der Gefangenschaft. Heil, tapfrer Freund!
Sag, was du weißt, dem König vom Gefecht,
Wie du's verließest.
Krieger.   Zweifelhaft noch stand es,
Wie ein erschöpftes Schwimmerpaar, sich packend,
Die Kunst erdrückt. Der grausame Macdonwald –
Wert ein Rebell zu sein; denn um ihn schwärmen
Die wucherhaften Tücken der Natur
Zu solchem Tun – hatt' aus den Inseln westwärts
Der Kern' und Gallowglasse Schar geworben;
Fortuna, lächelnd diesem schnöden Kampf,
Schien eines Meuters Hure. Doch umsonst!
Der tapfre Macbeth – er verdient den Namen –
Fortunen höhnend, mit gezücktem Stahl,
Der in des Blutgerichts Vollziehung dampfte,
Als Busenfreund der Ehre, schlug sich durch,
Bis er den Schurken traf;
Bot keinen Handdruck, sprach kein Lebewohl,
Bis er vom Nacken bis zum Kinn ihn durchhieb
Und seinen Kopf auf unsre Zinnen steckte.
Duncan.   O tapfer Vetter! würdiger Vasall!

Krieger. Wie dorther, wo der Sonne Lauf beginnt,
   Wohl Sturm und Wetter, schiffzertrümmernd, losbricht,
   So aus dem Brunnquell, der uns Heil verhieß,
   Schwillt Unheil an. – Merk, Schottenkönig, merk!
   Kaum zwang das Recht, mit Tapferkeit bewehrt,
   Die hurt'gen Kerne, Fersengeld zu zahlen,
   Als der Norweger Fürst, den Vorteil spähend,
   Mit blanken Waffen, frischgeworbner Schar
   Aufs neue Kampf begann.
Duncan.   Entmutigte
   Das unsre Feldherrn nicht, Macbeth und Banquo?
Krieger. Jawohl; wie Spatzen Adler, Hasen Löwen.
   Gradaus gesagt, muß ich von ihnen melden:
   Sie waren wie Kanonen, überladen
   Mit doppeltem Gekrach; so stürzten sie,
   Die Doppelstreiche doppelnd; auf den Feind;
   Ob sie in rauchendem Blute baden wollten,
   Der Nachwelt baun ein zweites Golgatha,
   Ich weiß es nicht; –
   Doch ich bin matt, die Wunden schrein nach Hilfe.
Duncan. Wie deine Worte zieren dich die Wunden;
   Und Ehre strömt aus beiden. Schafft ihm Ärzte.
            (Der Krieger wird fortgeführt.)

                Rosse tritt auf.

   Wer nahet hier?
Malcolm. Der würd'ge Than von Rosse.
Lenox. Welch Eilen schaut aus seinem Blick! So müßte
   Der blicken, der von Wundern melden will.
Rosse. Gott schütz' den König!
Duncan. Von wannen, edler Than?
Rosse.   Von Fife, mein König,
   Von Norwegs Banner schlägt die Luft, und fächelt
   Kalt unser Volk.
   Norwegen selbst, mit fürchterlichen Scharen,
   Verstärkt durch den abtrünnigen Verräter,
   Den Than von Cawdor, begann den grausen Kampf;
   Bis ihm Bellonas Bräut'gam, kampfgefeit,
   Entgegenstürmt, daß er mit ihm sich messe,
   Schwert gegen Schwert, Arm gegen dräunden Arm,
   Und beugt den wilden Trotz. Mit einem Wort:
   Der Sieg war unser. –
Duncan.   Großes Glück!

Rosse. So daß
  Nun Sweno, Norwegs König, Frieden fleht;
  Doch wir gestatteten ihm nicht Begräbnis
  Der Seinen, bis er auf Sankt Columban
  Zehntausend Taler in den Schatz gezahlt.
Duncan. Nicht täusche dieser Than von Cawdor länger
  Mein Innerstes. – Fort, künde Tod ihm an;
  Mit seiner Würde grüße Macbeth dann.
Rosse. Ich eile, Herr, von hinnen.
Duncan. Held Macbeth soll, was er verliert, gewinnen. (Alle ab.)

3. Szene
Die Heide. Gewitter

Die drei Hexen treten auf.

Erste Hexe. Wo warst du, Schwester?
Zweite Hexe. Schweine gewürgt.
Dritte Hexe. Schwester, wo du?
Erste Hexe. Kastanien hatt' ein Schifferweib im Schoß
  Und schmatzt' und schmatzt' und schmatzt': *Gib mir*, sprach ich.
  Pack dich, du Hexe, schrie die dicke Vettel.
  Ihr Mann ist nach Aleppo, führt den Tiger;
  Doch schwimm' ich nach im Sieb, ich kann's,
  Wie eine Ratte ohne Schwanz;
  Ich tu's, ich tu's, ich tu's.
Zweite Hexe. Geb' dir 'nen Wind.
Erste Hexe. Bist gut gesinnt.
Dritte Hexe. Ich den zweiten obendrein.
Erste Hexe. All die andern sind schon mein;
  Und sie wehn nach jedem Strand,
  Jeder Richtung, die bekannt
  Auf des Seemanns Karte.
  Dürr wie Heu soll er verdorr'n,
  Und kein Schlaf, durch meinen Zorn,
  Tag und Nacht sein Aug' erquickt,
  Leb' er wie vom Fluch gedrückt;
  Sieben Nächte, neunmal neun.
  Siech und elend schrumpf' er ein;
  Kann ich nicht sein Schiff zerschmettern,
  Sei es doch umstürmt von Wettern.
  Schau, was ich hab'.
Zweite Hexe. Weis' her, weis' her.

Erste Hexe.   Daum' 'nes Lotsen, sinken sah
  Ich sein Schiff, dem Land schon nah.   (Trommeln hinter der Szene.)
Dritte Hexe.   Trommeln. – Ha!
  Macbeth ist da.
Alle drei. Schicksalsschwestern, Hand in Hand
  Ziehn wir über Meer und Land.
  Rundum dreht euch so, rundum
  Dreimal dein, und dreimal mein,
  Und dreimal noch, so macht es neun. –
  Halt! – Der Zauber ist gezogen.

Macbeth und *Banquo* treten auf.

Macbeth.   So schön und häßlich sah ich nie 'nen Tag.
Banquo.   Wie weit ist's noch nach Fores? – Wer sind diese?
  So eingeschrumpft, so wild in ihrer Tracht?
  Die nicht Bewohnern unsrer Erde gleichen
  Und doch drauf stehn? Lebt ihr? Wie? seid ihr was,
  Das Rede steht? Ihr scheint mich zu verstehn,
  Denn jede legt zugleich den welken Finger
  Auf ihren falt'gen Mund. – Ihr solltet Weiber sein,
  Und doch verbieten eure Bärte mir,
  Euch so zu deuten.
Macbeth.   Sprecht, wenn ihr könnt; – wer seid ihr?
Erste Hexe.   Heil dir, Macbeth, Heil, Heil dir, Than von Glamis!
Zweite Hexe.   Heil dir, Macbeth, Heil, Heil dir, Than von
                                         Cawdor!
Dritte Hexe.   Heil dir, Macbeth, dir, künft'gem König, Heil!
Banquo.   Was schreckt Ihr, Herr? erregt Euch Furcht, was doch
  So lieblich lautet? – In der Wahrheit Namen,
  Seid ihr nur Wahngebild', oder wirklich das,
  Was körperlich ihr scheint? Den edlen Kampffreund
  Grüßt ihr mit neuer Würd' und Prophezeiung
  Von hoher Hab' und königlicher Hoffnung,
  Daß er verzückt dasteht; mir sagt ihr nichts!
  Wenn ihr durchschauen könnt die Saat der Zeit
  Und sagen: dies Korn sproßt und jenes nicht,
  So sprecht zu mir, der nicht erfleht noch fürchtet
  Gunst oder Haß von euch.
Erste Hexe.   Heil!
Zweite Hexe.   Heil!
Dritte Hexe.   Heil!
Erste Hexe.   Kleiner als Macbeth und größer.
Zweite Hexe.   Nicht so beglückt und doch weit glücklicher.

Dritte Hexe. Kön'ge erzeugst du, bist du selbst auch keiner.
  So, Heil, Macbeth und Banquo!
Erste Hexe. Banquo und Macbeth, Heil!
Macbeth. Bleibt, ihr einsilb'gen Sprecher, sagt mir mehr.
  Mich macht, so hör' ich, Sinels Tod zum Glamis;
  Doch wie zum Cawdor? Der Than von Cawdor lebt
  Als ein beglückter Mann; und König sein,
  Das steht so wenig im Bereich des Glaubens
  Als Than von Cawdor? Sagt, von wannen euch
  Die wunderbare Kunde ward? weshalb
  Auf dürrer Heid' ihr unsre Schritte hemmt
  Mit so prophet'schem Gruß? – Sprecht, ich beschwör' euch!

  (Die Hexen verschwinden.)

Banquo. Die Erd' hat Blasen wie das Wasser hat,
  So waren diese. – Wohin schwanden sie?
Macbeth. In Luft, und was uns Körper schien, zerschmolz
  Wie Hauch im Wind. O, wären sie noch da!
Banquo. War so was wirklich hier, wovon wir sprechen?
  Oder aßen wir von jener gift'gen Wurzel,
  Die die Vernunft bewältigt?
Macbeth.   Eure Kinder,
  Sie werden Kön'ge.
Banquo.   Ihr sollt König werden.
Macbeth. Und Than von Cawdor auch; ging es nicht so?
Banquo. Ganz so, in Weis' und Worten. Wer kommt da?

  Rosse und *Angus* treten auf.

Rosse. Der König hörte hoch erfreut, Macbeth,
  Die Kunde deines Siegs; und wenn er liest,
  Wie im Rebellenkampf du selbst dich preisgabst,
  So streiten in ihm Staunen und Bewundrung,
  Was dir, was ihm gehört. Schon davon stumm,
  Was selb'gen Tags geschehn noch, überschauend,
  In Norwegs kühnen Schlachtreihn sieht er dich,
  Vor dem nicht bebend, was du selber schufest,
  Abbilder grausen Todes. Hageldicht
  Kam Bot' auf Bote,
  Und jeder trug dein Lob, im großen Kampf
  Für seinen Thron, und schüttet's vor ihm aus.
Angus. Wir sind gesandt vom königlichen Herrn,
  Dir Dank zu bringen, vor sein Angesicht
  Dich zu geleiten nur, nicht dir zu lohnen.
Rosse. Und als das Handgeld einer größern Ehre

>Hieß er, als Than von Cawdor dich zu grüßen:
>Heil dir in diesem Titel, würd'ger Than!
>Denn er ist dein.
>
>**Banquo.** Wie, spricht der Teufel wahr?
>
>**Macbeth.** Der Than von Cawdor lebt; was kleidet ihr
>Mich in erborgten Schmuck?
>
>**Angus.** Der Than war, lebt noch;
>Doch unter schwerem Urteil schwebt das Leben,
>Das er verwirkt. Ob er im Bund mit Norweg;
>Ob Rückhalt der Rebellen, er geheim
>Sie unterstützte; ob vielleicht mit beiden
>Er half zu seines Lands Verderb, ich weiß nicht;
>Doch Hochverrat, gestanden und erwiesen,
>Hat ihn gestürzt.
>
>**Macbeth.** Glamis und Than von Cawdor;
>Das Höchst' ist noch zurück. – Dank Eurer Müh'. –
>Hofft Ihr nicht Euren Stamm gekrönt zu sehn,
>Da jene, die mich Than von Cawdor nannten,
>Nichts Mindres prophezeit?
>
>**Banquo.** Darauf gefußt,
>Möcht' es wohl auch zur Krone Euch entflammen,
>Über dem Than von Cawdor. Aber seltsam!
>Oft, uns in eignes Elend zu verlocken,
>Erzählen Wahrheit uns des Dunkels Schergen,
>Verlocken uns durch schuldlos Spielwerk, uns
>Dem tiefsten Abgrund zu verraten. – Vettern,
>Vergönnt ein Wort.
>
>**Macbeth.** Zweimal gesprochne Wahrheit,
>Als Glücksprologen zum erhabnen Schauspiel
>Von kaiserlichem Inhalt. – Freund', ich dank' euch.
>Die Anmahnung von jenseits der Natur
>Kann schlimm nicht sein, – kann gut nicht sein; – wenn schlimm –
>Was gibt sie mir ein Handgeld des Erfolgs,
>Wahrhaft beginnend? Ich bin Than von Cawdor; –
>Wenn gut; – warum befängt mich die Versuchung?
>Deren entsetzlich Bild aufsträubt mein Haar,
>So daß mein Herz, ganz gegen die Natur,
>Brustabwärts an die Rippen schlägt. – Erlebte Greuel
>Sind schwächer als das Graun der Einbildung;
>Mein Traum, des Mord nur noch ein Hirngespinst,
>Erschüttert meine kleine Welt so sehr,
>Daß jede Lebenskraft in Ahnung schwindet,
>Und nichts ist, als was nicht ist.

Banquo. Seht den Freund,
Wie er verzückt ist.
Macbeth. Will das Schicksal mich
Als König, nun, mag mich das Schicksal krönen,
Tu' ich auch nichts.
Banquo. Die neue Würde engt ihn,
Wie fremd Gewand sich auch nur durch Gewohnheit
Dem Körper fügt.
Macbeth. Komme, was kommen mag;
Die Stund' und Zeit durchläuft den rauhsten Tag.
Banquo. Edler Macbeth, wir harren Eurer Muße.
Macbeth. Habt Nachsicht; – in vergeßnen Dingen wühlte
Mein dumpfes Hirn. Ihr güt'gen Herrn, eu'r Mühn
Ist eingeschrieben, wo das Blatt ich täglich
Umschlag' und les'. – Entgegen jetzt dem König. –
Denkt dessen, was geschah: und bei mehr Muße,
Wenn ein'ge Zeit es reifte, laßt uns frei
Aus offner Seele reden.
Banquo. Herzlich gern.
Macbeth. Bis dahin still. – Kommt, Freunde. (Alle ab.)

4. Szene

Feld

Trompeten. Es treten auf *Duncan, Malcolm, Donalbain, Lenox*,
Gefolge.

Duncan. Ist Cawdor hingerichtet? oder jene,
Die wir beauftragt, noch nicht wieder da?
Malcolm. Sie sind noch nicht zurück, mein Oberherr;
Doch sprach ich einen, der ihn sterben sah,
Der sagte mir, er habe den Verrat
Freimütig eingestanden, um Eu'r Hoheit
Verzeihn gefleht und tiefe Reu' gezeigt;
Nichts stand in seinem Leben ihm so gut,
Als wie er es verlassen hat; er starb
Wie einer, der sich auf den Tod geübt,
Und warf das Liebste, was er hatte, von sich,
Als wär's unnützer Tand.
Duncan. Kein Wissen gibt's,
Der Seele Deutung im Gesicht zu lesen;
Er war ein Mann, auf den ich gründete
Ein unbedingt Vertraun. – Würdigster Vetter

Es treten auf Macbeth, Banquo, Rosse und *Angus*.

Die Sünde meines Undanks drückte schwer
Mich eben jetzt. Du bist so weit voraus,
Daß der Belohnung schnellste Schwing' erlahmt,
Dich einzuholen. Hättst du wen'ger doch verdient,
Daß ich ausgleichen könnte das Verhältnis
Von Dank und Lohn! Nimm das Geständnis an:
Mehr schuld' ich, als mein Alles zahlen kann.

Macbeth. Dienst sowie Lehnspflicht lohnt sich selbst im Tun.
Genug, wenn Eure Hoheit unsre Pflichten
Annehmen will, und unsre Pflichten sind
Die Söhn' und Diener Eures Throns und Staates,
Und tun nur, was sie müssen, tun sie alles,
Was Lieb' und Ehrfurcht heischt.

Duncan.   Willkommen hier!
Ich habe dich gepflanzt und will dich pflegen,
Um dein Gedeihn zu fördern. – Edler Banquo,
Nicht minder ist dein Wert, und wird von uns
Nicht minder anerkannt. Laß dich umschließen
Und an mein Herz dich drücken.

Banquo.   Wachs' ich da,
So ist die Ernte Euer.

Duncan.   Meine Wonne,
Üppig im Übermaß, will sich verbergen
In Schmerzenstropfen. – Söhne, Vettern, Thans,
Und ihr, die Nächsten unserm Thron, vernehmt,
An Malcolm, unsern Ält'sten, übertragen
Wir unser Thronrecht; Prinz von Cumberland
Heißt er demnach. Und solche Ehre soll
Nicht unbegleitet ihm verliehen sein;
Denn Adelszeichen sollen, Sternen gleich,
Auf jeden Würd'gen strahlen. – Fort von hier
Nach Inverneß. Verpflicht auch ferner uns.

Macbeth. Arbeit ist jede Ruh', die Euch nicht dient.
Ich selbst bin Euer Bote und beglücke
Durch Eures Nahens Kunde meine Frau.
So scheid' ich demutsvoll.

Duncan.   Mein würd'ger Cawdor!

Macbeth (für sich). Ha! Prinz von Cumberland! – Das ist ein
                                                          Stein,
Der muß, sonst fall' ich, übersprungen sein,
Weil er mich hemmt. Verbirg dich, Sternenlicht!
Schau meine schwarzen, tiefen Wünsche nicht!

Sieh, Auge, nicht die Hand; doch laß geschehn,
Was, wenn's geschah, das Auge scheut zu sehn. (Er geht ab.)
Duncan. Ja, teurer Banquo, er ist ganz so edel,
Und ihn zu preisen ist mir eine Labung;
Es ist ein Fest für mich. Laßt uns ihm nach,
Des Lieb' uns vorgeeilt, uns zu begrüßen.
Wer gleicht dem teuern Vetter? (Trompeten. Alle gehen ab.)

5. Szene
Inverneß; Zimmer in Macbeths Schloß

Lady Macbeth tritt auf mit einem Brief.

Lady Macbeth (liest). „Sie begegneten mir am Tage des Sieges; und ich erfuhr aus den sichersten Proben, daß sie mehr als menschliches Wissen besitzen. Als ich vor Verlangen brannte, sie weiter zu befragen, verschwanden sie und zerflossen in Luft. Indem ich noch, von Erstaunen betäubt, dastand, kamen die Abgesandten des Königs, die mich als Than von Cawdor begrüßten; bei welchem Namen mich kurz vorher diese Schicksalsschwestern nannten und mich durch den Gruß: Heil dir, dem künftigen König, auf die Zukunft verwiesen. Ich habe es für gut gehalten, dir dies zu vertrauen, meine geliebteste Teilnehmerin der Hoheit, auf daß dein Mitgenuß an der Freude dir nicht entzogen werde, wenn du nicht erfahren hättest, welche Hoheit dir verheißen ist. Leg es an dein Herz und lebe wohl."

Glamis bist du und Cawdor, und sollst werden,
Was dir verheißen ward. – Doch fürcht' ich dein Gemüt;
Es ist zu voll von Milch der Menschenliebe,
Das Nächste zu erfassen. Groß möchst du sein,
Bist ohne Ehrgeiz nicht; doch fehlt die Bosheit,
Die ihn begleiten muß. Was recht du möchtest,
Das möchtst du rechtlich; möchtest falsch nicht spielen,
Und unrecht doch gewinnen; möchtest gern
Das haben, großer Glamis, was dir zuruft:
„Dies mußt du tun, wenn du es haben willst!" –
Und was du mehr dich scheust zu tun, als daß
Du ungetan es wünschest. Eil hierher,
Auf daß ich meinen Mut ins Ohr dir gieße
Und alles weg mit tapfrer Zunge geißle,
Was von dem goldnen Zirkel dich zurückdrängt,
Womit Verhängnis dich und Zaubermacht
Im voraus schon gekrönt zu haben scheint – –
 Ein *Diener* tritt auf.

Was bringt Ihr?

Diener. Der König kommt zu Nacht.
Lady Macbeth.   Du sprichst im Wahnsinn.
Ist nicht dein Herr bei ihm? der, wär' es so,
Der Anstalt wegen es gemeldet hätte.
Diener. Verzeiht; es ist doch wahr. Der Than kommt gleich.
Denn ein Kam'rad von mir ritt ihm voraus;
Fast tot von großer Eil', hatt' er kaum Atem,
Die Botschaft zu bestellen.
Lady Macbeth.   Sorgt für ihn,
Er bringt uns große Zeitung.   (Der Diener geht ab.)
                           Selbst der Rab' ist heiser,
Der Duncans schicksalsvollen Eingang krächzt
Unter mein Dach. – Kommt, Geister, die ihr lauscht
Auf Mordgedanken, und entweiht mich hier;
Füllt mich vom Wirbel bis zur Zeh', randvoll,
Mit wilder Grausamkeit! Verdickt mein Blut;
Sperrt jeden Weg und Eingang dem Erbarmen,
Daß kein anklopfend Mahnen der Natur
Den grimmen Vorsatz lähmt, noch friedlich hemmt
Vom Mord die Hand! Kommt an die Weibesbrust,
Trinkt Galle statt der Milch, ihr Morddämonen!
Wo ihr auch harrt in unsichtbarer Kraft
Auf Unheil der Natur! Komm, schwarze Nacht,
Umwölk dich mit dem dicksten Dampf der Hölle,
Daß nicht mein scharfes Messer sieht die Wunde,
Die es geschlagen, noch der Himmel,
Durchschauend aus des Dunkels Vorhang, rufe:
Halt! halt!
                    Macbeth tritt auf.
O großer Glamis! edler Cawdor!
Größer als beides durch das künft'ge Heil!
Dein Brief hat über das armsel'ge Heut'
Mich weit verzückt, und ich empfinde nun
Das Künftige im Jetzt.
Macbeth. Mein teures Leben,
Duncan kommt heut noch.
Lady Macbeth.   Und wann geht er wieder?
Macbeth. Morgen – so denkt er.
Lady Macbeth.   O, nie soll die Sonne
Den Morgen sehn! Dein Angesicht, mein Than,
Ist wie ein Buch, wo wunderbare Dinge
Geschrieben stehn. – Die Zeit zu täuschen scheine
So wie die Zeit; den Willkomm' trag im Auge,

> In Zung' und Hand; blick harmlos wie die Blume,
> Doch sei die Schlange drunter. Wohl versorgt
> Muß der sein, der uns naht; und meiner Hand
> Vertrau, das große Werk der Nacht zu enden;
> Daß alle künft'gen Tag' und Nächt' uns lohne
> Allein'ge Königsmacht und Herrscherkrone.

Macbeth. Wir sprechen noch davon.
Lady Macbeth. Blick hell und licht;
> Mißtraun erregt verändert Angesicht.
> Laß alles andre mir.   (Sie gehen ab.)

6. Szene
Ebendaselbst. Vor dem Schloß

Es treten auf *Duncan, Malcolm, Donalbain, Banquo, Macduff, Rosse, Angus,*
Gefolge.

Duncan. Dies Schloß hat eine angenehme Lage;
> Gastlich umfängt die leichte milde Luft
> Die heitern Sinne.

Banquo. Dieser Sommergast,
> Die Schwalbe, die an Tempeln nistet, zeigt
> Durch ihren fleiß'gen Bau, daß Himmelsatem
> Hier lieblich haucht; kein Vorsprung, Fries noch Pfeiler,
> Kein Winkel, wo der Vogel nicht gebaut
> Sein hängend Bett und Wiege für die Brut.
> Wo er am liebsten heckt und wohnt, da fand ich
> Am reinsten stets die Luft.

Lady Macbeth tritt auf.

Duncan. Seht! unsre edle Wirtin
> Die Liebe, die uns folgt, wird oft uns lästig;
> Doch danken wir als Lieb' ihr: Lernt daraus,
> Nach Gottes Lohn für Eure Müh' uns geben,
> Und Dank für Eure Last.

Lady Macbeth. All unsre Dienste,
> Zwiefach in jedem Punkt und dann verdoppelt,
> Wär' nur ein arm und schwaches Tun, verglichen
> Der hohen Gunst, womit Eu'r Majestät
> Verherrlicht unser Haus. Für frühe Würden,
> Wie für die letzte, die die andern krönt,
> Bleiben wir im Gebet Euch Knecht und Diener.

Duncan. Wo ist der Than von Cawdor?
> Wir folgten auf dem Fuß ihm, denn wir meinten

Ihn anzumelden; doch er reitet schnell,
Und seine Liebe, schärfer als sein Sporn,
Bracht' ihn vor uns hierher. Höchst edle Wirtin.
Wir sind zu Nacht Eu'r Gast.
Lady Macbeth. Für allezeit
Besitzen Eure Diener nur das Ihre,
Sich selbst und was sie haben, als Verwalter
Und legen Rechnung ab nach Eurer Hoheit
Befehl; und geben Euch zurück, was Euch gehört.
Duncan. Reicht mir die Hand; führt mich zu meinem Wirt;
Wir lieben herzlich ihn, und unsre Huld
Wird seiner stets gedenken. Teure Wirtin,
Erlaubt –
(Er nimmt ihre Hand und führt sie in das Schloß, die übrigen folgen.)

7. Szene
Ebendaselbst. Schloßhof

Oboen und Fackeln. Ein Vorschneider und mehrere Diener mit Schüsseln
gehen über die Bühne; dann kommt *Macbeth*.

Macbeth. Wär's abgetan, so wie's getan ist, dann wär's gut,
Man tät' es eilig. – Wenn der Meuchelmord
Einfangen könnte in sein Netz die Folgen,
Und mit der Tat das glückliche Gelingen.
Daß mit *dem* Stoß, einmal für immer, alles
Sich abgeschlossen hätte – hier, nur hier, –
Auf dieser seichten Sandbank Erdenfrist –
So setzt' ich weg mich übers künft'ge Leben. –
Doch immer wird bei solcher Tat uns schon
Vergeltung hier, daß, wie wir ihn gegeben
Den blut'gen Unterricht, er, kaum gelernt,
Zurückschlägt, zu bestrafen den Erfinder;
Dies Recht, mit gleichabwägend fester Hand,
Setzt unsern selbstgemischten gift'gen Kelch
An unsre eigenen Lippen. –
Er kommt hierhier, zwiefach geschirmt: – Zuerst,
Weil ich sein Vetter bin und Untertan;
Beides hemmt stark die Tat, dann, ich – sein Wirt,
Der gegen seinen Mörder schließen müßte
Das Tor, nicht selbst das Messer führen.
Dann trug auch dieser Duncan seine Würde
So voller Demut, blieb im großen Amt
So rein, daß seine Tugenden, wie Engel

Posaunenzüngig, werden Rache schrein
Dem tiefen Höllengreul seiner Beseit'gung,
Und Mitleid, wie ein nacktes, neugebornes Kind,
Auf Windstoß reitend, gleich den Cherubim,
Zu Ross' auf unsichtbaren, luft'gen Rennern,
Blasen die Schreckenstat in jedes Auge,
Bis Tränenflut den Wind ertränkt.
Ich habe keinen Stachel,
Die Seiten meines Wollens anzuspornen,
Als einzig Ehrgeiz, der, zum Aufschwung eilend,
Sich überspringt und jenseits niederfällt. –

Lady Macbeth tritt auf.

Wie nun, was gibt's?
Lady Macbeth. Er hat fast abgespeist.
Warum hast du den Saal verlassen?
Macbeth. Hat er
Nach mir gefragt?
Lady Macbeth. Weißt du nicht, daß er's tat?
Macbeth. Wir woll'n nicht weiter gehn in dieser Sache;
Er hat mich jüngst belohnt, und goldne Achtung
Hab' ich von Leuten aller Art gekauft,
Die will getragen sein im neusten Glanz
Und nicht so plötzlich weggeworfen.
Lady Macbeth. War
Die Hoffnung trunken, worin du dich hülltest?
Schlief sie seitdem, und ist sie nun erwacht,
So bleich und krank das anzuschaun, was sie
So fröhlich tat? – Von jetzt an denk' ich
Von deiner Liebe so. Bist du zu feige,
Derselbe Mann zu sein in Tat und Mut,
Der du in Wünschen bist? Möchtst du erlangen,
Was du als Schmuck des Lebens schätzen mußt,
Und Memme sein in deiner eignen Schätzung?
Muß dir *„Ich fürchte"* folgen dem *„Ich möchte"*,
Der armen Katz' im Sprichwort gleich?
Macbeth. Ich bitte, schweig
Ich wage alles, was dem Menschen ziemt;
Wer mehr wagt, der ist keiner.
Lady Macbeth. Welch ein Tier
Trieb dich vom Unternehmen mir zu sagen?
Als du es wagtest, da warst du ein Mann;
Und mehr sein, als du warst, das machte dich

Nur um so mehr zum Mann. Nicht Zeit, nicht Ort
Traf damals zu, du wolltest beide machen;
Sie machen selbst sich, und ihr hurt'ger Dienst
Macht dich zu nichts. Ich hab' gesäugt und weiß,
Wie süß, das Kind zu lieben, das ich tränke;
Ich hätt', indem es mir entgegenlächelt,
Die Brust gerissen aus den weichen Kiefern
Und ihm den Kopf geschmettert an die Wand,
Hätt' ich's geschworen, wie du dieses schwurst.
Macbeth. Wenn's uns mißlänge –
Lady Macbeth. Uns mißlingen! –
Schraub deinen Mut nur bis zum Punkt des Halts,
Und es mißlingt uns nicht. Wenn Duncan schläft,
Wozu des Tages starke Reis' ihn eher
Einladet, seine beiden Kämmerlinge
Will ich mit würz'gem Weine so betäuben,
Daß des Gehirnes Wächter, das Gedächtnis,
Ein Dunst sein wird und der Vernunft Behältnis
Ein Dampfhelm nur. Wenn nun im vieh'schen Schlaf
Ersäuft ihr Dasein liegt so wie im Tode,
Was können du und ich dann nicht vollbringen
Am unbewachten Duncan? was nicht schieben
Auf seine vollen Diener, die die Schuld
Des großen Mordes trifft?
Macbeth. Gebär mir Söhne nur!
Aus deinem unbezwungenen Stoffe können
Nur Männer sprossen. Wird man es nicht glauben,
Wenn wir mit Blut die zwei Schlaftrunkenen färben,
Die Kämmerling', und ihre Dolche brauchen,
Daß sie's getan?
Lady Macbeth. Wer darf was anders glauben,
Wenn unsers Grames lauter Schrei ertönt
Bei seinem Tode?
Macbeth. Ich bin fest; gespannt
Zu dieser Schreckenstat ist jeder Nerv.
Komm, täuschen wir mit heiterm Blick die Stunde;
Birg, falscher Schein, des falschen Herzens Kunde!
(Sie gehen ab.)

Zweiter Aufzug

1. Szene

Ebendaselbst. Schloßhof

Es treten auf *Banquo, Fleauce,* ein Diener mit einer Fackel voran.

Banquo. Wie spät, mein Sohn?
Fleance. Der Mond ging unter, schlagen hört' ich's nicht.
Banquo. Um zwölf Uhr geht er unter.
Fleance. 's ist wohl später.
Banquo. Da, nimm mein Schwert. – 's ist Sparsamkeit im Himmel,
Aus taten sie die Kerzen. – Nimm das auch.
Ein schwerer Schlaftrieb liegt wie Blei auf mir,
Und doch möcht' ich nicht schlafen. Gnäd'ge Mächte!
Hemmt in mir böses Denken, dem Natur
Im Schlummer Raum gibt. – Gib mein Schwert.
Macbeth tritt auf und ein Diener mit einer Fackel.
Wer da?
Macbeth. Ein Freund.
Banquo. Wie, Herr, noch auf? Der König ist zu Bett;
Er war ausnehmend froh und sandte noch
All Euren Hausbedienten reiche Gaben;
Doch Eure Frau soll dieser Demant grüßen
Als güt'ge Wirtin. Überaus zufrieden
Begab er sich zur Ruh'.
Macbeth. Unvorbereitet,
Ward nur des Mangels Diener unser Wille,
Der sonst sich frei enthüllt.
Banquo. Alles war gut.
Mir träumte jüngst von den drei Schicksalsschwestern;
Mir haben sie was Wahres doch gesagt.
Macbeth. Ich denke nicht an sie;
Doch ließe sich gelegne Stunde finden,
So sprächen wir wohl ein'ges in der Sache,
Gewährtet Ihr die Zeit.
Banquo. Wie's Euch beliebt.
Macbeth. Schließt Ihr Euch meinem Sinn an – wenn es ist –
Wirds Ehr' Euch bringen.
Banquo. Büß' ich sie nicht ein,
Indem ich sie zu mehren streb', und bleibt
Mein Busen frei und meine Lehnspflicht rein,
Gern nehm' ich Rat an.

Macbeth. Gute Nacht indes.
Banquo. Dank, Herr, Euch ebenfalls. (Banquo, Fleance und Diener ab.)
Macbeth. Sag deiner Herrin, wenn mein Trank bereit,
Soll sie die Glocke ziehn. Geh du zu Bett. (Der Diener geht ab.)
Ist das ein Dolch, was ich vor mir erblicke,
Der Griff mir zugekehrt? Komm, laß dich packen. –
Ich fass' dich nicht, und doch seh' ich dich immer.
Bist du, Unglücksgebild, so fühlbar nicht
Der Hand gleich wie dem Aug'? oder bist du nur
Ein Dolch der Einbildung, nichtig Phantom,
Das aus dem heißgequälten Hirn erwächst?
Ich seh' dich noch, so greifbar von Gestalt
Wie der, den jetzt ich zücke.
Du gehst mir vor, den Weg, den ich will schreiten,
Und solch ein Werkzeug wollt' ich auch gebrauchen.
Mein Auge ward der Narr der andern Sinne
Oder mehr als alle wert. – Ich seh' dich stets
Und dir an Griff und Klinge Tropfen Bluts,
Was erst nicht war. – Es ist nicht wirklich da,
Es ist die blut'ge Arbeit, die die Form
Fürs Auge annimmt. – Jetzt auf der halben Erde
Scheint tot Natur, und den verhangnen Schlaf
Quälen Versucherträume. Hexenkunst
Begeht den Dienst der bleichen Hekate
Und dürrer Mord,
Durch seine Schildwach aufgeschreckt, den Wolf,
Der ihm das Wachtwort heult – verstohlen so
Mit Tarquins Buhlerschritt dem Ziel entgegen,
Schreitet gespenstisch. –
Du sichere, du festgefugte Erde,
Hör meine Schritte nicht, wohin sie wandeln,
Daß nicht ausschwatzen selber deine Steine
Mein Vorhaben und von der Stunde nehmen
Den jetz'gen stummen Graus, der so ihr ziemt. –
Hier droh' ich, er lebt dort;
Für heiße Tat zu kalt das müß'ge Wort! (Die Glocke wird angeschlagen.)
Ich geh', und 's ist getan; die Glocke mahnt.
Hör sie nicht, Duncan; 's ist ein Grabgeläut,
Das dich zu Himmel oder Höll' entbeut. (Er steigt hinauf.)
Lady Macbeth tritt unten auf.
Lady Macbeth. Was sie berauschte, hat mich kühn gemacht,
Und was sie dämpft', hat mich entflammt. – Still, horch! –
Die Eule war's, die schrie, der unheimliche Wächter,

Der finster gute Nacht wünscht. – Er ist dabei. –
Die Türen sind geöffnet, schnarchend spotten
Die überladnen Diener ihres Amts;
Ich würzte ihren Schlaftrunk, daß Natur
Und Tod sich streiten, wem sie angehören.
Macbeth (der oben erscheint).   Ha! wie? wer ist da?

(Er geht wieder hinein.)

Lady Macbeth.   O weh! ich fürchte, sie sind aufgewacht,
Und es ist nicht geschehen. – Der Anschlag, nicht die Tat,
Verdirbt uns. – Horch! – Ich legt' ihm ihre Dolche
Bereit, die mußt' er finden. – Hätt' er nicht
Geglichen meinem Vater, wie er schlief,
So hätt' ich's selbst getan. – Nun, mein Gemahl!

Macbeth tritt auf.

Macbeth.   Ich hab' die Tat getan. – Hört'st du nicht was?
Lady Macbeth.   Die Eule hört' ich schrein und Heimchen zirpen.
Sprachst du nichts?
Macbeth.   Wann?
Lady Macbeth.   Jetzt.
Macbeth.   Wie ich 'runter kam?
Lady Macbeth.   Ja.
Macbeth.   Horch! – Wer schläft im zweiten Zimmer?
Lady Macbeth.   Donalbain.
Macbeth.   Das ist ein kläglich Bild.
Lady Macbeth.   Ein närrisch Wort,
Zu sagen, kläglich Bild.
Macbeth.   Der eine lacht' im Schlaf, und *Mord*! schrie einer,
Daß sie einander weckten. Ich stand und hört' es;
Sie aber sprachen ihr Gebet und legten
Zum Schlaf sich wieder.
Lady Macbeth.   Dort liegen zwei beisammen.
Macbeth.   Der schrie: *Gott sei uns gnädig!* jener: Amen!
Als säh'n sie mich mit diesen Henkershänden.
Behorchend ihre Angst, konnt' ich nicht sagen
Amen als jener sprach: Gott sei uns gnädig.
Lady Macbeth.   Denkt nicht so tief darüber.
Macbeth.   Doch warum
Konnt' ich nicht Amen sprechen? War mir doch
Die Gnad' am meisten not, und Amen stockte
Mir in der Kehle.
Lady Macbeth.   Dieser Taten muß
Man so nicht denken; so macht es uns toll.

Macbeth. Mir war, als rief' es: *„Schlaft nicht mehr, Macbeth,*
Mordet den Schlaf!" Ihn, den unschuld'gen Schlaf;
Schlaf, der des Grams verworr'n Gespinst entwirrt,
Den Tod von jedem Lebenstag, das Bad
Der wunden Müh', den Balsam kranker Seelen,
Den zweiten Gang im Gastmahl der Natur,
Das nährendste Gericht beim Lebensschmaus.
Lady Macbeth. Was meinst du?
Macbeth. Stets rief es: *„Schlaf nicht mehr!"* durchs ganze Haus;
„Glamis mordet den Schlaf!" und drum wird Cawdor
Nicht schlafen mehr, Macbeth nicht schlafen mehr.
Lady Macbeth. Wer war es, der so rief? Mein würd'ger Tan,
Du läßt den edeln Mut erschlaffen, denkst du
So hirnkrank drüber nach. Nimm etwas Wasser
Und wasch von deiner Hand das garst'ge Zeugnis. –
Was brachtest du die Dolche mit herunter?
Dort liegen müssen sie. Geh, bring sie hin
Und färb' mit Blut die Kämmrer, wie sie schlafen.
Macbeth. Ich gehe nicht mehr hin. Ich bin entsetzt,
Denk' ich daran, was ich getan; es anschaun –
Ich wag' es nicht!
Lady Macbeth. O, schwache Willenskraft!
Gib mir die Dolche. Schlafende und Tote
Sind Bilder nur; der Kindheit Aug' allein
Scheut den gemalten Teufel. Wenn er blutet,
Färb' ich damit der Diener Kleider rot;
So tragen sie die Liverei des Mordes. (Sie geht ab. Man hört Klopfen.)
Macbeth. Woher das Klopfen – – – Was ist das mit mir,
Daß jeder Ton mich schreckt? Ha! welche Hände! –
Sie reißen mir die Augen aus –
Kann wohl des großen Meergotts Ozean
Dies Blut von meiner Hand wegwaschen? Nein;
Weit eh'r kann diese meine Hand mit Purpur
Die unermeßlichen Gewässer färben
Und Grün in Rot verwandeln.

Lady Macbeth kommt zurück.

Lady Macbeth. Mein Hände
Sind blutig wie die deinen; doch ich schämt' mich,
Wär' weiß mein Herz wie deines. (Es wird geklopft.)
Klopfen hör' ich
Am Südtor. – Eilen wir in unsre Kammer;
Ein wenig Wasser reint uns von der Tat,
Wie leicht denn ist sie! Deine Festigkeit

Verließ dich ganz und gar. (Es wird geklopft.)
Horch, wieder Klopfen.
Tu an dein Nachtkleid; müssen wir uns zeigen.
Daß man nicht sieht, wir wachten. – Verlier dich nicht
So ärmlich in Gedanken.
Macbeth. Zu wissen, daß ich's tat – o! besser von
Mir selbst nichts wissen! Weck Duncan mit dem Klopfen!
O! könntest du's! (Sie gehen ab.)

2. Szene
Ebendaselbst

Der *Pförtner* kommt, es wird geklopft.

Pförtner. Das ist ein Klopfen! Wahrhaftig, wenn einer Höllenpförtner wäre, da hätte er was zu schließen. Poch, poch, poch. Wer da, in Beelzebubs Namen? Ein Pachter, der sich in Erwartung einer reichen Ernte aufhing. Zur rechten Zeit gekommen; habt Ihr auch Schnupftücher genug bei Euch? denn hier werdet Ihr dafür schwitzen müssen! – Poch, poch. Wer da, in des andern Teufels Namen? Mein Treu, ein Zweideutler, der in beide Schalen gegen jede Schale schwören konnte; der um Gottes willen Verrätereien genug beging und sich doch nicht zum Himmel hinein zweideuteln konnte. Herein, Zweideutler. – Poch, poch, poch. Wer da? Mein Treu, ein englischer Schneider, hier angekommen, weil er etwas von einer französischen Hose gestohlen hat. Herein, Schneider; hier kannst du deine Bügelgans braten. Poch, poch – Keine Ruhe! Wer seid Ihr? Aber hier ist es zu kalt für die Hölle; ich mag nicht länger Teufelspförtner sein. Ich dachte, ich wollte von jedem Gewerbe einige herein lassen, die den breiten Rosenpfad zum ewigen Freudenfeuer wandeln. – Gleich, gleich! Ich bitte Euch, bedenkt den Pförtner ein wenig!

Er öffnet das Tor, *Macduff* und *Lenox* kommen herein.

Macduff. Kamst du so spät zu Bette, Freund, daß du
So lange liegen bleibst?
Pförtner. Wir zechten bis zum zweiten Hahnenschrei,
Und Trinken, Herr, ist für drei Dinge gut.
Macduff. Was sind denn das für drei Dinge, für die das Trinken besonders gut ist?
Pförtner. Ei, Herr, rote Nasen, Schlaf und Urin. Buhlerei befördert und dämpft es zugleich; es befördert das Verlangen und dämpft das Tun. Darum kann man sagen, daß vieles Trinken ein Zweideutler gegen die Buhlerei ist; es schafft sie und vernichtet sie; treibt sie an

und hält sie zurück; macht ihr Mut und schreckt sie ab: heißt sie, sich brav halten, und nicht brav halten: zweideutelt sie zuletzt in Schlaf, straft sie Lügen und geht davon.

Macduff. Ich glaube, der Trunk strafte dich die Nacht Lügen.

Pförtner. Ja, Herr, das tat er in meinen Hals hinein; aber ich vergalt ihm seine Lügen, und ich denke, ich war ihm doch zu stark; denn ob er mir gleich die Beine ein paarmal unten wegzog, so wußte ich ihn doch zuletzt zur Übergabe zwingen.

Macduff. Ist dein Herr schon aufgestanden?

Geweckt hat unser Klopfen ihn; hier kommt er.

Macbeth tritt auf.

Lenox. Guten Morgen, edler Herr.
Macbeth. Guten Morgen, beiden.
Macduff. Ist der König aufgestanden, würd'ger Tan?
Macbeth. Noch nicht.
Macduff. Mir gab er den Befehl, ihn früh zu wecken;
Die Zeit versäumt' ich fast.
Macbeth. Ich führ' Euch hin.
Macduff. Ich weiß, es ist 'ne Last, die Euch erfreut;
Doch ist es eine Last.
Macbeth. Die Arbeit, die uns freut, hebt auf die Müh'.
Hier ist die Tür.
Macduff. Ich bin so kühn, zu rufen;
's ist mein gemessener Befehl. (Er geht ab.)
Lenox. Der König,
Reist heut er?
Macbeth. Ja, er hat es so bestimmt.
Lenox. Die Nacht war stürmisch. Wo wir schliefen, heult' es
Den Schlot herab; und wie man sagt, erscholl
Ein Wimmern in der Luft, ein Todesstöhnen,
Ein Prophezein in fürchterlichem Laut
Von wildem Brand, verworrenen Geschichten,
Neu ausgebrütet einer Zeit des Leidens.
Der dunkle Vogel schrie die ganze Nacht durch;
Man sagt, die Erde bebte fieberkrank.
Macbeth. Es war 'ne rauhe Nacht.
Lenox. Mein jugendlich Gedächtnis sucht umsonst
Nach ihresgleichen.

Macduff kommt von oben herunter.

Macduff. O Grausen! Grausen! Grausen! Zung' und Herz
Faßt es nicht, nennt es nicht!
Macbeth u. Lenox. Was ist geschehn?

Macduff.   Jetzt hat die Höll' ihr Meisterstück gemacht!
Der kirchenräuberische Mord brach auf
Des Herrn geweihten Tempel und stahl weg
Das Leben aus dem Heiligtum.
Macbeth.   Was sagt Ihr?
Das Leben?
Lenor.   Meint Ihr Seine Majestät?
Macduff.   Geht ein zur Kammer und zerstört die Sehkraft
Durch eine neue Gorgo! Heischt nicht, daß ich spreche;
Seht! und dann redet selbst! Erwacht! erwacht!

(Macbeth und Lenox gehen ab.)

Die Sturmglock' angeschlagen! Mord! Verrat!
Banco und Donalbain! Malcolm! erwacht!
Werft ab den flaum'gen Schlaf, des Todes Abbild,
Und seht ihn selbst, den Tod! – Auf, auf, und schaut
Des Weltgerichtes Vorspiel! – Malcolm! Banquo!
Steigt wie aus eurem Grab! wie Geister schreitet,
Als Graungefolge diesen Mord zu schaun!
Die Glocken stürmt!

Lady Macbeth tritt auf.

Lady Macbeth.   Was ist denn vorgefallen,
Daß solche schreckliche Trompete ruft
Zum Rat die Schläfer dieses Hauses? Sprecht!
Macduff.   O, zarte Frau,
Ihr dürft nicht hören, was ich sagen könnte;
Vor eines Weibes Ohr es nennen, wäre
Ein Mord, so wie gesagt.

Banquo tritt auf.

                    O Banquo! Banquo!
Unser teurer König ist ermordet!
Lady Macbeth.   Wehe!
In unserm Haus?
Banquo.   Zu grausam, wo auch immer. –
O, lieber Macduff, widersprich dir selber
Und sag, es sei nicht so.

Macbeth und *Lenox* kommen zurück.

Macbeth.   Wär' ich gestorben, eine Stunde nur,
Eh dies geschah, gesegnet war mein Dasein!
Von jetzt gibt's nichts Ernstes mehr im Leben;
Alles ist Tand, gestorben Ruhm und Huld!
Der Lebenswein ist ausgeschenkt, nur Hefe
Blieb noch zu prahlen dem Gewölbe.

Malcolm und *Bonalbain* treten auf.

Donalbain. Wem Geschah ein Leid?
Macbeth. Euch selbst und wißt es nicht;
Der Born, der Ursprung Eures Blutes ist
Versiegt, die Lebenquelle selbst versiegt.
Macduff. Eu'r königlicher Vater ist ermordet.
Malcolm. Ha! von wem?
Lenox. Die Kämmerlinge, scheint es, sind die Täter;
Denn Händ' und Antlitz trugen blut'ge Zeichen,
Auch ihre Dolche, die unabgewischt
Auf ihren Polstern lagen. Wie in Wahnsinn,
So starrt' ihr Aug'; kein Menschenleben durft'
Man ihnen anvertraun.
Macbeth. O! jetzt bereu' ich meine Wut; daß ich
Sie niederstieß.
Macduff. Warum habt Ihr's getan?
Macbeth. Wer ist weis' und entsetzt, gefaßt und wütig,
Pflichttreu und kalt in einem Augenblick?
Kein Mensch. Die Raschheit meiner heft'gen Liebe
Lief schneller als die zögernde Vernunft. –
Duncan lag hier, die Silberhaut verbrämt
Mit seinem goldnen Blut; – die offnen Wunden,
Sie waren wie ein Riß in der Natur,
Wo Untergang vernichtend einzieht. Dort die Mörder,
Getaucht in ihres Handwerks Farb', die Dolche
In grauser Scheide von geronnenem Blut.
Wer konnte sich da zügeln, der ein Herz
Voll Liebe hatt' und in dem Herzen Mut,
Die Liebe zu beweisen?
Lady Macbeth. Helft mir fort!
Macduff. Seht nach der Lady.
Malcolm. Weshalb schweigen wir,
Die nächsten Anspruch haben an dies Thema?
Donalbain. Was soll'n wir sprechen, hier, wo unser Schicksal,
Im Winkel, wo versteckt, herstürzen kann,
Uns zu ergreifen? Fort; denn unsre Tränen
Sind noch nicht reif.
Malcolm. Noch kann der heft'ge Gram
Nicht frei sich regen.
Banquo. Sehet nach der Lady; –
(Lady Macbeth wird fortgeführt.)
Und haben wir verhüllt der Schwäche Blößen,

Die von der Nacktheit leidet, treffen wir uns,
Und forschen dieser blut'gen Untat nach,
Den Grund zu sehn. Uns schütteln Furcht und Zweifel;
Ich steh' in Gottes großer Hand, und so
Kämpf' dem verhüllten Anschlag ich entgegen
Verräterischer Tücke.
Macduff. So auch ich.
Alle. Wie alle.
Macbeth. Laßt uns, wie Männer angetan, in kurzem
Uns in der Halle treffen.
Alle. Wohl, so sei's.

Malcolm und Donalbain bleiben, die übrigen gehen ab.

Malcolm. Was tust du? Laß uns nicht zu ihnen halten.
Zu zeigen ungefühlten Schmerz, ist Kunst,
Die leicht dem Falschen wird. Ich geh' nach England.
Donalbain. Nach Irland ich; unser getrenntes Glück
Verwahrt uns besser. Wo wir sind, drohn Dolche
In jedes Lächeln, um so blutsverwandter,
So näher unserm Blut.
Malcolm. Der mörderische Pfeil ist abgeschossen
Und fliegt noch; Sicherheit ist nur für uns,
Vermeiden wir das Ziel. Drum schnell zu Pferde,
Und halten wir uns nicht mit Abschied auf.
Nein, heimlich fort. Nicht strafbar ist der Dieb,
Der selbst sich stiehlt, wo keine Gnad' ihm blieb. (Sie gehen ab.)

3. Szene
Vor dem Schloß

Rosse tritt auf mit einem alten Mann.

Alter Mann. Auf siebzig Jahr' kann ich mich gut erinnern;
In diesem Zeitraum sah ich Schreckenstage
Und wunderbare Ding'; doch diese böse Nacht
Macht alles Vor'ge klein.
Rosse. O, guter Vater,
Der Himmel, sieh, als zürn' er Menschentaten,
Dräut dieser blut'gen Bühne. Nach der Uhr ist's Tag,
Doch dunkle Nacht erstickt die wandernde Lampe;
Ist's Sieg der Nacht, ist es die Scham des Tages,
Daß Finsternis der Erd' Antlitz begräbt,
Wenn lebend Licht es küssen sollte?
Alter Mann. Unnatürlich,

Wie die geschehne Tat. Am letzten Dienstag
Sah ich, wie stolzen Flugs ein Falke schwebte
Und eine Eul' ihm nachjagt' und ihn würgte.
Rosse. Und Duncans Rosse, seltsam ist's, doch sicher,
So rasch und schön, die Kleinod' ihres Bluts,
Brachen, verwildert ganz, aus ihren Ställen
Und stürzten fort, sich sträubend dem Gehorsam,
Als wollten Krieg sie mit den Menschen führen.
Alter Mann. Man sagt, daß sie einander fraßen.
Rosse. Ja;
Entsetzlich war's, ich hab' es selbst gesehn.
Da kommt der edle Macduff –

Macduff tritt auf.

Nun, Herr, wie geht die Welt?
Macduff. Ei, seht Ihr's nicht?
Rosse. Weiß man, wer tat die mehr als blut'ge Tat?
Macduff. Jene, die Macbeth tötete.
Rosse. O Jammer!
Was hofften sie davon?
Macduff. Sie waren angestiftet.
Malcolm und Donalbain, des Königs Söhne,
Sind heimlich fort, entflohn; dies wälzt auf sie
Der Tat Verdacht.
Rosse. Stets gegen die Natur;
Verschwenderischer Ehrgeiz, so verschlingst du
Des eignen Lebens Unterhalt! – So wird
Die Königswürde wohl an Macbeth fallen?
Macduff. Er ist ernannt schon und zu seiner Krönung
Nach Scone gegangen.
Rosse. Wo ist Duncans Leichnam?
Macduff.
Nach Colmes Kill führt man ihn zur heil'gen Gruft,
Wo die Gebeine seiner Ahnen alle
Versammelt ruhn.
Rosse. Geht Ihr nach Scone?
Macduff. Nein Vetter;
Ich geh' nach Fife.
Rosse. So will ich hin.
Macduff. Lebt wohl,
Mag alles so geschehn, daß wir nicht sagen:
Bequemer war der alte Rock zu tragen!
(Er geht ab.)

Rosse.   Vater, lebt wohl.
Alter Mann.   Gott segne Euch und den, der redlich denkt;
Unheil zum Heil, Zwietracht zum Frieden lenkt! (Sie gehen ab.)

Dritter Aufzug

1. Szene

Fores. Saal im Schlosse

Banquo tritt auf.

Banquo.   Du hast's nun, König Cawdor, Glamis, alles,
Wie dir's die Schicksalsfrau'n versprachen, und ich fürchte,
Du spieltest schändlich drum. Doch ward gesagt,
Es solle nicht bei deinem Stamme bleiben;
Ich aber sollte Wurzel sein und Vater
Von vielen Kön'gen. Kommt von ihnen Wahrheit –
Warum, bei der Erfüllung, die dir ward,
Soll'n sie nicht mein Orakel gleichfalls sein
Und meine Hoffnung kräft'gen? Still, nichts weiter.

Trompeten. Es treten auf Macbeth als König und Lady Macbeth als Königin; Lenox, Rosse, Lords, Ladies und Gefolge.

Macbeth.   Hier unser höchster Gast.
Lady Macbeth.   Ward er vergessen,
War's wie ein Riß in unserm großen Fest,
Und durchaus ungeziemend.
Macbeth.   Herr, wir halten
Ein feierliches Mahl heut abend, und
Ich bitt' um Eure Gegenwart.
Banquo.   Eu'r Hoheit
Hat zu befehlen; unauflöslich bleibt
Für immer meine Pflicht an Euch gebunden.
Macbeth.   Verreitet Ihr den Nachmittag?
Banquo.   Ja, Herr.
Macbeth.   Sonst hätten wir wohl Euren Rat gewünscht,
Der stets voll Einsicht und ersprießlich war,
Im Staatsrat heut; doch halten wir ihn morgen.
Und reitet Ihr denn weit?
Banquo.   So weit, mein König,
Daß es die Zeit von jetzt bis Abend ausfüllt;

Hält nicht mein Pferd sich gut, so muß ich wohl
Noch von der Nacht 'ne dunkle Stunde borgen.
Macbeth. Fehlt nicht bei unserm Fest!
Banquo. Mein Fürst, ich komme.
Macbeth. Wir hören, unsre blut'gen Vettern weilen
In England und in Irland; nicht bekennend
Den grausen Vatermord, mit seltnen Märchen
Die Hörer täuschend. Doch das sei für morgen,
Da außerdem noch Staatsgeschäft uns beide
Zusammen ruft. Säumt länger nicht. Lebt wohl,
Bis wir zu Nacht uns sehn! Geht Fleance mit Euch?
Banquo. Ja, teurer Herr; die Zeit mahnt uns zur Eil'.
Macbeth. Mögen die Rosse schnell und sicher laufen;
Besteigt sie alsobald und reiset glücklich. – (Banquo geht ab.)
Ein jeder sei nun Herr von seinen Stunden
Bis sieben Uhr, um die Geselligkeit
Zu würzen. Bis zum Abendessen bleiben
Allein wir; bis dahin denn, Gott befohlen!
(Alle gehen ab; Macbeth bleibt.)
Du da! ein Wort: sind jene Männer hier?

Ein *Diener* tritt ein.

Diener. Sie harren vor dem Schloßtor, mein Gebieter.
Macbeth. Führ sie uns vor. – (Diener geht ab.)
Das so zu sein, ist nichts;
doch sicher, so zu sein. – In Banquo wurzelt
Tief unsre Furcht; in seinem Königssinn
Herrscht was, das will gefürchtet sein. Viel wagt er;
Und außer diesem unerschrocknen Geist
Hat Weisheit er, die Führerin des Muts
Zum sichern Wirken. Außer ihm ist keiner,
Vor dem ich zittern muß; und unter ihm
Beugt sich mein Genius scheu, wie nach der Sage
Von Cäsar Mark Antonius' Geist. Er schalt die Schwestern,
Gleich als sie mir den Namen König gaben,
Und hieß sie zu ihm sprechen; dann, prophetisch,
Begrüßten sie ihn, Vater vieler Kön'ge.
Mein Haupt empfing die unfruchtbare Krone,
Den dürren Zepter reichten sie der Faust,
Daß eine fremde Hand ihn mir entwinde,
Kein Sohn von mir ihn erbe. Ist es so –
Hab' ich für Banquos Stamm mein Herz befleckt,
Für sie erwürgt den gnadenreichen Duncan,

Zwietracht in meinen Friedenskelch gegossen,
einzig für sie; und mein unsterblich Kleinod
Dem Erbfeind aller Menschen preisgegeben,
Zu krönen sie! zu krönen Banquos Brut! –
Eh' das geschieht, komm, Schicksal, in die Schranken
Und fordre mich auf Tod und Leben! – Holla!

Der *Diener* kommt mit zwei *Mördern*.

Geh vor die Tür und warte, bis wir rufen.   (Der Diener geht ab.)
War's gestern nicht, da wir zusammen sprachen?
Erster Mörder.   So war es, Majestät.
Macbeth.   Gut denn, habt ihr
Nun meinen Reden nachgedacht? So wißt,
Daß er es ehmals war, der euch so schwer
Gedrückt, was, wie ihr wähntet, ich getan,
Der völlig schuldlos. Dies bewies ich euch
In unsrer letzten Unterredung; macht' euch klar,
Wie man euch hinterging und kreuzte; nannt' euch
Die Werkzeug' auch, und wer mit ihnen wirkte;
Und alles sonst, was selbst 'ner halben Seele
Und blödstem Sinne zurief: Das tat Banquo!
Erster Mörder.   So habt Ihr's uns erklärt.
Macbeth.   Ich tat es und ging weiter; deshalb nun
Hab' ich euch wieder her beschieden. Fühlt ihr
Geduld vorherrschend so in eurem Wesen,
Daß ihr dies hingehn laßt? Seid ihr so fromm,
Zu beten für den guten Mann und sein
Geschlecht, des schwere Hand zum Grab euch beugte
Und euch zu Bettlern macht' und eure Kinder?
Erster Mörder.   Mein König, wir sind Männer.
Macbeth.   Ja, im Verzeichnis lauft ihr mit als Männer,
Wie Jagd- und Windhund, Blendling, Wachtelhund,
Spitz, Pudel, Schäferhund und Halbwolf, alle
Der Name Hund benennt; das Rangregister
Erst unterscheidet schnelle, träge, kluge,
Den Hausbewacher und den Jäger, jeden
Nach seiner Eigenschaft, die ihm Natur
Liebreich geschenkt; und die Bezeichnung dient
Zum Unterschied von dem Verzeichnis, welches
Sie alle gleich aufführt. So mit den Menschen.
Habt ihr nun einen Platz im Rangregister,
Und nicht den schlechtsten in der Mannheit, sprecht;
Und solches Werk vertrau' ich eurem Busen,

Dessen Vollstreckung euren Feind beseitigt,
Herzinnig fest an unsre Lieb' euch schmiedet,
Da unser Wohlsein kränkelt, weil er lebt,
Das nur in seinem Tod gesundet.

Zweiter Mörder. Herr,
Mit hartem Stoß und Schlag hat mich die Welt
So aufgereizt, daß mich's nicht kümmert, was
Der Welt zum Trotz ich tu'.

Erster Mörder. Und ich bin einer,
So matt von Elend, so zerzaust vom Unglück,
Daß ich mein Leben setz' auf jeden Wurf,
Es zu verbessern oder los zu werden.

Macbeth. Ihr wißt es beide, Banquo war eu'r Feind.

Zweiter Mörder. Gewiß, mein Fürst.

Macbeth. So ist er meiner auch
Und in so blut'gem Groll, daß jeder Pulsschlag
Von ihm nach meinem Herzensleben zielt.
Und obgleich meine Macht mit offnem Antlitz
Ihn löschen könnt' aus meinem Blick, mein Wille
Die Tat rechtfertigend; doch darf ich's nicht,
Und manchen, der mir Freund ist so wie ihm,
Des Lieb' ich nicht kann missen, muß vielmehr
Des Fall beklagen, den ich selbst erschlug;
Und darum sprech' ich euch um Beistand an,
Dem Pöbelauge das Geschäft verlarvend
Aus manchen wicht'gen Gründen.

Zweiter Mörder. Wir vollziehn,
Was Ihr befehlt.

Erster Mörder. Wenn unser Leben auch –

Macbeth. Aus euren Augen leuchtet euer Mut.
In dieser Stunde spätstens meld' ich euch,
Wo ihr euch stellt, bericht' euch aufs genauste
Den Augenblick; denn heut nacht muß es sein;
Und etwas ab vom Schloß; stets dran gedacht,
Daß ich muß rein erscheinen. Und mit ihm,
Um nichts nur halb und obenhin zu tun,
Muß Fleance, sein Sohn, der ihm Gesellschaft leistet,
Des Absein mir nicht minder wichtig ist
Als seines Vaters, das Geschick mit ihm
Der dunkeln Stunde teilen.
Entschließt euch nun für euch; gleich komm' ich wieder.

Zweiter Mörder. Wir sind entschlossen, Herr.

Macbeth. So ruf' ich euch

Alsbald; verweilt da drin. Es ist entschieden.
Denkst, Banquo, du den Himmel zu gewinnen,
Muß deine Seel' heut nacht den Flug beginnen.   (Alle ab.)

2. Szene
Ebendaselbst. Ein anderes Zimmer

Lady Macbeth tritt auf mit einem Diener.

Lady Macbeth.   Ist Banquo fort vom Hof?
Diener.   Ja, Kön'gin; doch er kommt zurück heut abend.
Lady Macbeth.   Dem König meld, ich lasse ihn ersuchen
Um wen'ge Augenblicke.
Diener.   Ich gehorche. (Er geht ab.)
Lady Macbeth.   Nichts ist gewonnen, alles ist dahin,
Stehn wir am Ziel mit unzufriednem Sinn;
Viel sichrer, das zu sein, was wir zerstört,
Ward durch Zerstörung schwankend Glück gewährt.

Macbeth tritt auf.

Nun, teurer Freund, was bist du so allein
Und wählst nur trübe Bilder zu Gefährten?
Gedanken hegend, die doch tot sein sollten,
Wie jen', an die sie denken. Was unheilbar,
Vergessen sei's. Geschehen ist geschehen.
Macbeth.   Zerhackt ward nur die Schlange, nicht getötet;
Sie heilt und bleibt dieselb', indes ihr Zahn
Wie sonst gefährdet unsre arme Bosheit.
Doch ehe soll der Dinge Bau zertrümmern,
Die beiden Welten schaudern, eh' wir länger
In Angst verzehren unser Mahl und schlafen
In der Bedrängnis solcher grausen Träume,
Die uns allnächtlich schütteln. Lieber bei
Dem Toten sein, den, Frieden uns zu schaffen,
Zum Frieden wir gesandt, als auf der Folter
Der Seel', in ruheloser Qual zu zucken.
Duncan ging in sein Grab,
Sanft schläft er nach des Lebens Fieberschauern,
Verrat, du tatst dein Ärgstes: Gift noch Dolch,
Einheim'sche Bosheit, fremder Anfall, nichts
kann ferner ihn berühren.
Lady Macbeth.   O, laß gut sein
teurer Gemahl, glätte die Runzeln weg;
Sei froh und munter heut mit deinen Gästen.

Macbeth. Das will ich, Lieb'; und, bitte, sei es auch:
Vor allem wend auf Banquo deine Sorfalt
Und schenk ihm Auszeichnung mit Wort und Blick.
Unsicher noch, sind wir genötigt, so
Zu baden unsre Würd' in Schmeichelströmen;
Daß unser Antlitz Larve wird des Herzens,
Verbergend, was es ist.
Lady Macbeth. Du mußt das lassen.
Macbeth. O! von Skorpionen voll ist mein Gemüt.
Du weißt, Geliebte, Banquo lebt und Fleance.
Lady Macbeth. Doch schuf Natur sie nicht für ew'ge Dauer.
Macbeth. Ja, das ist Trost; man kann noch an sie kommen;
Drum sei du fröhlich. Eh' die Fledermaus
Geendet ihren klösterlichen Flug;
Eh' auf den Ruf der dunkeln Hekate,
Der hornbeschwingte Käfer, schläfrig summend,
Die nächt'ge Schlummerglocke hat geläutet,
Ist eine Tat geschehn furchtbarer Art.
Lady Macbeth. Was hast du vor?
Macbeth. Unschuldig bleibe, Kind, und wisse nichts,
Bis du der Tat kannst Beifall rufen. Komm
Mit deiner dunkeln Binde, Nacht; verschließe
Des mitleidvollen Tages zartes Auge;
Durchstreich mit unsichtbarer, blut'ger Hand,
Und reiß in Stücke jenen großen Schuldbrief,
Der meine Wangen bleicht! – Das Licht wird trübe;
Zum düstern Wald erhebt die Kräh' den Flug;
Die Tagesgeschöpfe schläfrig niederkauern,
Und schwarze Nachtunhold' auf Beute lauern.
Du staunst mich an? Still! – Sündentsproßne Werke
Erlangen nur durch Sünden Kraft und Stärke.
So, bitte, geh mit mir. (Sie gehen ab.)

3. Szene

Ebendaselbst. Ein Park im Schloß

Drei *Mörder* treten auf.

Erster Mörder. Wer aber hieß dich zu uns stoßen?
Dritter Mörder. Macbeth.
Zweiter Mörder. Man braucht ihm nicht zu mißraun; denn er bringt
Für unsern Auftrag uns und unsre Tat
Genauste Weisungen.

Erster Mörder. Wenn dem so ist, bleib.
Der West glimmt noch von schwachen Tagesstreifen;
Der Reiter spornt nun eil'ger durch die Dämmrung,
Zur Schenke noch zu kommen, und schon naht
Der, den wir hier erwarten.
Dritter Mörder. Pferde! – Horcht!
Banquo (hinter der Szene). Heda! bringt Licht!
Zweiter Mörder. Er muß es sein; die andern,
Die noch erwartet wurden, sind schon alle
Im Schloß.
Erster Mörder. Die Pferde machen einen Umweg.
Dritter Mörder. Fast eine Meile; und er geht gewöhnlich,
Wie jeder tut, von hier bis an das Schloßtor
Zu Fuß.

Banquo und *Fleance* treten auf, ein Diener mit einer Fackel voran.

Zweiter Mörder. Ein Licht!
Dritter Mörder. Er ist es.
Erster Mörder. Macht euch dran!
Banquo. Es kommt Regen noch zu Nacht.
Erster Mörder. So mag er fallen!

(Ersticht Banquo.)

Banquo. Weh mir! Verrat! Flieh, guter Fleance, flieh, flieh! –
Du kannst mein Rächer sein. – O Schurke!

(Banquo stirbt. Fleance und der Diener fliehen.)

Dritter Mörder. Wer schlug das Licht aus?
Erster Mörder. War's nicht wohl getan?
Erster Mörder. Nur einer liegt; der Sohn entfloh.
Zweiter Mörder. So ist
Die beste Hälfte unsrer Müh' verloren.
Erster Mörder. Gut, gehn wir denn und melden, was getan.

(Sie gehen ab.)

4. Szene
Prunksaal im Schloß. Gedeckte Tafel

Es treten auf *Macbeth, Lady Macbeth, Rosse, Lenox, Lords,* Gefolge.

Macbeth. Ihr kennt selbst euren Rang; nehmt Platz: Einmal
Für alle, herzlich uns willkommen!
Lords. Dank Eurer Hoheit.
Macbeth. Wir wollen uns in die Gesellschaft mischen
Als ein bescheidner Wirt. Die Wirtin nahm

Schon ihren Platz; doch mit Vergünstigung
Ersuchen wir um ihren Gruß und Willkomm.
Lady Macbeth.   Sprich ihn für mich zu allen unsern Freunden;
Denn herzlich heiß' ich alle sie willkommen.

Der erste Mörder tritt zur Seitentür ein.

Macbeth.   Sieh, ihres Herzens Dank kommt dir entgegen.
Gleich voll sind beide Seiten. Hier will ich
Mich in die Mitte setzen. Ungehemmt
Sei nun die Lust; gleich soll der Becher kreisen. –
Auf deiner Stirn ist Blut –
Mörder.   So ist es Banquos.
Macbeth.   Viel besser draus an dir, als drin in ihm.
So ist er abgetan?
Mörder.   Herr, seine Kehle
Ist durchgeschnitten; – das tat ich für ihn.
Macbeth.   Du bist der beste Kehlabschneider; doch
Auch der ist gut, der das für Fleance getan:
Warst du's, so hast du deinesgleichen nicht.
Mörder.   Mein königlicher Herr, Fleance ist entwischt.
Macbeth.   So bin ich wieder krank; sonst wär' ich stark,
Gesund wie Marmor, fest wie Fels gegründet;
Frei, ungehemmt wie ringseinhüllende Luft.
Doch jetzt umschränkt, gepfercht, umpfählt, gekerkert
Zu schrankenlosem Zweifel und Besorgnis.
Doch Banquo ist uns sicher?
Mörder.   Ja, teurer Herr; im Graben liegt er sicher,
In seinem Kopfe zwanzig tiefe Wunden,
Die kleinst' ein Lebenstod.
Macbeth.   Nun, dafür Dank.
Da liegt
Die ausgewachsne Schlange; das entfloh'ne
Gewürm ist giftig einst nach seiner Art,
Doch zahnlos jetzt. – Nun mach dich fort; auf morgen
Vernehm' ich mehr.   (Mörder geht ab.)
Lady Macbeth.   Mein königlicher Herr,
Ihr seid kein heitrer Wirt. Das Fest ist feil,
Wird nicht das Mahl in seinem Fortgang oft
Durch Willkomm erst geschenkt. Man speist am besten
Daheim; doch auswärts macht die Höflichkeit
Den Wohlgeschmack der Speisen, nüchtern wäre
Gesellschaft sonst.
Macbeth.   Du holde Mahnerin! –

Dritter Aufzug. 4. Szene

Nun, auf die Eßlust folg' ein gut Verdauen,
Gesundheit beiden!

Lenox. Gefällt es Eurer Hoheit, sich zu setzen?
Banquos Geist kommt und setzt sich auf Macbeths Platz.

Macbeth. Beisammen wär' uns hier des Landes Adel,
Wenn Banquo nicht, der fürstliche, noch fehlte;
Doch möcht' ich lieber ihn unfreundlich schelten
Als eines Unfalls wegen ihn bedauern.

Lenox. Da er nicht kommt, verletzt er sein Versprechen.
Gefällt's Eu'r Majestät, uns zu beglücken,
Indem Ihr Platz in unsrer Mitte nehmt?

Macbeth. Die Tafel ist voll.

Lenox.   Hier ist ein Platz noch,

Macbeth.   Wo?

Lenox. Hier, teurer König. Was erschreckt Eu'r Hoheit?

Macbeth. Wer von euch tat das?

Lords.   Was, mein guter Herr?

Macbeth. Du kannst nicht sagen, daß ich's tat! O, schüttle
Nicht deine blut'gen Locken gegen mich.

Rosse. Steht auf, ihr Herrn, dem König ist nicht wohl.

Lady Macbeth. Bleibt sitzen, Herrn, der König ist oft so
Und war's von Jugend an; o, steht nicht auf!
Schnell geht der Anfall über, augenblicks
Ist er dann wohl. Beachtet ihr ihn viel,
So reizt ihr ihn, und länger wehrt das Übel.
Eßt, seht ihn gar nicht an. – Bist du ein Mann?

Macbeth. Ja, und ein kühner, der das wagt zu schauen.
Wovor der Teufel blaß wird.

Lady Macbeth.   Schönes Zeug!
Das sind die wahren Bilder deiner Furcht:
Das ist der lust'ge Dolche, der, wie du sagtest,
Zu Duncan dich geführt! – Ha! dieses Zucken,
Auffahr'n, Nachäffung wahren Schrecks, es paßte
Zu einem Weibermärchen am Kamin,
Bestätigt vom Großmütterchen. – O, schäme dich!
Was machst du für Gesichter? denn am Ende
Schaust du nur auf 'nen Stuhl.

Macbeth. Ich bitt' dich, sieh! blick auf! schau an! Was sagst du?
Ha! meinethalb! wenn du kannst nicken, sprich auch.
Wenn Grab und Beingewölb' uns wieder schickt,
Die wir begruben, sei der Schlund der Geier
Uns Totengruft!   (Der Geist geht fort.)

Lady Macbeth. Was! ganz entmannt von Torheit?

Macbeth. So wahr ich vor dir steh', ich sah ihn!
Lady Macbeth.   O der Schmach!
Macbeth. Blut ward auch sonst vergossen, schon von alters,
Eh' menschlich Recht den frommen Staat gereinigt;
Ja, auch seitdem geschah so mancher Mord,
Zu schrecklich für das Ohr, da war's Gebrauch,
Daß, war das Hirn heraus, der Mann auch starb,
Und damit gut.
Doch heutzutage stehn sie wieder auf
Mit zwanzig Todeswunden auf den Köpfen
Und stoßen uns von unsern Stühlen. Das
Ist noch weit seltsamer als solch ein Mord.
Lady Macbeth. Mein König, Ihr entzieht Euch Euren Freunden.
Macbeth. Ha! ich vergaß. –
Staunt über mich nicht, meine würd'gen Freunde;
Ich hab' ein seltsam Übel, das nichts ist
Für jene, die mich kennen.
Wohlan! Lieb' und Gesundheit trink' ich allen,
Dann setz' ich mich. Ha! Wein her! voll den Becher!
                Der Geist kommt.
So trink' ich auf das Wohl der ganzen Tafel,
Und Banquos, unsers Freunds, den wir vermissen;
Wär' er doch hier! sein Wohlergehn, wie aller
Dürst' ich. Ihm, euch!
Lords.   Wir tun in Treuen Bescheid.
Macbeth. Hinweg! – Aus meinen Augen! – Laß
Die Erde nicht verbergen!
Marklos ist dein Gebein, dein Blut ist kalt;
Du hast kein Anschaun mehr in diesen Augen,
Mit denen du so stierst.
Lady Macbeth.   Nehmt dies, ihr Herrn,
Als was Alltägliches; nichts weiter ist's,
Nur daß es uns des Abends Lust verdirbt.
Macbeth. Was einer wagt, wag' ich:
Komm du mir nah als zott'ger russischer Bär,
Geharn'schter Rhinozeros, hyrkan'scher Tiger;
Nimm jegliche Gestalt, nur diese nicht;
Nie werden meine festen Nerven beben.
Oder sei lebend wieder; fordre mich
In eine Wüst' aufs Schwert: verkriech' ich mich
Dann zitternd, nenn mich eines Mägdleins Puppe.
Hinweg! gräßlicher Schatten!
Unkörperliches Blendwerk, fort! – Ha! so. – (Geist geht fort.)

Du nicht mehr da, nun bin ich wieder Mann. –
Ich bitte, steht nicht auf.
Lady Macbeth. Ihr habt die Lust
Verscheucht und die Geselligkeit gestört
Durch höchst fremdart'ge Grillen.
Macbeth. Kann solch Wesen
An uns vorüberziehn wie Sommerwolken,
Ohn' unser mächtig Staunen? Du machst mich irr
An meinem eignen Selbst, bedenk' ich jetzt,
Daß du anschaust Gesichte solcher Art
Und doch die Röte deinen Wangen bleibt,
Wenn Schreck die meinen bleicht.
Rosse. Was für Gesichte?
Lady Macbeth. Ich bitt' Euch, sprecht nicht; er wird schlimm
und schlimmer;
Fragen bringt ihn in Wut. Gut' Nacht mit eins!
Erwartet nicht, daß wir euch erst entlassen,
Geht all' zugleich.
Lenox. Wir wünschen Eurer Majestät
Gut' Nacht und beßres Wohl.
Lady Macbeth. Gut' Nacht euch allen.
(Alle Lords und das Gefolge gehen ab.)
Macbeth. Es fordert Blut, sagt man: Blut fordert Blut.
Man sah, daß Fels sich regt', und Bäume sprachen;
Auguren haben durch Geheimnis Deutung
Von Elstern, Kräh'n und Dohlen ausgefunden
Den tief geborgnen Mörder. – Wie weit ist die Nacht?
Lady Macbeth. Im Kampf fast mit dem Tag, ob Nacht, ob Tag.
Macbeth. Was sagst du, daß Macduff zu kommen weigert
Auf unsre Ladung?
Lady Macbeth. Sandtest du nach ihm?
Macbeth. Ich hört's von ungefähr; doch will ich senden.
Kein einz'ger, in des Haus mir nicht bezahlt
Ein Diener lebte. Morgen will ich hin,
Und in der Frühe, zu den Schicksalsschwestern,
Sie sollen mehr mir sagen; denn gespannt
Bin ich, das Schlimmst' auf schlimmstem Weg zu wissen.
Zu meinem Vorteil muß sich alles fügen;
Ich bin einmal so tief in Blut gestiegen,
Daß, wollt' ich nun im Waten stille stehn,
Rückkehr so schwierig wär' als durchzugehn.
Seltsames glüht im Kopf, es will zur Hand,
Und muß getan sein, eh' noch recht erkannt.

Lady Macbeth. Dir fehlt die Würze aller Wesen, Schlaf.
Macbeth.   Zu Bett. – Daß selbstgeschaffnes Graun mich quält,
Ist Furcht des Neulings, dem die Übung fehlt. –
Wir sind noch jung im Handeln.   (Sie gehen ab.)

5. Szene
Die Heide. Donner

Hekate kommt, die drei Hexen ihr entgegen.

Erste Hexe. Was gibt es, Hekate, warum so zornig?
Hekate. Ihr garst'gen Vetteln, hab' ich denn nicht recht
Da ihr euch, dreist und unverschämt, erfrecht,
Und treibt mit Macbeth euren Spuk
In Rätselkram, in Mord und Trug?
Und ich, die Meistrin eurer Kraft,
Die jedes Unheil heimlich schafft,
Mich bat man nicht um meine Gunst,
Zu Ehr' und Vorteil unsrer Kunst?
Und schlimmer noch, uns wird kein Lohn,
Ihr dientet dem verkehrten Sohn,
Der, trotzig und voll Übermut,
Sein Werk nur, nicht das eure, tut.
Auf! bessert's noch, macht euch davon,
Trefft mich am Pfuhl des Acheron
Am Morgen; dahin wird er gehn,
Von uns sein Schicksal zu erspähn.
Mit Kesseln und mit Sprüchen seid
Und allem Zauberwerk bereit.
Ich muß zur Luft hinauf: die Nacht
Wird auf ein Unheilswerk verbracht;
Vor Mittag viel geschehn noch soll.
Ein Tropfen gift'ger Dünste voll
An einem Horn des Mondes blinkt,
Den fang' ich, eh' er niedersinkt,
Der, destilliert mit Zauberkunst,
Ruft Geister, die mit list'gem Dunst
Ihn täuschen, daß mit Macht Betörung
Ihn treibt in Wahnwitz, in Zerstörung.
Dem Tod und Schicksal trotz' er keck,
Hoff' über Furcht und Gnad' hinweg;
Denn, wie ihr wißt, war Sicherheit
Des Menschen Erbfeind jederzeit.   (Musik hinter der Szene.)
Hinweg! dort sitzt mein kleiner Geist, o schaut!

In einer dunkeln Wolk' und ruft mich laut.
(Gesang hinter der Szene.) Komm heran, komm heran!
Hekate, o komm heran!
Hekate. Ich komm', ich komm', ich komme!
So schnell ich immer kann!
So schnell ich immer kann. (Sie geht ab.)
Erste Hexe. Fort, laßt uns eilen; bald kommt sie zurück.
(Sie gehen ab.)

6. Szene
Fores. Im Schloß

Lenox und ein *Lord* treten auf.

Lenox. Mein Wort berührt nur leicht, was Ihr gedacht;
Sinnt ferner drüber nach. Ich sage nur,
Seltsam geht manches zu. Der gnadenreiche Duncan
Ward von Macbeth beklagt. – Nun, er war tot.
Der wackre Banquo ging zu spät noch aus;
Wollt Ihr, so könnt Ihr sagen: Fleance erschlug ihn,
Denn Fleance entfloh. – Man muß so spät nicht ausgehn.
Wer kann wohl anders als es schändlich finden,
Daß Donalbain und Malcolm töteten
Den gnadenreichen Vater? Höll'sche Untat!
Wie grämte sich Macbeth! Erschlug er nicht
In frommer Wut die beiden Täter gleich,
Die weinbetäubt und schalfversunken waren?
War's edel nicht getan? Ja, klüglich auch;
Denn jedes Menschen Seel' hätt' es empört,
Ihr Leugnen anzuhören. Also sag' ich,
Alles verfügt' er wohl. So denk' ich auch,
Daß, hätt' er Duncans Söhne unterm Schloß –
Was mit des Himmels Hilfe nie geschehn soll –
Sie würden fühlen, was es sagen will,
Den Vater zu ermorden; so auch Fleance.
Doch still! für dreiste Wort', und weil er ausblieb
Bei des Tyrannen Fest, hör' ich, fiel Macduff
In Ungunst. Wißt zu sagen Ihr, wo er
Sich aufhält?
Lord. Duncans Sohn, durch den Tyrannen
Beraubt des Erbrechts, lebt an Englands Hof,
Wo ihn der fromme Eduard aufgenommen
So huldreich, daß des Glückes Bosheit nichts

    Ihm raubt' an Achtung. Dorthin ging auch Macduff,
    Des heil'gen Königs Hilfe zu erbitten,
    Daß er Northumberland und Siward sende,
    Damit durch ihren Beistand, nächst dem Schutz
    Des Himmels, wir von neuem schaffen mögen
    Den Tafeln Speis' und unsern Nächten Schlaf,
    Fest und Bankett befrein von blut'gen Messern,
    Mit Treuen huld'gen, freie Ehr' empfangen,
    Was alles uns jetzt fehlt; und diese Nachricht
    Hat so den König aufgeregt, daß er
    Zum Kriege rüstet.
Lenox.   Sandte er zu Macduff?
Lord.   Ja; doch mit einem kurzen *„Herr, nicht ich"*
    Schickt er den finstern Boten heim, der murmelt,
    Als woll' er sagen, Ihr bereut die Stunde,
    Die mich beschwert mit dieser Antwort.
Lenox.   Das dient ihm
    Zur Warnung wohl, so fern zu bleiben, wie
    Ihm seine Weisheit rät. Ein heil'ger Engel
    Flieg' an den Hof von England, und verkünde
    Die Botschaft, eh' er kommt; daß Segen schnell
    Dies Land erfreue, von verfluchter Hand
    So hart gedrückt!
Lord.   Auch mein Gebet mit ihm.   (Sie gehen ab.)

Vierter Aufzug

1. Szene

Eine finstre Höhle, in der Mitte ein Kessel

Donner. Die drei Hexen *kommen.*

Erste Hexe.   Die gelbe Katz' hat dreimal miaut.
Zweite Hexe.   Ja, und einmal der Igel quiekt.
Dritte Hexe.   Die Harpye schreit. – 's ist Zeit.
Erste Hexe.   Um den Kessel dreht euch rund,
    Werft das Gift in seinen Schlund:
    Kröte, die im kalten Stein
    Tag' und Nächte dreimal neun
    Zähen Schleim im Schlaf gegoren,
    Sollst zuerst im Kessel schmoren!
Alle.   Mischt ihr alle! mischt am Schwalle!
    Feuer, brenn, und Kessel, walle!

Zweite Hexe. Sumpf'ger Schlange Schweif und Kopf
  Brat' und koch' im Zaubertopf:
  Molchesaug' und Unkenzehe;
  Hundemaul und Hirn der Krähe;
  Zäher Saft des Bilsenkrauts,
  Eidechsbein und Flaum vom Kauz;
  Mächt'ger Zauber würzt die Brühe,
  Höllenbrei im Kessel glühe!
Alle. Mischt, ihr alle! mischt am Schwalle!
  Feuer, brenn, und Kessel, walle!
Dritte Hexe. Wolfeszahn und Kamm des Drachen;
  Mumienzauber, Gaum und Rachen
  Aus den vollen Meerhais Schlund;
  Schierlingswurz aus finsterm Grund;
  Auch des Lästerjuden Lunge,
  Türkennas' und Tartarzunge;
  Eibenreis, vom Stamm gerissen
  In des Mondes Finsternissen;
  Hand des neugebornen Knaben,
  Den die Metz' erwürgt im Graben,
  Dich soll nun der Kessel haben;
  Tigereingeweid' hinein,
  Und der Brei wird fertig sein.
Alle. Mischt, ihr alle! mischt am Schwalle!
  Feuer, brenn, und Kessel, walle!
Zweite Hexe. Abgekühlt mit Paviansblut
  Wird der Zauber stark und gut.

Hekate kommt mit drei andern Hexen.

Hekate. So recht! ich lobe euer Walten;
  Jede soll auch Lohn erhalten.
  Um den Kessel tanzt und springt,
  Elfengleich den Reihen schlingt,
  Und den Zaubersegen singt.
Gesang. Geister weiß und grau,
  Geister rot und blau;
  Rührt, rührt, rührt,
  Rührt aus aller Kraft!
Zweite Hexe. Ha! mir juckt der Daumen schon,
  Sicher naht ein Sündensohn. –
  Laßt ihn ein, wer's mag sein.

Macbeth tritt auf.

Macbeth. Nun, ihr geheimen, schwarzen Nachtunholde!
  Was macht ihr da?

Alle. Ein namenloses Werk.
Macbeth. Bei dem, was ihr da treibt, beschwör' ich euch –
Wie ihr zur Kund' auch kommt – antwortet mir:
Entfesselt ihr den Sturm gleich, daß er kämpfe
Auf Tempel, und die schäum'gen Wogen ganz
Vernichten und verschlingen alle Schiffahrt;
Daß reifes Korn sich legt und Wälder brechen;
Daß Burgen auf den Schloßwart niederprasseln:
Daß Pyramiden und Paläste beugen
Bis zu dem Grund die Häupter. Würde selbst
Der Zeugungsschatz des Alls zum wüsten Chaos
Bis der Vernichtung vor sich selber ekelt.
Gebt Antwort mir auf meine Fragen!
Erste Hexe. Sprich!
Zweite Hexe. Frag!
Dritte Hexe. Wir geben Antwort.
Erste Hexe. Hörst du's aus unserm Munde lieber oder
Von unsern Meistern?
Macbeth. Ruft sie, ich will sie sehn.
Erste Hexe. Gießt der Sau Blut, die neun Jungen
Fraß, noch zu; werft Fett, gedrungen
Aus des Mörders Rabenstein,
In die Glut.
Alle. Kommt, groß und klein!
Seid dienstbehend', und stellt euch ein!
(Donner. Ein bewaffnetes Haupt steigt aus dem Kessel.)
Macbeth. Sprich, unbekannte Macht –
Erste Hexe. Er weiß dein Fragen.
Hören mußt du, selbst nichts sagen.
Die Erscheinung. Macbeth! Macbeth! Macbeth! scheu den Macduff,
Scheue den Than von Fife. – Laßt mich; – genug! (Versinkt.)
Macbeth. Wer du auch seist, für deine Warnung Dank;
Du trafst den wunden Fleck. – Doch noch ein Wort. –
Erste Hexe. Er läßt sich nicht befehlen. Hier ein andrer,
Mächt'ger als jener.
(Donner. Ein blutiges Kind steigt aus dem Kessel.)
Die Erscheinung. Macbeth! Macbeth! Macbeth!
Macbeth. Hätt' ich drei Ohren, hört' ich dich.
Die Erscheinung. Sei blutig, kühn und frech; lach aller Toren!
Dir schadet keiner, den ein Weib geboren,
Kein solcher kränkt Macbeth. (Versinkt.)
Macbeth. Dann leb, Macduff; was brauch' ich dich zu fürchten?
Doch mach' ich doppelt sicher Sicherheit

Und nehm' ein Pfand vom Schicksal: du sollst sterben;
Dann sag' ich zu der bleichen Furcht: du lügst!
Und schlafe trotz dem Donner. –
(Donner. Ein gekröntes Kind steigt aus dem Kessel, mit einem Baum in der Hand.)
                                Was ist das,
Das aufsteigt wie der Sprößling eines Königs
Und um die Kindesstirn geflochten hat
Den Kranz der Majestät?
Alle.   Horch, sprich's nicht an.
Die Erscheinung. Sei löwenkühn und stolz; nichts darfst du scheuen,
Wer tobt, wer knirscht, und ob Verräter dräuen.
Macbeth wird nie besiegt, bis einst hinan
Der große Birnams-Wald zum Dunsinan
Feindlich emporsteigt.   (Versinkt.)
Macbeth.   Das kann nimmer werden.
Wer wirbt den Wald? heißt Bäume von der Erden
Die Wurzel lösen? Süß der Spruch mir schallt!
Aufruhr ist tot, steigt nie, bis Birnams Wald
Aufsteigt. Und unser Macbeth hochgemut
Lebt bis ans Ziel der Tag', und zahlt Tribut
Nur der Natur und Zeit. –
Doch klopft mein Herz, nur eins noch zu erfahren;
Sprecht, kann mir eure Kunst dies offenbaren:
Wird Banquos Same je dies Reich regieren?
Alle. Frag weiter nichts.
Macbeth. Ich will befriedigt sein; versagt mir das,
Und seid verflucht auf ewig! Laßt mich wissen –   (Oboen.)
Warum versinkt der Kessel? Welch Getön?
Erste Hexe. Erscheint!
Zweite Hexe. Erscheint!
Dritte Hexe. Erscheint!
Alle. Erscheint dem Aug' und quält den Sinn;
Wie Schatten kommt und fahrt dahin.
(Acht Könige erscheinen und gehen über die Bühne, der letzte trägt einen
                Spiegel; Banquo folgt.)
Macbeth. Du bist zu ähnlich Banquos Geist! Hinab!
Dein Diadem brennt mir die Augen. – Und du
Mit goldumwundner Stirne gleichst dem ersten. –
Ein dritter wie der zweite. – Garst'ge Hexen!
Warum zeigt ihr mir das? Ein vierter! – Blick, erstarre!
Wie! dehnt die Reih' sich bis zum jüngsten Tag?
Und noch! – Ein siebenter! – Ich will nichts mehr sehn. –
Da kommt der achte noch und hält 'nen Spiegel,

Der mir viel andre zeigt; und manche seh' ich,
Die zwei Reichsäpfel und drei Zepter tragen:
Furchtbarer Anblick! Ja, ich seh', 's ist wahr;
Denn lächelnd winkt Banquo in blut'gem Haar
Und deutet auf sie hin, als auf die Seinen. –
Was, ist es so?

Erste Hexe.   Ja, alles ist so. – Doch warum
Steht Macbeth da so starr und stumm?
Auf! zu ermuntern seinen Geist,
Ihm unsre schönsten Künste weist.
Durch Zauber tönen lust'ge Weisen;
Auf! tanzt in kraus und bunten Kreisen.
Der König soll uns Lob gewähren;
Sein Kommen wußten wir zu ehren.

(Musik, Die Hexen tanzen und verschwinden.)

Macbeth.   Wo sind sie? Fort? – Mag diese Unglücksstunde
Verflucht auf ewig im Kalender stehn!
Herein, du draußen!

Lenox tritt auf.

Lenox.   Was befiehlt Eu'r Hoheit?
Macbeth.   Sahst du die Schicksalsschwestern?
Lenox.   Nein, mein König
Macbeth.   Sie kamen nicht vorbei?
Lenox.   Gewiß nicht, Herr.
Macbeth.   Verpestet sei die Luft, auf der sie fahren;
Und alle die verdammt, so ihnen trauen!
Ich hörte Pferd'galopp, wer kam vorbei?
Lenox.   Zwei oder drei, Herr, die Euch Nachricht brachten,
Daß Macduff floh nach England.
Macbeth.   Floh nach England?
Lenox.   Ja, gnäd'ger Herr.
Macbeth.
O Zeit! vor eilst du meinem grausen Tun!
Nie wird der flücht'ge Vorsatz eingeholt,
Geht nicht die Tat gleich mit. Von dieser Stunde
Sei immer meines Herzens Erstling auch
Erstling der Hand. Und den Gedanken gleich
Zu krönen, sei's getan, so wie gedacht.
Die Burg Macduffs will ich jetzt überfallen;
Fife wird erobert, und dem Schwert geopfert
Sein Weib und Kind und alle armen Seelen
Aus seinem Stamm. Doch keine Torenwut;

Es soll geschehen, eh' sich erkühlt mein Blut. –
Nur keine Geister mehr! – Wo sind die Herrn?
Komm, führ mich hin zu ihnen. (Sie gehen ab.)

2. Szene
Fife. Zimmer in Macduffs Schloß

Es treten auf Lady Macduff, ihr kleiner Sohn und Rosse.

Lady Macduff. Was tat er denn, landflüchtig so zu werden?
Rosse. Geduldig müßt Ihr sein.
Lady Macduff. Er war es nicht.
Die Flucht ist Wahnsinn. Wenn nicht unsre Taten,
Macht Furcht uns zu Verrätern.
Rosse. Wenig wißt Ihr,
Ob er der Weisheit oder Furcht gehorchte.
Lady Macduff. Weisheit! Sein Weib, die kleinen Kinder lassen,
Haushalt wie seine Würden, an dem Ort,
Von dem er selbst entflieht? Er liebt uns nicht;
Ihm fehlt Naturgefühl. Bekämpft der schwache
Zaunkönig, dieses kleinste Vögelchen,
Die Eule doch für seine Brut im Nest.
Bei ihm ist alles Furcht und Liebe nichts;
Nicht größer ist die Weisheit, wo die Flucht
So gegen die Vernunft geht.
Rosse. Teure Muhme,
Ich bitte, mäßigt Euch; denn Euer Gatte
Ist edel, klug, vorsichtig, kennt am besten
Der Tage Sturm. – Nicht viel mehr darf ich sagen. –
Doch harte Zeit, wenn wir Verräter sind
Uns unbewußt; Gerüchten lauschen, die uns
Mit Furcht erfüllen; doch nicht wissen, was wir fürchten;
Getrieben auf empörtem, wildem Meer,
Nach allen Seiten hin und her. – Lebt wohl!
Nicht lang', und wieder frag' ich vor bei Euch.
Was so tief sank, geht unter oder klimmt
Zur alten Höh' empor. Mein Vetterchen,
Gott segne dich.
Lady Macduff. Er hat 'nen Vater und ist vaterlos.
Rosse. Ich bin so kindisch, daß ein längres Bleiben
Mich nur beschämen würd' und Euch entmut'gen.
Lebt wohl mit eins! (Er geht ab.)
Lady Macduff. Knabe, tot ist dein Vater;
Und was fängst du nun an? wie willst du leben?

Sohn. Wie Vögel, Mutter.
Lady Macduff. Was, von Würmern? Fliegen?
Sohn. Nein, was ich kriegen kann, so machen sie's.
Lady Macduff. Du armer Vogel, würdest nicht das Netz,
Leimrute, Schling' und Falle fürchten?
Sohn. Und warum?
Für arme Vögel stellt man die nicht auf. –
Mein Vater ist nicht tot, was du auch sagst.
Lady Macduff. Ja, doch. Wo kriegst du nun 'nen Vater her?
Sohn. Nun, wo kriegst du 'nen Mann her?
Lady Macduff. Ei, zwanzig kauf' ich mir auf jedem Markt.
Sohn. So kaufst du sie, sie wieder zu verkaufen.
Lady Macduff. Du sprichst so klug du kannst, und für dein Alter
Doch wahrlich klug genug.

    Sohn. War mein Vater ein Verräter, Mutter?
    Lady Macduff. Ja, das war er.
    Sohn. Was ist ein Verräter?
    Lady Macduff. Nun, einer, der schwört und es nicht hält.
    Sohn. Und sind alle Verräter, die das tun?
    Lady Macduff. Jeder, der das tut, ist ein Verräter und muß aufgehängt werden.
    Sohn. Müssen denn alle aufgehängt werden, die schwören und es nicht halten?
    Lady Macduff. Jawohl.
    Sohn. Wer muß sie denn aufhängen?
    Lady Macduff. Nun, die ehrlichen Leute.
    Sohn. Dann sind die, welche schwören und es nicht halten, rechte Narren; denn ihrer sind so viele, daß sie die ehrlichen Leute schlagen könnten und aufhängen dazu.
    Lady Macduff. Nun, Gott stehe dir bei, armes Äffchen? Aber was willst du nun anfangen, um einen Vater zu bekommen?
    Sohn. Wenn er tot wäre, so würdest du um ihn weinen; und tätest du das nicht, so wäre es ein gutes Zeichen, daß ich bald einen neuen Vater bekomme.
Lady Macduff. Armes Närrchen, wie du plauderst!

    Ein Bote *tritt auf.*

Bote. Gott mit Euch, schöne Frau! Ihr kennt mich nicht;
Doch weiß ich Euren Stand und edeln Namen.
Ich fürchte, daß Gefahr Euch nah bedroht.
Verschmäht Ihr nicht den Rat 'nes schlichten Mannes,
So bleibt nicht hier; schnell fort mit Euren Kleinen!
Euch so zu schrecken, bin ich grausam zwar;

Doch wär's Unmenschlichkeit, es nicht zu tun,
Da die Gefahr so nah. Der Himmel schütz Euch
Ich darf nicht weilen. (Er geht ab.)
Lady Macduff.   Wohin sollt' ich fliehn?
Ich tat nichts Böses. Doch jetzt denk' ich dran,
Dies ist die ird'sche Welt; wo Böses tun
Oft löblich ist, und Gutes tun zuweilen
Schädliche Torheit heißt. Warum denn, ach!
Verlaß ich mich auf diese Frauenwaffe
Und sag', ich tat nichts Böses?

Die *Mörder* kommen.

Was für Gesichter?
Mörder.   Wo ist Euer Mann?
Lady Macduff. Nicht hoff' ich an so ungeweihtem Platz,
Wo deinesgleichen ihn kann finden.
Mörder.   Er
Ist ein Verräter.
Sohn. Du lügst, struppköpf'ger Schurke!
Mörder. Was! du Ei,
Verräterbrut! (Ersticht das Kind.)
Sohn. Er hat mich umgebracht!
Mutter, ich bitte dich, lauf fort!

(Lady Macduff entflieht und schreit Mord! Die Mörder verfolgen sie.)

3. Szene

England. Park beim königlichen Schloß

Malcolm und *Macduff* treten auf.

Malcolm. Laß uns 'nen stillen Schatten suchen und
Durch Tränen unser Herz erleichtern.
Macduff.   Lieber
Laß uns, das Todesschwert ergreifend, wacker
Beschirmen unser hingestürztes Recht.
An jedem Morgen heulen neue Witwen,
Und neue Waisen wimmern; neuer Jammer
Schlägt an des Himmels Wölbung, daß er tönt,
Als fühlt' er Schottlands Schmerz und hallte gellend
Den Klagelaut zurück.
Malcolm.   Das, was ich glaube,
Will ich bejammern; glauben, was ich weiß;
Und helfen will ich, wo ich kann, wie mir
Die Zeit wird günstig sein. Was Ihr erzählt,

Kann wohl sich so verhalten. Der Tyrann,
Des Name schon die Zung' uns schwären macht,
Galt einst für ehrlich. Ihr habt ihn geliebt;
Noch kränkt' er Euch nicht. Ich bin jung; doch könnt
Durch mich Ihr seine Gunst erwerben. Weis' ist's,
Ein arm, unschuldig, schwaches Lamm zu opfern,
Um einen zorn'gen Gott zu sühnen.
Macduff. Ich
Bin kein Verräter.
Malcolm. Aber Macbeth ist's.
Auch strenge Tugend kann sich schrecken lassen
Durch königliches Machtwort. Doch verzeiht;
Mein Denken kann das, was Ihr seid, nicht wandeln.
Stets sind die Engel hell, fiel auch der hellste;
Borgt alles Schlechte auch den Schein der Gnade,
Doch müßte Gnade wie sie selbst erscheinen.
Macduff. So hab' ich meine Hoffnung denn verloren!
Malcolm. Vielleicht da, wo ich meinen Zweifel fand.
Wie! in der Hast verlaßt Ihr Weib und Kind,
So teure Pfänder, mächt'ge Liebesknoten,
Selbst ohne Abschiednehmen? – Ich ersuch' Euch –
Mein Mißtraun spricht nicht so, Euch zu entehren,
Nur, mich zu sichern. Ihr könnt rein und treu sein,
Was ich von Euch auch denke.
Macduff. Blute, blute,
Du armes Vaterland!
So lege festen Grund denn, Tyrannei,
Rechtmäßigkeit wagt nicht dich anzugreifen!
Trag nur zur Schau dein Unrecht: ward's dir doch verbrieft.
Prinz, lebe wohl! nicht möcht' ich sein der Schurke,
Den du mich achtest, für den weiten Raum,
Den der Tyrann in seinen Klauen hält,
Zusamt dem reichen Ost.
Malcolm. Sei nicht beleidigt.
Nicht unbedingter Argwohn sprach aus mir.
Ich glaub' es, unser Land erliegt dem Joch;
Es weint und blutet; jeder neue Tag
Schlägt neue Wunden ihm; auch glaub' ich wohl,
Daß Hände sich erhöben für mein Recht;
So bietet der huldreiche England mir
Manch wackres Tausend. Doch bei alledem,
Wenn ich nun tret' auf des Tyrannen Haupt,
Es trag' auf meinem Schwert, mein armes Land

Wird dann mehr Laster haben als zuvor,
Mehr leiden und vielfältiger als je
Durch den, der folgen wird.

Macduff. Wer wäre dieser?

Malcolm. Mich selber mein' ich, in dem, wie ich weiß,
Die Keime aller Laster so geimpft sind,
Daß, brechen sie nun auf, der schwarze Macbeth
Rein scheint wie Schnee, und er dem armen Staat
Lammartig dünkt, vergleicht er ihn mit meiner
Maßlosen Sündlichkeit.

Macduff. Nicht in Legionen
Der grausen Höll' ist ein Verrucht'rer Teufel,
Der Macbeth überragt.

Malcolm. Wohl ist er blutig,
Wollüstig, geizig, falsch, betrügerisch,
Jähzornig, hämisch; schmeckt nach jeder Sünde,
Die Namen hat. Doch völlig bodenlos
Ist meine Vollust; eure Weiber, Töchter,
Jungfraun, Matronen könnten aus nicht füllen
Den Abgrund meiner Lust, und meine Gier
Würd' überspringen jede Grenz' und Schranke,
Die meine Willkür hemmte. Besser Macbeth,
Als daß ein solcher herrscht.

Macduff. Unmäß'ge Wollust
Ist wohl auch Tyrannei und hat schon oft
Zu früh verwaiset manch beglückten Thron;
Sie stürzte viele Kön'ge. Doch deshalb
Zagt nicht zu nehmen, was Eu'r Eigen ist.
Heimlich mögt Eurer Lust Ihr üppig frönen
Und kalt doch scheinen, so die Welt verblendend.
Der will'gen Frauen gibt's genug; unmöglich
Kann solch ein Geier in Euch sein, der alle
Verschlänge, die der Hoheit gern sich opfern,
Zeigt die sich so geneigt.

Malcolm. Daneben wuchert
In meinem tief verderbten Sinn der Geiz
So unersättlich, daß, wär' ich der König,
Räumt' ich die Edeln weg um ihre Länder;
Dem raubt' ich die Juwelen, dem das Haus;
Mehr haben wäre mir wie Würzung nur,
Den Hunger mehr zu reizen; Netze strickt' ich,
Mit bösem Streit den Redlichen zu fangen,
Um Reichtum ihn vernichtend.

Macduff. Dieser Geiz
Steckt tiefer, schlingt verderblicher die Wurzeln
Als sommerliche Luft; er war das Schwert,
Das unsre Kön'ge schlug. Doch fürchtet nichts;
Schottland hat Reichtum gnug, Euch zu befried'gen,
Der Euch mit Recht gehört. Dies alles ist
Erträglich, ausgesöhnt durch Tugenden.
Malcolm. Die hab' ich nicht. Die Königstugenden,
Wahrheit, Gerechtigkeit, Starkmut, Geduld,
Ausdauer, Milde, Andacht, Gnade, Mut,
Mäßigkeit, Demut, Tapferkeit; von allen
Ist keine Spur in mir; nein, Überfluß
An jeglichem Verbrechen, ausgeübt
In jeder Art. Ja, hätt' ich Macht, ich würde
Der Eintracht süße Milch zur Hölle gießen,
Verwandeln allen Frieden in Empörung,
Vernichten alle Einigkeit auf Erden.
Macduff. O! Schottland! Schottland!
Malcolm. Darf nun ein solcher wohl regieren? Sprich.
Ich bin, wie ich gesagt.
Macduff. Regieren? Nein,
Nicht leben darf er! O unglücksel'ges Volk!
Vom blut'gen Usurpator hingeschlachtet,
Wann doch erlebst du wieder frohe Tage?
Da so der echtste Erbe deines Throns
Sich durch den selbst gesprochnen Bann verflucht
Und brandmarkt seinen Stamm. Dein edler Vater
War ein höchst heil'ger Fürst; die Kön'gin, die dich trug,
Weit öfter auf den Knien als auf den Füßen,
Starb jeden Tag des Lebens. Jahre wohl!
Die Sünden, die du selbst dir zugesprochen,
Verbannten mich aus Schottland. – O, mein Herz,
Dein Hoffen endet hier!
Malcolm. Macduff, dein edler Zorn,
Das Kind der Redlichkeit, tilgt aus der Seele
Mir jeden schwarzen Argwohn und versöhnt
Mit deiner Treu' und Ehre mein Gemüt.
Der teuflische Macbeth hat oft versucht,
Durch solche Künste mich ins Garn zu locken;
Drum schirmt vor allzu gläub'ger Hast mich Vorsicht.
Doch Gott mag richten zwischen dir und mir!
Denn jetzt geb' ich mich ganz in deine Hände;
Die Selbstverleumdung widerruf' ich, schwöre

Die Laster ab, durch die ich mich geschmäht,
Als meinem Wesen fremd. Noch weiß ich nichts
Vom Weibe, habe nimmer falsch geschworen,
Verlangte kaum nach dem, was mir gehört!
Stets hielt ich treu mein Wort, verriete selbst
Den Satan nicht den Teufeln; Wahrheit gilt
Mir mehr als Leben, meine erste Lüge
War diese gegen mich. Mein wahres Selbst
Ist dir und meinem armen Land geweiht;
Wohin auch schon, noch eh' du hergekommen,
Der alte Siward mit zehntausend Kriegern
Bereit stand aufzubrechen, und wir gehn
Mitsammen nun. Sei uns das Glück gewogen,
Wie unser Streit gerecht ist! – Warum schweigst du?

Macduff. Schwer läßt sich so Willkommnes und zugleich
So unwillkommnes ein'gen.

Malcolm. Gut, mehr nachher.

Ein Arzt tritt auf.

Geht heut der König aus?

Arzt. Ja, Prinz; denn viele Arme sind versammelt,
Die seine Hilf' erwarten; ihre Krankheit
Trotz jeder Heilkunst; doch rührt er sie an,
So hat der Himmel seine Hand gesegnet,
Genesen sie sogleich.

Malcolm. Ich dank' Euch, Doktor. *(Der Arzt geht ab.)*

Macduff. Was für 'ne Krankheit ist's?

Malcolm. Sie heißt das Übel.
Ein wundertätig Werk vom guten König,
Das ich ihn oft, seit ich in England bin,
Vollbringen sah. Wie er's dem Himmel abringt,
Weiß er am besten. Seltsam Heimgesuchte,
Voll Schwulst und Aussatz, kläglich anzuschaun,
An denen alle Kunst verzweifelt, heilt er,
Eine Goldmünz' um ihren Nacken hängend,
Mit heiligem Gebet, und nach Verheißung
Wird er vererben auf die künft'gen Herrscher
Die Wundergabe, zu der heil'gen Kraft
Hat er auch himmlischen Prophetengeist;
So steht um seinen Thron vielfacher Segen,
Ihn gottbegabt verkündend.

Rosse tritt auf.

Macduff. Wer kommt da?

Malcolm. Ein Landsmann, wenn ich gleich ihn nicht erkenne.

Macduff. Mein hochgeliebter Vetter, sei willkommen!
Malcolm. Jetzt kenn' ich ihn. – O Gott! entferne bald,
Was uns einander fremd macht!
Rosse.   Amen, Herr!
Macduff. Steht's noch um Schottland so?
Rosse.   Ach! armes Land,
Das fast vor sich erschrickt! Nicht unsre Mutter
Kann es mehr heißen, sondern unser Grab.
Wo nur, wer von nichts weiß, noch etwa lächelt;
Wo Seufzen, Stöhnen, Schrei'n die Luft zerreißt,
Und keiner achtet drauf; Verzweifeln gilt
Für alltäglichen Jammer; keiner fragt,
Um wen? beim Grabgeläut; der Wackern Leben
Welkt schneller als der Strauß auf ihrem Hut;
Sie sterben, eh sie krank sind.
Macduff.   O Erzählung,
Zu fein und doch zu wahr!
Malcolm.   Was ist die neu'ste Kränkung?
Rosse. Wer die erzählt, eine Stunde alt,
Wird ausgezischt; jedweder Augenblick
Zeugt eine neue.
Macduff. Wie steht's um mein Weib?
Rosse. Nun – wohl.
Macduff.   Und meine Kinder alle?
Rosse.   Auch wohl.
Macduff. Nicht stürmte der Tyrann in ihren Frieden?
Rosse. Sie waren all' in Frieden, als ich schied.
Macduff. Sei nicht mit Worten geizig; sprich, wie steht's?
Rosse. Als ich fort ging, die Nachricht her zu bringen,
An der ich schwer trug, lief dort ein Gerücht,
Von manchem wackern Manne, der ins Feld zog;
Und diesen Glauben fand ich auch bestätigt,
Weil ich im Feld sah des Tyrannen Truppen.
Nun ist zu helfen Zeit; Eu'r Aug' in Schottland
Erschüfe Krieger, trieb' in Kampf die Frauen,
Ihr Elend abzuschütteln.
Malcolm.   Sei's ihr Trost,
Daß wir schon nahn. Der gült'ge England leiht uns
Den wackern Siward und zehntausend Mann;
Ein alter Krieger, keinen bessern kennt
Die ganze Christenheit.
Rosse.   Könnt' ich den Trost
Mit Trost vergelten! Doch ich hab' ein Wort –

O! würd' es aus in leere Luft geheult,
Wo nie ein Ohr es faßte!
Macduff. Wen betrifft's?
Ist's allgemeines Weh! ist's eigner Schmerz,
Der *einem* nur gehört?
Rosse. Kein redlich Herz,
Das nicht mit leidet; doch der größre Teil
Ist nur für dich allein.
Macduff. Gehört es mir,
Enthalte mir's nicht vor, schnell laß mich's haben.
Rosse. Dein Ohr wird meine Zunge ewig hassen,
Dies mit dem jammervollsten Ton betäubt,
Den jemals du gehört.
Macduff. Ha! ich errat' es.
Rosse. Dein Schloß ist überfallen; Weib und Kind
Grausam gewürgt. Die Art erzählen hieße
Das Trauerspiel von deines Hauses Fall
Mit deinem Tod beschließen.
Malcolm. Gnäd'ger Gott! –
Nein, Mann! drück' nicht den Hut so in die Augen,
Gib Worte deinem Schmerz: Gram, der nicht spricht,
Preßt das beladne Herz, bis daß es bricht.
Macduff. Auch meine Kinder?
Rosse. Gattin, Kinder, Diener;
Was man nur fand.
Macduff. Und ich muß ferne sein!
Mein Weib gemordet auch?
Rosse. Ich sagt' es.
Malcolm. Faßt Euch!
Laßt uns Arznei aus mächt'ger Rache mischen,
Um dieses Todesweh zu heilen.
Macduff. Er
Hat keine Kinder! All die süßen Kleinen?
Alle sagst du? – O Höllengeier! – Alle!
Was! all die holden Küchlein, samt der Henne,
Mit einem wilden Stoß?
Malcolm. Ertragt es wie ein Mann.
Macduff. Das will ich auch;
Doch ebenso muß wie ein Mann ich's fühlen.
Vergessen kann ich nicht, daß das gewesen,
Was mir das Liebste war. Konnt' es der Himmel
Wohl anschaun und nicht helfen? Sünd'ger Macduff!
Für dich sind sie erschlagen! Ich Verworfner!

Für ihre Sünden nicht, nein, für die meinen
Sind sie gewürgt. Schenk ihnen Frieden, Gott!
Malcolm.   Dies wetze scharf dein Schwert, verwandle Gram
In Zorn, stumpfe nicht ab dein Herz, entflamm es.
Macduff.   Ich will das Weib nicht mit den Augen spielen
Und prahlen mit der Zunge! – Doch, güt'ger Himmel,
Ein End' setz aller Zögrung; Stirn an Stirn
Bring diesen Teufel Schottlands und mich selbst!
Stell ihn in meines Schwerts Bereich; entrinnt er,
Himmel, vergib ihm auch!
Malcolm.   So klingt es männlich.
Jetzt kommt zum König. Fertig steht das Heer;
Es mangelt nur noch, daß wir Abschied nehmen.
Macbeth ist reif zur Ernte, und dort oben
Rüsten die ew'gen Mächte schon das Werkzeug.
Faßt frischen Mut; so lang ist keine Nacht,
Daß endlich nicht der helle Morgen lacht.   (Sie gehen ab.)

Fünfter Aufzug

1. Szene

Dunsinan. Zimmer im Schloß

Es treten auf ein *Arzt* und eine *Kammerfrau*.

Arzt.   Zwei Nächte habe ich nun mit Euch gewacht, aber keine Bestätigung Eurer Aussage gesehen. Wann ist sie zuletzt umhergewandelt?

Kammerfrau.   Seitdem seine Majestät in den Krieg zogen, habe ich gesehen, wie sie aus ihrem Bett aufstand, ihr Nachtgewand umwarf, ihren Schreibtisch aufschloß, Papier nahm, es zusammenlegte, schrieb, das Geschriebene las, es versiegelte, und dann wieder zu Bette ging, und die ganze Zeit im tiefen Schlafe.

Arzt.   Eine große Zerrüttung der Natur! die Wohltat des Schlafes genießen und zugleich die Geschäfte des Wachens verrichten. – In dieser schlafenden Aufregung, außer dem Umherwandeln und anderm Tun, was, irgend einmal, habt Ihr sie sprechen hören.

Kammerfrau.   Dinge, die ich ihr nicht nachsprechen werde.

Arzt.   Mir könnt Ihr's vertrauen; und es ist notwendig, daß Ihr es tut.

Kammerfrau.   Weder Euch noch irgend jemand, da ich keine Zeugen habe, meine Aussage zu bekräftigen.

Fünfter Aufzug. 1. Szene

Lady Macbeth kommt, eine Kerze in der Hand.

Seht, da kommt sie! So ist ihre Art und Weise! und, bei meinem Leben, fest im Schlaf. Beobachtet sie; steht ruhig.

Arzt. Wie kam sie zu dem Licht?

Kammerfrau. Das brennt neben ihrem Bett. Sie hat immer Licht; es ist ihr Befehl.

Arzt. Seht, ihre Augen sind offen.

Kammerfrau. Ja, aber ihre Sinne geschlossen.

Arzt. Was macht sie nun? Schaut, wie sie sich die Hände reibt.

Kammerfrau. Das ist ihre gewöhnliche Gebärde, daß sie tut, als wüsche sie sich die Hände; ich habe wohl gesehen, daß sie es eine Viertelstunde hintereinander tat.

Lady Macbeth. Da ist noch ein Fleck.

Arzt. Horch, sie spricht. Ich will aufschreiben, was sie sagt, um hernach meiner Erinnerung einen um so stärkeren Rückhalt zu geben.

Lady Macbeth. Fort! verdammter Fleck! fort, sag' ich! – Eins, zwei. Nun, dann ist es Zeit, es zu tun. – Die Hölle ist finster! – Pfui, mein Gemahl, pfui! ein Soldat und furchtsam! Was haben wir zu fürchten, wer es weiß, da niemand unsre Gewalt zur Rechenschaft ziehen darf? – Aber wer hätte gedacht, daß der alte Mann noch so viel Blut in sich hätte?

Arzt. Hört Ihr wohl?

Lady Macbeth. Der Than von Fife hatte ein Weib; wo ist sie nun? – Wie, wollen diese Hände denn nie rein werden? – Nichts mehr davon, mein Gemahl, nichts mehr davon; du verdirbst alles mit diesem Auffahren.

Arzt. Ei, ei; Ihr habt erfahren, was Ihr nicht solltet!

Kammerfrau. Gesprochen hat sie, was sie nicht sollte, das ist gewiß. Gott weiß, was sie erfahren hat.

Lady Macbeth. Noch immer riecht es hier nach Blut. Alle Wohlgerüche Arabiens würden diese kleine Hand nicht wohlriechend machen. Oh! oh! oh!

Arzt. Was das für ein Seufzer war! Ihr Herz ist schmerzlich beladen.

Kammerfrau. Ich möchte nicht ein solches Herz im Busen tragen, nicht für die Königswürde des ganzen Leibes.

Arzt. Gut, gut, –

Kammerfrau. Gebe Gott, daß es gut sei!

Arzt. Diese Krankheit liegt außer dem Gebiete meiner Kunst; aber ich habe Menschen gekannt, die im Schlaf umherwandelten, und doch fromm in ihrem Bett starben.

Lady Macbeth. Wasch deine Hände, leg dein Nachtkleid an;

sieh doch nicht so blaß aus. – Ich sage es dir noch einmal, Banquo ist begraben, er kann aus seiner Gruft nicht herauskommen.

Arzt. Wirklich?

Lady Macbeth. Zu Bett, zu Bett; es wird ans Tor geklopft. Komm, komm, komm, komm, gib mir die Hand. – Was geschehen ist, kann man nicht ungeschehen machen. Zu Bett, zu Bett, zu Bett.

(Sie geht ab.)

Arzt. Geht sie nun zu Bett?

Kammerfrau. Unverzüglich.

Arzt. Von Greueln flüstert man. Und Taten unnatürlich
Erzeugen unnatürliche Zerrüttung.
Die kranke Seele wird ins taube Kissen
Entladen ihr Geheimnis. Sie bedarf
Des Beicht'gers mehr noch als des Arztes. – Gott,
Vergib uns allen! Seht nach ihr; entfernt,
Womit sie sich verletzen könnt', und habt
Ein Auge stets auf sie. – So, gute Nacht,
Der Anblick hat mir Schreck und Graun gemacht!
Ich denk', und darf nichts sagen.

Kammerfrau. Nun, schlaft wohl. (Sie gehen ab.)

2. Szene

Feld, in der Nähe von Dunsinan

Es treten auf mit Trommeln und Fahnen *Menteth, Cathneß, Angus, Lenox,* Soldaten.

Menteth. Das Heer von England naht, geführt von Malcolm,
Seinem Oheim Siward und dem guten Macduff.
Von Rache glühn sie; denn ihr herbes Leid
Erregte wohl den abgestorbnen Mann
Zu blutig grimmem Kampf.

Angus. Bei Birnams Wald,
Von dorther nahn sie, treffen wir sie wohl.

Cathneß. Ob Donalbain bei seinem Bruder ist?

Lenox. Gewiß nicht, Herr; denn eine Liste hab' ich
Vom ganzen Adel. Dort ist Siwards Sohn
Und mancher glatte Jüngling, der zuerst
Die Mannheit zeigt.

Menteth. Und was tut der Tyrann?

Cathneß. Das mächt'ge Dunsinan befestigt er.
Toll heißt ihn mancher; wer ihn minder haßt,
Nennt's tapfre Wut. Doch ist gewiß, er kann

    Den wild empörten Zustand nicht mehr schnallen
    In den Gurt der Ordnung.
Angus.   Jetzt empfindet er
    Geheimen Mord, an seinen Händen klebend;
    Jetzt straft Empörung stündlich seinen Treubruch;
    Die er befehligt, handeln auf Befehl,
    Aus Liebe nicht. Jetzt fühlt er seine Würde
    Zu weit und lose, wie des Riesen Rock
    Hängt um den dieb'schen Zwerg.
Menteth.   Ist es ein Wunder,
    Wenn sein gequälter Sinn auffährt und schaudert?
    Muß all sein Fühlen sich doch selbst verdammen,
    Weil's seiner Seele eignet.
Cathneß.   Ziehn wir weiter,
    Da Dienst zu weihen, wo es Lehenspflicht fordert.
    Suchen wir auf den Arzt des kranken Staates,
    Mit ihm vergießen wir, zum Wohl des Landes,
    All unser Blut.
Lenox.   So viel, daß es betaut
    Die Herrscherblum', ertränkt das gift'ge Kraut.
    So geh' der Zug nach Birnam.   (Sie marschieren vorüber.)

3. Szene

Dunsinan. Im Schloß

Macbeth tritt auf, der *Arzt*, Gefolge.

Macbeth.   Bringt keine Nachricht mehr; laßt alle fliehn.
    Bis Birnams Wald anrückt auf Dunsinan,
    Ist Furcht mir nichts. Was ist der Knabe Malcolm?
    Gebar ihn nicht ein Weib! Die Geister, welche
    All ird'sche Zukunft kennen, prophezeiten so:
    Sei kühn, Macbeth, kein Mann vom Weib geboren
    Soll je dir was anhaben. – Flieht denn immer,
    Ihr falschen Thans, zu Englands Weichlingen;
    Dies Herz und meinen Herrschergeist verwegen,
    Dämpft Zweifel nicht und soll die Furcht nie regen.

                    Ein *Diener* tritt auf.

    Der Teufel brenn' dich schwarz, milchbleicher Lump!
    Wie kommst du an den Gänseblick?
Diener.   Da sind zehntausend –
Macbeth.   Gänse, Schuft?
Diener.   Soldaten, Herr.

Macbeth. Ritz dein Gesicht, die Furcht zu überröten,
Weißlebriger Wicht. Was für Soldaten, Hansnarr?
Hol dich der Teufel! deine Kreidewangen
Verführen all' zur Furcht. Was für Soldaten,
Molkengesicht?
Diener.   Erlaubt, das Heer von England.
Macbeth. Weg dein Gesicht! – Seyton! – Mir wird ganz übel,
Seh' ich so – Seyton! Heda! – Dieser Ruck
Setzt fest mich oder wirft mich aus dem Sattel.
Ich lebte lang genug; mein Lebensweg
Geriet ins Dürre, ins verwelkte Laub;
Und was das hohe Alter soll begleiten,
Gehorsam, Liebe, Ehre, Freundesscharen,
Danach darf ich nicht aussehn; doch statt dessen
Flüche, nicht laut, doch tief, Munddienst, Worte,
Was gern das arme Herz mir weigern möchte
Und wagt's nicht. Seyton!

Seyton kommt.

Seyton.   Was befiehlt mein Herrscher?
Macbeth. Was gibt es Neues?
Seyton.   Alles wird bestätigt,
Was das Gerücht verkündet.
Macbeth.   Ich will fechten,
Bis mir das Fleisch gehackt ist von den Knochen.
Gebt meine Rüstung mir!
Seyton.   Noch tut's nicht not.
Macbeth. Ich leg' sie an.
Mehr Reiter sendet aus, durchstreift das Land;
Wer Furcht nennt, wird gehenkt. – Bringt mir die Rüstung! –
Was macht die Kranke, Arzt?
Arzt.   Nicht krank sowohl
Als durch Schwärme von Phantasiegebilden
Gestört, der Ruh' beraubt.
Macbeth.   Heil sie davon.
Kannst nichts ersinnen für ein krank Gemüt?
Tief wurzelnd Leid aus dem Gedächtnis reuten?
Die Qualen löschen, die ins Hirn geschrieben?
Und mit Vergessens süßem Gegengift
Die Brust entlasten jener gift'gen Last,
Die schwer das Herz bedrückt?
Arzt. Hier muß der Kranke selbst das Mittel finden.
Macbeth. Wirf deine Kunst den Hunden vor, ich mag sie nicht. –
Legt mir die Rüstung an, den Stab her. – Seyton,

Schick aus. – Doktor, die Thans verlassen mich. –
Nun, mach geschwind! – Arzt, könntst du meinem Land
Beschaun das Wasser, seine Krankheit finden
Und es zum kräft'gen frühern Wohlsein rein'gen,
Wollt' ich mit deinem Lob das Echo wecken,
Daß es dein Lob weit hallte. – Weg den Riemen! –
Welche Purganz, Rhabarber, Senna führte
Wohl ab die Englischen? – Hörst du von ihnen?

Arzt. Ja, hoher König; Eure Kriegesrüstung
Macht, daß wir davon hören.

Macbeth.   Bringt's mir nach. –
Nicht Tod und nicht Verderben ficht mich an,
Kommt Birnams Wald nicht her zum Dunsinan! (Er geht ab.)

Arzt. Wär' ich von Dunsinan mit Heil und Glück,
So brächte mich kein Vorteil je zurück. (Alle ab.)

4. Szene
Feld in der Nähe von Dunsinan. Ein Wald in der Ferne

Es treten auf mit Trommeln und Fahnen *Malcolm,* der alte *Siward,* sein *Sohn, Macduff, Menteth, Cathneß, Angus, Lenox, Rosse,* Soldaten.

Malcolm. Vettern, die Tage, hoff' ich, sind uns nah,
Wo Kammern sicher sind.

Menteth.   Wir zweifeln nicht.

Siward. Wie heißt der Wald da vor uns?

Menteth.   Birnams Wald.

Malcolm. Ein jeder Krieger hau' sich ab 'nen Zweig
Und trag' ihn vor sich; so verbergen wir
Die Truppenzahl, und irrig wird die Kundschaft
In seiner Schätzung.

Ein Soldat.   Es soll gleich geschehn.
            (Die Soldaten gehen ab.)

Siward. Wir hören nichts, als daß mit Zuversicht
Sich der Tyrann auf Dunsinan befestigt
Und die Belagrung ausstehn will.

Malcolm.   Darauf
Vertraut er einzig. Wo's nur möglich ist,
Empört sich hoch und niedrig gegen ihn,
Und niemand folgt ihm, als erzwungnes Volk,
Das nicht von Herzen dient.

Macduff.   Laßt bis zum Siege
Gerechten Tadel schweigen, wackre Kriegskunst
Uns jetzt betät'gen.

Siward.   Ja, es naht die Zeit,
Wo richt'ges Unterscheiden läßt erkennen,
Was wir noch schulden, was wir unser nennen:
Von schwacher Hoffnung müß'ges Grübeln spricht;
Die Schlacht sitzt ob dem Ausgang zu Gericht:
Und der entgegen führt den Kriegeszug.

(Alle ab.)

5. Szene

Dunsinan. Im Schloß

Mit Trommeln und Fahnen treten auf *Macbeth, Seyton,* Soldaten.

Macbeth.   Pflanzt unsre Banner auf die äußre Mauer;
Stets Heißt's, *sie kommen.* Unser festes Schloß
Lacht der Belagrung. Mögen sie hier liegen,
Bis Hunger sie und Krankheit aufgezehrt.
Bestärkten die sie nicht, die uns gehören,
Wir hätten, Bart an Bart, sie kühn getroffen
Und sie nach Haus' gegeißelt. Welch Geschrei?

(Weibergeschrei hinter der Szene.)

Seyton.   Wehklage ist's von Weibern, gnäd'ger Herr.
Macbeth.   Verloren hab' ich fast den Sinn der Furcht.
Es gab 'ne Zeit, wo kalter Schau'r mich faßte,
Hört' nächtlich ich 'nen Schrei; das ganze Haupthaar
Bei einer schrecklichen Geschicht' empor
Sie richtete, als wäre Leben drin;
Ich habe mich mit Grausen übersättigt.
Entsetzen, meines Mordsinns Hausgenoß,
Schreckt nun mich nimmermehr. – Weshalb das Wehschrei'n?
Seyton.   Die Kön'gin, Herr, ist tot.
Macbeth.   Sie hätte später sterben soll'n; – es hätte
Die Zeit sich für ein solches Wort gefunden. –
Morgen und morgen und dann wieder morgen
Kriecht so mit kleinem Schritt von Tag zu Tag,
Zur letzten Silbe aller Zeitenfrist.
Und alle unsre Gestern führten Narrn
Den Pfad des stäub'gen Tods. – Aus! – kleines Licht! –
Leben ist nur ein wandelnd Schattenbild;
Ein armer Komödiant, der spreizt und knirscht
Sein Stündchen auf der Bühn' und dann nicht mehr
Vernommen wird; ein Märchen ist's, erzählt

Von einem Dummkopf, voller Klang und Wildheit,
Das nichts bedeutet. –

Ein Bote kommt.

Du hast was auf der Zunge: schnell heraus!

Bote. Mein gnadenreicher König –
Ich sollte melden, das, was, wie ich glaube,
Ich sah; – doch wie ich's tun soll, weiß ich nicht.

Macbeth. Nun, sag's nur, Mensch.

Bote. Als ich den Wachtdienst auf dem Hügel tat –
Ich schau' nach Birnam zu, und, sieh, mir deucht,
Der Wald fängt an zu gehn.

Macbeth. Lügner und Schuft. (Er schlägt ihn.)

Bote. Laßt Euren Zorn mich fühlen, ist's nicht so.
Drei Meilen weit könnt Ihr ihn kommen sehn;
Ein gehnder Wald – wahrhaftig!

Macbeth. Sprichst du falsch,
Sollst du am nächsten Baum lebendig hangen,
Bis Hunger dich verschrumpft hat; sprichst du wahr,
Magst du mir meinethalb dasselbe tun. –
Einzieh' ich die Entschlossenheit, beginne
Den Doppelsinn des bösen Feinds zu merken,
Der Lüge spricht wie Wahrheit: Fürchte nichts,
Bis Birnams Wald anrückt auf Dunsinan; –
Und nunmehr kommt ein Wald nach Dunsinan.
Waffen nun, Waffen! und hinaus! –
Ist Wahrheit das, was seine Meldung spricht,
So ist kein Fliehn von hier, kein Bleiben nicht.
Das Sonnenlicht will schon verhaßt mir werden.
O! fiel' in Trümmern jetzt der Bau der Erden!
Auf! läutet Sturm! Wind blas'! Heran Verderben!
Den Harnisch auf dem Rücken will ich sterben. (Alle ab.)

6. Szene
Vor dem Schloß

Es treten auf mit Trommeln und Fahnen Malcolm, Siward, die übrigen Anführer, das Heer mit Zweigen.

Malcolm. Jetzt nah genug! – Werft ab die laub'gen Schirme,
Und zeigt euch, wie ihr seid. Ihr, würd'ger Oheim,
Führt mit dem Vetter, Eurem edeln Sohn,
Die erste Schar; ich und der würd'ge Macduff
Besorgen, was noch übrig ist zu tun,
Wie's unser Schlachtplan vorschreibt.

Siward. Lebt denn wohl. –
Zieht uns nur heut entgegen der Tyrann,
Mag er den schlagen, der nicht fechten kann!
Malcduff. Trompeten blast, befeuert kühnen Mut,
Herold ruft ihr uns in Tod und Blut.
(Alle ab. Schlachtgetümmel hinter der Szene.)

7. Szene
Ein anderer Teil des Schlachtfeldes

Macbeth tritt auf.

Macbeth. Sie banden mich an den Pfahl; fliehn kann ich nicht,
Muß wie der Bär der Hatz entgegenkämpfen.
Wo ist er, der nicht ward vom Weib geboren?
Den fürcht' ich, keinen sonst.

Der *junge Siward* kommt.

Der junge Siward. Wie ist dein Name?
Macbeth. Du wirst erschrecken, ihn zu hören.
Der junge Siward. Nein!
Nennst du dich auch mit einem heißern Namen
Als einer in der Höll'.
Macbeth. Mein Nam' ist Macbeth.
Der junge Siward. Der Teufel selber könnte keinen künden,
Verhaßter meinem Ohr.
Macbeth. Und furchtbarer.
Der junge Siward. Abscheulicher Tyrann, du lügst! das soll
Mein Schwert dir zeigen. (Gefecht. Der junge Siward fällt.)
Macbeth. Wardst vom Weib geboren. –
Der Schwerter lach' ich, spotte der Gefahr,
Die mir ein Mann dräut, den ein Weib gebar. (Er geht ab.)

Getümmel. *Macduff* kommt.

Macduff. Dort ist der Lärm. – Zeig dein Gesicht, Tyrann!
Fällst du, und nicht von meinem Schwert, so werden
Mich meines Weibs, der Kinder Geister quälen;
Ich kann auf armes Kernenvolk nicht schlagen,
Die in gedungner Hand die Lanze tragen.
Nur du, Macbeth, wo nicht, kehrt schartenlos
Und ohne Tat mein Schwert zurück zur Scheide.
Dort mußt du sein; dies mächt'ge Tosen kündet,
Daß dort vom ersten Range einer kämpft.
O Glück! eins bitt' ich nur, laß mich ihn finden. (Er geht ab.)

Fünfter Aufzug. 7. Szene

Getümmel. Malcolm und Siward kommen.

Siward. Hierher, mein Prinz! – Das Schloß ergab sich willig.
Auf beiden Seiten kämpft des Wütrichs Volk;
Die edeln Thans tun wackre Kriegesdienste,
Der Tag hat sich fast schon für Euch entschieden,
Nur wenig ist zu tun.
Malcolm. Wir trafen Feinde,
Die uns vorbei haun.
Siward. Kommt, Prinz, in die Festung.
(Sie gehen ab.)

Getümmel. Macbeth kommt.

Macbeth. Weshalb sollt' ich den röm'schen Narren spielen,
Sterbend durchs eigne Schwert? Solange Leben
Noch vor mir sind, stehn denen Wunden besser.

Macduff kommt zurück.

Macduff. Zu mir! du Höllenhund, zu mir!
Macbeth. Von allen Menschen mied ich dich allein.
Du, mach dich nur zurück; mit Blut der Deinen
Ist meine Seele schon zu sehr beladen.
Macduff. Ich habe keine Worte, meine Stimme
Ist nur in meinem Schwert. Du Schurke, blut'ger
Als Sprache je dich nennen kann! (Sie fechten.)
Macbeth. Verlorne Müh'!
So leicht magst du die unteilbare Luft
Mit scharfem Schwert durchhaun als mich verletzen.
Auf Schädel, die verwundbar, schwing den Stahl;
Mein Leben ist gefeit, kann nicht erliegen
Einem vom Weib Gebornen.
Macduff. So verzweifle
An deiner Kunst, und sage dir der Engel,
Dem du von je gedient, daß vor der Zeit
Macduff geschnitten ward aus Mutterleib.
Macbeth. Verflucht die Zunge, die mir dies verkündet;
Denn meine beste Mannheit schlägt sie nieder!
Und keiner trau' dem Gaukelspiel der Hölle,
Die uns mit doppelsinn'ger Rede äfft,
Die Wort nur hält dem Ohr mit Glückverheißung
Und es der Hoffnung bricht. – Mit dir nicht kämpf' ich.
Macduff. Nun, so ergib dich, Memme,
Und leb als Wunderschauspiel für die Welt.
Wir wollen dich als seltnes Ungeheuer

Im Bild auf Stangen führen mit der Schrift:
Hier zeigt man den Tyrannen.

Macbeth. Ich will mich nicht ergeben, um zu küssen
Den Boden vor des Knaben Malcolm Fuß,
Gehetzt zu werden von des Pöbels Flüchen.
Ob Birnams Wald auch kam nach Dunsinan;
Ob meinen Gegner auch kein Weib gebar;
Das Äußerste versuch' ich. Vor die Brust
Werf' ich den mächt'gen Schild. Nun magst dich wahren;
Wer *Halt*! zuerst ruft, soll zur Hölle fahren!

(Sie gehen kämpfend ab.)

Rückzug. Trompeten. Es treten auf mit Trommeln und Fahnen *Malcolm,
Siward, Rosse, Lenox, Angus, Cathneß, Menteth*.

Malcolm. O, säh'n wir lebend die vermißten Freunde!

Siward. Mancher muß drauf gehn; doch, soviel ich sehe,
Ist dieser große Tag wohlfeil erkauft.

Malcolm. Vermißt wird Macduff und Eu'r edler Sohn.

Rosse. Eu'r Sohn, Mylord, hat Kriegerschuld gezahlt.
Er lebte nur, bis er ein Mann geworden;
Zu seiner Kühnheit war dies kaum bewährt,
Durch unverzagten Stand in blut'ger Schlacht,
Als er starb wie ein Mann.

Siward.   So ist er tot?

Rosse. Ja und getragen aus dem Feld. Eu'r Schmerz
Muß nicht nach seinem Wert gemessen werden,
Sonst wär' er endlos.

Siward.   Hat er vorn die Wunden?

Rosse. Ja, auf der Stirn.

Siward.   Wohl; sei er Gottes Kriegsmann!
Hätt' ich so viele Söhn', als Haar' ich habe,
Ich wünschte keinem einen schönern Tod.
Das ist sein Grabgeläut.

Malcolm.   Mehr Leid verdient er,
Und das zahl' ich ihm.

Siward.   Zahlen mehr ist Schwäche.
Er schied in Ehren und zahlte seine Zeche;
So, Gott sei mit ihm! – Seht, den neusten Trost.

Macduff kommt mit Macbeth Kopf.

Macduff. Heil, König! denn das bist du. Schau, hier steht
Des Usurpators Haupt; die Zeit ist frei.
Ich seh' umringt dich von des Reiches Perlen,
Die meinen Gruß im Herzen mit mir sprechen,

Und deren lautes Wort ich jetzt erheische –
Dem König Schottlands Heil!
Alle. Heil, Schottlands König!
(Trompetenstoß.)
Malcolm. Wir wollen keine lange Zeit verschwenden,
Mit Eurer Liebe einzeln abzurechnen
Und quitt mit Euch zu werden. Thans und Vettern,
Hinfort seid Grafen, die zuerst in Schottland
Mit dieser Ehre prangen. Was zu tun noch,
Was neu gepflanzt muß werden mit der Zeit –
Als Rückberufung der verbannten Freunde,
Die des Tyrannen list'ger Schling' entflohn;
Aufsuchung der blutdürst'gen Helfershelfer
Von diesem toten Schlächter
Und seiner teufelischen Königin,
Die, wie man glaubt, gewaltsam selbst ihr Leben
Geendet – alles, was uns sonst noch obliegt,
Das mit der ew'gen Gnade Gnadenhort
Vollenden wir nach Maß und Zeit und Ort.
Euch allen werd' und jedem Dank und Lohn,
Und jetzt zur Krönung lad' ich euch nach Scone.
(Trompeten. Alle ab.)